绿色交通科技丛书

低碳生态型道路建设技术

徐　健　主编
温学钧　主审

人民交通出版社

内 容 提 要

建设低碳生态型道路是“资源节约、环境友好”型社会的重要组成部分。本书从节地、节材、节能、节水、降低污染与增强景观绿化几个方面，总结归纳了低碳生态型道路建设技术，针对前期规划设计和实施建设两个阶段，详细介绍了道路规划和总体设计低碳技术、排水性沥青路面、透水路面、温拌沥青混合料路面、橡胶沥青路面、泡沫沥青稳定碎石基层、建筑垃圾在道路工程中的再生利用、路面再生技术、生态边坡与道路绿化。

本书可供公路和城市道路设计、施工和养护人员参考使用，也可作为大专院校师生的教学参考书。

图书在版编目(CIP)数据

低碳生态型道路建设技术/徐健主编. —北京：人民交通出版社，2012.6

(绿色交通科技丛书)

ISBN 978-7-114-09816-1

I. ①低… II. ①徐… III. ①道路工程－工程技术 IV. ①U4

中国版本图书馆 CIP 数据核字(2012)第 103711 号

绿色交通科技丛书

书　　名：低碳生态型道路建设技术

著 作 者：徐　健

责任编辑：李　喆

出版发行：人民交通出版社

地　　址：(100011)北京市朝阳区安定门外外馆斜街 3 号

网　　址：http://www.ccpress.com.cn

销售电话：(010)59757969，59757973

总 经 销：人民交通出版社发行部

经　　销：各地新华书店

印　　刷：北京交通印务实业公司

开　　本：787×1092　1/16

印　　张：24

字　　数：530 千

版　　次：2012 年 6 月　第 1 版

印　　次：2012 年 6 月　第 1 次印刷

书　　号：ISBN 978-7-114-09816-1

定　　价：53.00 元

前　言

当前我国正处于快速城市化过程中，截至2011年年底城市人口首次超过农村人口，并且这种发展还将继续进行。人口在城市集聚的基本条件是要提供生活、经济活动的空间和设施，城市及其设施需要占据土地，设施建设需要耗用建筑材料，城市生活、经济运行需要消耗能源，城市开发需要环境承受能力许可，所有这些方面我国都面临着严峻的考验。对比发达国家70%～80%的城市化水平，我国的城市化进程还任重道远，但城市化所需要的土地资源已经瓶颈凸显，我国耗用钢材、水泥等建筑材料数量、能源消耗数量都已位列世界第一，环境污染、热岛效应已是城市生态环境不能回避的问题。在城市建设发展中，道路建设耗用大量的土地资源和建筑材料，生产这些建筑材料和建设道路过程中的能源消耗及由此带来的碳排放，以及道路对生态环境的改变和影响，是我国城市化问题的重要组成部分，是我国道路规划、设计和建设工作者面临的重大课题。

城市道路建设要占用大量的土地，是城市建设用地的重要方面，一般达到城市建设用地的10%或更多，一个城市立交所占土地往往十几公顷至二三十公顷，城市其他道路交通设施也需占用一定的土地。在城市土地资源日益紧张的今天，是否能够通过创新的思路、精心的规划和设计，达到在满足甚至优化道路交通功能的前提下，最大限度地节省道路建设用地，把更多的土地留给城市，留下青山绿水。

城市道路建设要耗用大量的建筑材料，钢材、水泥、沥青、集料、土石方在生产和运输过程中要消耗大量的能源，在道路施工和运营过程中也要消耗能源。矿山开采、土方挖掘对地表造成破坏，农田受到影响。能源消耗产生碳排放和地表破坏一起恶化了我们生存的环境。能否在道路设计和建设过程中，以创新的精神、深入的研发，尽可能节约建筑材料和能源消耗，尽可能采用品质优异的新型材料，尽可能利用旧料、废料，尽可能保护环境、优化环境，把道路建设成"资源节约、环境友好"的城市基础设施，让道路不但发挥好它的功能属性，也能让人留下美好的印象。

上述问题的答案是肯定的。近年来，道路规划、建设新理念得到了发展，道路新技术、新材料不断出现，为建设"资源节约、环境友好"的道路设施提供了新的途径，各地在这些方面也都有实践。上海市政工程设计研究总院(集团)有限公司(以下简称上海市政总院)近年来在道路规划、设计和开发利用道路新材料方面进行了大量的研究，并在众多道路规划、设计项目中进行了应用，取得了系列性的成果。

交通和道路的规划阶段对于构建节能低碳、环境友好道路系统的贡献度最大。优先发展城市公共交通的战略和规划对于节省道路建设用地、节省道路建设材料和能耗、节省道路运行能耗有着突出意义。道路网络和谐高效可在满足道路交通功能的同时，也发挥出节约土地、节能低碳的作用。道路交通设施的集约化规划设计，不但节约了土地和交通能源消耗，也体现了以人为本的人文关怀精神。上海市政总院在四川南充的城市综合交通规划中，科学地制订城市交通发展战略，优先公共交通，优化慢行交通，建设功能分明、级配合理的道路网络系统，建设高效集约的交通枢纽；在佛山市禅城区重要交叉口红线控制规划中，以道路网整体分析定位为前提，准确定位交叉口等级类型，结合交通量预测分析，通过交叉口方案设计提出交叉口控制红线，达到保证交叉口实施条件和不浪费土地、不增加拆迁的效果。

道路设计和建设阶段可以通过多种努力达到节能减排、环保生态的效果。温拌沥青混合料相对于同类热拌沥青混合料，拌和温度降低30℃左右，路用性能却不降低，在减少排放与能源消耗的同时，还能减少沥青老化程度，延长道路寿命。泡沫沥青技术用于生产大粒径沥青混合料，可在常温条件下拌和、摊铺，显著节约能源消耗、降低废气和粉尘排放，是一种“资源节约、环境友好”的新型沥青混合料。废旧轮胎回收处理一直是世界性难题，将废旧轮胎磨细成橡胶粉应用于沥青路面建设，是资源循环利用的较佳途径之一。橡胶沥青的生产可分为湿法工艺和干法工艺两大类。干法工艺中橡胶颗粒主要是作为部分集料，可以有效降低汽车噪声。湿法工艺中，橡胶粉主要作为沥青的改性剂，可以提高沥青路用性能。排水性沥青路面由于空隙率大，雨水可渗入路面之中，由路面中的连通空隙向路面边缘排走，雨天路面表面不存在很厚的水膜，避免了水飘与水膜反光的产生，同时也不再出现溅水现象，有效地保证了行车的安全，且具有降低噪声的功能。透水路面采用多孔隙的透水性材料，可使雨水通过铺装结构内部的联通孔隙直接排放至土路基中，从而达到避免路表积水、调节路表温度和湿度、涵养地下水分的目的。在人行步道或广场采用透水路面铺装，可明显改善雨天行走条件，是一种人性化的设计。路面再生技术使不能满足使用要求的路面材料通过各种措施进行处理后重新利用，可应用于沥青路面和水泥混凝土路面，具有节省资源和费用，减少建筑垃圾的效用。建筑垃圾固结路用技术能变废为宝，节约能耗，节省建筑垃圾堆放占用土地。道路绿化可以净化空气，吸收二氧化碳，提高道路及周边环境质量，调节湿度和温度，形成景观，同时可以保持水土，延长道路使用期限。道路生态边坡技术以生物措施或生物措施与工程措施结合，减轻坡面的不稳定性和侵蚀，防止水土流失，改善和营造道路景观。

上海市政总院近年来以科研为支撑，研发了多种路面及材料新技术，在道路设计中积极应用。在上海世博会浦东园区的市政道路中，设计了排水性沥青路面和透水人行道，提高了车辆行驶和行人行走的舒适性和安全性，并有效降低路面交通噪声。排水性沥青路面的设计空隙率20%，透水人行道分为透水沥青铺装、透水混凝土铺装与透水砖，三种材料在上海世博会浦东园区的市政道路中都有应用，并创新设计了新型路面边缘排水侧石，申请了专利。在上海外滩通道工程中，部分路段人行道亦采用了透水性沥青铺装。在上海嘉定新城临泽路铺装了温拌排水性沥青路面。在浦东五洲大道应用了橡胶沥青ARS-MA-13，浏翔公路应用了橡胶沥青ARAC-13。干法橡胶沥青混合料路面先后在上海市闵行区剑川路、浦东五洲大道等道路铺筑，目前整体状况都良好。上海世博会浦东园区市政道路中应用HEC固结建筑垃圾技术，用于施工便道和新建道路的基层、垫层和路基，总用量约50万m^3，节约工程投资3 000多万元。上海虹桥综合交通枢纽工程在试验路和新建道路中，采用水泥+外掺剂及HEC固结建筑垃圾技术，应用于道路基层、底基层和路基，取得了良好的社会效益和经济效益。

为总结和推广近年来规划、设计和建设中发展的低碳生态道路新材料、新技术、新方法，上海市政总院组织科研技术人员编写了本书，其中第一章由徐健编写，第二章由俞雪雷、高明、徐健编写，第三章由何昌轩编写，第四章由郑晓光、何昌轩编写，第五、第六章由郑晓光编写，第七章由乔英娟、郑晓光编写，第八章由乔英娟编写，第九章由何昌轩编写，第十、第十一章由白彦峰编写，全书由徐健主编，温学钧主审。值此向全体编审人员致谢！

本书编写过程中得到了同济大学吕伟民教授的悉心指导，在此深表谢意！

本书部分资料来源于所列参考文献，在此向原著(编)者表示衷心感谢！

由于编写人员水平有限，不足之处在所难免，恳请读者批评指正。

主编　徐健

2012 年 3 月于上海

目　录

第1章 绪　论

1.1 概　述

当前,环境污染与资源枯竭已经成为全人类面临的问题。我国城市化进程快速发展和城市规模不断扩大带来很多亟待解决的问题,大气污染、水质污染、噪声污染以及固体废弃物垃圾污染成为城市四大主要环境顽疾。建设可持续发展的低碳生态城市是我国应对能源危机和气候变暖问题的必然选择。我国《国民经济和社会发展"十二五"规划纲要》提出,坚持把建设资源节约型、环境友好型社会作为加快转变经济发展方式的重要着力点,树立绿色、低碳的发展理念。利用新技术对城市发展方向作出调整,发展以"低污染、低能耗、低排放"为特征的低碳生态城市建设,将增加城市发展的持久动力,并最终改善城市生态环境,提高市民的生活质量。

道路基础设施是城市赖以生存与发展不可缺少的物质条件,一方面道路基础设施占用大量的土地资源,土地资源是城市建设和发展最基本的资源,是不可再生的、十分有限的宝贵资源,随着城市化水平的不断提高,城市规模的不断扩大,土地的价格也日益高涨。面对国内大中城市中"寸土寸金"的现实,在道路建设前期,应采用先进的规划与设计理念,制订合理的交通发展战略,控制城市机动车交通需求的总规模,统筹协调城市综合交通体系的各个方面,实现土地资源的综合利用。道路系统是城市发展的基础,也是城市小汽车、公交、停车、慢行等综合交通的载体。通过科学规划城市公交、停车等交通系统,可以实现道路资源的综合利用;通过城市快速路的建设,可以提升道路交通的通行效率。另一方面,道路基础设施的建设需要大量的高能源、高碳密度原材料产品,包括钢材、水泥等,这导致在建设过程中能源的大量消耗和污染的大量排放,产生了严重的道路生态负效应,如气候热岛、环境污染、能量耗散、景观割裂、生物多样性减少、廊道效应等,对生态环境产生了巨大的破坏作用。国家环境保护局发布的《中国生态问题报告》中指出:交通建设过程和矿产资源开发引起的生态破坏已经成为生态环境恶化的主要原因之一。传统的道路发展只注重道路的技术指标,强调道路运输的服务能力及服务质量和对国民经济产生的经济效益。面对资源、环境的压力,传统的道路建设方法无以为继,必须寻求新的理念与技术。因此,赋予道路工程建设低碳生态的理念,倡导以降低能耗和减少碳排放为首要目标的低碳生态型道路基础设施的建设模式,将成为实现城市低碳经济快速发展的重要保障。

低碳生态型道路与传统道路相比,从思想理念到实践行动都存在着较大差别。从侧重道路的功能因素。强调经济效益的传统狭隘的建设思想转变为整体考虑区域经济、环境、社会综合系统的可持续发展思想;由传统的以填方为主节约工程造价的建设模式转变为利用各种高新技术、生物工艺、材料以减小对生态系统影响的建设模式;从单纯注重道路经济合理性、技术可行性的陈旧的评价方法转变为综合经济、线形、环境、景观、可持续发展的多目标评价体系。

低碳生态型道路是指道路的设计、建设遵循“低能耗、低污染、低排放”的可持续发展理念，在道路全寿命周期内综合运用各项技术措施，以降低能耗和减少碳排放，形成行车安全舒适、运输高效便利、景观完整和谐的绿色道路交通系统，保障道路基础设施的社会效益、经济效益和环境效益。

低碳生态型道路建设理念是针对道路工程的特点，本着“以人为本、环境友好、资源节约”的原则，综合考虑道路与周围环境、人、车之间的相互作用，以“构建低碳生态道路”为宏观目标，以“节约资源与能源、保护环境、保障行车安全、降低环境污染、增强绿化景观生态性”为设计理念，以创新为基础，以高新技术为主导，集成道路、环境、绿化景观等多学科的科学与技术，形成道路建设生态综合技术，促进道路交通与城市环境和自然资源的和谐发展。

1.2 低碳生态型道路建设技术

根据道路工程理论与实践，从节地、节材、节能、节水、降低污染与增强景观绿化几个方面，总结归纳了低碳生态型道路建设技术。

1.2.1 节地

道路规划与设计过程的节地技术是在城市土地资源日益紧缺的现实矛盾面前，通过前瞻性的规划和先进的设计技术，布局和建设城市道路系统、公共交通系统等交通设施，实现土地集约化、多用途、高效率的使用目的，节约城市土地资源。

规划与设计过程的节地技术体现在：制订科学的交通发展战略，规划布局合理的道路网络系统，综合利用道路设施空间布局公共交通与静态交通设施，系统规划城市慢行交通系统，优化布局道路横断面，优化城市道路交叉口设计等。

公交优先的发展战略，适合我国绝大多数城市当前的发展需求。在相同的客运需求下，城市公共交通占用道路资源最少、客运效率最高。随着国内城市化进程的不断深入，城市规模不断扩大，城市交通正由占主导地位的慢行交通向机动化交通转变。在此过程中，公交优先发展战略可以提升公共交通相对于私人小汽车的竞争力，提高城市公交出行比例，降低车辆对有限道路资源的占用，节约土地资源。

城市道路网络规划必须形成功能明确、级配合理的城市道路系统，通常城市中快速路：主干路：次干路：支路的理想比例为1：2：3：7。国内多数大城市的建设经验表明，地上高架形式、地下隧道形式的快速路通行效率高，占用道路资源少，对城市交通快速、畅达运行的目标起到极大的作用，通常城市中7%～10%的快速路规模可以解决40%～50%的交通需求，城市快速路建设应优先考虑采用高架和地下空间的形式，如图1-1、图1-2所示。

复合型交通走廊是节约土地资源重要的方式之一，城市轨道交通、BRT等快速公交设施结合城市骨干道路布局，利用高架、绿化景观带，整合公共交通设施与道路设施的资源，缩减道路红线宽度，在满足城市公共交通与道路机动车交通需求的前提下，实现节约土地资源的目标。利用城市支路，沿线设置机动车停车泊位，可以在较低的土地占用水平上，降低区域停车的矛盾，从一定程度上缓解公共停车场建设的压力。

图 1-1 高架道路

图 1-2 地下道路

目前道路机动车车型向小型化发展，城市道路断面的设置提倡合理的窄车道，缩减道路红线宽度。同时道路绿化景观同慢行通道结合设置，既提升了慢行空间的环境，又节约了土地的使用。城市道路交叉口通过紧凑型立交、主干路交叉口设置简易分离式立交，可以极大提升局部节点的通行效率和路网的整体服务水平。

综合交通枢纽的建设是实现城市交通一体化的基本途径，它实现了多种交通系统在枢纽内的集约，多种用地模式在枢纽内的集约，充分整合不同交通系统之间、交通设施与城市基础设施之间的关系，达到土地高度集约利用的目的。

1.2.2 节材

道路建设应采用环保型绿色建设材料，减少材料在建设过程中的能耗。提高循环利用和再生材料的利用比例，减少不可再生资源的使用。选取建设材料时，应尽量采用当地材料，减少对环境的影响。同时应选用再生性好、可循环利用的建设材料，减少对环境的污染。目前主要有以下几种节材技术。

(1)沥青路面再生利用技术

沥青路面再生利用技术是将需要翻修或者废弃的旧沥青路面，经过翻挖、回收、破碎、筛分，再和新集料、新沥青适当配合，重新拌和成为具有良好路用性能的再生沥青混合料，用于铺筑路面面层或基层的整套工艺技术。该技术可以提高沥青路面的再生利用率，节约相应数量的沥青和砂石材料。

沥青再生技术一般可分四大类：厂拌热再生、厂拌冷再生、现场热再生和现场冷再生。

目前，欧美日等发达国家在再生沥青路面的生产工艺以及与之配套的各种挖掘、铣刨、破碎、拌和等机具研制与开发方面均取得了显著的成就。经过近 30 年的大规模生产实践，已证明了沥青路面再生在技术上的可行性，并形成了系统的成套沥青路面再生技术，且达到了规范化与标准化的成熟程度。我国在沥青路面再生方面也开展了一系列研究，编制了再生技术规范，目前国内正在逐步推广再生技术。

(2)水泥混凝土路面再生利用技术

在原有破损水泥混凝土路面已经完全失去路用性能而不得不加铺新路面的前提下，对原水泥混凝土路面进行再生利用，使原有水泥混凝土路面成为加铺沥青道路的基层结构。

美国早在20世纪80代初就开始了破碎稳固及碎石化技术的研究和应用，并建立了在旧水泥混凝土路面破损严重状况时原位利用水泥混凝土路面的破碎稳固与碎石化工艺及加铺沥青罩面层的技术。目前破碎稳固技术主要有三种：冲击压实、打裂压稳和碎石化技术，国内针对破坏较为严重的水泥路面采用碎石化技术进行再生利用。

(3)废旧材料回收路用技术

废旧材料回收路用技术是指将诸如橡胶、塑料等固体废弃物通过一系列工艺加入到沥青中，经过搅拌制备成具有改性沥青特性的橡胶(塑料)沥青。橡胶(塑料)沥青可减轻"黑色(白色)污染"，作为低碳型沥青改性剂提高路用性能，减少传统高碳型SBS改性剂的使用量，并可使废旧材料循环利用，节约能源与资源。

目前废橡胶轮胎在道路上的应用逐渐成熟，依据废橡胶的加入方法，橡胶沥青的生产可分为湿法工艺和干法工艺两大类，如图1-3、图1-4所示。湿法工艺是指将废轮胎橡胶粉加入基质沥青中，拌和成具有改性沥青特性的橡胶沥青，可作为密级配、间断级配或开级配沥青混凝土的黏结料。干法工艺是指将相对颗粒较粗的废轮胎橡胶粉加入集料中，然后喷入热沥青拌制成橡胶沥青混凝土。湿法工艺生产的橡胶沥青主要应用于水泥道路填缝料、碎石封层、应力吸收层和沥青混凝土，而干法工艺生产的橡胶沥青只能应用于沥青混凝土。湿法工艺生产的橡胶沥青可对基质沥青起到改性作用，可较为明显地提高沥青路用性能，而干法与湿法相比具有工艺简单、消耗废轮胎多和成本较低的优点。

图1-3 橡胶沥青湿法工艺

图1-4 橡胶沥青干法工艺

美国最早开展了橡胶沥青的研究，在1991～1997年间提出了相关技术规范与指南，美国公路行业累计使用废旧轮胎胶粉8 000万t，约消耗4亿条废旧轮胎。

随着原油及其下游石化产品(如热塑性橡胶SBS)价格的不断攀升以及人们环保意识的增强，废旧橡胶在沥青路面中的应用具有良好的前景，国内也越来越多地应用橡胶沥青替代SBS改性沥青。

(4)建筑垃圾固结路用技术

建筑垃圾固结路用技术是指通过添加固结剂等技术方法，使建筑垃圾能够固结成用于铺筑道路的建筑材料，起到变废为宝、节约能源的作用。

中国城市化发展产生了大量的建筑垃圾，目前其数量已经占到了城市垃圾总量的1/3左右。建筑垃圾不仅影响城市环境、浪费土地资源，还会造成巨大的能源和资源浪费。统计数据表明,我国建筑垃圾资源化率不足5%,而欧盟国家每年资源化率超过90%,韩国、日本的建筑垃圾资源化率已经达到97%以上。建筑垃圾如何处理已经成为目前迫切需要解决的问题。在道路上,松散的建筑垃圾性能不满足设计要求,需要一定的固结剂来稳定,用固结剂稳定的建筑垃圾可用于道路的路基、垫层与基层,如图1-5所示。

a) b)

图1-5 上海世博园区建筑垃圾用作道路建筑材料

1.2.3 节能

(1)温拌沥青混合料路面

温拌沥青混合料技术通过降低沥青混合料的拌和与摊铺温度,达到降低沥青混合料生产过程中的能耗与二氧化碳及粉尘排放量的目的。温拌沥青混合料的拌和温度比普通热拌沥青混合料低30~50℃,可节约30%的能源消耗,减少30%的二氧化碳排放量,如图1-6、图1-7所示。目前温拌沥青混合料不仅用于新建工程中,而且还用于改建工程中。在上海,温拌沥青混合料已经越来越多地应用到路面、桥面铺装与隧道路面铺装中。

a)

b)

图1-6 热拌与温拌材料拌和排放对比

(2)泡沫沥青稳定碎石基层

泡沫沥青混合料的强度特征接近水泥稳定、石灰稳定材料(半刚性材料),但其具有一定的柔性特征和良好的抗疲劳特性,用其取代半刚性材料铺筑道路的基层可以有效地减少反射裂缝;泡沫沥青混合料拌和后即可压实,压实结束即可开放交通,尤其在城市道路维修中,可以明显减少对繁忙道路的交通影响;在泡沫沥青混合料的生产中,只需将沥青加热,集料在冷、湿状态下与泡沫沥青拌和,可以节省大量的资源,泡沫沥青混合料是一种经济、环保的道路材料;由于泡沫沥青可以和冷、湿集料良好的黏结,因此它可以在阴雨等不利天气下进行正常施工,而不会影响施工层的质量;可以用于泡沫沥青稳定的集料范围较广,如高质量的碎石,低等级的砂石料、矿渣,破碎的沥青混凝土回收料 RAP(Recycled Asphalt Pavement)等,可以根据工程特征就地取材。

a)

b)

图 1-7　热拌与温拌材料施工现场对比

1.2.4　节水

雨水作为一种宝贵的资源,在城市水循环系统和流域水环境系统中起到十分重要的作用。道路多为不透水密实铺面,在一定程度上导致雨水流失量增加和水循环系统平衡遭到破坏,并引发一系列环境与生态问题。

合理规划路表雨水径流途径,最大限度地降低地表径流,采用多种渗透措施增加雨水的渗透量。目前透水性铺面是一种比较好的解决措施,它是从面层到基层整个结构都采用透水性材料组成的结构,雨水通过透水面层、透水基层,最后渗透到土基中,如图 1-8 所示。

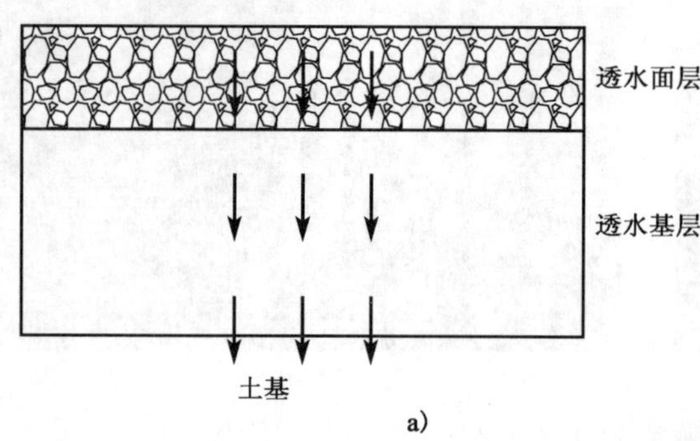

a)

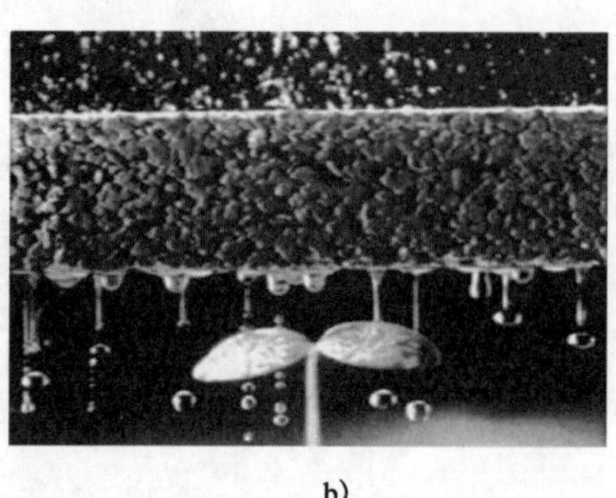

b)

图 1-8　透水性人行道

透水性铺面能够使雨水迅速地渗入地表,还原为地下水,使地下水资源得到及时补充,保持土壤湿度,改善城市地表植物和土壤微生物的生存条件,同时可以调节城市空间的温度和湿度，消除热岛现象。

1.2.5 降低噪声污染

目前城市中噪声污染70%来源于道路交通噪声污染。随着汽车保有量的增加，道路交通噪声污染日趋严重，沿线居民的抱怨投诉增多，交通噪声已成为社会的主要公害之一。为降低交通噪声，需要从多方面采取措施，传统做法可采用声屏障或提高道路平整度等，从路面方面来说可以采用低噪声路面。

低噪声路面可以分为多孔排水性沥青路面与橡胶沥青路面两类。多孔排水性沥青路面能降低噪声的排放，主要是由于它的纹理构造和孔隙可以吸收被压入的空气，并通过连通孔隙排放，从而减少了单极子噪声的产生。欧洲一些国家曾对不同国家的干道网进行录音检测，证明多孔路面与一般沥青路面相比较确实具有良好的声学性能。荷兰得出的结论是排水性路面可降低噪声约4dB，降噪功能如图1-9所示。

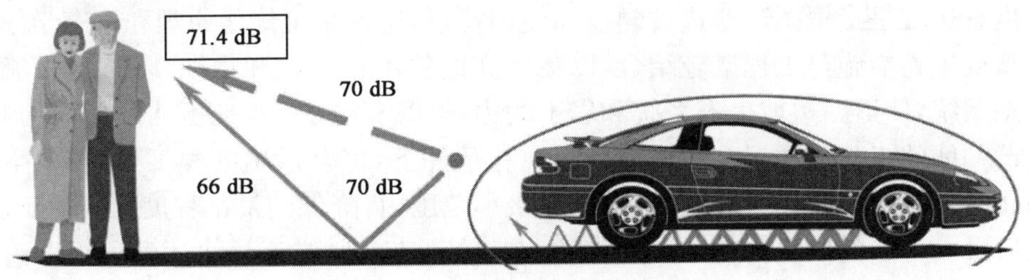

图1-9 多孔排水性沥青路面降噪功能

橡胶沥青路面作为减少道路交通噪声的一种措施，最早于1981年在比利时的布鲁塞尔出现。研究表明，橡胶沥青混合料有较好的降噪效果。1984年法国采用橡胶沥青铺筑了沿塞纳河的城市道路，发现在没有载重车时可降低噪声3～5dB，有5%的重车时可降低噪声2～3dB。1988年澳大利亚、荷兰分别铺筑了试验路，噪声降低2.5～3dB。美国加利福尼亚州于1993年10月在快速路上铺筑了橡胶沥青路面，经6年的观测，橡胶沥青路面噪声平均降低约4dB，相当于降低了60%的交通噪声能量。其他国家如英国、联邦德国、比利时等欧洲国家也开展了相应的研究。国内也越来越多地采用橡胶沥青路面来降低交通噪声。

1.2.6 道路生态绿化景观

(1)道路绿化景观

丰富的植物资源是进行道路生态绿化景观的基础，植物作为生态系统中的主要生产者，通过其生理活动的物质循环和能量流动，如光合作用的释放氧气吸收二氧化碳，蒸腾作用的降温散热、根系矿化作用净化地下水等，对生态系统进行改善与提高。因此道路绿化可以净化空气，吸收二氧化碳，提高道路及周边环境质量，调节气候，保持水土，形成景观。同时可以调节湿度和温度，延长道路使用期限，当太阳光照射到浓绿的树冠上时，有30%～70%的辐射热被树冠吸收，并通过蒸发作用带走大量的热量，从而降低了周围的温度。浓密的树木冠幅能直接降低路面的温度，延长道路的使用寿命。

道路绿化应适时适地，合理规划，科学配置，并与周围环境相协调，如图1-10所示。

a)

b)

图 1-10 道路绿化景观

(2)道路生态护坡

道路生态边坡是指根据道路边坡建设和使用特点，遵循系统优化原理和生态学原理，单独用生物措施或生物措施与工程措施结合，以减轻坡面的不稳定性和侵蚀，防止水土流失，恢复破坏的生态系统，使道路边坡生态系统和岩土的力学状态达到新的平衡从而更好的和周围环境融为和谐一体的工程方法。生态边坡是在现有条件下，综合运用各种工程措施、生物措施、农艺措施、管理措施将公路建设的破坏限制在最小范围内，降低到最小程度。而对于已造成的破坏则采取最大可能的恢复措施，重建新的生态系统，使新建群落尽快达到顶级群落，并对占用土地进行补偿。同时可结合路线特点，通过科学的生态美化来改善道路景观，从而既能给行者带来美的感受，又能维护自然生态系统的平衡，如图 1-11 所示。

a)

b)

图 1-11 道路生态护坡

从节地、节材、节能、节水、降低污染与增强景观绿化几个方面出发，综合分析各项技术，对于低碳生态型道路的构建，需要从前期规划设计和实施建设两个方面来考虑。

对于前期规划设计，主要从以下两个方面考虑。

(1)城市交通规划

科学规划与布局城市道路交通系统是进行低碳生态道路建设的基础。在城市交通规划阶段，应制订合理的交通发展战略，布局城市道路系统、公交系统、停车系统等各交通系统，统筹安排与协调各类交通设施的用地规模与布局,达到土地的集约化、多用途、高效率使用。

(2)交通设施设计

根据交通规划要求,从节地角度出发,重点考虑道路横断面设计、窄机动车道设计、紧凑的立交设计、复合交通走廊设计。

对于实施建设,主要从以下几个方面考虑。

(1)排水性沥青路面

排水性沥青路面是采用大空隙混合料作为面层,下承层设置封水层,渗入到排水层内的水在下封层上流向排水设施并迅速排出,而不再向下承层渗透的路面结构。排水性沥青路面构造深度大,抗滑性好;雨天路面不积水,车辆行驶水雾少,行车安全舒适;高温稳定性好,抗车辙能力强;路面空隙大,吸收交通噪声,能降低噪声 3～4dB。

(2)透水路面

透水路面保证了大气降雨对地下水的供给和补充,减少地面沉降,而且保证了路面不受水的侵蚀和损坏;雨天透水路面不积水,保证雨天出行的安全与舒适性;降到表面的雨水通过透水路面下渗,既节约了绿地用水又减少了降水对排水管网的压力,同时保证和保持了城市的整体景观,可以产生巨大的直接和间接的社会经济效益。

(3)温拌沥青混合料路面

相对于热拌沥青混合料,温拌沥青混合料可以使施工温度降低 30℃以上,减少沥青老化程度,降低高温对施工设备的影响;减少排放与能量消耗,节能 30%左右,并可减少 30%的二氧化碳排放量和 40%的粉尘排放量;温拌沥青混合料施工时,沥青烟与多环芳香族碳氢化合物排放减少 30%～50%,大大降低了其对施工人员的伤害;尽管其增加了施工时间和施工运距,但温拌沥青混合料可提高施工和易性,减少温度离析,保证施工质量。

(4)橡胶沥青路面

橡胶沥青路面消耗了大量废旧轮胎,实现了废旧轮胎资源的再生利用,大大降低了黑色污染;橡胶沥青路面可以使交通噪声降低 2～4dB,减少噪声污染;废轮胎橡胶粉对沥青有改性作用,提高沥青路面性能,在一定程度上替代 SBS 改性沥青,具有较好的经济性。

(5)泡沫沥青稳定碎石基层

泡沫沥青稳定碎石柔性基层具有节能减排的作用,泡沫沥青混合料具有较好的柔性特征和抗疲劳特性,用其取代半刚性材料铺筑道路的基层可以有效地减少反射裂缝;泡沫沥青混合料拌和后即可压实,压实结束即可开放交通,尤其在城市道路维修中,可以明显减少对繁忙道路的交通影响;在泡沫沥青混合料的生产中,只需将沥青加热,集料在冷、湿状态下与泡沫沥青拌和,可以节省大量的资源。

(6)建筑垃圾固结路用技术

建筑垃圾固结路用技术避免大量建筑垃圾的外运,降低了运输的能耗,减少了 CO_2、NO 等有害气体的排放,将可绿色发展理念融入道路工程建设中;避免建筑垃圾堆放占用大量土地,减小对周围环境的影响,充分发挥道路工程建设对低碳经济的支撑作用;实现建筑垃圾的再生利用,避免新的土石方开采,节约自然资源,保护生态环境,是建设"资源节约型、环境友好型社会"的具体体现。

(7)路面再生利用

路面再生利用，包括沥青路面与水泥混凝土路面再生利用，实现道路路面材料的资源化利用，节约道路砂石材料与结合料，避免新的土石资源开采，保护生态环境。

(8)生态边坡

生态边坡保障边坡稳定，防止水土流失，保证道路运营的安全；同时生态边坡改善道路绿化景观，维持生态系统平衡，并发挥生态边坡的储碳功能。

(9)道路绿化

道路绿化吸收二氧化碳，改善道路周边环境质量，调节气候，保持水土；道路绿化具有良好的景观作用，同时可以调节湿度和温度，延长道路使用期限。

第 2 章　道路规划和总体设计低碳技术

2.1　概　　述

道路规划与总体设计的低碳技术，是通过合理的规划与科学的设计，规划布局城市道路交通系统，从交通一体化发展的角度出发，实现各交通系统之间的综合利用与便捷换乘，提高交通设施的利用效率，从而在满足城市规模不断扩展、交通需求不断增长的前提下，实现节约土地资源的最终目的。

20 世纪 90 年代中期以来，不少城市编制了本地区的 20 年总体发展规划，但实际发现多数城市往往用不到十年的发展，就突破了当时总体规划确定的 20 年的城市规模与人口规模，因此绝大多数城市均对总体规划进行了多次修编，修编重点是不断扩大城市规模与人口规模，以适应地区发展过程中的实际情况。从我国目前的社会经济发展形势以及城市化总体水平来看，我国尚处于城市化发展的进程中，城市化总体水平尚不高，未来随着社会经济的进一步发展，人口不断由农村向城市集聚，城市规模势必不断向外拓展，城市化发展还将持续相当长的一段时间。

在城市不断向外拓展的过程中，首当其冲的便是使用土地资源。由于土地资源是不可再生的、十分有限的宝贵资源，因此城市建设必须十分节约每寸土地，实现土地资源的综合利用(图 2-1)。在过去的数十年间，国内多数城市基本呈现“粗放型”的发展模式，经济快速发展过程中并未足够重视对环境保护和资源的节约利用，道路交通系统缺乏前瞻性的合理规划，基本上以应对各阶段交通矛盾的被动发展为主。另外过多地注重城市形象工程、大工程，造成许多交通设施占地过大、土地浪费现象比较严重，既违背了“资源节约”的基本原则，又对城市与环境的可持续发展带来了极为不利的影响。

a)

b)

图 2-1　大立交、道路景观的规划设计宜考虑土地资源的节约与综合利用

2.1.1 城市交通规划阶段

科学规划与布局城市道路交通系统是进行低碳生态道路建设的基础，在城市交通规划阶段应当根据未来城市交通发展趋势以及城市的特征，制订合理的交通发展战略，在交通发展战略的指导下，布局城市道路系统、公交系统、停车系统等各交通系统，统筹安排与协调各类交通设施的用地规模与布局，达到土地的集约化、多用途、高效率使用。

(1)交通发展战略

城市道路设施规模、停车设施规模、道路交通设施的配置都与城市内的机动车辆拥有与使用状况直接相关。由于小汽车出行最为舒适和便捷，一旦条件允许，居民都会选择购买和使用小汽车出行，过多的小汽车保有量势必要求城市提供相应的道路设施与停车设施，来满足小汽车出行的要求。目前我国多数城市出现的交通矛盾正是急剧增长的小汽车保有量与相对滞后的交通设施供应量之间的矛盾。但另一方面，城市交通设施不可能一味的迎合小汽车的发展进行无休止的建设，交通设施的规模与城市其他设施的规模之间必须有一个平衡。

公共交通相对小汽车交通占用道路资源少，同等需求下的客运效率高。若一辆公交车单程运行 15km，装载 100 人次，以人均乘坐 4km 计算，共满足了 400 人·km 的交通出行需求，但却只占用了 30 车·km 的道路资源。若这些交通需求通过小汽车实现，按照每辆小汽车装载 1.5 人次计算，也需要 265 车·km 的道路资源。粗略估算，在满足同等的交通需求下，公共交通占用的道路资源不足小汽车的 1/8，在城市有限的道路资源下，公共交通相对于小汽车交通的优势十分明显。

交通发展战略就是在城市交通规划阶段，充分分析未来城市发展趋势与发展规模，明确未来城市主导的交通方式，明确各类交通方式的发展政策，公交优先发展战略对于节约各类资源、保护城市环境等方面具有十分积极的作用。国内城市交通正处在由慢行主导向机动化出行转变的过程中，公交优先战略可以为城市公共交通的发展提供优先的保障，提升其对于私人小汽车的竞争力，有效减少城市小汽车的拥有与使用规模，进而可以减少城市道路设施、停车设施的供应规模，全面实现节约土地资源的目标。

(2)道路系统规划

道路系统规划，主要是根据城市发展格局布局相应的道路系统，做到功能明确、主次有序，实现交通出行的“通”与“达”。通常而言，道路等级越高就承担越多“连通”功能，道路等级越低就承担越多“到达”功能。根据《城市道路交通规划设计规范》(GB 50220—95)设定的理想空间布局关系为：快速路：主干路：次干路：支路的网络密度比例大致为 1：2：3：7，道路系统规划的主要任务是基于未来城市交通出行特征与总体需求，按照合理的架构，明确各级道路的规模与功能，实现道路的高效率运行。

随着城市规模的不断扩大，城市快速路在城市交通出行中的地位越来越重要，国内多数城市快速路系统的运行实践也表明，快速路对于缓解城市交通压力具有十分重要的作用。2009 年上海市第四次综合交通大调查的结论显示，全市快速路总长度约占城市道路的 5%，但其承担的机动车交通需求约占城区总需求的 45%，交通通行效率极高。另一方面，由于城区快速路建设可以充分利用道路的上部空间、地下空间，采用高架、地道的形式可以占用相对少的土地资源，实现土地资源的全面利用。

(3)公交系统规划

在公交优先发展战略的指导下,公交系统规划应布局包括轨道交通、BRT 等城市快速公交网络,布局公共交通场站、公交专用道、港湾式停靠站等公交设施。

公交系统规划与道路系统布局相结合,道路系统与公交系统相互整合、相互满足。首先根据公交规划的要求,道路设施应为轨道交通、BRT、公交专用道等设施提供相应的空间,满足公交设施的建设要求;其次公交设施的布局也应当以道路系统布局为基础,合理利用已有的道路空间,尽量形成复合型交通走廊,结合城市骨干道路,利用道路的绿化景观带、高架、地下空间布局城市的快速交通系统,实现土地资源的综合利用。根据公交专用道的设置要求,调整道路断面车道布置,平衡公交专用车道与小汽车车道的关系,满足各类交通的使用要求。

(4)停车系统规划

随着国内各大城市小汽车保有量的迅猛增长,城区内停车矛盾日益突出,对公共停车泊位的需求也日益增长,多数城市均采取修建社会公共停车场(库)缓解城区停车矛盾,停车系统规划通常根据城市未来小汽车发展规模,布局相应的社会公共停车场。相对而言,社会公共停车场可以提供较多的停车泊位,对道路交通的干扰较小,但也占据了一定的城市用地。从节约城市土地资源的角度分析,路内停车场结合城市道路设置,不占用单独的用地资源,并且从停车到达的便捷性看,路内停车场通常要比路外专用停车场方便,因此在停车系统规划阶段,宜考虑一定比例的路内停车场规模,作为城市公共停车场的补充,并同道路系统规划相结合,本着满足停车需求但不干扰道路交通的原则,设置路内停车场。

(5)慢行系统规划

慢行交通系统以步行与非机动车交通为主,虽然随着城市规模的不断扩大,城市交通出行逐渐以机动化出行占主导地位,但慢行交通作为休闲、短距离出行仍将占据较大的比重,并且随着人们对交通出行舒适性、安全性要求的提高,对慢行设施布局的合理性、出行的便捷性提出了更高的要求。

慢行交通系统规划,不只是简单的布局自行车通道、步行通道,按照环境友好、资源节约的城市建设要求,慢行交通系统规划宜结合城市公共交通系统、道路系统布局,根据慢行交通的特征,设置相应的慢行通道、慢行换乘设施,构筑点、线、面相结合,有机串联的分级慢行交通系统。在非机动车流量不高的区域,设置机非共板的道路断面,可以缩减一定宽度的道路红线,节约土地使用;在道路景观设置条件较好的区域,利用道路景观布局相应的步行与非机动车通道,在提升通行空间的环境、保障了慢行通道的安全的同时,也节约了相应的土地资源。

(6)综合交通枢纽规划

建设综合交通枢纽是实现城市交通一体化的重要途径。综合交通枢纽内汇集了多种交通方式,通过合理的规划,整合各交通设施之间的关系,有序组织枢纽内部的车流、人流,实现土地的集约利用,达到节约土地资源的目的。

2.1.2 交通设施设计阶段

(1)综合利用的道路横断面规划设计

道路横断面的宽度决定了道路的红线宽度,也直接决定了道路占用土地资源的规模。道路的横断面布局需要考虑的最基本要素是:机动车通行要求、非机动车通行要求、行人通行要求以及绿化和隔离设施、其他设施的布置要求。低碳生态道路系统建设最终的目标是节约土地资源和能源，综合利用道路横断面空间，实现道路红线范围内空间利用的最大化，利用道路空间设置机动车停车区域，利用道路绿化带设置轨道交通系统，通过合理的平面设置，在红线范围内协调布置公交车辆港湾车站，是倡导低碳生态道路的有效途径。

(2)窄机动车道设计

我国现行《城市道路设计规范》(CJJ 37—2012)于 2012 年 5 月 1 日颁布实施，该规范较老版本 91 版规范在道路设计参数、设计指标方面有了一定的改进，机动车道宽度在原来老规范 3.75m、3.5m 两个标准基础上，增加了低于 60km/h 设计车速状态下小客车专用道 3.25m 的设计标准，一定程度上适应了当前城市道路交通结构。但从目前国内各大城市道路交通运行的实际情况看，道路设计面临的问题和所处的环境不尽相同，近些年国内多处道路的设计与运行实践表明，在将道路机动车道缩减为 3.25m 甚至 3m 后，完全可以满足小车的通行要求，且对道路单车道的通行能力以及道路安全并未造成负面的影响。机动车道的设计过程宜根据道路交通的实际需求，有针对性的灵活采用不同的车道宽度，达到既能满足交通需求，又能节约土地的目标。

(3)紧凑的立交设计

通常立交给人的印象是占地大，视觉效果差，对环境干扰大。但是从交通运行效率角度看，立交由于消除了交叉口的部分交通冲突点，极大地提升了道路交叉口的通行效率。从交通运行的整体角度看，有利于城市生态绿色交通的建设。从建设生态、低碳道路系统的角度出发，应当寻求立交系统在解决交通矛盾和增加环境负面影响方面的平衡点。在城市核心区域，应当避免建设占地多的立交，努力通过垂直空间换平面空间的手段，设计紧凑型的立交，适度增加立交的投资及立交的层数，以减少立交对于土地资源的占用。

2.2 绿色交通发展战略

2.2.1 绿色交通基本涵义

(1)绿色交通的概念

一直以来，用牺牲环境及资源来解决交通问题是城市交通建设的一大误区。建立一个以解决交通拥挤、改善环境质量、优化资源利用为目标的城市交通新发展模式及其保障体系即绿色交通，对我国的城市发展以及城市经济发展有重大的意义。绿色交通是一个理念，也是一个实践目标。具体来说，绿色交通即是以人为本的、可持续的交通。“以人为本”要求交通系统内部优化，提供高品质的交通服务，满足人民多样化的出行需求。“可持续”涵盖交通系统与外部系统的协调、共生问题，要求交通系统对环境的影响、资源消耗在可承受范围以内，主要表现为交通与资源、环境的和谐。综合来说，绿色交通应该是以满足交通需求、优化资源利用、改善环境质量为目标，以交通负荷、资源消耗、环境容量为控制指标，是需求导向的、资源导向的、环境导向的交通系统。

(2)绿色交通体系的基本特征

绿色交通体系的基本特征，概括来讲，就是高效、低碳、以人为本。

所谓高效是针对城市综合交通运输体系来讲，绿色交通体系应当充分整合各类交通设施，根据城市交通出行的需求特征，实现各类交通设施之间的一体化运行与便捷转换，发挥交通运输的整体功能，实现全社会交通运输的整体高效率。

低碳包括了城市交通系统建设和运行的各个方面，是以节约社会资源为目的，降低交通系统各个环节的碳排放，交通设施建设过程采用先进的科技手段。在资源的综合利用等方面实现低碳排放的目标，在交通运行过程中，通过宏观政策的引导以及各类车辆生产技术的提高，降低交通出行总量，减少交通运行对石油能源的消耗，实现低碳的目标。

以人为本是绿色交通体系的核心，交通系统的最终服务对象是每个交通参与者，而不是各类车辆，绿色交通体系应更多地考虑人们对于交通舒适、安全、便捷的要求，强调人的可达性优于车辆的移动性，提高人们的出行质量，体现社会的公平。

(3)绿色交通体系的体现

“4E”型交通系统是绿色交通体系最好的体现，总体来讲是实现交通与资源(Energy)、交通与环境(Environment)、交通与社会(Equity)、交通与经济(Economy)四个方面的和谐发展。

交通与资源的和谐，体现在交通设施的建设应尽可能少地占用各类资源，包括土地资源、矿产资源、城市的空间资源，交通设施建设过程以及建成后的运行过程要体现低能耗的要求，实现对自然资源的节约。

交通与环境的和谐，体现在交通系统运行的各个方面均应以不破坏环境为目的，交通运行应实现低污染、低排放、低噪声，交通设施布局应与周边环境相协调，并努力为交通参与者提供舒畅的通行空间，实现交通与环境的和谐发展。

交通与社会的和谐，体现在城市交通功能的满足应遵从“以人为本”的原则，所有交通设施的布局、运行方式要以满足最大规模人们的出行利益为出发点，出行环境安全、舒适，出行效率高效、便捷。

交通与经济的和谐，贯穿了交通系统建设与交通出行的全过程，本着“低投入、高回报”的目的去规划和建设各类交通设施。根据城市发展需求，科学合理地安排交通系统的各项建设计划，同时交通运行过程注重“低成本”，从各个环节降低交通参与者的出行成本，实现交通与经济的和谐发展。

2.2.2 绿色交通发展战略对生态低碳道路系统建设的指导作用

交通发展战略更多地是应用全球化的眼光和丰富的交通战略研究经验，对城市发展和交通状况进行分析，提出长远的发展目标和战略来指导下一层次的交通规划和交通政策的实施。交通战略指导下的发展政策和实施原则，对道路交通、公共交通、停车设施等各类专项交通的规划和建设具有直接的指导意义。

由于城市交通的运行方式多种多样，不同的方式结构将决定不同的城市交通运行效率，因此，制订城市交通战略的核心是交通模式的选择。指出各类交通工具的发展方向，确定交通工具发展的阶段目标，提出保障交通工具发展的具体措施，促使各种交通方式形成最合理、最符合实际情况的组合状态，以获得最佳的运行效果。

交通模式的选择，决定了交通工具发展的导向性政策，将直接影响城市的交通建设。如鼓励发展私人小汽车交通，就必须更多地建设适应小汽车发展的城市各级道路系统、停车系统。

如提倡大力发展公共交通政策，则建设重心除了合理必要的道路网系统外，还必须注重城市轨道交通、公交专用道、综合交通换乘枢纽等公共交通设施。

2.2.3 国内外大城市的交通发展战略

(1)东京——轨道交通主导战略

东京是世界上典型的以轨道交通为主导的大都市，轨道交通引导了东京都市区的拓展，并使市区由单一中心向多中心发展。轨道交通引导市中心区人口的有机疏散和新市镇的发展规划。轨道交通线路总长度超过 2 000km，东京主城区的轨道交通出行比例高达 58%，东京工作日全天 24h 进入中央三区的机动化出行方式中，轨道交通达到 86%，早高峰时段(7:00～10:00)进入中央三区的机动车方式中，轨道交通占 91%。

东京的轨道交通共分为三大系统，一是服务于城市化地区的地铁系统，由 12 条线组成，总长度约 300km，运营时速 30～35km，主要覆盖东京都建成区；二是服务于近郊区的私营铁路系统，私营铁路以国铁 JR 环线山手线为终点，向外围辐射，由 20 家私营铁路公司运营管理，长度接近 1 000km，运营时速 40～45km，覆盖于东京首都交通圈外的其他地区；三是服务于首都圈的 JR 系统，国家铁路 JR 承担了东京首都圈内市际及市内交通的出行，总长度约 900km，运营时速 120～130km。

(2)洛杉矶——交通拥堵管理战略

洛杉矶全市域范围总人口超过 1 000 万人，但中心城人口约 400 万人，人口密度不足 3 000 人/km^2。洛杉矶的轨道交通系统于 1990 年开始建设，包括轻轨、地铁及通勤铁路，总长度约 400km，洛杉矶是世界著名的小汽车交通城市，小汽车交通的出行比例超过了 70%，它引导了低密度的城市发展。20 世纪末城市道路交通的持续严重拥堵使洛杉矶意识到小汽车交通发展已走到尽头，需实行交通拥堵管理计划来实现城市的畅达。具体措施包括：增加交通投资；发展高载客数汽车专用道；扩展快速公交；实行交通需求管理等。

交通投资增加措施实行后的一段时间内，洛杉矶新建了 105 号公路，延伸了 210 号公路。加上通过地方性的道路改善，整个洛杉矶大都市新增了大约 2 250 车·km 的道路容量，这些新增的道路日均承担了 209 万车·km 的交通量；交通管理措施包括交叉口信号灯控制、高峰时段停车限制、停车换乘设施等。一系列的交通管理措施实施后，增加了约 34 万车·km 的道路容量；公共交通系统提升措施包括建设 11 条交通走廊、缩短传统公交线路发车间隔、轨道交通的驳运公交等。公交运行提升措施实施后，公共交通运行速度由原先的 25km/h 提高至 30km/h，总共减少了约 75 万车·km 的小汽车交通需求；通过鼓励合乘、停车管理、智能交通等措施，减少了约 40 万车·km 的小汽车交通需求。

(3)上海——一体化交通战略

一体化交通是指交通体系内部关联的紧密，即设施平衡、运行协调和管理统一。“设施平衡”是指在保持轨道和道路快速平衡发展的同时，重视换乘、停车和管理设施的建设。首先是道路与轨道之间的平衡，其次是动态设施与静态设施的协调，再次是以枢纽为联系各系统的纽带，最后通过管理设施将所有交通设施整合在一起。“运行协调”是指所有交通方式彼此协调，紧密衔接，安全运行，强调公交内部、公交与个体交通以及客运与货运分层次的整合。“管理统一”则是指交通各相关部门协同运作，共享信息资源，实现高效管理，充分发挥政府、市场、公众

的各种作用和组合优势，对城市交通的规划、投资、建设、运营、收费等进行综合协调。

目前上海轨道交通总运营里程达到了420km，至2020年预计将形成总长度约900km的轨道交通网络，同地面公共交通一起，共承担全市约50%的居民出行需求。城市快速路实现了机动车出行快速、畅达的目标，上海中心城区现有快速路约330km，占道路总长度的约7%，其交通量的分担率约为45%。综合交通枢纽是实现城市交通一体化的关键，依托城市航空、铁路、公路客运、客运码头等对外交通设施，充分结合城市轨道交通站点布局，上海市域范围内共规划了145个交通枢纽，并计划于2020年前建设完成约120个。各类枢纽中，依托大型对外交通设施的枢纽有6个，依托轨道交通站点的枢纽有87个，轨道交通与小汽车换乘的P+R枢纽37个，纯地面公交换乘枢纽15个。经过“十一五”期间的枢纽建设，城市综合交通枢纽为2010年上海世博会的顺利进行起到了极大的作用。

2.2.4 绿色交通发展战略

1)土地使用的平衡战略

城市总体规划阶段的城市空间布局以及土地利用与建立绿色交通体系有密切的关系。从构建绿色交通体系的角度出发，提倡多中心、多组团的土地规划布局，尽量避免大区块同类型土地集中布置的形态，实现职住用地在组团内的基本平衡，居民的大多数交通出行可以在组团内完成，减少居民长距离通勤交通，避免潮汐交通现象。

在城市总体规划阶段，在土地利用布局的基础上考虑城市综合交通系统，尤其是道路网络、内外交通的换乘设施、轨道交通、场站等基础设施的布局同土地利用充分结合。

区域控制性详细规划阶段着眼于城市的局部地区，提倡局部土地的多功能开发，城市公共活动中心、交通枢纽区域适当加大土地开发强度，讲究土地的混合利用。围绕公交枢纽、轨道车站构建城市公共中心，外围区域布置交通发生率较低的公建设施。围绕公交站点高密度开发，开发强度呈圈层式梯度递减，其他区域开发强度略低，如图2-2、图2-3所示。

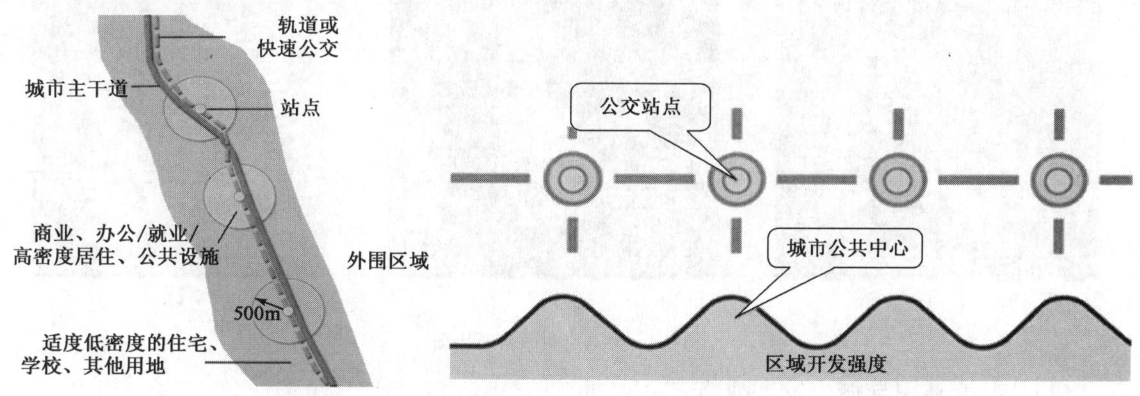

图2-2 TOD用地布局及开发强度示意图

2)公共交通优先发展战略

从交通运行效率与占用的道路空间资源关系看，行人交通占用的道路空间最小，对于城市环境的污染也最小，但行人交通的运送效率相对低下，适应于短距离的出行；私人小汽车的交通运送效率以及出行的舒适度最高，但是私人小汽车占用的道路资源也最高，对应的碳排放量也最高，对环境造成的噪声、尾气污染也比较严重，同时由于其占用大量的道路资源，城市为满足私人小汽车的通行要求，必须大力建设与之相配套的大规模城市道路系统；公共交通介于两者之间，在城市规模不断扩大，机动化出行需求不断增强的当下，公共交通较好地实现了城市交通机动化出行的需求，另外公共交通对道路资源的占用极少，在同样的客运需求下，公共交通占用的道路资源通常是小汽车交通的 1/8。公交优先真正体现了城市低碳、生态的建设理念。交通资源效率对比如图 2-4 所示。

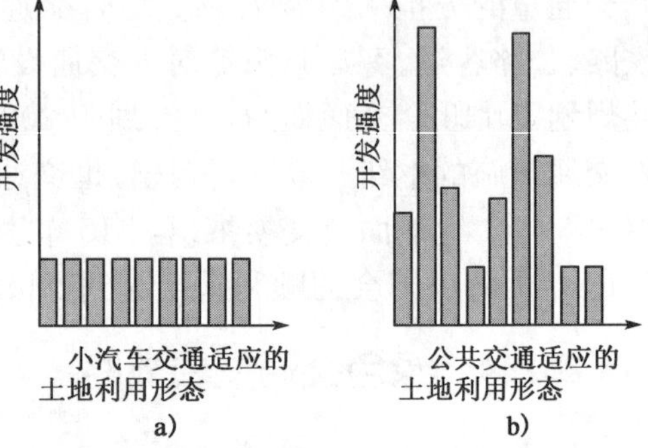

图 2-3　适应不同交通模式的土地利用形态

我国多数城市的城市化发展不断深入，城市居民出行主导方式由慢行交通向机动化交通方式转变。随着居民生活水平的提高，城市小汽车保有量也呈迅猛增长的态势，小汽车交通与公共交通均充当着吸引慢行交通向机动化交通转变的角色。在此过程中，以小汽车交通为导向的政策，将直接对城市道路的整体规模、城市公共停车场的布局与规模提出了极高的要求，城市建设的重心势必要向道路设施、停车设施方面倾斜；而以公共交通为导向的政策，将注重包括城市轨道交通、换乘枢纽等公共交通设施的建设，凭借公共交通客运效率高、对道路资源的低占有等优势，城市将节省大量用以建设道路与停车场的土地资源。必须通过合适的交通发展战略，增强城市公共交通的竞争力，引导居民出行方式向公共交通转变，实现城市交通的可持续发展。

a)

b)

c)

图 2-4　交通资源效率对比图

(1)公共交通引导城市发展战略

公共交通引导城市发展即“TOD”模式，“公共交通引导开发”体现了公交优先的政策，公共交通有固定的线路和保持一定间距（通常公共汽车站距为 500m 左右，轨道交通站距为 1 000m左右）。这就为土地利用与开发提供了重要的依据，即在公交线路的沿线，尤其在站点周边土地高强度开发，公交使用优先。同时在城市开发过程中，引入公交优先的理念，并辅之于公交优先的实践，使得区域的交通出行在新城的形成之初就有了公交出行的习惯，可以增强

未来公共交通与私人小汽车的竞争力，实现城市的生态交通发展目标。

(2)公交枢纽协调交通发展战略

公共交通在少占用道路资源、环境低污染方面有着极为有力的竞争力，但是由于其交通方式的公共性，势必在交通的可达性与便捷性方面存在一定的不方便，因此践行公交优先的一个重要因素是拥有完善的公交枢纽体系，通过公交枢纽整合不同的交通系统，包括城市轨道交通、常规地面公交、私人小汽车、出租车、自行车等交通方式，实现各种交通方式在枢纽内的便捷换乘。枢纽实现了公交方式同其他交通方式的一体化发展，从整体上提升了城市综合交通的运行效率。

(3)公共交通运行优先保障战略

公交优先战略的体现是公共交通运行的优先保障，通过给予公共交通在道路通行空间的优先权、交叉口信号通行的优先权，保障公交运行过程的时效要求与安全要求，实现公交优先目的。

(4)公共交通设施建设优先保障战略

公共交通系统设施建设是实现公交优先的基础，包括公交专用道设施、公交场站设施、公交枢纽设施等，通过宏观的政策与调控手段，城市建设过程中应优先保障公交设施的建设，并通过多种途径、多种手段筹措公交设施建设资金，确保公交基础设施建设顺利进行。

2.3　低碳生态道路系统规划指标体系

2.3.1　城市道路功能定位与基本特征

城市道路是多功能的，在规划时需要按照道路功能的主次进行协调，道路的功能主要体现在“通”和“达”两个方面。通常等级越高的道路其“连通”功能越强，等级越低的道路其“到达”功能越强。现行《城市道路交通规划设计规范》(GB 50220—95)将城市道路划分为快速路、主干路、次干路和支路四个等级。在实际的城市建设中，为了满足城市局部区域交通快速通行的要求，实现道路交通运行的高效率，对一部分交通功能相对强的主干道功能进一步提升，提升后道路功能介于快速路与主干路之间，称之为“快捷路”或“交通性主干路”，为符合现行规范的分类标准，这类道路仍归类为城市主干路。

快速路主要服务于机动车中长距离的出行，满足车辆连续快速通行的要求。快速路是城市交通运输的主动脉，“连通”的功能占绝对主导地位，快速路供机动车专用，路段全封闭，出入口全控制，满足车辆快速、连续、大流量通行的要求。

快捷路也称交通性主干路，是交通功能提升的城市主干路，是快速路的补充，也是城市道路交通在不拆迁、少拆迁条件下扩大通行能力的一种方式。快捷路主要服务于城市的中长距离出行，实现道路主线在某一区段的机动车连续流。快捷路同快速路的区别在于道路空间不是完全封闭，也不是机动车专用，只是通过道路中央隔离或交叉口简易立交的形式，达到主线机动车交通连续流的目标。上海的快速路见图 2-5，广州的快捷路见图 2-6。

一般主干路担负联系城市用地组团之间、各区域之间、大型交通集散点之间和对外交通节点的职能。城市主干路是城市路网的骨架，以“连通”功能为主，主干路的两侧不适宜布置吸引大量人流的公共建筑，主干路与其他道路相交可以是平交形式，但是一般给予较高的绿信比重。

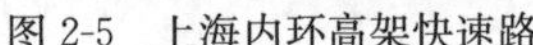

图 2-5　上海内环高架快速路

图 2-6　广州科韵路快捷路

次干路起到集散主干路交通的功能，是联系主干道的辅助性干道，也是分布在城市各区域内的地方性干道。与主干路相比，次干路的“连通”功能有所减弱，“到达”功能有所加强，次干路两侧可以分布住宅、公共建筑、停车场地和公交枢纽等服务设施。

支路是地区性服务的道路，是联系次干路和居民区、工业区、商业区、公共设施用地和对外交通设施的纽带，并且还是划分城市街坊的基本因素，对不同性质的地块提供了良好的交通可达性。支路网的特点是分布广、密度高、通行能力低、车速不高、交通功能以“到达”为主，直接为城市用地和居民生活提供服务。

城市各级道路的基本特征如表 2-1 所示。

2.3.2　道路网规划主要技术指标

1)服务水平指标

服务水平指标是指城市进行道路网络规划时，依据城市形态布局以及交通需求，提出的适合城市交通出行特征、满足人们交通出行意愿的服务水平要求。通常为机动车出行的时效性、速度、道路系统的饱和度等指标。

(1)时效性

时效性指标同城市规模与用地布局紧密相关，城市越大其规划单次机动车出行的时耗期望越高。通常像上海、北京这类特大城市，平均一次出行的时效要求通常在 45min 左右，人口规模在 100 万左右的大城市，平均一次出行的时效性要求通常要控制在 30min 以内。

(2)速度

速度是体现道路系统服务水平的一个重要指标，道路网络规划阶段应依据不同道路等级、不同区位提出不同的速度指标。通常城市外围道路、城市环路、组团之间的联系道路的平均速度指标相对较高，通常期望能够达到 40km/h 以上，中心城区域道路系统的平均速度通常期望能够不低于 20km/h。

(3)高峰时段平均饱和度

路网平均饱和度体现了道路网络的服务水平，城市路网运行的平均饱和度通常宜控制在

0.7 以下。

城市各级道路的基本特征 表 2-1

特征＼道路分类	快速路	快捷路	主干路	次干路	支路
连通功能	极其重要	非常重要	很重要	较重要	一般
可达性功能	较少	次要	一般	较重要	重要
服务功能	服务中长距离出行,实现快速目标	服务中长距离出行,达到准快速目标	服务中长距离出行,连接快速路、快捷路和次干路、支路,实现组团、区域之间的"连通"要求	服务中短距离出行,连接快捷路、主干路,实现"到达"功能	服务短距离出行,实现"到达"功能
使用对象	机动车专用	所有交通方式	所有交通方式	所有交通方式	所有交通方式
车流特征	连续流	主线连续流	间断流	间断流	间断流
交通组织方式 — 路段	中央全隔离,出入口全控制	中央全隔离,出入口不控制	中央隔离带不封闭或部分路段封闭,出入口不控制	不设中央隔离带或中央隔离带在交叉口一般不封闭	中央不封闭
交通组织方式 — 交叉口	主要交叉口立交,次要交叉口封闭	主要交叉口立交,次要交叉口右进右出	平交	平交	平交
设置形式	高架、地面、地下	地面为主	地面	地面	地面
断面形式	需设置辅路,快速路主线宜双向 6 车道	可不设置辅路,机动车道宜双向 8 车道	可不设置辅路,机动车道宜双向 6～8 车道	机动车道宜双向 4 车道	一般机动车道双向 2 车道
交叉口间距(m)	—	—	800～1 500	300～500	300
设计车速(km/h)	60、80、100	50～60	40～60	30～50	20～40
行程车速(km/h)	40～80	30～50	15～25	12～20	10～15
平均每车道通行能力(pcu)	1 600～1 800	1 000～1 200	500～700	400～600	300～500
公交线路	公交快线	公交骨干线	公交骨干线	所有公交线路	
路边停车	禁止	禁止	禁止	允许临时停车	允许临时停车,有条件路段允许长时间停车

2)路网规划指标

(1)道路网密度

道路网密度是城市道路中心线总长度与城市用地总面积之比。根据我国城市道路的分类标准,道路网密度指标按各类道路分别表示,其数学表达式如下:

$$\delta_i = \frac{\sum L_i}{\sum F} \quad (\text{km/km}^2) \tag{2-1}$$

式中：δ_i——某类道路网密度，i 分别对应为快速路、主干路、次干路和支路；

$\sum L_i$——某类道路中心线长度(km)；

$\sum F$——城市用地总面积(km^2)。

(2)道路面积率

道路面积率是城市各类、各级道路占地面积与城市总建设用地面积的比值。其表达式为：

$$r = \frac{\sum (L_i \times B_i)}{\sum F} \tag{2-2}$$

式中：r——城市道路面积率(%)；

L_i——各类道路长度；

B_i——各类道路宽度；

其他符号意义同前。

(3)人均占有道路用地面积

人均占有道路用地面积为城市道路用地总面积与城市人口总数的比例，用公式表示为：

$$\lambda = \frac{\sum (L_i \times B_i)}{N} \tag{2-3}$$

式中：λ——人均道路用地面积(m^2/人)；

N——城市总人口(人)；

其他符号意义同前。

(4)非直线系数

城市各分区之间的交通干道应直捷，但实际情况不可能完全做到。衡量道路便捷程度的指标称为非直线系数(或称曲度系数，路线增长系数)，它是道路起、终点间的实际长度与其空间直线距离的比值。

$$\rho = \frac{L_{实}}{L_{空}} \tag{2-4}$$

式中：ρ——非直线系数；

$L_{实}$——道路起、终点的实际长度；

$L_{空}$——道路起、终点的空间直线距离。

(5)道路红线宽度

道路红线是道路用地和两侧建筑用地的分界线，即道路横断面中各种用地总宽度的边界线。一般情况下，道路红线就是建筑红线，即为建筑不可逾越线，但有些城市在道路红线外侧另行划定建筑红线，增加绿化用地，并为将来道路红线向外扩展的可能留有余地。确定道路红线宽度时，应根据道路的性质、位置、道路与两旁建筑的关系，街景设计的要求等，考虑街道空间尺度比例。

2.3.3 低碳生态道路系统规划技术要求

1)总体要求

城市道路网络规划是进行道路设施建设的基础，在道路网络规划阶段，应明确城市道路网络的总体规模、道路系统的结构比例、各条道路的红线宽度、道路横断面布置等基本要素。道路网络布局应符合城市规模,满足居民出行特征,生态道路系统规划应实现资源节约、环境友好、运行高效的目标。

(1)规划级配合理的道路网络系统

构建布局合理、级配科学的各级道路体系,发挥各级道路的主要功能,区域长距离出行、组团之间的交通联系依靠快速路、主干路承担,片区与组团内部交通联系依靠次干路与支路承担。

(2)规划高密度、窄路幅的道路网系统,控制道路面积率

路网规划在低碳生态方面的直接体现是对于土地资源的节约,最终反映指标是全市道路系统的面积率。从交通出行的可达性来讲,路网密度越高,可达性越高,但道路占用的土地资源也越高,因此必须要从交通需求与土地供应之间寻求一个合理的平衡。一方面控制道路的红线宽度,采用窄路幅的标准;另一方面适当提高道路网的密度,实现"以长度补宽度",使得道路占用土地的总量能够得到控制。

道路系统的生态与低碳体现在最终的路网级配比例、道路交通服务水平等具体指标,生态低碳道路系统的理想指标见表2-2。

低碳生态道路系统指标的总体要求 表2-2

指标 道路分类	密度 (km/km²)	车道长度 (车道·km/km²)	面积率 (%)	通行能力 (pcu/h)	速度 (km/h)	承担交通量
快速路	0.4~0.6	2.5~4	1.2~2	9 000~11 000	60~100	40%
主干路	1.0~1.8	5~6	4.5~5.5	3 000~5 000	40~60	约30%
次干路	1.2~2.4	5~6	5~6	1 600~2 400	30~50	20%左右
支路	4~7	6~8	7~8	600~1 000	20~40	10%左右
大致比例	1.2∶2∶3∶8	1∶2∶2∶2.5	1∶3∶3.5∶5	15∶5∶2.5∶1	—	4∶3∶2∶1

2)道路网络级配

《城市道路交通规划设计规范》(GB 50220—95)设定的各级道路理想空间布局关系为:快速路、主干路、次干路、支路的网络密度大致比例为1∶2∶3∶7。快速路和主干路占用少量的城市用地,承担半数以上的机动车流量,其比例大小成为道路容量的决定因素。次干路和支路覆盖面广,主要起集散车流的作用,承担少量的机动车流量。由于该规范的编制年代相对较早,规范编制时我国的机动车发展水平尚较低,从目前国内各大城市交通运行现状看,城市快速路、城市支路往往在城市道路系统中起到了各自的重要作用,快速路一旦建成往往可以吸引较高的机动车流,支路系统则实现地块的便捷到发。

以长沙和上海的路网级配为例,长沙城区的快速路∶主干路∶次干路∶支路大致为1∶5∶4∶3,路网总密度约为4km/km²,总体表现为路网供应总规模稍有不足,主干路、次干路较为发达,支路系统极为欠缺,快速路系统相对偏少。早晚高峰时刻在河东二环核心区范围内超过50%的交叉口处于拥堵状态,干路平均车速在12km/h左右,且交通出行的可选择路径较少,交通量主要集中在芙蓉路等几条贯通性较好的干路上。上海外环以内中心城区路网总密度为5km/km²,快速路∶主干路∶次干路∶支路大致为1∶1.7∶1.5∶8,实际运行效果是高峰时

刻快速路平均车速约为44km/h,44%的干路交叉口拥堵,主干路的运行车速约为16km/h,整体效果相对良好。上海与长沙核心区路网级配见表2-3。

上海、长沙核心区路网级配 表2-3

道路等级	长沙城区路网指标		上海中心城路网指标	
	长度(km)	密度(km/km^2)	长度(km)	密度(km/km^2)
快速路	53.88	0.28	202	0.40
主干道	311.41	1.64	472	0.7
次干路	227.03	1.19	419	0.60
支路	151.44	0.80	2 132	3.2
合计	743.76	3.91	3 224	5.0

从长沙、上海等城市的实践经验看,快速路、支路系统对城市路网的整体运行效率具有重要作用。城市低碳生态道路系统既要重视快速路系统的供应,尤其是大中型城市快速路系统建设,满足中长距离出行的需要,又要重视支路网系统的完善与贯通,实现地区交通的便捷到发。结合我国现行规范,按照低碳生态道路系统的建设要求,城市道路系统级配可以适当增加快速路与支路系统的比重,快速路∶主干路∶次干路∶支路的比例大致为(1.1～1.2)∶2∶3∶(7～8)。理想的路网级配如图2-7所示。

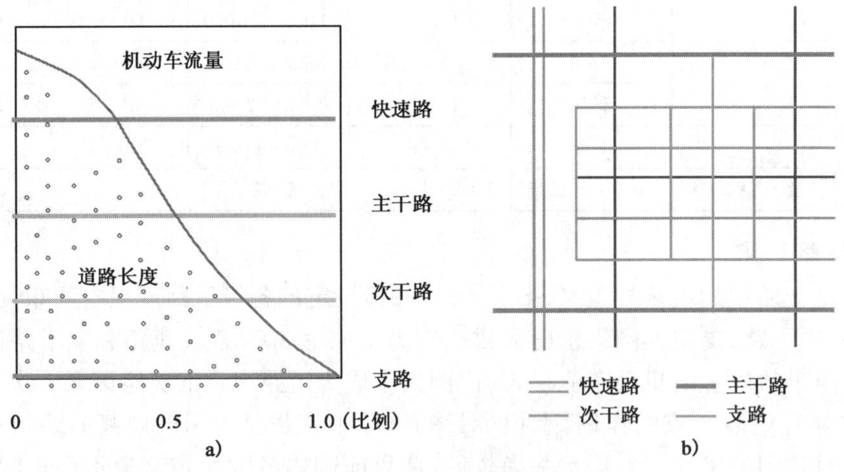

图2-7 理想的路网级配比例图

3)道路网密度

确定道路网密度指标的依据,主要是道路网总体布局、规划规模、交通控制和管理的要求(是否需要组织单行线)、公交线网密度及城市原有道路网状况等。

(1)国外城市路网密度

国外发达国家城市,由于承受个体机动化出行和路边临时停车的双重压力,这些城市的道路网密度都很高,一般超过10km/km^2。日本和美国的城市道路网密度达到15km/km^2以上,欧洲城市较低,但也在10km/km^2左右。国外部分城市道路网密度指标如表2-4所示。

国外部分城市道路网密度指标　　　　表 2-4

国家	城市名称	路网密度(km/km^2)	国家	城市名称	路网密度(km/km^2)	国家	城市名称	路网密度(km/km^2)
日本	东京	18.8	美国	纽约	13.1	英国	伦敦	8
	大阪	18.1		芝加哥	18.6	法国	巴黎	13.3
	名古屋	18.4		—	—	西班牙	巴塞罗那	11.2
日本平均		18.4	美国平均		15.9	欧洲平均		10.8

虽然考虑到由于支路统计标准的不同，国内外道路网密度的差距并没有指标上反映的那么大。但总体来看，发达国家的道路网密度总体水平较高。

(2)国内城市道路网密度

我国目前衡量城市道路网密度的标准基本采用《城市道路交通规划设计规范》(GB 50220—95)，规范中对道路网密度的规定见表 2-5。

国标规定的道路网密度　　　　表 2-5

道路等级		快速路(km/km^2)	主干道(km/km^2)	次干道(km/km^2)	支路(km/km^2)
大城市	>200 万人	0.3～0.4	0.8～1.2	1.2～1.4	3～4
	≤200 万人	0.3～0.4	0.8～1.2	1.2～1.4	3～4
中等城市		—	1.0～1.2	1.2～1.4	3～4
小城市	>5	—	3～4		3～5
	1～5	—	4～5		4～6
	<1	—	5～6		6～8

根据国标要求，超过 200 万人口的大城市道路网的总体规模约在 $7km/km^2$ 左右，同日本以及欧美发达国家的一些大城市相比仍较低。国标的制定至今将近 20 年，期间我国城市的交通结构与交通特征已经发生了较大的变化。我国部分城市也根据目前城市的主要交通特征，制定了一些地方的标准。《深圳市城市规划标准与准则》(以下简称《深标》)修订稿提出，城市干道路网密度应达到 $3.2～4.8km/km^2$，支路网密度为 $5.5～7.0km/km^2$，道路网密度将达到 $8.7～11.8km/km^2$，远高于国家规范要求。《深标》修订稿中规定的道路网密度如表 2-6 所示。

《深标》修订稿中规定的道路网密度　　　　表 2-6

道路类别	道路网密度(km/km^2)	道路宽度(m)	道路类别	道路网密度(km/km^2)	道路宽度(m)
高速公路	0.3～0.4	35～60	次干道	1.6～2.4	25～40
快速路	0.4～0.6	35～80	支路	5.5～7.0	12～30
主干道	1.2～1.8	25～60			

低碳生态道路系统的建设首先要满足城市交通的需求。参照国外主要城市的路网密度特征，结合我国各大城市交通需求现状，道路网密度指标应在国标的基础上适当调整。实际情况表明，人口规模在 100 万左右的城市，也需要城市快速路系统，大城市中 $0.3～0.4km/km^2$ 的快速路系统以及各类城市采用的 $3～4km/km^2$ 的支路网密度又显偏低。在当前我国交通基本特征下，建设低碳生态的道路网络系统，可以参照表 2-7 的道路网密度值。

生态道路网络密度参照值　　表 2-7

城市规模	快速路(km/km²)	主干道(km/km²)	次干道(km/km²)	支路(km/km²)
>200 万人	0.5~0.6	1.2~1.8	1.6~2.4	5~7
100~200 万人	0.4~0.6	1.0~1.4	1.6~2.0	5~7
50~100 万人	0~0.3	1.0~1.2	1.2~1.4	5~7
20~50 万人	—	3~4		5~7
少于 20 万人	—	4~5		6~8

4)道路面积率

道路面积率直接反映了道路系统对城市土地资源的占用。我国《城市道路交通规划设计规范》(GB 50220—95)规定,城市道路用地面积应占城市建设用地面积的 8%~15%,规划人口在 200 万以上的大城市,道路面积率宜为 15%~20%,人均道路用地面积宜为 6.0~13.5m^2/人。

《深圳市城市规划标准与准则》修订稿将道路面积率指标从深圳地方标准 97 版的 15%~20%提高到 20%~25%,且计算道路面积时,道路两侧绿化带及道路内宽度在 8m 以上的道路绿化用地不计入在内,道路的面积率较以往有了很大的提高。

国外发达国家城市由于承受个体机动化出行和路边临时停车的双重压力,这些城市的道路面积率都很高。日本城市道路面积率为 15%~20%,美国城市道路面积率偏高,一般在 25%以上,而欧洲城市道路面积率为 20%~25%。

从节约城市土地资源的角度看,我们希望城市道路的面积率能够维持在较低的水平,但现实的城市交通状况又迫使我们适当提高道路的面积率。按照低碳生态道路的建设要求,城市道路面积率应该控制在 20%左右,可以略高于《城市道路交通规划设计规范》(GB 50220—95),但也应当低于欧美等一些发达的、以小汽车交通出行为主的城市。

2.4 城市快速路系统规划

城市快速路系统为车辆通行提供的是高速、连续的服务,《城市道路交通规划设计规范》(GB 50220—95)明确规定:规划人口在 200 万人以上的大城市和长度超过 30km 的带形城市均应设置快速路。目前我国较多城市均修建了快速路,上海、北京、广州等城市的快速路系统在城市交通体系中发挥了极大的作用,城市快速路以其相对较低的土地资源占用率与极高的交通承载量,成为低碳生态型道路的典范。

2.4.1 城市快速路功能

快速路作为未来城市快速交通发展取向的主体和城市路网主骨架,在一定程度上诱导和制约着城市空间结构的合理调整,并以快速大容量的交通功能满足城市持续发展的需要。

快速路系统的主要功能在于"快速",它将长短距离交通、快慢速度交通分离出来,在本身提供快速交通服务的同时,又提高了其他道路的通行效率,降低出行时耗。快速路系统提供给车辆的是不受信号灯控制延误的连续交通服务,行程车速远远高于地面道路,即使是在快速路流量接近设计通行能力的时候,相对于地面道路而言仍具有明显的速度优势。上海市第四次

交通调查的结论显示，早高峰时刻快速路的运行速度可以达到 40～60km/h，而同样时段的地面道路的车速却维持在 16～20km/h。

快速路的另一种功能是“连通”。快速路的布局客观上形成了快速的、大容量的交通走廊，满足城市内部中长距离机动车交通、对外交通、组团之间交通联系的需求，使得城市各主要节点快速通达，实现了城市组团交通的快速联系，加强城市的运转效率，可以扩大城市的辐射吸引能力，提升城市的区位优势。

快速路的功能还体现在对城市架构的保护和支撑作用。城市外围的快速路系统可以有效分流过境交通，避免过境交通穿越城市中心，形成对核心区域的保护。快速路系统的格局也是城市发展的主要方向，可以实现交通引导城市发展的目标，在城市向外拓展的过程中，快速路系统可以很好地支撑城市规模的向外扩张。

2.4.2　国外快速路建设经验

东京中心城区的 23 个区面积为 621km^2，人口为 799 万，汽车保有量为 462 万辆。东京核心区域快速路为“三环＋放射”状结构，快速路长度为 430km，密度达到 0.7km/km^2。巴黎采用的是大区规划的理念，发展多中心城市结构，巴黎大区范围内的快速路网结构也是“三环＋放射”状，依托环状、放射状的道路建设和轨道交通系统，紧密连接巴黎市区(20 区)与副中心和卫星城。大伦敦总面积约 1 500km^2，其中中心城区伦敦市面积约 300km^2。大伦敦范围内形成包括 M25 公路在内的“三环九射”快速路网结构，其中伦敦市区 300km^2 内快速路网长度约 89km。东京、巴黎、伦敦市区快速路网布局指标如表 2-8 所示，三个城市的快速路布局如图 2-8～图 2-10 所示。

东京、巴黎、伦敦市区快速路网布局指标　　表 2-8

城市	范　围	面积 (km^2)	人口密度 (万人/km^2)	道路密度 (km/km^2)	快速路长度 (km)	快速路密度 (km/km^2)
东京	中心城(23 区)	621	1.28	18.4	430	0.70
巴黎	市区(20 区)	105	2.3	—	37	0.35
伦敦	中心城	300	0.83	8.6	89	0.30

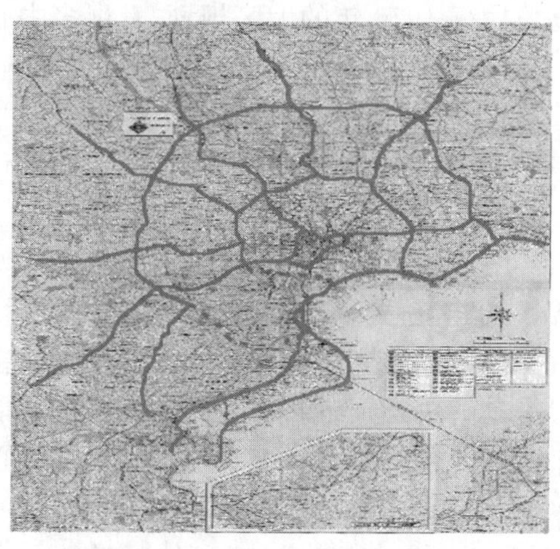

图 2-8　东京市区快速路布局

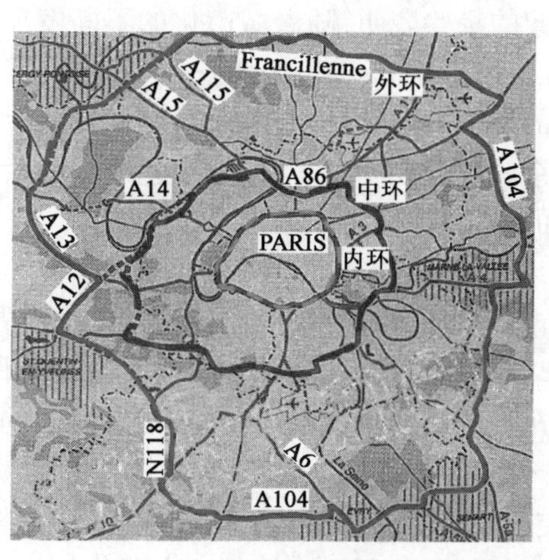

图 2-9　巴黎大区快速路布局

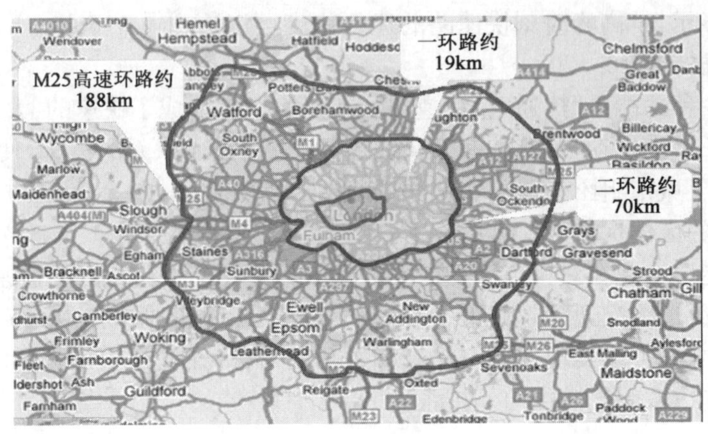

图 2-10　大伦敦范围快速路布局

(1)快速路功能

快速路的建设可改善城市环境,快速疏导城市交通。随着城市的扩大,快速路还可以满足人们在不增加出行时间以及可忍受的出行时间范围内,更大空间范围的出行要求。

大量的数据表明,所有城市的小汽车出行时间一般不超过 30min,公交出行时间在 40min 左右,一般不超过 45min。交通工具进步了,城市面积以及人们的活动范围也扩大了,并且人们活动范围的扩大速度与交通工具进步的速度是一致的,这个一致性就体现为 30min。当人们的单程工作出行时间较大地偏离这个数值时,出行者会通过自我调整做到时间上的回归:或调动工作,或搬迁住址。

国内外大城市快速路建设经验表明,快速路可分离长、短距离交通,缩短交通起讫点间空间距离,大幅度减小地面道路交通压力。快速路的建设对于节约行程时间,提高城市生活品质无疑非常重要。

(2)快速射线路的建设

对于快速引导建立各新城组团式的发展模式,修建快速射线道路联系市中心均是形成新城、引导新城的快速发展、防止摊大饼式发展、减轻市中心各种环境压力的最有效方式。

巴黎的经验表明:随着城市化的不断发展,巴黎执行 1976 年的大区规划,发展多中心城市结构,在距离巴黎 25～30km 的一圈上建设了 5 座新城,利用快速射线成功地进行了就业和服务行业的疏散,缓减市中心的交通环境压力。

东京的经验表明:东京先期快速射线的大力建设以及公共交通的大力发展,成功地疏解了市中心的人口,形成了东京都市带。

(3)快速环路的功能

城市快速环路有利于中心区域外的市区及郊区的相互联系,有利于城市扩散和过境交通分流,起到保护城市核心区的作用,具有通达性好、非直线系数小等优点。环路在先期主要屏蔽过境车流的功能条件下,随着各城市组团的建设,其解决外围各新城之间的联系的功能逐步加强。环路规模的大小、位置对于其功能的发挥具有不同的作用。环路规模小,离核心区域近,其交通功能除了屏蔽核心区交通外,还有较多的联系组团的功能;环路规模大,离核心区域远,其交通屏蔽作用就大,故过境交通作用增大,联系组团功能减小。各环线的功能示意图如

图 2-11 所示。

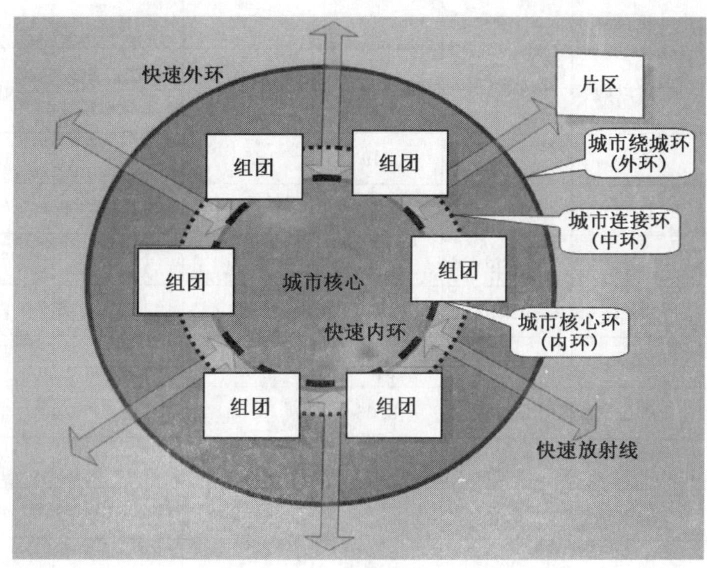

图 2-11 各环线的功能示意图

(4)技术思路

国外大城市快速路的机动车道条数一般不少于双向 6 车道。

快速路构造形式结合地形与用地,组合式快速路是国外快速路的首选形式。

快速路线形、立交必须高标准高起点规划设计,尤其在快速路主线与匝道的合流点、分流点处,必须考虑由于匝道引起的主线路段通行能力的差异。

国外部分城市为减小高架快速路带来的负面效应,快速路横断面选用了半地下式、开口缩小的半地下式及地下式等多种形式,并且还采取了在高架桥桥面两侧设置声屏障、在临高架桥两侧房屋外墙设置吸声设施、临街窗口设置双层玻璃、提高道路平整度、采用高空隙率沥青路面等一体化防噪声措施。

2.4.3 国内主要城市快速路建设现状

近些年,我国国内较多城市规划和修建了各自的快速路系统,各城市规划和修建快速路的基本指标见表 2-9。目前,国内几个主要城市快速路规划和建设规模通常在 0.4～0.5km/km^2。从快速路网密度同人口密度与路网密度之间的关系看,人口密度大的城市,其快速路网的密度也相应较大,而路网密度大的城市,其快速路网密度相对较低。

国内快速路网规划布局与建设具有以下经验。

(1)快速路布局形式基本上为"环+射线"

国内城市快速路的形式以"环+射线"为主。根据城市结构的不同,也出现有不同形式的快速路网,如苏州的"井+环"、杭州的"一环三纵五横"。由此可见,环线在快速路网的形式中是不可少的,环线对于引导过境交通,缓解中心城的交通压力,增强主城区与外围片区的交通联系,起着非常关键的作用。射线的布置可以根据城市结构以及发展规划灵活布置。

国内主要城市规划建设快速路系统规模

表 2-9

城市	北京	上海	广州	武汉	南京	杭州	宁波
范围	五环以内	外环以内	市区	主城区	长江以南，绕城以内	市区	中心城
面积(km^2)	650	667	549	450	258	453	312
人口密度(万人/km^2)	1.13	1.37	1.14	1.12	1.16	0.98	0.88
人均 GDP(万元)	5.04	5.93	6.74	4.55	4.93	6.65	7.45
人均出行次数(次/日)	2.42	2.65	2.33	2.41	2.75	2.26	3.02
公共交通出行比例(%)	49	50	64	35	—	62	50
路网密度(km/km^2)	5.5	6.34	8.06	6.96	5.93	5.5	6.33
快速路长度(km)	245	330	240	288	130	225	132
快速路比例(%)	5.9	7.5	5.4	9.2	8.5	14.1	9.1
快速路密度(km/km^2)	0.38	0.5	0.43	0.64	0.52	0.5	0.42

(2)射线快速路建设很有必要

随着城市发展，郊区新城人口将大幅度增长，但是市区就业的向心性却没有较大改善，从而造成市区与郊区、郊区与郊区之间的流量增加。特别随着城市机动化程度的提高，人口的增长，中心区与郊区、外围新城之间联系的交通问题仍然是亟待解决的课题。射线快速路的建设紧迫性较强，加强城市中心地区与边缘组团之间的道路快速交通联系非常必要。

(3)大城市不但要有快速路，更要有快速公交，包括城市轨道交通和 BRT

大城市需要快速路系统，但大城市交通问题需要通过综合交通系统解决，大城市交通解决的根本出路是发展公共交通。因此，必须实行双快机制，即快速公交和快速道路。

(4)快速路建设要配套进行，协调发展

高效快速路系统的形成必须解决好快速路立交、合流点、配套路网的建设。快速路系统应与城市发展相协调，快速路的修建需要跟城市路网协调发展，很多城市修建一条快速路，很快就会拥挤不堪，这就需要调整城市主干道的间距，提高主、次干道在市区道路网中的比例，起到分流快速路交通量的作用。单方向必须多通道。

(5)道路网络发展的系统性要强

根据北京城市路网发展经验：全市民用机动车保有量的增长速度陡增，且 60%～70%参与市内交通，使原本路网密度较低、容量不足的市区道路面临着严重的威胁，需健全道路网的集散系统，制订支路的布置原则，完善快速路系统，增加环路之间的快速联络线。

(6)快速路功能发挥与周全的集散系统至关重要

上海快速路建设和运行过程也暴露出了种种问题：如立交选择不当、合流距离过短、集散配套道路建设未及时跟上，拥堵主要由于节点疏散不及时导致主线大面积的拥堵，使快速路系统难以完全发挥功能。

上海、广州、武汉、杭州市区快速路网系统如图 2-12～图 2-15 所示。

图 2-12　上海中心城快速路网系统

图 2-13　广州市区快速路网系统

图 2-14　武汉城区快速路网系统

图 2-15　杭州城区快速路网系统

2.4.4　低碳生态的城市快速路建造形式

常用城市快速路断面形式有“高架道路＋地面辅道”、“地面封闭快速路＋两侧辅道”、“地下快速路＋地面辅道”三种，部分山区段或郊区段可以不设置辅道。三种典型城市快速路断面形式主要特点见表 2-10。

根据城市交通承担的比例，城市快速路占用了相对少的土地资源，却解决了最大的交通需求，应该是低碳生态道路建设的典范。但是快速路的建设不能仅仅注重其对城市交通功能的满足度，更应当按照低碳生态道路的建设要求，综合考虑道路设施的建设投资（包括工程造价以及建筑拆迁、土地征用等全部费用）、道路设施建成后对环境的影响、对区域交通及周边土地开发的影响等各种因素，快速路的建设不能以牺牲城市居住环境及地面道路交通功能为代价，应当实现道路、交通、环境、城市建设各个环节的协调。

三种典型城市快速路断面主要特点　表 2-10

道路形式	高架道路＋地面辅道	地面封闭快速路＋两侧辅道	地下快速路＋地面辅道
断面简图			
快速路和辅道的连接	以匝道连接	以平面出入连接	以匝道连接
占地	占地较一般地面道宽 7～10m	占地宽	占地较少
环境影响	高架及地面道路交通噪声对街坊影响较大； 高架下道路受到高架桥的遮挡，废气尘埃消散较慢； 路边建筑的光照受高架结构遮挡，可能有一定的影响	快速通道及两侧辅道离建筑边线较近，交通噪声对街坊影响较大； 废气尘埃消散较快	采取适当的通风和除尘措施后，快速路的噪声和废气等对道路两侧影响较小； 敞开段废气和噪声对道路两侧有一定影响
对城市景观影响	高架对城市空间景观产生一定的影响	对周边景观影响较小	与周边景观融和度较好
对城市功能影响	高架道路两侧沟通较方便	地面快速路对城市两侧功能有较大的阻隔	两侧的沟通比较方便
能耗及运行成本	较小	较小	较大
抗灾能力	较好	较好	差
工程投资	较大	较小	很大

2.5　复合交通走廊规划设计

2.5.1　复合交通走廊适用范围

复合交通走廊是伴随着我国近些年城市轨道交通建设与快速路建设提出的，复合交通走廊的规划和建设实现了高速公路、轨道交通、城市快速路等不同交通设施，通过对土地资源、空间资源的整合和共同利用，将多种交通方式集中在同一通道内，是一种集约化的交通模式。

(1)城际交通走廊

区域社会经济的发展，呈现了以某一城市为中心的城市群发展形态，如长三角城际群、珠三角城际群。城际群的发展使得城际交通联系日益紧密，高速公路实现了城际汽车交通的便捷联系，城际铁路、轨道交通则实现了城市客运交通的便捷联系。城际交通走廊适合发展复合交通通道，将高速公路、城际铁路、城市轨道交通设施集中于一线，降低了交通设施对土地的分割造成的影响，节约了土地资源，减少了土地征用的成本，更加强了通道的交通功能。

(2)中心城区与外围新城之间交通走廊

外围新城是城市规模不断扩展后，城市向外延伸建设的新区，它同中心城区之间存在大量的交通需求，而且从我国大多数城市发展现状看，往往新区的建设是以居住为导向，这就导致外围新区与中心城区之间存在大量的职住交通流。另一方面由于外围新城交通设施的建设对环境要求相对较低,土地的成本较中心城要小得多,因此对于快速路、轨道交通等设施往往采用地面或高架的形式,对两侧的土地存在一定的分隔。

在此情形下,复合交通走廊十分适合中心城区与外围新城之间的交通联系。通过将轨道交通与城市快速路通道合并,形成功能强大的综合走廊,既降低了交通通道对两侧用地隔离造成的地块开发影响,又降低了交通设施对周边环境的影响,同时由于交通通道功能的加强,更有利于两侧的地块开发。

(3)组团之间或新城之间交通走廊

在我国一些大城市中,对于规模较大、经济发达的组团和城镇之间,为了满足组团之间的交通需求,一般也规划有轻轨和快速路交通设施。组团之间也可以使轻轨和快速路构成复合通道,从而实现点到点之间的高效、快捷运输。组团之间构成复合通道,不仅解决了轨道交通和道路交通两种快速运输方式之间的换乘衔接问题,而且能够进一步增强组团之间的经济联系。

2.5.2 复合交通走廊的技术要求

对于已经建成的高速公路或快速路,复合交通走廊中的轨道线可以在既有高速公路、快速路通道的一侧布设,敷设方式宜同既有的高速公路、快速路敷设方式一致,采用高架形式或地面形式。对于规划的高速公路、快速路通道,交通走廊中的轨道交通可以沿道路的中央分隔带敷设,或结合快速路高架一体化建设,在轨道交通同道路的分离处,采用上跨或下穿的形式分离。

一般的城市道路或公路与轨道交通构成的复合交通走廊,轨道交通宜采用路中高架或地面形式,在交叉口处轨道交通以高架形式与相交道路分离。

(1)高架快速路与轨道交通一体化形式

高架快速路与轨道交通一体化建设,可以将节约土地资源发挥到极致。通常利用高架道路的下层空间,敷设轨道交通线路。上海共和新路高架和轨道交通1号线的北延伸段采用的就是这种方式,如图2-16和图2-17所示。

a)

b)

图2-16 上海市共和新路一体化高架的实景照片

一体化建设,可以极大地节约土地资源,降低工程造价,部分设施可以共同建设共同使用。但是一体化建设也有一定的弊端,首先道路系统位于轨道系统的上方,道路高架的层高相对较高，上下匝道的长度较长。另外，一体化建设必须要求城市快速路与轨道交通同步实施，而通常国内许多城市在建设高架快速路的时期，小汽车交通需求较高。但由于外围的新城尚处于开发建设的前期，轨道交通的客流规模尚不足以支撑轨道交通的建设，在这种情况下，提前实施轨道交通又存在一定的浪费，且无法分期实施。

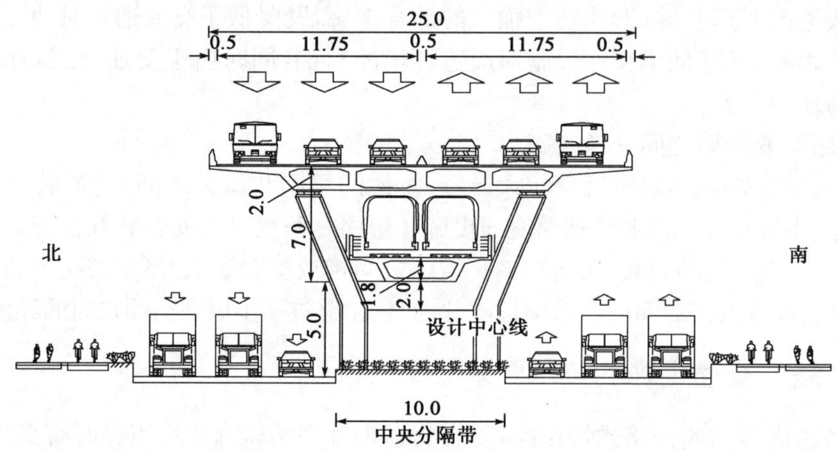

图 2-17　高架快速路与轨道交通一体化道路断面(尺寸单位：m)

(2)快速路与轨道交通并排布设

城市快速路与轨道交通采用同样的敷设方式并排布置(如同为高架或同为地面)。上海逸仙路高架快速路与轨道交通 3 号线就采用这种方式，如图 2-18 所示。

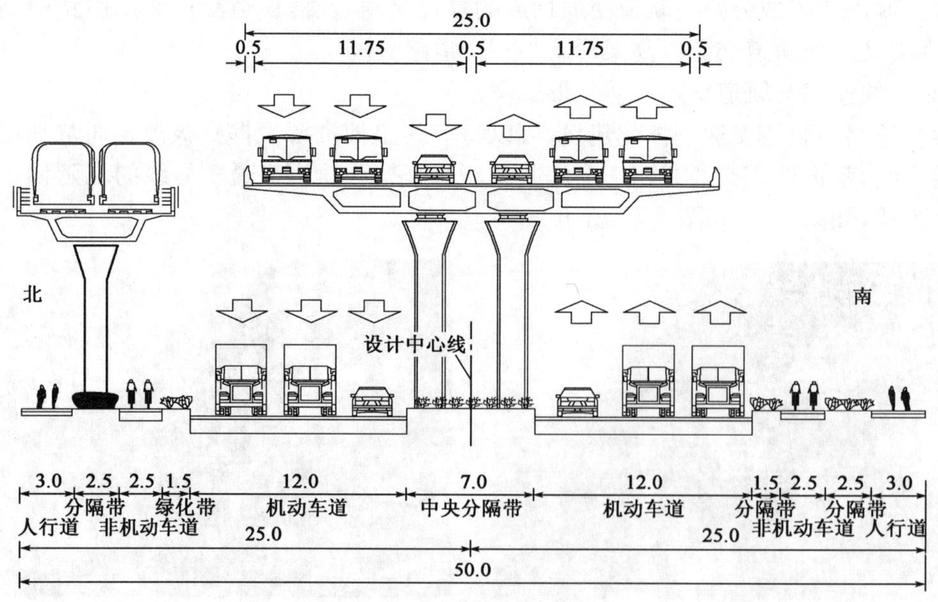

图 2-18　快速路与轨道交通并排布设道路横断面(尺寸单位：m)

(3)快速路为地面道路，轨道交通为高架

快速路为地面道路，轨道交通采用高架形式沿道路的中央分隔带或沿着道路的一侧布置。在城市中心区的外围，通常近期机动车交通压力较大，快速路需要先期修建，但近期客运交通需求尚不足以实施轨道交通，待今后轨道交通需要实施的时候，再沿快速路一侧或道路中央布设，如图 2-19 所示。

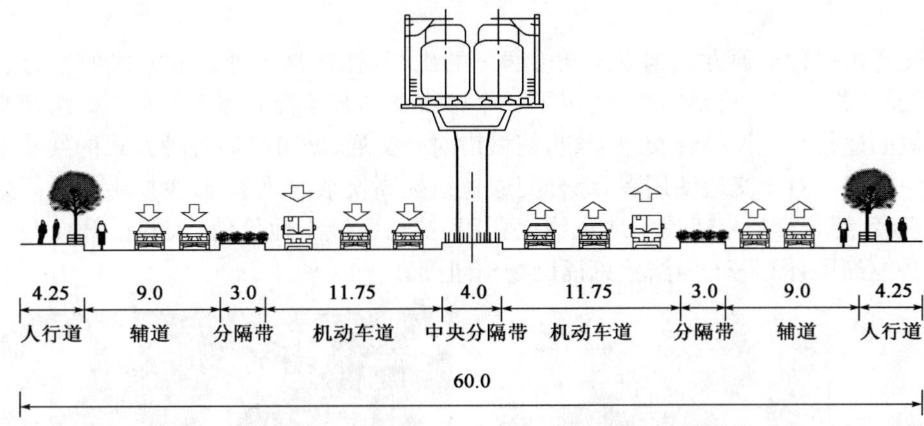

图 2-19　轨道交通布置在道路中央绿化带内道路横断面(尺寸单位：m)

2.5.3　复合交通走廊实施要求

(1)同步规划

规划阶段对于复合交通走廊的构建极为重要。在城市规划阶段、城市交通规划阶段，必须考虑未来的交通需求，为复合交通走廊预留空间，明确交通走廊的组合形式、断面形式、线路敷设方式。规划阶段应重点考虑走廊的用地规模，交通走廊与周边用地的关系，交通走廊与周边道路及其他交通方式的转换要求，尤其是相关城市枢纽设施的配套要求。

(2)同步实施

复合交通走廊的交通设施，按照规划要求同步实施，有利于节约土地资源以及建设成本，尤其是对于快速路与轨道交通一体化建设的复合交通走廊，更是要求两者能够同步实施。

(3)分期实施

多数情况下，复合交通走廊内的道路设施与轨道交通设施是在不同阶段实施的。一种是先实施城市快速路，然后在客流规模等客观条件成熟后，再实施城市轨道交通；另一种是先期实施城市轨道交通，在一段时间后，对既有的道路系统进行改建和功能提升，实施城市快速路系统。

分阶段实施同样要求在规划阶段统一考虑复合交通走廊的建设要求，预留复合通道的红线以及轨道红线的宽度，预留轨道交通站点以及公交换乘枢纽设施的用地。分期实施在经济上有较强的可行性，可以根据实施当前的城市经济发展状况，调整建设策略以及周边用地开发。

(4)捆绑式设计实施策略

对于改建的公路或道路，复合通道建设采取捆绑式设计实施策略。复合通道的道路在改扩建的同时，要考虑预留出轨道线的控制带，对于同期建设的轨道交通，道路的改扩建尽可能与轨道线建设同步展开，即采取捆绑式设计实施，同时要协调好交通走廊两侧的用地，调整走廊两侧交通换乘设施的布局。捆绑式设计实施节约了资金投入，并减轻了分阶段施工对交通带来的不利影响。

2.6 综合交通枢纽规划设计低碳节地技术

城市交通由多种交通方式构成。城市居民的出行,往往是多种交通方式的组合过程。因此,各种交通方式之间的换乘组织,决定了一个城市整体客运交通体系的水平。组织交通方式最行之有效的途径是建设综合交通枢纽,使城市对外交通、城市交通各种方式的换乘集中在一个小区域中完成。对于交通使用者,综合交通枢纽提高换乘的效率、减少换乘的时间损耗。对于城市管理者,综合交通枢纽使土地集约化利用,拉动区域土地价值,大幅提升社会效益。图2-20为虹桥枢纽图,图2-21为法兰克福机场枢纽图。

图 2-20 虹桥枢纽

图 2-21 法兰克福机场枢纽

2.6.1 综合交通枢纽交通设施布局

综合交通枢纽的交通设施,一般包括综合交通枢纽的主体交通设施及衔接交通设施。其中主体交通设施一般为对外交通方式,包括公路客运站、铁路客运站(城际轨道交通站)、机场及港口码头;衔接交通设施一般以市内交通为主,包括城市轨道交通、城市公共交通(含BRT及地面常规公交)、出租车场、社会车辆停车场、非机动车停车场及人行集散区域。

1)枢纽内各衔接交通设施布置低碳节地技术

在布置各交通设施时,其主要布局原则应为旅客换乘便捷、集散交通安全高效、整体枢纽布置系统最优。在布局时应考虑以下因素:枢纽所在区位、枢纽换乘环境、投资造价、运营管理难度等。

(1)枢纽布局的低碳节地策略

整体布置集中紧凑:枢纽的整体布置,应强调紧凑,不宜松散,缩短行人流换乘距离的同时,有效降低枢纽的整体占地面积,实现土地集约化利用。

竖向空间充分利用:将交通设施的上下叠合立体布局,可以有效缩短衔接交通设施相互间的距离,方便换乘,同时利于土地集约化利用。在竖向空间利用时,应考虑两项原则:①先地上后地下。地下设施造价高、行人换乘环境不如地上,应先采用地上空间,在无法满足的情况下,再采用地下空间。②上轻下重。考虑用地、造价等因素,立体布局所产生最大社会经济效益的布置方式应为自上而下,即人、车、轨道。

水平布置先大后小:相对枢纽主体交通方式,应将大客流量的衔接交通设施(一般为轨道、

BRT、公交等公共交通设施)先布置在距离近的地方，等大型交通设施布置完后，可考虑将其他小客流量的交通设施插空布置(如社会车辆停车场、非机动车停车场等)，在无法插空的情况下，可在距离稍远的地方布置。

(2)枢纽布局的低碳节地技术指标

交通设施布局的集约性主要体现在换乘时间和水平步行距离上，其技术指标的评价体系见表2-11。

衔接交通设施间布局评价指标 表2-11

评价等级	优秀A	较好B	基本C	较差D
换乘时间	<5min	<10min	<20min	>20min
水平步行距离	<300m <5min	<600m <约10min	<750m <约12min	>750m

2)各衔接交通设施内部布局低碳节地技术

枢纽主体布局，应与主体建设方协调，尽量减少其对土地的占用，在明确主体建设方的基本方案后，衔接交通设施(含长途客运站、公交枢纽站、出租车场、社会车辆停车场)的内部布局应尽量考虑土地的集约化利用，具体如下。

(1)长途客运站

长途客运站的各项指标应参照《汽车客运站级别划分和建设要求》(JT/T 200—2004)及《汽车库建筑设计规范》(JGJ 100—98)中的相关规定。但考虑到《汽车客运站级别划分和建设要求》(JT/T 200—2004)中对用地面积的要求较高，可通过与枢纽合建一些配套设施(如出租车配套设施、公交配套设施等)、建设多层停车区、停车区域外迁等手段来降低其用地面积。

(2)公交枢纽站

在综合交通枢纽内不宜设置公交停车场、公交保养场，应以公交首末站作为公交枢纽站的主要设施。公交首末站在确定了线路数后，由于《城市道路交通规划设计规范》(GB 50220—95)中每条线路要求在1 000～1 400m^2，其中考虑了车辆的回车道、调度房等面积，在综合交通枢纽内的公交枢纽站一般线路数较多，迴车道与调度用房可以共用，其面积可根据表2-12确定。

公交枢纽站用地面积指标 表2-12

站点线路规模	用地面积(m^2)	站点线路规模	用地面积(m^2)
1条线路	800～1 000	3条线路(含)以上	$(700\times n)\sim(900\times n)$
2条线路	1 500～2 000		

注：n表示线路数。

(3)出租车场

出租车场由上客区、下客区和蓄车区组成，其中上客区与下客区应尽量靠近行人流的出入口。出租车蓄车场方面，由于暂无相关规范详细指导，一般可有两种做法：①在附近建设出租车蓄车场，应严格控制出租车蓄车场面积，采用先进的、占地更小的并列式布局技术，同时配以高效的监控管理系统以提升出租车蓄车场周转率；②建设多级蓄车场，在外围建设一级蓄车场，在枢纽周边建设二级蓄车场，该蓄车场周转率高，建设面积小。

一般出租车蓄车场单车泊位面积在场地内有柱网的情况下，可按25～28m^2/车计算，无柱网的情况下，可按22～25m^2/车计算。外围出租车蓄车场面积可适当放大。

(4)社会车辆停车场

社会车辆停车场,应按照《城市道路交通规划设计规范》(GB 50220—95)及《汽车客运站建筑设计规范》(JGJ 60—99)中的相关规范值确定。在具体布置停车位时,应尽量结合柱网的布置进行布设。从车辆进出车位对空间的要求、汽车运动轨迹与车库内柱网对空间的限制,保障行车安全及节省通道面积等因素综合考虑,基本停车位应采用出柱头方式。社会车辆出柱头停车布置如图 2-22 所示。

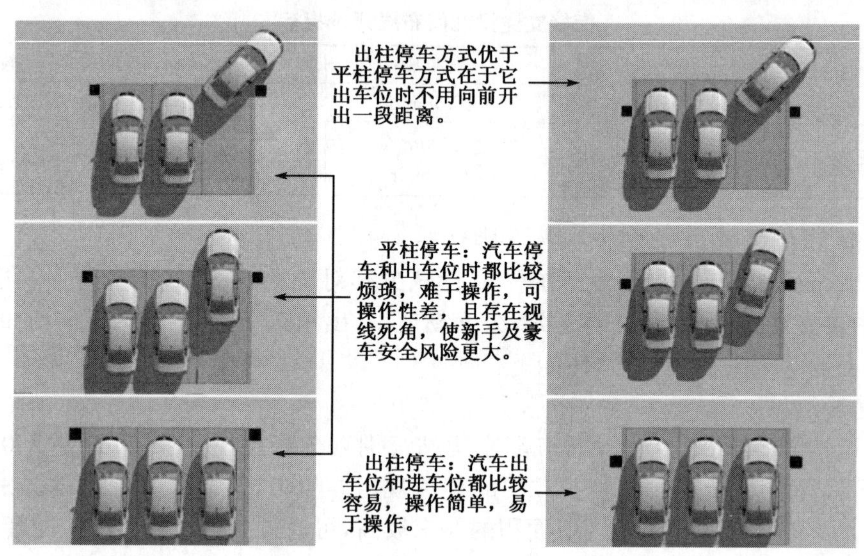

图 2-22　社会车辆出柱头停车布置

一般社会车辆停车场每标准泊位,在有柱网的情况下,可按 30～35m²/标准泊位计算;在无柱网的情况下,可按 25～30m²/标准泊位计算。大型车辆单停车位换算为 2.5 个标准泊位。

2.6.2　综合交通枢纽交通组织

综合交通枢纽中,交通组织的顺畅与否会在极大程度上影响枢纽整体运营效益,进而影响整体低碳生态理念。交通组织中主要分为行人流交通组织与行车流交通组织。

1)行人流交通组织

行人流交通组织,应强调其安全性及步行舒适度,尽量不要存在人车间冲突、人流间对冲,其主要交通组织通过行人通道及集散区域完成。

(1)人行换乘通道低碳节地技术

人行换乘通道空间过小将导致人行步行速度降低,换乘效率低下;人行换乘通道空间过大将浪费空间资源,增加枢纽建设面积,使枢纽集约化程度降低。

一般人行通道服务水平中人均空间如图 2-23 所示,新建枢纽人行换乘通道宜按 C 级服务水平建设。

(2)人行排队等候区低碳节地技术

人行排队等候区将在同一时刻聚集大量人流。由于其中的行人一般为静止状态,故其所需面积将小于换乘通道中的人均面积。其各人均空间与相对应的服务水平如图 2-24 所示,新建综合交通枢纽宜按 C 级服务水平建设。

A级服务水平

人均占有空间>5.6m²/人，流率≤16人/min/m，在A级服务水平的人行道上，行人沿希望的路径行走，不因其他行人的影响而改变自己的行动。自由选择步行速度，行人之间不会发生冲突。

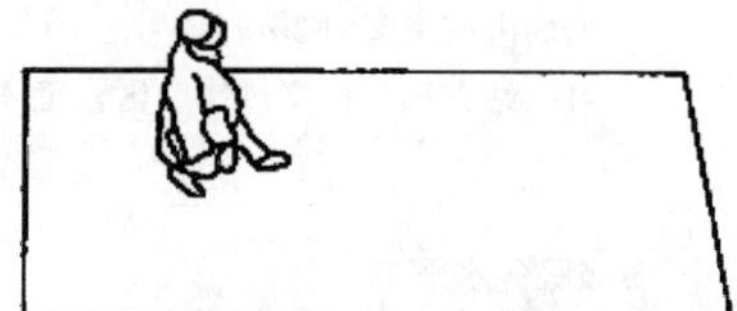

B级服务水平

人均占有空间>3.7~5.6 m² / 人，流率>16~23人/min/m，在B级服务水平，行人有充足的空间可自由选择步行速度、超越他人、避免穿行冲突。此时，行人开始觉察到其他行人的影响，选择路径时，也感到其他人的存在。

C级服务水平

人均占有空间>2.2~3.7m²/人,流率>23~33人/min/m，在C级服务水平，行人有足够空间采用正常步行速度和在原来流线上绕越他人，反向或横向穿插行走产生轻微冲突，人均空间和流率有所减少。

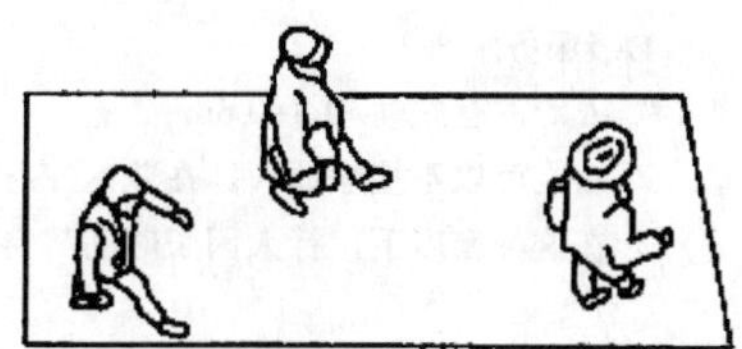

D级服务水平

人均占有空间>1.4~2.2m² / 人，流率>33~49人/min/m 在D级服务水平，选择步行速度和绕越他人的自由度受到限制，穿插或反向人流产生冲突的概率很大，经常需要改变速度和位置。该服务水平形成了适当流畅的行人流，但是，行人之间很可能出现接触和干扰。

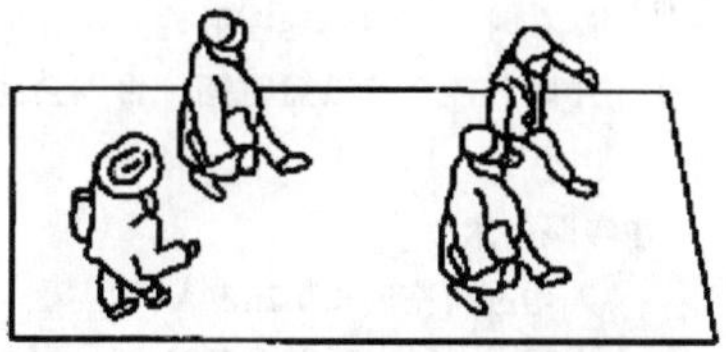

E级服务水平

人均占有空间>0.75~1.4m²/人，流率>49~75人/min/m，在E级服务水平，所有行人的正常步速实际上受到限制，需要频频调整步速。在该级服务水平的低限，可能一步一步向前蹭。空间很小，不能超越慢行者。穿插和反向行走十分困难。设计流量接近人行道通行能力，伴有人流阻塞和中断。

F级服务水平

人均占有空间≤0.75m² / 人，流率不定，在F级服务水平，所有行人步速严重受限，只能一步一步向前蹭，与其他人产生不可避免地频繁接触，穿插和反向行走实际上不可能。行人流突变、不稳定，其人均空间更具有行人排队的特点，而不像行人流。

图 2-23 人行换乘通道评价指标

A级服务水平

人均占有空间>1.2m²/人；

可以站立和自由穿过排队区，而不干扰队内其他人。

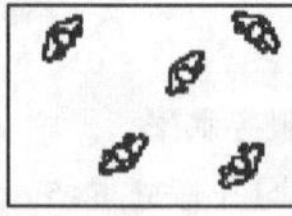

B级服务水平

人均占有空间>0.9~1.2m²/人；

可以站立，在不干扰队内他人的情况下有限穿行。

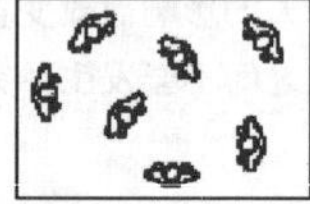

C级服务水平

人均占有空间>0.6~0.9m²/人；

可以站立，在可能干扰队内他人的情况下，有限制地穿过排队区。这种密度在行人感到舒服的范围内。

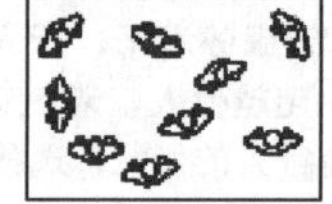

D级服务水平

人均占有空间>0.3~0.6m²/人；

站立可以不接触他人。在队内穿行很困难，只能随着人群向前移动。

在这种密度下，行人因长时间等待而不舒服。

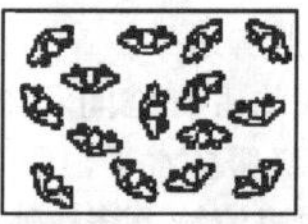

E级服务水平

人均占有空间>0.2~0.3m²/人；

站立时不可避免地接触他人，在队内穿行不可能。

排队只能坚持很短时间，否则会感到极不舒服。

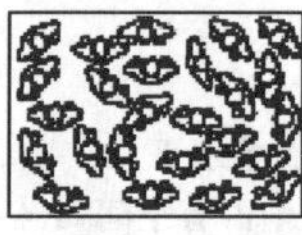

F级服务水平

人均占有空间≤0.2m²/人；

实际上，队内所有人都站着，人与人之间有直接的身体接触。这种密度，使人极不舒服，在队内不能行动。在这种情况下，长时间拥挤，人群中产生潜在恐慌。

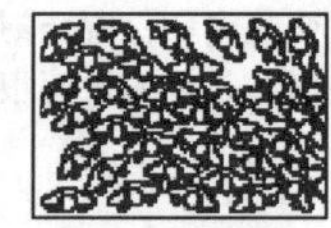

图 2-24　人行排队等候区评价指标

2)车流交通组织

车流交通组织主要通过外围集散道路进入枢纽区域，然后通过进出通道进入到枢纽内部的各场区内。

(1)车辆集散通道低碳节地技术

车辆外围集散道路建设的主要原则为：一方面满足客运枢纽的集散功能；另一方面要尽量使集散交通流不与城市主要交通流发生干扰。大型综合交通枢纽集散道路的交通特性应采用连续交通流，实现快进快出，既不耽误旅客快捷地到达火车站或机场，又不使出站、场的车流在站、场内拥堵、淤积，相应的集散道路应以快速路及专用匝道为主。中小型交通枢纽应视枢纽规模及集散车流的需求，采用连续流、连续—间断流或间断流方式，相应的集散道路采用专用道路(匝道)与主、次干路等进行集散。

由于枢纽人流量大、车流复杂，集散道路宜尽量采用高架道路或地下道路来组织交通，慢行交通另行组织，同时考虑客运枢纽集散道路车流以小客车为主，可适当采用较窄的车道，这样可有效降低集散道路的横断面宽度。

一般情况下，双向4车道的高架道路，桥梁结构外宽为16～17m，双向6车道的高架道路桥梁外宽一般为23～24m。

(2)车行进出通道低碳节地技术

车辆进出通道应在保证通道畅通的前提下，尽可能合并车流，保留必要的通道及备用通道。

车行通道建设应满足以下原则：①避免或减少通道间相互交叉，通道间相互交叉将使通道需要通过信号灯控制，从而大幅降低通道通行能力，为满足交通需求则不得不建设更多车道；②避免短距离交织，短距离交织对车行的干扰极大，应适当加大交织距离；③单向循环组织交通，尽可能将枢纽内通道进行单向循环组织，使车辆进出场库对于通道来说仅为分流及合流，对车行通道影响较小。

2.6.3 综合交通枢纽集约化管理

综合交通枢纽管理集约化体现在多方面，除后期管理手段外，还包括在规划设计阶段的诸多考虑，具体如下。

(1)集中建设办公用房

通过统筹规划办公用房，既可以为运行保障部门创造高效率的硬件条件，也便于物业集中管理。将功能需求相近的用房合并建设，集中布设。

一般情况下，各市内交通系统的管理用房、枢纽内商业管理用房、其他进驻单位业务用房都可集中布设。在管理手段允许的条件下，可将以上多类管理用房集中布设，同时考虑与对外交通管理用房集中布设的可能。上海市虹梅路交通综合换乘枢纽采用的即是公交枢纽与控制中心相结合的布置方式。

(2)市政配套设施的合理布局

市政配套设施，一般包括自来水厂、水塔、污水处理厂、变电站、消防站、燃气调压站等市政配套设施，应尽量合理布置，提高其有效覆盖面，减少此类基础设施在多处建造。

(3)综合管沟建设

杂乱的地下管线，对不可再生的地下空间资源造成了极大的浪费。综合管沟的建设可以有效利用地下空间，节约城市用地，同时降低路面的翻修费用和工程管线的维修费用。

在建设综合管沟时，应注意其存在的一些缺点，主要有综合管沟一次性投资昂贵、各管线主管单位不同、统一管理难度较大。综合管沟的建设，在我国已有很多成功的范例，但是综合管沟的建设、管理及运行是一个复杂的系统，既要考虑远近结合，又联系着不同部门或公司，涉及不同利益和管理方法，因此需要有强有力的管理机构进行协调、管理。

(4)各信号、控制系统的相互兼容

信号、控制等监控系统的线缆布设应集中，此类线缆一般布设于地下，尽量使各监控系统能相互兼容，减少监控系统对地下空间资源的占用。

2.7 低碳生态型道路横断面规划设计技术

2.7.1 低碳生态型道路横断面规划设计总体要求

1)低碳生态型道路横断面规划设计的基本理念

城市道路的横断面,是指垂直于道路中心线方向的断面。道路横断面的基本布局由车行道、非机动车道、人行道、分隔带、设施带和绿带等部分组成,道路横断面的宽度直接决定了道路红线的宽度。由于道路宽度影响到道路全长,宽度上的少量变化,在整条道路长度内的土地资源消耗可能就是较大的数量,因此低碳生态型道路系统的建设很重要的一个环节是规划布局合理的道路横断面。

道路的基本功能是提供各种交通方式的移动空间,但随着交通方式的多样化,道路的功能也随之发生了变化。道路不仅是人和车的移动空间,也可以提供机动车辆的停放空间,提供人们的休闲空间,满足城市的绿化与景观要求等。

低碳生态型道路横断面规划设计的基本理念是:从综合交通协调发展的角度出发,以满足城市交通综合需求为基本前提,在一定的道路红线范围内,根据不同道路的等级和发挥的功能,尽可能提供多样化的交通服务,实现道路功能的多元化和最大化以及道路空间的综合利用,满足居民出行环境舒适、交通安全的要求。

2)低碳生态型道路横断面规划设计的总体要求

(1)充分满足区域交通出行的需要

道路横断面的规划设计,应以区域交通需求为前提。道路断面的组成,应充分同道路承载的交通需求相结合。比如,对于非机动车较少的道路,可以缩小非机动车道宽度甚至不设置非机动车道;对于人行要求高的道路,必须保证人行道的足够空间,甚至不设置机动车道而形成步行街。道路横断面规划前期,必须进行科学的交通流量分析和预测,根据分析预测结论确定道路等级、道路机动车道数量、非机动车道与人行道的宽度、道路隔离设施等基本要素。尽量避免过度追求某一交通功能而造成其他交通功能的弱化,引起交通矛盾。

(2)不同等级道路配置相适应的交通功能

上述道路系统规划章节已经对不同等级的道路功能定位有了充分描述。按照低碳生态道路的建设要求,道路的横断面设计应与道路等级与功能相匹配,道路横断面的各个要素不可能在所有道路上均有体现。比如,城市快速路拥有机动车道与强大的隔离设施,但却不设置非机动车道与人行道;城市支路更多地承担交通的到发功能,因此强调人行道与非机动车道的设置要求,基本不设置道路分隔带。

(3)道路交通运行效率不因道路功能的多元化而降低

低碳生态型道路横断面规划布局的理想是在有限的道路红线空间范围内,尽可能实现道路功能的多元化,但前提是不能因为追求道路使用的多用途而降低道路的通行效率。尤其体现在路边停车设施的设置,不能造成静态交通对动态交通的干扰,公共交通设施的设置,不能造成道路其他交通方式通行能力的降低,道路功能多元化追求的是交通整体运行效率的提升。

(4)同周边用地开发良好结合

道路横断面的设计，应充分考虑周边用地的开发情况；交通设施布置，应同周边用地实现良好的结合；道路景观，应实现同周边用地的协调；公交站点的设置，应同地块的出入口良好衔接。

2.7.2　公共交通设施规划布局

公交优先战略是实现绿色交通的核心，公交优先应首先保证公交在道路运行权上的优先，道路横断面的规划应充分考虑公共交通设施的布局，在重要的公交走廊上设置公交专用道或者建设 BRT 系统，保障公共交通的通行效率。

1)BRT(Bus Rapid Transit)规划布局

BRT 是一种介于快速轨道交通与常规公交之间的公共客运系统，是一种大运量交通方式，利用现代化公交技术配合智能交通和运营管理，开辟公交专用道路和建造新式公交车站，实现轨道交通运营服务，达到轻轨服务水准的一种独特的城市客运系统。

BRT 是高品质、高效率、低能耗、低成本的公共交通形式，BRT 需要在道路上设置全封闭或半封闭的通行空间。我国北京和厦门的 BRT 采用全封闭的通行形式(图 2-25)，BRT 车道同道路其他车道采用隔离设施物理分隔，厦门 BRT 更是采用高架形式，同地面道路之间形成完全独立的通行空间。常州和杭州的 BRT 采用半封闭的通行形式，BRT 车道与道路其他车道之间采用突出地面的道钉分隔，在特殊情况下，BRT 车辆可以驶出专用车道。

a)

b)

图 2-25　厦门的高架 BRT 与北京的地面 BRT 实景

(1)BRT 车道的宽度

常规公交车或新型 BRT 车辆的车体宽度基本为 2.5～2.6m，BRT 车辆通常为大容量的铰接车。考虑大型车辆的通行要求，BRT 车道宽度设计要求不低于 3.5m，建议为 3.5～4.0m，车站处车道宽度可以适当减小，但不宜低于 3.0m，车站处还需设置一条超车道。

(2)BRT 车道在道路上的位置

BRT 车道在道路上的位置大致可以分为路中式与路侧式两种，表 2-13 对这两种布设方式进行了比较。北京的 BRT 采用布置于路中的 BRT 车道设置方式(图 2-26)，杭州快速公交 1 号线采用布置于道路两侧的方式(图 2-27)。由于 BRT 通道通常为封闭系统或半封闭系统，BRT 车道在路中和路侧的设置位置各有利弊。

布置在道路中央，有利于将 BRT 系统与常规地面道路交通更好的区分，在道路中央形成独立的BRT通行空间，设置供BRT专用的站台，BRT车辆的运行不受道路其他机动车辆的干扰。其他机动车辆仍可以按照常规出入两侧地块，常规公交车辆仍可以在路边公交车站停靠。但布置在道路中央的BRT车道，需要在道路中央设置停靠站，往往在交叉口处需要向外拓展至少3m的空间，以满足BRT车站的设置要求，并且需要设置相应的行人过街设施，以保障行人过街的安全。

布置在道路两侧，有利于BRT站台的设置。按照通常公交站台的设置要求布设BRT站台，对道路资源不存在额外的需求，但是全封闭的BRT通道设置在道路两侧，会对两侧地块的交通出入造成极大的隔离，且道路上其他常规公交车辆无法正常在路侧停靠站，对区域交通的影响较大。因此通常设置在道路两侧的BRT通道往往不采用封闭的模式，但这也增加了BRT车辆运行过程中的干扰因素，降低了运行效率。

两种BRT布设方式比较 表2-13

指标 \ 布置方式	布置在道路中央	布置在道路两侧
路权封闭要求	可以全封闭	不可封闭
车站设置	不方便，需要拓展道路宽度	方便
乘客上下站台设施	要求独立的联系通道	无要求
BRT运行干扰程度	干扰较小	有一定干扰
区域交通组织	影响较小	影响较大
投资	相对较高	相对较低

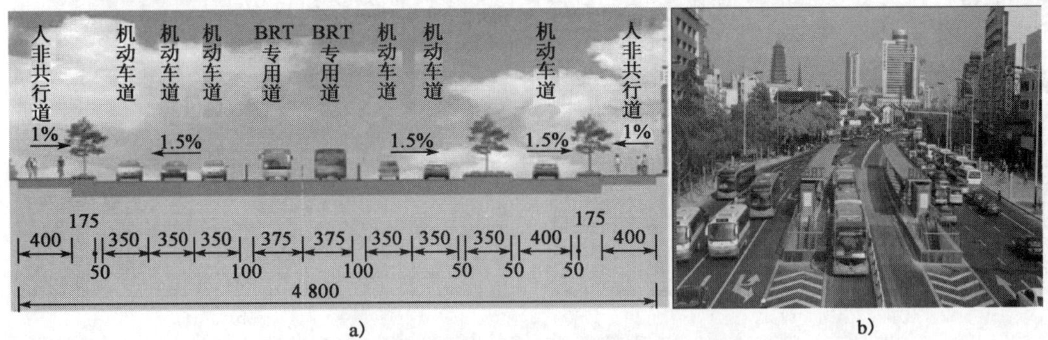

a)

b)

图2-26 道路中央BRT设置断面图与BRT车站实景图(尺寸单位:cm)

a) b)

图2-27 杭州路侧BRT设置断面与BRT车站实景图

2)公交专用道规划布局

(1)公交专用道的宽度

公交专用道的宽度要求主要依据目前城市中运行的各类公交车辆的车型特征,通常情况下公交车辆的车道宽度为3.5～4.0m。

(2)公交专用道设置的要求

道路设置公交专用道应具备一定的标准,首先机动车道数应不小于双向4车道,其次道路高峰时刻单向公交车流量达到150辆/h,或平均公交车流量超过50辆/h,单向平均客流量达到5 000人次/h;再次考虑道路交通其他车辆的通行要求,设置公交专用道后,道路其他车道的高峰时刻饱和度宜低于0.8。

(3)公交专用道设置形式

公交专用道的设置形式,通常有分设于道路两侧、道路中央两种布局方式,如图2-28所示。

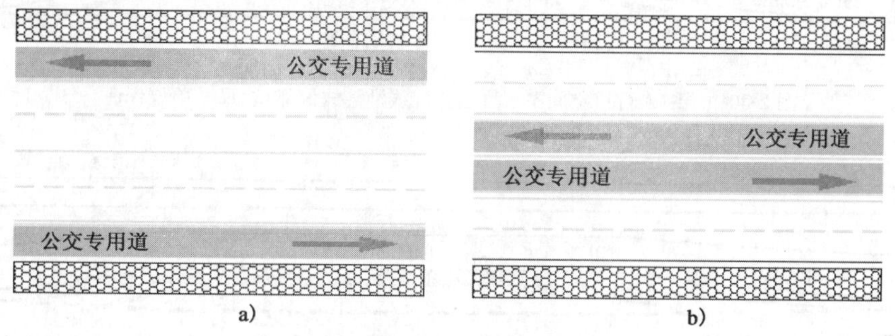

图2-28 公交专用道位于道路两侧、道路中央的平面布置图

公交专用道设置在道路两侧适用于道路两侧进出口较少,道路直行交通量较高的情况。要求机动车道与非机动车道之间有物理分隔,靠近交叉口处可以设置单独的右转车道,也可以允许社会机动车辆驶入公交专用道完成右转。此种设置方式公交车辆运行过程中受道路两侧出入口影响较大,公交车运行效率一般。

公交专用道设置于道路中央适用于直行公交车流量较多,对公交运行效率要求较高的路段。公交专用道与其他车道之间可以采用物理分隔,也可以采用标线分隔,交叉口处根据需要可以单独设置公交车辆的左转车道。此种设置方式公交车辆的运行效率较高。车站的设置位置有两种方式:一种是车站设置在道路中央,此种方式需要占用相对较宽的道路红线空间;另一种是让公交车辆驶出公交专用道,在路侧设站,此种方式相对节约道路用地,也可以实现公交车站的综合利用,但对道路车流干扰较大。通常可根据实际情况灵活采用。

3)港湾式公交站布局

道路设置港湾式公交站可以降低由于公交车辆停靠而引起的对道路交通的干扰。港湾式公交站内车道宽度为2.75～3.5m,港湾式公交站的标准设置为在站点处按照车站建设要求,向外拓展道路红线,并设置加速段和减速段,如图2-29所示。按照常规公交港湾式站点设置3m宽度估算,一个站点需要占用200～300m² 的用地,一个城市公交站点少则几百个,多则上千个,若所有公交站点均向外拓展3m的红线宽度,则需要占用的土地规模将是一个庞大的数字。因此应努力在既有道路红线范围内设置公交港湾式车站,不占用道路红线以外的土地资源,实现节约土地资源的目标,如图2-30、图2-31所示。

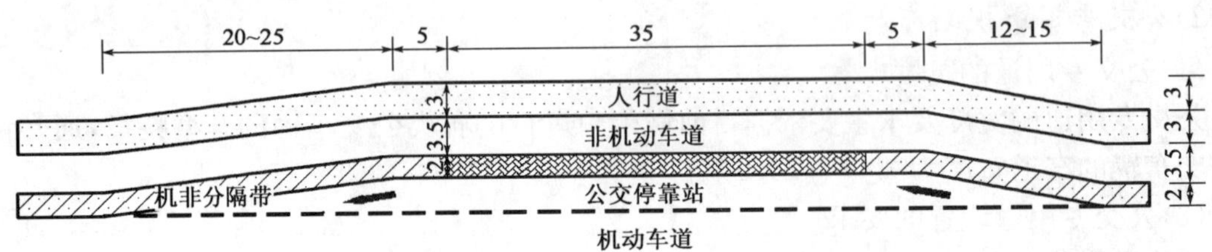

图 2-29 红线展宽的港湾式标准停靠站(尺寸单位:m)

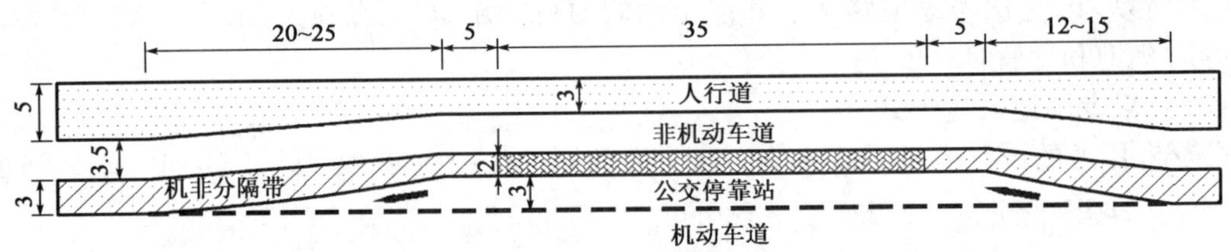

图 2-30 压缩人行道空间不展宽道路红线港湾式停靠站(尺寸单位:m)

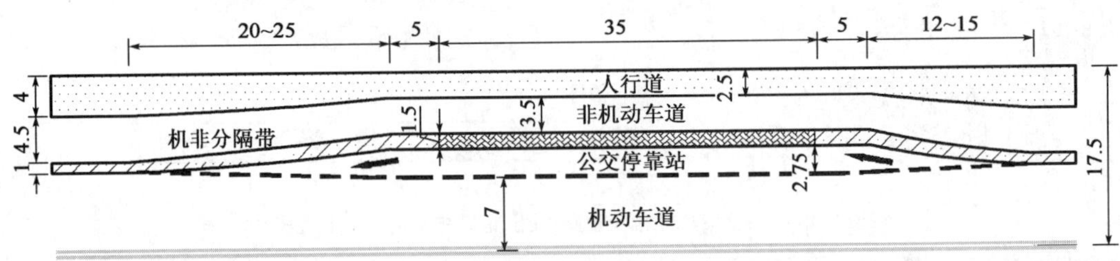

图 2-31 压缩人行道与局部车行道空间不展宽道路红线的港湾式停靠站(尺寸单位:m)

2.7.3 路内停车设施规划布局

(1)路内停车设施对低碳生态道路的体现

随着城市机动车保有量的迅猛增长,城市小汽车出行规模日益增强,导致对城市停车设施需求相应增强,由于城市停车设施供应的不足,多数城市均面临停车矛盾的困境。修建公共停车场是解决停车矛盾的主要途径之一,但是实际的运行实践表明,在城市核心区修建公共停车场也面临较多问题。首先是在寸土寸金的核心区修建公共停车场的投资回报远远低于其他商业开发的回报;其次在核心区修建大量的公共停车场,不利于区域地块的综合开发和整体形象的提升。

在道路空间内,利用道路路侧空间或隔离带空间设置路内停车场,可以解决一部分停车需求,作为路外公共停车场的有效补充。一般发达国家路内停车场的比例占公共停车场总泊位的5%~10%,美国250万人口以上城市路内停车泊位的配置为25个/千人以上,而北京和上海等大城市路内停车场的泊位比为1.5~2个/千人,远低于发达国家的水平。

路内停车场的设置,一方面解决了社会对于公共停车场的部分需求,减少了路外专用停车场(库)的建设规模,不仅节约了土地资源,更实现了土地价值的最大化目标。另一方面路内停车场凭借停车方便的优势,便于车辆交通出行与目的地之间的联系。

(2)路内停车设施的设置要求

路内停车场设置，应注意静态交通与动态交通之间的协调，停车场的设置不能干扰道路的动态交通，避免降低道路的通行效率。城市快速路、主干道等交通性要求高的道路，应尽量避免设置路内停车场，城市次干路在有条件的区域可以考虑设置路边停车，城市支路应是设置路边停车的主要区域。

设置路内停车场的道路宽度，应满足表 2-14 规定的要求，当道路环境要求不满足表 2-15 规定的要求时，不宜设置路内停车场。

路内停车场设置的道路最小宽度条件　　表 2-14

道路类别	道路宽度	路边停车设置
双向通行道路	12m 以上	容许双侧停车
	8～12m	容许单侧停车
	不足 8m	禁止停车
单向通行道路	9m 以上	容许双侧停车
	6～9m	容许单侧停车
	不足 6m	禁止停车
巷弄	9m 以上	容许双侧停车
	6～9m	容许单侧停车
	不足 6m	禁止停车

路内停车场道路环境条件　　表 2-15

	允许路边停车道路环境条件
停车区域限制	500m 内无公共停车场，不影响车辆、行人通行，不影响沿线单位人员的进出
特殊地带限制	医院、消防等重点单位车辆进出的街道；非信号灯控制的交叉口、街道转弯处
负面效应控制	停车场有足够的照明条件，有专人负责车位卫生和秩序

路内停车场的设置应考虑两方面的问题：一是设置后的道路能否承担现有交通负荷；二是设置路边停车后，停放的车辆会对动态交通产生的影响。

对于第一个问题，以现有交通量为准，如果道路宽度变窄后通行能力仍有富余，则可以设置。车道通行能力通过下式计算：

$$Q = 525W \tag{2-5}$$

式中：Q——车道总通行能力(pcu/h)；

W——车道总宽度，取值应>3m。

静态交通对动态交通的影响通常用交通阻碍率(R)来表示，计算方法如下：

$$R = (1 - B/B_0) \times 100\% \tag{2-6}$$

式中：B——施画停车位后机动车道宽度(m)；

B_0——原机动车道宽度(m)。

美国、日本等发达国家对交通阻碍率有较为明确的限制，一般不能高于 30%。

(3)路内停车设施的设置形式

路内停车泊位的布置形式有平行式、斜角式、垂直式三种。对车流相对较高的路段，应优先考虑平行式,如图 2-32～图 2-34 所示。斜角式因为视野受到限制,比平行式危险,但是驶入驶出比平行式方便,如图 2-35、图 2-36 所示。垂直式停车驶入驶出较不方便,一般只在交通流量非常小的情况下才使用,如图 2-37 所示。

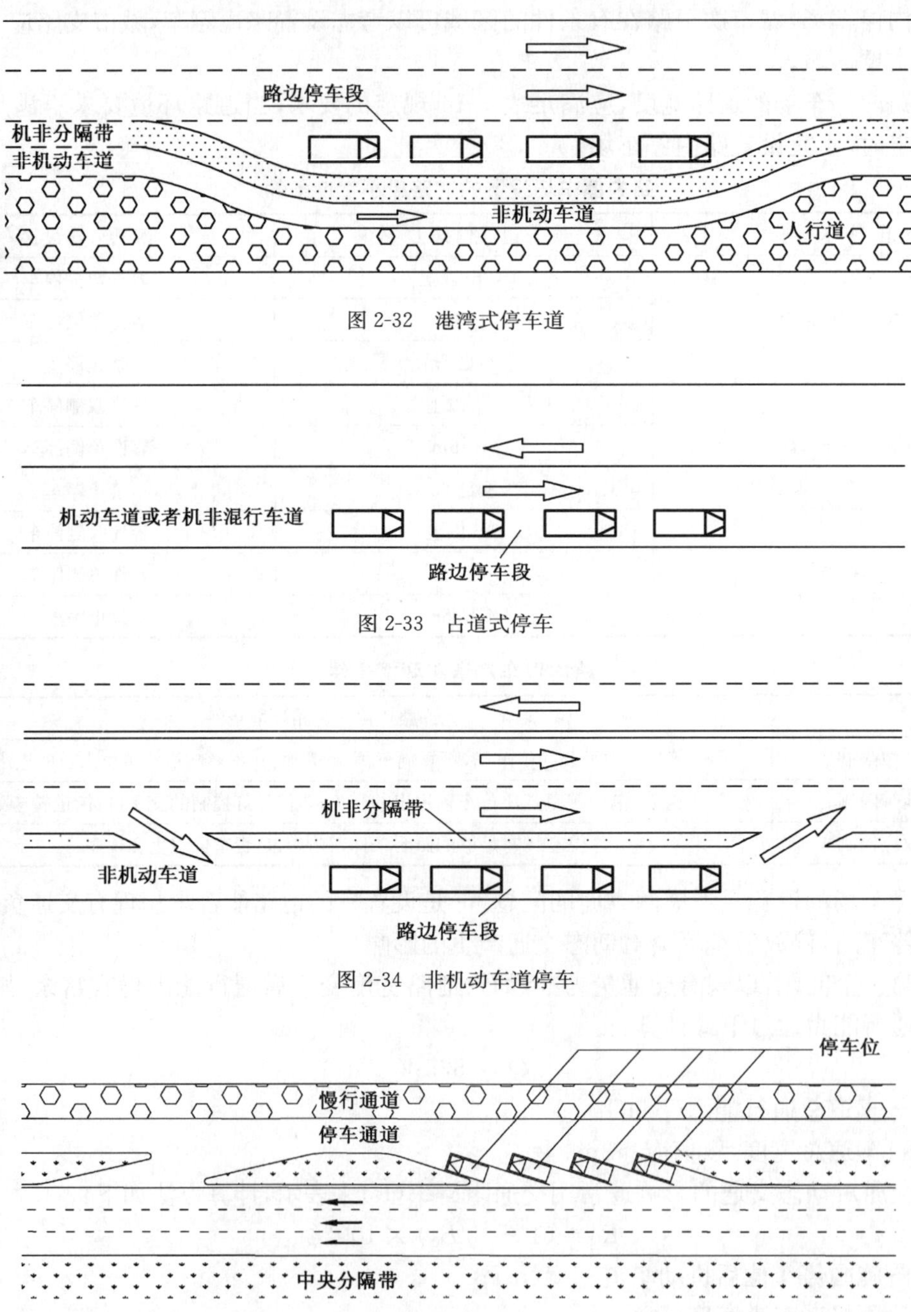

图 2-32 港湾式停车道

图 2-33 占道式停车

图 2-34 非机动车道停车

图 2-35 机非分隔带上的斜角式停车

(4)路内停车的收费管理

路内停车收费差别化,引导车辆停靠空间较为富余的道路,充分利用道路空间,且不干扰

干线交通流。路边停车场主要提供短时间停车，应大力提高日周转率。所以停车时间宜控制在 30min 内，尽量不超过 1h，超过 1h 则收费要有大幅提高。同时可以通过停车自助收费系统简化停车管理，且降低短时间停车费用，鼓励临时停车，抑制长时间路内停车。

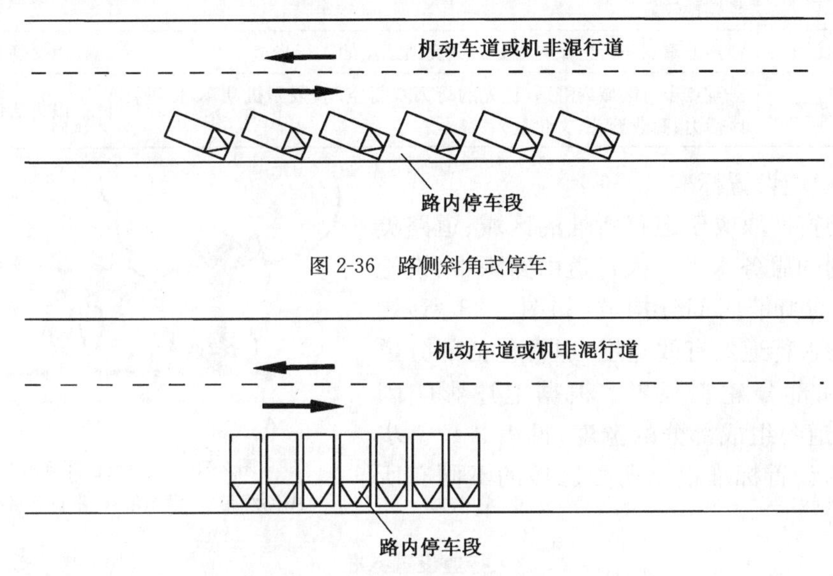

图 2-36　路侧斜角式停车

图 2-37　路侧垂直式停车

2.7.4　慢行系统规划布局

1)慢行系统功能定位

慢行交通包括步行交通和自行车交通两个部分。从承担功能来看，均具有交通和休闲两部分功能。

步行交通是一切交通出行开始和结束不可缺少的组成部分，每一次交通出行中总会或多或少地包含步行方式。步行交通是大量社会弱势群体如老年人、儿童、残疾人士等首要或唯一的出行方式。在城市生活与发展中，步行交通不仅仅是一种交通出行，更是城市活动系统的重要组成部分。在城市居民所有出行方式中，步行最有助于产生自发性活动、社会性活动，近 70% 的步行交通旨于文化娱乐、购物、生活等非通勤目的。步行在增进人们情感交流、支持城市休闲购物、完善与提升城市空间功能、提高居民生活品质方面具有重要作用。

自行车交通在提高短程出行效率、填补公交服务空白、促进交通可持续发展等方面，具有机动交通所无法替代的优势。组团间的中长距离出行，可以通过“自行车＋公交”的模式，解决“最后 1km”的交通出行；另外，自行车交通也是居民休闲、健身及游客漫游的重要活动方式，使人们更好地贴近自然。

2)人行道设置标准

(1)步行系统分类

按照低碳生态型道路建设要求，步行系统分为步行通廊、步行廊道、宁静步道三大类，分类标准及功能见表 2-16。

步行网络分级表 表 2-16

级别	名　称	功 能 定 位	服 务 特 征
1	步行通廊	城市步行系统的结构性通道，居民日常休闲步行活动的主要场所，延续性较好	以交通性功能为主
2	步行廊道	连通重点步行区域与主要公共交通站点的人行步道	以交通性功能为主
3	宁静步道	重点步行区域内舒适、优先的行人步行空间，限制机动车，促进社区活力、商业繁荣、文化复兴	以生活性功能为主

(2)步行设施设置标准

人行道的宽度取决于道路所处的区域、道路类型和所要达到的服务水平。人行道由路缘带、设施带、步行带和临街带四部分构成，如图 2-38 所示。其中步行带为人行道的有效宽度，通常包括部分道路红线范围和部分建筑限界。根据上述影响因素，确定人行道各组成部分的宽度，见表 2-17。步行通廊人行道设置标准根据所处区域的不同有所区别。

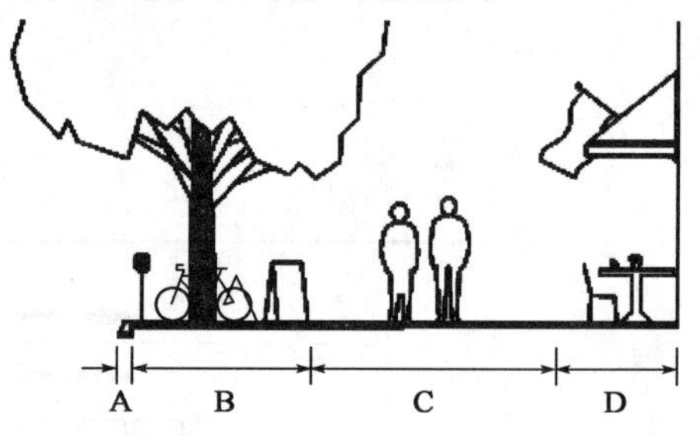

图 2-38 人行道各部分示意图
A-路缘带；B-设施带；C-步行带；D-临街带

人行道设置标准 表 2-17

通 道 类 型		限　值	各区设计宽度(m)				总宽(m)
			A 路缘带	B 设施带	C 步行带	D 临街带	
步行通廊	中心区	最小宽度	0.15	1.5	3.0	0.85	5.5
		推荐宽度	0.15	2.0	4.0	1.85	8.0
	外围区	最小宽度	0.15	0	1.85	0	2.0
		推荐宽度	0.15	0.5	1.85	0	2.5
社区型廊道		最小宽度	0.15	1.0	2.0	0.35	3.5
		推荐宽度	0.15	1.5	3.0	1.35	6.0
商业型廊道		最小宽度	0.15	1.5	2.5	0.85	5.0
		推荐宽度	0.15	2.0	3.5	1.85	7.5
枢纽型廊道		最小宽度	0.15	1.5	3.0	0.35	5.0
		推荐宽度	0.15	2.0	4.0	1.35	7.5
生活步道		最小宽度	0.15	0	2.0	0.35	2.5
		推荐宽度	0.15	1.0	2.5	0.85	4.5
休闲步道		最小宽度	0.15	0.5	2.5	0.35	3.5
		推荐宽度	0.15	1.5	3.0	1.35	6.0

3)非机动车道设置标准

(1)非机动车通道分级

根据非机动车通道在城市布局中的地位与功能，将非机动车通道分为 4 个级别，见表 2-18。

非机动车网络分级　　表2-18

级别	名　称	功能定位	非机动车路权
1	自行车廊道	慢行区之间、高标准建设的自行车道，与重要公共交通枢纽衔接	相对优先
2	自行车集散道	相邻慢行区之间或慢行区内的自行车道，与一般公共交通枢纽衔接	机非分离
3	自行车休闲道	滨水区及连接公园的自行车道，服务休闲、健身出行	慢行优先
4	自行车连通道	地块间的连通道	连通即可

(2)非机动车道设置标准

设置机非隔离设施可使冲突率降低2/3，行车速度提高10%～15%，对于减少机非干扰和提高交通安全意义重大。按照非机动车通行要求，非机动车道建设标准分为表2-19中的5个等级，如图2-39～图2-43所示。

自行车道建设标准　　表2-19

等级	自行车道宽度	机非、人非分隔状态	对　策
A	≥4m	机非、人非硬分隔	机非绿化分隔带隔离
B	2.5～3.5m	机非、人非硬分隔	机非栏杆或立柱隔离
C	2.5～3.5m	机非软分隔，人非硬分隔	机非标线分隔
D	机非混行	机非混行，人非硬分隔	宁静化处理，大流量或干扰严重路段，可考虑机动车单行或高峰禁行
E	人非混行	慢行专用道路，人非混行	自行车休闲道局部路段

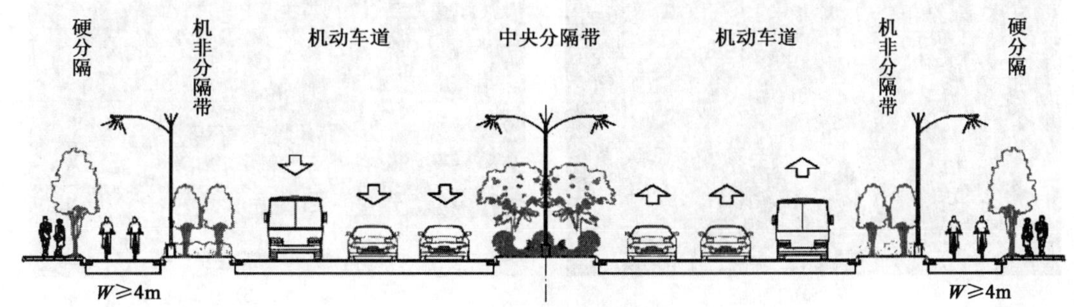

图2-39　等级A自行车通道标准横断面

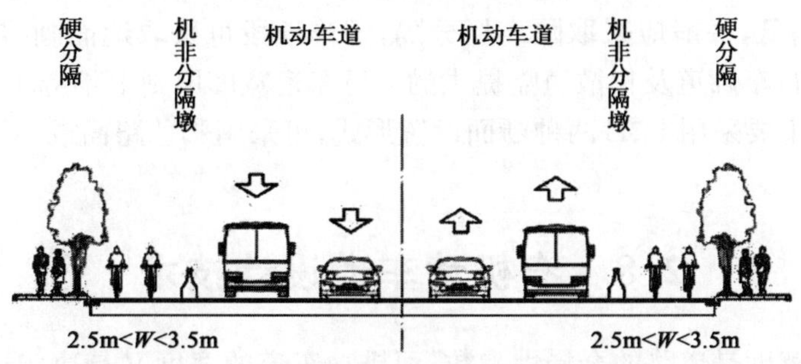

图2-40　等级B自行车通道标准横断面

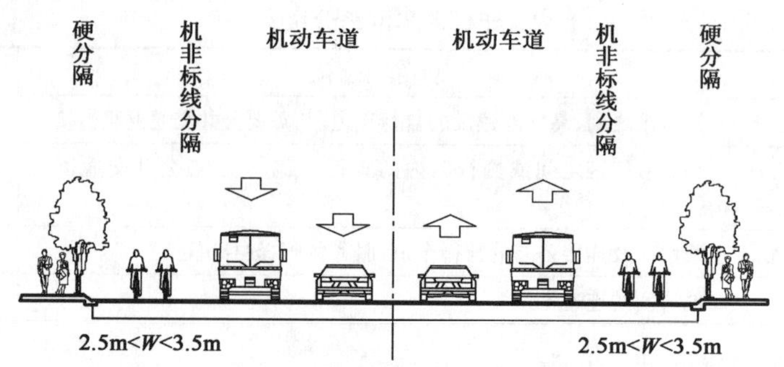

图 2-41　等级 C 自行车通道标准横断面

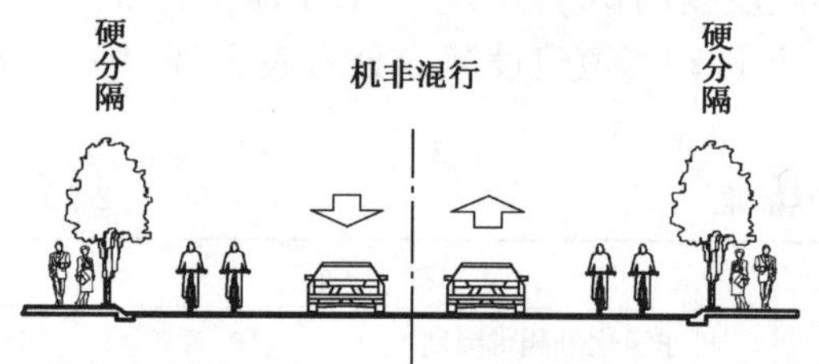

图 2-42　等级 D 自行车通道标准横断面

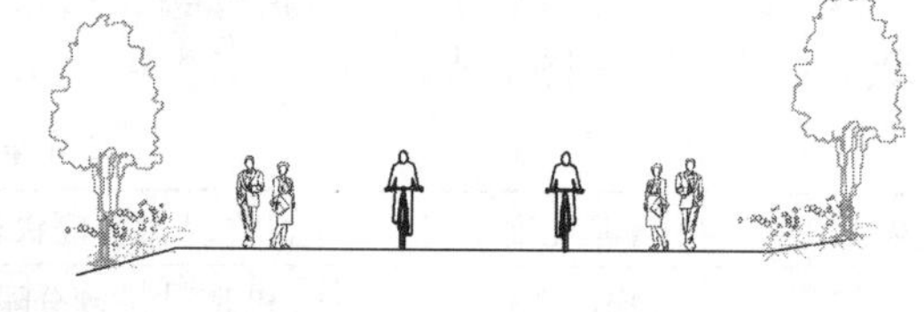
图 2-43　等级 E 自行车通道标准横断面

自行车廊道是自行车网络系统的骨架，自行车通行量大，速度要求相对较高。规划建议采取绿化分隔带形式，如图 2-44 所示。困难地段可采取隔离栏或地面画线分隔，实现机非分离，断面形式以 A、B 形式为主，辅以 C 断面形式。

a)

b)

图 2-44　非机动车廊道实景图

自行车集散道也是自行车系统重要的组成部分。相比于非机动通廊，其断面宽度、通道直接性、隔离形式可略低，一般应采取隔离栏分隔，困难地段可采取地面画线分隔，断面主要有 C、D 两种形式。自行车廊道及集散道需提供的自行车道宽度原则上不应小于 2.5m。

自行车休闲道主要采用 D、E 两种断面设置形式，可采用彩色路面或不同材质铺装来区分路权空间。

2.8　窄机动车道设计技术

道路的横断面宽度是道路的全局性参数，而机动车道的宽度又是决定道路横断面宽度的关键指标。由于横断面宽度同道路全线长度的乘积效应，道路断面设计过程中每一厘米的增

减，都可能造成全线较大用地面积的变化。尤其在当下多数城市道路建设过程中，道路宽度的少量增加，都有可能会决定城市建筑的拆迁与否。道路设计过程中确定合适的机动车道宽度具有非常重要的社会意义和经济意义，也是倡导低碳生态道路建设的重要实施途径。

2.8.1 机动车道设计宽度现行标准

2012年5月1日，我国颁布实施了《城市道路工程设计规范》(CJJ 37—2012)，该规范在1991年颁布实施的《城市道路设计规范》(CJJ 37—90)基础上，针对我国现状交通特征，对道路设计参数、指标以及相关内容做了较大的调整，91版和2012版规范规定道路机动车道宽度应根据车型及计算行车速度确定，取值如表2-20所示。道路横断面设计图见图2-45。

我国道路设计规范中机动车车道宽度　　表2-20

规范版本 / 车道宽度	1991版规范		2012版规范	
设计速度(km/h)	≥40	<40	>60	≤60
大型车或混行车道(m)	3.75	3.5	3.75	3.5
小客车专用车道(m)	3.5	—	3.5	3.25

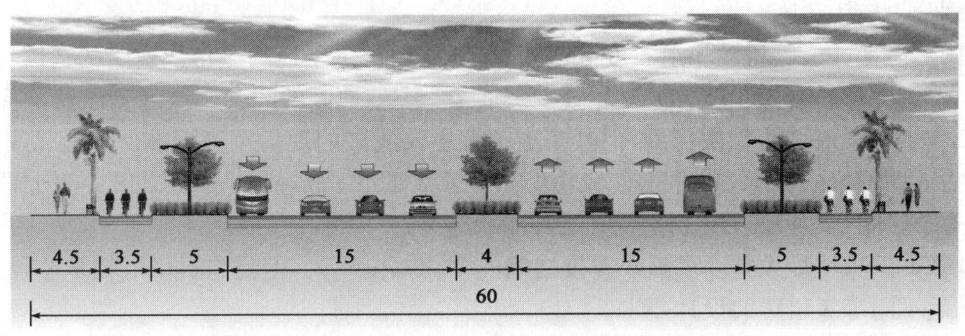

图2-45 采用现行标准的道路横断面设计图(尺寸单位：m)

现行规范确定的机动车道宽度共分3.5m、3.75m两个类型。基于机动车辆制造技术的不断进步，车辆的操控性以及行驶的安全性不断提高，车辆行驶过程对于横向间距的要求也有所降低。从目前我国城市道路机动车辆的构成看，城区内基本以小型车辆为主，因此采用统一标准的3.75m、3.5m车道宽度已经不适合我国目前的道路交通运行特征。宜根据不同道路的服务对象、道路上行驶车辆的构成特征，采用相对灵活的道路机动车道设计宽度，在现行规范的基础上适当缩减，节约道路建设的土地规模。

2.8.2 国外发达国家机动车道宽度设计标准

车道窄、交通量大、速度高、车道数多在一定程度上会增加交通事故发生的可能性。国外的一些研究和实践以及对相关数据分析后认为，目前对于车道宽度和相应路肩宽度的确定中，已经建立的系列设计标准基本上是令人满意的，且在道路安全和运营上取得了满意的效果。许多研究人员通过模拟试验研究车道宽度对车辆运行效果的影响，结果显示，车道宽度减少后由于机动车行驶侧向空间减少，许多大型车辆会自主选择靠路边行驶，相对道路来讲单车道的通行能力基本没有发生较大的变化，道路交通状况并未恶化。

参照欧美、日本、中国香港和台湾等发达国家和地区相应道路设计规范，其对于道路机动车道设计宽度如表 2-21 所示。

我国与其他发达国家和地区道路机动车设计宽度对比表 表 2-21

<table>
<tr><th colspan="3">国家和地区
道路等级</th><th>中国香港
(m)</th><th>中国台湾
(m)</th><th>日本
(m)</th><th>美国
(m)</th><th>英国
(m)</th><th>德国
(m)</th><th>中国
(m)</th></tr>
<tr><td colspan="3">高速公路</td><td>3.65</td><td>3.25～3.5</td><td>3.5</td><td>3.35～3.65</td><td>3.65～3.7</td><td>3.5～3.75</td><td>3.75</td></tr>
<tr><td colspan="3">城市快速路</td><td>3.65</td><td>3.25</td><td>3.5</td><td>3.35～3.65</td><td>3.65～3.7</td><td>3.5</td><td>3.75</td></tr>
<tr><td rowspan="3">城市主干道</td><td rowspan="2">大型汽车或大小型汽车混行</td><td>V>40km/h</td><td>3.65</td><td>3.25</td><td>3.5</td><td>3.05～3.35</td><td>3.65</td><td>3.5</td><td>3.75</td></tr>
<tr><td>V<40km/h</td><td>3.32～3.65</td><td>3.0～3.25</td><td>3.25～3.5</td><td>3.05～3.35</td><td>3.5</td><td>3.25～3.5</td><td>3.5</td></tr>
<tr><td colspan="2">小型车道</td><td>3.32</td><td>3.0</td><td>3.25</td><td>3.05～3.35</td><td>3.35</td><td>3.25</td><td>3.5</td></tr>
<tr><td colspan="3">城市次干路与支路</td><td>3.32</td><td>2.8～3.0</td><td>2.75～3.0</td><td>3.05</td><td>3.35</td><td>2.75～3.25</td><td>3.5</td></tr>
</table>

从机动车道设计宽度的最宽与最窄幅度看，德国相差有将近 1m。一方面对于高速公路，采用 3.5～3.75m 相对宽的机动车道宽度，另一方面对于小型车道通行的城市次干路和支路，采用了 2.75～3.25m 相对窄的机动车道宽度。对应不同的道路等级和机动车交通特征，期间的档次划分也较为清晰。

我国台湾地区道路机动车道宽度取值相对较小，城市主干道与城市快速路的宽度为3.0～3.25m，城市次干路与支路的宽度仅为 2.8～3.0m。香港地区的宽度档次划分虽然不多，主要为 3.32m 与 3.65m 两个档次区间，但其车道宽度也比我国的现行宽度标准少了十几厘米。

同为亚洲国家的日本，道路机动车道宽度分了 2.75m、3.0m、3.25m、3.5m 四个档次，且给定了一个区间，较好地适应了各类道路设计的选择。

美国、英国虽然最大宽度与最小宽度之间的变化幅度不大，但是它提供了较多的设计取值区间，满足不同等级道路的设计要求。

根据以上表格的对照比较，我国现行道路设计规范对于机动车车道宽度的取值相对国外发达国家和地区尚有较大的差距，具体表现在如下。

(1)总体宽度相对偏高。我国对于主干道的小型车道、城市次干路、支路统一采用 3.5m 的宽度标准，均比其他地区要高，尤其是相对日本和我国的台湾地区，有将近 50～75cm 的差距。

(2)机动车道取值区间相对偏少。我国只有 3.5m、3.75m 两种宽度可供选择，且缺乏一定的灵活区间。而其他国家和地区不仅根据不同的道路等级采用了不同的取值标准，更是在某一道路等级中采用了灵活的取值区间，更加便于在实际设计中灵活采用。

2.8.3 窄车道设计影响分析

将道路机动车道宽度适当缩小，已经是国内道路设计的一个发展趋势。机动车道宽度变窄后，可能对道路交通运行以及交通参与者的以下方面产生影响：道路通行能力、道路机动车行驶速度、交通安全和驾驶者的心理。

(1)车道宽度对通行能力影响分析

通过对车流密度较大的部分特征道路现场调查分析，计算在不同行车速度下不同车道宽

度实际通过的交通流量值。单车道饱和流量与车速关系如图 2-46 所示，交通量以 5min 流率进行核算。结论显示：两种宽度的道路单车道最大流量值基本一致，约为 2 000pcu/h。根据不同速度下的调查结果，当速度小于 50km/h 时，3.25m 与 3.75m 两种车道宽度单车道的实际车流量相差不大；当车速大于 60km/h 时，3.25m 宽度单车道的实际通行能力要比 3.75m 宽度的单车道通行能力有所降低，且速度越高，降低的幅度越大，降低幅度约为 7%。

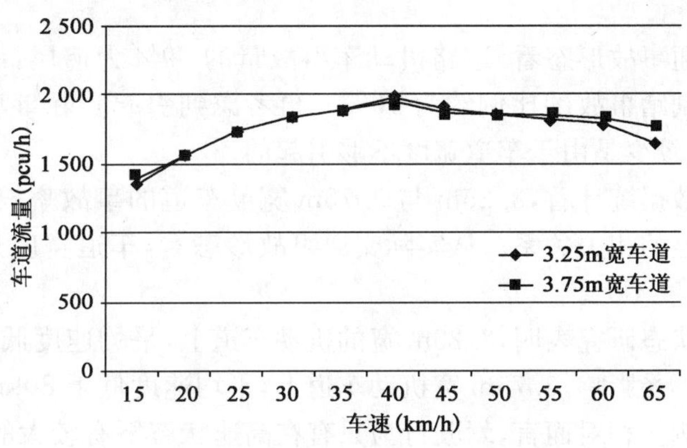

图 2-46　单车道饱和流量与车速关系图

相对而言，城市道路车辆行驶速度基本在 50km/h 以下。根据上述调查结论，在此速度条件下，车道宽度的缩小对道路通行能力的影响较小。而对于高速公路、城市快速路等通常行驶车速大于 60km/h 的道路，在确定道路机动车道宽度时，应适当考虑车道宽度对单车道通行能力的影响。

(2) 车道宽度对行车速度的影响

在实际交通运行中，车辆运行速度是多因素影响的变量。从道路承载流量看，在流量较小的自由流以及超饱和的拥堵状态下，道路机动车行驶速度受车道宽度的影响较小。在道路交通服务水平处于一定范围内的情形下，道路机动车行驶速度与道路机动车道宽度之间存在一定的关联；另外车辆性能、车种比例、交通限速、侧向交通以及道路构筑物等也会对机动车行驶车速产生一定的影响。车道宽度的减少，将导致侧向交通影响因素的增加，驾驶者行为发生变化，最终影响车辆运行速度。根据相关调查结论，在单车道交通量约为 1 000pcu/h 的主干道上，3.25m 与 3.75m 宽的车道上车辆行驶的速度相差 4%～13%。表 2-22 为不同机动车道宽度下特点车速表。

不同机动车道宽度下特点车速表　　表 2-22

车道宽度(m)	平均速度(km/h)	85%车速(km/h)
3.25	34.27	42.41
3.30	40.20	52.06
3.50	41.68	49.88
3.60	48.31	58.46
4.00	50.15	59.12

(3)车道宽度对交通安全的影响

道路交通安全是交通运行首要考虑的因素，机动车道宽度的适当缩小不应当对道路交通安全造成隐患。北京市二环路机动车道宽度为3.5m，三环路机动车道宽度为3.75m。在一定的调查时段内，二环路的交通事故发生率为0.028 5起/公里万辆，三环路的交通事故发生率为0.029 1起/公里万辆，两者几乎没有差别。3.5m与3.75m宽度的机动车车道对交通事故的发生率影响不大。

另外一方面从交通事故形态看，道路机动车事故量的69%为追尾，而同道路机动车道宽度直接相关的机动车刮蹭事故的比例约为16%。再考虑到引起实际事故的各种不良驾驶习惯，实际造成交通事故较少是由于车道宽度不够引起的。

从实际交通事故数据统计看，3.25m与3.75m宽度车道的事故率较为接近，事故发生与车道宽度之间没有明显的相关关系。从实际交通事故形态看，车道宽度只对事故总量的一小部分产生影响，影响程度不大。

并排(超车)行驶状态研究表明，3.25m宽的机动车道上，平均速度低于60km/h机动车驾驶员的驾驶行为基本不受影响；3.75m宽机动车道上，平均速度低于80km/h机动车驾驶员的驾驶行为基本不受影响。相对而言，驾驶行为只有在高速状态下有较大的影响，而此时由于车辆的密度较低，并排车辆较少，由车道宽度导致事故的可能性较低。

(4)车道宽度缩小对各类交通参与者的心理影响

道路车道宽度缩小后对机动车的驾驶者将产生直接的影响。调查结果显示，对于3.0m、3.25m左右宽度的车道与3.5m、3.75m左右宽度的车道对比，不同车辆驾驶员的直接感受有较大的差别。相对而言，车道宽度的缩小对公交车等大型车辆驾驶员的影响较大，而对于出租汽车和私人小汽车驾驶员的影响相对较小。从驾驶技术的专业角度看，出租车驾驶员等专业驾驶员受道路宽度影响的心理较私人小汽车驾驶员的影响要小。通常普通驾驶员在道路机动车道宽度缩小后，驾驶行为会受到一定的影响。表2-23为不同车型驾驶员对车道宽度缩小后的影响分析。

不同车型驾驶员对车道宽度缩小后的影响分析 表2-23

影　响	大型车驾驶员	出租车驾驶员	私人小汽车驾驶员
挤压感明显	56%	18%	12%
稍有感觉	38%	31%	59%
无感觉	6%	51%	29%

2.8.4 生态低碳道路的机动车道宽度取值标准

为适应道路交通条件的变化，生态低碳道路建设应根据现状的道路交通通行条件，确定合理的机动车道宽度，在现行规范确定的3.75m与3.5m两个标准宽度的基础上，适当下浮。表2-24是根据我国目前城市道路机动车运行特征，提出各类道路机动车道宽度取值的参考值。参考国内外的相关规范，将机动车道宽度的层级分为3.0m、3.25m、3.5m、3.75m四个主要层级。对于小型车辆通行的城市道路交叉口以及城市次干路、支路的部分特殊需求路段，道路宽度可以适当下调至2.8m。另外根据城市交通运行的速度特征，将车辆运行速度分为60km/h、

80km/h 两个层级。总体上，车速在低于 60km/h 时，车道宽度不小于 3.0m；车速介于 60km/h 与 80km/h 之间时，车道宽度不小于 3.25m；车速高于 80km/h 时，车道宽度不小于 3.5m。

生态低碳道路机动车道宽度取值参照表　表 2-24

道路性质	设计速度	车种类型	窄车道宽度取值参考值(m)
快速路	>80km/h	大型车道	3.75
		小型车道	3.25～3.5
	≤80km/h	大型车道	3.5～3.75
		小型车道	3.0～3.5
主干路	60km/h	大型车道	3.5
		小型车道	3.0～3.25
	<60km/h	大型车道	3.25～3.5
		小型车道	3.0～3.25
次干路	—	大型车道	3.25
		小型车道	2.8～3.0
交叉口进口道	—	大型车道	3.0～3.25
		小型车道	2.8～3.0
公交车专用道	—	—	3.25～3.75

2.9　交叉口规划设计低碳节地技术

2.9.1　国内道路交叉口建设与运行中的主要问题

道路交叉口是道路交通运行的关键节点，道路全线通行能力的大小主要取决于交叉口的通行能力。目前国内多数城市在核心区域的道路交叉口拥堵现象明显，交叉口通行秩序混乱，导致道路全线的服务水平较低。

(1)交叉口占地面积过大

道路交叉口需要满足车辆、行人等各种交通方式的便捷通行。一旦交叉口占地面积过大，既造成了土地资源的浪费，又增加了车辆和行人在交叉口的移动距离，降低了每个信号周期交叉口的通行效率，如图 2-47 所示。国内许多城市的部分交叉口都存在面积过大的问题，一方面过分追求地标建筑以及交叉口的宽敞空间，将平面交叉口占地面积设置得过大；另一方面在建设立交时，尤其是枢纽互通立交时，片面追求高的转弯车速而采用大半径匝道，或是为降低建设投资采用减少桥梁而使立交用地铺展的方法，导致交叉口占地面积过大。

(2)交叉口提升改造缺少必需的空间

城市发展过程中交通问题日益显现，尤其是在城市的核心区，交通矛盾更为突出，道路交叉口拥堵现象严重。解决交叉口交通矛盾最直接也是最有效的办法是通过对交叉口的立交改造，提升交叉口的通行能力，缓解交通拥堵。但是许多城市发现，核心区内由于以往在城市发展过程中，缺乏对交叉口红线的控制，既有建筑布置密集，道路交叉口的空间十分有限。进行交叉口提升改造如果不进行大范围的拆迁，很难取得良好的实施效果，陷入了进退两难的地步，如图 2-48 所示。

a)

b)

图 2-47　城市核心区设置环岛、大型立交均会占用较多的土地资源

a)

b)

图 2-48　交叉口区域的各类建筑限制了交叉口的提升改造

(3)干道平面交叉口的通行能力制约了干道功能的提升

城市主干道在城市交通系统中发挥重要作用，承担了区域中长距离的交通联系。但主干道交通受到交叉口通行能力的制约，道路全线的通行效率不高，干道的交通功能得不到很好的发挥。

2.9.2　交叉口立交规划设计的低碳节地途径与方法

1)选用合适的立交形式

虽然立交的设置会占用部分用地，但是交通效率会得到很大提升。交叉口设置立交的基本目的是消除或减少交通冲突点，提高交叉口的通行效率。低碳生态道路建设要求立交的布局与形态遵从“实用”的原则，选用恰当的立交形式，切忌为了追求“气派”、“形象”，盲目选用超越实际需求的高标准立交形式。

城市立交形式可以分为：枢纽互通立交、一般互通立交和分离立交三大类。立交的典型图例、基本特征和适用范围见表 2-25、表 2-26。

立 交 典 型 图 例　　　　表 2-25

类别			
枢纽互通立交	全定向式	全半定向式	定向半定向组合式
	定向苜蓿叶组合式(一)	定向苜蓿叶组合式(二)	半定向苜蓿叶组合式
一般互通立交	全苜蓿叶式	环形式	单喇叭式
	单点菱形	双点菱形式	迂回式

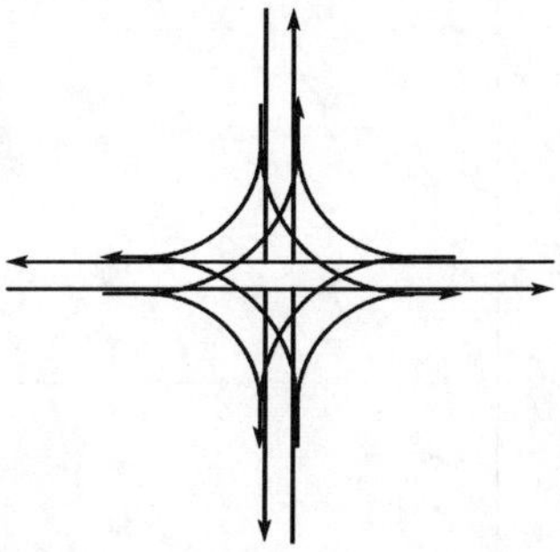

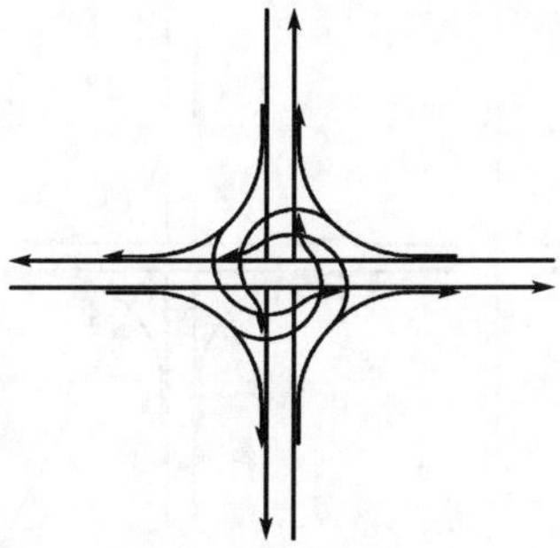

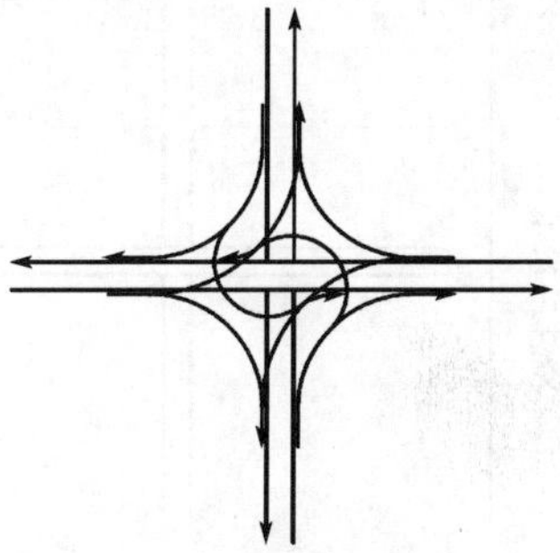

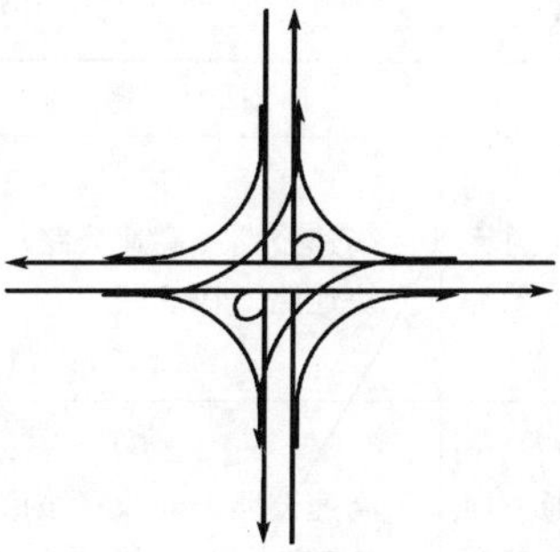

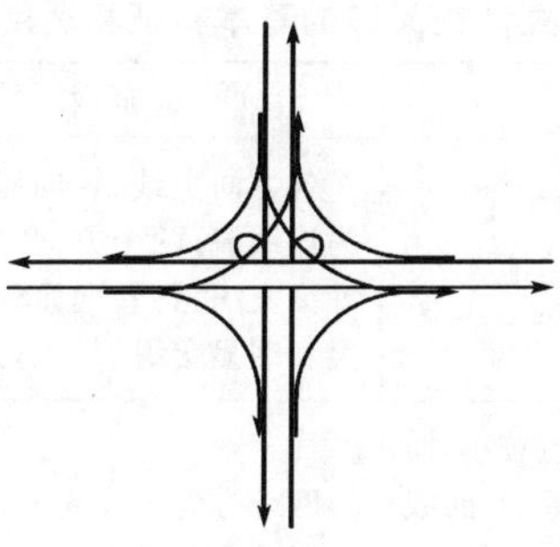

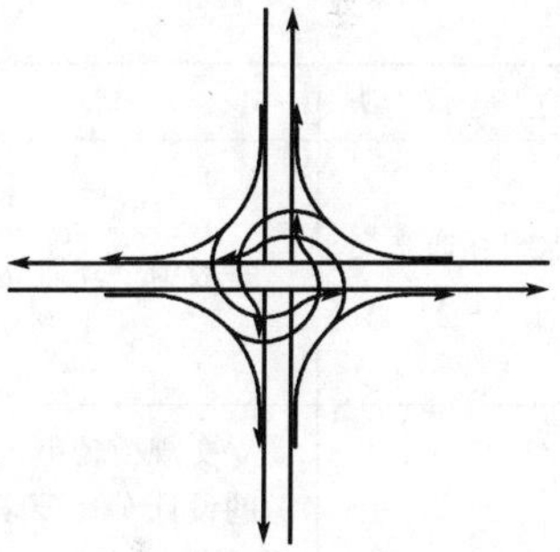

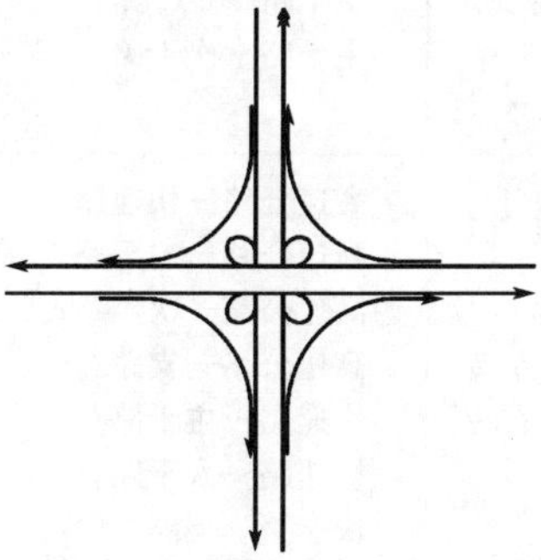

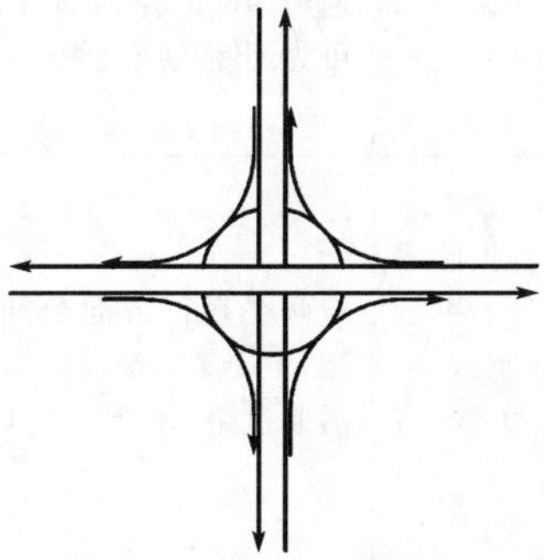

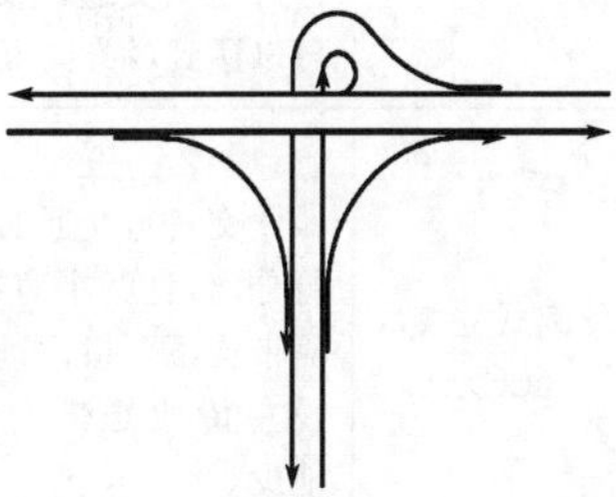

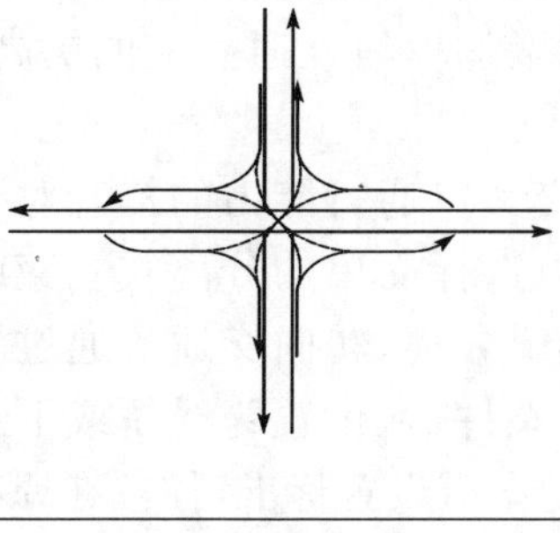

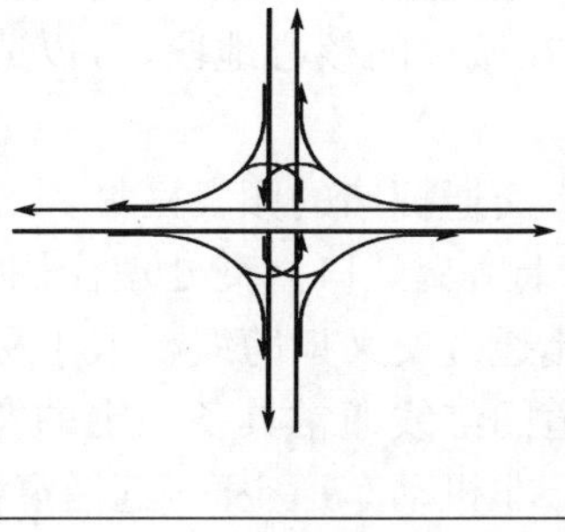

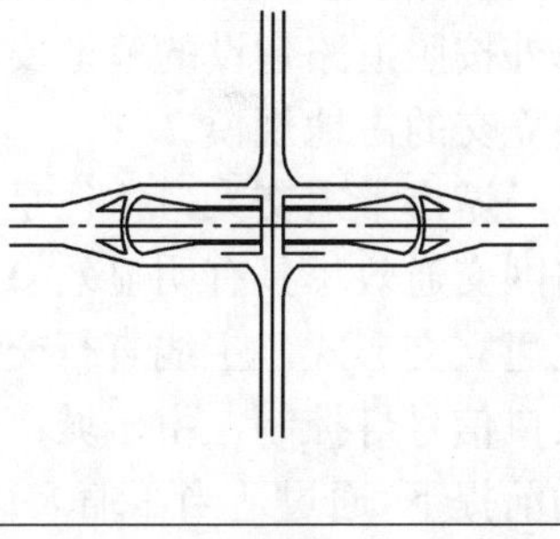

续上表

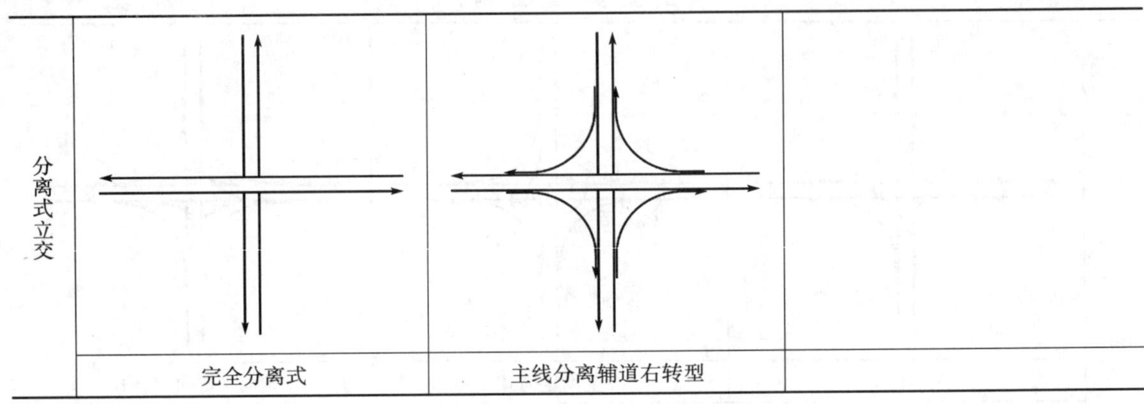

立体交叉口的基本特征和适用范围　　表 2-26

立交类型	特　　点	交通特征	适用范围
枢纽互通立交（LA）	一般为全互通立交，占地大	各方向主线、转向匝道交通均为连续流；两个方向主线交通无冲突交织，各转向匝道交通无冲突和明显交织	高速公路—高速公路； 快速路—快速路
一般互通立交（LB）	立交规模较小，占地也较小，匝道的设计车速要求不高，平面线形要求也不高； 主要的直行及转向流量分离，其余方向交通通过平面交叉口信号灯组织交通或交织运行，一般可以达到各方向互通	两个方向主线或主要交通方向主线交通无冲突，一般为无交织或无明显交织，次要方向主线交通可为间断流，各转向匝道交通可为间断流或交织运行	高速公路—非收费城市道路； 快速路—主干路； 快速路—次干路； 主干路—主干路； 主干路—次干路
分离式立交（LC）	立交直行交通通过工程措施进行分离，且两个直行方向中央分隔带均不开口；可设右转匝道，不设左传匝道。工程规模小，占地少	两个直行方向交通均为连续流，但交叉口交通不能直接左转，需通过路网绕行，可以直接右转	高速公路—快速路； 高速公路—主干路； 高速公路—次干路； 高速公路—支路； 快速路—主干路； 快速路—次干路； 快速路—支路

大型枢纽互通立交，虽然可以最好地满足交叉口的交通通行要求，但是其投资高、占地规模大、对周边环境影响大，必须要慎重选择，通常对于城市快速路与快速路交叉口可以选用。另外按照道路建设的节地要求，在城市的核心地段，可以适当增加枢纽互通立交的层高，以减小立交的占地规模。

城市干道交叉口往往是城市交通拥堵的频发区域，干道交叉口通行能力的提升对于提高路网交通效率具有明显效果，而干道交叉口立交处理往往可以选择简单的分离式立交或一般互通立交形式。主线直行交通流通过交叉口跨线桥或下穿隧道分离，转向交通流通过平面交叉口信号灯控制。由于城市干道的红线通常具备一定的宽度条件，在设置跨线桥或下穿隧道的前提下，通过适当压缩人行道、非机动车道空间，选择窄机动车道设置标准，往往在原有道路红线宽度内就可实现立交的设置，不用额外占用土地资源。

立交形式选用的影响因素很多，但一般可从交叉口相交道路等级及其在路网中的地位、相交道路交通量及其特性、交叉口周边土地使用性质及环境要求等方面，进行综合考虑和论证。

(1)从交叉口相交道路等级及其路网地位考虑立交选型

枢纽互通立交为各个交通流向提供了连续流交通的条件和较高标准的行驶条件，适合于相交道路均为快速路等级的交叉口选用，以满足快速路之间大流量的交通互通及连续、较快速的通过交叉口。快速路和交通性主干路的交叉，当交通性主干路以连续流方式组织交通，并且交通流量很大时，条件允许下可以考虑选用枢纽互通立交。

快速路和一般的主干路相交，在保证快速路方向快速、连续行驶的条件下，相交的主干路可以根据交通量大小采用连续流或间断流方式组织交通，其交叉转向的交通流也可以根据交通需求采取连续流或交织、间断流交通组织方式。其立交形式可以根据互通要求和路网条件选用一般互通立交，不必选用枢纽互通立交，以节省工程投资和土地使用。主干路和主干路或次干路相交，不必选用枢纽互通立交，必要时可以考虑采用一般互通立交。

快速路和次干路、支路交叉，宜采用分离式立交，一般不需采用互通立交，达到省投资、省用地的要求。

(2)从交通需求考虑立交选型

交通需求是立交选型考虑的重要因素。依据基本的流量预测方法与步骤，预测道路交叉口远期(通常为 10～20 年)的机动车各方向流量，根据交叉口机动车流量及分布特征，判断机动车交通的主、次流向，结合相交道路的等级和机动车辆通行要求，初步确定交叉口的交叉方式或立交形式。

当和快速路相交的主干路流量很大、采用一般互通立交形式不能满足交叉要求时，可以考虑选用枢纽互通立交。主干路和其他主、次干路相交时，当交叉流量很大，通过展宽交叉口、渠化交通流不能解决时，可以考虑采用分离主要交通流向的一般互通立交形式。如不是以上的情况，则不宜盲目采用立交或采用高标准的立交形式。

(3)从周边土地使用和环境要求考虑立交选型

是否选用立交，选用什么形式的立交，与交叉口周边的土地使用性质和环境要求密切相关。交叉口周边是商业集中地区，或交通情况复杂，或对交通安全及环境有特殊要求的地区，常常需要把过境的主要交通通过立交形式引导通过。对于以高架桥梁形式在景观、交通噪声方面不能接受的地区，宜考虑采用地下通过的方式。此类立交一般以简单的跨线桥梁或下穿隧道的形式，地面保留道路和交叉口满足交通到发需求和交通转向的要求，不宜采用较复杂的互通立交形式。

2)选用恰当的技术指标

立交设计技术指标的选择是体现立交低碳、生态的关键。交叉口立交设计的常规技术指标包括设计车速技术指标、平面设计技术指标、纵断面设计技术指标等。

低碳生态型立交的建设目的是提升交叉口的通行效率，消除交叉口交通冲突点。在城市条件下，鉴于土地的稀缺、拆迁的高昂代价、环境的高要求，城市立交设置往往更注重实现相关流向“通”的功能，必要时可以适当降低立交次要流向“快”的要求。基于此，立交设计相关技术标准的选取，可以适当考虑取规范的低值。比如在匝道圆曲线半径选择时，选用 25km/h 技术标准的圆曲线半径为 20m，而同样超高条件下选用 45km/h 技术标准的圆曲线半径为 80m，两者相差 3 倍多，最终体现在占地面积上将有 9 倍的差距。

(1)设计车速

各类主线、辅路及匝道的设计车速见表 2-27 和表 2-28。

主线及辅路设计车速 表 2-27

公路等级	高速公路	快速路	快捷路	主干路	次干路	支路
主线(km/h)	100～120	60～100	50～60	40～60	30～50	20～40
辅路(km/h)	—	40	—	—	—	—

匝道设计车速 表 2-28

匝道形式	定向匝道	半定向匝道	环形匝道
车速(km/h)	50～70	35～50	20～40

(2)平面设计技术指标

立交的主线和匝道圆曲线半径见表 2-29 和表 2-30。变速车道长度值见表 2-31。

立交主线圆曲线半径 表 2-29

设计速度(km/h)		100	80	60	50	40
不设超高最小半径(m)		1 600	1 000	600	400	300
设超高最小半径(m)	一般值	650	400	300	200	150
	极限值	400	250	150	100	70

立交匝道圆曲线半径 表 2-30

匝道设计速度(km/h)	70	60	50	45	40	35	30	25	20
超高 $i_s=2\%$的最小半径(m)	230	160	105	80	65	50	35	25	20
超高 $i_s=4\%$的最小半径(m)	205	140	95	75	60	45	35	25	15
超高 $i_s=6\%$的最小半径(m)	185	130	85	70	50	40	30	20	15

变(加/减)速车道长度值 表 2-31

主线设计车速(km/h)	匝道设计车速(km/h)													
	30	35	40	45	50	60	70	30	35	40	45	50	60	70
	减速车道长度(m)							加速车道长度(m)						
100	—	—	—	—	130	110	80	—	—	—	300	270	240	200
80	—	90	85	80	70	—	—	—	220	210	200	180	—	—
70	80	75	70	65	60	—	—	210	200	190	180	170	—	—
60	70	65	60	50	—	—	—	200	190	180	150	—	—	—

注：表中数值适用于单车道加减速车道及纵坡小于等于 2%，若为双车道时各值应乘以 1.4，纵坡大于 2%时应按城市道路交叉口相关设计规程规定值修正。

(3)纵断面设计指标

立交的各种纵断面设计指标见表 2-32～表 2-35。

立体交叉口最小净空高度 表 2-32

服 务 对 象	类 别	最小净空高度(m)
机动车	一般机动车道	4.5
	主要货运通道	5.0
非机动车	自行车道	2.5
行人	人行道	2.5

最大纵坡控制值 表 2-33

设计速度(km/h)	100	80	60	50	40
最大纵坡推荐值(%)	3	4	5	5.5	6
最大纵坡限制值(%)	5	6	7		8

主线竖曲线技术指标 表 2-34

设计速度(km/h)		100	80	60	50	40
凸形竖曲线(m)	一般值	10 000	4 500	1 800	1 350	600
	极限值	6 500	3 000	1 200	900	400
凹形竖曲线(m)	一般值	4 500	2 700	1 500	1 050	700
	极限值	3 000	1 800	1 000	700	450

匝道竖曲线的最小半径及长度 表 2-35

匝道设计速度(km/h)		70	60	50	40	35	30
凸形竖曲线最小半径(m)	一般值	3 500	2 000	1 600	900	700	500
	极限值	2 000	1 400	800	450	350	250
凹形竖曲线最小半径(m)	一般值	2 000	1 500	1 400	900	700	400
	极限值	1 500	1 000	700	450	350	300
竖曲线最小长度(m)	一般值	90	70	60	40	35	30
	最小值	60	50	40	35	30	25

3)辅之于区域交通组织和管理

生态型道路交叉口立交设计是从宏观交通需求的角度实现区域交通通行效率的提升,通常是解决交叉口的主要矛盾。有时由于受到周边用地的限制,立交设置不能满足各向交通需求,或立交设置会封闭部分次要交叉口,这时需要在立交周边区域稍大范围内进行合理的交通组织和管理。通过区域路网的交通组织实现交通的便捷联系,完善交叉口的立交功能,实现交叉口以及区域路网整体通行效率的提升。

4)早期进行交叉口红线控制

设置立交可以提升交叉口的通行能力,但由于缺乏必要的用地控制,目前国内多数城市核心区内的交叉口改造经常会面临拆迁困难、用地局促的困境。另外在城市新区进行路网规划的时候,由于对道路交叉口立交形式缺乏细致研究,对于道路立交节点采用简单的全苜蓿叶式进行用地控制,各类交叉口的用地控制模式缺乏针对性,往往导致交叉口占地面积过大,造成用地浪费。

交叉口红线控制措施是从节约资源、生态低碳的角度出发，综合考虑道路规划等级、周边用地特征、城市环境要求、建设投资规模等各种因素，有针对性地对各类交叉口未来的交通需求进行预测与判断。前期研究合适的立交形态，按照立交建设要求预留相应的用地，既避免了大拆迁，又能使得交叉口的改造方案按照理想的功能去布局，实现了资源的节约、道路功能的最大提升。

(1)主线上跨交叉口

主线上跨交叉口如图 2-49 所示，上跨方向横断面如图 2-50 所示。

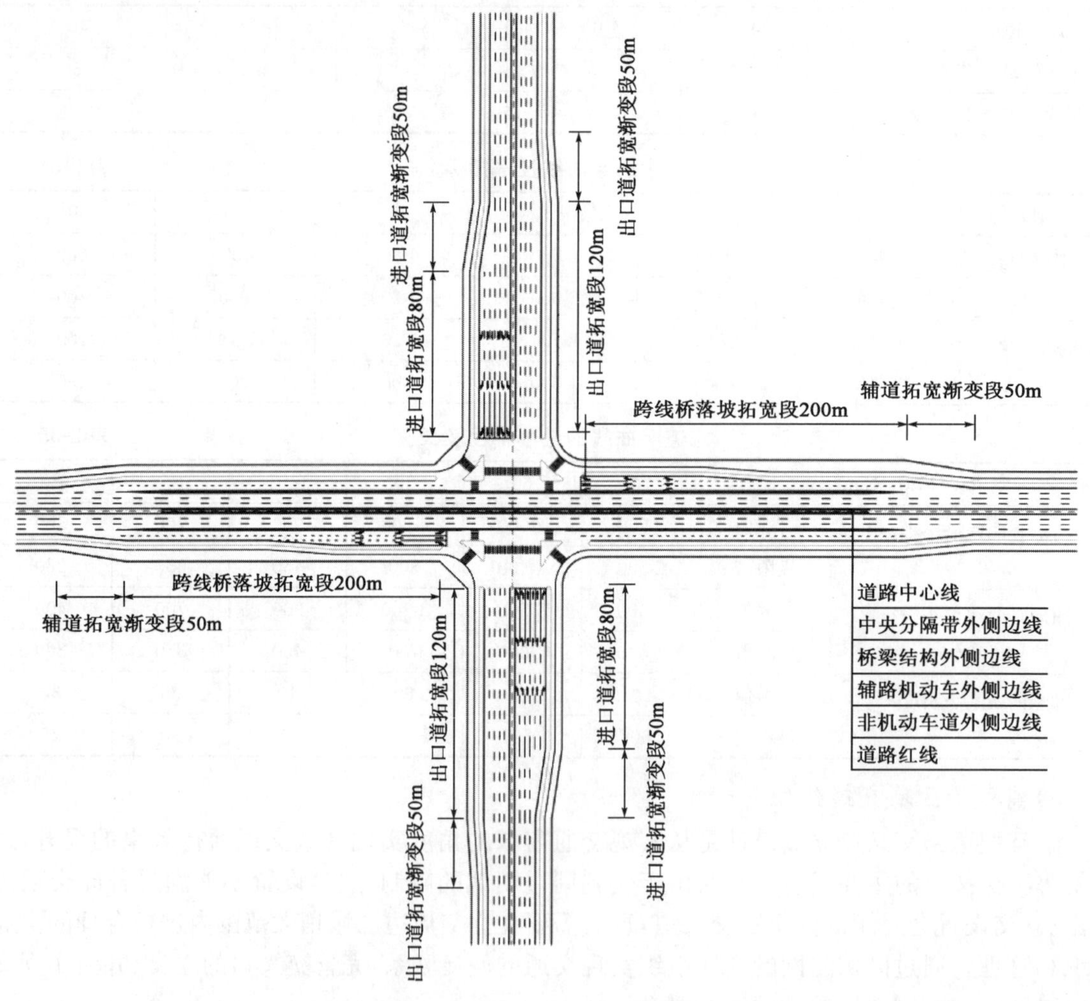

图 2-49 主线上跨交叉口图示

交叉口形式：只有一条道路在交叉口处主线上跨，地面以信号灯控制横向道路车辆及左右转车辆通行，跨线桥两侧设置辅道，标准为单向 2 车道，进出口段增加车道数。

竖向控制：跨线桥净空高以 5m 计，考虑 3m 的桥梁结构高度，纵面高度共计 8m。

桥梁拓宽段：进口道红线拓宽长度从交叉口横道线起算，在 250m 长度内展宽道路，内含渐变段长度 50m，局部用地紧张处，渐变段长度可缩短为 30m。

辅道拓宽段：辅道进口段增加1～2条车道，用地紧张或交通流量较大处可通过压缩人行道、绿化带等方式拓宽为3条车道。辅道出口段增加1条车道，用地紧张处且交通流量不大的情况下可不拓宽。车道设计可采取“二次展宽”的方式。

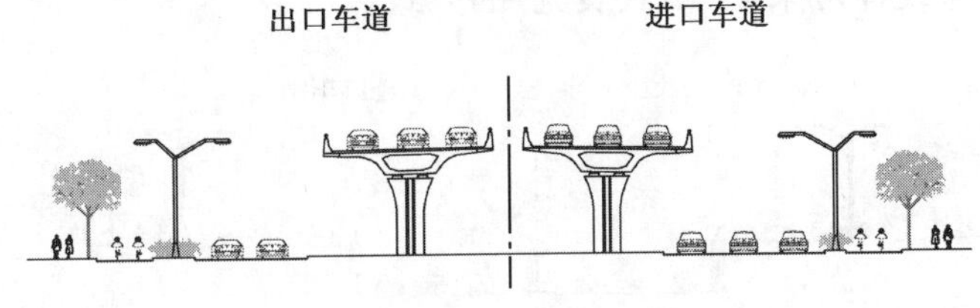

图2-50　上跨方向横断面

(2)主线下穿交叉口

主线下穿交叉口如图2-51所示，下穿方向道路横断面如图2-52所示。

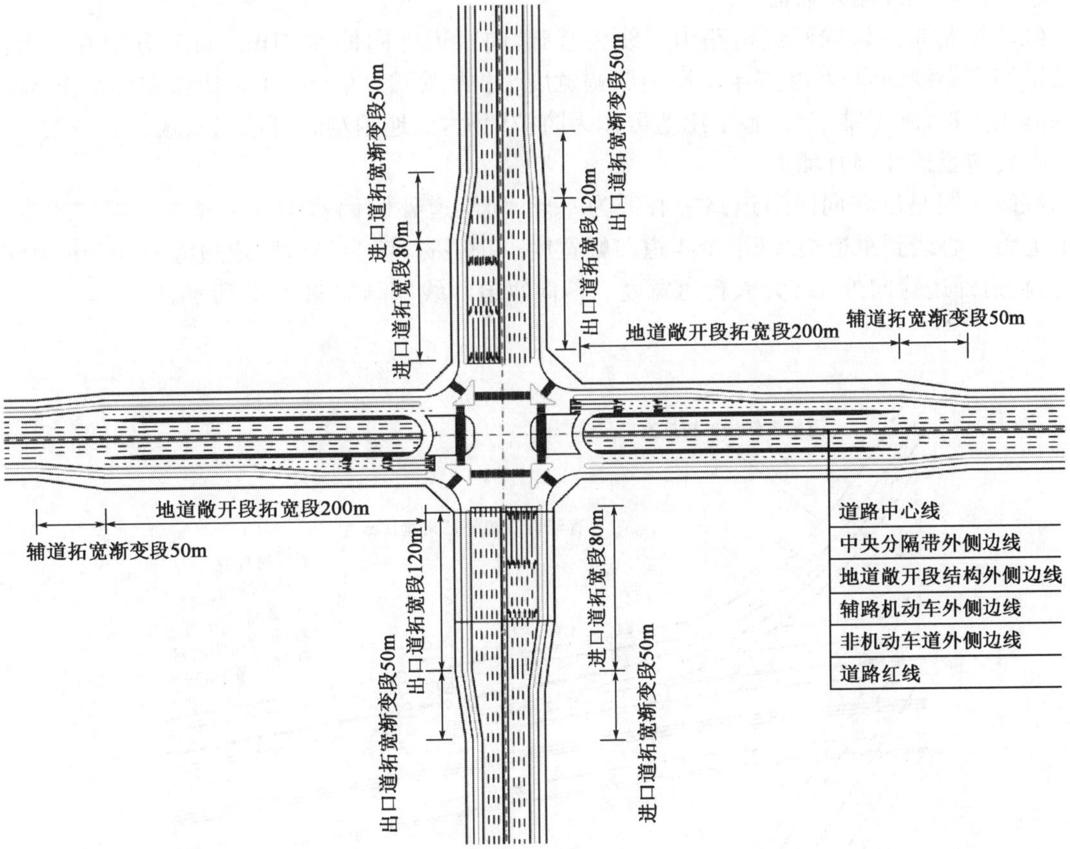

图2-51　主线下穿交叉口图示

交叉口形式：两条相交道路在交叉口处，一条道路主线下穿，另一条道路主线在地面，地面以信号灯控制横向道路车辆及左右转车辆交通，下穿地道两侧设辅路。

竖向控制：下穿道路净空高以5m计，考虑3m的覆土层及结构层，纵面高度共计8m。

地道拓宽段：进口道红线拓宽长度从交叉口横道线起算，在250m长度内展宽道路，内含渐变段长度 50m，局部用地紧张处，渐变段长度可缩短为 30m。

辅道拓宽段：辅道进口段增加 1～2 条车道，用地紧张或交通流量较大处可通过压缩人行道、绿化带等方式拓宽为 3 条车道。辅道出口段增加 1 条车道，用地紧张处且交通流量不大的情况下可不拓宽。车道设计可采取“二次展宽”的方式。

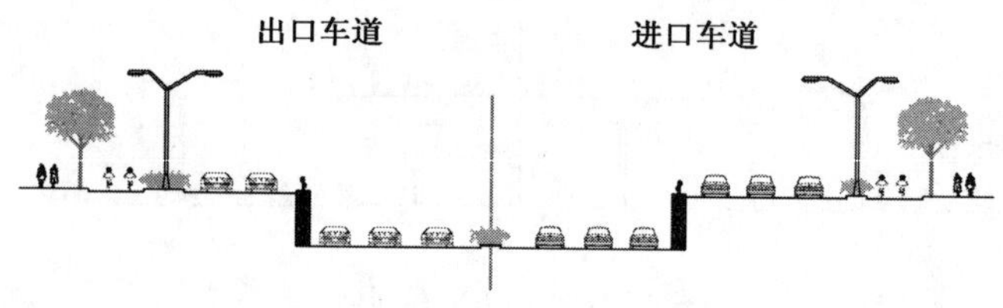

图 2-52　下穿方向道路横断面

(3)含转向匝道交叉口

①转向匝道外侧无辅道

红线控制是以转向匝道道路中心线为基础，向匝道外向偏移 11m。11m 分配方式为：从匝道道路中心线到匝道边缘(半个匝道路幅宽度＋护栏宽度)为 5m，匝道边缘向外留出 6m 范围为施工用地；施工结束后，施工用地可作为防护用地，用地困难时可适当缩减。

②转向匝道外侧有辅道

红线控制是以转向匝道道路中心线为基础，向匝道外侧偏移 16m。16m 分配方式为：从匝道道路中心线到匝道边缘(半个匝道路幅宽度＋护栏宽度)为 5m，匝道边缘向外 7m 为辅道宽度，辅道外边缘向外 4m 为人行道宽度。转向匝道红线控制如图 2-53 所示。

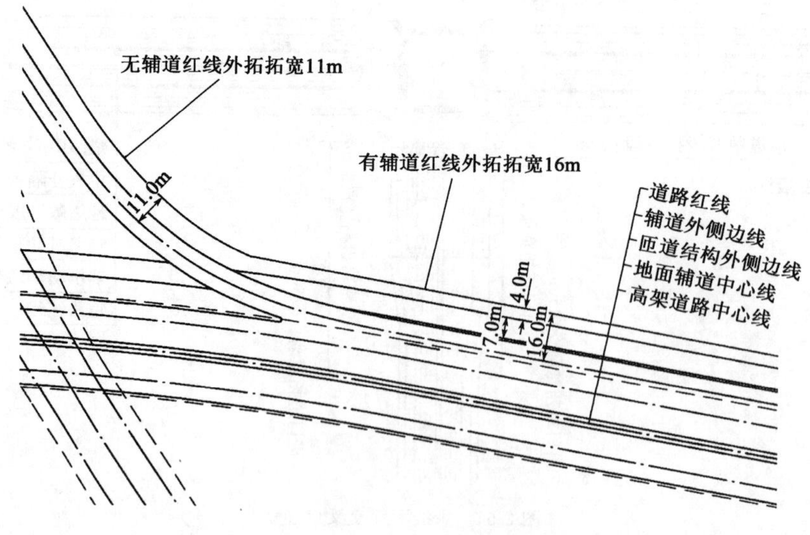

图 2-53　转向匝道红线控制示意图

第3章 排水性沥青路面

3.1 概 述

排水性沥青混合料面层为一种空隙率范围为18%～25%，厚度一般为4～5cm的磨耗层。这种多空隙的路面能很快地排水，所以可称之为排水性沥青路面(Draining Asphalt)。因为它的空隙率大，欧洲等国家也称之为多孔性磨耗层或多孔性防滑层(Porous Wearing Course or Porous Friction Course)，由于排水沥青路面具有降低噪声的功能，因而又称其为低噪声沥青路面(Low-noise Asphalt Pavement)。

欧洲国家从20世纪60年代以来，研究开发了排水性沥青路面。由于空隙率大，雨水可渗入路面之中，由路面中的连通空隙向路面边缘排走，这样雨天路面表面不存在很厚的水膜，避免了水飘与水膜反光的产生，同时也不再出现溅水现象，有效地保证了行车的安全，如图3-1所示。

图3-1 密实路面(左侧)与排水性沥青路面(右侧)对比

美国在20世纪70年代开发了开级配沥青磨耗层(Open-Graded Friction Course)，最初的OGFC实际上属于超薄磨耗层，与欧洲的排水性路面还不完全相同，其空隙率一般为15%左右，铺面厚度为19～25mm，主要起到良好的抗滑功能。随后对OGFC混合料级配组成、空隙率要求以及结构厚度进行了改善和调整。我国现行规范中的OGFC混合料已经考虑了其多孔性和排水功能。

欧洲国家在20世纪60年代研究与应用了排水性沥青路面，比利时应用排水性沥青材料铺筑路面已有近20年的历史，其混合料的组成大体为：碎石83%、石屑12%、矿粉5%，沥青采用针入度级80/100或橡胶沥青，结合料用量分别为4%～5%和5.5%～6.5%。为提高多孔性沥青磨耗层的耐久性和稳定性，在混合料中还添加木质素纤维。

1984年以来，英国铺筑了各种排水性路面的试验路，目的是为了论证这种路面的降噪效果和耐久性。试验路所用的沥青结合料有100号沥青、EVA改性沥青、橡胶改性沥青；有加纤维和不加纤维；混合料中均掺加2%的消石灰。磨耗层厚度为4.5cm，下层为35cm厚的沥青混凝土，磨耗层的空隙率达到20%左右。

到2003年为止，意大利35%的高速公路采用排水性沥青路面，最初排水性沥青混合料的集料最大粒径为16mm，后来逐渐采用最大粒径为11mm或者8mm的集料。

奥地利出于对环境保护的要求，在许多经过城镇的道路上都铺筑了排水性沥青路面，10多年前已累计有650万m^2，并且计划将排水路面用于城市道路。奥地利已就多孔排水性沥青路面制定了设计规范。荷兰每年铺设透水性路面250万m^2，这意味着荷兰已有15.4%的汽车专用道铺设了这种路面；到2010年，所有的主要道路都铺设了排水性路面，这种路面进一步提高了道路的通行能力和交通的安全性。法国采用排水性沥青路面速度非常之快，早几年就已经累计铺筑了2 000多万m^2，而且还以每年400万m^2的速度递增。

日本在20世纪80年代开始进行排水性沥青路面的研究，并且其发展速度非常之快，如图3-2所示。日本建设省土木研究所进行了大量试验研究，日本道路协会颁布了排水性沥青路面技术指南。日本排水性沥青路面厚度为4～5cm，通过对试验路的跟踪观测，认为这种路面耐久性可以与普通沥青路面相当。从20世纪90年代以来，日本道路公团规定，所有管辖的新建或改建高速公路表面层都必须采用排水性沥青路面，并要求使用高黏度改性沥青。现在排水性路面在日本使用最普遍，政府要求所有的高速公路表面层都加一层排水性路面，其目的是为了雨天排水，同时减小噪声，政府发布的指南已经把路面的排水性作为一个设计标准。

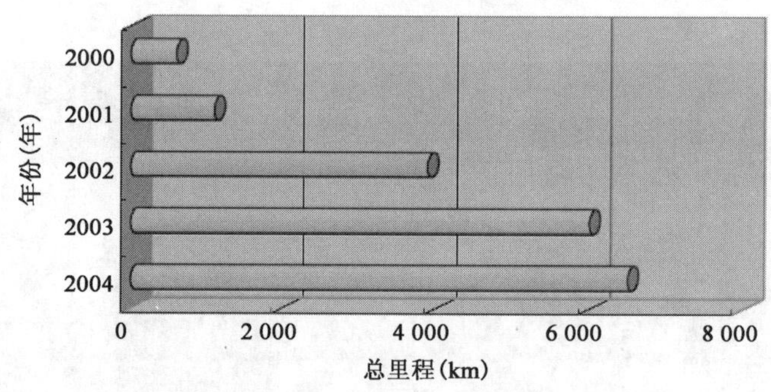

图3-2 日本历年排水性沥青路面的总里程

排水性沥青路面，首先是在我国城市道路上应用，北京、广州等大城市在20世纪90年代都先后铺设了试验路和实体工程，浙江省杭州市庆春路、凤起路、体育场路、曙光路等“一纵三横”主干路改造工程都采用了排水沥青路面。公路行业是在20世纪90年代后期开始研究使用的，交通运输部公路研究院先后在济青高速公路、京沪高速公路(河北段)铺设了试验路。其中西安咸阳机场高速公路所铺的排水性沥青路面，长度13.5km。近些年排水性路面在我国北方城市也有成功的应用，2004年，北京有5个示范区铺设排水性沥青路面收集雨水并回用于家庭冲厕、小区绿化和地下水回灌，雨水综合利用效果显著。

实际应用证明，排水性沥青路面具有抗滑性好、水雾少、不积水、行车安全、高温稳定性好、抗车辙能力强、噪声低、防眩光等优点。

排水沥青混合料可以明显提高雨天行驶的安全性。这是因为排水性沥青路表面没有残留水，这样就消除了行车水雾，防止行车水飘现象的产生，同时提高了驾驶员雨天驾驶的安全感。

排水性沥青路面的另一个好处是减少潮湿状态下前灯的眩光，有利于提高能见度，缓解驾驶疲劳，提高行车安全性。图 3-3 为密实路面与排水性沥青路面雨天行驶效果比较图。

a)

b)

图 3-3 密实路面与排水性沥青路面雨天车辆行驶情况对比

排水沥青混合料具有调节路面温度的作用。国内有研究指出，以排水混合料为面层结构的透水路面具有调节路面温度的作用，在炎热的夏天，其路面中的温度要比普通沥青路面平均低 2℃左右。在城市中大面积铺筑排水性沥青路面，对于调节城市环境温度是有益的。

排水性沥青路面可以有效降低交通噪声。比利时在高速公路和城市快速路等水泥路面上加铺排水混合料，并进行加铺前后交通噪声测试。测试结果表明，与原刻槽水泥路面相比，排水性沥青路面噪声降低了 6～8dB。荷兰对排水性沥青路面研究表明，在干燥状态下，排水性沥青路面交通噪声降低 3dB，潮湿状态下降低 8dB。意大利对排水性沥青路面调查表明，此类路面确有改善路面粗糙度、加快排水、避免溅水喷雾的优点，同时可以降低 500～5 000Hz 范围内的行车噪声。日本初期是将排水性沥青路面铺筑在街道的人行道上，以便雨水渗入地下，保护地下水资源，同时减轻排水设施的负担，后来逐渐推广应用到公路和城市道路。观测结果表明，在排水性沥青路面上，交通噪声明显降低，小汽车降低 6～8dB，载重汽车降低约 3dB，而且即使载重车在停车空运转时，也有 2dB 的降噪效果。排水性沥青路面的降噪机理如图 3-4 所示。

国内学者张宜洛等对 AK、SMA、SAC 及排水混合料等几种典型混合料的抗滑性能进行了试验研究。利用摆式仪的摆值和构造深度来表征混合料的抗滑性能。研究表明：最大公称粒径为 16mm 时，上述沥青混合料的抗滑性能由低到高分别为：AK＜SAC＜SMA＜排水混合料。排水混合料的构造深度、摆值均高于 SMA，其中构造深度比 SMA 混合料高约 50％，如图 3-5 所示。

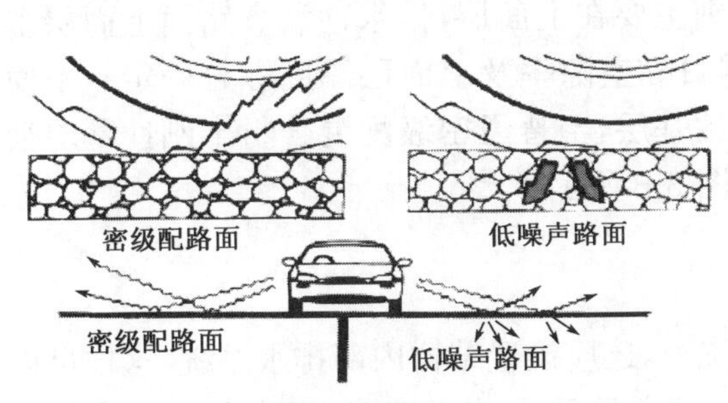

图 3-4 排水性沥青路面降噪机理

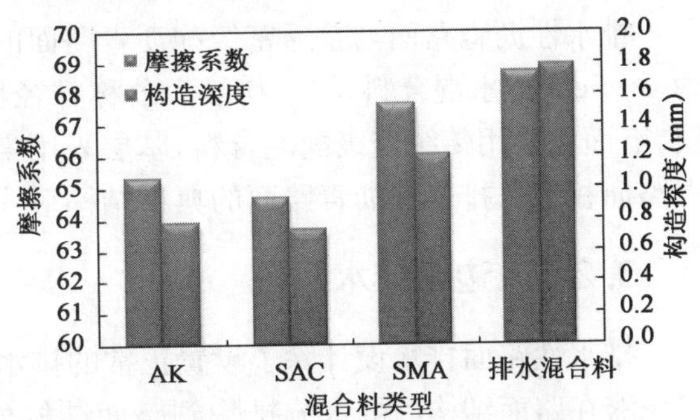

图 3-5 典型沥青混合料的抗滑性能

3.2 排水性沥青路面结构组合体系

3.2.1 结构组合和结构层厚度

排水性沥青路面结构组成，应根据工程所在地的气候、交通及其他特殊要求进行设计。排水性沥青路面各个结构层应进行合理组合，才能使整个路面结构既能承受行车荷载和环境因素的作用，又能发挥各结构层的最大效能。

(1)适应行车荷载作用的要求

作用于路面上的行车荷载，通常包括垂直力和水平力。排水性沥青路面空隙大，强度相对低，在行车荷载作用下容易发生飞散；同时排水沥青混合料空隙大，与中下面层接触面相对小，容易发生脱层、滑移等现象，排水性沥青面层与中面层之间的黏结较为关键，同时也要起到防水作用。

(2)在环境因素作用下较好的耐久性

排水性沥青路面空隙大，受到雨水冲刷和空气氧化作用影响，因此要重点考虑面层的耐久性。

(3)考虑结构层的特点

为了保证路面结构的排水性能与耐久性能，排水性面层要保持较大空隙率，同时与下面层之间要设置封水层，防止水渗入到中下面层。要求雨水通过边缘排水系统排出，同时各个结构层之间结合紧密，有利于荷载传递的连续性。

排水性沥青路面结构应包括排水性沥青面层、防水层、密实结构中(下)面层、基层及垫层。排水性沥青面层的厚度应与混合料的最大公称粒径相匹配，排水性沥青面层厚度宜符合表3-1的要求。

排水性沥青面层厚度　　表 3-1

沥青混合料类型	符　号	面层厚度(mm)
排水性沥青混合料	DA-10	30～40
	DA-13	40～50
	DA-16	50～60

排水性沥青路面与普通密级配沥青路面的区别主要在上面层，排水性沥青路面上面层多为 4～5cm 排水混合料，混合料最大公称粒径根据目标空隙率及上面层厚度综合确定。中面层、下面层采用传统密级配混合料，基层采用半刚性基层，与普通密级配混合料半刚性基层沥青路面相似。排水性沥青路面的典型结构形式如图 3-6 所示。

3.2.2 边缘排水系统

排水性路面排水设计除了设置正常的排水系统外，还应设置结构内部排水系统，这样可以将积滞在路面结构内的水分排除到路面结构外，以改善路面的使用性能，提高路面结构使用寿命。

(1)公路排水性沥青路面边缘排水系统

公路中排水性沥青路面的常用边缘排水系统分别如图3-7～图3-9所示。

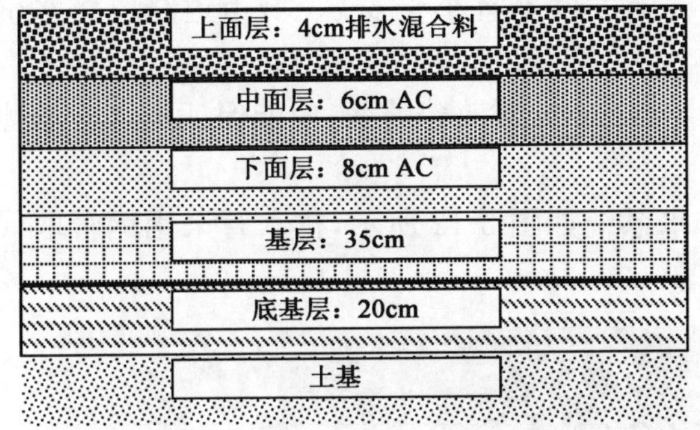

图3-6 排水性沥青路面的典型结构形式

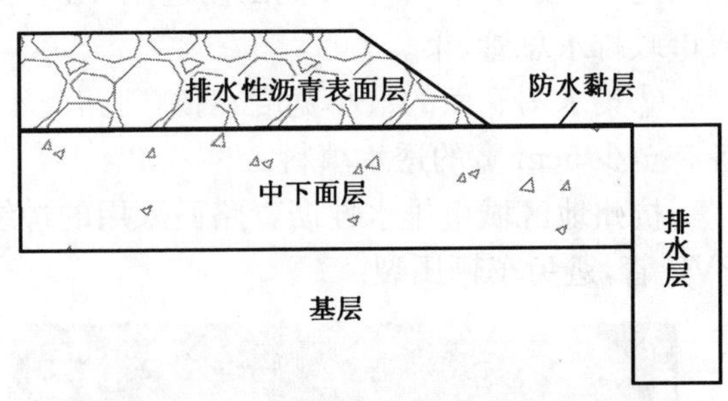

图3-7 边缘排水系统(一)

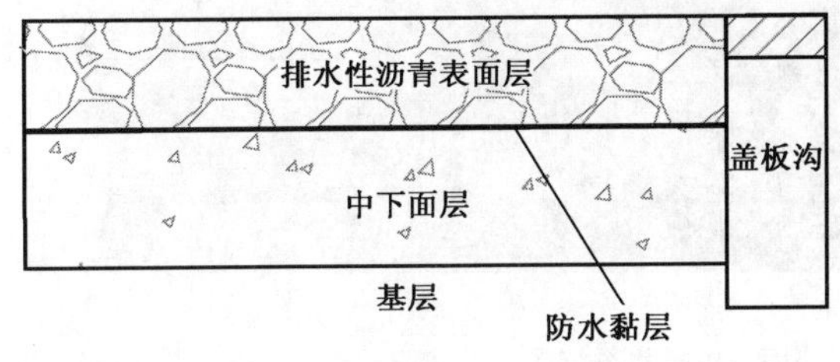

图3-8 边缘排水系统(二)

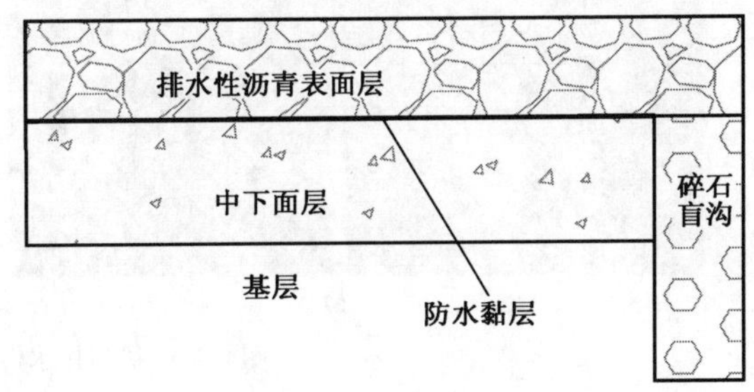

图3-9 边缘排水系统(三)

宁杭高速镇江支线采用图3-7的排水结构形式，宁杭二期试验段和重庆渝邻高速的排水性沥青路面采用图3-9的排水结构形式。

(2)城市道路排水性沥青路面边缘排水系统

城市道路排水路面的边缘排水系统与公路有所区别。城市中边缘排水系统的类型较多，主要分为浅集水沟式和深集水沟式，如图3-10、图3-11所示。

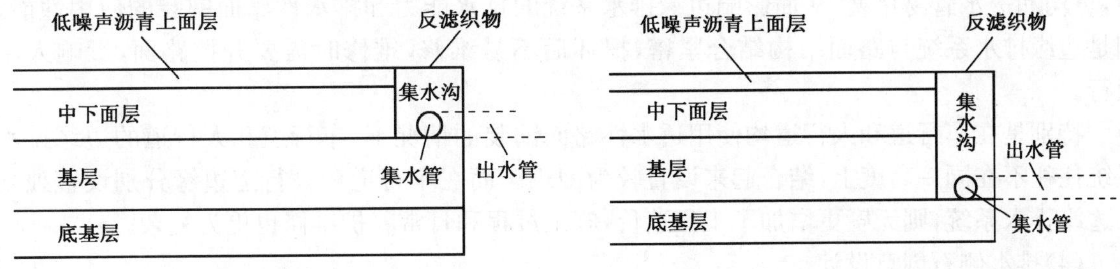

图3-10 浅集水沟式排水系统示意图

图3-11 深集水沟式排水系统示意图

一般边缘排水系统由透水性填料集水沟、纵向排水管、横向出水管和过滤织物(土工布)组成。应满足以下要求：

①纵向排水管管径按设计流量由水力计算确定，通常在70～150mm范围内选用。排水管的埋设深度，应保证不被车辆或施工机械压裂，并应超过当地的冰冻深度。在非冰冻地区新建路面时，排水管管底通常与基层底面齐平；改建路面时，管中心应低于基层顶面。排水管的

纵向坡度宜与路线纵坡相同，但不得小于0.25%。

②横向出水管管径间距和安设位置，由水力计算并考虑邻近地面高程和道路纵横断面情况确定，一般在50～100m范围内选用，出水管的横向坡度不宜小于5%。城市道路要将水引入市政排水总管、渠。

③集水沟底面的最小宽度，对新建路面不应小于30cm；对改建路面，应能保证排水管两侧各有至少5cm宽的透水填料。

杭州地区城市排水性沥青路面采用的边缘排水系统如图3-12所示，排水管采用钢管取代PVC管，避免车辆压裂。

a)

b)

图3-12 杭州排水性沥青路面边缘排水系统

(3)常规排水系统的不足

通常机动车道和人行道的常规排水性路面铺装的边缘排水系统都是采用透水性材料，形成盲沟配合透水管沿纵向收集透水结构中的雨水，再集中排放至雨水收水井中。

这种排水系统已经广泛应用于透水性路面铺装中，但在实际使用过程中也暴露出一些不足：一是盲沟的施工过程较为繁琐，且边缘盲沟的设置导致边部混合料压实质量难以控制，造成一定质量隐患；二是盲沟和透水管的设置提高了透水性路面铺装的造价；三是在使用过程中，盲沟和透水管易堵塞，从而影响边缘排水系统的排水能力和排水性路面铺装的使用性能；四是边缘排水系统与路面结构结合紧密，损坏后不易维修，维修时需要开挖路面，影响人车通行。

特别是在车行道和人行道均使用透水性路面铺装的情况下，车行道和人行道的边缘排水系统往往不在同一高度上，结合起来设置较为困难。而在车行道和人行道边缘分别设置独立的边缘排水系统，则无疑更增加了工程造价，施工过程和日常养护维修也更为复杂。

(4)排水侧石创意设计

道路侧石是沿道路纵向设置在路面与其他构造物(分隔带、人行道等)之间的标石，通常由石材或混凝土预制，广泛应用于道路工程中，具有导向、连接和便于排水的作用，但是没有排水功能。借鉴道路缘石位置的地下空间设置排水通道的设计思路，研发一种适用于排水路面和排水人行道，且经济合理的边缘排水系统称之为“排水侧石”，以利于排水路面的推广，提高路面通行质量。

排水侧石设计思路是：将路缘石预制成中间凹空，侧面布置排水孔的构件。排水侧石安装时架设在两个预制砌块上，利用上部路缘石、预制砌块及下部的现浇混凝土基础形成一条纵向连续的排水槽，排水槽与路缘石上均匀分布的排水孔连通，可使路面雨水通过道路横坡直接排入路缘石内，行车道范围内无须设置锯齿形街沟，缩短了路面排水路径。同时，侧石侧立面的排水孔与路面结构层内部的孔隙连通，可排除机动车道和人行道路面结构内部的渗水，能够降低路面结构水损害，延长路面使用寿命，如图 3-13 所示。

图 3-13　预制装配式排水路缘石示意图

排水路缘石，由预制水泥混凝土排水侧石、预制水泥混凝土立石基础和现浇水泥混凝土基座构成。

预制排水侧石和立石基础装配形成纵向排水槽，排水侧石的侧面布置有横向排水孔，横向排水孔既连接车行道排水沥青层，又连接人行道透水性铺装。车行道和人行道透水性路面铺装中的雨水均可沿路面横坡通过横向排水孔汇入纵向排水槽，再集中排入雨水收水井。当道路纵坡大于或等于 0.3%时，纵向排水槽的坡度与道路纵坡相同；当道路纵坡小于 0.3%时，通过现浇基础的高度调整纵向排水槽的坡度，使之大于 0.3%，以利于排水。预制装配式排水路缘石构造如图 3-14 所示。

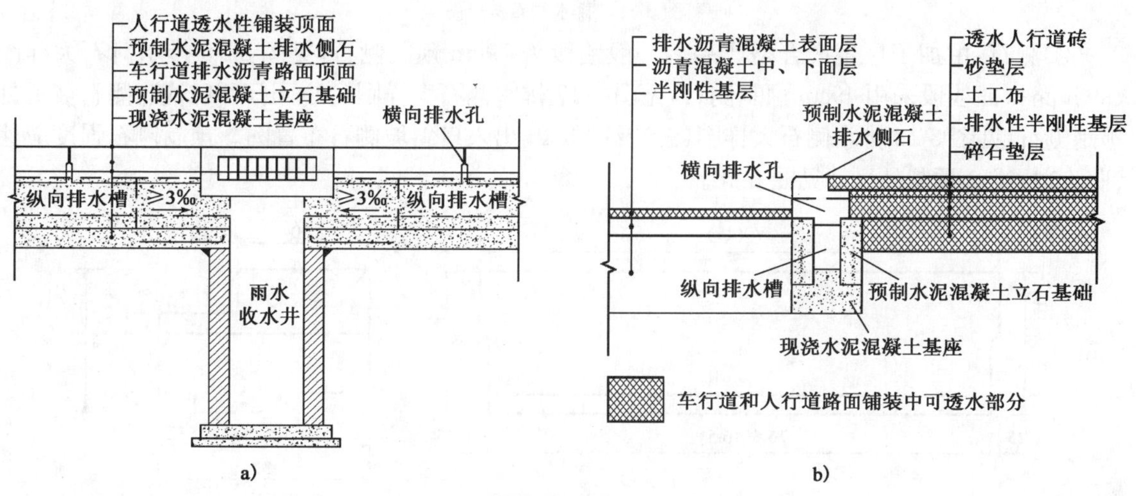

图 3-14　预制装配式排水路缘石构造图
a)纵剖面图；b)横剖面图

考虑到每节排水路缘石的体量和施工和易性，预制排水侧石和立石基础每节长度为 79cm 或 49cm，前者用在直线或大半径圆曲线路段，后者用在交叉口缘石半径处。预制排水侧石和立石基础错缝拼装。路缘石高出车行道路面结构的高度，可根据设计要求取用，与一般路缘石相同。横向排水孔设置于每节排水路缘石的两端，两节排水路缘石拼合为一个“门洞”形的孔洞。

相比较排水性路面铺装的常规边缘排水系统，排水路缘石具以下优点。

①排水路缘石一般在路面结构铺筑前装配，路缘石和侧立石可在厂家预制，运输至现场拼装完成，其施工工艺与普通路缘石类似。

②排水路缘石虽然较普通路缘石造价高，但相比较盲沟和透水管，造价大大降低。特别是

对于车行道和人行道均采用透水性路面铺装的情况，造价更为节省。

③纵向排水槽尺寸较大，使用过程中不易堵塞。即使堵塞，也易于通过雨水收水井清理。

④排水路缘石为预制装配，养护维修较为方便。维修时仅需拆除后更换，一般情况下不需要开挖路面结构，特别是车行道排水沥青路面，避免对人车通行造成影响。

(5)排水侧石细部结构设计

道路排水侧石由侧石、立石、基础等三部分构成，详见图 3-15。

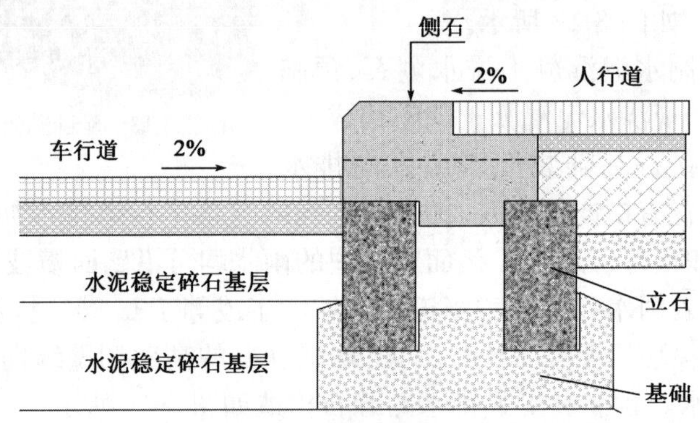

图 3-15　排水侧石构成图

①侧石：由加工厂生产合格产品。一般路段为 79cm 预制侧石，见图 3-16 排水侧石大样图(一)；路口曲线段采用 49cm 预制侧石，见图 3-17 排水侧石大样图(二)；出入口斜坡、侧石坡道处预制侧石，见图 3-18 排水侧石大样图(三)及图 3-19 出入口斜坡侧石布置图。预制侧石强度应达到 C30 标准。预制品尺寸见图 3-20。

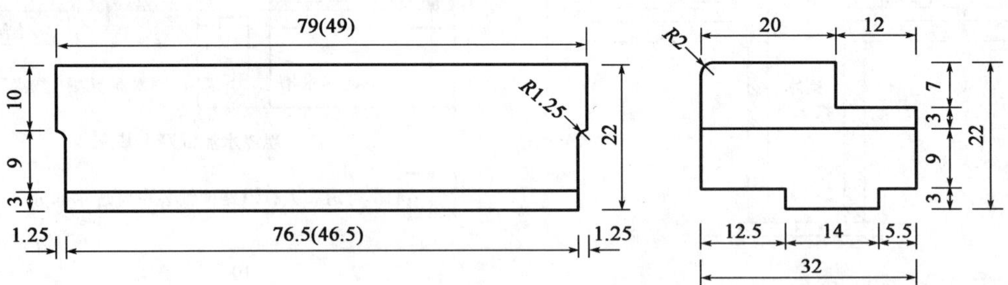

图 3-16　排水侧石大样图(一)(尺寸单位：cm)

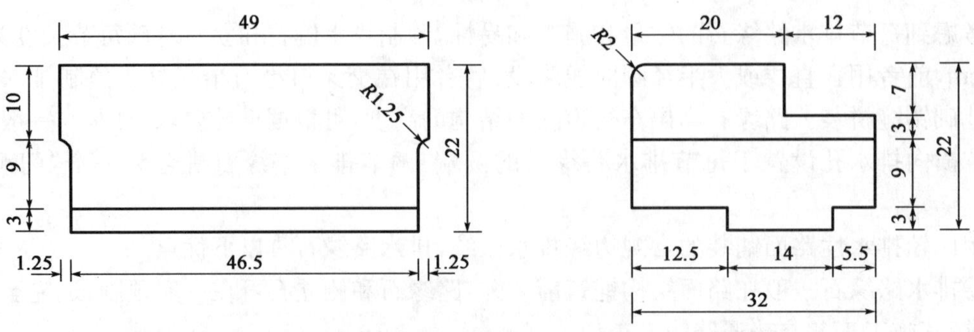

图 3-17　排水侧石大样图(二)(尺寸单位：cm)

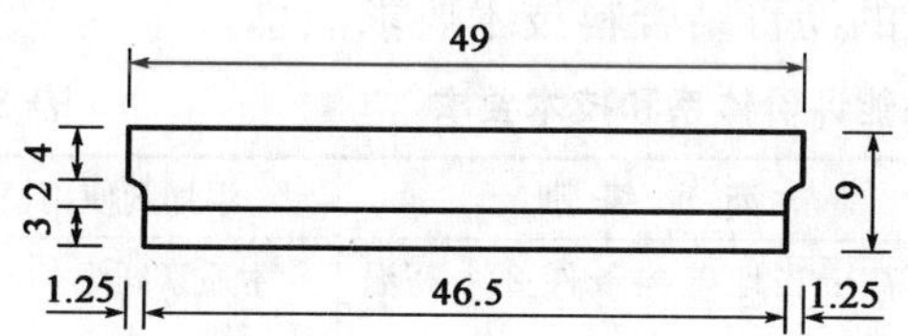

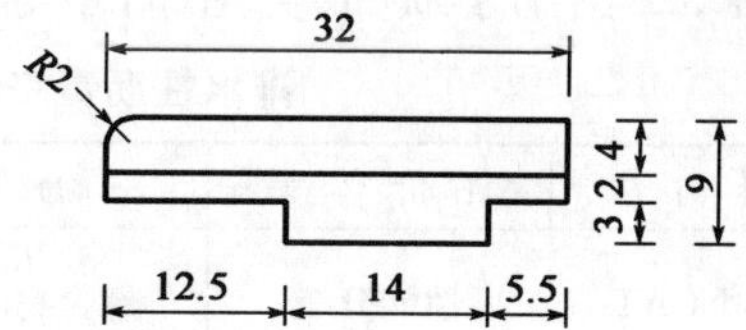

图 3-18 排水侧石大样图(三)(尺寸单位:cm)

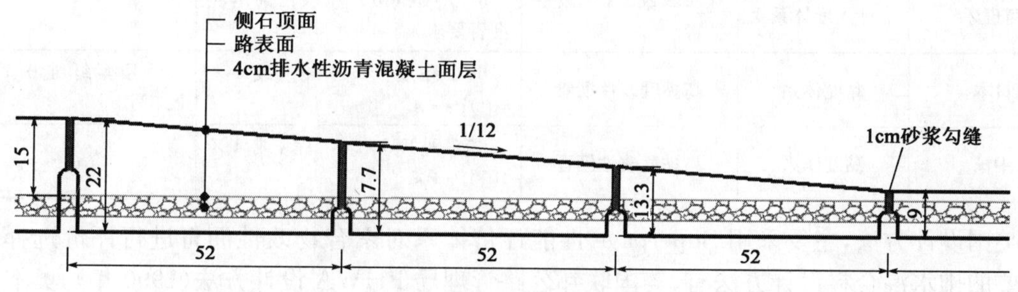

图 3-19 出入口斜坡侧石布置图(尺寸单位:cm)

②立石:由工厂或现场预制的水泥混凝土合格产品,强度应达到C25标准。预制品尺寸:长×高×宽=100cm×30cm×12cm(图3-21)。

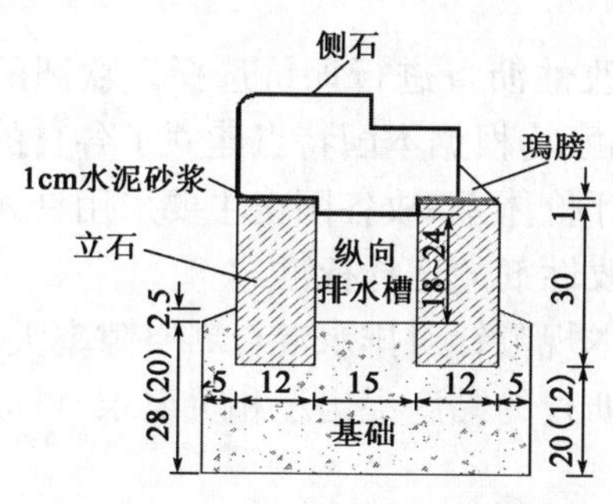

图 3-20 排水侧石大样图(尺寸单位:cm)

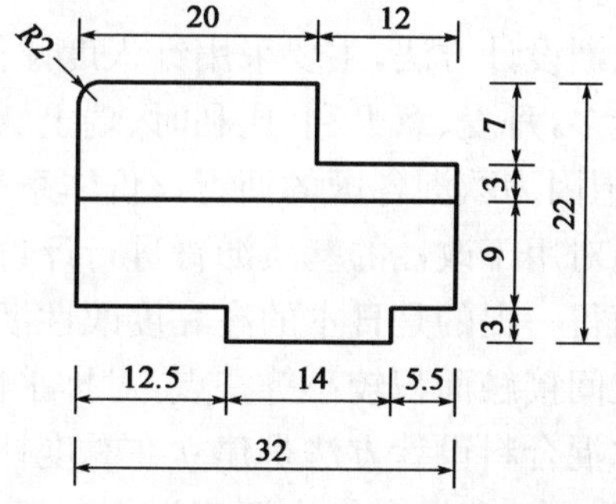

图 3-21 排水侧石断面大样图(尺寸单位:cm)

③基础:现场浇筑的水泥混凝土C20宜采用商品混凝土。基础直接修建在基层顶面,其厚度因次干路和支路结构差异而不同,次干路为28cm,支路为20cm。纵向排水槽的深度,若道路纵坡度大于等于0.3%,其深度为24cm;若道路纵坡度小于0.3%,其深度为18~24cm形成锯齿型,这些须通过现浇水泥混凝土基础来实现。

3.3 排水性沥青路面材料设计

3.3.1 高黏度改性沥青性能评价指标

高黏度改性沥青的质量,对于保证排水性沥青路面的路用性能有着重要意义。欧洲、美国、日本的改性沥青评价方法不同,分别采用针入度评价体系、性能评价体系以及黏度评价体系。表 3-2 给出了欧洲、美国、日本等国家和地区的沥青结合料技术要求汇总。

排水性沥青路面使用沥青性能评价体系和技术要求 表 3-2

设计方法	评价体系	沥青	沥青级别	添加剂使用情况
美国 NCAT	性能分级	聚合物改性沥青	高于当地气候条件 2 个高温等级	木质素纤维 0.3%或矿质纤维 0.4%
美国 TxDOT	性能分级	聚合物或橡胶粉改性沥青	高于 PG76-XX	木质素纤维或矿质纤维 0.2%～0.5%
西班牙	针入度体系	SBS 或 EVA 改性沥青	60/70 或 80/100(改性前基质沥青要求)	—
日本	黏度体系	高黏度改性沥青	60℃黏度≥2×10^4(或 1×10^5)Pa·s	木质素纤维 0.1%～0.5%
中国	黏度体系	高黏度改性沥青	60℃黏度≥2×10^4(或 1×10^5)Pa·s	—

美国设计方法，主要采用 Superpave 性能评价体系对聚合物改性沥青进行评价选择。美国主要的排水混合料设计方法有，美国联邦公路管理局 FHWA 设计方法(1990 年)，奥本大学国家沥青技术中心 NCAT 设计方法(2000 年)以及得克萨斯交通局 TxDOT 设计方法(2004 年)。其中，FHWA 设计方法在 1990 年颁布，当时沥青的性能评价尚处于研究阶段，此方法主要在 2000 年以前使用，其他两种设计方法均采用 SHRP 性能评价体系对聚合物改性沥青进行评价选择。

欧洲设计方法，主要采用针入度评价体系对聚合物改性沥青进行评价选择。欧洲的设计方法较多，丹麦、意大利、比利时、瑞士、英国、西班牙等国家均根据本国特点建立了各自的设计方法，但因为欧洲各国的沥青评价体系是统一的针入度评价体系，故各国也主要采用针入度评价体系对用于改性的基质沥青进行评价，并进一步规定改性剂的选择标准。

值得一提的是日本的高黏度改性沥青评价方法，日本规范针对排水混合料空隙率大、集料颗粒之间接触面积较小等特点，对排水性沥青路面使用沥青的黏度提出了相关要求，可以说日本排水混合料设计方法是建立在黏度评价体系上的。

近年来，我国对排水沥青混合料的研究与使用逐渐增多，《公路沥青路面施工技术规范》(JTG F40—2004)对排水沥青混合料选用的规定主要参照日本的《排水性路面技术指南》。

在排水沥青混合料应用过程中，高黏度沥青性能的评价指标和技术要求备受关注。分析沥青材料的黏度特性以及沥青在路面结构中的受力状态，探讨以零剪切黏度作为高黏度改性沥青评价指标的合理性，对零剪切黏度与沥青其他性能评价指标的相关性进行比较分析，提出高黏度沥青的有效评价指标。

1)沥青黏度特征

(1)流体的分类与定义

具有流动性的材料称为流体，流体主要分为牛顿流体与非牛顿流体两类。牛顿流体具有黏度与剪切速率无关的特性，而非牛顿流动具有黏度随剪切速率变化而变化的特性。

牛顿流体服从牛顿黏性定律，见式(3-1)，牛顿流体的剪应力与剪切速率关系见图 3-22 中曲线 a。

沥青材料为时间独立性流体，其黏度与剪切速率有关，与剪切时间无关。时间独立性流体包括黏性流体、塑性流体，本构关系均可由式(3-2)表达。

$$\eta = \frac{\tau}{D} \tag{3-1}$$

$$\tau - \tau_y = aD^n \tag{3-2}$$

式中：η——动力黏度(Pa·s)；

τ——剪应力(Pa)；

D——剪切速率(s^{-1})；

τ_y——屈服应力，当 $\tau > \tau_y$ 时流体流动，当 $\tau < \tau_y$ 时流体不流动(Pa)；

a——黏度的度量，a 越大，黏度越大；

n——非牛顿性的度量，n 偏离 1 越远，非牛顿性越强。

根据式(3-2)进行流体定义：

当 $\tau_y = 0$、$n < 1$ 时，对应的流体为伪塑性流体，见图 3-22 中曲线 b；

当 $\tau_y = 0$、$n > 1$ 时，对应的流体为膨胀性流体，见图 3-22 中曲线 c；

当 $\tau_y \neq 0$、$n = 1$ 时，对应的流体为宾汉姆体，见图 3-22 中曲线 d；

当 $\tau_y \neq 0$、$n < 1$ 时，对应的流体为塑性伪塑性流体，见图 3-22 中曲线 e；

当 $\tau_y \neq 0$、$n > 1$ 时，对应的流体为塑性膨胀性流体，见图 3-22 中曲线 f。

(2)沥青黏度特性

一般认为，沥青在工作条件下属于伪塑性流体，伪塑性流体无剪切屈服应力，其黏度-剪切速率流动曲线见图 3-23。塑性伪塑性体存在屈服应力，但当屈服应力极小时，两者黏度-剪切速率流动曲线差异不大，仅在剪切速率极小处存在差异，塑性伪塑性体在剪切速率极小时，黏度随着剪切速率减小迅速增大，见图 3-23。

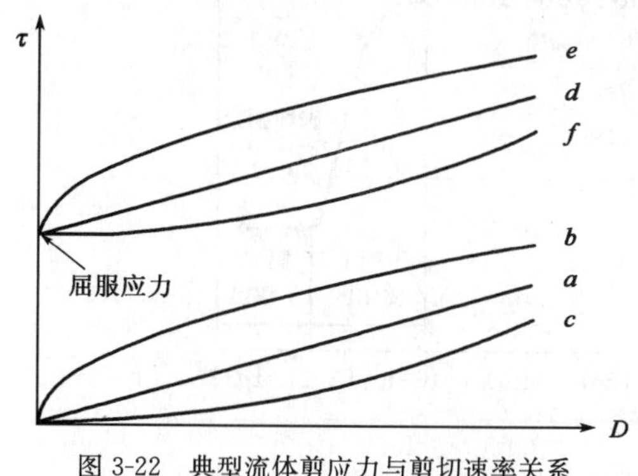

图 3-22 典型流体剪应力与剪切速率关系

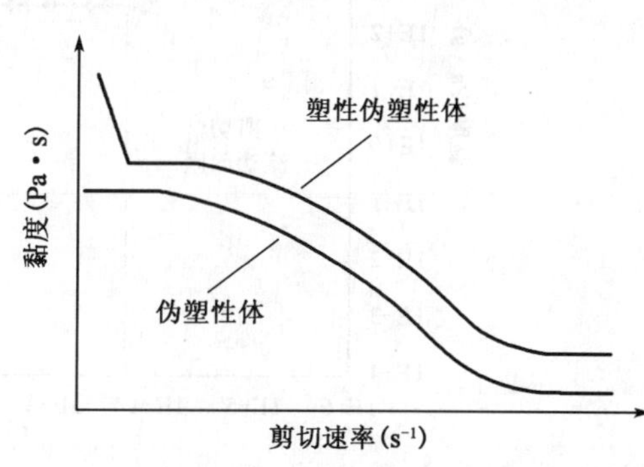

图 3-23 伪塑性体与塑性伪塑性流体区别

(3)高黏度改性沥青定义

沥青黏度与剪切速率、温度相关，应根据沥青在路面结构中的工作状态定义高黏度改性沥青。将高黏度改性沥青定义为，使用高黏度改性剂改性，在路面结构对应的温度与剪切速率水平条件下，动力黏度高于一般基质沥青和聚合物改性沥青的道路改性沥青。

2)沥青材料零剪切黏度

采用 Carreau 模型对 12 种试验沥青材料的实测黏度数据进行拟合，得到试验沥青材料的零剪切黏度以及相应的第一牛顿区的剪切频率范围，结果见表 3-3。

零剪切黏度拟合结果　　表 3-3

标号	沥青品种	屈服应力 (Pa)	稀化点应力 (Pa)	第一牛顿区 (s^{-1})	η_0 (Pa·s)	相关系数
1	A-70	0.287	21.30	1.0×10^{-3}～62.3	182.1	0.928
2	A-70	0.054	1.890	1.8×10^{-4}～31.4	268.5	0.990
3	SBS 沥青	0.415	1346	3.2×10^{-5}～3.14	15 620	0.952
4	高强度沥青	0.120	677.0	1.7×10^{-5}～33.5	8 827	0.985
5	高黏度沥青	1.309	56.22	1.3×10^{-4}～2.49	10 250	0.993
6	高黏度沥青	0.799	206.1	3.7×10^{-5}～2.49	22 590	0.955
7	高黏度沥青	1.678	628.7	3.7×10^{-5}～2.47	38 300	0.967
8	高黏度沥青	0.527	172.7	4.7×10^{-5}～3.14	12 090	0.987
9	高黏度沥青	1.683	496.7	4.5×10^{-5}～1.25	43 130	0.994
10	高黏度沥青	2.033	3956	4.6×10^{-5}～1.98	49 360	0.905
11	高黏度沥青	1.278	296.2	2.9×10^{-5}～1.98	41 630	0.967
12	高黏度沥青	0.437	870.2	5.1×10^{-6}～1.25	72 580	0.999

可以得出沥青结合料在剪切速率扫描试验下的典型流动曲线，如图 3-24 所示，沥青结合料流动曲线包括 3 个特征点和 4 个特征区域。

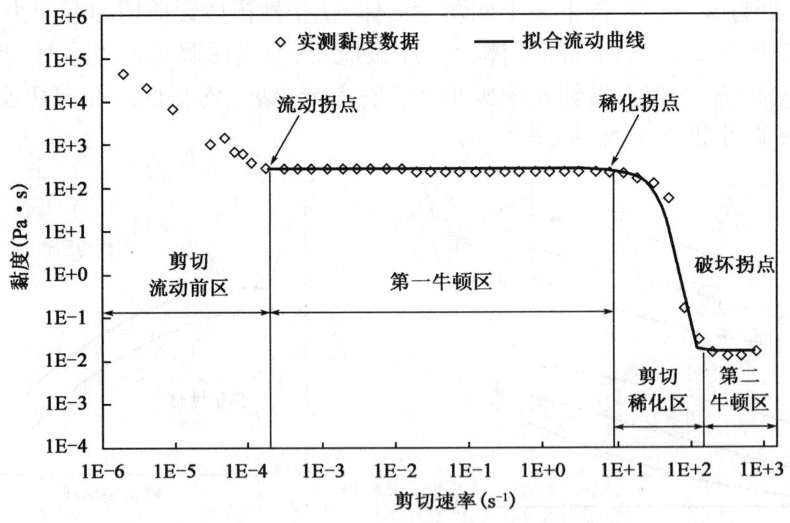

图 3-24　沥青流动特征曲线

流动曲线第一个特征点为流动拐点，流动拐点为剪应力等于沥青材料屈服应力的特征点。当剪切速率极小，剪应力小于沥青材料屈服应力时，沥青黏度随着剪切速率的减小迅速增大，说明沥青在静止状态下是具有一定劲度的结构。若初始剪切速率极小，沥青的流动异常困难，则黏度迅速增大。本文将剪切速率极小、剪切应力小于沥青屈服应力的区域命名为剪切流动前区，简称为流动前区，流动前区位于流动拐点左侧。

流动曲线第二个特征点为稀化拐点，稀化拐点为沥青稳态流动平衡被打破、黏度随着剪切速率增大开始迅速衰减的特征点。沥青为烃类、非烃类等多种成分组成的混合物，含有大量缠绕着的不对称长链分子。静止时沥青内部分子杂乱地彼此纠缠在一起，受剪切时则逐渐地沿流动方向定向、伸展、变形及分散，使排列有序化，其主轴逐渐平行于流动方向。剪切速率较小时，处于杂乱分布状态的分子平衡是非常巩固的，沥青内部分子仍处于随机状态，故表现出牛顿流动，黏度趋于恒定常数值。将剪切速率对应剪应力大于屈服应力、并且黏度趋于恒定常数值的区域称之为第一牛顿区，常数黏度值称之为零剪切黏度，第一牛顿区域位于流动拐点与稀化拐点之间。

流动曲线第三个特征点为破坏拐点，破坏拐点为沥青黏度不再随着剪切速率增大而衰减，黏度开始趋于恒定常数值的特征点。将流动曲线位于稀化拐点与破坏拐点之间的区域称之为剪切稀化区域，将位于破坏拐点右侧的区域称之为第二牛顿区域。在剪切稀化区域内，沥青内部粒子的有序化的程度随着剪切速率的增加而增大，黏度迅速变小。当剪切速率增大至沥青内部分子完全有序化时，沥青黏度不再减小，趋于恒定常数值，为无穷剪切速率黏度。

综上所述，60℃条件下沥青流动曲线存在剪切流动前区，此时沥青为塑性伪塑性流体，并非一般认为的伪塑性流体。结合表 3-3 知，沥青屈服应力远小于稀化点应力，屈服应力不足稀化点应力的 5%，当剪切速率增大，剪应力大于屈服应力时，沥青黏度-剪切速率流动曲线与伪塑性流体及其相似，均存在第一牛顿区、剪切稀化区、第二牛顿区等区域。

为了将第一牛顿区域定量化，进行第一牛顿区定义。在对数坐标系中利用 Carreau 模型拟合实测黏度数据，获得 Carreau 模型拟合曲线。第一牛顿区域为曲线黏度范围 $0.8\lg(\eta_0)$～$\lg(\eta_0)$对应的剪切速率范围。

表 3-4 为真空减压毛细管试验结果。由表 3-4 可见，对于 3 号～12 号改性沥青，零剪切黏度范围为 8 827～72 580Pa·s，第一牛顿区域的剪切速率范围为 1.3×10^{-4}～$1.25s^{-1}$；基质沥青的零剪切黏度为分别为 182.1Pa·s 和 268.5Pa·s，第一牛顿区域范围 1.0×10^{-3}～$31.4s^{-1}$。

真空减压毛细管试验结果 表 3-4

编号	沥青品种	毛细管型号	毛细管段号	K (Pa·s/s)	t (s)	毛细管黏度 (Pa·s)
1	A-70	100	C	2.27	98.00	223
2	A-70	100	C	2.16	151.00	326
3	SBS 沥青	400R	B	250.50	100.00	25 050
4	高强度沥青	400R	D	29.18	247.61	7 225
5	高黏度沥青	800R	E	89.93	201.00	18 076
6	高黏度沥青	800R	B	1 002.00	160.00	160 320
7	高黏度沥青	800R	B	1 002.00	336.94	337 617
8	高黏度沥青	800R	E	92.27	125.05	11 538
9	高黏度沥青	800R	C	733.20	64.31	47 152
10	高黏度沥青	800R	D	289.60	683.93	198 066
11	高黏度沥青	800R	B	1048.00	494.78	518 529
12	高黏度沥青	800R	B	1002.00	90.89	91 072

上述分析表明，12 种试验沥青零剪切黏度的剪切速率的共同区域范围为 $1.0\times10^{-3}\sim1.25s^{-1}$，这个范围与沥青在路面结构中所受剪切速率范围（$1.38\times10^{-3}\sim4.64s^{-1}$）基本一致。因此，认为 60℃零剪切黏度可以较为真实地反映沥青材料在路面结构中的黏性特征，作为高黏度改性沥青的黏度评价指标是合理的。

利用测量黏度作为零剪切黏度可以有效简化试验方法，有利于零剪切黏度的推广与应用，因此建议取剪切速率 $10^{-2}s^{-1}$对应的测量黏度作为零剪切黏度。

3）零剪切黏度与毛细管黏度比较

12 种沥青 60℃毛细管黏度试验结果见表 3-4。

由真空减压毛细管试验结果可见，不同沥青的毛细管黏度差异极大，分布范围 223～518 529Pa·s。其中有 4 种高黏度沥青的毛细管黏度值超过 1×10^5Pa·s。黏度值最大的 11 号沥青的毛细管黏度达到 518 529Pa·s，为 8 号高黏度沥青毛细管黏度 11 538Pa·s 的 45 倍，为 4 号高强度沥青黏度 7 225Pa·s 的 72 倍。

图 3-25 给出了 12 种沥青的 60℃毛细管黏度和零剪切黏度。

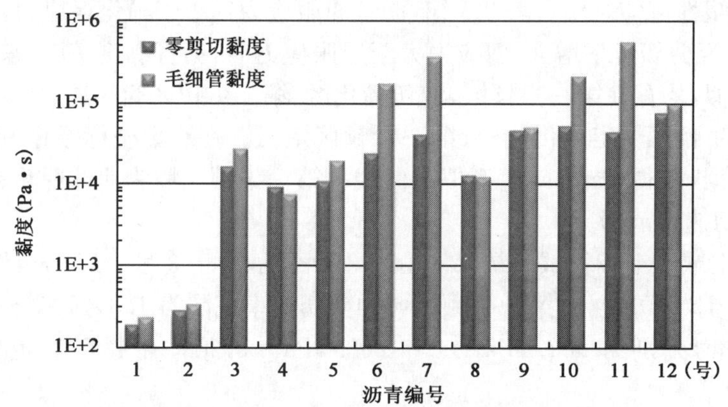

图 3-25 零剪切黏度与毛细管黏度试验结果对比

分析图 3-25 可见：大部分沥青材料的零剪切黏度值小于毛细管黏度初始值；当毛细管黏度小于 1×10^5Pa·s 时，两者在数值上比较接近；当毛细管黏度大于 1×10^5Pa·s 时，零剪切黏度值将明显低于毛细管黏度值，图中 6 号、7 号、10 号、11 号 4 种高黏度沥青的毛细管黏度在 10^5Pa·s 数量级，零剪切黏度仅在 10^4Pa·s 数量级。

4）毛细管黏度"过高"现象的分析

（1）真空毛细管黏度试验无法控制剪切速率

沥青材料毛细管黏度与零剪切黏度的试验原理和试验条件均存在差异。其中一个最显著的差异是，现行的真空减压毛细管法无法规定试验时的剪切速率。根据毛细管黏度的测试原理，毛细管黏度取决于流动时间，由于真空减压毛细管法的真空度相同，沥青的黏度越大，流动时间越长，剪切速率越低，反之亦然。也就是说，不同黏度的沥青可能是在不同的剪切速率下测得的。

（2）高黏度改性沥青毛细管黏度对应的剪切速率分析

由于毛细管黏度试验无法测得相应的剪切速率，借助剪切速率扫描试验得出的流动曲线，

确定毛细管黏度对应的剪切速率。

图3-26给出了60℃毛细管黏度超过1×10^5Pa·s的6号、7号、10号和11号高黏度沥青在的剪切速率流动曲线。与6号、7号、10号和11号沥青60℃毛细管黏度测试值对应的剪切速率分别为$1.0\times10^{-6}s^{-1}$、$1.0\times10^{-6}s^{-1}$、$6.0\times10^{-7}s^{-1}$和$2.0\times10^{-7}s^{-1}$，剪切速率范围为$10^{-7}\sim10^{-6}s^{-1}$。$10^{-7}\sim10^{-6}s^{-1}$远低于沥青第一牛顿区的剪切速率范围$10^{-3}\sim1.0s^{-1}$，处于沥青的剪切流动前区。根据前文分析，在剪切流动前区，沥青的黏度将随着剪切速率的增加而显著增大，这就是高黏度沥青的毛细管黏度测试值远高于零剪切黏度值的主要原因。

同时，剪切频率范围$10^{-7}\sim10^{-6}s^{-1}$远低于路面结构中沥青所受的剪切速率范围($1.38\times10^{-3}\sim4.64s^{-1}$)，使得毛细管黏度所反映的沥青黏度特性与高黏度沥青在路面结构中的实际黏度特征不一致。故毛细管黏度不适宜作为高黏度改性沥青的黏度评价指标。

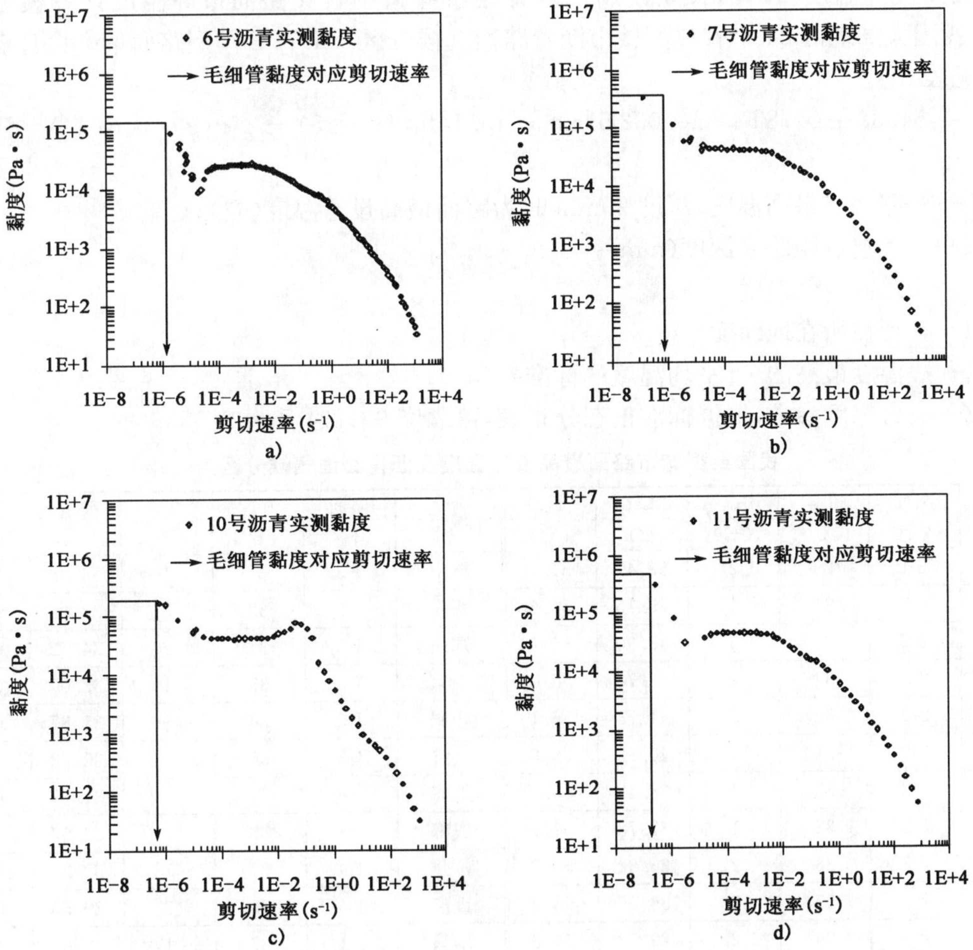

图3-26 毛细管黏度对应的剪切速率

(3)基质沥青毛细管黏度对应的剪切速率分析

对于毛细管黏度低于1×10^5Pa·s的基质沥青、高强度沥青以及SBS改性沥青，毛细管黏度与零剪切黏度较为接近，将毛细管黏度值代入剪切流动曲线，得到毛细管黏度对应的剪切速率在第一牛顿区内或与第一牛顿区接近，故零剪切黏度与毛细管黏度接近，毛细管黏度可以作为基质沥青、高强度沥青以及SBS改性沥青的黏度评价指标。

上述分析表明，真空减压毛细管法无法规定试验时的剪切速率，即所得到的黏度值可能是在不同的剪切速率下得到的。沥青的黏度越大，试验时的剪切速率越小，而沥青的黏度越小，试验时的剪切速率越小。由此，导致高黏度沥青的毛细管黏度远大于零剪切黏度，而黏度较低的沥青可以得到与零剪切黏度几乎相同的测试值。

3.3.2 排水性沥青混合料抗车辙性能技术要求

(1)路面最高设计温度

利用路面长期使用性能计划带有概率含义路面最高温度计算模型，计算我国典型城市沥青路面最高设计温度。路面长期使用性能计划带有概率含义路面最高温度计算模型见式(3-3)。我国大陆地区31个省典型城市沥青路面气候分区及LTPP模型路面最高设计温度计算结果见表3-5。

$$T_1 = 54.32 + 0.78T_{air} - 0.0025\mathrm{Lat}^2 - 15.14\lg(H+25) - Z\cdot(9+0.61\sigma_{air}^2)^{0.5} \tag{3-3}$$

式中：T_1——路面下最高温度，深度20mm时为路面最高设计温度(℃)；

H——测温点距路表深度(mm)；

T_{air}——最高空气温度(℃)；

Lat——项目所在地纬度(°)；

σ_{air}——温度最高的7d平均温度的标准差(℃)；

Z——可靠度参数，根据标准正态分布表，可靠度98%时Z为2.055。

我国典型城市路面最高设计温度及沥青路面气候分区 表3-5

城市	路面分区	T_{air}(℃)	σ_{air}(℃)	Lat(°)	T_{pav}(℃)	城市	路面分区	T_{air}(℃)	σ_{air}(℃)	Lat(°)	T_{pav}(℃)
漠河	2-1	29	2	53.47	51.7	济南	1-3	35	1	36.68	59.6
哈尔滨	2-2	31	1	45.75	54.6	西安	1-3	33	2	36.05	58.7
长春	2-2	31	2	43.90	55.6	郑州	1-3	35	2	34.72	60.5
乌鲁木齐	2-2	34	2	43.78	58.0	南京	1-3	35	1	32.00	60.4
沈阳	2-2	31	2	41.73	56.1	合肥	1-3	36	1	31.87	61.2
呼和浩特	2-2	31	2	40.82	56.3	武汉	1-3	36	1	30.62	61.4
银川	2-2	32	1	38.48	56.9	上海	1-4	34	1	31.17	60.0
太原	2-2	32	1	37.78	57.1	成都	1-4	33	1	30.67	59.0
西宁	2-2	28	2	36.62	54.7	杭州	1-4	36	1	30.23	61.5
兰州	2-3	33	2	36.05	58.7	重庆	1-4	38	1	29.58	63.1
拉萨	2-3	26	2	29.72	54.3	南昌	1-4	37	1	28.60	62.5
贵阳	2-4	31	1	26.60	58.1	衡阳	1-4	37	1	26.90	62.7
昆明	2-4	27	1	25.02	55.2	福州	1-4	36	1	26.08	62.0
北京	1-3	34	2	39.93	58.8	广州	1-4	35	1	23.13	61.6
天津	1-3	33	1	39.10	57.6	南宁	1-4	35	1	22.82	61.7
石家庄	1-3	35	1	38.03	59.3	海口	1-4	35	1	20.30	61.9

我国沥青路面施工技术规范以最热月平均最高气温为评价指标，将我国沥青路面分区定为夏炎热区、夏热区、夏凉区。如表 3-5 所示，我国大部分地区均处于夏炎热区与夏热区，路面最高设计范围为 51.7～63.1℃，温度范围上限与下限相差 11.4℃。其中夏热区的路面最高设计温度范围为 51.7～58.8℃，夏炎热区路面最高设计温度范围为 57.6～63.1℃，每个分区内设计温度差值在 5.5～7.1℃范围内。由于温度对动稳定度影响极大，温度每升高 1℃，动稳定度下降 5%～10%，全国统一采用 60℃作为车辙试验温度是不够合理的。

根据路面最高设计温度确定车辙试验温度：将路面最高设计温度在 50～60℃范围内的区域定义为夏季一般温度地区，采用 60℃车辙试验；将路面最高设计温度高于 60℃的区域定义为夏季高温地区，采用 65℃车辙试验。

(2)抗车辙性能技术要求

图 3-27 给出了不同黏度性质的沥青混合料 60℃动稳定度试验结果。

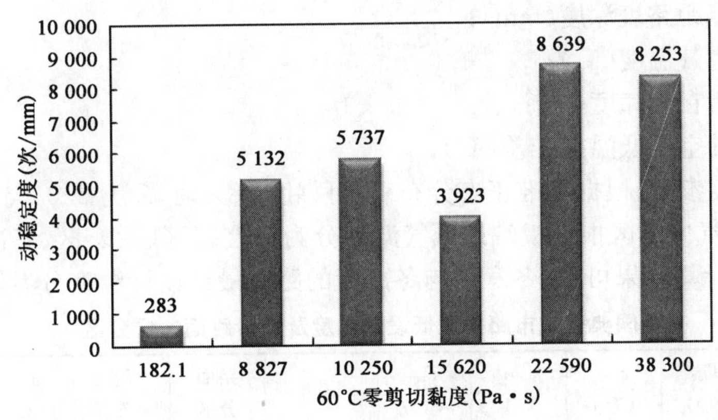

图 3-27 60℃零剪切黏度与动稳定度关系

根据我国现行《公路沥青路面施工技术规范》(JTG F40—2004)，一般交通量路段使用的排水混合料的动稳定度应大于 1 500 次/mm，重载交通量路段使用的排水混合料的动稳定度应大于 3 000 次/mm；而改性沥青 SMA 混合料并未考虑交通量要求，规定动稳定度应大于 3 000 次/mm。由于排水混合料骨架嵌挤作用更强，其抗车辙性能不应低于 SMA 的抗车辙性能技术要求。此外，日本高速公路对日交通量大于 15 000 辆的重载交通路段的排水性沥青面层混合料的动稳定度要求为 3 000～5 000 次/mm。

由图 3-27 中数据所示，5 种改性沥青对应的 60℃动稳定度范围为 3 923～8 639 次/mm，均接近或远高于 4 000 次/mm。近年来上海市排水混合料使用数据情况为：2008 年上海场道公司在上海市中环线铺筑排水混合料面层，分别采用中石化高黏度沥青和杭州同舟高黏度改性沥青，相应的动稳定度分别为 6 036 次/mm 和 4 174 次/mm；2009 年浦东路桥铺筑张衡路试验段，所用的排水混合料取样动稳定度为 5 915 次/mm 和 6 774 次/mm。

由于排水混合料用于沥青路面的表层，直接承受车辆荷载，从高温稳定性的角度出发，至少应该具备与 SMA 混合料相同的抗车辙性能技术要求。由此，综合考虑国内外规范、室内试验数据以及排水混合料在上海市的实际使用情况，建议排水混合料抗车辙性能的要求为 60℃动稳定度不小于 4 000 次/mm。

3.3.3 排水性沥青混合料耐久性能技术要求

1)抗松散性能技术要求

(1)路面最低设计温度计算

利用路面长期使用性能计划带有概率含义路面最低温度计算模型,建立了我国典型城市沥青路面气候分区与最低路面设计温度之间的关系。路面长期使用性能计划带有概率含义路面最低温度计算模型见式(3-4)。我国大陆地区 31 个省典型城市沥青路面气候分区及 LTPP 模型路面最低设计温度计算结果见表 3-6。

$$T_2 = -1.56 + 0.72T_{air} - 0.004Lat^2 + 6.26\lg(H+25) - Z \cdot (4.4 + 0.52\sigma_{air}^2)^{0.5} \tag{3-4}$$

式中:T_2——路面下最低温度,深度 20mm 时为路面最低设计温度(℃);

H——测温点距路表深度(mm);

T_{air}——最低空气温度(℃);

Lat——项目所在地纬度(°);

σ_{air}——平均的空气低温标准差(℃);

Z——可靠度参数,根据标准正态分布表,可靠度 98%时,Z 为 2.055。

我国沥青路面气候分区根据极端最低气温划分为冬严寒区、冬寒区、冬冷区、冬温区 4 个区域。由表 3-6 中计算结果可知,冬寒区与冬冷区的路面最低设计温度分界值约为−17℃,

我国典型城市路面最低设计温度及沥青路面气候分区 表 3-6

城市	路面分区	T_{air}(℃)	σ_{air}(℃)	Lat(°)	T_{pav}(℃)	城市	路面分区	T_{air}(℃)	σ_{air}(℃)	Lat(°)	T_{pav}(℃)
漠河	2-1	−47	3	53.47	−42.7	济南	1-3	−13	2	36.68	−11.2
哈尔滨	2-2	−34	3	45.75	−30.3	西安	1-3	−11	3	36.05	−10.5
长春	2-2	−29	3	43.90	−26.0	郑州	1-3	−12	2	34.72	−9.9
乌鲁木齐	2-2	−27	4	43.78	−25.6	南京	1-3	−10	2	32.00	−7.7
沈阳	2-2	−27	2	41.73	−22.8	合肥	1-3	−9	2	31.87	−7.0
呼和浩特	2-2	−25	3	40.82	−22.1	武汉	1-3	−9	3	30.62	−7.6
银川	2-2	−22	3	38.48	−19.2	上海	1-4	−7	2	31.17	−5.4
太原	2-2	−20	2	37.78	−16.6	成都	1-4	−4	1	30.67	−2.4
西宁	2-2	−21	2	36.62	−16.9	杭州	1-4	−6	2	30.23	−4.4
兰州	2-3	−17	2	36.05	−13.9	重庆	1-4	1	2	29.58	0.8
拉萨	2-3	−15	2	29.72	−10.8	南昌	1-4	−5	2	28.60	−3.3
贵阳	2-4	−5	2	26.58	−2.9	衡阳	1-4	−4	2	26.90	−2.2
昆明	2-4	−3	2	25.02	−1.1	福州	1-4	1	2	26.08	1.6
北京	1-3	−16	3	39.93	−15.3	广州	1-4	3	2	23.13	3.6
天津	1-3	−15	3	39.10	−14.3	南宁	1-4	2	2	22.82	2.9
石家庄	1-3	−15	3	38.03	−14.0	海口	1-4	8	2	20.30	7.7

高黏度改性沥青的当量脆点均在－23～－15℃范围内，说明在冬寒区与冬严寒区的路面最低设计温度已经接近或超过沥青的当量脆点，沥青结合料在冰冻状态下容易表现沥青的脆性特征，导致排水混合料抗松散能力的迅速衰变。因此，建议将我国沥青路面气候分区中的冬冷区、冬温区定义为排水混合料使用的一般温度地区，将冬严寒区、冬寒区定义为排水混合料使用的积雪冰冻区，在积雪冰冻区使用排水混合料时应进一步检验混合料的冰冻稳定性，以保证排水混合料在冰冻状态下使用的耐久性能要求。

(2)一般温度地区飞散损失技术要求

我国现行《公路沥青路面施工技术规范》(JTG F40—2004)中规定排水混合料飞散损失不应大于20%，改性沥青SMA混合料飞散损失率的要求为不大于15%。由于排水混合料空隙率较大，并且用于沥青路面的表层，从耐久性的角度出发，排水混合料抗松散能力至少不应低于改性SMA混合料的抗松散能力。

图3-28给出了12种沥青混合料试件的肯塔堡飞散损失。由图中数据所示，对于6种零剪切黏度高于1.6×10^4Pa·s的高黏度改性沥青，混合料飞散损失均低于15%，远小于《公路沥青路面施工技术规范》(JTG F40—2004)中飞散损失的技术要求20%。同样，汇总了上海场道公司在上海市中环线路段和浦东路桥公司铺筑的张衡路试验段试验数据，所配制的最大公称粒径13mm的排水混合料的飞散损失分别为12.4%、9.3%及13.0%，均不大于15%。

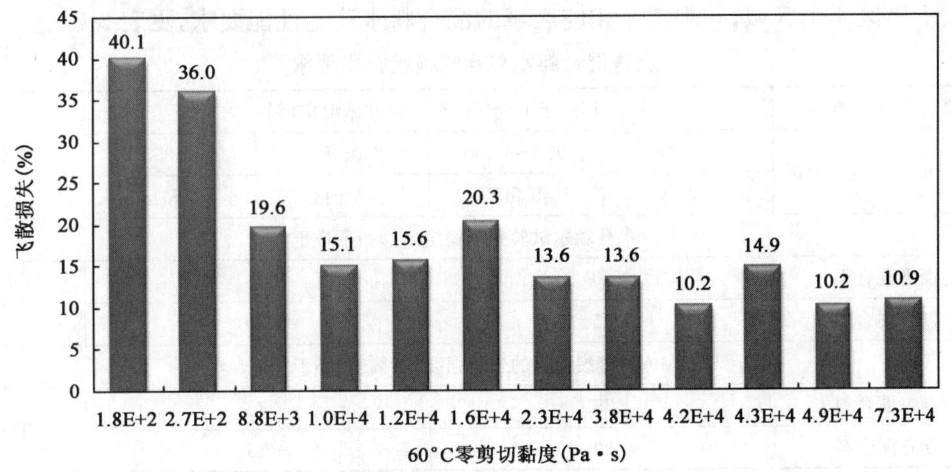

图3-28　零剪切黏度与20℃混合料试件飞散损失关系

由此可见，现行规范中飞散损失不应大于20%的标准已经失去了控制排水混合料的耐久性能的实际意义，因此，本书综合考虑规范标准及排水混合料的实际使用情况，建议排水混合料飞散损失应不大于15%。

(3)积雪冰冻区抗松散性能附加要求

图3-29给出了排水混合料冰冻飞散损失比试验结果。

如图3-29中数据所示，6种沥青对应的冰冻飞散损失均为65.0%～90.9%，仅60℃零剪切黏度为8 827Pa·s的高强度沥青以及零剪切黏度72 580Pa·s的两种改性沥青冰冻飞散损失比超过75%。故建议以冰冻飞散损失不低于75%作为排水混合料冰冻稳定性的技术要求，以控制排水混合料的冰冻稳定性，使保证混合料在积雪冰冻地区不至于产生集料松散、剥离等病害。

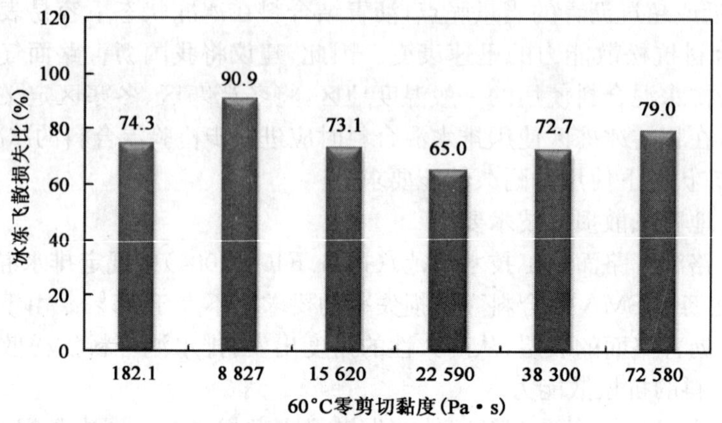

图 3-29 60℃零剪切黏度与冰冻飞散损失比关系

2)水稳定性能技术要求

(1)水稳定性要求的区域划分

《公路沥青路面施工技术规范》(JTG F40—2004)按照降雨量将我国分为潮湿区、湿润区、半干区、干旱区4个区域,并规定了相应区域的混合料水稳定性能要求,见表3-7。

沥青混合料水稳定性检验技术要求 表3-7

<table>
<tr><td>气候条件与技术指标</td><td colspan="4">相应于下列气候分区的技术要求(%)</td><td rowspan="3">试验方法</td></tr>
<tr><td rowspan="2">年降雨量(mm)及气候分区</td><td>>1 000</td><td>500～1 000</td><td>250～500</td><td><250</td></tr>
<tr><td>潮湿区</td><td>湿润区</td><td>半干区</td><td>干旱区</td></tr>
<tr><td colspan="6">浸水马歇尔试验残留稳定度(%)不小于</td></tr>
<tr><td>普通沥青混合料</td><td colspan="2">80</td><td colspan="2">75</td><td rowspan="2">T 0709</td></tr>
<tr><td>改性沥青混合料</td><td colspan="2">85</td><td colspan="2">80</td></tr>
<tr><td colspan="6">冻融劈裂试验的残留强度比(%)不小于</td></tr>
<tr><td>普通沥青混合料</td><td colspan="2">75</td><td colspan="2">70</td><td rowspan="2">T 0729</td></tr>
<tr><td>改性沥青混合料</td><td colspan="2">80</td><td colspan="2">75</td></tr>
</table>

如表3-7中数据所示,我国规范以500mL为阈值,年降雨量大于500mL的潮湿区、湿润区的水稳定性能要求均高于年降雨量低于500mL的半干区和干旱区。同样延续规范中分区方法,定义年降雨量大于500mL的潮湿区、湿润区为排水混合料的多雨地区,年降雨量小于500mL的半干区、干旱区为排水混合料使用的少雨地区。

(2)水稳定性能技术要求

图3-30给出了6组混合料试件浸水飞散损失比数据。

我国现行《公路沥青路面施工技术规范》(JTG F40—2004)中主要以浸水残留稳定度与冻融劈裂强度比评价沥青混合料的水稳定性,并无对浸水飞散损失比的技术要求。《公路沥青路面施工技术规范》(JTG F40—2004)规定对于年降雨量超过500mL的潮湿区与湿润区,改性沥青混合料的浸水残留稳定度不应小于85%,冻融劈裂试验劈裂强度比不应小于80%。

分析图3-30中数据可知，6种混合料试件浸水飞散损失比范围为64.8%～87.7%，除黏度为15 620Pa·s的SBS改性沥青试件外，其余4种改性沥青混合料试件的浸水飞散损失比均高于80.0%，并且零剪切黏度为22 590Pa·s的6号沥青、零剪切黏度为72 580Pa·s的12号沥青对应的浸水飞散损失比大于85.0%，说明以浸水飞散损失比不低于85.0%、80.0%作为技术标准是可以达到的。综上所述，建议以浸水飞散损失比不低于85%作为年降雨量大于500mL的多雨地区水稳定性能技术要求，以浸水飞散损失比不低于80%作为年降雨量小于500mL的少雨地区水稳定性能技术要求。

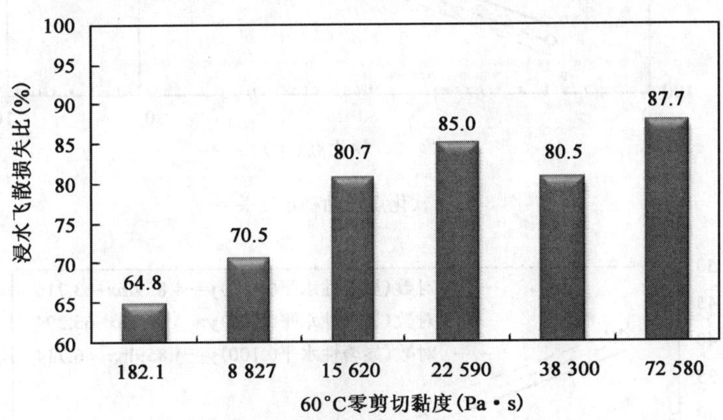

图3-30 60℃零剪切黏度与浸水飞散损失比关系

3.3.4 高黏度改性沥青技术要求

分析不同置信度水平条件下60℃零剪切黏度、软化点与混合料动稳定度之间的关系，如图3-31和图3-32所示。

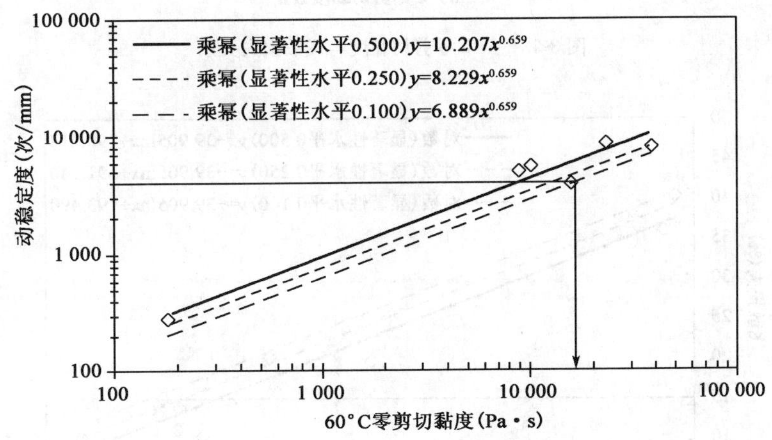

图3-31 60℃零剪切黏度与动稳定度关系

分析对数坐标下飞散损失率与沥青结合料60℃零剪切黏度、软化点之间关系，如图3-33和图3-34所示。

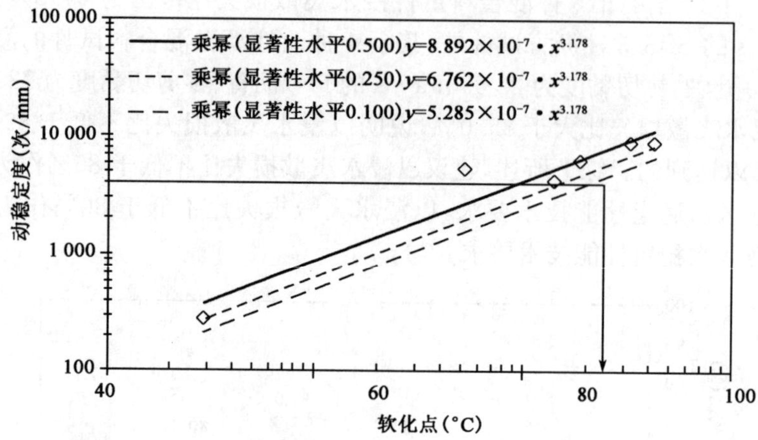

图 3-32　软化点与动稳定度关系

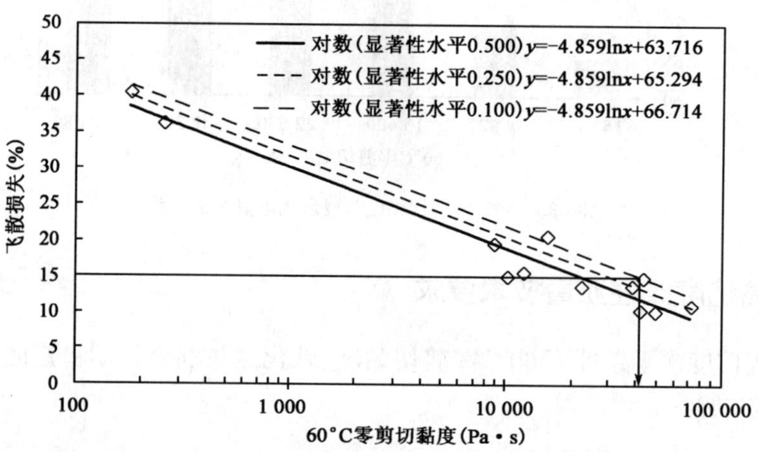

图 3-33　60℃零剪切黏度与飞散损失关系

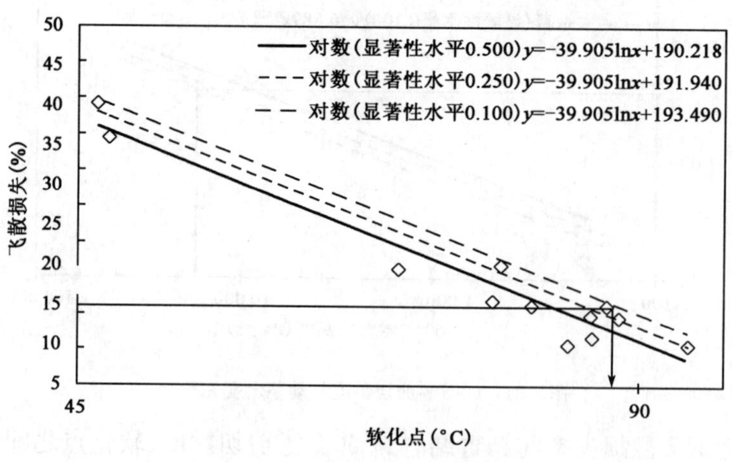

图 3-34　软化点与飞散损失关系

由图3-31与图3-32可知，在双对数坐标下60℃零剪切黏度、软化点与空隙率20%的排水混合料动稳定度均呈线性关系。显著性水平为0.100时，所有实测数据点均在拟合线一侧，显著性水平为0.250和0.500时，实测数据点分布在拟合线两侧，说明取显著性水平0.100，置信度为90%，可以更好地考虑试验数据随机误差对拟合关系式影响，使得出沥青技术要求具有更好的置信度。因此，取显著性水平0.100，置信度为90%的拟合曲线确定高黏度改性沥青的性能技术要求。此时，混合料动稳定度不低于4 000次/mm对应的60℃零剪切黏度、软化点技术要求分别为不低于16 360Pa・s和80.9℃。

由图3-33与图3-34可知，在单对数坐标下60℃零剪切黏度、软化点与空隙率20%的排水混合料飞散损失均呈线性关系。显著性水平为0.100时，绝大多数实测数据点均在拟合线以下，显著性水平为0.250和0.500时，实测数据点分布在拟合线两侧，说明取显著性水平0.100，置信度为90%，可以更好地考虑试验数据随机误差对拟合关系式影响，使得出沥青技术要求具有更好的置信度。因此，取显著性水平0.100，置信度为90%的拟合曲线确定高黏度改性沥青性能技术要求。此时，混合料飞散损失不大于15%对应的60℃零剪切黏度、软化点技术要求分别为不低于41 903Pa・s和87.5℃。

为保证混合料同时具有良好的抗车辙性能与耐久性能，利用统计学一元回归控制算法进行黏度标准计算，在保证率90%条件下，建议取60℃零剪切黏度不低于40 000Pa・s、软化点不低于85℃作为高黏度改性沥青性能的技术要求。

3.3.5 原材料技术要求

1)沥青

(1)高黏度改性沥青技术要求

排水混合料应采用高黏度沥青配制，其质量应满足表3-8中的技术要求。

高黏度改性沥青的技术要求 表3-8

技术指标		单位	技术要求	试验方法
零剪切黏度(60℃)≥		Pa・s	40 000	T 0628
针入度≥		0.1mm	40	T 0604
软化点(环球法)≥		℃	85	T 0606
延度(5℃)≥		cm	20	T 0605
闪点(COC)≥		℃	260	T 0611
薄膜烘箱试验(163℃,5h)残留物	质量变化	%	±0.6	T 0604
	针入度比≥	%	70	T 0609

(2)基质沥青的技术要求

当采用直投式方法生产排水混合料时，所采用的基质沥青应满足A-70沥青的技术要求，见表3-9。所采用的高黏度沥青改性剂品种和掺量应经过试配试验确定，保证所配制的高黏度沥青的质量满足表3-8中的技术要求。

基质沥青的技术要求　　表 3-9

技术指标		单位	技术要求	试验方法
针入度≥		0.1mm	60～80	T 0604
针入度指数 PI			−1.5～+1.0	T 0604
软化点(环球法)≥		℃	46	T 0606
动力黏度(60℃)≥		Pa·s	180	T 0625
延度(15℃)≥		cm	40	T 0605
薄膜烘箱试验(163℃,5h)残留物	质量变化	%	±0.6	T 0609
	针入度比≥	%	65	T 0604
	延度(15℃)≥	cm	15	T 0605
蜡含量(蒸馏法)≤		%	2.0	T 0615
闪点(COC)≥		℃	260	T 0611
溶解度(三氯乙烯)≥		%	99.5	T 0607
密度(25℃/25℃)			实测	T 0603

2)集料

(1)粗集料的技术要求

排水性混合料用粗集料,应采用石质坚硬、清洁、不含风化颗粒、近似立方体颗粒的碎石。宜采用玄武岩集料或辉绿岩,粗集料的质量应满足表 3-10 中的技术要求。

粗集料的技术要求　　表 3-10

技术指标		单位	技术要求	试验方法
石料压碎值≤		%	18	T 0316
高温压碎值≤		%	20	—
洛杉矶磨耗损失≤		%	28	T 0317
石料磨光值≥		BPN	42	T 0321
表观密度≥		t/m^3	2.60	T 0304
吸水率≤		%	2.0	T 0307
针片状颗粒含量(混合料)≤		%	10	T 0321
水洗法小于 0.075mm 颗粒含量≤	粒径(≥5mm)	%	0.6	T 0302
	粒径(3～5mm)	%	0.8	T 0302
软石含量≤		%	1	T 0320
与沥青的黏附性等级(掺加抗剥落剂后)≥		级	5	T 0616

(2)细集料的技术要求

排水混合料用细集料应采用坚硬、洁净、干燥、无风化、无杂质、与沥青黏附性好并有适当级配的机制砂。细集料的质量应满足表 3-11 中的技术要求。

(3)矿粉的技术要求

排水混合料用填料必须采用石灰石等碱性岩石磨细的矿粉。矿粉必须保持干燥、清洁,能从石粉仓中自由流出，不得使用回收的粉尘。矿粉应满足表3-12技术要求。

细集料的技术要求　　表3-11

技术指标	单位	技术要求	试验方法
表观密度≥	t/m^3	2.60	T 0328
含泥量(筛洗法)≤	%	3	T 0333
砂当量≥	%	70	T 0334
棱角性(流动时间)≥	s	30	T 0345

矿粉的技术要求　　表3-12

技术指标		单位	技术要求	试验方法
表观密度≥		t/m^3	2.50	T 0325
含水率≤		%	0.5	T 0332
粒度范围	≤0.6mm	%	100	T 0351
	≤0.15mm	%	90～100	T 0351
	≤0.075mm	%	85～100	T 0351
亲水系数<		%	1	T 0353
外观			无团粒结块	观察

3)其他材料

(1)抗剥落剂

集料与沥青的黏附性等级低于5级时，应采取抗剥落措施，品种与掺量应通过试验确定。

(2)纤维

为了防止空隙堵塞，在排水性沥青混合料中不宜采用木质素纤维材料。

3.3.6 排水性沥青混合料配合比设计方法

总结归纳各国排水性沥青混合料设计方法。

1)美国设计方法

美国联邦公路管理局(Federal Highway Administration)在1974年曾发布一套排水混合料配合设计方法供各州公路局使用，但因没有规定最小空隙率及沥青最大析漏，因此成效并不佳，美国大多数州已经停止使用该方法。

1990年美国联邦公路管理局建议设计空隙率为15%，并要求使用析漏试验进行配合比设计，但其建议的析漏试验并非用于确定最佳沥青含量，而是为了校正混合料拌和温度，此方法同样使用效果不佳。

1999年美国国家沥青研究中心(National Center for Asphalt Technology)发布了新一代排水混合料设计方法，被全国各州采用。NCAT设计方法设计步骤如下。

(1)选择材料：选择适用于排水混合料设计的材料，包括集料、沥青及附加剂等。

(2)选择设计级配：选用三个混合级配，一个在级配规范上限，一个在下限，另一个在中间；依据AASHTO T19测定每一级配的粗集料在干捣状态下的空隙VCA_{DRC}，另以6.0%～

6.5%沥青加入级配内，用 Superpave 的旋转压实仪压实 50 转制作试件，测定每个压实混合料的粗集料空隙 VCA。如果成型混合料的 VCA 等于或小于 VCA_{DRC}，存在石对石接触，并选为设计级配。

(3)决定最佳沥青含量：依据表 3-13 设计准则。

NCAT 设计方法　　表 3-13

性　质	准　则	性　质	准　则
黏结料(高强度改质沥青)含量	6.0%～6.5%	老化试件肯塔堡飞散	<30%
空隙率	18%～20%	析漏量	<0.3%
未老化试件肯塔堡飞散	<20%	室内透水率	>100m/day

此外，美国各州可根据本州具体情况制定相应的配合比设计方法。例如，美国得克萨斯州公路局根据本州特点确定了相应的配合比设计方法，即 TxDOT 设计法。如前文所述，此方法仅在沥青性能等方面与 NCAT 方法存在一定区别，但在油石比确定方法以及混合料性能要求等方面与 NCAT 方法区别不大。

2)日本设计方法

根据排水性沥青铺装技术指针(案)规定，日本排水混合料配合比设计步骤如下。

(1)初选混合料级配

在规定的级配范围内调整各种矿料比例，设计 3 组不同级配组成的初选混合料。初选混合料配合比宜以粒径 2.36mm 通过百分率处于设计级配范围中值、中值±3%进行控制。

(2)计算初始沥青用量

对每组初选混合料，首先按照式(3-5)计算集料的表面积 A，然后根据设计沥青膜厚度，按照式(3-6)计算初始沥青用量 P_b，初始沥青膜厚度一般选为 14μm。

$$A = (2 + 0.02a + 0.04b + 0.08c + 0.14d + 0.3e + 0.6f + 1.6g)/48.74 \quad (3\text{-}5)$$

$$P_b = \text{设计沥青膜厚度} \times A \quad (3\text{-}6)$$

式中：　A——集料表面积；

a、b、c、d、e、f、g——分别为 4.75mm、2.36mm、1.18mm、0.6mm、0.3mm、0.15mm、0.075mm 筛孔的通过百分率(%)。

(3)确定设计配合比

制作排水混合料试件，马歇尔标准击实次数为每面 50 次。进行马歇尔试件密度试验，以确定试件体积参数。

绘制排水混合料试件空隙率与矿料 2.36mm 通过百分率的关系曲线。根据目标空隙率确定矿质混合料的设计配合比。

(4)确定最佳油石比

对设计配合比进行混合料析漏试验，以析漏量-油石比曲线拐点确定最佳沥青用量。如由析漏拐点确定的最佳油石比不满足混合料析漏要求，进行混合料飞散试验，确定飞散损失-油石比曲线拐点，并在飞散损失拐点与析漏拐点之间确定最佳沥青用量。

(5)进行混合料性能检验，具体要求见表 3-14。

日本排水混合料配合比设计规范　　表3-14

项　目	单　位	目标值
空隙率	%	20
透水系数	cm/s	$\geqslant 10^{-2}$
马歇尔稳定值	kN	≥3.5
动态稳定值	次/mm	≥1 500

3)西班牙设计方法

西班牙排水混合料设计原则如下：

(1)为确保排水混合料足以抵抗交通荷载，不易发生混合料松散与集料剥离，应有足够沥青膜厚以包裹集料，以此确定配合比设计的最小沥青含量。

(2)为避免排水混合料施工过程中沥青析漏，并保证混合料具有良好的排水能力，应规定沥青混合料的最大沥青用量。

混合料抗松散性能由肯塔堡飞散试验进行评价，试件以马歇尔击实仪每面击实50次，为考虑耐久性，有最少沥青含量限制。设计沥青含量由表3-15确定。

西班牙沥青含量设计规范　　表3-15

沥青含量	相关混合料性质	规范要求
最小	抗松散性能	飞散损失<25(%)
	耐久性	油石比>4.5(%)
最大	沥青结合料析漏量	观察并实测
	排水性能	空隙率20(%)

4)我国设计方法

(1)设计原则

排水混合料的配合比设计采用马歇尔试验的体积法进行，以空隙率作为配合比设计的控制指标。马歇尔稳定度不作为配合比设计接受或者拒绝的主要指标。

(2)设计级配范围要求

排水混合料的设计级配应满足表3-16的要求。排水混合料的最小压实厚度不宜小于混合料最大公称粒径的2～2.5倍。

排水性沥青面层混合料的设计级配范围　　表3-16

级配类型	通过下列筛孔(mm)的质量百分率(%)										
	19	16	13.2	9.5	4.75	2.36	1.18	0.6	0.3	0.15	0.075
排水-13	100	100	90～100	60～80	12～30	10～22	6～18	4～15	3～12	3～8	2～6
排水-10	100	100	100	90～100	50～70	10～22	6～18	4～15	3～12	3～8	2～6

(3)混合料性能要求

排水混合料配合比设计指标、性能检测指标与技术要求应符合表3-17中的规定。

排水混合料配合比设计指标与要求 表 3-17

技术指标		单位	技术要求	试验方法
配合比设计指标	马歇尔试件击实次数	次	两面各 50	T 0702
	马歇尔试件尺寸	mm	ϕ101.6×63.5	T 0702
	空隙率	%	18～23	计算
	马歇尔稳定值≥	kN	5.0	T 0709
配合比检验指标	沥青膜厚度≥	μm	13	计算
	谢伦堡沥青析漏量≤	%	0.30	T 0732
	肯塔堡飞散损失≤	%	15	T 0733
	冰冻飞散损失比≤	%	75	T 0733
	动稳定度≥	次/mm	4 000	T 0719
	浸水飞散损失比≥	%	85/80	T 0733
	渗水系数≥	mL/min	2 500	T 0730

注：1. 拌制混合料时需采用小型沥青混合料拌和机，以模拟生产实际情况。混合料拌和后，应置于烘箱中，在成型温度下恒温 1h，然后进行试件成型。
2. 马歇尔试件、车辙试验试件不得采用经二次加热重塑成型的混合料。
3. 冬严寒区、冬寒区等积雪冰冻区应保证冰冻飞散损失比要求，其他地区可不考虑。
4. 车辙试验温度根据路面最高设计温度确定，设计温度为 50～60℃的一般温度地区采用 60℃车辙试验，设计温度高于 60℃的高温地区采用 65℃车辙试验。
5. 浸水飞散损失比 85%为潮湿区、湿润区水稳定性能技术要求，浸水飞散损失比不低于 80%为半干区、干旱区水稳定性能技术要求。

(4)配合比设计方法

①原材料准备

根据路面结构要求、混合料类型、原材料的技术要求准备材料。然后按照国家现行试验规程中规定的方法，测定各档集料、矿粉和沥青的相对密度。

②初选混合料级配

在表 3-16 规定的级配范围内调整各种矿料比例，设计 3 组不同级配组成的初选混合料。初选混合料的配合比宜以粒径 2.36mm 通过百分率处于设计级配范围中值、中值上下一定范围进行选择和调整。对于合成的初选级配，矿粉含量建议选为 4%。

③计算初始沥青用量

对每组初选混合料，按照式(3-7)计算集料的表面积 A。初试沥青膜厚度 h 为 13μm，按照式(3-8)计算初始沥青用量 P_b。

$$A=(2+0.02a+0.04b+0.08c+0.14d+0.3e+0.6f+1.6g)/48.74 \tag{3-7}$$

$$P_b=h\times A \tag{3-8}$$

式中：h——设计沥青膜厚度(μm)；

A——集料表面积(mm^2)；

a、b、c、d、e、f、g——分别为 4.75mm、2.36mm、1.18mm、0.6mm、0.3mm、0.15mm 和 0.075mm 筛孔的通过百分率(%)。

④成型马歇尔试件

按照选择的初始混合料配合比和初始沥青用量制作排水混合料马歇尔试件，一组试件的个数不得少于3个。

采用以下方法确定排水混合料试件的空隙率：

a.采用体积法测定马歇尔试件的毛体积密度γ_f。

b.按照下式计算马歇尔试件的最大理论相对密度，当使用纤维时，纤维部分的比例不得忽略。

$$\gamma_t = \frac{100 + P_x}{\frac{100 - P_b}{\gamma_{se}} + \frac{P_b}{\gamma_b} + \frac{P_x}{\gamma_x}} \tag{3-9}$$

式中：γ_t——马歇尔试件的最大理论相对密度；

γ_{se}——矿料的有效相对密度；

P_b——沥青用量(%)；

γ_b——沥青的相对密度(25℃/25℃)；

P_x——纤维用量，以沥青混合料总量的百分数代替(%)；

γ_x——纤维稳定剂的密度，由供货商提供或由比重瓶法实测得到。

⑤确定空隙率V

按照下式计算马歇尔试件的空隙率V。

$$V = \left(1 - \frac{\gamma_f}{\gamma_t}\right) \times 100 \tag{3-10}$$

⑥确定设计级配

绘制马歇尔试件空隙率与矿料2.36mm通过百分率的关系曲线。根据目标空隙率确定矿质混合料的设计配合比。

⑦确定设计油石比

根据调整后确定的矿质混合料设计配合比，按照式(3-7)和式(3-8)再次计算沥青用量P_b。排水混合料试件的空隙率与目标空隙率的差值不宜超过±1%。

⑧混合料性能检验

以确定的矿料级配和沥青用量制备混合料，按照规定的试验方法进行马歇尔试验、谢伦堡析漏试验、肯塔堡飞散试验、车辙试验和浸水飞散试验，各项指标应符合表3-17中的技术要求。

⑨确定设计配合比

当排水混合料试件的各项性能指标和空隙率指标均满足设计要求时，沥青用量P_b作为设计沥青用量。如果某项性能指标或者空隙率指标不能符合要求，应重新调整沥青用量或调整矿料配合比进行试验，直至符合要求为止。

3.4 排水性沥青路面排水性能分析

3.4.1 降雨入渗路面的物理过程

为了得到一个实用且能反映路面实际使用状况的雨水入渗计算方法，首先应了解降雨入渗的物理过程。降雨从路表进入路面结构内部的过程，按照时间顺序主要有以下几个过程。

(1)面层表面的初步浸润

降雨初始面层含水率很小，基本处于干燥状态。此时，降雨落到路面之后在分子力作用下被表层颗粒吸附而成为薄膜水，面层表面被初步浸润，从外表上看路面由干燥时的灰白色变成发黑的颜色。由于这时水分还很少，尚不会发生水流的运动和渗入，也就是说这时面层表面的材料润湿了。

(2)面层表面空隙的填充过程

排水性路面的路表具有很大的空隙率，一方面便于雨水的入渗，另一方面可以为车辆提供一定的摩擦力和行驶时的抗滑作用，这在雨天尤为重要。随着降雨的继续，降到路表面的雨水将面层表面浸润之后开始在毛细管力和重力的作用下向下进入路表面的空隙，当表层含水率大于最大分子持水量时，浸润锋面逐渐下移，入渗水分在面层表面的空隙当中作不稳定运移，并逐步填充各种空隙直至饱和，这个过程称之为面层表面空隙的填充。排水层表面的材料达到了它最大的持水度，此时的饱和状态是排水层表面材料持水能力的饱和而并非整个排水表层的饱和，更不是渗流能力的饱和。如果此时的降雨强度小于水分在排水表层内的扩散填充，将不会发生径流，此时的路面可以明显看出含水率比浸润阶段还要大，处于完全湿润的状态；如果此时的降雨强度大于填充空隙的速率，多余的雨水将在路表形成表面径流。当然由于路表面不可能绝对平整，在形成径流之前还必须将路面的低洼甚至有坑洞的不平的地方先填满，才可能形成表面径流。

(3)排水层中水流的蓄积和渗流

当排水层表面达到最大持水能力后，雨水将继续向面层深处扩散，入渗锋面从面层的表面向下推移至排水层的底面即黏(封)层，至此整个排水表层全部被浸润。随着降雨的继续，雨水竖向渗流至排水层层底，为了防止水分继续向下入渗对路面体产生破坏，在排水层和下面的面层之间设有黏(封)层，这也是排水性路面结构的重要组成部分。由于黏(封)层的作用，雨水不再向下入渗而是在排水层底形成蓄积，由于路面坡度的原因，当蓄积高度达到其连通空隙的最小高度时，就开始在排水层中横向流动，形成横向的渗流，进入边缘排水系统并最终排出路面。这一部分的渗流是本节研究的主要内容。如果此时的降雨强度小于排水表层的渗流强度，雨水将全部通过排水表层的竖向和横向渗流排出路面体；如果此时的降雨强度大于排水表层的渗流强度，或者边缘排水系统的排水能力满足不了渗流强度，排水表层的渗流能力将达到饱和，同时多余的雨水将形成表面径流。

3.4.2 排水性沥青路面内部排水系统渗流分析

排水性沥青路面的排水能力计算可以采用数值法与有限元法。

1)渗流计算方法

数值法是借助于电子计算机，把整个渗流区分割成若干形状规则的小块(即单元)进行近似模拟的方法。这些小块可以近似的看作是均质的，因而就很容易建立起描述各个单元地下水流动的关系式。把本来是形状不规则的、非均质的问题转化为容易计算的形状规则的、均质问题。主要有有限差分法、有限单元法等，其中有限单元法是数值方法中应用最广的一种。

有限单元法最早应用于流体力学领域的是1965年Zienkiewicz和Cheung对拟调和方程

的求解，随后在稳定渗流领域内得到广泛应用。有限元法首先把连续体或研究区域离散划分成有限个单元体，成为基本单元，单元的角度成为结点，再以连续的分片插值函数建立一个个的单元方程后，依靠结点把单元与单元连结起来，集合为整体，形成代数方程组在计算机上求解。有限元法计算主要是求解渗流场内水头函数，确定渗流场内的自由面和渗流量等渗流参数。经常求解渗流场中水头函数 h 的方程，其形式一般为：

$$[\boldsymbol{K}]\{h\}=\{f\} \tag{3-11}$$

式中：$[\boldsymbol{K}]$——渗透矩阵；

$\{h\}$——水头列向量；

$\{f\}$——自由项列向量。

渗流数值计算的边界条件分为两类：第一类是将变量的特定值直接赋予边界上，成为 Dirichiet 边界条件，如水头边界条件；第二类是将变量的变化梯度或速率定义在某一段边界上，成为 Newman 类型的边界条件，如流量边界条件。

进行渗流计算有以下两个关键问题要进行处理。

(1)自由面的确定

渗流自由面的确定是渗流计算的主要内容。对于稳定渗流来说，该面上任一点水头 H 应等于该点的位置高程；对于非稳定渗流来说，还应满足第二类边界条件的流量补给关系，即按下式计算渗流自由面下降时自由面流入饱和区的单宽流量 q：

$$q=\mu\frac{\partial h^{*}}{\partial t}\cos\theta \tag{3-12}$$

式中：h^{*}——自由面上的水头；

μ——自由面变动范围内的土体给水度；

θ——自由面外法向与垂线的夹角。

(2)渗流量的计算

采用中断面法选取单元的中断面 A 为过水断面，则通过一个单元的渗流量为：

$$q_{\mathrm{e}}=-\iint_{A}\left\{\frac{\partial H}{\partial x}\ \frac{\partial H}{\partial y}\ \frac{\partial H}{\partial z}\right\}[\boldsymbol{K}]\begin{bmatrix}\cos(n,x)\\ \cos(n,y)\\ \cos(n,z)\end{bmatrix}\mathrm{d}A \tag{3-13}$$

式中：n——断面 A 的外法向。

通过渗流场中某一截面的渗流量 Q(该截面上由 n 个单元组成的中断面)由通过这些单元渗流量的代数和组成，即：

$$\boldsymbol{Q}=\sum_{e=1}^{n}q_{\mathrm{e}} \tag{3-14}$$

2)计算模型建立

(1)计算软件

GeoStudio 系列软件中的 SEEP/W 软件是一款用于分析多孔渗水材料，如土体和岩石中的地下水渗流和超孔隙水压力消散问题的有限元软件。可以分析从简单的、饱和稳态问题到复杂的、饱和-不饱和时变问题。该软件广泛应用于岩土工程、土木工程、水文地质学和采矿工程等多种学科问题的分析和设计。

该软件具有以下特点：

①分析问题类型包括稳定状态下边界和非边界流体的流动、瞬态流动、典型的二维流动。

②边界条件包括：总水头、压力水头、结点渗流流量（nodal seepage flux）、区域渗流流量（area seepage flux）等。在瞬态边界条件下，边界条件可以用边界条件函数表示。因此，在这种条件下，边界条件可以随着时间变化而变化，并且边界条件可以为循环过程。

③在 SEEP/W 软件中，可以根据一些基本参数如饱和渗透系数等和级配曲线函数来推导土水特征曲线和渗透性函数。

④瞬态分析中可以采用自适应时间步来保证在边界条件突变时用最佳的时间步长计算。

⑤计算结果可以用等势线、流线等图形来描述。

⑥SEEP/W 软件当中的土体水力特性，土体的渗透性函数和土水特征曲线是孔隙水压力的函数，土体可以包含各向异性和各向同性。

⑦SEEP/W 的单元主要包括四边形等参元（Isoparametric quadrilateral finiteelement）、三角形等参元（Isoparametric quadrilateral finite element）和无限元（infinite element）等。

通过对比分析，采用 GeoStudio 系列软件中的 SEEP/W 软件进行排水性沥青路面渗流有限元分析。

(2)计算参数确定

排水表层厚度 4cm，以下为不透水层；取道路单面宽度为 7.5m，横向坡度 0.02；表层的横向和竖向渗透系数分别为 $K_x=1.14$cm/s，$K_y=0.51$cm/s。

对降雨量的衡量一般采用降雨强度与降雨历时。降雨强度指单位时间内的降水量；降雨历时指开始降雨到降雨结束所经历的时间。降雨强度分级见表 3-18。计算中降雨强度分别取 5.787E-8m/s、3.47E-7m/s、6.94E-7m/s、1.62E-6m/s、3.24E-6m/s 进行计算。

降雨强度分级 表 3-18

降雨强度等级	12h 降水总量(mm)	折算雨强(cm/s)	24h 降水总量(mm)
小雨	<5.0	<1.16E-05	<10.0
中雨	5.1～15.0	<3.47E-05	10.1～25.0
大雨	15.1～30.0	<6.94E-05	25.1～50.0
暴雨	30.1～70.0	<1.62E-04	50.1～100.0
大暴雨	70.1～140.0	<3.24E-04	100.1～200.0
特大暴雨	>140.0	>3.24E-04	>200.0

3)模型建立

计算模型如图 3-35 所示。有限元模型网格剖分采用四边形，如图 3-36a)、b)所示；降雨边界条件取 unit(q)作用于上边界的所有结点，左边为排水侧石的出水口，设为总水头 0，如图 3-36c)、d)所示。

4)计算结果

通过 SEEP/W 进行渗流有限元分析，路面渗透系数分别取 0.005cm/s、0.01cm/s、0.05cm/s、0.1cm/s、0.3cm/s 与 0.5cm/s。

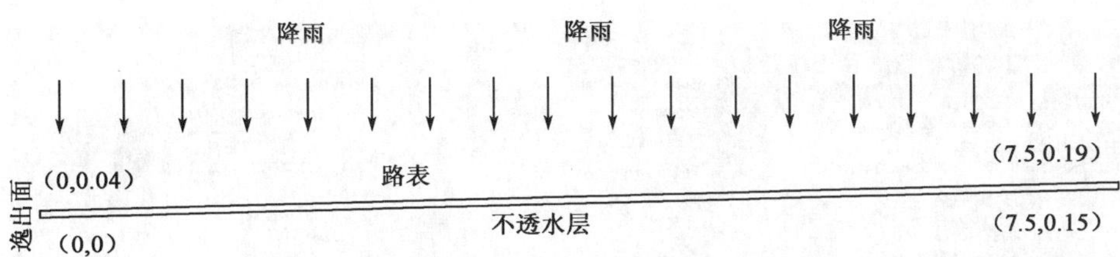

图 3-35 计算区域模型

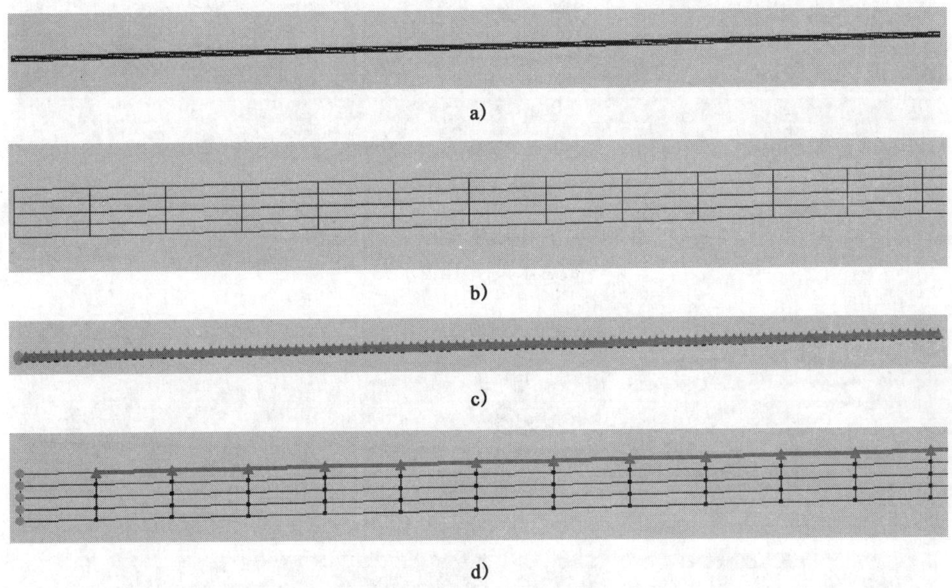

图 3-36 网格剖分

a)网格剖分图;b)靠近道路边缘区域局部放大 4 000%;c)带边界条件的网格剖分图;d)靠近道路边缘区域局部放大 4 000%

注:c)、d)图中左侧圆形点表示边缘出水边界,黑色粗线表示降雨边界。

由 SEEP/W 计算结果可知,当表层材料渗透系数为 0.005cm/s、0.01cm/s、0.05cm/s 时,所能排出的最大雨量小于小雨强度的上限,路表雨水溢出。

当表层材料渗透系数为 0.1cm/s 时,中雨条件下的计算结果(3.47E-7m/s)如图 3-37～图 3-39 所示;大雨条件下的计算结果(6.94E-7m/s)如图 3-40～图 3-42 所示。计算结果表明,排水路面所能排出的最大雨量大于中雨强度的上限且小于大雨强度的下限,说明在中雨及小雨时的排水效果较好,不会形成地表径流,当大雨时路表雨水溢出。

由图 3-37～图 3-39 可知,中雨条件下雨水可以及时排出,不会形成路表径流。

由图 3-40～图 3-42 可知,大雨条件下雨水不能及时排出,会形成路表径流。

当表层材料渗透系数为 0.3cm/s、0.5cm/s 时,所能排出的最大雨量大于大雨强度的上限且小于暴雨强度的上限。

通过以上分析,排水性沥青路面排水能力受材料渗透系数影响,排水性沥青路面建成之后渗透系数大于 0.1cm/s,因此路面在中雨情况下都能满足排水的要求。同时这要求排水性沥青路面建成之后要经常养护清洗,保持较好的渗透系数,满足排水要求。

a)

b)

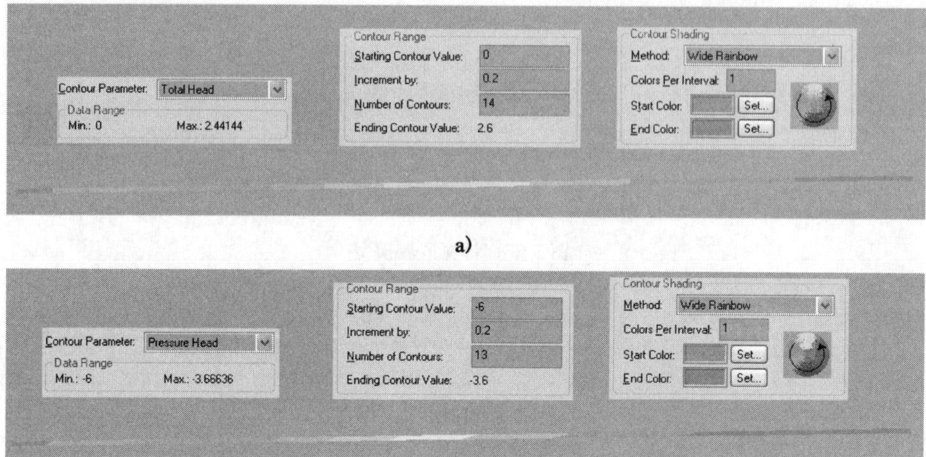

图 3-37　中雨条件下的计算结果云图

a)总水头;b)压力水头

a)

b)

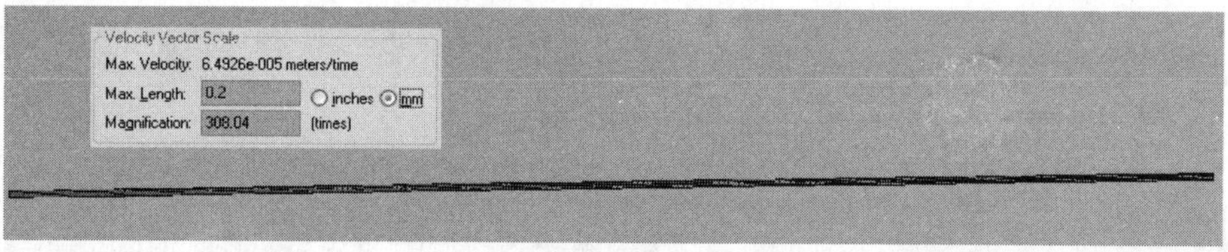

图 3-38　中雨条件下流速及流线计算结果

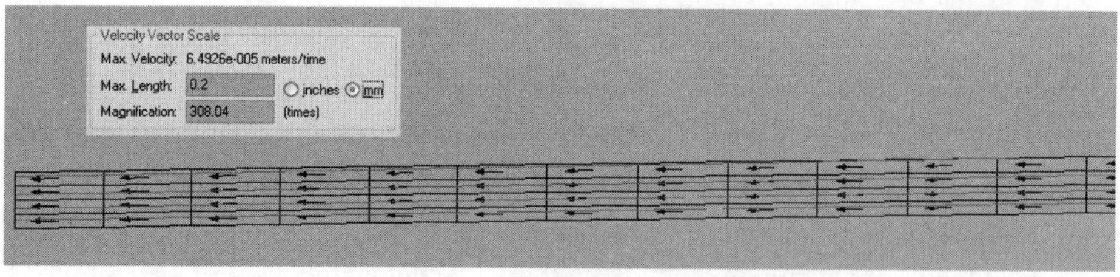

a)计算流速及流线图;b)计算流速及流线局部放大图(靠近道路边缘,4 000%)

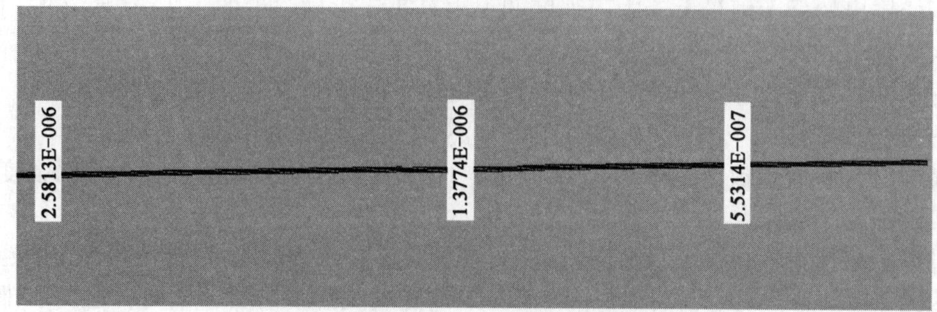

图 3-39　中雨条件下截面流量计算结果

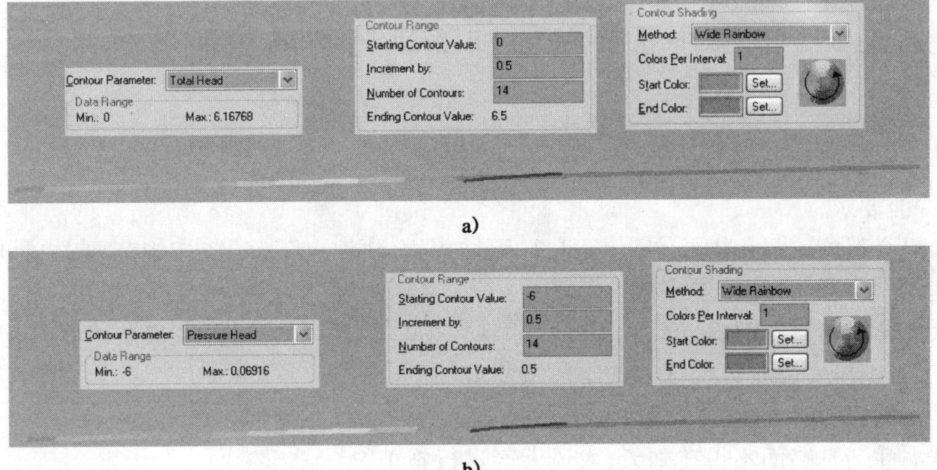

a)

b)

图 3-40 大雨条件下的计算结果云图

a)总水头;b)压力水头

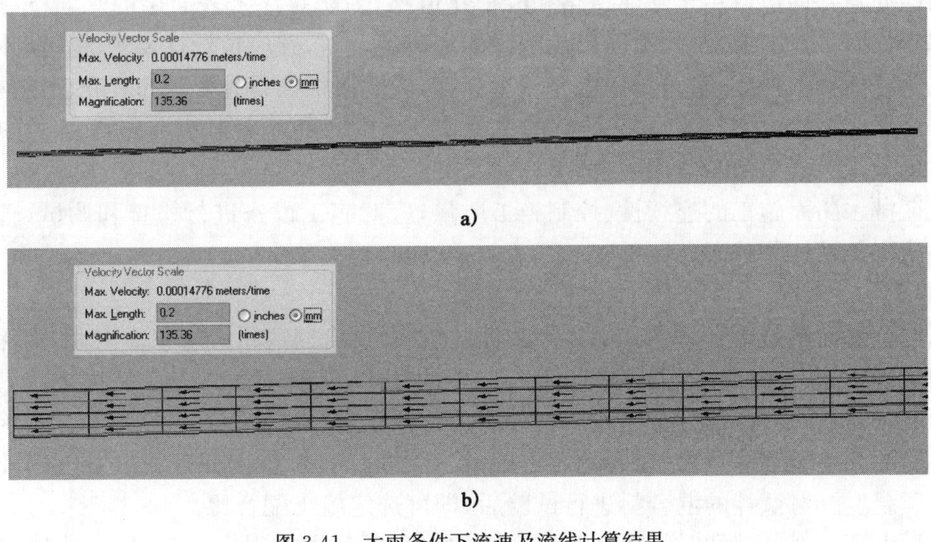

a)

b)

图 3-41 大雨条件下流速及流线计算结果

a)计算流速及流线图;b)计算流速及流线局部放大图(靠近道路边缘,4 000%)

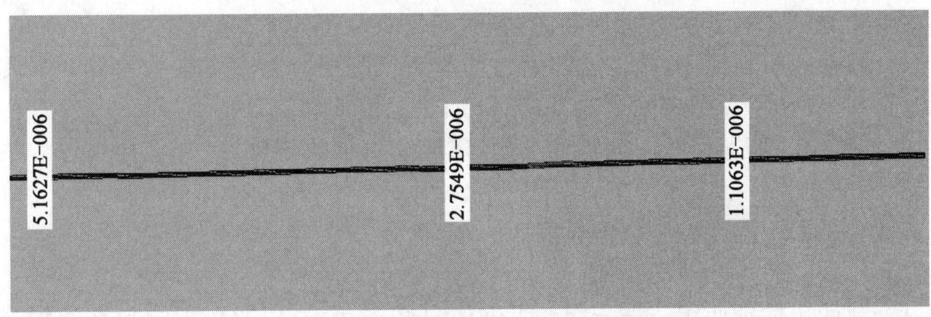

图 3-42 大雨条件下截面流量计算结果

3.5　排水性沥青路面施工工艺与质量验收标准

3.5.1　排水路面施工技术

(1)一般要求

排水混合料施工过程中易产生沥青的析漏与混合料温度下降,应按规范要求制订详细的施工方案,严格控制各项施工步骤。

排水混合料为多孔材料,温度下降快,并且采用高黏度改性沥青,一般要求在气温较高条件下施工,否则压实度难以保证。施工环境要求如下:

①排水性沥青路面施工气温应大于10℃。

②排水性沥青路面不得在雨天、大风天气进行施工。

③如无法避免低温季节施工,可考虑适当提高沥青混合料的出厂温度,或采用温拌技术。

(2)施工准备

排水性沥青路面可以用于新建道路和改扩建道路,为防止渗入表面层的水向下渗透到基层,影响道路的稳定性,要求中、下面层为密级配沥青混合料,并应按设计要求铺设防水层。

为保证路面排水性能,防止排水混合料水损害,应严格根据设计要求布置路面结构的排水系统。排水路面的排水系统应保证足够的泄水能力,并尽量减少雨水在路面结构中的流动时间。

为保证排水路面施工的连续性、控制施工质量,应对施工设备进行检查和调试,直至各项施工设备达到正常工作状态。

(3)拌和

排水混合料粗料比例高,细料少,易产生沥青析漏、混合料离析等现象。因此,为保证沥青混合料的质量,拌和设备宜采用间歇式拌和机,并且总拌和能力应满足施工进度要求。

沥青混合料正式拌制前应根据生产配合比设计结果进行试拌。通过试拌和抽样检验确定每盘热拌的配合比及其总重量、适宜的沥青用量、拌和时间、矿料和沥青加热温度以及沥青混合料的出厂温度。对试拌的混合料进行试验后,即可选定施工配合比。

排水沥青混合料的拌和时间对沥青混合料的拌和质量影响很大,应根据具体情况经试拌确定沥青混合料的拌和时间,以沥青均匀裹覆集料为度。一般情况下,采用预混式方法时,拌和时间不宜少于50s;采用直投式方法时,拌和时间不宜少于60s。

排水混合料在原材料使用,施工工艺上与传统密级配混合料存在较大差异。采用预混法进行排水混合料生产时,采用高黏度改性沥青,加热温度应稍高于普通SBS改性沥青。采用直投式方法时,采用的沥青为基质沥青,应适当降低沥青加热温度,以降低拌和过程中沥青老化程度。

混合料拌和过程中温度控制应符合表3-19的规定。

(4)运输

排水混合料的运输须使用清洁干净的大吨位自卸车运输,以避免混合料在运输过程中产品质量发生变化。运料车的运力应稍有富余,施工过程中摊铺机前方应有运料车等候。

排水混合料拌和过程的适宜温度　　表 3-19

控制温度(℃)	预 混 式	直 投 式
沥青加热温度	165～175(高黏度改性沥青)	150～160(基质沥青)
矿料加热温度	185～195	
混合料出料温度	170～180	
混合料储料仓储存温度	储料过程中温度下降不超过 10	
混合料废弃温度	≥190 或者≤155	
运输到现场温度	≥165	

排水混合料使用高黏度改性沥青，易产生混合料“黏车”现象，建议在车厢内部涂抹一层防黏剂，防止混合料“黏车”。轻质油对沥青具有稀释作用，一般使用硅油等重油作为防黏剂。

排水混合料粗料比例高，细料少，易产生沥青析漏现象。排水混合料在运输、等候过程中，如发现有沥青结合料沿车厢板滴漏时，应及时查明原因，并采取有效措施予以避免。

排水混合料的空隙率较高，比通常的热拌沥青更容易冷却，产生结块现象，因此采取以下措施控制混合料温度：

①料车装料后混合料表面覆盖双层帆布，混合料卸载到摊铺机之前不得取下帆布。

②合理安排料车数量，尽可能保证摊铺机连续摊铺，根据施工季节的气温变化增加油布的数量。

③运料车到工地后，应由专人逐车检测温度。

(5)摊铺

排水路面对平整度要求较高，应采用履带式摊铺机摊铺。摊铺机开工前应提前 0.5～1h 预热，熨平板不低于 100℃。铺筑过程中应选择熨平板的振捣或夯锤压实装置具有适宜的振动频率和振幅。熨平板加宽连接应仔细调节至摊铺的混合料没有明显的离析痕迹。

排水混合料摊铺温度应控制在 155℃以上。为保证摊铺温度，减少运料车等待时间，可以采用两台或多台摊铺机前后错开 10m 左右成梯队方式同步摊铺。对于双车道道路，一台摊铺机的铺筑宽度不宜超过 6m，对于 3 车道以上道路，一台摊铺机的铺筑宽度不宜超过 7.5m。摊铺速度宜控制在 2～4m/min 范围内。

松铺系数应根据试铺路段确定。根据上海的实践经验，松铺系数一般为 1.05～1.15。摊铺过程中应随时检查摊铺层厚度及路拱、横坡。

(6)压实成型

排水混合料的压实是保证路面质量的重要环节，对路面的耐久性与使用性能有很大的影响，压实应遵循“高温、紧跟、匀速、慢压、静碾”的原则进行。压实温度和压路机吨位应根据试验路确定。

排水性沥青路面压实施工应按照初压、复压、终压的步骤进行，各步骤技术要点如下：

①初压：初压温度不应低于 150℃，采用 8～12t 钢轮压路机紧跟摊铺机碾压 1～2 遍，速度宜控制在 2～3km/h 范围内；

②复压：复压应紧跟初压，应先采用 10～12t 钢轮压路机碾压 2～3 遍(温度 80～150℃)，再用 16t 胶轮压路机碾压 1～2 遍(温度 70～80℃)，速度宜控制在 2～3km/h 范围内；

③终压:终压应采用8～12t钢轮压路机碾压1～2遍,直到消除轮迹印,速度宜控制在2～3km/h范围内。

排水性混合料使用高黏度改性沥青,压实过程中易产生“黏轮”现象,可采取向碾压轮喷水的方式防止“黏轮”现象产生。水中可添加少量表面活性剂,但应严格控制喷水量且成雾状,防止漫流现象产生。

(7)接缝处理

排水性沥青路面中接缝处理是十分重要的环节,处理不当易产生裂缝、松散等病害,直接影响路面的平整度和耐久性。排水性沥青路面接缝处理应注意以下几点:

①施工中应尽量减少接缝。两台摊铺机在不影响作业的情况下应尽量缩短距离,两台摊铺机相距宜为10m左右。纵缝应在较高的温度下碾压结合密实。

②施工纵向接缝应采用热接缝方法。纵向接缝使用两台及以上摊铺机组成梯队同步摊铺沥青混合料,摊铺机的结构参数和运行参数应调整相等,相邻两幅的摊铺应有5～10cm宽度的摊铺重叠,表面层的纵缝应顺直,且宜设在路面标线位置。

③排水路面各施工段间的横向接缝主要考虑正确的接缝位置和施工方法。相邻两幅和上下两层的横向接缝均应错位1m以上。在横接缝处施工时,应对接缝清扫后进行加热处理,加热温度应达到100℃左右时才可摊铺大孔隙沥青混合料,并及时压实,使之相互密接。

④排水性沥青路面与排水系统之间的冷接缝处理与普通的沥青路面接缝处理有所不同,不能直接用切割机切缝,而应采用电镐直接凿除,然后用空压机或森林灭火器吹尽灰尘,再用水冲洗接缝位置,防止连通孔隙的堵塞。

⑤排水路面与其他密级配沥青路面的接缝处须用防水黏层油涂刷2～3遍,防止渗水。

(8)开放交通

为防止过快开放交通导致排水混合料空隙率下降,压实完毕后应自然冷却,宜在施工完毕24h后开放交通。

3.5.2 施工质量管理与检查验收

(1)施工前质量管理与检查

沥青、矿料等原材料质量是排水性沥青路面质量的基本保证,应按表3-20规定的检查项目与频度,对各种原材料进行抽样试验,其质量应符合规范技术要求。

表中的“随时”是指需要经常检查的项目,检查频率可根据材料来源或质量波动情况由业主单位或监理单位确定;“必要时”是指施工各方任何一个部门对其质量发生怀疑提出检查时,或是根据需要商定的检查频率。

(2)混合料生产过程质量管理与检查

混合料拌和厂应对排水混合料的生产过程进行质量控制,并按表3-21规定的项目和频度检查沥青混合料产品的质量,检查主要内容与方法如下:

①混合料外观检查:定时从料堆和皮带运输机目测各种材料的质量和均匀性,检查是否有泥块和超质量碎石,检查冷料是否窜仓。目测混合料的拌和是否均匀,油石比是否合理,集料和混合料是否离析。

②矿料级配和油石比检查:采用取样抽提、筛分试验的方法检测混合料的矿料级配和油石

比。抽提筛分应至少检查2.36mm、4.75mm、最大公称粒径等3个筛孔的通过率。

原材料的检测项目与频度 表3-20

序号	材料	检查项目	检查频度	平行试验次数或一次试验的试样数
1	粗集料	外观(品种、含泥量等) 针片状颗粒含量 颗粒组成(筛分) 压碎值 高温压碎值 磨光值 洛杉矶磨耗值	随时 随时 随时 必要时 必要时 必要时 必要时	— 2～3 2 2 2 4 2
2	细集料	颗粒组成(筛分) 砂当量 含水率	随时 必要时 必要时	2 2 2
3	矿粉	外观 <0.075mm含量 含水率	随时 必要时 必要时	— 2 2
4	基质沥青	针入度 软化点 延度(15℃) 含蜡量	每天1次 每天1次 每天1次 必要时	3 2 3 2～3
5	高黏度改性沥青	针入度 软化点 延度(5℃) 零剪切黏度(60℃)	每天1次 每天1次 每天1次 每2～3天1次	3 2 3 3

排水性沥青混合料产品室内检测项目和频率 表3-21

项目	检查项目		质量要求	检查方法和频率
1	混合料外观		—	目测:随时
2	马歇尔稳定度(kN)		≥5.0	T 0708及T 0709:每天上午和下午各1次
3	空隙率(%)		18～23	
4	混合料级配(%)	13.2mm	±2.0	T 0721～T 0725:每天上午和下午各1次
		4.75mm	±2.0	
		2.36mm	±2.0	
5	沥青用量(%)		±2.0	
6	60℃动稳定度(次/mm)		≥4000	T 0719:每天1次
7	谢伦堡沥青析漏量(%)		≤0.3	T 0732:每2天1次
8	20℃肯塔堡飞散损失率(%)		≤15	T 0733:每2天1次
9	浸水飞散损失比(%)		≥85/80	T 0733:每2天1次
10	室内透水试验(mL/15s)		≥900	T 0730:每2天1次

③混合料性能检查：提取混合料样品成型试件，进行马歇尔试验、肯塔堡飞散试验、车辙试验、渗水系数试验，测定空隙率、稳定度、流值、飞散损失率、浸水飞散损失比、动稳定度、渗水系数等指标。

(3)铺筑过程质量管理与检查

在排水路面的铺筑过程中，必须随时对铺筑质量进行检测，质量检测的内容和频度如表3-22所示。

排水性沥青面层施工过程检测项目和频率 表3-22

<table>
<tr><th rowspan="2">项目</th><th rowspan="2" colspan="2">检查项目</th><th colspan="2">质量要求</th><th rowspan="2">检查方法和频率</th></tr>
<tr><th>预混式</th><th>直投式</th></tr>
<tr><td rowspan="7">1</td><td rowspan="7">施工温度(℃)</td><td>沥青加热温度</td><td>165～175</td><td>150～160</td><td>温度计：每吨1次</td></tr>
<tr><td>集料加热温度</td><td colspan="2">185～195</td><td>红外感温仪：每锅3次</td></tr>
<tr><td>出料温度</td><td colspan="2">170～180</td><td>温度计：每车1次</td></tr>
<tr><td>到场温度</td><td colspan="2">≥165</td><td>温度计：每车1次</td></tr>
<tr><td>摊铺温度</td><td>≥160</td><td>≥155</td><td>温度计：每50m1处</td></tr>
<tr><td>初压温度</td><td colspan="2">≥150</td><td>温度计：每50m1处</td></tr>
<tr><td>复压温度</td><td colspan="2">70～150</td><td>温度计：每100m1处</td></tr>
<tr><td>2</td><td colspan="2">混合料外观</td><td colspan="2">均匀一致、无花白料、无离析、无结团成块现象</td><td>随时</td></tr>
<tr><td>3</td><td colspan="2">摊铺外观</td><td colspan="2">平整、无拖痕、无离析、接缝紧密平整、顺直</td><td>随时</td></tr>
</table>

①温度控制：通过红外感温仪及插入式电偶温度计进行各项施工温度控制。

②混合料外观：排水性沥青路面表面均匀性是施工的难点之一，应随时目测、观察，防止沥青析漏、混合料离析的产生。

③摊铺外观：排水路面施工接缝、路面与路缘石及其他构筑物应接顺，否则易造成路面不平、裂缝现象，应尽量避免此类缺陷。

(4)交工质量检查与验收

排水性沥青路面交工质量验收的主要内容与检测方法如下，验收标准见表3-23。

①外观和接缝：在路面铺筑过程中应随时对路面的色泽、油膜厚度、表面空隙、接缝以及粗细集料的离析进行观察，如发现异常现象应及时做出相应处理。

②厚度：厚度的检测包括摊铺厚度和碾压厚度。对于摊铺厚度，可以利用插尺或其他测量工具插入摊铺层测量，然后利用拌和厂沥青混合料的总质量与摊铺总面积计算平均摊铺厚度，两者的数值大小可做比较。碾压厚度需要在路面完全冷却钻孔测试压实度的同时测定。

③压实度：沥青路面的压实度应采取重点控制碾压质量，适度钻孔抽样检测的方法测定，也可以采用核子密度仪等无破损检测设备进行压实度检测。

④宽度、纵断面高程、横坡度：可以利用水准仪直接进行检测。

⑤渗水与抗滑：排水路面的渗水系数和抗滑系数是排水混合料功能特性的评价指标，应通过渗水试验和抗滑值试验予以评价。

排水性沥青面层质量验收标准 表3-23

检 查 项 目		检查频度(每一侧车行道)	质量要求或允许偏差	试 验 方 法
厚度		每2 000m²1点	设计值的－10%	T 0912
压实度		每1km 5点	试验室密度98%～100%	T 0924
平整度	标准差	全线连续	1.2mm	T 0932
	IRI	全线连续	2.0m/km	T 0933
	最大间隙	每1km 10处,各连续10杆	5mm	T 0931
路面渗水系数		每1km 5点,每点3处取	≥900mL/15s	T 0971
宽度	有侧石	每1km 20个断面	±20mm	T 0911
	无侧石	每1km 20个断面	≥设计宽度	T 0911
纵断面高程		每1km 20个断面	±15mm	T 0911
中线平面偏位		每1km 20个断面	±20mm	T 0911
横坡度		每1km 20个断面	±0.3%	T 0911
摩擦系数摆值		每1km 5点	符合设计要求	T 0964

3.6 排水性沥青路面日常养护与维修

排水性沥青路面与传统的密级配沥青路面的区别不仅在材料的组成、施工工艺与控制上，在路面早期破坏形式与预防养护措施上也不尽相同。

3.6.1 排水性沥青路面的特有破坏形式

排水性沥青路面位于路面表层,其破坏形式不仅具有一般的沥青路面表层的破坏形式,还具有独特的破坏形式。

(1)空隙阻塞

空隙阻塞是排水性沥青路面所独特的现象。由于空隙率较大,排水性沥青路面作为路面表面层,其孔隙容易被细小尘土颗粒堵塞,使得表面构造深度减小及其水传导性随时间而降低。阻塞在路肩和车轮行驶较少的区域尤为严重,而在车流量较大的地方则不太明显。这是由于车辆行驶在排水性沥青路面的孔隙网中产生空气压力,使得污泥被清除出去。

(2)松散

欧洲有关研究认为,排水沥青路面使用期末的最终破坏表现为大范围的松散现象。排水性沥青路面随着时间的推移,沥青会老化,沥青与集料的黏结力减弱,越来越多的面层集料颗粒从混合料分离脱落,因此产生松散、坑洞。

(3)路面结冰

排水性沥青路面路面一旦结冰,也就丧失了其排水降噪功能。因此,排水性沥青路面的冬季养护问题较传统沥青路面突出。

3.6.2 排水性沥青路面的日常养护

排水性沥青路面应进行经常性和预防性的日常养护,以保证路面经常处于良好的技术状态。日常养护内容包括：日常巡查、路面清扫、履带车和铁轮车在油路面上行驶的规定、雨后路面清扫积水、排水设施的养护、冬季除雪防滑、路肩养护、边坡养护等方面。

排水性沥青路面除了按照普通沥青路面养护经验进行日常养护之外，由于其所具有的大孔隙结构特点，还须对防止孔隙堵塞及除雪防冻问题采取特殊的措施。

(1)孔隙堵塞问题

由于空隙堵塞造成的排水能力下降是排水性沥青路面养护的又一大挑战。研究表明，交通承担了排水性沥青路面中沥青路面自我清除的作用，积聚在孔隙中的尘埃能够通过路面上大量高速行驶的车辆轮胎吸力作用被清除掉。因此，这一问题很少发生在高速公路的行车线上，真正的威胁发生在路肩及紧急停车带或某些交通流较少排水性沥青路面的路面上。解决孔隙堵塞问题的方法有预防堵塞和除去堵塞材料两种。

①采用公称最大粒径较大和空隙率至少20%的沥青混合料，这样可较长时间维持高水平水传导性。

②避免用形状特殊的集料，当使用纤维和聚合物改性沥青时，纤维量应限制在不超过沥青用量的0.3%。

③在路肩和无交通的车道设置不透水的封层，以解决其堵塞严重的问题。

④使用专门开发的高压冲洗车进行清洗，如图3-43所示。

图3-43　高压冲洗车

根据从2002年起上海地区实施的排水性沥青路面跟踪调查结果，在不采用任何清洗措施的情况下，与内侧快车道相比，外侧慢车道渗水系数的衰减异常显著。下面以某排水性沥青路面试验段为例(表3-24)进行分析。

上海某排水性沥青路面试验段渗水系数数据　　表3-24

检测项目		第一车道(快车道)	第二车道(快车道)	第三车道(慢车道)	第四车道(慢车道)
渗水系数(mL/15s)	第一年	1 200			
	第三年	257.2	225.0	16.7	41.7
	第四年	220.4	150.4	20.5	36.5

从表3-24可以看出，外侧车道的残留渗水系数仅为内侧快车道的10%～15%。一方面因为内侧快车道车速较高，轮胎“泵吸”效应明显；另一方面依靠横向坡度排水，含有路面粉尘的脏水向外侧车道集中，更容易造成堵塞。因此对于外侧慢车道的清洗与养护十分重要。

国内排水性沥青路面实施时间不长，前期也多集中在原材料选择、配合比设计以及施工质量控制方面，对于养护手段和养护设备的研究及积累经验较少。在借鉴日本及欧洲的养护经验基础上，提出采用配备高压水冲洗、真空负压抽吸体系的专用清洗设备。其核心是采用矩形封闭的清洗槽，高压水冲洗和负压抽吸都在此槽内完成。一方面降低操作噪声、粉尘和水雾飞溅，一方面冲洗出来的脏污在封闭的负压环境中被完全回收，不会随路面径流污染到其他区域。排水性沥青路面清洗前后对比如图3-44所示。

渗水系数残留率是指通车一段时间后实测渗水系数与通车前渗水系数的比值。与降噪指标相比，渗水系数测试具有简单便捷、误差小等优点，与检测时间段、实时交通流量等因素无关，更适合表征排水性沥青路面的功能性。渗水系数残留率的确定可参照表3-25的数据。

目前国内普遍控制渗水系数验收指标为大于900mL/15s，考虑到施工均匀性，渗水系数平均定为1 000mL/15s，以此数据作为初始标准值，则上表可重新处理为表3-26所示数据。

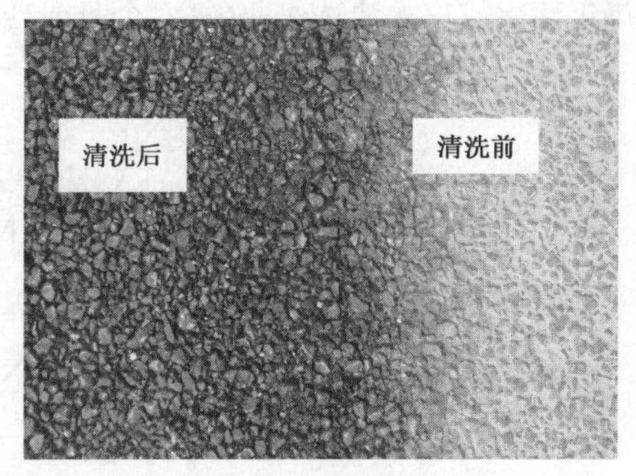

图3-44 排水路面清洗前后对比图

国外某型号清洗设备清洗作业数据表　　表3-25

项　目	渗水系数(mL/15s)				
清洗前	200	400	600	800	1 000
清洗后	250～350	420～650	630～950	850～1 000	1 000

渗水系数残留率　　表3-26

项　目	渗水系数残留率(%)				
清洗前	20	40	60	80	100
清洗后	25～35	42～65	63～95	85～100	1 000

排水性沥青路面通车后，不采取任何清洗措施，渗水系数随着空隙的逐渐堵塞自然衰减，功能性也同步衰减。从表3-26可以看出，取渗水系数残留率为20%、40%、60%、80%和100%的路面进行清洗。理想情况下80%或以上的渗水系数残留率时开始清洗可恢复绝大部分或全部的排水机能，40%或以下的渗水系数残留率效果不理想，故此取80%作为开始清洗作业的渗水系数残留率标准。

即使在环境质量较好的日本，如不进行清洗，路面渗水系数衰减也非常快，最多4年就完全堵塞，日本跟踪试验得出了清洗频率与清洗效果对比图，如图3-45所示。国内可能时间更短。除了环境因素外，如前所述，渗水系数的衰减也与行车速度相关(轮胎泵吸效应)，行车速度越快越不容易堵塞。不过也有特例，在上海某快速干道的排水性沥青试验段(0.4km)在两年后也完全堵塞(20mL/15s)，而另一条试验段(2km)车行速度要低得多，同样的通车时间内反而堵塞不太严重(200mL/15s)。可能的原因是前者规模较小，相邻SMA路段雨天积存的脏水被高速行车带到排水面层路段造成堵塞。

200～300mL/15s的渗水系数下路面仍可保持部分排水能力，可做到小雨、中雨时路面无积水(雨天实地观察结果)，这应该作为排水性沥青路面排水、降噪机能的低限指标。渗水系数小于此指标数值，排水、降噪机能的发挥就大打折扣，即使采用专用清洗设备也无法进一步改善堵塞、提高渗水系数。

因此，在国内调查的基础上，并结合国外常年积累的经验，专用清洗设备的作业频率定为每年两次或三次清洗作业(每六个月或四个月一次)是比较合理的。

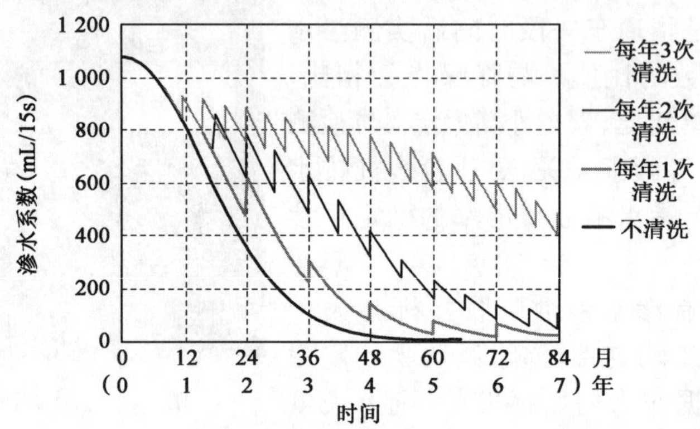

图 3-45 日本标准型清洗设备的清洗效果与清洗频率关系图

(2)冬季养护

冬季养护已成为排水性沥青路面养护中所遇到的一大挑战。各国研究人员对排水性沥青路面材料在严寒温度下的性能作了不少研究。

撒布盐、盐水或其他融雪化学物质在排水性沥青路面冬季养护中是使用最多的方法。处理排水性沥青路面上的积雪和融冰所需的盐要比处理一般的路面多2～3倍,其原因有两个方面。首先,如果积雪已被压入路表面材料的碎石的空隙里,盐分有先驱除其他部位积雪的倾向,而使压实的积雪仍然保留。其次,雪融化产生的含盐污水会从路面以下渗去,而盐就起不了作用。由于冰的形成时间较早,撒布防冻材料要在下雪到来前一小时进行。除雪防冻材料的撒布时间要提前,撒布频率要加大。

3.6.3 排水性沥青路面维修的难点与新技术

(1)在进行局部修补时,采用的填补材料如果是密级配沥青混合料,将会改变排水性沥青路面的排水路径,降低排水效果。使用多空隙沥青混合料则不存在这种问题,但一般的沥青拌和厂并不经常生产这种材料,故很难得到用于小范围修补的材料。

(2)排水性沥青路面维修经验表明,当采用密级配沥青混合料进行局部修补时,最好将修补面做成菱形,这样使水相对较容易通过修补区域排走,并可降低车辆行驶对修补区域与路面结合部位"跳车"的危害。

(3)当路面破损严重,须采用罩面或翻修修复措施时,为保证路面的功能,所用材料必须为多孔隙沥青混合料,并且能够就近由公路附近的沥青拌和厂提供。

(4)荷兰-比利时联合企业着手研究多孔隙沥青路面特殊维修与养护方法,其成果已使用于填补坑洞或局部耐久修补的冷铺混合料技术得到发展。

3.7 工程案例

3.7.1 上海世博园区排水性路面

5.28km^2 的上海世博会园区是上海有史以来最大的单体建设项目,其建设受到了社会各

界的广泛关注。世博园区道路的功能不同于普通道路，它首先要为世博园区场馆建设提供骨架性的施工通道，其次要充分保证世博会举办期间的交通服务要求，同时还要统筹办博需求和后续利用的关系，世博会地区道路建设贯彻了总体规划中“起点高、立意深、体现上海特点”的要求，把握场址特点，把城市的未来、世博会的未来和上海的未来结合起来，促进上海城市建设的全面发展。

上海世博会浦东园区的市政道路使用主要分两个阶段：第一阶段为2010年5～10月世博会举办期间，这一阶段浦东园区核心区一部分道路作为世博会交通的主要通道，一部分道路则临时作为人行通道使用。上海世博会举办期间正值上海梅雨季节，采用排水性沥青路面，作为车行交通通道提高了车辆行驶的舒适性和安全性，同时可以降低噪声3～4dB，减少了对周围居民与行人的影响；作为人行通道，路表无积水，也提高了行人行走的舒适性。第二阶段即世博会后，世博会园区开发为集商业、会展等为一体的城市区块，采用排水性沥青路面，不仅行车舒适性和安全性高，而且能有效降低行车噪声。

为了保证工程质量，首先铺筑了排水性沥青路面试验路，试验路为双向4车道，路幅宽度12m，无中央分隔带，全长100m，桩号K0＋000～K0＋100，排水铺装层厚度4cm。

1）施工准备

清洁道路表面，保持现有的表面应干燥、清洁和无任何松散的石料、灰尘与杂物；路面前洒布橡胶乳化沥青防水层，洒布量0.3～0.5kg/m²。根据设计要求，在边缘布置新型排水侧石（专利号：200720068620.4），如图3-46与图3-47所示。

图3-46 新型排水侧石

图3-47 新型排水侧石内部构造

2）排水性混合料试拌

（1）沥青

试验路采用预混法施工工艺，沥青材料为中石化高黏度改性沥青。沥青性能检测结果见表3-27。

（2）集料

施工采用集料、矿粉与目标配合比使用材料相同。粗集料选用公称粒径10～15mm和5～10mm的辉绿岩，记为1号、2号料；细集料选用公称粒径3～5mm、0～3mm的石灰岩，记为3号、4号料；填料选用细磨石灰岩矿粉。矿料各项指标均满足我国施工技术规范与设计技术要求，测试结果见目标配合比设计部分。

中石化高黏改性沥青性能检测结果 表 3-27

试验项目		单位	试验数值	技术要求
零剪切黏度(60℃)		Pa·s	75 000	≥40 000
针入度		0.1mm	62	≥40
软化点		℃	93.0	≥85
延度(5℃)		cm	34	≥20
薄膜烘箱试验(163℃,5h)残留物	质量损失	%	−0.02	≤0.6
	针入度比	%	81.2	≥70

(3)生产配合比设计

按照室内目标配合比设计结果,进行最大公称粒径 13mm 的排水混合料生产配合比级配调试。按照热料仓取样筛分结果及目标配合比确定冷料仓进料比例。冷料仓进料比例及生产级配见表 3-28。

沥青混合料设计级配组成计算结果 表 3-28

级配比例(1号:2号:3号:4号:矿粉)	通过下列筛孔(mm)的质量百分率(%)									
	16.0	13.2	9.5	4.75	2.36	1.18	0.6	0.3	0.15	0.075
26:20:7:12:5	100	94.9	74.0	22.7	13.4	12.0	10.0	8.0	6.5	4.9

选用目标配比最佳油石比 4.9%及最佳油石比±0.3%进行试拌,取样进行混合料试件性能指标测试,各油石比试件试验结果见表 3-29。

生产配合比各油石比下的各项体积指标 表 3-29

油石比(%)	稳定度(kN)	流值(0.1mm)	空隙率(%)
4.6	6.4	27.5	22.3
4.9	6.9	29.3	20.2
5.2	7.2	31.0	17.9

由表 3-29 中试验结果可知,当油石比为 4.9%时,试件空隙率在目标空隙率 20%±1%范围内,稳定度大于 5.0kN,符合混合料设计要求。因此,确定生产配比最佳油石比为 4.9%。生产配合比混合料各项路用性能均满足规范要求。

3)试验路施工

(1)混合料拌和

采用英国产 4000 型间歇式拌和楼。拌和楼配有打印设备,每批均进行生产数据打印。在生产过程中沥青加热温度控制在 170℃左右,矿料加热温度控制在 190℃左右,除尘布袋处温度在 140℃左右,拌和楼拌和时间干拌 15s,湿拌 45s,每盘生产周期约为 75s,拌和楼出料温度为 180℃±5℃,生产过程中根据集料干湿程度不断调节燃油器燃烧率大小,确保出料温度。从出料情况看,出料温度在 170~180℃时,出料正常,集料表面沥青裹覆均匀。

(2)运输、摊铺与碾压成型

排水混合料的运输、摊铺、碾压严格按照施工技术要求进行。试验路施工过程如图 3-48 所示,碾压方案见表 3-30。

a) b) c) d)

图3-48 世博园排水路面试验路施工现场

现场施工碾压组合 表3-30

碾压阶段	压路机种类	碾压变数	碾压速度(km/h)	碾压温度(℃)
初压	8t双钢轮	1遍	2.0	≥150
复压1	12t双钢轮	2遍	3.0	80～150
复压2	16t胶轮	1遍	3.0	70～80
终压	12双钢轮	1～2遍	3.0	—

(3)混合料质量检查

采用随机抽检的方式钻取6个芯样,芯样试验结果见表3-31。

排水混合料产品室内检测项目和频率 表3-31

项目	检查项目		实测值	质量要求
1	马歇尔稳定度(kN)		8.4	≥5.0
2	空隙率(%)		19.6	20±1
3	混合料级配(%)	13.2mm	95.9	±2.0
		4.75mm	21.7	±2.0
		2.36mm	13.0	±2.0
4	沥青用量(%)		4.97	±0.2

4)试验路质量检查

(1)压实度

对试验路段进行钻芯取样,测其厚度和压实度,试验数据见表 3-32。由表中数据可知,排水路面试验段施工质量控制良好,厚度及压实度均满足设计要求。

排水试验路路面厚度及压实度 表 3-32

测点桩号	结构厚度(mm)	试样密度(g/cm³)	标准密度(g/cm³)	压实度(%)
K0+010	41	2.140	2.173	98.5
K0+030	40	2.166	2.173	99.7
K0+050	42	2.173	2.173	100.0
K0+070	41	2.156	2.173	99.2
K0+090	40	2.145	2.173	98.7

(2)渗水试验

依据《城镇道路工程施工与质量验收规范》(CJJ 1—2008),对试验段的渗水系数进行测试,检测结果见表 3-33。

排水试验路渗水试验检测 表 3-33

测点桩号	渗水系数	摩擦系数(BPN)
K0+020	900mL/8.2s	66.4
K0+040	900mL/9.8s	63.2
K0+060	900mL/8.9s	67.6
K0+080	900mL/9.7s	65.8
K0+100	900mL/10.1s	68.1

根据表 3-33 中的测试结果,试验段的渗水系数均高于 900mL/15s 的技术要求,说明试验路具有良好的排水性能。

(3)抗滑值

依据《公路路基路面现场测试规程》(JTG E60—2008),对试验段的抗滑值进行测试,检测结果见表 3-33。

根据表中测试结果,试验段的抗滑值均高于 60BPN,满足抗滑技术要求,说明具有良好的抗滑性能。

(4)其他检测指标

除上述指标外,对平整度、宽度、纵断面高程、中线平面偏位、横坡度等指标进行检测,测试结果均符合规程要求。

通过试验路铺筑,掌握施工工艺,跟踪测试表明排水性沥青路面试验段性能良好。因此在世博浦东园区大规模推广应用该技术,如图 3-49 与图 3-50 所示。世博园区铺筑排水性沥青路面共计 20 万 m^2,重要场馆周边都铺装了排水性沥青路面,如图 3-51 所示。

图 3-49 排水性沥青面层大规模施工

图 3-50 排水性沥青路面

图 3-51 上海世博园区排水性沥青路面

第4章　透 水 路 面

4.1　概　　述

随着经济的发展和城市建设步伐的加快，城市的地表逐步被钢筋混凝土建筑和不透水的路面铺装结构所覆盖。目前，市政道路、小区道路、园林、庭院、公共广场的人行道铺装仍以密实、非透水的材料为主。这些道路面层材料主要有沥青混合料、水泥混凝土预制砖、仿石材、天然石材、现浇水泥混凝土等。

传统的非透水铺装存在以下问题：第一，雨天道路雨水通过漫流方式通过雨水收水井排放，道路湿滑且积水，影响行人行走与车辆行驶的安全性和舒适性；第二，缺乏对城市地表温度、湿度的调节能力，加剧了城市的热岛效应；第三，阻止了地下水补给路径，不利于绿化植物的生长。

按照国际上生态城市的建设要求，地面应尽量减少混凝土覆盖面积，采用自然排水系统，以利于雨水的渗透，理想指标是80%的地面具有透水功能。水泥、沥青路面除不透水外，导热性也很高，而透水路面孔隙中水分能起到降低地面温度的作用。国外的巴黎、伦敦等城市，除了车流量高的交通干道需要耐磨、降噪的高强度路面外，步行街、人行道、停车场等处大部分采用透水路面，透水路面示意图如图4-1所示。

图4-1　透水路面示意图

近年来透水路面在我国得到越来越广泛地应用。透水铺装采用的多孔隙透水性材料，可使雨水通过铺装结构内部的连通孔隙直接排放至土壤，从而达到避免路表积水、调节路表温度和湿度、涵养地下水分的目的，如图4-2所示。

图 4-2 透水路面

4.2 透水路面结构

国外根据透水路径，将透水路面分为三类：全透式、半透式与排水式，如图 4-3～图 4-5 所示。

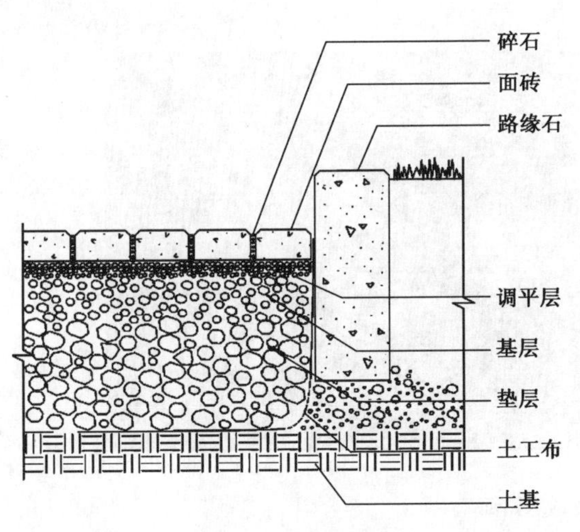

图 4-3 全透式路面

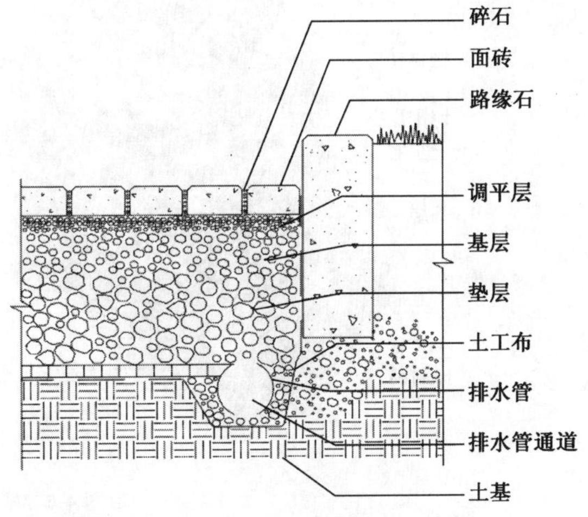

图 4-4 半透式路面

从 20 世纪 90 年代以来，国际上流行用透水性铺装来覆盖城市的路面，正在将以前铺设的一些硬化路面改为透水性路面，以增强城市的生态效果。具体办法有以下 6 种。

(1)铺杂草地。这种杂草地由腐殖质和杂草组成，草皮较厚，适合于多种露土的遮盖。

(2)铺植草砖。混凝土通透蜂窝砖的中间用腐殖质填上，草地种子生长其中，可保证 40% 的绿色面积，适合于露天停车场或自行车道路面，如图 4-6 所示。

(3)铺地砖草皮拼接型路面。地砖与地砖之间留出一定距离，之间用泥土连接，草生长于泥土上。这样的路面，草和植物生长的绿色连接部分约占 35%，适合于公园和街边散步路面，如图 4-7 所示。

(4)铺鹅卵石/碎石路面。路面由大小较为均匀的鹅卵石或碎石散落铺成，通透性强，不长杂草，适合于住宅周边、人行道边难以绿化的露土地面等，现在欧洲国家的公园和校园也越来越多地使用此路面结构(图 4-8)。

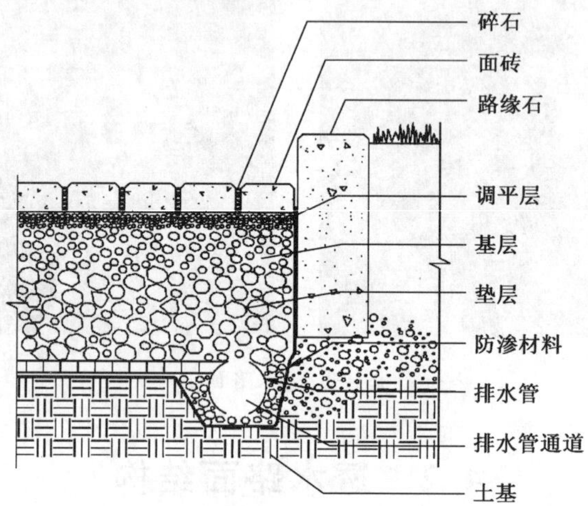

图 4-5　排水式路面

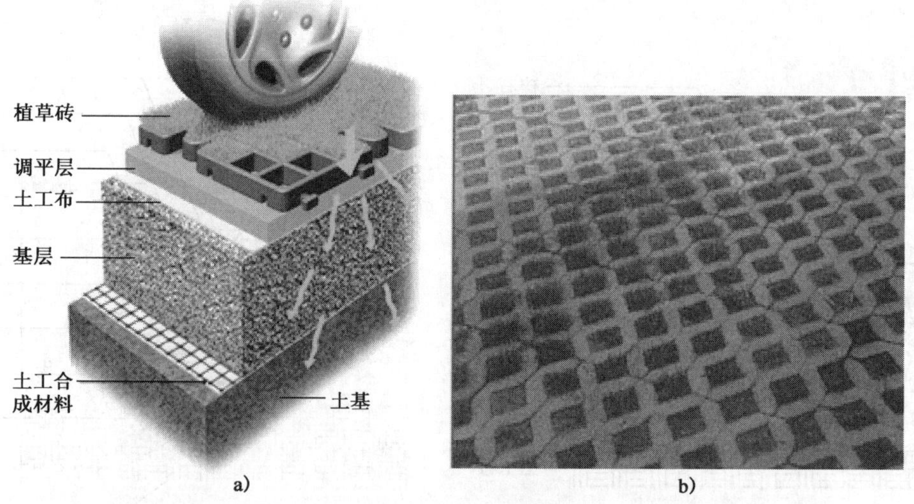

图 4-6　植草砖透水路面

图 4-7　拼接型透水路面

(5)铺路使用透水砖(图 4-9)。这种砖有许多渗漏性孔,连接处由透水性填充材料拼接,适合于人行道、步行街巷的地面。

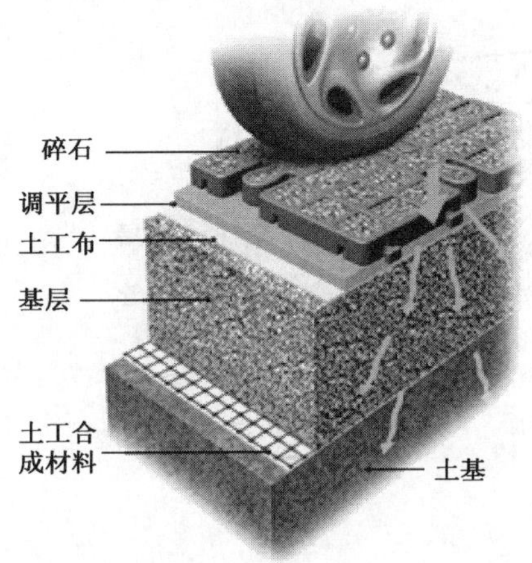

图 4-8　碎石透水路面

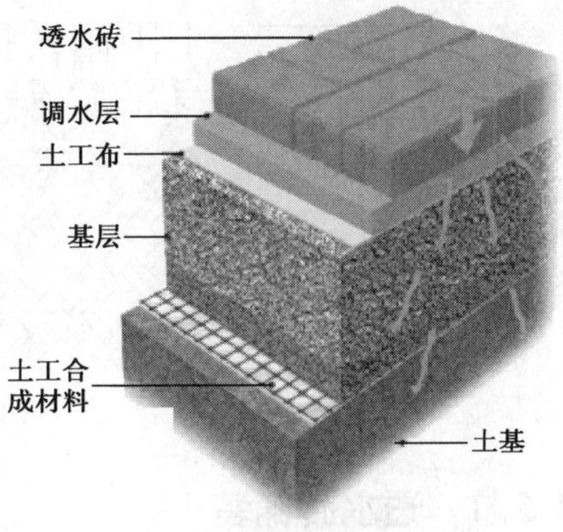

图 4-9　透水砖透水路面

(6)使用孔型砖加碎石地面。这种地面由四角带孔的地砖铺成,孔中撒入小鹅卵石或小碎石以保证雨水顺利通透,优点是不生杂草,地面的热反射大大低于全硬化路面,如图 4-10 所示。

图 4-10　砖加碎石透水路面

根据路面结构的排水特点,国内透水路面主要分成全透式路面和半透式路面,如图 4-11 和图 4-12 所示。

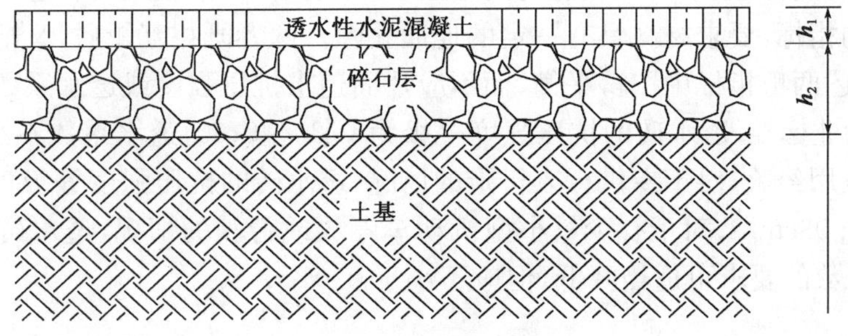

图 4-11　全透式路面

目前，国内常见的透水路面铺装可分为透水砖铺装、透水水泥混凝土铺装和透水沥青铺装。

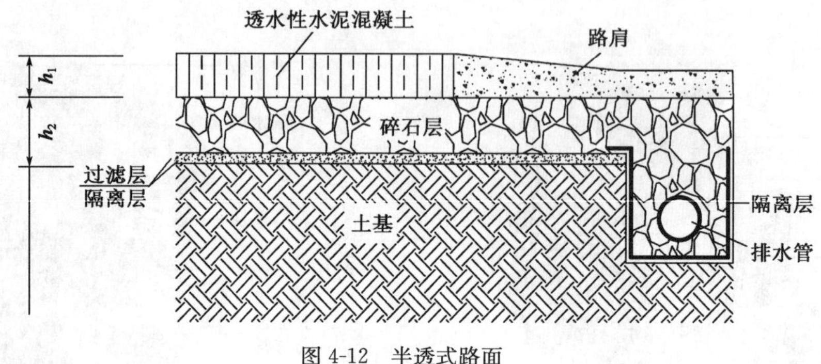

图 4-12　半透式路面

4.2.1　透水砖铺装

透水砖铺装结构一般包括面层、调平层、基层和垫层，如图 4-13 所示。

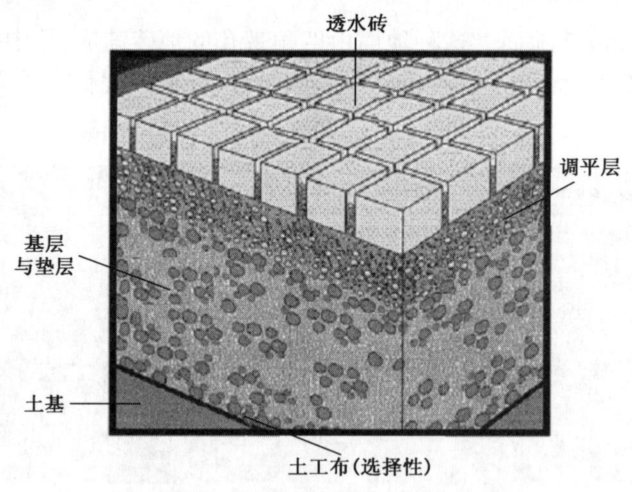

图 4-13　透水砖铺装结构组合

(1)面层

面层材料为预制水泥混凝土透水砖。对于透水砖而言，抗压强度和透水系数是最为重要的两项指标。抗压强度是透水砖承载能力的保证，要求材料致密，孔隙少；透水系数指是体现透水砖渗透能力的指标，要求材料具有一定的连通孔隙。两者既相互矛盾，又缺一不可。在结构设计时，应在上述两项指标中取得平衡，而不应片面追求抗压强度或透水系数。

根据透水砖行业标准，透水砖的抗压强度等级为 Cc30～Cc60，透水系数不小于 0.01cm/s。而根据工程实际应用经验，对于专供行人行走的情况，透水砖的抗压强度等级可选取 Cc30，透水系数应不小于 0.03cm/s；对于有少量小型机动车停放或行驶的情况，透水砖的强度等级可选取 Cc40，透水系数的要求可适当降低，但应不小于 0.01cm/s。

(2)调平层

透水砖铺装的调平层一般采用中粗砂，其作用一是调平基层顶面，为道砖的铺砌提供理想的表面；二是提供适量的变形，促进道砖的初期嵌锁，同时提供一定的渗透能力。为了避免中粗砂堵塞透水基层的孔隙，调平层下应铺设一层针刺无纺土工布。

(3)基层

透水砖铺装的基层，可根据承载能力的要求，与垫层合并采用级配碎石；或采用多孔隙水泥稳定碎石或透水水泥混凝土。

对铺装承载力要求较低时，基层可与垫层合并，采用级配碎石，其集料级配范围可参照国家或地方相关规范确定，如表4-1所示。碎石的压碎值应不大于40%，针片状含量应不大于20%。级配碎石基层应采用小型压实机具，因地制宜的进行碾压，并达到相关规范要求。

级配碎石的集料级配范围 表4-1

通过下列筛孔尺寸(mm)的质量百分含量(%)							
37.5	31.5	19	9.5	4.75	2.36	0.6	0.075
100	90～100	73～88	49～69	29～54	17～37	8～20	0～7

对铺装承载力要求较高时，基层可采用多孔隙水泥稳定碎石或透水水泥混凝土。

多孔隙水泥稳定碎石是具有较多的连通孔隙，作为透水性人行道铺装基层使用时，其孔隙率一般可达到10%～12%，混合料的透水系数一般可达到0.35cm/s以上。多孔隙水泥稳定碎石的集料级配范围可参照表4-2确定，水泥用量约170kg/m^3，其7d无侧限抗压强度应不小于3.0MPa。根据工程实际应用经验，为保证混合料的透水系数和强度要求，在进行配合比设计时，一方面应严格控制9.5mm筛孔的通过量，并使其介于级配中值与上限之间；另一方面，应严格控制水灰比为0.4。另外，从混合料加水拌和到摊铺碾压结束，时间应控制在4～5h内，可掺加适量的缓凝剂，但不可加减水剂。多孔隙水泥稳定碎石基层宜采用小型压路机压实，也可采用平板振振实。

多孔隙水泥稳定碎石的集料级配范围 表4-2

通过下列筛孔尺寸(mm)的质量百分含量(%)							
31.5	26	19	16	9.5	4.75	2.26	0.075
100	75～100	50～85	35～60	20～35	0～10	0～5	0～2

透水水泥混凝土是由粗集料及水泥胶结料经拌和形成的具有连续孔隙结构的混凝土，其连续孔隙率不小于10%，透水系数不小于0.05cm/s。当透水水泥混凝土作为透水砖铺装基层使用时，其强度等级一般采用C20，配合比可参照规范确定。

(4)垫层和土基

当基层采用级配碎石时，垫层一般与基层合并采用相同级配的碎石；当基层采用多空隙水泥稳定碎石或透水水泥混凝土时，垫层也可以采用15～25mm碎石(表面撒3～5mm石屑)。土基应整平夯实。

4.2.2 透水水泥混凝土铺装

透水水泥混凝土铺装一般包括面层、基层和垫层。面层材料为透水水泥混凝土，其强度等级一般采用C30。有景观要求时，可在水泥胶结料中掺加颜料，并采用彩色石料，拌制彩色水泥混凝土。基层材料可根据承载能力的要求，与垫层合并采用级配碎石，或采用多孔隙水泥稳定碎石。垫层一般采用级配碎石。土基应整平夯实。透水水泥混凝土、多孔隙水泥稳定碎石、级配碎石的技术要求与透水砖铺装基本相同。

4.2.3 透水沥青铺装

透水沥青铺装一般包括面层、基层和垫层。面层材料为排水沥青混合料，级配类型一般采用OGFC-10。当应用于机动车道时，排水沥青混合料的设计空隙率一般在18%～23%。当应用于透水性人行道铺装时，考虑到人行道沥青混合料摊铺和压实困难，为保证排水沥青面层的耐久性，设计空隙率可降低至不小于12%。排水沥青混合料的胶结料应采用高黏度改性沥青，其60℃黏度应不小于30 000Pa·s。排水沥青混合料的配合比设计可参照规范确定。有景观要求时，可采用无色沥青，在胶结料中掺加颜料，并采用彩色石料，拌制彩色沥青混合料。透水沥青混合料一般应采用小型机械摊铺和碾压；机械施工困难的特殊部位，可采用人工摊铺和碾压。透水沥青铺装基层可采用多空隙水泥稳定碎石或透水水泥混凝土。垫层一般采用级配碎石。土基应整平夯实。透水水泥混凝土、多孔隙水泥稳定碎石、级配碎石的技术要求与透水砖铺装基本相同。

4.2.4 透水路面铺装的典型结构

透水砖铺装的典型结构见表4-3，透水水泥混凝土铺装和透水沥青铺装典型结构见表4-4。

透水砖铺装典型结构 表4-3

结构组合	典型结构1	典型结构2	典型结构3
面层	6cm透水砖	6cm透水砖	6cm透水砖
找平层	3cm中粗砂 （一层针刺无纺土工布）	3cm中粗砂 （一层针刺无纺土工布）	3cm中粗砂 （一层针刺无纺土工布）
基层	25cm级配碎石	15～18cm多孔隙水泥稳定碎石	10～15cm透水水泥混凝土
垫层		10cm级配碎石	10cm级配碎石

透水水泥混凝土铺装和透水沥青铺装典型结构 表4-4

结构组合	透水水泥混凝土铺装		透水沥青铺装	
	典型结构1	典型结构2	典型结构1	典型结构2
面层	8cm C30透水水泥混凝土	8cm C30透水水泥混凝土	4cmOGFC-10 （高黏度改性沥青）	4cmOGFC-10 （高黏度改性沥青）
基层	25cm级配碎石	15～18cm 多孔隙水泥稳定碎石	15～18cm 多孔隙水泥稳定碎石	12～15cm C20透水水泥混凝土
垫层		10cm级配碎石	10cm级配碎石	10cm级配碎石

透水砖铺装的优势是施工工艺简便，可采用人工铺筑，对机械化施工依赖性低，造价较低；预制透水砖规格和色彩丰富，可通过规格和色彩的组合设计出不同的图案。但是透水砖铺装也存在整体性较差，承载能力相对较低的不足。因此，透水砖铺装适用于人行道、公园人行通道等仅供行人行走，对铺装承载能力要求不高的场合；也适用于施工作业面较小，受到地下管线影响，难以采用机械施工的情况。

透水水泥混凝土铺装的优势是施工工艺较为简便,结构整体性好、承载能力高,造价较低;采用机械化施工时,施工速度较快。但是透水水泥混凝土铺装一般为灰白色,景观效果不佳;而当采用彩色石料和颜料拌制彩色水泥混凝土时,受到天然石料色彩和颜料的限制,色彩亦较为单一,且造价较高。透水水泥混凝土铺装适用于面积较大,便于机械化施工,对铺装承载能力要求较高,但对景观要求较低的情况,如广场、小型车辆停车场等(如作为大型车辆停车场,应结合实际情况增加面层和基层的厚度)。采用机械化施工,可有效加快施工速度和外观质量。

透水沥青铺装的优势是结构整体性好,表面平整度较高,承载能力较高;采用机械化施工时,施工速度快。但是透水沥青混合料的摊铺和碾压需在高温下进行,必须采用机械施工,人工摊铺和碾压质量难以保证;透水沥青混合料需采用高黏度改性沥青,造价较高(如采用无色沥青和彩色石料拌制彩色沥青混凝土,造价更高);透水沥青铺装一般为黑色,景观效果不佳;即使采用彩色沥青混合料,色彩亦较为单一。透水沥青铺装适用于面积较大,便于机械化施工,对铺装承载能力和平整度要求较高的情况,如广场、人非共板断面的非机动车道、小型车辆停车场等(如作为大型车辆停车场,应结合实际情况增加面层和基层的厚度)。

4.2.5 排水系统设计

对于透水路面,可不设排水系统,但是需要在路侧设置排水设施,从而在雨量较大时加快雨水排放,避免雨水浸泡土基,降低土基强度。上海地区土基基本为渗透性较差的黏性土,水分难以快速渗透入土壤,雨量较大时,容易积聚在土基表面,影响其承载能力。因此,在采用透水路面时,边缘排水设施就显得尤为重要。

透水路面的边缘排水系统一般采用沿道路纵向碎石盲沟配合软式透水管,每间隔一段距离接入雨水收水井,如图 4-14 所示。

在车行道和人行道均使用透水性路面铺装的情况下,也可预制装配式排水路缘石,同时作为车行道和人行道透水性路面铺装的边缘排水设施。排水路缘石由预制排水侧石、预制立石基础和现浇基座构成。预制排水侧石和立石基础装配形成纵向排水槽,排水侧石的侧面布置有横向排水孔,横向排水孔既连接车行道排水沥青层,又连接人行道透水性铺装。车行道和人行道透水性路面铺装中的雨水均可沿路面横坡通过横向排水孔汇入纵向排水槽,再集中排入雨水收水井,如图 4-15 所示。

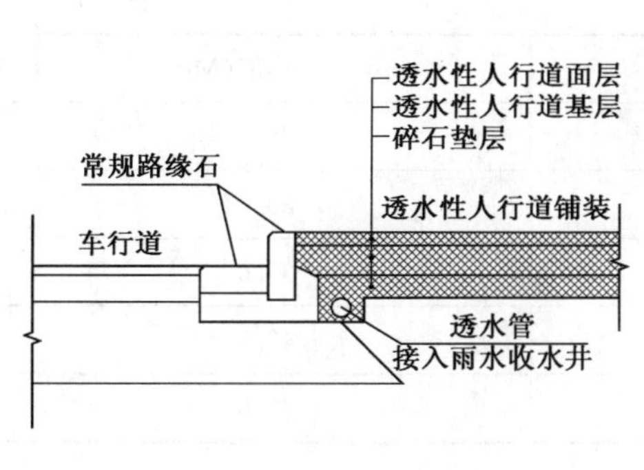

图 4-14 透水性人行道铺装的边缘排水设施

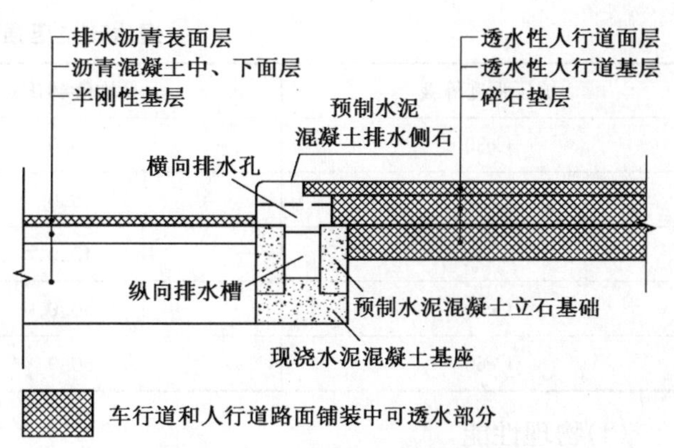

图 4-15 预制装配式排水路缘石

4.3 透水路面材料

4.3.1 透水砖

(1)外观质量

透水砖外观质量应符合表 4-5 的规定。

透水砖外观质量 表 4-5

项目		要求
正面黏皮及缺损的最大投影尺寸		≤10.0mm
缺棱掉角的最大投影尺寸		≤15.0mm
裂纹	非贯穿裂纹长度最大投影尺寸	≤10.0mm
	贯穿裂纹	不允许
分层		不允许
色差		不明显

(2)尺寸偏差

透水砖尺寸偏差应符合表 4-6 的规定。

透水砖尺寸偏差要求 表 4-6

项目	要求	项目	要求
长度、宽度	±2.0mm	垂直度	≤2.0mm
厚度	±2.0mm	平整度	≤2.0mm
厚度差	±2.5mm	直角度	≤2.0mm

(3)抗压强度和抗折破坏荷载

透水砖抗压强度应符合表 4-7 的规定，当透水砖的边长/厚度≥5 时，其抗折破坏荷载应不小于 8 000N。

透水砖抗压强度 表 4-7

抗压强度等级	平均值(MPa)	单块最小值(MPa)
Cc30	30.0	25.0
Cc35	35.0	30.0
Cc40	40.0	35.0
Cc50	50.0	42.0
Cc60	60.0	50.0

(4)物理性能

透水砖物理性能应符合表 4-8 的规定。

透水砖物理性能要求 表 4-8

项　目	要　求
耐磨性	磨坑长度不小于 35mm
保水性	不小于 0.6g/cm^2
透水系数	≥1.0×10^{-2}cm/s(15℃)
抗冻性	25 次冻融循环后外观质量应符合表 4-5 的规定，且抗压强度损失率不得大于 20%

4.3.2 透水水泥混凝土

1)透水水泥混凝土材料要求

透水混凝土通常采用的碎石料，必须使用质地坚硬、耐久、洁净的碎石料，粒径为 2.4～13.2mm，碎石的性能指标应符合《建筑用卵石、碎石》(GB/T 14685—2011)中的二级要求，见表 4-9 的规定。水泥应采用强度等级不低于 C42.5 的硅酸盐水泥或普通硅酸盐水泥。质量应符合现行国家标准《通用硅酸盐水泥》(GB 175—2007)的要求。外加剂应符合现行国家标准《混凝土外加剂》(GB 8076—2008)的规定。

碎石的性能指标 表 4-9

项　目	指　标		
	1	2	3
尺寸(mm)	2.4～4.75	4.75～9.5	9.5～13.2
压碎值(%)	<15.0		
针片状颗粒含量(按质量计)(%)	<15.0		
含泥量(按质量计)(%)	<1.0		
表观密度(kg/m^3)	>2 500		
紧装堆积密度(kg/m^3)	>1 350		
空隙率(%)	<47.0		

透水水泥混凝土的性能应符合表 4-10 的要求。

透水混凝土的性能要求 表 4-10

项　目	要　求	
耐磨性(mm)(磨坑长度)	≤30	
透水系数(mm/s)	≥0.5	
抗冻性(%)(25 次冻融循环后抗压强度损失率) (25 次冻融循环后质量损失率)	≤20 ≤5	
连续空隙率(%)	≥10	
强度等级	C20	C30
抗压强度(28d)(MPa)	≥20.0	≥30.0
弯拉强度(28d)(MPa)	≥2.5	≥3.5

2)透水水泥混凝土施工工艺

(1)施工准备

所用材料必须经过检验并且保证质量合格。根据施工工艺及工程量的大小和工期需要，编制机械设备进场计划，保证机械设备方案配套科学合理，提高利用率。

施工前必须保证人行道面的基层已经通过验收。在摊铺前，要清除干净基层上的杂物(塑料袋、树叶、杂草等)。确保各种地下管线已经安装完毕，从而不影响摊铺过程。

(2)施工过程

①原材料控制

原材料的质量是保证混凝土性能的重要条件。施工部门对原材料不仅要有专人采购，而且要有专人管理，并有固定堆放地点。各种原材料要有明显的标牌，标明材料名称、品牌、厂家和来料日期以及将要使用的部位。购进的原材料都必须抽取有代表性的试样，进行严格复检。

②试配

由于实验室在确定级配时使用的是筛分级配进行配料，而实际施工中用到的是合成级配，因此在施工时应该使用现场的原材料进行试配。试配中所有原材料试样都应取自现场。

③搅拌和输送

透水混凝土拌和物中水泥浆的稠度较大，为了使水泥浆能够保证均匀地包裹在集料上，宜采用强制式搅拌机，搅拌时间为2～4min。透水混凝土的搅拌工艺按投料顺序的不同有多种方法，一般采用的是水泥裹石法(造壳法)。其工艺流程如图4-16所示。采用这种方法，预拌水量为总用水量的8%～10%。预拌水量太少，则会导致石子预湿不完全影响拌和质量，预拌水量太多则造成裹覆石子的浆壳很稀，在第二次加水搅拌时容易被冲刷破坏，所以要严格控制好预拌水量和两次搅拌时间。

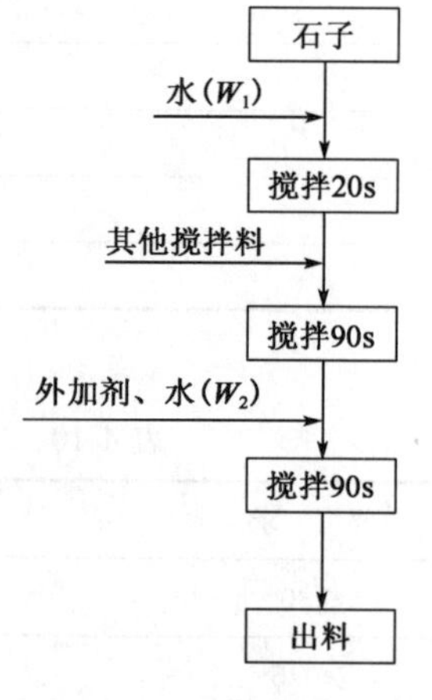

图4-16　透水混凝土拌和工艺流程图

普通混凝土由水泥、砂、石子加水组成，故一般的半自动化或自动化搅拌系统都有这四个组分的计量装置和上料口。透水混凝土的组分中没有细集料或只有少量的细集料，另外还加入外加剂，有时还会有其他外掺料，故搅拌生产透水混凝土时，应对现有装置和设备进行调整和添置。

搅拌好的混凝土拌和物出机前要先取样检测其性能，以便及时调整配合比。性能合格后才允许拌和物出机。

搅拌好的混凝土输送方式有很多种，最常用的是通过吊斗、溜槽、手推车、皮带运送机和机动翻斗车等输送。由于运距较短，车运方式对混凝土的质量影响不会太大，但是尽量不要让手推车有过大的颠簸，否则容易产生沉浆现象。

④成型

由于透水混凝土拌和物比较干硬，用一般的铺路机铺平即可。在摊铺之前下承层必须先用水湿润，避免在高温或者干燥的条件下摊铺，并且要加强养护。摊铺宽度以尽可能避免出现纵向接缝为原则，并综合考虑摊铺机具类型、人行道宽度和碾压工作的进度。必须分幅摊铺时，宜采用施工接缝处理或采用两台摊铺机前后间隔5～8m同步向前摊铺并一起进行碾压。

摊铺时的进度，应以表面平整且混合料不出现离析为原则。施工必须中断2h以上时，应筑横向施工缝。摊铺时还应保证道面表面除碾压器械外无其他车辆通行。

⑤压实

碾压工作应紧接着摊铺工作进行，采用2t左右压路机碾压。从混合料开始加水拌和起2h内完成初碾，2.5h内完成终碾。压路机的工作速度一般为1.3～4.0km/h。

碾压从横坡下侧向上侧推进，严禁压路机在碾压层表面调头或调向。碾压时来回应重叠1/3轮宽。第一遍碾压完成后，应检查碾压表面是否有超出规定标准的低凹或凸起部位，并填补低凹处或铲除凸出部分，然后进行第二遍碾压。完成后，如留有轮迹，再进行第三遍碾压。终碾后，压实表面无松散材料和印痕。

⑥养生

透水混凝土由于存在着大量的空隙，易失水，干燥很快，所以养护非常重要。每一小段碾压完成后，经平整度和高程检测合格，应立即进行养生，不可延误。用塑料薄膜及时覆盖道面的表面和侧面，防止水分大量蒸发，保证水泥充分水化。浇筑后1d要开始进行洒水养护，每天至少洒水四次。洒水时不宜用压力水直冲混凝土表面，这样会冲走一些水泥浆，影响该部位的混凝土质量。透水混凝土的湿养时间应不少于3～7d，养护期间混凝土表面不得见干。

4.4 工程案例

4.4.1 上海世博园区透水人行道

现有的人行道面多采用人行道板铺砌而成，随着时间的推移，板块与板块之间黏结料的黏结力在使用过程中逐步丧失，导致板块之间出现裂缝，水分通过裂缝进入道面内部。由于道面的下层为不透水层，而且缺少相应的排水设施，使得这部分水分长期停留在人行道结构内部无法排除，对道面的结构和路床不断侵蚀，最终导致整个道面结构承载力的丧失。

为了减小雨天人行道表面积水，世博园区人行道采用透水人行道。透水人行道是从面层到基层整个结构都采用透水性材料组成的人行道，雨水通过透水面层、透水基层，最后渗透到土基中。透水人行道不但保证了大气降雨对地下水的供给和补充，减少地面沉降，而且保证了人行道面不受水的侵蚀和损坏；另外，降到人行道表面的雨水通过透水人行道面下渗，既节约了绿地用水又减少了降水对排水管网的压力，保证行人雨天出行的安全与舒适性，同时保证和保持了城市的整体景观，可以产生巨大的直接和间接的社会经济效益。因此在世博园区采用透水性人行道是城市提高环境质量、减少燥热、防止水灾和保护水资源的重要措施。

对于透水人行道，根据表面铺装材料的不同，可以分为透水沥青铺筑、透水混凝土铺装与透水砖。这三种材料在世博园区都有应用。

(1)透水沥青铺装

世博园区部分透水人行道采用沥青铺装，同时考虑彩色元素。彩色沥青路面一改传统道路色彩单调乏味的局面，其丰富多样的色彩可与自然景观完美地融合在一起，带给行人美好的视觉享受;彩色沥青路面还能起到诱导交通、引导车流、美化环境和提升城市形象等作用。

采用颗粒状彩色沥青,含有一定的颜料和矿粉,用量为7%(实际纯黏结料用量为5%),粗集料为5~10mm辉绿岩,细集料为3~5mm和0~3mm宜兴产石灰岩。进行施工配合比设计后,彩色混凝土实测路用性能技术指标见表4-11。

OGFC-10彩色沥青混合料实测技术指标 表4-11

试验项目	实测值	试验项目	实测值
毛体积相对密度(双面击实50次)(g/cm³)	2.010	浸水马歇尔残留稳定度(%)	89.1
理论密度(g/cm³)	2.517	动稳定度(次/mm)	6150
空隙率(%)	20.1	冻融劈裂强度比(%)	84.2
马歇尔稳定度(kN)	5.2	谢伦堡析漏(%)	0.2
流值(0.1mm)	32.3	肯塔堡飞散损失量(%)	6.8

透水铺装结构分为全透式与半透式两种,如图4-17与图4-18所示。铺装完成后的彩色透水沥青铺装如图4-19所示。

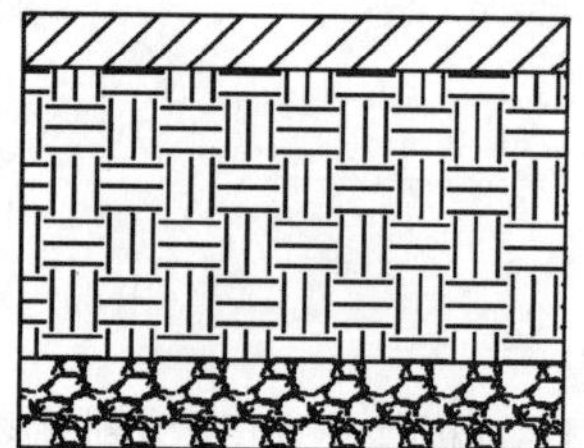

图4-17 彩色沥青透水面层(全透式)

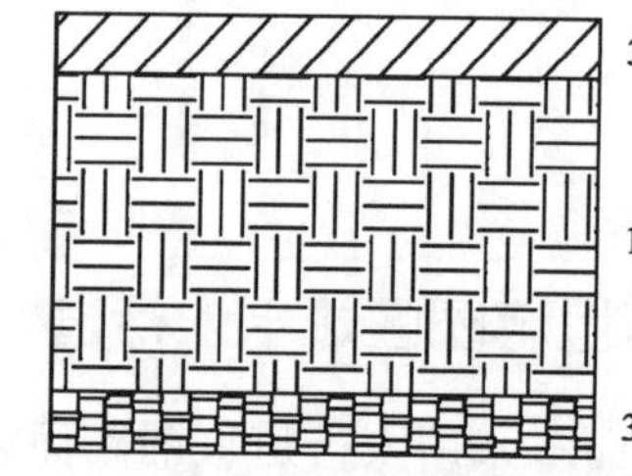

图4-18 彩色沥青透水面层(半透式)

a)

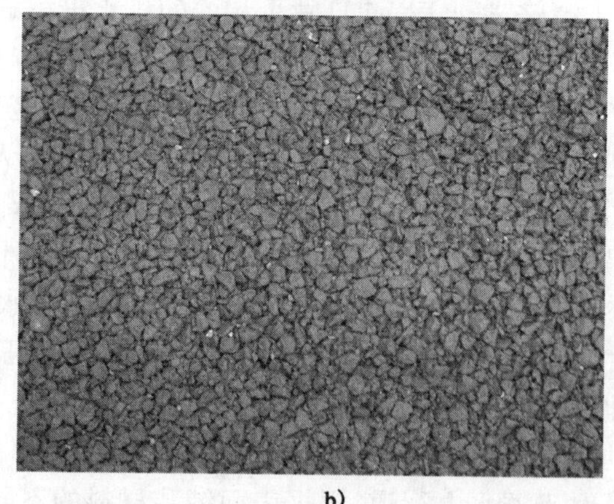

b)

图4-19 彩色透水沥青铺装

(2)透水混凝土铺装

透水水泥混凝土由粗集料与水泥浆或砂浆结合而成,能够使雨水通过内部空隙迅速排走,使雨水迅速地渗入地表。透水混凝土所用的集料为石灰岩,分为3~5mm和5~15mm两档。

级配曲线如图 4-20 所示。用水泥作结合料时,配合比为集料:水泥:颜料:减水剂:水=5:1:0.05:0.75%:0.25。

透水混凝土铺装结构分为全透式与半透式,分别如图 4-21 与图 4-22 所示。透水混凝土铺装如图 4-23 所示。

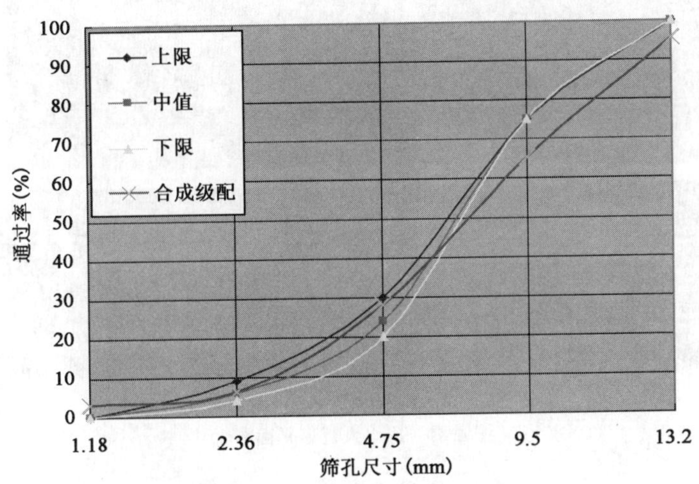

图 4-20 透水混凝土级配曲线

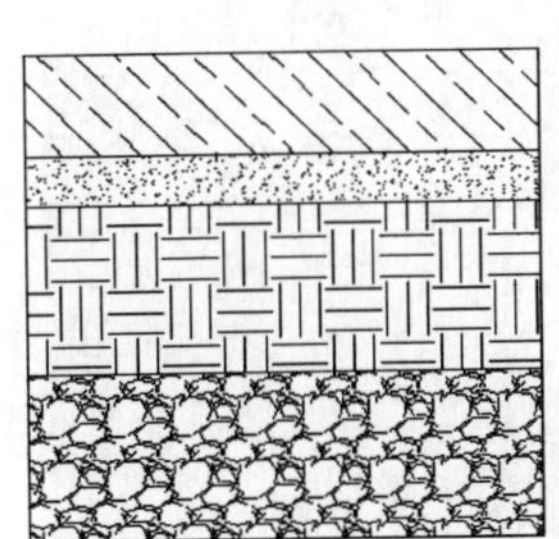

图 4-21 透水人行道板(全透式)

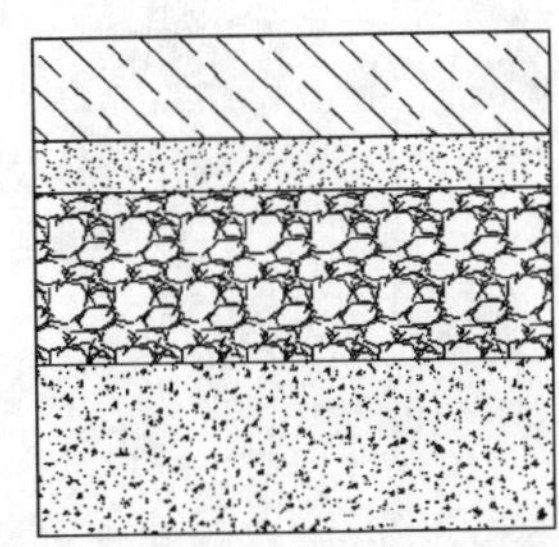

图 4-22 透水人行道板(半透式)

a)

b)

图 4-23 透水混凝土铺装

(3)透水砖

由于透水砖施工比较简单,可以人工操作,因此世博园区较多采用透水砖作为人行道表面,透水人行道平面布置图如图 4-24 所示。透水砖施工如图 4-25 所示。

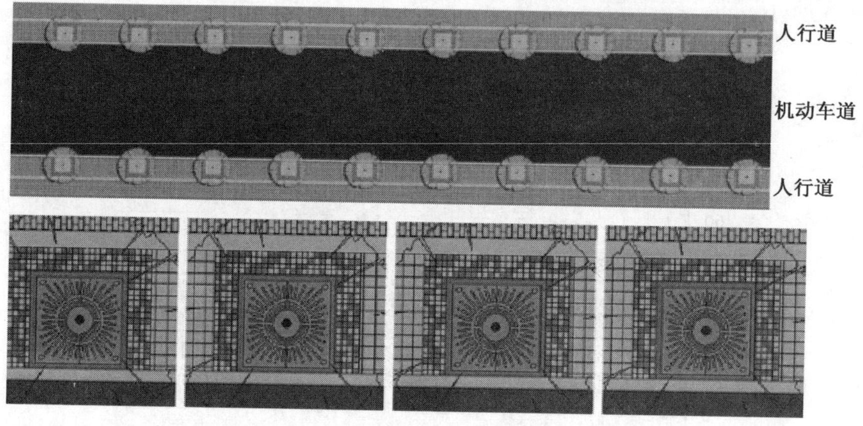

图 4-24　透水人行道平面布置

a)

b)

图 4-25　透水砖铺筑

4.4.2　上海外滩通道透水沥青铺装

上海外滩通道是上海重点工程,其中新开河路—老太平路长约 940m 范围与外滩滨水区景观改造工程相接,对环境及景观的要求较高,因此人行道采用透水性沥青铺装,透水人行道结构见表 4-12 与图 4-26。鉴于新开河以南工地现场已完成树穴开挖和行道树种植,为满足盲道敷设和车行道路面结构防水要求,该段人行道采用同质水泥混凝土道砖和透水沥青路面组合方案。人行道靠侧石和行道树宽 2.5m 范围铺设水泥混凝土道砖(含盲道),其余区域敷设透水沥青铺装。

外滩通道透水沥青混凝土结构类型　　表 4-12

范　围	人行道结构类型	路面结构方案
侧石至外侧 2.5m	普通人行道铺装	6cm 预制彩色人行道板 3cm 水泥干拌黄砂 10cmC20 细石混凝土 10cm 级配碎石
2.5m 以外部分	透水沥青铺装	4cmOGFC-10 10cm 水泥处治透水基层 10cm 级配碎石

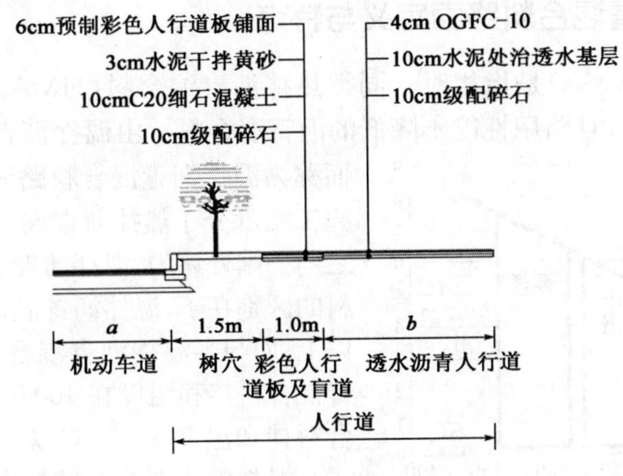

图 4-26　透水沥青人行道结构图

第5章　温拌沥青混合料路面

5.1　概　　述

5.1.1　温拌沥青混合料路面定义与特点

温拌沥青混合料(WMA)是指相对于同类热拌沥青混合料(HMA),通过不同技术手段,拌和温度降低30℃左右,且路用性能不降低的沥青混合料。由温拌沥青混合料铺筑的沥青路面称为温拌沥青混合料路面。温拌沥青混合料的施工温度介于热拌沥青混合料与冷拌沥青混合料之间。国外认为,温拌沥青混合料与热拌沥青混合料的区别在于,温拌沥青混合料拌和温度降低30℃以上;而与半温拌沥青混合料的区别在于,温拌沥青混合料拌和温度在100℃以上,而半温拌沥青混合料拌和温度在100℃以下,如图5-1所示。

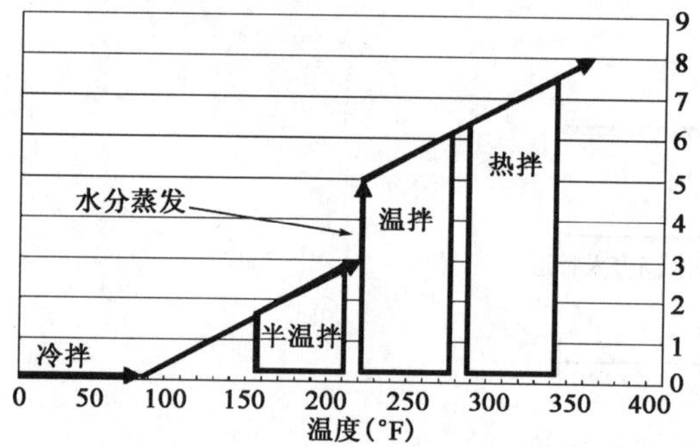

图5-1　按照拌和温度的沥青混合料分类

温拌沥青混合料的特点:

(1)降低施工温度,减少沥青老化程度,降低高温对施工设备的影响。

(2)减少排放与能量消耗。

国内相关的研究数据表明,当混合料的拌和温度减低30℃时,每吨沥青混合料可节约燃料油2.4kg,节能30%左右,并可减少30%CO_2排放量和40%的粉尘排放量。热拌沥青混合料与温拌沥青混合料的排放情况见图5-2。

a)

b)

图5-2　热拌沥青混合料(HMA)与温拌沥青混合料(WMA)排放对比图

交通运输部公路科学研究院对温拌与热拌沥青混合料拌和气体排放进行对比分析,拌和厂与摊铺现场实测试验结果如图5-3与图5-4所示。

美国安大略省相关研究机构分别对温拌与热拌沥青混合料拌和过程中，CO_2、CO、NO_x 与 SO_2 排放量进行了测试，如图 5-5 和图 5-6 所示。

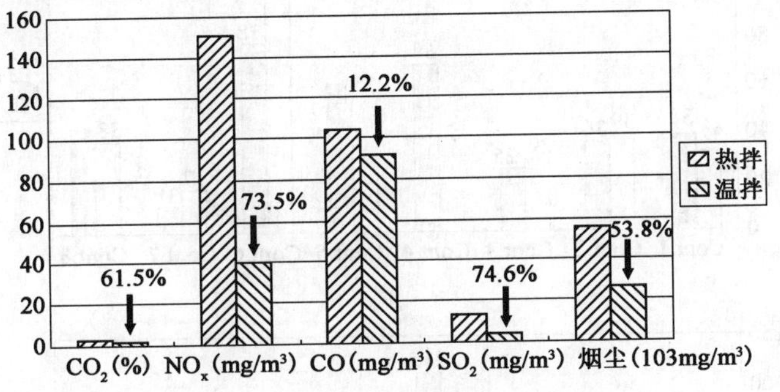

图 5-3　沥青混合料拌和厂气体排放

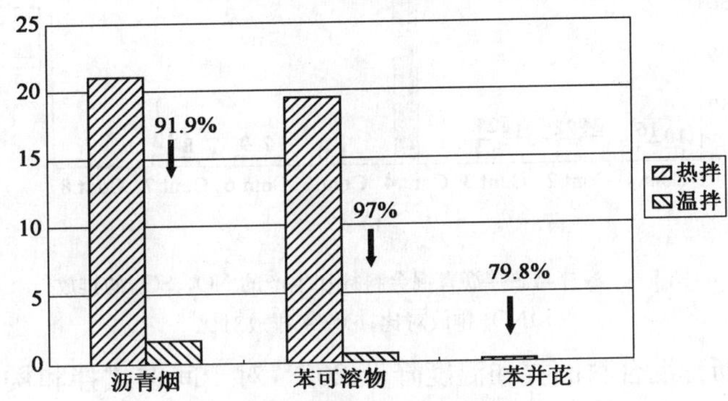

图 5-4　摊铺现场气体排放

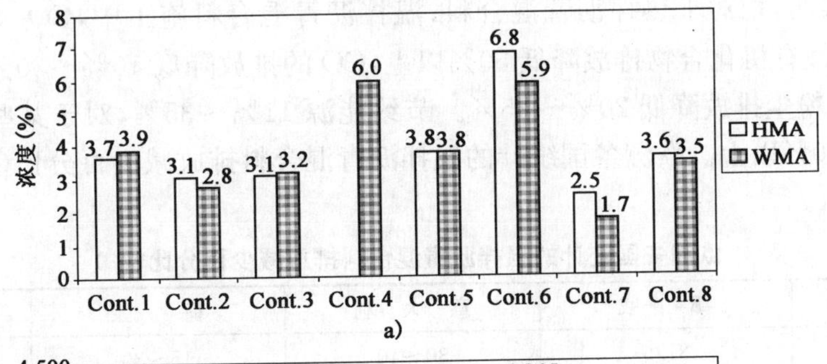

a)

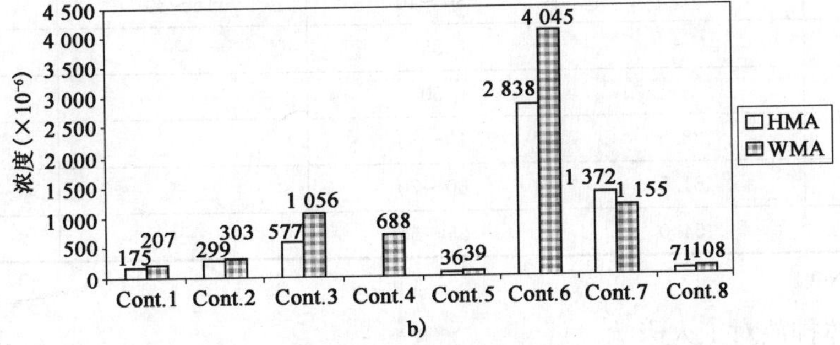

b)

图 5-5　温拌与热拌沥青混合料拌和生产的 CO_2、CO 的排放

a) CO_2 排放对比；b) CO 排放对比

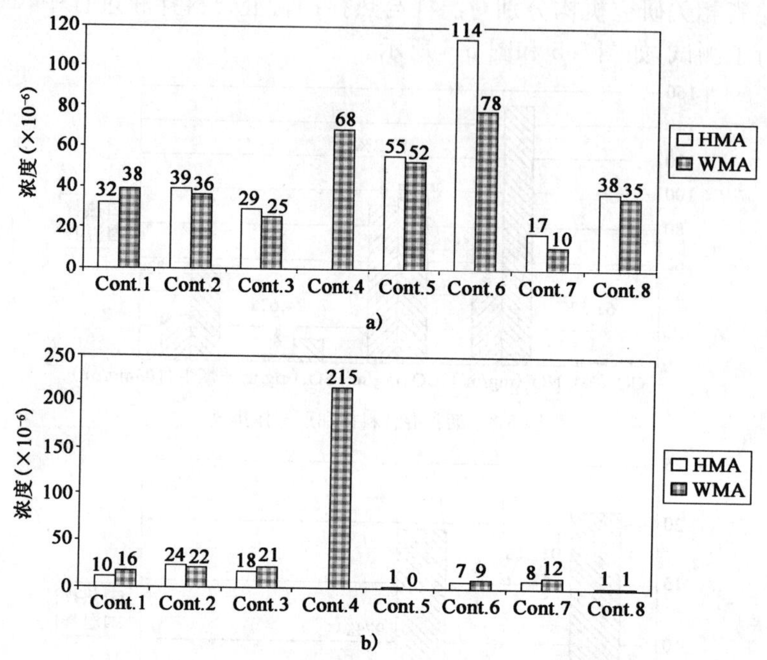

图 5-6 温拌与热拌沥青混合料拌和生产的 NO_x、SO_2 的排放

a)NO_x 排放对比；b)SO_2 排放对比

德国研究表明，沥青混合料的拌和温度降低 20℃，对于间歇式拌和楼可以节约能源 10% 以上。

欧洲研究表明，相对于热拌沥青混合料，温拌沥青混合料施工中，CO_2 与 SO_2 排放降低 40%以上，挥发性有机化合物排放降低 50%以上，CO 的排放降低 10%～30%，NO_x 的排放降低 60%～70%，粉尘排放降低 20%～25%。节约能源 11%～35%，对于某些温拌技术，节能效果可以达到 50%以上。欧洲各国统计的温拌沥青混合料排放减少百分比（相对于热拌沥青混合料）见表 5-1。

欧洲各国统计的温拌沥青混合料排放减少百分比（%） 表 5-1

排放物	挪威	意大利	荷兰	法国
CO_2	31.5	30～40	15～30	23
SO_2	—	35	—	18
VOC	—	50	—	19
CO	28.5	10～30	—	—
NO_x	61.5	60～70	—	18①
粉尘	54.0	25～55	—	—

注：①统计的为 NO_2。

（3）降低气体排放对工人影响。

研究表明，相对于热拌沥青混合料，温拌沥青混合料施工时，沥青烟与多环芳香族碳氢化合物排放减少 30%～50%，大大降低了对施工工人的伤害，如图 5-7 所示。

a)

b)

图 5-7 温拌沥青混合料与热拌沥青混合料现场排放对比

a)HMA;b)WMA

德国对比分析了热拌聚合物改性沥青混合料与温拌沥青混合料(Sasobit 技术)施工现场沥青烟与粉尘颗粒排放,如图 5-8 所示。

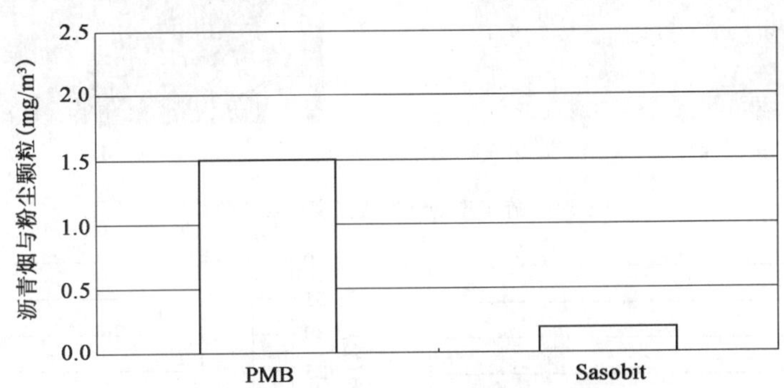

图 5-8 施工现场沥青烟与粉尘颗粒排放对比

(4)增加施工时间,增长施工运距,提高施工和易性,减少温度离析,保证施工质量。

美国采用红外线温度记录仪分别测定了四种沥青混合料现场施工的温度离析情况,四种混合料分别为传统热拌沥青混合料与三种不同的温拌沥青混合料。红外线温度记录仪照片如图 5-9 所示,统计温度变化标准差与最大温度差如图 5-10 和图 5-11 所示。结果表明,温拌技术可以显著降低沥青混合料的温度离析问题。

(5)使用范围更广阔。

在修建城市道路路面、薄层罩面、低温和高寒、高海拔地区施工、隧道沥青路面等领域优势明显。

5.1.2 温拌沥青混合料在国内外的应用

在 20 世纪 90 年代中期,欧洲率先开展了温拌沥青混合料 WMA(Warm Mix Asphalt)的研究。1995 年,Shell 公司和 Kolo-veidekke 公司首先联合开发出泡沫温拌沥青混合料,并于次年铺筑了试验路段。随后,德国 Eurovia 公司的基于沸石降黏的温拌沥青混合料技术以及美国 Meadwestvaco 公司的高浓度乳化沥青温拌技术推动了温拌沥青混合料的发展。2002

年和2007年，美国两次对欧洲温拌沥青技术进行了考察和总结，进一步推动了温拌技术的发展。

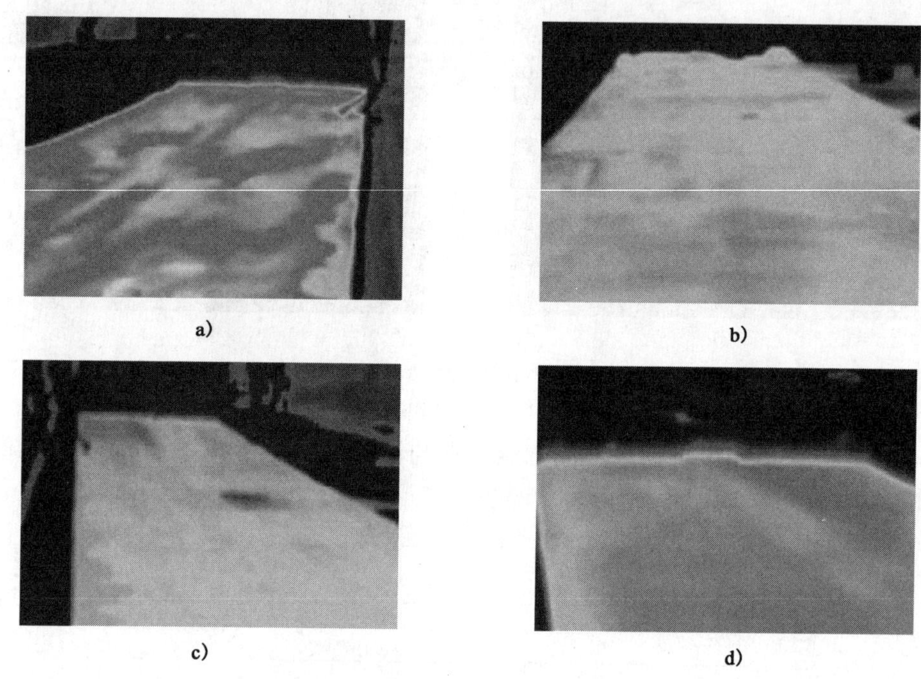

a)　b)　c)　d)

图5-9　施工现场红外线温度记录仪照片

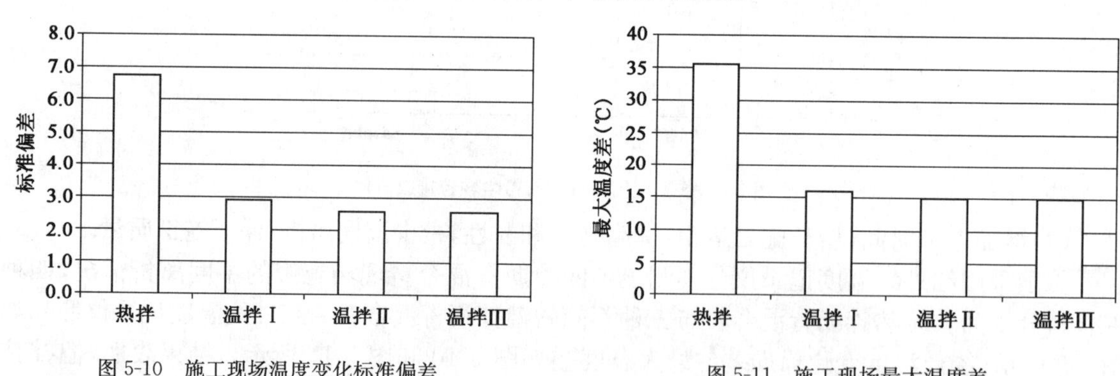

图5-10　施工现场温度变化标准偏差

图5-11　施工现场最大温度差

21世纪，温拌沥青混合料发展迅速，在美国温拌沥青混合料供应商从2005年的3个迅速发展到2011年的30多个，大多数州都铺筑了试验路，并制定了地方规范。表5-2是有关情况的统计。

美国温拌沥青混合料发展状况　表5-2

温拌沥青混合料发展	2005年	2011年
温拌沥青混合料供应商(个)	3	>30
拥有试验路的州(个)	7	46
拥有地方规范的州(个)	1	30

美国国家沥青协会(NAPA)统计了美国历年温拌沥青混合料的用量,近几年温拌沥青混合料占沥青混合料的比例如图5-12所示。2010年温拌沥青混合料达到4 760万t,占所有沥青混合料的13.2%,2011年预计用量更大。各个机构采用温拌沥青混合料的比例如图5-13所示。

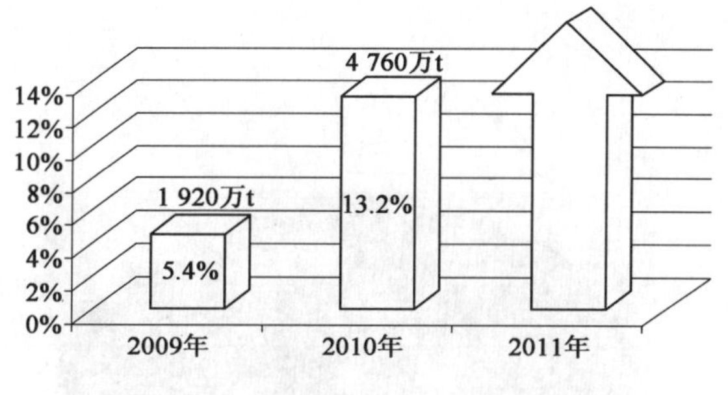

图5-12 美国历年温拌沥青混合料用量比例

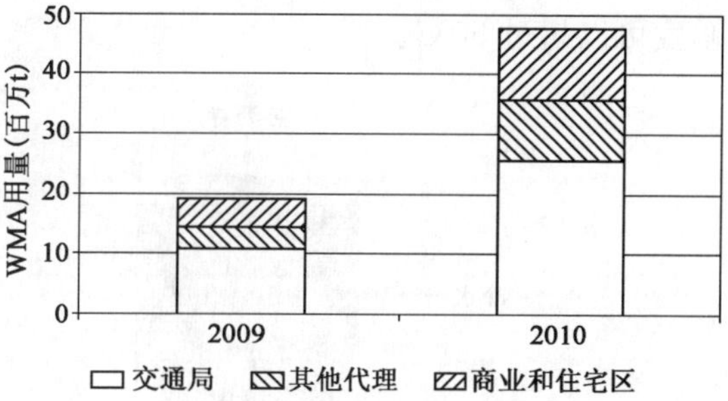

图5-13 各机构采用温拌沥青混合料的比例

我国于2003年开始引进国外温拌沥青混合料技术,交通运输部公路科学研究院、同济大学等单位开始对其进行研究,并陆续在北京、上海、辽宁等地开展试验性的应用,目前已有报道的温拌沥青混合料工程项目100多个。

河北省、北京市、青海省、江西省与上海市先后编制了地方标准。到目前,全国温拌沥青混合料路面总里程超过500km。

5.2 温拌沥青混合料制备技术

作为一种高节能、低排放、环境友好的新型沥青混合料,温拌沥青混合料已经得到全球范围内的高度重视。欧洲以及美国率先开展了前瞻性的试验研究,并形成了一系列相关专利技术。我国也进行了一些自主研发工作,开发了一些产品。按照其工作机理,温拌沥青混合料技术可以大致划分为三类。

5.2.1 沥青发泡技术

沥青发泡技术采用少量水加入沥青中,或通过发泡设备,或使用亲水材料(如沸石)或潮湿的集料等,诱发沥青发泡,通过发泡形成的沥青膜结构来实现较低温度下对集料的裹覆,以及降低沥青混合料操作温度。泡沫沥青产生机理如图5-14所示。根据相关的研究资料,一定量的水在标准大气压下变成水蒸气的话,它的体积可膨胀1.675倍。当水分散在沥青中并变成水蒸气(与热沥青接触)时,会导致沥青体积的迅速膨胀,黏度降低,从而降低拌和温度,产生的泡沫沥青如图5-15所示。代表性技术如下。

(1)WAM-Foam温拌技术

作为最早的温拌技术之一,WAM-Foam技术由壳牌国际石油公司和挪威的Kolo-Veidekke公司在1995年共同研发。该技术首先采用软质沥青与石料拌和,拌和温度控制在110℃左右。在第一阶段使软质沥青完全裹覆于石料表面,而在第二阶段,硬质沥青以泡沫沥青的形式喷入并迅速拌和,如图5-16所示。两种沥青的针入度不同,一般软沥青的针入度较大,而硬沥青在25℃时的针入度应该在10～100(0.1mm),矿料与HMA仍为一般矿料,但加热温度较低,约为100～120℃。由于沥青在发泡后体积增加数倍且黏度明显降低,因此可在温度较低的条件(100℃左右)下拌和均匀,并可以在80～90℃的条件下进行摊铺和碾压,施工流程如图5-17所示。这种技术的关键在于必须选择合适的软、硬沥青种类以及两者的比例,以满足混合料相应的路用性能要求。另外在第一阶段必须保证集料干燥,防止水分存在于集料表面,必要时可掺加抗剥落剂以增强抗水损害能力。该温拌过程无需添加任何添加剂,降温幅度可以超过30℃。

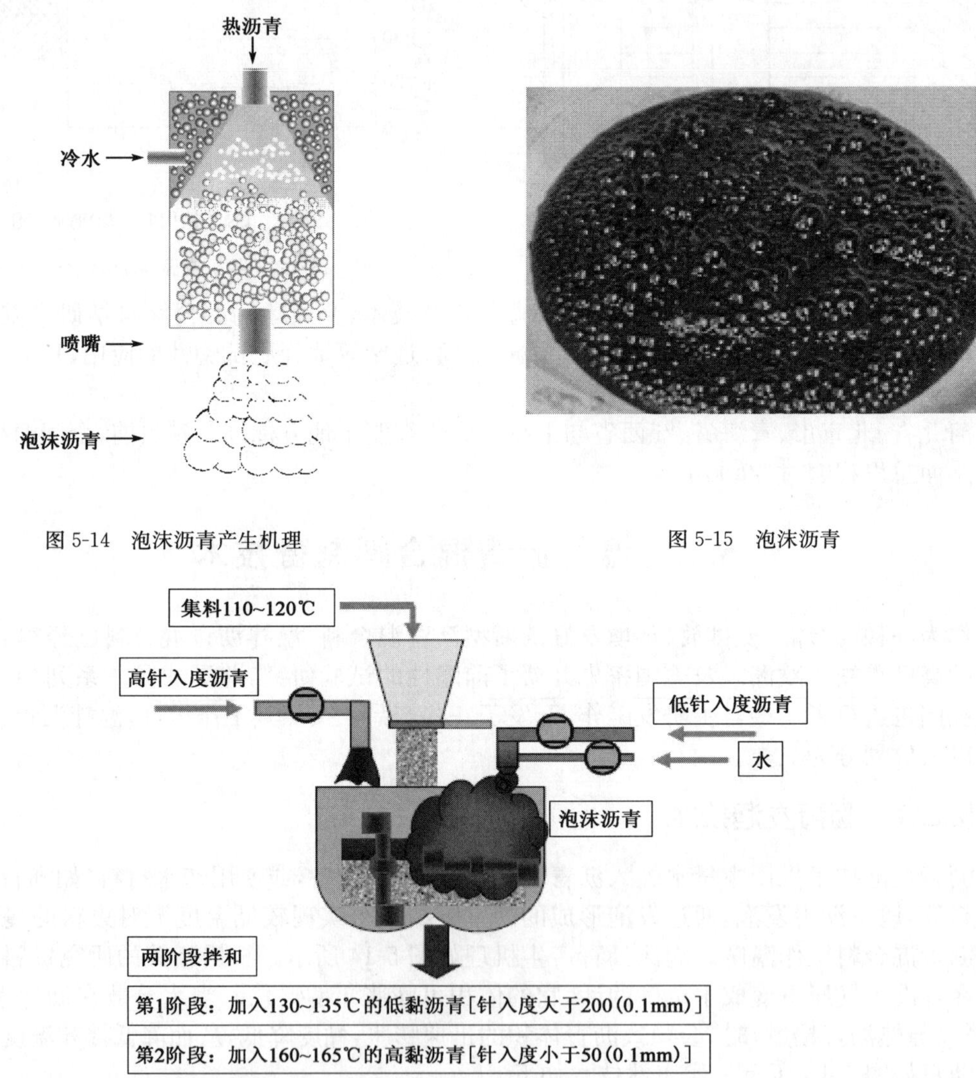

图5-14　泡沫沥青产生机理

图5-15　泡沫沥青

图5-16　WAM-Foam技术

(2)Aspha-Min沸石降黏技术

Aspha-Min是德国Eurovia公司研发的技术,技术核心是一种含有18%结合水的硅酸铝矿物(沸石),如图5-18所示。该种矿石结构大量存在可以容纳大分子群的孔隙,而且这些孔隙互相连通,在沥青混合料拌和过程中加入0.3%沸石,在高温作用下结合水会释放出来,从而产生连续的细微发泡作用,这种发泡作用不仅帮助沥青完成对集料的裹覆,其缓释作用还保证沥青混合料在较低温度下的拌和和压实工作性。应用该技术通常能使操作温度降低30℃左右。该技术开发较早，2002年NAPA考察后引入美国，拥有较高知名度，研究也已经相当充分。Eurovia建议Aspha-Min用量为混合料质量的0.3%，此时比典型的热拌沥青混合料的生产温度减少12℃，施工温度可降低30℃。生产温度降低12℃，耗能将减少约30%。Eurovia强调所有的结合料不管是沥青还是聚合物改性结合料以及回收沥青都能够使用Aspha-Min。

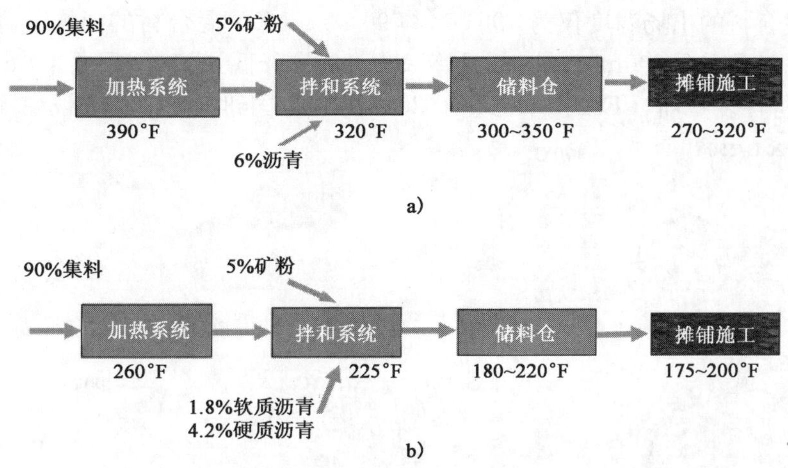

图5-17 WAM-Foam施工流程

a)热拌沥青混合料施工流程；b)WAM-Foam温拌沥青混合料施工流程

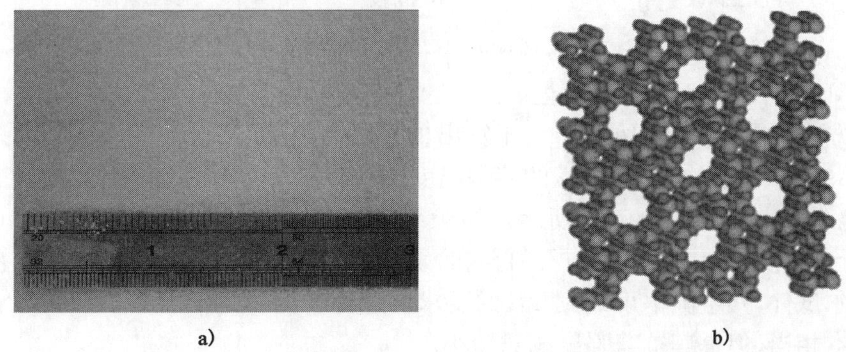

a) b)

图5-18 Aspha-Min沸石

(3)Advera沸石温拌技术

美国PQ公司正在生产一种叫做Advera的合成沸石，这种合成沸石与Aspha-min比较类似，但是Advera比Aspha-min性能要优越，它可以百分之百穿过0.075mm孔筛，如图5-19所示。PQ公司现在正在研究一种新的施工工艺，即将Advera直接与沥青混合加入到施工机器设备之中，而不是简单的将Advera吹入拌和楼之中，这种施工工艺将会生产制造出性能更加稳定的温拌沥青混合料。

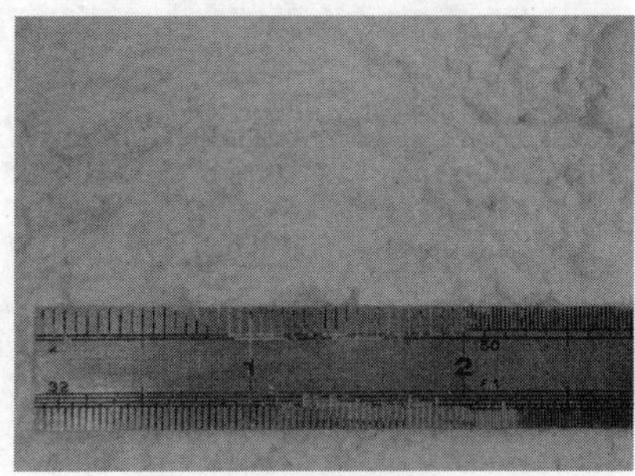

图5-19 Advera沸石

(4)低能量沥青(LEA)技术

2006 年,法国的 Fairco 公司开发出了 LEA(Low Energy Asphalt)。该技术制备过程分为五个阶段(图 5-20):第一阶段是材料准备,沥青加热温度为 170℃,粗集料加热温度 120～150℃;第二阶段将热的粗集料与沥青胶结料混合后拌和,此时所有的粗集料被沥青裹覆;第三阶段加入冷湿的细集料(如细砂),细集料中的水分将导致热沥青胶结料形成沥青泡沫,细集料湿度控制设备如图 5-21 所示;第四阶段是泡沫沥青将细集料裹覆;第五阶段是所有的集料与沥青相结合,其最终混合料的出场温度仅为 195 ℉(约 90℃)。LEA 混合料的温度下降较慢,从出场温度 90℃降到 60℃需要 200min 的时间(HMA 从 160℃降低到 130℃只要 100min),因此其具有良好的施工特性。目前,LEA 技术已经于 2007 年在美国纽约州道路建设中开始应用。

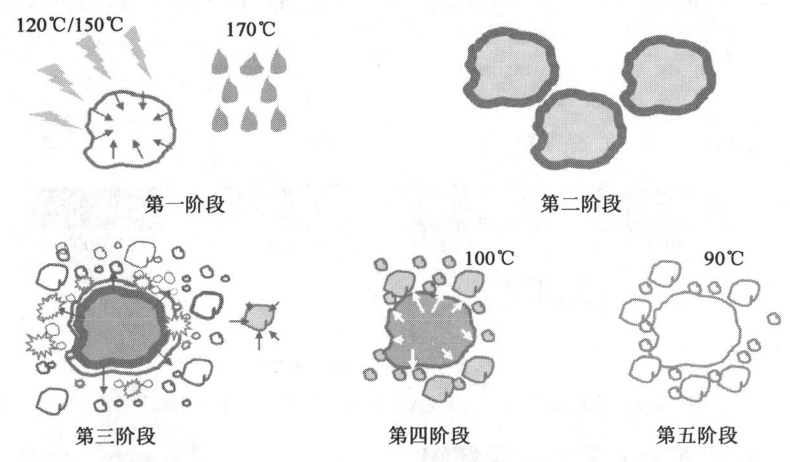

图 5-20 LEA 技术流程

(5)LEAB 温拌技术

LEAB 方法是由南非的 Jenkings 开发出的采用泡沫沥青制备半温沥青混合料(Half-warm Mix Asphalt)技术。这种技术的拌和温度控制在 100℃以下,沥青结合料全部采用泡沫形式加入,泡沫发生装置如图 5-22 所示。试验结果表明,采用针入度为 80(0.1mm)(25℃条件下)的沥青进行发泡后在 101℃与石料拌和,发现沥青可较好的包裹石料,同时在 89℃条件下成型马歇尔试件,其空隙率可达到 4%的要求。这种半温沥青混合料的疲劳寿命与热拌沥青混合料基本相当,但是其抗剪强度相对较小。

图 5-21 细集料湿度控制设备

图 5-22 泡沫发生装置

(6)LT-Asphalt 温拌技术

Nynas 低温沥青 LT-Asphalt 使用一种特殊的发泡方法并结合 0.5%~1.0%的亲水性填料,以帮助维持和控制潜在的泡沫中的水分。集料加热到 90℃,然后一种特殊针入度等级的沥青通过特殊的喷嘴发泡,最后和集料以及吸水性填料共同拌和。

(7)机械发泡技术

代表设备 Double Barrel Green 是美国 ASTEC 开发的一种发泡系统,以便在现有的热拌沥青混合料生产设备基础上直接生产制造温拌沥青混合料,如图 5-23 所示。这种系统使用含有 10 个喷头的多支管来发泡,每吨沥青混合料中加入 1b 的冷水可以使其体积扩大大约 18 倍,发泡效果显著,如图 5-24 所示。一般发泡用水量为沥青含量的 2%,温拌技术原理如图 5-25 所示,其生产的代表温度为 135℃,施工温度可降低至 115℃。混合料的空隙率、压实度等均能满足要求。但水稳定性能不太理想,需要进行特殊的抗剥落措施处理。目前该系统只适合于滚筒式拌和楼,移动性较差,适合温拌沥青混合料连续性生产。据 ASTEC 报道,该技术在 30%旧料再生情况下,可以将施工温度降低 15~30℃。

图 5-23 Double Barrel Green 设备

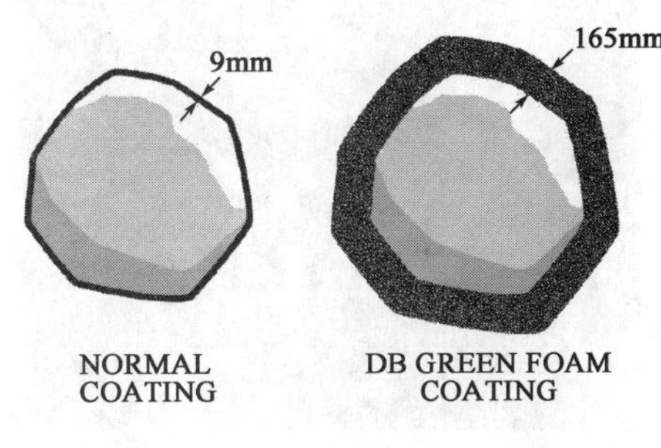

图 5-24 发泡效果

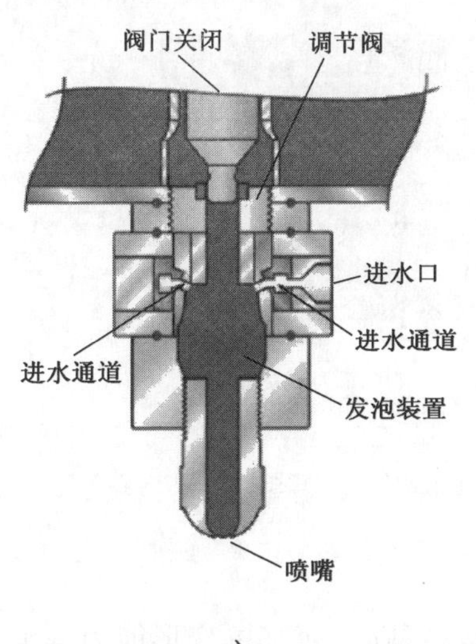

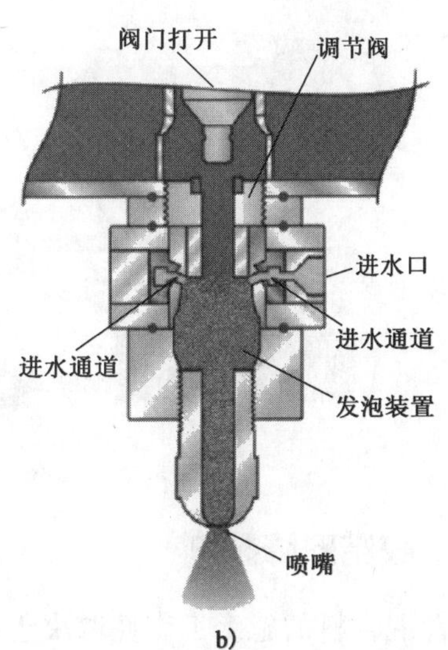

图 5-25 Double Barrel Green 的温拌技术原理

a)发泡喷嘴关闭;b)发泡喷嘴打开

目前国外其他发泡设备有：Terex WMA System（图 5-26 和图 5-30）、Stansteel Accu、Meeker Warm Mix System、Gencor Ultrafoam GX（图 5-27）、Maxam AquaBlack（图 5-28）、Accu-shear Dual Warm Mix Additive System（图 5-29）、Adesco/Madsen Static Inline Vortex Mixer 等。

图 5-26　Terex WMA System 发泡装置

图 5-27　Gencor Ultrafoam GX 发泡装置

图 5-28　Maxam AquaBlack 发泡装置

图 5-29　Accu-shear Dual Warm Mix Additive System

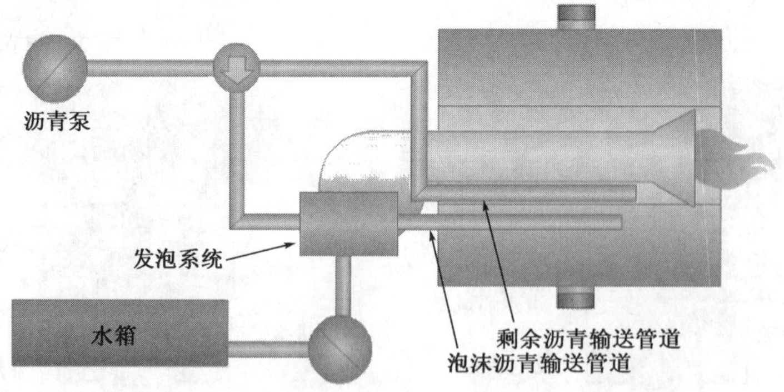

图 5-30　Terex WMA System 发泡原理示意图

5.2.2　胶结料降黏剂

热拌沥青混合料的施工工作性取决于沥青的高温黏度，而其抗变形能力与沥青在夏季路面使用温度条件下的黏度有关。添加有机添加剂，使得沥青高温黏度下降的同时，夏季温度下黏度不变化甚至提高，可以说是温拌最朴素的技术思路。在沥青中使用添加剂，如费托蜡、蒙坦蜡、脂肪酸氨基化合物等，当温度高于石蜡的熔点时，会降低沥青的黏度，从而降低沥青混合料的拌和温度，其分子结构如图5-31所示。该技术路线最具代表性的是Sasobit、Asphaltan-A、Asphaltan-B与Licomont BS 100。

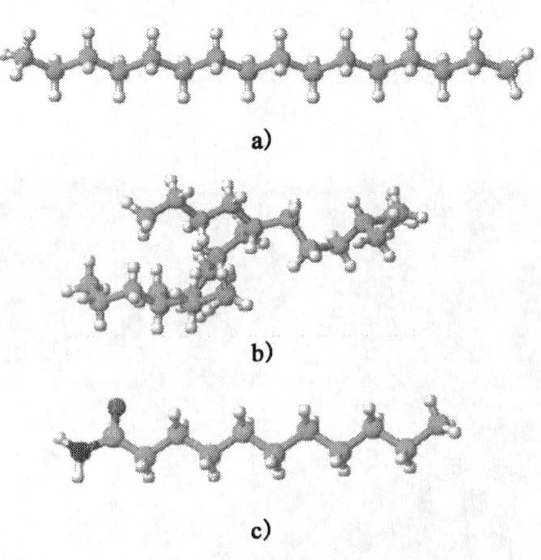

图5-31 各种降黏剂分子结构

a)费托蜡；b)蒙坦蜡；c)脂肪酸氨基化合物

(1)Sasobit

Sasobit是德国Sasol Wax公司的产品，如图5-32所示。原为抗车辙添加剂，后因其具有一定的降低施工温度的作用，也被用作温拌添加剂。众所周知，天然石蜡是对沥青高温性能有害的成分，主要原因是软化点和熔点偏低，与夏季正午路面温度接近。Sasobit是由煤气采用“费-托工艺”生产出的长链石蜡，分子链具有40～115个或者更多碳原子组成，远高于天然石蜡(22～45个碳原子)，因此软化点明显提高。Sasobit在116℃时转化为液态，Sasobit加入沥青(约3%)后会明显降低沥青高温黏度，同时提高沥青软化点，沥青混合料的生产温度降低较少。但是，蜡在与石料黏结和低温性能方面存在问题，所以也不能一味提高Sasobit的用量来达到更高的降温效果。

a)

b)

图5-32 Sasobit温拌改性剂

(2)Asphaltan-B

Asphaltan-B是一种粒状的低分子酯化蜡，由一种基于蒙坦蜡的物质与高分子碳氢化合物混合而成。Asphaltan-B的熔点与Sasobit接近，通过提高沥青的流动性来保证沥青混合料相对低温的工作性。研究表明，加入 Asphaltan-B 可以提高沥青混合料的压实性以及抗车辙能力。生产商推荐的 Asphaltan-B 掺量为沥青混合料总质量的 2%～4%。它既可以直接投入到拌和楼中，也可以直接加入到沥青当中。

(3)Licomont BS 100

该产品是一种颗粒状的脂肪酸氨基化合物，如图 5-33 所示。作为一种沥青降黏剂，它在欧洲应用多年。

图 5-33　Licomont BS 100 温拌改性剂

降黏技术路线最大的问题来自降黏添加剂容量的矛盾。控制用量，则很难达到好的降黏效果，用量增大虽然能够取得好的温拌效果，但对黏结料材料性质改变过大，往往产生意想不到的副作用。

5.2.3　化学类表面活性剂

表面活性剂技术路线的特点是少量的表面活性添加剂(0.5%～1%沥青胶结料)、水与热沥青在拌和过程中共同作用，借助拌和的强大分散能力实现彼此交织。表面活性剂富集于残留微量水和沥青的界面，三者共同作用，暂时在胶结料内部形成较为稳定的结构性水膜。由于水膜润滑作用不受温度影响，温度下降时，水膜润滑作用能够在很大程度上抵消沥青黏度增大的作用，从而实现温拌效果。这一技术路线的典型产品是 Evotherm、Cecabase RT、Warm Mix L 与 Rediset。

(1)Evotherm

2003 年，作为全球主要的乳化剂供应商，美国的 Mead Westvaco 公司基于其路面用表面活性平台开发了 Evotherm。由于 Evotherm 温拌添加剂独特的功能，使得沥青在拌和过程中得到充分的分散，在沥青内部形成独特的水膜润滑结构，很好的实现了在较低温度下的拌和与碾压功能。2003～2007 年上半年，Evotherm 技术采用的是乳化沥青添加模式。从 2007 年开始，采用了直投式添加模式。该模式直接配置添加剂活性水溶液，在沥青和集料拌和过程中喷入 DAT 皂液(图 5-34)，专用的皂液计

图 5-34　Evotherm-DAT 皂液

量装置如图5-35所示，经充分搅拌后生产温拌混合料，温拌技术施工设备如图5-36所示。目前已经发展为表面活性剂Evotherm-3G模式。

图5-35 Evotherm-DAT皂液计量装置

图5-36 Evotherm温拌技术

(2)Rediset

Akzo Nobel公司的温拌添加剂Rediset是一种固体颗粒，如图5-37所示。采用的也是表面活性剂技术，但同时还含有抗剥落的成分，一定程度弥补了胶结料和石料黏结的缺陷。

a)

b)

图5-37 Rediset温拌添加剂

国外温拌技术汇总见表5-3。美国华盛顿州立大学统计目前美国各种温拌沥青混合料技术应用的比例，如图5-38所示。

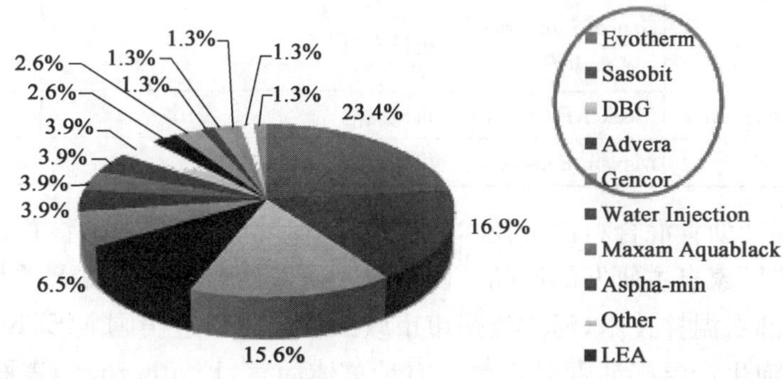

图5-38 美国各种温拌技术应用比例

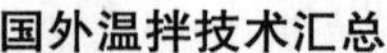

国外温拌技术汇总 表 5-3

添加剂名称	生产商	说明	生产温度
Sasobit(费托石蜡)	Sasol	德国推荐掺量为沥青质量的 2.5%(美国为 1.0%～1.5%)	比 HMA 低 20～30℃
Asphaltan-B(蒙坦蜡)	Romonta	德国掺量为胶结料质量的 2.5%	比 HMA 低 20～30℃
Licomont BS 100(脂肪酸酰胺)	Clariant	沥青质量的 3%	比 HMA 低 20～30℃
3E LT or Ecoflex	Colas	—	比 HMA 低 30～40℃
Aspha-min(沸石)	Eurovia,MHI	掺量为混合料质量的 0.3%	比 HMA 低 20～30℃
Advera (沸石)	PQ Corporation	掺量为混合料质量的 0.25%	比 HMA 低 20～30℃
ECOMAC	Screg	冷混合料,摊铺前加热	摊铺温度约 45℃
LEA,EBE,EBT(Low-Energy Asphalt)	LEACO,Fairco,EIFFAGE,Travaux Publics	通过冷湿的细集料来发泡;加入沥青质量 0.2%～0.5%的添加剂来增强黏附性	低于 100℃
LEAB(半温拌泡沫沥青技术)	BAM	加入沥青质量 0.1%的添加剂来延长泡沫沥青半衰期	90℃
LT Asphalt(Low-Temperature Asphalt)	Nynas	加入 0.5%～1.0%的亲水性填料	90℃
WAM-FOAM	Kolo Veidekke,Shell	可加入表面活性剂帮助发泡;软沥青可加入抗剥落剂	110～130℃
Evotherm	Mead-Westvaco	三种产品(ET\DAT\3G)表面活性技术	比 HMA 低 30～40℃
Rediset	Akzo Nobel	表面活性剂技术	
Double-barrel Green	ASTEC	带有发泡系统的双滚筒式拌和楼;可根据需要加入抗剥落剂	116～135℃
Accu-shear Dual Warm Mix Additive System	stansteel	机械发泡	—
Terex WMA System	Terex roadbuilding	机械发泡	—
Gencor Ultrafoam GX	Gencor Industries Inc	机械发泡	—
Meeker Warm Mix System	Meeker Equiment	机械发泡	—
Maxam AquaBlack	Maxam Equiment	机械发泡	—

国内采用的温拌沥青混合料制备技术主要有 Evotherm 的表面活性剂、Sasobit 为代表的降黏剂及国内一些厂家自主研发的产品。国内自主研发的产品是降黏剂类与沸石类的温拌技术,如深圳海川的沸石温拌技术,河北沧州市市政工程公司引进美国 MEEKER 公司沥青发泡设备,通过机械发泡生产温拌沥青混合料。但是总体而言,Evotherm 的表面活性剂在国内占据了 90%市场。

5.3 温拌沥青混合料性能分析

世界各个道路研究机构对不同的温拌沥青混合料进行了性能分析，结果也不尽相同。汇总比较了不同机构的研究成果。

5.3.1 各种温拌技术对沥青混合料性能的影响分析

美国NCAT(国家沥青研究中心)比较早地研究了温拌技术，对于各项温拌技术形成了分析报告。研究表明：

(1)对于Sasobit，可以明显提高沥青混合料的压实性能，同时沥青混合料的抗车辙能力显著提高，但是沥青混合料的水损害风险增加，容易出现沥青剥落现象。

(2)对于沸石发泡温拌技术，采用Aspha-min可以提高沥青混合料的压实性能，对于沥青混合料的高温稳定性影响不显著，但是水稳定性会显著降低，水敏感性增加，不能满足规范规定。

(3)对于机械发泡温拌技术，可以降低沥青混合料的压实温度，沥青混合料的抗车辙能力与热拌沥青混合料接近，抗疲劳能力降低，疲劳寿命低于热拌沥青混合料。

(4)对于表面活性剂，可以提高沥青混合料的压实性能，降低压实温度；可以在一定程度上提高沥青混合料的抗车辙能力，同时增加沥青混合料的间接抗拉强度，增强沥青混合料抗水损害能力。

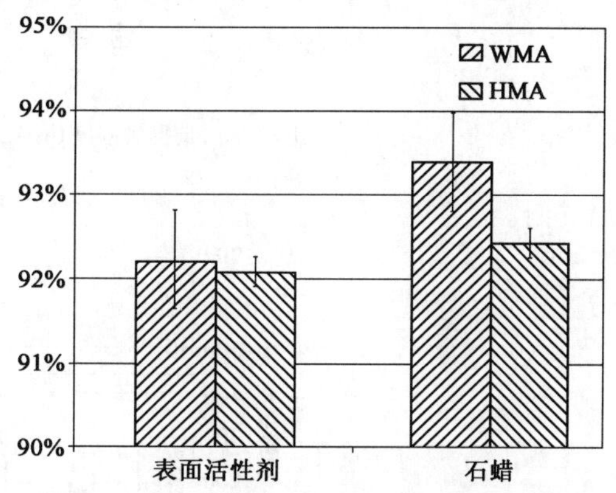

图5-39 表面活性剂与石蜡对现场压实度影响

美国肯塔基州研究了表面活性剂与石蜡类温拌技术对现场沥青混合料压实性能的影响，图5-39对比了这两类温拌技术对现场压实度(相对于最大理论密度)，并测定了现场这两类温拌技术的平均温度，如图5-40所示。对比分析了温拌沥青混合料与热拌沥青混合料温度(℉)对现场压实度影响，如图5-41所示。

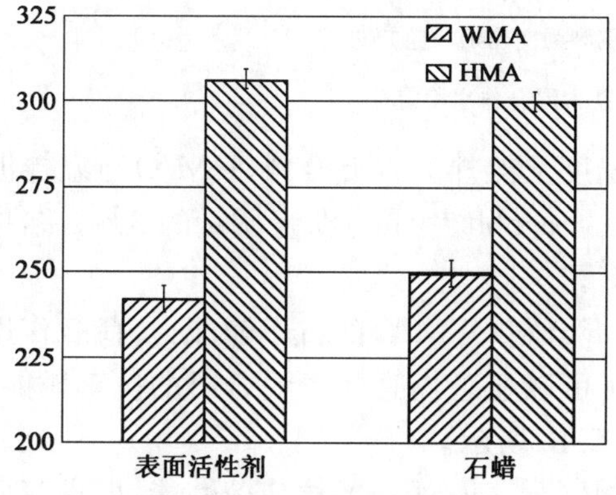

图5-40 表面活性剂与石蜡温拌技术施工温度(℉)

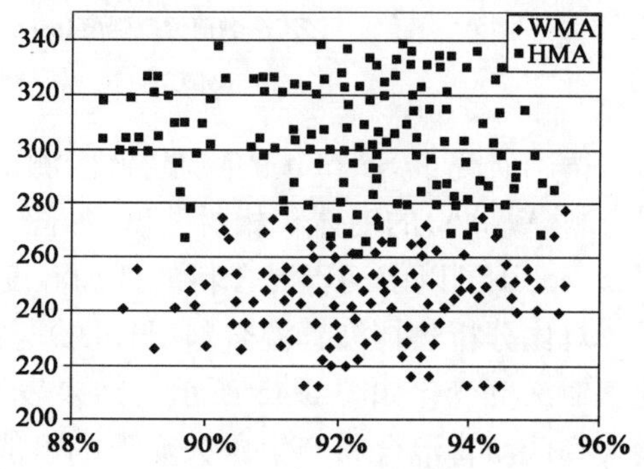

图5-41 温拌沥青混合料与热拌沥青混合料温度(℉)vs现场压实度

美国军队工程机构(Us Army Corp of Engineers Work)分别对比分析了 Sasobit、Evotherm 与 Foamed Asphalt 三种温拌沥青混合料的水稳定性,考虑了采用砾石与石灰石集料,在不同温度下成型试件,测定温拌沥青混合料的水稳定性,分别如图 5-42 与图 5-43 所示。试验结果表明,在热拌沥青混合料成型温度下,温拌沥青混合料的水稳定性没有显著降低,有的温拌技术可以提高水稳定性;降低成型温度,温拌沥青混合料的水敏感性增强,有的温拌沥青混合料水稳定性大大降低。

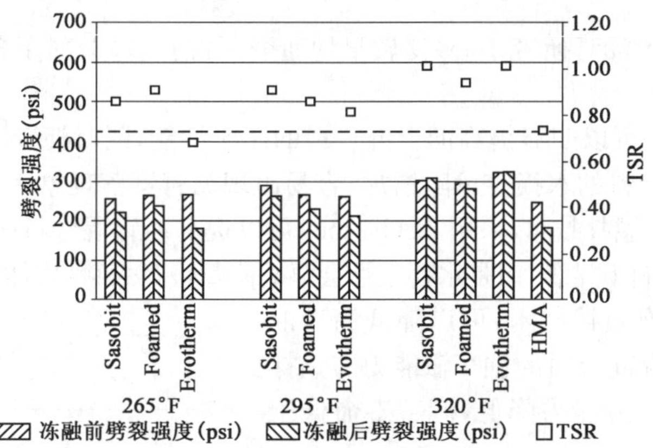

图 5-42 采用石灰石集料的温拌沥青混合料水稳定性

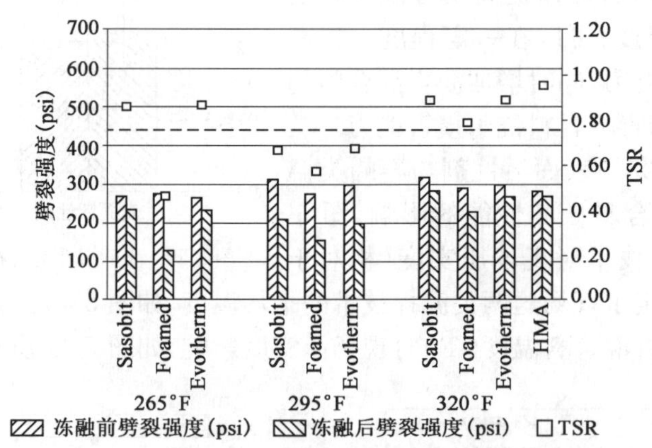

图 5-43 采用砾石集料的温拌沥青混合料水稳定性

德国研究了 Sasobit 的降温特性,测试了不同温度下热拌沥青混合料(HMA)与温拌沥青混合料(WMA)的毛体积相对密度,如图 5-44 所示。Sasobit 用量为沥青质量的 3%。结果表明,Sasobit 可以使沥青混合料的拌和温度降低 30℃。

对比分析热拌沥青混合料(HMA)与温拌沥青混合料(WMA)的抗车辙能力,荷载作用下的车辙深度变化如图 5-45 所示。结果表明 Sasobit 可以显著提高沥青混合料的抗车辙能力,大大降低沥青混合料产生永久变形的可能性,如图 5-46 所示。

对比分析热拌沥青混合料(HMA)与温拌沥青混合料(WMA)的抗疲劳性能,四点弯曲疲劳试验结果如图 5-47 所示。结果表明热拌沥青混合料(HMA)与温拌沥青混合料(WMA)具有类似的抗疲劳性能,Sasobit 对沥青混合料的疲劳性能影响不明显。

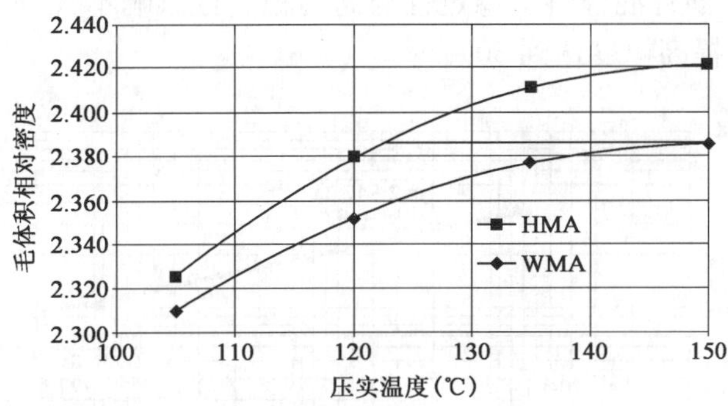

图 5-44 不同压实温度下 HMA 与 WMA 毛体积相对密度

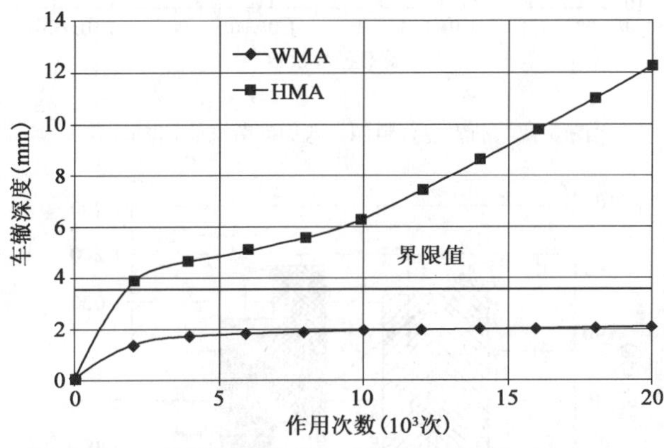

图 5-45 HMA 与 WMA 抗车辙能力

a)

b)

图 5-46 HMA 与 WMA 车辙

a) HMA; b) WMA

美国华盛顿州立大学对比分析了机械发泡类温拌沥青混合料(Foamed WMA)与热拌沥青混合料(WMA)性能,水稳定性试验结果如图 5-48 所示。结果表明机械发泡类温拌沥青混合料水稳定性降低显著,容易发生水损害。车辙试验结果如图 5-49 所示,结果表明机械发泡类温拌沥青混合料的抗车辙能力有所提高。

国内对于温拌沥青混合料的研究主要集中在 Sasobit 与 Evotherm 两方面。目前一些研究结果表明,Sasobit 可以使拌和温度降低 20℃,可以显著提高沥青混合料的抗车辙能力,对沥青混合料的水稳定性有所影响,但是并不显著。同时认为 Sasobit 显著降低了沥青混合料的抗疲劳性能,疲劳性能降低 30%～40%。对于 Evotherm,国内一些研究认为,其可以使拌和温度降低30℃以上，对沥青混合料水稳定性与高温稳定性影响不大，但是可以显著提高沥青混合料的抗疲劳能力，提高幅度达到30%～50%。

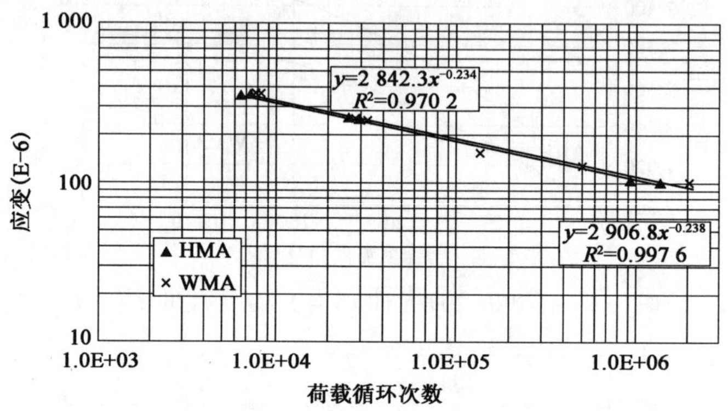

图5-47　沥青混合料四点弯曲疲劳试验(20℃)

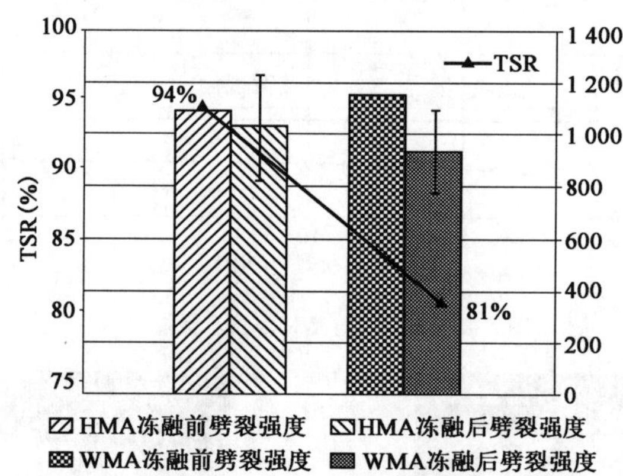

图5-48　Foamed WMA与HMA水稳定性

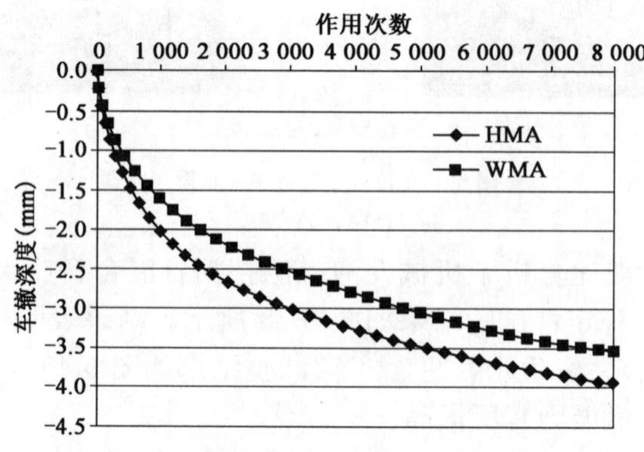

图5-49　Foamed WMA与HMA抗车辙性能

目前温拌沥青混合料有30多种，难以进行全面分析，一般是针对一些代表产品进行分析。目前各家研究机构的研究结果有相同之处，如对于温拌沥青混合料的降温效果、温拌沥青混合

料的抗车辙性能、水稳定性。但是由于试验条件与试验材料不同，研究结果也有一些不同。如石蜡类温拌剂的抗疲劳性能，德国研究认为与热拌沥青混合料相类似，而国内研究机构认为，石蜡类温拌沥青混合料的抗疲劳性能大大降低。各家研究结果侧重点也不同，国外应用机械发泡技术较多，针对这方面研究较多，而国内应用主要是表面活性剂，研究侧重于该类型的温拌沥青混合料。各种温拌沥青混合料性能各有优缺点，因此对于温拌沥青混合料选择，需要根据当地实际情况，考虑设备、环境等因素，采用的当地使用的材料进行综合试验分析，选择合适的温拌沥青混合料。

5.3.2 温拌技术对各种类型沥青混合料性能影响

目前国内温拌沥青混合料路面主要采用 Evotherm 技术，因此对 Evotherm 技术对于各种类型的沥青混合料的性能影响分析较为全面。

1)温拌技术对于 AC 沥青混合料的性能影响

交通运输部公路科学研究院对比分析了 Evotherm 温拌技术对普通沥青 AC-13 沥青混合料性能影响，试验结果见表 5-4。

温拌与热拌 AC-13 沥青混合料性能对比 表 5-4

测试项目	测试值		技术要求
	温拌 AC-13 沥青混合料	热拌 AC-13 沥青混合料	
马歇尔稳定度(kN)	11.3	13.3	≥8.0
冻融劈裂强度比(%)	86.3	81.5	≥75
马歇尔残留稳定度(%)	85.9	83.3	≥80
动稳定度(次/mm)	2 057	1 294	≥1 000
渗水试验(mL/min)	<40	<40	≤120

同济大学对比分析了 Evotherm 温拌技术对 SBS 改性沥青 AC-13 与 AC-20 沥青混合料性能影响，试验结果见表 5-5。

温拌与热拌 AC 改性沥青混合料性能对比 表 5-5

混合料类型		最佳油石比(%)	冻融劈裂比(%)	动稳定度(次/mm)	低温最大破坏应变(με)	疲劳寿命(次)(应力比为 0.2)
AC-13	WMA	4.80	81.2	7 693	5 632	39 864
	HMA	4.50	85.3	10 443	5 653	28 483
AC-20	WMA	4.40	81.4	5 892	8 172	20 371
	HMA	4.00	83.7	8 777	8 459	13 402
技术要求			>80	>3 000	>2 500	—

2)温拌技术对于 SMA 沥青混合料性能影响

交通运输部公路科学研究院对比分析了 Evotherm 温拌技术对 SMA-13 沥青混合料性能影响，试验结果见表 5-6。

温拌与热拌 SMA 沥青混合料性能对比 表 5-6

测试项目	马歇尔稳定度（kN）	析漏损失（%）	肯塔堡飞散损失（%）	马歇尔残留稳定度（%）	冻融劈裂比（%）	动稳定度（次/mm）	渗水系数（mL/min）
温拌 SMA-13	7.4	0.05	3.0	97.0	92.4	5 384	60
热拌 SMA-13	6.2	0.06	3.1	96.7	88.0	5131	0
技术要求	≥6.0	≤0.1	≤15	≥80	≥80	≥3 000	≤80

同济大学对比分析了 Evotherm 温拌技术对 SMA-13 沥青混合料性能影响，试验结果见表 5-7。

温拌与热拌 SMA 沥青混合料性能对比 表 5-7

混合料类型	最佳油石比（%）	冻融劈裂强度比（%）	动稳定度（次/mm）	析漏损失（%）	肯塔堡飞散损失（%）
温拌 SMA-13	6.1	95.6	10 319	0.05	3.2
热拌 SMA-13	6.1	95.0	9 396	0.06	1.7
技术要求	—	≥80	≥3 000	≤0.1	≤15

通过试验分析不同拌和温度下温拌沥青混合料性能影响。采用 Evotherm 温拌技术，沥青采用 SBS 改性沥青，石料选用玄武岩，矿粉为石灰岩矿粉，矿粉密度为 2.704k/cm^3。SMA-13 级配曲线见图 5-50，油石比为 6.2%。

（1）拌和温度对 WMA 体积参数的影响

温拌 SMA-13 沥青混合料拌和温度分别为 130℃、150℃、170℃三个拌和温度，SMA-13 级配温拌沥青混合料马歇尔试验结果见表 5-8 及图 5-51。

温拌 SMA-13 马歇尔试验结果 表 5-8

拌和温度（℃）	油石比（%）	表干密度（g/m^3）	空隙率（%）	沥青饱和度（%）	矿料间隙率（%）	稳定度（kN）	流值（mm）
130	6.2	2.354	5.9	68.7	19.0	8.8	5.4
150	6.2	2.399	4.1	76.2	17.5	11.7	5.8
170	6.2	2.413	3.6	78.8	17.0	12.6	5.7

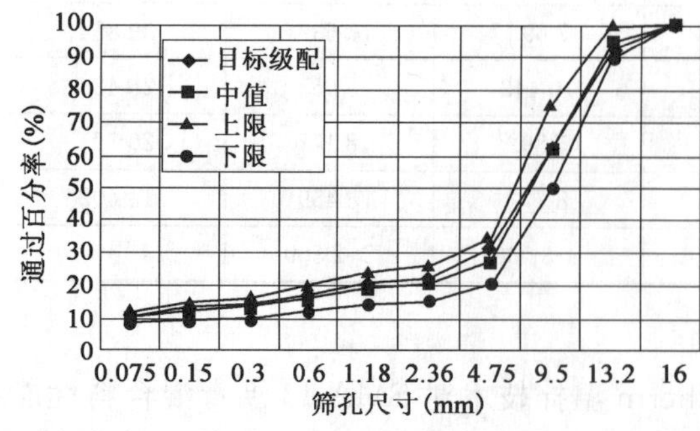

图 5-50 SMA-13 级配曲线

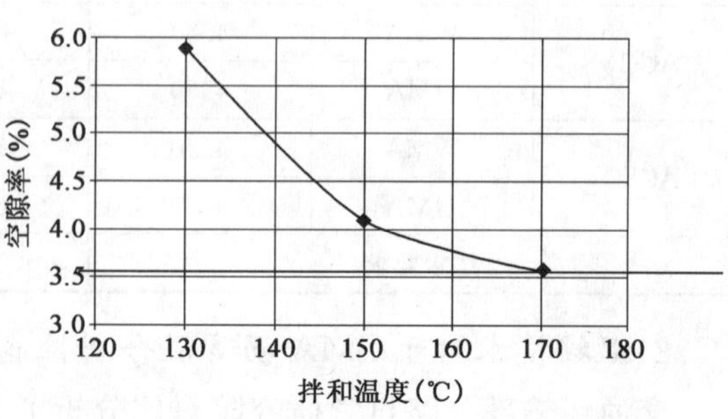

图 5-51 温拌 SMA-13 空隙率与拌和温度关系曲线

从空隙率与拌和温度关系曲线上，可以找到与热拌沥青混合料体积参数数值交点（图 5-51 中横线所对应纵坐标的空隙率为热拌沥青混合料试件对应的空隙率），在 152℃时温拌沥青混合料试件与热拌沥青混合料试件的空隙率是相同的为 4%，满足规范的要求，达到了以热拌沥青混合料体积参数为控制指标，确定温拌沥青混合料合理拌和温度的目的。

(2)拌和温度对 WMA 水稳定性影响

采用冻融劈裂试验方法来评价温拌 SMA-13 沥青混合料的水稳定性。试件采用马歇尔击实仪成型，双面各击实 50 次，试件经处理后测试劈裂强度，计算 TSR，试验结果见表 5-9。

温拌沥青混合料试件冻融劈裂试验结果 表 5-9

拌和温度(℃)	冻融后劈裂强度(MPa)	冻融前劈裂强度(MPa)	劈裂强度比 TSR(%)
110	1.06	1.45	73.16
120	1.29	1.63	79.25
130	1.47	1.78	82.38
140	1.64	1.92	85.23

由于表面活性剂 DAT 含有 85%的水分，在混合料的拌和过程中产生大量的水蒸气，而且残留的水分形成水膜也影响了混合料的水稳定性。根据试验结果可以发现，随着拌和温度的升高，DAT 温拌剂的水分蒸发量也随之增大，使得集料与沥青能够更好的黏结在一起，温拌沥青混合料的劈裂强度比逐渐增长，即水稳定性能随着拌和温度的升高而提升。拌和温度在 122℃以上时，添加 DAT 的 SMA 沥青混合料的水稳定性即可满足规范技术要求。

(3)温拌 SMA-13 沥青混合料的压实性能

利用旋转压实仪 SGC 研究温拌 SMA-13 沥青混合料的压实特性，根据压实曲线计算温拌沥青混合料的压实能指数 CEI 和密实能指数 TDI，并与热拌沥青混合料压实能指数进行对比，评价温拌沥青混合料在施工阶段和施工后使用阶段的压实性能。CEI 值和 TDI 值分别反映了混合料在摊铺碾压阶段和使用阶段的压实特性。

温拌 SMA-13 沥青混合料拌和温度为 150℃，热拌 SMA-13 沥青混合料拌和温度为 185℃。温拌沥青混合料试件与热拌沥青混合料试件的旋转压实曲线如图 5-52 所示。CEI 和 TDI 计算结果见表 5-10，将结果绘于图 5-53。

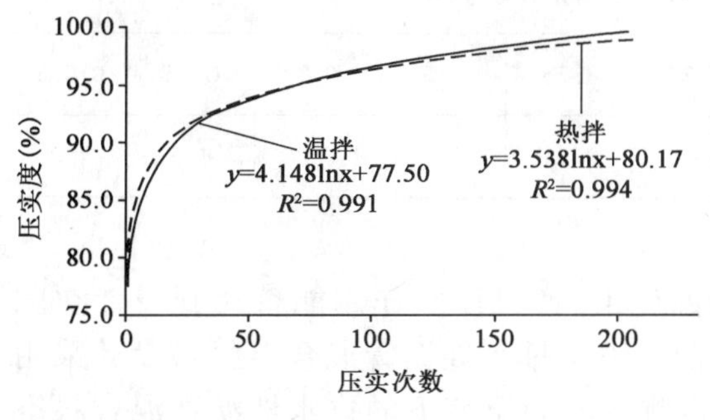

图 5-52 温拌与热拌 SMA-13 沥青混合料旋转压实曲线

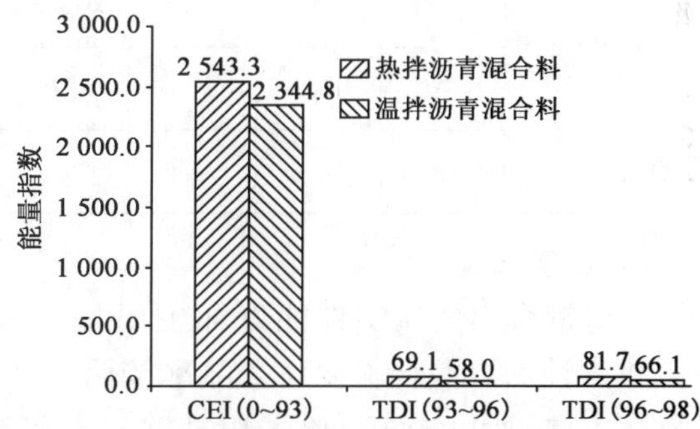

图 5-53 温拌沥青混合料与热拌沥青混合料能量指数柱状图

各试件旋转压实能量计算结果 表 5-10

SMA-13 级配	油石比	参数 a	参数 b	CEI(～93)	TDI(93～96)	TDI(96～98)
热拌沥青混合料	6.2	3.538 0	80.170	2 543.3	69.1	81.7
温拌沥青混合料	6.2	4.056 5	78.131	2 344.8	58.0	66.1

CEI越小，表明沥青混合料在摊铺阶段越容易压实。从试验结果中可以看出，温拌沥青混合料在初始施工阶段较热拌沥青混合料更容易压实。而在使用阶段，温拌沥青混合料的TDI值较热拌沥青混合料的TDI值低，表明在使用阶段，温拌沥青混合料的抗密实能力较低，不是非常稳定，没有达到与热拌沥青混合料相同的压实性能。

通过以上试验分析，对于SMA-13沥青混合料，当拌和温度降低至150℃时，温拌沥青混合料试件的空隙率与热拌沥青混合料是一致的，比热拌沥青混合料温度降低约30℃；随着拌和温度的升高，温拌沥青混合料的劈裂强度比逐渐增大，即水稳定性明显提高。拌和温度在122℃以上时添加DAT的SBS改性沥青混合料的水稳定性即可满足规范技术要求，拌和温度提高后抗水损害效果更佳。根据压实能指数CEI计算结果，温拌沥青混合料在初始施工阶段较热拌沥青混合料更容易压实；而在使用阶段，温拌沥青混合料的密实能指数TDI较热拌沥青混合料低，表明在使用阶段，温拌沥青混合料的抗密实能力较热拌混合料差，可能会引起车辙等病害。

3)温拌技术对于排水性沥青混合料性能影响

排水性沥青路面采用高黏度改性沥青，材料级配与其他沥青路面不同，通过室内试验分析温拌剂对排水性沥青混合料压实性能和路用性能的影响。

排水性沥青混合料的粗集料选用辉绿岩，细集料选用坚硬、洁净的人工砂，材料级配采用OGFC-13级配，设计级配见表5-11；结合料采用高黏度改性沥青，沥青用量为4.9%(油石比)；温拌剂选用目前最为常用的两种，温拌剂A属于表面活性类，掺量为沥青的10%，温拌剂B属于石蜡类，掺量为沥青的3%。

排水性沥青混合料的设计级配 表 5-11

级配类型	通过下列筛孔(mm)的质量百分率(%)									
	16	13.2	9.5	4.75	2.36	1.18	0.6	0.3	0.15	0.075
OGFC-13	100	94.6	70.9	23.2	15.6	11.1	8.7	6.2	4.9	4.0

(1)击实试验

沥青混合料的压实性能好坏主要是在试验温度下，通过压实作用能否达到设计空隙率。排水性沥青混合料设计空隙率按照20%控制。由于排水性沥青混合料材料设计采用马歇尔方法，所以击实试验采用马歇尔击实试验，测定不同温度下的排水性沥青混合料空隙率，试验结果见表5-12。将试验结果绘于图5-54，分析温拌剂对排水性沥青混合料空隙率影响。

不同拌和温度下排水性沥青混合料的空隙率 表 5-12

拌和温度(℃)	热拌排水性沥青混合料	温拌排水性沥青混合料(温拌剂 A)	温拌排水性沥青混合料(温拌剂 B)
	空隙率(%)		
175	19.8	—	—
165	20.8	19.2	19.5
155	22.1	19.4	20.1
145	23.8	19.6	21.2
135	25	21.3	22.8
125	—	22.5	23.7

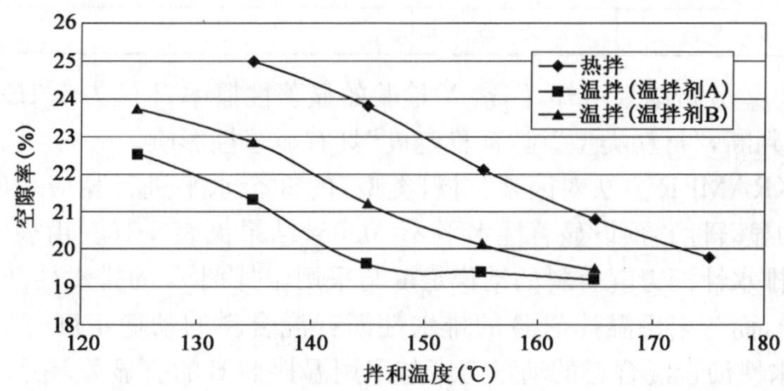

图 5-54 温拌剂对排水性沥青混合料空隙率影响

试验结果分析,达到20%的设计空隙率,热拌排水性沥青混合料的最佳拌和温度为172℃,不同的温拌剂需要的拌和温度不同。对于温拌剂 A,温拌排水性沥青混合料最佳拌和温度为142℃,对于温拌剂 B,温拌排水性沥青混合料最佳拌和温度为156℃。相对于热拌沥青混合料,温拌剂 A 可以降低拌和温度30℃,温拌剂 B 可以降低拌和温度16℃,因此在满足压实性能要求的前提下,温拌剂 A 的降温效果要优于温拌剂 B。

按照最佳拌和温度拌制排水性沥青混合料,成型马歇尔试件,进行马歇尔稳定度试验、谢伦堡沥青析漏试验与肯塔堡飞散试验,试验结果见表5-13,由表可知材料的技术性能都满足规范要求。

排水性沥青混合料马歇尔试验结果 表 5-13

材料类型	马歇尔稳定度(kN)	谢伦堡沥青析漏量(%)	肯塔堡飞散损失(%)
热拌排水性沥青混合料	5.4	0.18	12.5
温拌排水性沥青混合料(温拌剂 A)	5.8	0.16	13.0
温拌排水性沥青混合料(温拌剂 B)	6.5	0.22	11.8
规范要求值	≥5.0	≤0.3	≤15

(2)高温稳定性试验

车辙试验结果见表5-14,对试验结果进行一维方差分析和均值比较。一维方差分析中,以“动稳定度”作为响应变量 Y;分别以“材料类型”作为影响因素。预设显著性水平 $\alpha=0.05$,方差分析结果见表5-15。

车辙试验结果　表 5-14

材料类型	动稳定度(次/mm)			
	试验 1	试验 2	试验 3	平均值
热拌排水性沥青混合料	5 010	4 970	5 100	5 026
温拌排水性沥青混合料(温拌剂 A)	5 120	5 040	5 200	5 120
温拌排水性沥青混合料(温拌剂 B)	6 540	6 400	6 500	6 480

一维方差分析计算结果　表 5-15

方差来源	自由度	平方和	均值	$F_{比}$	P 值
温拌剂	2	3 970 488.9	1 985 244.4	371.5	5.14E-7
误差	6	32 066.7	5 344.4	—	—
总体	8	4 002 555.6	—	—	—

由表 5-15 的方差分析结果可知，因素 X 检验的显著性概率 P 值为 5.1E-7，小于预设的显著性水平 α。由此判断，“材料类型”对“动稳定度”具有显著性影响。

用 TUKEY-KRAMER 方法对因素“材料类型”的 3 个水平进行相应均值比较，以确定 3 水平间均值差异的显著性。预设显著性水平 $\alpha=0.05$，结果见表 5-16。由表 5-16 中的均值比较结果可知，热拌排水性沥青混合料的动稳定度与采用温拌剂 A 的排水性沥青混合料的动稳定度没有显著差异，而与采用温拌剂 B 的排水性沥青混合料的动稳定度有显著差异；同时采用温拌剂 A 的排水性沥青混合料的动稳定度与采用温拌剂 B 的有显著差异。由此可以判断：相对于热拌排水性沥青混合料，添加温拌剂 A 的排水性沥青混合料高温稳定性没有显著变化，而添加温拌剂 B 的排水性沥青混合料高稳定性明显提高，抗车辙能力增强。

多水平间均值比较　表 5-16

因素水平	均值	均值间差异	置信区间		显著与否
			下限	上限	
热拌①	5 026	—	—	—	—
温拌(温拌剂 A)	5 120	−93.3	−276.5	89.8	否
温拌(温拌剂 B)	6 480	−1 453.3	−1 636.5	−1 280.2	显著
温拌(温拌剂 A)②	5 120	—	—	—	—
温拌(温拌剂 B)	6 480	−1 360	−1 543.2	−1 176.8	显著

注：①热拌排水性沥青混合料与添加温拌剂 A、温拌剂 B 的排水性沥青混合料动稳定度均值比较。
②添加温拌剂 A 的排水性沥青混合料与添加温拌剂 B 的排水性沥青混合料动稳定度均值比较。

(3)水稳定性试验

冻融劈裂试验结果见表 5-17，其中 R_{T1} 为未进行冻融循环的试件劈裂强度，R_{T2} 为进行了冻融循环的试件劈裂强度，TSR$=R_{T2}/R_{T1}$ 为冻融劈裂强度比。试验结果表明，相对于热拌排水性沥青混合料，添加温拌剂 A 的排水性沥青混合料的 TSR 略有提高，变化不大；而添加温拌剂 B 的排水性沥青混合料的 TSR 有所降低。由此判断，采用温拌剂 A 可以提高排水性沥青混合料的水稳定性，采用温拌剂 B 降低了排水性沥青混合料的水稳定性，增加了产生水损害的风险。

冻融劈裂试验结果　　表 5-17

材料类型	R_{T1}(MPa)	R_{T2}(MPa)	TSR(%)
热拌排水性沥青混合料	0.50	0.45	90.0
温拌排水性沥青混合料(温拌剂 A)	0.58	0.53	91.3
温拌排水性沥青混合料(温拌剂 B)	0.51	0.44	86.2

(4)低温抗裂性试验

低温弯曲试验结果见表 5-18,对试验结果进行一维方差分析和均值比较。一维方差分析中,以"弯拉应变"作为响应变量 Y;分别以"材料类型"作为影响因素。预设显著性水平 $\alpha=0.05$,方差分析结果见表 5-19。

弯曲试验结果　　表 5-18

材料类型	试验温度(℃)	劲度模量×10^{-3}(MPa)	破坏应变×10^3
热拌排水性沥青混合料	−10	3.193	2 637
温拌排水性沥青混合料(温拌剂 A)		3.075	2709
温拌排水性沥青混合料(温拌剂 B)		3.233	2 436

一维方差分析计算结果　　表 5-19

方差来源	自由度	平方和	均值	$F_{比}$	P 值
温拌剂	2	120 028.2	60 014.1	31.64	6.49E-4
误差	6	11 380.0	1 896.7	—	—
总体	8	131 408.2	—	—	—

由表 5-19 的方差分析结果可知,因素 X 检验的显著性概率 P 值为 6.49E-4,小于预设的显著性水平 α。由此判断,"材料类型"对"弯拉应变"具有显著性影响。

用 TUKEY-KRAMER 方法对因素"材料类型"的 3 个水平进行相应均值比较,以确定 3 水平间均值差异的显著性。预设显著性水平 $\alpha=0.05$,结果见表 5-20。由表 5-20 中的均值比较结果可知,热拌排水性沥青混合料的弯拉应变与采用温拌剂 A 的排水性沥青混合料的弯拉应变没有显著差异,而与采用温拌剂 B 的排水性沥青混合料的弯拉应变有显著差异;同时采用温拌剂 A 的排水性沥青混合料的弯拉应变与采用温拌剂 B 的有显著差异。由此可以判断:相对于热拌排水性沥青混合料,添加温拌剂 A 的排水性沥青混合料低温抗裂性没有显著变化,而添加温拌剂 B 的排水性沥青混合料低温抗裂性明显降低,低温开裂的可能性大大提高。

多水平间均值比较　　表 5-20

因素水平		均值	均值间差异	置信区间		显著与否
				下限	上限	
温拌	热拌[①]	2 637	—	—	—	—
	温拌(温拌剂 A)	2 709	−72.3	−181.4	36.8	否
	温拌(温拌剂 B)	2 436	200.7	91.6	309.8	显著
	温拌(温拌剂 A)[②]	2 709	—	—	—	—
	温拌(温拌剂 B)	2 436	273	163.9	382.1	显著

注:①热拌排水性沥青混合料与添加温拌剂 A、温拌剂 B 的排水性沥青混合料弯拉应变均值比较。

②添加温拌剂 A 的排水性沥青混合料与添加温拌剂 B 的排水性沥青混合料弯拉应变均值比较。

通过击实试验，温拌剂可以显著降低排水性沥青混合料施工拌和温度。采用温拌剂A，施工拌和温度可以降低30℃；而采用温拌剂B，施工拌和温度可以降低16℃。从降温效果而言，温拌剂A要优于温拌剂B。

通过一系列性能试验分析，采用温拌剂A可以小幅提高排水性沥青混合料的高温稳定性、水稳定性与低温抗裂性，但是改善效果不明显；采用温拌剂B可以明显提高排水性沥青混合料高温稳定性，但是水稳定性略有下降，低温抗裂性明显降低。

4)温拌技术对于橡胶沥青混合料性能影响

交通运输部公路科学研究院对比分析了Evotherm温拌技术对橡胶沥青混合料性能影响，试验结果见表5-21。

温拌与热拌橡胶沥青混合料性能对比　　表5-21

测试项目	拌和温度（℃）	马歇尔稳定度（kN）	马歇尔残留稳定度（%）	冻融劈裂比（%）	动稳定度（次/mm）	渗水系数（mL/min）
温拌ARAC-13	135	8.1	90.8	85.0	5 192	0
热拌ARAC-13	185	8.3	91.4	83.8	5 027	0

上海市市政规划设计研究院对比分析了Evotherm温拌技术对橡胶沥青混合料性能影响，试验结果见表5-22。

温拌与热拌橡胶沥青混合料性能对比　　表5-22

混合料类型		最佳油石比（%）	马歇尔稳定度（kN）	冻融劈裂比（%）	动稳定度（次/mm）	低温最大破坏应变（με）
ARAC-13	WMA	8.7	6.4	84.4	3 121	4 907
	HMA	8.7	6.5	81.9	3 080	5 097

归纳总结温拌技术对不同类型沥青混合料的性能影响，Evotherm温拌技术对各种沥青混合料性能影响不大，在一定程度上水稳定性与低温抗裂性略有提高，但是对于抗疲劳性能，室内试验表明在一定程度上可以提高抗疲劳性能。同济大学试验数据（表5-5）表明可以大大提高沥青混合料的抗疲劳性能，但是由于温拌与热拌沥青混合料沥青用量不同，难以真正反映温拌技术对沥青混合料抗疲劳性能。石蜡类温拌技术可以显著改善沥青混合料的抗车辙能力，但是会降低沥青混合料的水稳定性和低温抗裂性。目前温拌技术对沥青混合料的长期性能影响还难以定论，现在大多实体工程通车时间较短，难以真正反映其长期性能，有待于进一步跟踪观测。

5.4　工程案例

上海地区从2006年开始铺筑温拌沥青混合料路面，到目前温拌技术先后用于普通沥青混合料、改性沥青混合料、SMA沥青混合料、橡胶沥青混合料与排水性沥青混合料中，并于2011年颁布了上海市地方标准《温拌沥青混合料路面技术规程》。目前，上海的温拌沥青混合料主要是采用表面活性剂制备。

5.4.1　温拌普通沥青混合料路面

2006 年 6 月，首次在上海市虹口区新市路铺筑了温拌沥青混合料 AC-13 试验路，沥青为 Shell-70 号基质沥青，采用了 Evotherm 温拌技术。试验路总长度为 500m，共拌和了 260t 温拌沥青混合料，如图 5-55 所示。

a)

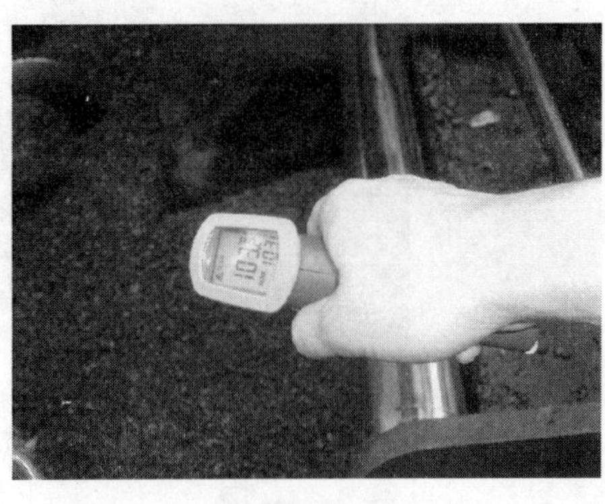

b)

图 5-55　虹口区新市路温拌 AC-13 沥青混合料路面铺筑

5.4.2　温拌改性沥青混合料路面

2007 年 9 月，在上海嘉金高速公路养护维修工程上铺装了 2. 5cm 的温拌超薄磨耗层 UTAC-10，采用 Evotherm 温拌技术，沥青为 SBS 改性沥青，施工摊铺温度为 105℃，如图 5-56 所示。

a)

b)

图 5-56　上海嘉金高速公路温拌 UTAC-10 沥青混合料路面铺筑

5.4.3　温拌 SMA 沥青混合料路面

2008 年 6 月，在上海长江隧道中隧道铺装采用温拌 SMA 沥青混合料。铺装上层为温拌 SMA-13 沥青混合料，铺装下层为温拌 SMA-10 沥青混合料，温拌 SMA 沥青混合料的出料温度为 135～145℃，施工如图 5-57 所示。

图 5-57　上海长江隧道温拌 SMA 沥青混合料铺筑

2008 年 7 月，在上海浦东港五期规六路铺筑了温拌 SMA-13 沥青混合料路面，如图 5-58 所示。

a)

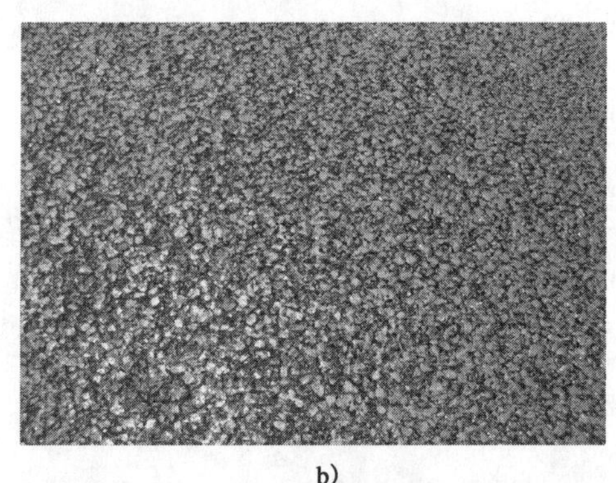

b)

图 5-58　上海浦东港五期规六路温拌 SMA 沥青混合料铺筑

5.4.4　温拌橡胶沥青混合料路面

2009 年 6 月，在上海南汇城东路铺筑了 500m 长的温拌橡胶沥青混合料路面试验段，采用的是 Evotherm 温拌技术。

橡胶沥青混合料出厂温度为 135～145℃。橡胶沥青加热温度基本稳定在 185℃，矿料加热温度控制在 155～165℃，如图 5-59 所示。矿料干拌时间设定为 7s，湿拌时间为 45s，温拌剂较橡胶沥青延时 5s，尽量减少温拌剂与高温矿料的直接作用，混合料拌和效果优良，出料口无烟雾现象，如图 5-60 所示。摊铺温度基本控制在 130～140℃，压路机能做到紧跟摊铺，其碾压工艺为：2 台 DD110 初压 3 遍（振动）；1 台 DD110 复压 2 遍（振动）；1 台 DD110 终压（静压）不少于 1 遍。施工现场未发现废气与沥青烟雾现象。施工完成后，路面状况良好，简单试验发现路面基本无渗水现象，如图 5-61 所示。根据近两年时间的路用性能跟踪观测，表明该路面具有良好的路用性能。

a)

b)

图 5-59 矿料加热温度调整

a)

b)

图 5-60 温拌橡胶沥青路面施工

a)

b)

图 5-61 完工后的温拌橡胶沥青路面效果

5.4.5 温拌排水性沥青混合料路面

2011 年 3 月，在上海嘉定新城临泽路铺装了温拌排水性沥青路面，全长 1.02km，采用 Evotherm 温拌技术。通过室内试验确定温拌排水性沥青混合料目标配合比与生产配合比，做好施工准备，进行示范路的铺筑，完成施工后对道路进行跟踪观测。

(1)目标配合比设计

初选混合料配比宜以粒径 2.36mm 通过百分率处于设计级配范围中值、中值±3%左右进行控制。三组初试级配混合料的配合比见表 5-23。

初选混合料的配合比 表 5-23

混合料编号	各种材料配比(%)			
	1 号料	2 号料	3 号料	矿粉
级配 1	38	42	16	4
级配 2	40	38	18	4
级配 3	42	43	12	3

分别以级配 1、级配 2、级配 3 成型试件，根据设计的沥青油膜厚度 13μm，假定油石比 4.9%，混合料试件的击实次数为 50 次/面，试样目标高度为(63.5±1.3)mm。室内试验控制温度见表 5-24，成型试件并检测沥青混合料试件的体积性能，试验结果见表 5-25。

温拌排水性沥青混合料室内试验击实温度(单位：℃) 表 5-24

矿料加热温度	155～165
沥青加热温度	165～175
沥青混合料拌和温度	155～165
试件开始击实温度	135～145
试件成型终了温度	不低于 125

初试级配的体积分析 表 5-25

混合料编号	空隙率(%)	稳定度(kN)
级配 1	21.7	6.9
级配 2	22.6	6.6
级配 3	23.2	7.1
技术要求	18～23	≥5

综合考虑马歇尔试件空隙率体积性能指标要求及沥青含量可调整空间，最终选定级配 2 作为沥青混合料最终的目标级配。级配 2 合成矿料级配中各筛孔矿料通过率见表 5-26，合成矿料级配曲线如图 5-62 所示。

级配 2 合成级配组成 表 5-26

筛　孔	通过下列筛孔(方孔筛，mm)的质量百分率(%)									
	16.0	13.2	9.5	4.75	2.36	1.18	0.6	0.3	0.15	0.075
设计级配	100	96.3	72.1	23.8	18.4	12	8.3	6.2	5.2	4.6

根据最终确定的设计矿料级配，采用马歇尔法进行混合料体积设计，从而确定沥青混合料的最佳油石比。混合料试件的击实次数为 50 次/面，试样目标高度为(63.5±1.3)mm。成型试件并检测沥青混合料试件的体积性能，测试结果见表 5-27。

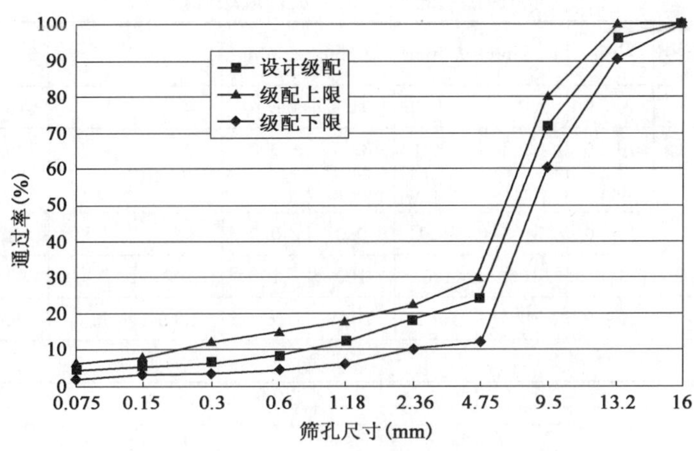

图 5-62 排水性沥青混合料设计级配曲线

沥青混合料马歇尔试验结果 表 5-27

级配类型	油石比(%)	VV(%)	稳定度(kN)	析漏损失(%)	飞散损失(%)
OGFC-13	4.3	22.2	6.4	0.14	19.3
	4.6	21.8	6.9	0.19	17.1
	4.9	21.4	7.0	0.21	14.5
	5.2	21.8	6.7	0.22	11.8
要求		18～23	≥5	≤0.3	≤15

选择目标级配、沥青用量4.9%成型混合料试件，并分别进行飞散、析漏、车辙、浸水飞散、渗水系数试验，试验结果均符合要求。目标配合比设计结果汇总于表5-28。

目标配合比设计结果汇总 表 5-28

配合比	集料编号	1号	2号	3号	矿粉
	设计配合比(%)	40	38	18	4
设计油石比(%)		4.9			
试件体积参数	空隙率(%)	21.4			
	马歇尔稳定值(kN)	7.0			
	沥青膜厚度(μm)	14			
验证性试验结果	析漏损失(%)	0.22			
	20℃肯塔堡飞散损失(%)	14.5			
	动稳定度(次/mm)	6 047			
	冻融劈裂强度比(TSR,%)	87			
	渗水系数(mL/15s)	1 000			

(2)生产配合比设计

拌和楼模拟正常产量生产，恒定后取各种热仓矿料进行试验。筛分结果及合成级配见表5-29与图5-63。

拌和楼热料仓筛分结果及合成级配(%)　　表 5-29

编号 \ 筛孔尺寸		组成比例	16mm	13.2mm	9.5mm	4.75mm	2.36mm	1.18mm	0.6mm	0.3mm	0.15mm	0.075mm
1号	0～3mm	13.3	100.0	100.0	100.0	94.4	67.0	40.3	26.0	13.3	9.1	5.3
2号	3～6mm	16.3	100.0	99.2	91.0	39.7	0.0	0.0	0.0	0.0	0.0	0.0
3号	6～15mm	53	100.0	95.1	62.3	0.0	0.0	0.0	0.0	0.0	0.0	0.0
4号	15～23mm	8.9	100.0	74.0	39.1	0.0	0.0	0.0	0.0	0.0	0.0	0.0
矿粉		3.8	100	100	100	100	100	100	100	99.3	94.2	85.6
生产配合比级配			100.0	94.7	75.2	26.4	14.7	10.6	8.4	6.4	5.5	4.6
油石比		4.9										

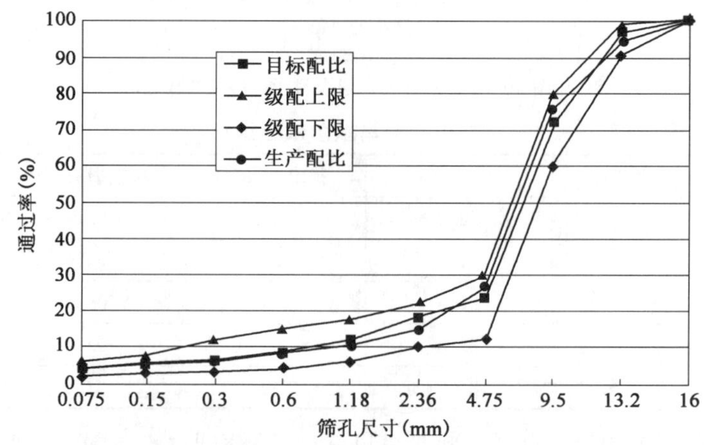

图 5-63　生产配合比合成级配曲线

(3)温拌排水性沥青路面施工

施工前应对施工机具进行全面检查、调整，以保证设备处于良好状态，特别是拌和楼的计量装置、温拌浓缩液添加装置、摊铺机自动找平装置以及压路机等必须进行认真地检查和调校。

各档矿料必须分类进棚堆放，且堆放场地应经过硬化处理，不同冷料之间不允许出现混堆现象。铺设排水路面之前应进行排水管的铺设以及防水层的洒布(图 5-64)。

a)

b)

图 5-64　铺设排水管以及洒布防水层

温拌沥青混合料的施工温度控制范围见表5-30。

温拌沥青混合料施工控制温度 表5-30

施 工 工 序	温度(℃)	施 工 工 序	温度(℃)
沥青温度	165～175	混合料摊铺温度	≥135
矿料加热温度	155～165	开始碾压温度	≥125
沥青混合料出料温度	150～160	碾压终了温度	≥70

温拌浓缩液添加方式：温拌浓缩液作为外加剂，与基质沥青按质量比7：93的比例同步喷入拌缸，温拌浓缩液在沥青开始喷洒后延时3s开始喷入，喷入时间控制在8s以内，且必须保证在沥青喷洒结束之前完成温拌浓缩液的喷洒。单盘料拌和周期不低于60s，其中干拌3s，喷沥青和浓缩液控制在13s以内，然后湿拌6s添加矿粉，再继续湿拌32s，应保证温拌沥青混合料无花白料。实际生产周期为66s。

采用数字显示插入式热电偶温度计检测温拌沥青混合料的出厂温度和运到现场温度。拌和机向运料车放料时，汽车应前后移动，分几堆装料，以减少粗细集料离析。运料车装料情况如图5-65所示。

图5-65 运料车分堆装料

摊铺设备采用ABG325，摊铺机的摊铺速度应根据拌和机的产量、施工机械配套情况及摊铺厚度、摊铺宽度，摊铺速度接近3m/min，做到均匀、不间断地摊铺。供料安排要确保不断料，如图5-66所示。测量摊铺温度(图5-67)，摊铺温度控制在140℃。

图5-66 摊铺机现场摊铺

图5-67 摊铺温度

温拌沥青混合料的碾压成型如图 5-68 所示。初压:双钢轮压路机静压 1～2 遍;复压:双钢轮压路机静压 2 遍;终压:双钢轮压路机静压 1～2 遍。

施工完成后的温拌排水性沥青路面具有较好的排水性与抗滑性,如图 5-69 所示。6 个月后,测定温拌排水性沥青路面渗水系数与摩擦系数,如图 5-70 与图 5-71 所示。结果表明,路面仍旧保持良好的排水性与抗滑性。

图 5-68　温拌排水性沥青路面压实

a)

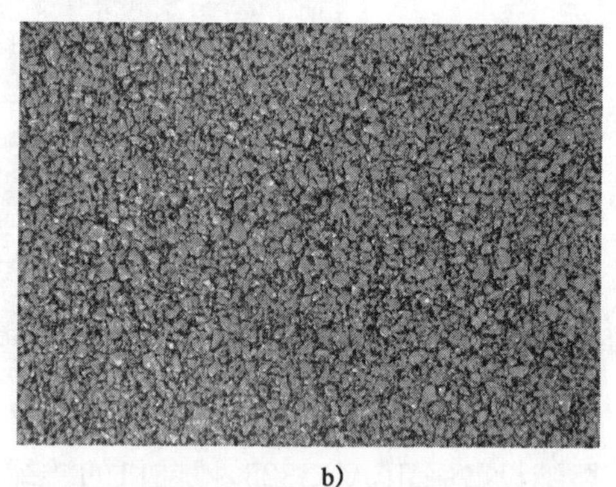

b)

图 5-69　温拌排水性沥青路面施工后的效果

图 5-70　路面渗水系数现场测定

图 5-71　摆式仪路面摩擦系数现场测定

5.4.6 基于沥青发泡技术的温拌沥青混合料路面

河北省沧州市市政工程公司引进美国 MEEKER 公司沥青发泡设备，通过机械发泡生产温拌沥青混合料，沥青发泡装置如图 5-72 所示。发泡装置需要安装到拌和楼上，如图 5-73 所示。这种发泡设备体积与质量较小，可与拌和楼对接(图 5-74)，不影响拌和楼的生产效率，只需要通过添加水实现温拌，不需要再添加其他添加剂，具有较好的经济性。

图 5-72 沥青发泡装置

图 5-73 发泡装置安装在拌和楼

基于沥青发泡技术的温拌沥青混合料先后用于普通沥青混合料、改性沥青混合料、SMA 沥青混合料、橡胶沥青混合料与再生沥青混合料。

2010 年 6 月，在河北省沧州市化工路采用了基于沥青发泡技术的温拌沥青混合料。化工路为城市次干路，行车道宽 21m，路面结构为：4cm 温拌 SBS 改性沥青混合料 AC13 上面层＋6cm 温拌再生沥青混合料 AC20 下面层(25％RAP)。施工拌和温度见表 5-31。

图 5-74 沥青发泡管与拌缸对接

施工拌和温度 表 5-31

沥青混合料类型	AC-13 上面层 SBS 改性沥青		AC-20 下面层 25％RAP	
	泡沫沥青温拌	常规热拌	泡沫沥青温拌	常规热拌
拌和温度(℃)	130～135	155～165	145～150	170～175

生产的基于沥青发泡技术的温拌沥青混合料如图 5-75 所示。现场取料，测试温拌再生沥青混合料的拌和温度为 132.9℃，如图 5-76 所示。

温拌沥青混合料碾压工艺分为初压、复压与终压。初压:双钢轮压路机静压 1 遍,振动碾压 2～3 遍;复压:胶轮压路机碾压 4～5 遍;终压:双钢轮压路机静压 2～3 遍。化工路温拌沥青混合料施工如图 5-77 所示。

图 5-75　基于发泡技术的温拌沥青混合料

图 5-76　温拌再生沥青混合料拌和温度测试

2011 年 7 月在河北省沧州市吉林大道采用基于泡沫沥青的温拌 SMA 沥青混合料路面,施工如图 5-78 所示。

图 5-77　化工路温拌沥青混合料施工

图 5-78　吉林大道温拌 SMA 沥青混合料施工

第 6 章　橡胶沥青路面

6.1　概　　述

随着世界经济的持续增长和汽车工业的迅猛发展，废旧轮胎数量剧增。据统计，目前全世界每年产生 15 亿条废旧轮胎。废旧轮胎具有很强的耐热、抗机械和抗降解性，数十年都不会自然降解。大量废旧轮胎如果长期露天堆放，不仅占用大量的土地，造成土地资源的浪费，而且废胎经过雨淋水浸和风吹日晒成为公害：一是滋生蚊虫，传染登革热等疾病；二是大量堆积的废旧轮胎容易酿成火灾、危害环境；三是废旧轮胎属于有机物质，难以自然降解，其带菌、带毒量大、面广，又不可能做全面检疫、检测和消毒灭菌，堆积起来势必造成环境危害。

废旧轮胎被称为“黑色污染”，属于国际上公认的工业有害固体废物，是恶化自然环境、破坏植被生长、影响人类健康、危及生态环境的最有害垃圾之一。

在我国，“黑色污染”也正逼近我们身边：2004 年我国废轮胎年产生量达 1.2 亿条，仅次于美国、日本，居世界第三位，2010 年达到 2.5 亿条以上。而由于废旧轮胎带来的问题触目惊心：郊区废旧轮胎堆积如山，滋生大量蚊蝇鼠害；地下废旧轮胎加工厂土法炼制柴油或直接燃烧，释放大量二氧化硫、硫化氢和二恶英等致癌气体；火灾不断，仅仅 2007 年上半年哈尔滨、新疆库尔勒、呼和浩特、赤峰、昆明等地发生由废旧轮胎引起的大火 10 多起。

废旧轮胎的回收处理一直是世界性难题。如何解决“黑色污染”，尤其能将废旧轮胎资源化循环利用，成为全球关注的问题。目前，处理废旧轮胎作为资源回收利用的主要途径有轮胎翻新、热能利用、热分解以及用于土木工程建设等。其中，将废旧轮胎磨细成橡胶粉应用于沥青路面建设得到了广泛的关注，这也是大量处理废旧轮胎、使其资源化循环利用的较佳途径之一。

将废旧轮胎应用于沥青路面建设可追溯到 20 世纪 40 年代，1941 年美国回收公司推出了用于沥青改性的 RamflexTM 脱硫橡胶颗粒。20 世纪 60 年代，瑞典开发了掺加橡胶颗粒的沥青混凝土的 RubitTM 干法生产工艺。特别是在 20 世纪后期，随着汽车工业的迅猛发展、废旧轮胎的污染问题日益严重，应用废旧轮胎粉铺筑沥青路面技术得到了快速发展。1991 年美国陆上运输经济法案(ISTEA)直接推动了橡胶沥青的广泛应用。目前，美国亚利桑那、加利福尼亚、佛罗里达等州已经提出了橡胶沥青路面的技术标准或指南，美国联邦公路管理局也颁布了橡胶沥青的技术标准(SA 002—1992)。据统计，美国在 1991～1997 年间，公路行业累计使用废旧轮胎胶粉 8 000 万 t，约消耗 4 亿条废旧轮胎。

我国关于橡胶沥青的研究起步于 20 世纪 70 年代，主要是应用废旧橡胶粉改善性能不佳的国产多蜡沥青。但随着国产沥青性能提高以及 SBS 改性沥青的应用，橡胶沥青的研究与应用暂时被搁置起来。目前，随着人民环保意识的增强以及适应我国建设“环境友好、资源节约”型社会的科学发展观，橡胶沥青的应用又引起广泛的关注。废旧橡胶的回收利用项目已经列入《中国

21世纪议程》方案中，国家发改委已会同有关部门起草了《废旧轮胎回收利用管理条例》，还在进一步研究相关技术经济政策和税收优惠办法。随着原油及其下游石化产品（如热塑性橡胶SBS）价格不断攀升以及人们环保意识增强，废旧橡胶在沥青路面中的应用具有良好的前景。

依据废橡胶粉的加入方法，橡胶沥青的生产可分为湿法工艺（Wet Process）和干法工艺（Dry Process）两大类。

湿法工艺是指将废轮胎橡胶粉加入传统的沥青中，拌和成具有改性沥青特性的橡胶沥青（简称AR），可用作密级配、间断级配或开级配沥青混凝土的黏结料。依照美国ASTM的定义，橡胶沥青（Asphalt Rubber）是由道路沥青和废旧轮胎橡胶粉（Crumb Rubber Modifier，简称CRM），根据需要另加添加剂，在高温下（180～190℃）均匀拌和而成的橡胶沥青黏结料。此种黏结料中的橡胶粉末，与热融的高温沥青充分接触混合，橡胶颗粒的体积得以充分膨胀，并在一定程度上裂解脱硫。

干法工艺是指将相对颗粒较粗的废轮胎橡胶粉加入集料中，然后喷入热沥青拌制成橡胶沥青混凝土。

干法与湿法的主要区别有以下几点：

(1)干法采用的橡胶粉颗粒尺寸一般为1～6.3mm，而湿法采用的橡胶粉粒度较细，一般都在1mm以下。因而干法所用的橡胶粉加工工艺相对简单，成本相对较低。

(2)干法中橡胶颗粒的掺量（一般为集料干重的1%～5%）约为湿法工艺（一般为沥青重量的5%～20%）的2～4倍，因而干法工艺能消耗大量的废旧橡胶。

(3)干法中橡胶颗粒主要作为部分集料，对沥青基本上没有改性作用。湿法工艺中，橡胶粉主要作为沥青的改性剂，可以提高道路沥青的路用性能。

(4)在沥青拌和厂中，干法工艺不需要特殊的设备或对设备进行较大的改装；而湿法工艺需要专门的混合容器、反应搅拌罐等。

(5)湿法工艺生产的橡胶沥青主要应用于水泥道路填缝料、碎石封层、应力吸收层和沥青混凝土，而干法只能应用于沥青混凝土。

6.2 湿法橡胶沥青路面

湿法橡胶沥青是指将一定质量的磨细橡胶粉加入到沥青中，通过在高温条件下搅拌均匀而得到的一种改性沥青结合料，橡胶粉用量一般为沥青质量的15%以上。湿法橡胶沥青路面是由采用湿法橡胶沥青拌制的混合料铺筑而成的。

6.2.1 废旧轮胎橡胶粉的技术要求

橡胶粉主要来源于废旧轮胎、胶管、胶带、胶鞋等橡胶制品，而用于沥青改性的废旧胶粉主要来源于废旧轮胎，尤其宜采用载重卡车的胎面胶。由于废旧胶粉的来源相当复杂，在选择废旧橡胶粉作为改性剂时，为保证橡胶沥青的技术性能，选择合适的橡胶粉是十分重要的。在选择橡胶粉时，除考虑废旧胶粉的原料外，还应分析其加工工艺、物理性质及化学成分等。

(1)废旧橡胶粉的生产工艺

用于道路工程的橡胶粉生产工艺主要有两种方法：常温研磨法与低温粉碎法。生产工艺主要影响橡胶粉的颗粒大小、形状及表面状况。

常温研磨法一般采用光辊或沟辊粉碎机，依靠剪切力将橡胶颗粒破碎。常温研磨法生产的胶粉颗粒形状不规则，表面凹凸、呈毛刺状。低温粉碎方法是利用液氮或空气涡轮膨胀式冷动，使橡胶制品冷却至玻璃化温度以下，然后用锤式粉碎机或盘式粉碎机粉碎。低温粉碎方法生产的橡胶粉形状规则，表面平整、成锐角状。一般认为表面凹凸、毛刺多成羽状的胶粉比较适合用于生产橡胶沥青。

一些国家的橡胶沥青技术标准对胶粉的生产工艺进行了明确要求。如南非、美国佛罗里达州、Texas 州要求在胶粉生产的各个环节不应采用低温方法。澳大利亚要求胶粉采用常温方式生产，而且在破碎前要求对橡胶进行拉伸，其目的是使胶粉表面多孔，增加表面积。因此用于橡胶沥青的废旧轮胎橡胶粉宜采用常温研磨法生产。

(2)废旧胶粉的物理性质与化学组成

汽车轮胎主要由纤维、钢丝及橡胶组成，其中橡胶含量为50%～60%。在生产橡胶粉时需要分离纤维与钢丝。影响胶粉对沥青的改性效果的物理性质主要有胶粉的细度与级配、纤维含量、金属含量等。美国佛罗里达州、亚利桑那州对胶粉的级配进行了要求，见表6-1。通常要求胶粉最大颗粒小于2.36mm。Arizona 州在石屑封层与应力吸收层中采用A类级配胶粉，应用于混合料时采用更细的B类级配胶粉。佛罗里达州在石屑封层与应力吸收层中使用A或B类级配胶粉，热拌沥青混合料使用更粗的C类胶粉。相对而言，佛罗里达州使用较细的胶粉，这与其采用 Terminal Blend 技术以及低胶粉掺量、较短反应时间有关。

橡胶粉级配要求 表6-1

筛孔	亚利桑那州		佛罗里达州		
	A类	B类	A类	B类	C类
2.36mm(8目)	100				
2.0mm(10目)	95～100	100			
1.18mm(16目)	0～10	65～100			100
0.6mm(30目)		20～100		100	70～100
0.425mm(40目)					
0.3mm(50目)		0～45	100	40～60	20～40
0.15mm(100目)			50～80		
0.075mm(200目)		0～5			

胶粉密度与胶粉组成、细度有关，规定胶粉密度对控制胶粉成分有一定作用，另外有利于减少胶粉与沥青的离析程度。一般要求胶粉密度为1.1～1.2g/cm³。另外，对胶粉的含水率、金属含量、纤维等杂质含量应进行控制。表6-2是美国一些州对胶粉物理性质的要求。

美国部分州胶粉物理性质要求 表6-2

技术指标	佛罗里达州	亚利桑那州	加利福尼亚州	得克萨斯州
密度(g/cm³)	1.04～1.16	1.10～1.20	1.10～1.20	—
含水率(%)	<0.75	—	—	<0.75
金属含量(%)	<0.01	—	<0.01	—
纤维含量(%)	—	A类:<0.1;B类:<0.5	<0.05	<0.1

胶粉的化学组成包括合成橡胶、天然橡胶、炭黑、交联剂等，其中天然橡胶的含量对橡胶沥青的性能影响显著。南非对于胶粉中天然橡胶的含量要求大于30%，亚利桑那州为22%～39%，佛罗里达州为16%～45%。增加天然橡胶的含量可加快橡胶沥青的反应速度，提高橡胶粉对沥青的改性效果。

(3)废旧橡胶粉的技术标准

在美国ASTM D 6503标准中，主要以丙酮抽出物、灰分含量、橡胶含量、炭黑含量、金属含量、纤维含量等指标评价废旧胶粉的质量。

中华人民共和国国家标准《硫化橡胶粉》(GB/T 19208—2008)规定了用于公路沥青路面的橡胶粉技术指标与技术标准，见表6-3。

硫化橡胶粉技术指标(GB/T 19208—2008)　表6-3

测试项目	全钢子午线轮胎	其他轮胎	试验方法
加热减量(%)	≤1.0	≤1.0	GB/T 19208—2008
灰分(%)	≤6.0	≤7.0	GB/T 4498—97
丙酮抽出物(%)	≤8.0	≤10.0	GB/T 3516—2006
橡胶烃含量(%)	≥48.0	≥48.0	GB/T 14837—93
炭黑含量(%)	≥28.0	≥28.0	GB/T 14837—93
铁含量(%)	≤0.03	≤0.02	GB/T 19208—2008
纤维含量(%)	0	≤0.5	GB/T 19208—2008

原交通部公路科学研究院出版了《橡胶沥青及沥青混合料设计施工技术指南》，将橡胶粉的技术指标分为物理指标与化学指标，技术标准见表6-4与表6-5。

路用废轮胎橡胶粉的物理指标(交通运输部)　表6-4

技术指标	相对密度	水分(%)	金属含量(%)	纤维含量(%)
技术要求	1.10～1.30	<1.0	<0.05	<1.0

路用废轮胎橡胶粉的化学指标(交通运输部)　表6-5

技术指标	技术要求	试验方法
灰分(%)	≤8	GB/T 4498
丙酮抽出物(%)	≤22	GB/T 3516
炭黑含量(%)	≥28	GB/T 14837
橡胶烃含量(%)	≥42	GB/T 14837

天津市颁布的《天津市废轮胎胶粉改性沥青路面技术规程》(DB/T 29-161—2006)中规定选用粒径30～80目范围内的橡胶粉，技术指标见表6-6与表6-7。

废轮胎橡胶粉的物理指标(天津市)　表6-6

技术指标	相对密度	水分(%)	金属含量(%)	纤维含量(%)
技术要求	1.10～1.30	<0.75	<0.01	<0.5

废轮胎橡胶粉的化学指标(天津市)　表6-7

技术指标	技术要求	试验方法
灰分(%)	≤8	GB/T 4498
丙酮抽出物(%)	≤22	GB/T 3516
炭黑含量(%)	≥28	GB/T 14837
橡胶烃含量(%)	≥42	GB/T 14837
天然橡胶含量(%)	≥25	GB/T 13249

江苏省高速公路沥青路面施工指导意见《橡胶沥青上面层AR-AC13施工要点》中要求橡胶粉颗粒规格符合表6-8的要求,同时要求橡胶粉筛分采用水筛法。橡胶粉密度为(1.15±0.05)g/cm³,并且无铁丝或其他杂质。

橡胶粉筛分规格(江苏省)　表6-8

筛孔尺寸	通过率(%)	筛孔尺寸	通过率(%)
2.00mm	100	300μm	0～45
1.18mm	65～100	75μm	0～5
600μm	20～100		

上海市地方规范《橡胶沥青路面技术规范》对于橡胶粉的要求,规定路用橡胶粉应选用常温磨细的废轮胎橡胶粉,且宜选择斜交胎胶粉或天然胶含量较高的橡胶粉。橡胶粉应为黑色均质粉末。废轮胎橡胶粉颗粒粒径宜为30～80目,技术指标与技术要求应符合表6-9和表6-10的规定。废轮胎橡胶粉应存储在通风、干燥的仓库中,并应采取有效的防淋、防潮及消防措施。废轮胎橡胶粉的现场储存时间不宜超过180d。

废轮胎橡胶粉的物理技术指标(上海市)　表6-9

技术指标	相对密度	水分(%)	金属含量(%)	纤维含量(%)
技术要求	1.10～1.30	<0.5	<0.05	<0.5

废轮胎橡胶粉的化学技术指标(上海市)　表6-10

技术指标	技术要求	试验方法
灰分(%)	≤7	GB/T 4498
丙酮抽出物(%)	≤10	GB/T 3516
炭黑含量(%)	≥28	GB/T 14837
橡胶烃含量(%)	≥48	GB/T 14837
天然橡胶含量(%)	≥25	GB/T 13249

6.2.2 橡胶沥青的技术标准

在高温条件下,橡胶粉在沥青中充分溶胀并发生较为复杂的物质交换与化学反应。橡胶粉对沥青的改性机理可归结为三个方面:首先,橡胶粉吸收沥青中部分软质成分,使基质沥青黏度增加;其次,橡胶粉发生脱硫、降解,部分橡胶成分进入到沥青中,对沥青起到改性作用;最后，胶粉充分溶胀后体积可占沥青的30%以上，形成空间网络结构，起到对沥青加筋的作用。因此，橡胶沥青表现出高黏度、高弹性的优良性能。

橡胶沥青的技术标准是橡胶沥青生产与应用的重要依据，高黏度、高弹性是橡胶沥青的特性，橡胶沥青核心技术指标应选择黏度、弹性恢复等。各国橡胶沥青技术标准差异较大，但其核心指标为针入度、软化点、黏度、弹性恢复等。

(1)美国橡胶沥青技术标准

美国ASTM、FHWA以及Arizona州橡胶沥青技术标准根据气候分区，将橡胶沥青分为三档，分别适用于热区、温区和寒区。其中，1992年FHWA技术标准、1997年ASTM技术标准是以针入度作为标准分级；而亚利桑那州橡胶沥青技术标准是以基质沥青等级作为分级标准。佛罗里达州按照胶粉掺量将橡胶沥青行分为ARB5、ARB12和ARB20三种类型，其最小胶粉掺量分别为5%、12%和20%，具体技术指标要求见表6-11～表6-14。

美国FHWA橡胶沥青技术标准(SA-002-1992)　表6-11

技术指标		热区(ARB-1)	温区(ARB-2)	寒区(ARB-3)
针入度(25℃)(0.1mm)		25～75	50～100	75～150
软化点(℃)		>54	>49	>43
延度(4℃,1cm/min)(cm)		>5	>10	>20
TFOT	针入度比(%)	>75	>75	>75
	延度比(%)	>50	>50	>50

美国ASTM橡胶沥青技术标准(D 6114—1997)　表6-12

技术指标	1型	2型	3型
黏度(175℃)(Pa·s)	1.5～5.0	1.5～5.0	1.5～5.0
针入度(25℃,100g,5s)(0.1mm)	25～75	25～75	50～100
针入度(4℃,200g,60s)(0.1mm)	>10	>15	>25
软化点(℃)	>57	>54	>52
弹性恢复(25℃)(%)	>25	>20	>10
闪点(℃)	>232	>232	>232
TFOT针入度比(4℃)(%)	>75	>75	>75

亚利桑那州橡胶沥青技术标准　表6-13

技术指标	A型	B型	C型
基质沥青等级	PG64-16	PG58-22	PG52-28
黏度(175℃)(Pa·s)	1.5～4.0	1.5～4.0	1.5～4.0
针入度(4℃,200g,60s)(0.1mm)	>10	>15	>25
软化点(℃)	>57	>54	>52
弹性恢复(25℃)(%)	>30	>25	>15

1992年版FHWA橡胶沥青技术标准是在普通沥青指标基础上提出的，其技术指标要求较低，并未对黏度指标进行要求。ASTM标准是在亚利桑那州标准基础上提出的，两者较为接近。关于老化后性能要求，仅FHWA与ASTM标准提出相关要求，主要是因为橡胶沥青的耐老化性能较好，出现问题的可能性不大。

佛罗里达州橡胶沥青技术标准 表 6-14

技术指标	ARB5	ARB12	ARB20
最小胶粉掺量(%)	5	12	20
基质沥青等级	AC30	AC30	AC20
最低生产温度(℃)	150	150	170
最高生产温度(℃)	170	175	190
最少反应时间(min)	10	15	30
黏度(Pa・s)	>0.4(150℃)	>1.0(150℃)	>1.5(175℃)

由于橡胶沥青中胶粉颗粒的影响,25℃针入度试验的精度较差,而且对橡胶粉掺量的变化不敏感。ASTM、亚利桑那州采用4℃针入度,并增加配重与贯入时间。另外,加利福尼亚和Texas州采用锥入度指标来评价橡胶沥青的稠度和抗剪性能。加利福尼亚州和得克萨斯州橡胶沥青技术指标见表6-15。加利福尼亚和得克萨斯州采用Haake黏度计测试的现场黏度作为标准。

加利福尼亚州和得克萨斯州橡胶沥青技术标准 表 6-15

技术指标	得克萨斯州	加利福尼亚州
黏度(Haake)(Pa・s)	1.5～4.5(177℃)	1.5～4.0(191℃)
锥入度(25℃,150g,5s)	>20	25～70
软化点(℃)	>57	52～70
弹性恢复(25℃)(%)	>15	>18

与普通沥青相比,橡胶沥青的技术指标比较简单,测试方法与指标要求也有显著不同。一方面基质沥青质量要求中已经包含了一些指标,如蜡含量、闪点等;另一方面针入度、延度、溶解度等指标不适应橡胶沥青这种大颗粒存在的复合材料。对于橡胶沥青,其核心指标为黏度。黏度指标与基质沥青性质、胶粉掺量、生产工艺有密切相关性,这也是很多标准都对橡胶沥青的黏度进行规范的原因。另外,SHRP的高温性能指标对橡胶沥青也是有效的。

(2)我国橡胶沥青技术标准

原交通部公路科学研究院主编的《橡胶沥青及沥青混合料设计施工技术指南》中,橡胶沥青的技术标准见表6-16。

橡胶沥青技术指标 表 6-16

测试项目	寒区	温区	热区
基质沥青	110号、90号	90号、70号	70号、50号
180℃旋转黏度(Pa・s)	1.0～3.0	2.0～4.0	2.5～5.0
25℃针入度(0.1mm)	60～100	40～80	30～70
软化点(℃)	>50	>58	>65
弹性恢复(%)	>50	>55	>60
5℃延度(cm)	>10	>10	>5

北京市橡胶沥青技术要求见表6-17。

橡胶沥青技术要求　　表 6-17

技术指标	单位	技术要求
180℃旋转黏度	Pa·s	1.0～4.0
针入度(25℃)	0.1mm	40～80①
软化点(环球法)	℃	>47/56②
弹性恢复	%	>55
延度(5℃)	cm	>10
薄膜烘箱试验残留物		
质量损失	%	<0.4
25℃针入度比	%	>80
软化点比	%	<110
5℃延度比	%	<40

注:①当采用 90 号基质沥青时,橡胶沥青的针入度为 60～80(0.1mm);当采用 70 号基质沥青时,橡胶沥青的针入度为 40～60(0.1mm)。

②当采用 90 号基质沥青时,橡胶沥青的软化点要求大于 47℃;当采用 70 号基质沥青时,橡胶沥青的软化点要求大于 56℃。

天津市颁布的《天津市废轮胎胶粉改性沥青路面技术规程》(DB/T 29-161—2006)中,废轮胎胶粉改性沥青技术指标见表 6-18。

废轮胎胶粉改性沥青技术指标　　表 6-18

测试项目		CRM-I	CRM-II	CRM-III
175℃动力黏度(Pa·s)		1.0～4.0	1.0～4.0	1.0～4.0
25℃针入度(0.1mm)		60～85	50～65	40～60
软化点(℃)		≥55	≥60	≥55
弹性恢复(%)		≥75	≥75	≥70
5℃延度(cm)		≥30	≥20	≥10
闪点(℃)		≥230	≥230	≥230
离析试验,软化点差(℃)		≤2.5	≤2.5	≤2.5
薄膜烘箱老化	质量损失(%)	≤1.0	≤1.0	≤1.0
	25℃针入度比(%)	≥60	≥65	≥60
	5℃延度(cm)	≥20	≥10	≥5

上海市地方规范提出橡胶沥青的主要技术指标为:黏度、弹性恢复、针入度、软化点与延度,上海地区的橡胶沥青技术标准见表 6-19。

橡胶沥青技术要求　　表 6-19

技术指标	单位	技术要求	试验方法
180℃旋转黏度	Pa·s	2.0～5.0	T 0625
针入度(25℃)	0.1mm	30～60	T 0604
软化点(环球法)	℃	>60	T 0606
弹性恢复	%	>60	T 0662
延度(5℃)	cm	>5	T 0605

6.2.3 橡胶沥青的生产

橡胶粉与沥青在高温条件下的搅拌过程中,橡胶粉主要发生溶胀、脱硫与降解两种变化。橡胶颗粒在沥青中的变化过程如图6-1所示。

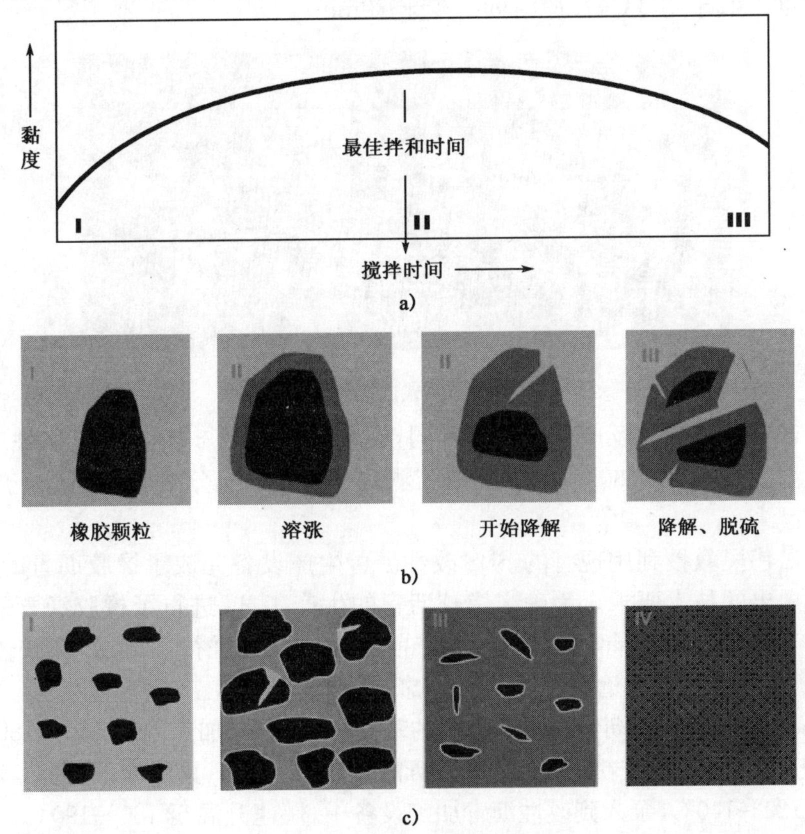

图6-1 橡胶沥青作用机理

a)橡胶沥青黏度变化规律;b)橡胶颗粒溶胀与降解过程;c)橡胶沥青微观结构变化过程

溶胀是一个物理变化过程,即橡胶粉颗粒吸收沥青中轻质油分而体积变大;脱硫与降解是一个化学变化过程,脱硫是指橡胶粉颗粒中C-S发生断裂,造成橡胶颗粒失去部分硫化橡胶的弹性而恢复部分天然橡胶的柔韧性;降解是指橡胶粉颗粒中C-C发生断裂,导致橡胶分子链断裂、分子量降低。

因此在制备橡胶沥青时,既要保证橡胶粉充分溶胀,又要避免橡胶粉发生严重的脱硫与降解,应寻求二者平衡点。

橡胶沥青的生产一般采用具有搅拌功能的专用设备。一般由搅拌罐与发育罐组成,在搅拌罐中完成胶粉、沥青以及添加剂按比例混合均匀,经过高速搅拌后泵送到发育罐。在发育罐中完成胶粉与沥青的充分反应而得到最终产品。

橡胶沥青生产设备从最初的固定式,发展到现在成为移动式橡胶沥青生产设备。国外移动式橡胶沥青生产设备如图6-2所示,目前国内一些生产厂家也开发了橡胶沥青生产设备。

橡胶沥青制备工艺中，搅拌时间、反应温度是核心控制参数，其中反应温度尤为关键。南非要求橡胶沥青的混合与反应温度为180～210℃，反应时间1～4h；澳大利亚要求反应温度不低于180℃，反应时间不少于1h；加利福尼亚州要求基质沥青的加热温度为204～226℃，反应温度190～218℃，反应时间至少45min。得克萨斯州规定基质沥青的加热温度为175～215℃，反应温度不低于163℃，反应时间不少于30min。

图6-2　国外移动式橡胶沥青生产设备

各地在生产橡胶沥青时反应温度不尽相同，反应温度主要与橡胶粉细度、性质、掺量有关。橡胶粉的脱硫温度为160～180℃，为保证橡胶颗粒在沥青中充分溶胀、反应，一般要求反应温度在180℃以上。

同济大学吕伟民教授利用现有的SBS改性沥青生产设备完成了橡胶沥青的生产，橡胶沥青性能满足所提出的技术要求。为确定橡胶沥青的生产工艺，进行了橡胶沥青的试生产。生产设备利用原有SBS改性沥青加工设备，生产前对原有设备进行了改造，在胶体磨旁加装了管线，使橡胶沥青不经过胶体磨直接进入发育罐，如图6-3所示。

根据室内研究结果，橡胶沥青试生产采用的基本参数如下：加热温度180～185℃，搅拌时间90～100min；胶粉采用60目胶粉；胶粉掺量为沥青质量的15%。具体如下：将AH-70沥青在基质罐中加热到120～140℃，泵入到改性沥青加工设备中，快速升温至180～190℃。将60目橡胶粉缓慢、逐步加入到沥青中，在180～190℃条件下搅拌90min。橡胶粉投放设备如图6-4所示。

图6-3　橡胶沥青生产设备

图6-4　橡胶粉及其投放装置

橡胶粉采用自动送料机缓慢、分批加入。加入橡胶粉过程中，有部分橡胶粉浮于沥青表面，并聚集在搅拌叶片中心轴处。为加快橡胶粉的分散，开动高速剪切机后，橡胶粉可快速分散于沥青中。待橡胶粉全部投放后，关闭高速剪切机，仅采用叶片搅拌，整个搅拌时间为90min。检测生产的橡胶沥青，其技术指标满足规范要求。

6.2.4 橡胶沥青混合料材料设计方法与性能要求

湿法橡胶沥青混合料是指采用橡胶沥青作为结合料与集料加热拌和而得到的一种沥青混合料。湿法橡胶沥青混合料设计的主要问题是选择何种级配来适应黏度大且包含大量橡胶颗粒的橡胶沥青结合料。

橡胶沥青混合料设计中的核心问题是级配的选择。由于橡胶沥青的黏度较大而且存在相对较大的颗粒，在矿料表面形成较厚的油膜，因此适合应用于间断级配、开级配形式的混合料。特别是胶粉掺量较大时，不适合应用于连续级配沥青混合料。如美国亚利桑那州采用粗集料含量很多、细集料和矿粉含量很少的开级配；佛罗里达州使用密级配和开级配两种，开级配FC-5的最大公称粒径为12.5mm，胶粉用量为12%以上，而密级配FC-6有9.5mm和12.5mm两种最大公称粒径，胶粉用量为5%以上；得克萨斯州采用开级配和SMA级配。美国与南非橡胶沥青混合料级配见表6-20。

美国与南非橡胶沥青混合料级配 表6-20

筛孔	亚利桑那		佛罗里达州			得克萨斯州	南　非	
	间断级配	开级配	开级配	密级配	密级配	开级配	半开级配	全开级配
19mm	100	100	100	100	100	100	100	100
12.5mm	80～100	—	85～100	100	90～100	95～100	70～100	90～100
9.5mm	65～85	—	55～75	90～100	<90	50～80	50～82	30～50
4.75mm	28～42	20～45	15～25	<90	—	0～8	16～38	10～20
2.36mm	14～22	4～8	5～10	32～67	32～58	0～4	8～22	8～14
0.075mm	0～2.5	0～2.5	2～4	2～10	2～10	0～4	1～4	2～6

Texas州曾采用橡胶沥青拌制OGFC沥青混合料，混合料采用Superpave设计方法，设计空隙率18%，结合料用量为8.5%～9.5%。尽管橡胶沥青用量比一般改性沥青用量多2%～4%，但是混合料未发生析漏。实体工程表明这种混合料具有较好的抗松散能力和抗反射裂缝性能。

原交通部公路科学研究院出版的《橡胶沥青及沥青混合料设计施工技术指南》中，湿法橡胶沥青混合料密级配与开级配推荐级配范围见表6-21与表6-22。

密级配橡胶沥青混合料推荐级配 表6-21

级配类型	通过下列筛孔(mm)的质量百分率(%)											
	26.5	19	16	13.2	9.5	7.2	4.75	2.36	1.18	0.6	0.3	0.15	0.075
ARHM20	100	90～100	77～88	64～76	47～59	—	25～35	18～27	14～21	10～7	7～13	5～10	4～8
ARHM16	—	100	95～100	77～85	54～64	—	25～35	19～28	15～22	11～18	9～14	7～11	5～9
ARHM13	—	—	100	95～100	62～71	—	25～35	20～28	15～23	12～19	10～15	8～12	6～10
ARHM10	—	—	—	100	95～100	56～66	25～35	20～28	15～23	12～19	10～15	8～12	6～10
ARHM7	—	—	—	—	100	95～100	58～68	25～35	19～28	15～22	12～18	9～14	7～11
ARHM5	—	—	—	—	—	100	95～100	25～35	20～28	16～23	13～18	10～15	8～12

开级配橡胶沥青混合料推荐级配

表 6-22

级配类型	通过下列筛孔(mm)的质量百分率(%)											
	19	16	13.2	9.5	7.2	4.75	2.36	1.18	0.6	0.3	0.15	0.075
ARHM16-O	100	95～100	71～80	43～55	—	15～25	6～18	3～14	1～10	1～7	0～5	0～4
ARHM13-O	—	100	95～100	52～64	—	15～25	10～19	6～15	4～11	2～9	2～7	1～5
ARHM10-O	—	—	100	95～100	45～57	15～25	10～19	6～15	4～11	2～9	2～7	1～5
ARHM7-O	—	—	—	100	95～100	48～60	15～25	10～19	7～14	4～11	3～8	2～6
ARHM5-O	—	—	—	—	100	95～100	15～25	10～19	7～14	4～11	3～8	2～6

《橡胶沥青及沥青混合料设计施工技术指南》提出了橡胶沥青混合料配合比设计要求及性能验收要求。橡胶沥青混合料配合比设计采用马歇尔试验方法，设计要求见表 6-23，橡胶沥青混合料矿料间隙率(VMA)宜符合表 6-24 的要求。

橡胶沥青混合料马歇尔试验技术要求

表 6-23

技术指标	密级配橡胶沥青混合料	开级配橡胶沥青混合料
马歇尔击实次数(次)	75	75
稳定度(kN)	>7	>5
设计空隙率(%)	3～5	18～24
沥青饱和度(%)	70～85	-

橡胶沥青混合料矿料间隙率要求

表 6-24

集料公称最大粒径(mm)	31.5	26.5	19	16	13.2	9.5
VMA(%)	≥11.5	≥12.0	≥13.0	≥13.5	≥14.0	≥15.0

对于橡胶沥青混合料高温稳定性要求，以车辙试验为标准，具体技术指标见表 6-25。橡胶沥青混合料的水稳定性要求与低温抗裂性要求分别见表 6-26 与表 6-27。同时要求橡胶沥青混合料的线膨胀量不大于 1%，当用作上面层时，构造深度不小于 0.65mm，渗水系数不大于 100mL/min。

橡胶沥青混合料高温稳定性要求

表 6-25

交通等级	层位	上面层	中面层	下面层
轻交通	动稳定度(次/mm)	2 000	1 200	800
	相对变形(%)	15	15	20
中等交通	动稳定度(次/mm)	2 500	1 500	1 000
	相对变形(%)	10	10	15
重载交通	动稳定度(次/mm)	3 000	2 000	1 500
	相对变形(%)	5	10	10
特重交通	动稳定度(次/mm)	4 000	2 500	2 000
	相对变形(%)	3	5	10

橡胶沥青混合料水稳定性技术要求　　表 6-26

气候条件与技术指标	相应于下列气候分区的技术要求（%）				试验方法
年降雨量(mm)及气候分区	＞1000	500～1000	250～500	＜250	
	潮湿区	湿润区	半干区	干旱区	
浸水马歇尔试验残留稳定度(%)不小于					
普通沥青混合料	80		75		T 0709
改性沥青混合料	85		80		
冻融劈裂试验的残留强度比(%)不小于					
普通沥青混合料	75		70		T 0729
改性沥青混合料	80		75		

橡胶沥青混合料低温抗裂性技术要求　　表 6-27

气候条件与技术指标	相应于下列气候分区所要求的破坏应变(με)									试验方法
年极端最低气温(℃)及气候分区	＜−37.0		−37.0～−21.5			−21.5～−9.0		＞−9.0		
	1. 冬严寒区		2. 冬寒区			3. 冬冷区		4. 冬温区		
	1-1	2-1	1-2	2-2	3-2	1-3	2-3	1-4	2-4	
改性沥青混合料　με 不小于	3 000		2 800			2 500				T 0728

江苏省交通科学研究院借鉴吸收美国橡胶沥青混合料级配设计思路，结合工程应用经验，提出 AR-AC13S 的级配范围，见表 6-28，橡胶沥青混合料的技术要求见表 6-29。

AR-AC13S 推荐级配范围　　表 6-28

AR-AC13S	下列筛孔(mm)的通过百分率(%)					
	16	13.2	9.5	4.75	2.36	0.075
级配上限	100	100	70	35	22	7
级配下限	100	90	50	18	10	0

间断级配橡胶沥青混合料 AR-AC13S 技术标准　　表 6-29

试验项目		技术标准
马歇尔试验指标	击实次数(次)	两面各 75 次
	稳定度(kN)	≥5.0
	流值(0.1mm)	20～50
	空隙率(%)	5.5±1.0
	沥青饱和度(%)	70～85
	矿料间隙率 VMA (%)	≥20.0
性能验证指标	浸水残留稳定度(%)	≥85
	冻融残留强度比(%)	≥80
	车辙试验动稳定度(次/mm)	≥3 000
	弯曲破坏应变(με)	≥2 000

天津市颁布的《天津市废轮胎胶粉改性沥青路面技术规程》(DB/T 29—161—2006)中规定废轮胎橡胶粉改性沥青混合料配合比设计采用马歇尔试验方法,设计指标见表6-30。

废轮胎橡胶粉改性沥青混合料配比设计指标 表6-30

测试项目		单位	密级配混合料	开级配混合料
马歇尔击实次数(双面)		次	75	50
试件尺寸		mm	ϕ101.6×63.5	
空隙率	深90mm以内	%	3~5	>15
	深90mm以下	%	3~6	
稳定度		kN	8	5
流值		mm	2~4	—
饱和度		%	65~75	—
析漏损失		%	—	<0.3
肯特堡飞散损失		%	—	<20

废轮胎橡胶粉改性沥青混合料高温稳定性要求见表6-31,其中重交通是指设计交通量在1 000万辆以上的路段,长大纵坡按重载交通路段考虑。

废轮胎橡胶粉改性沥青混合料高温性能要求 表6-31

交通等级	技术指标	上面层
一般交通路段	动稳定度(次/mm)	>2 500
	相对变形(%)	<5
重交通路段	动稳定度(次/mm)	>3 000
	相对变形(%)	<5

废轮胎橡胶粉改性沥青混合料水稳定性技术要求见表6-32。废轮胎橡胶粉改性沥青混合料低温性能要求低温弯曲试验的破坏应变大于2 500$\mu\varepsilon$。

废轮胎橡胶粉改性沥青混合料水稳定性技术要求 表6-32

级配类型	技术指标	表面层	中下面层
密级配混合料	残留稳定度(%)	>85	>80
	冻融疲劳强度比(%)	>75	>70
	沥青与石料黏附性	4级	4级
开级配混合料	浸水磨耗率(%)	<12	—
	冻融磨耗率(%)	<16	—
	沥青与石料黏附性	4级	4级

北京市橡胶沥青混合料设计与性能要求符合原交通部公路科学研究院出版的《橡胶沥青及沥青混合料设计施工技术指南》相关规定。

上海市《橡胶沥青路面技术规范》规定橡胶沥青可用于间断级配的沥青混合料,其中AR-AC级配与原交通部公路科学研究院《橡胶沥青及沥青混合料设计施工技术指南》相类似,同时橡胶沥青也可用于SMA与OGFC级配。橡胶沥青混合料级配范围分别见表6-33~表6-35。

密级配橡胶沥青混合料 AR-AC 的设计级配范围 表 6-33

级配类型	通过下列筛孔(mm)的质量百分率(%)											
	26.5	19	16	13.2	9.5	4.75	2.36	1.18	0.6	0.3	0.15	0.075
AR-AC20	100	90～100	75～88	62～76	45～59	24～35	17～27	14～21	9～17	6～13	4～10	3～8
AR-AC16	—	100	95～100	75～85	54～62	24～35	18～28	14～22	10～18	7～14	6～11	3～8
AR-AC13	—	—	100	95～100	60～71	24-35	19-28	14～23	12～19	9～15	7～12	3～8
AR-AC10	—	—	—	100	95～100	24～35	19～28	14～23	12～19	9～15	7～12	3～8

橡胶沥青玛蹄脂碎石混合料 AR-SMA 的设计级配范围 表 6-34

级配类型	通过下列筛孔(mm)的质量百分率(%)										
	19	16	13.2	9.5	4.75	2.36	1.18	0.6	0.3	0.15	0.075
AR-SMA16	100	90～100	65～85	45～65	20～32	15～24	14～22	12～18	10～15	9～14	8～12
AR-SMA13	—	100	90～100	50～75	20～34	15～26	14～24	12～20	10～16	9～15	8～12
AR-SMA10	—	—	100	90～100	28～60	20～32	12～22	10～18	12～18	9～16	8～13

开级配橡胶沥青混合料 AR-OGFC 的设计级配范围 表 6-35

级配类型	通过下列筛孔(mm)的质量百分率(%)										
	19	16	13.2	9.5	4.75	2.36	1.18	0.6	0.3	0.15	0.075
AR-OGFC16	100	95～100	71～80	43～55	15～25	6～18	3～14	1～10	1～7	0～5	0～4
AR-OGFC13	—	100	95～100	52～64	15～25	10～19	6～15	4～11	2～9	2～7	1～5
AR-OGFC10	—	—	100	95～100	30～50	15～32	6～18	4～14	3～10	2～6	0～3

橡胶沥青混合料的配合比设计可采用马歇尔试验方法进行。橡胶沥青混合料的技术要求应符合表 6-36 的规定。

橡胶沥青混合料马歇尔试验技术指标 表 6-36

技术指标	单位	密级配混合料 AR-AC	橡胶沥青玛蹄脂 AR-SMA	开级配混合料 AR-OGFC
马歇尔试件击实次数	次	双面各 75	双面各 50①	双面各 50
马歇尔试件尺寸	mm	ϕ101.6×63.5	ϕ101.6×63.5	ϕ101.6×63.5
空隙率	%	3～5	3～5	15～22
稳定度	kN	≥7	≥6	≥4.5
沥青饱和度	%	70～85	75～85	—
矿料间隙率	%	≥13	≥17	—
析漏损失	%	—	≤0.1	≤0.3
肯特堡飞散损失	%	—	≤15	≤15

注:①重载道路时,击实次数宜为双面各 75 次。

橡胶沥青混合料采用车辙试验检验其高温稳定性,高温稳定性技术要求应符合表 6-37 的规定。采用浸水马歇尔试验和冻融劈裂试验检验橡胶沥青混合料的水稳定性,橡胶沥青混合料的水稳定性能技术要求应符合表 6-38 的规定。采用低温弯曲试验检验橡胶沥青混合料的低温性能,其低温弯曲试验的破坏应变宜大于 2 500$\mu\varepsilon$。

橡胶沥青混合料高温稳定性技术要求

表 6-37

交通等级	结构层位	动稳定度(次/mm)
轻、中	上	≥2 000
	中、下	≥1 500
重	上、中	≥3 500
	下	≥2 000
特重	上、中	≥5 000
	下	≥3 000

橡胶沥青混合料水稳定性能技术要求

表 6-38

技术指标	单位	上面层	中、下面层
马歇尔残留稳定度	%	≥85	≥80
冻融劈裂强度比	%	≥80	≥75

6.3 干法橡胶沥青路面

干法橡胶沥青路面是采用较粗的橡胶颗粒替代部分细集料，生产过程中直接将废轮胎橡胶粉加入集料中，然后喷入热沥青拌制成橡胶沥青混凝土，铺筑而成的橡胶沥青路面。干法橡胶沥青路面也称为橡胶砂沥青路面。

6.3.1 橡胶颗粒技术要求

干法橡胶沥青混合料中的橡胶颗粒是以集料的形式存在的，因此，橡胶颗粒自身的级配组成对混合料的级配组成和最终混合料的性能有影响。国外最早出现的商品化的橡胶砂材料为PlusRide，提出了橡胶颗粒的级配组成要求如表 6-39 所示。作为集料一种的橡胶颗粒其最大尺寸不应超过 6.3mm，主要的粒径为 2.00～4.76mm。

PlusRide 规范级配要求

表 6-39

筛孔尺寸(mm)	PlusRide 规范通过率(%)	筛孔尺寸(mm)	PlusRide 规范通过率(%)
6.3	100	2.00	28～42
4.76	76～100	0.85	16～24

通过在美国、南非和其他国家的研究发现，采用了 PlusRide 级配的橡胶颗粒加入混合料中后，混合料容易出现压实不够，回弹率过高的情况。分析认为，由于橡胶颗粒的尺寸过大使得对于原有粗集料的骨架结构干涉过大；同时橡胶颗粒的粒径过多也是一个原因，容易在橡胶颗粒之间形成比较弱的骨架结构，从而导致难以压实和膨胀率较高的情况。

为此研究中，在 PlusRide 的规范的级配基础上，通过室内试验分析了几种不同的橡胶砂级配对混合料性能的影响。试验分析采用了如下几种橡胶的颗粒级配，如表 6-40 所示。

试验采用的橡胶颗粒级配组成　表6-40

筛孔尺寸(mm)	1号(%)	2号(%)	3号(%)
4.75	100	100	100
2.36	50	30	15
1.18	25	15	3

所采用的混合料级配为SMA-13,其级配范围如表6-41所示。

SMA-13级配范围　表6-41

SMA-13	通过下列筛孔(mm)的质量百分率									
	16.0	13.2	9.5	4.75	2.36	1.18	0.6	0.3	0.15	0.075
上限	100	100	75	34	26	24	20	16	15	12
下限	100	90	50	20	15	14	12	10	9	8

从膨胀率、空隙率、飞散等几个方面对不同的级配进行了比较分析。

(1)膨胀率

橡胶沥青混合料在脱模前后的高度会发生变化,导致体积出现膨胀(图6-5)。

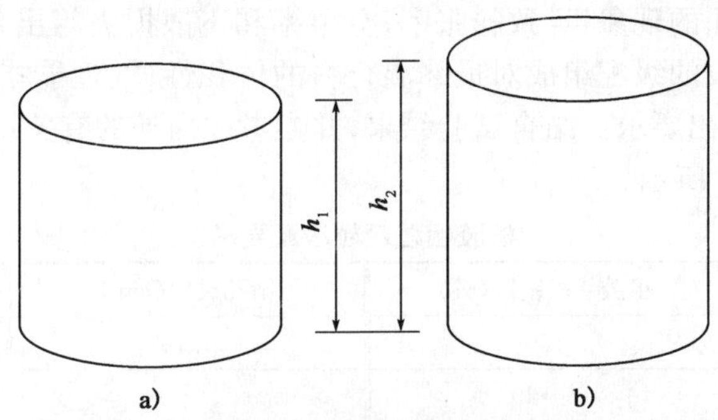

图6-5 试件成型以后与冷却脱模后高度的变化
a)成型后;b)脱模后

膨胀率为脱模以后试件的高度与成型后试件的高度变化的百分率,公式如下所示:

$$S=\frac{h_2-h_1}{h_1}\times 100 \tag{6-1}$$

式中:S——膨胀率(%);

h_1——成型后试件高度(mm);

h_2——脱模后试件高度(mm)。

图6-6为橡胶颗粒级配和膨胀率的关系

从图6-6中不难看出,采用3号级配具有最小的体积膨胀率,其体积膨胀率仅为1.4%,而1号级配混合料的体积膨胀率达到4.5%。说明橡胶砂颗粒的级配组成对混合料的膨胀率具有很大的影响。

(2)空隙率

图6-7为三种橡胶砂级配的混合料空隙率。可以看出,与膨胀率的规律类似,3号级配橡胶砂混合料的空隙率为4.8%,而1号级配橡胶砂混合料的空隙率为9.8%。膨胀率与空隙率

之间存在很直接的关系，一旦膨胀率增大，则导致混合料体积变大，从而使得混合料的空隙率随之变大。

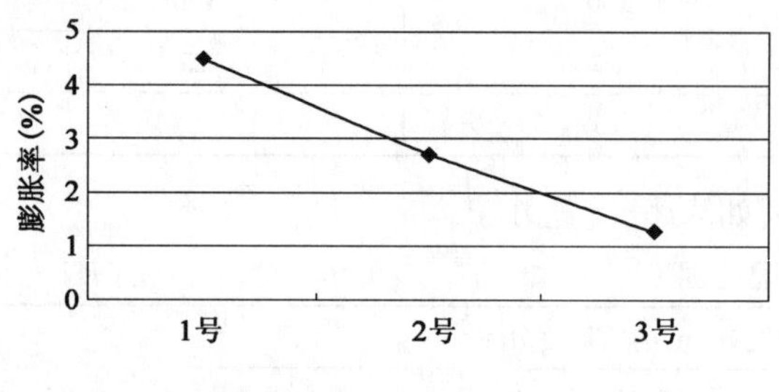

图 6-6 橡胶颗粒级配和膨胀率的关系

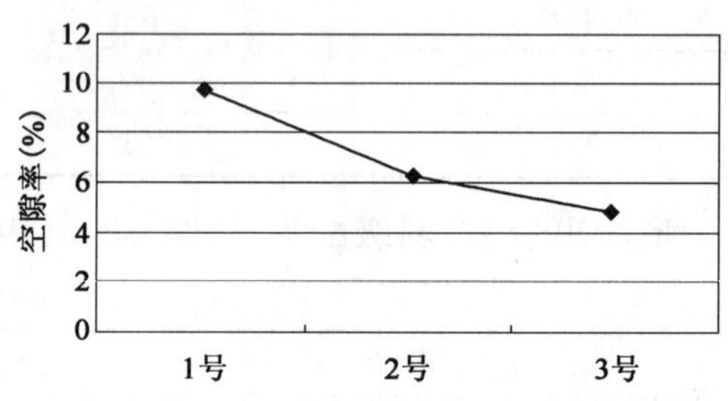

图 6-7 橡胶颗粒级配和空隙率的关系

(3)飞散损失

采用磨耗仪测试混合料的飞散损失。结果发现，具有最小空隙率和最小体积膨胀率的混合料的飞散损失也最小，仅为 6.2%；而具有最大空隙率和最大体积膨胀率的混合料的飞散损失最大，达到 16.5%。

造成这种特性的原因，可以认为当橡胶的粒径组成为多级时，相互间的干涉比较严重；级配较细时，容易出现结团的现象，导致膨胀率、空隙率和飞散损失等出现较大的增加。综合以上的试验分析，说明橡胶的级配组成对最终混合料的体积性质、性能指标具有较大的影响，必须对橡胶的级配组成提出要求。结合试验结果，并参考国内外的有关规范，提出橡胶砂颗粒的建议级配范围如表 6-42 所示。

橡胶颗粒颗粒级配要求　　表 6-42

筛孔尺寸(mm)	橡胶级配范围(%)	筛孔尺寸(mm)	橡胶级配范围(%)
4.75	100	1.18	0～10
2.36	5～20		

提出如表 6-43 所示的路用干法橡胶颗粒的技术要求。

路用橡胶技术要求　　表 6-43

项　目	技术要求	项　目	技术要求
细长扁平含量(%)	不大于 10	弹性模量(MPa)	不小于 10
硬度(度)	不小于 55	级配组成	4.75mm 筛孔通过率：100 2.36mm 筛孔通过率：5～20 1.18mm 筛孔通过率：0～10

6.3.2 干法橡胶沥青混合料级配选择

橡胶颗粒在沥青中会出现溶胀现象，因此在混合料成型后会出现一定程度的膨胀。根据美国的使用经验，在通车以后，橡胶沥青混凝土还会出现膨胀，导致路面的损坏。因此，在进行干法橡胶沥青混凝土配合比设计时，选择的级配应为给橡胶颗粒的溶胀和使用过程中的继续膨胀提供空间。否则，橡胶的膨胀会导致沥青混凝土的松散，在荷载作用下由于空隙率减小容易出现车辙。

根据研究资料对橡胶沥青混凝土配合比设计的研究，有以下几点结论：

(1)废旧轮胎橡胶沥青与密级配拌制的混合料，很可能不容易压密，选择间断级配似乎有助于解决废旧轮胎橡胶沥青施工不易的问题。

(2)密级配的废旧轮胎橡胶沥青混凝土，击实成型后摆放在60℃的烘箱内5d，就会有约1.7%的体积增加量，很可能是因为废旧轮胎粉末与沥青间的交互作用而产生的体积膨胀，这种试件内部胶泥的体积变化，很可能使得骨架结构被挤开而导致混合料失稳。

(3)在间断级配的混合料试件中，也同样发生胶泥的体积膨胀，但由于间断级配具有较大的矿料间隙率，使得胶泥的体积变化不会影响主骨架结构，不会造成试件体积的明显变化。

(4)从抗水损害试验的比较分析结果可以看出，间断级配混合料的抗水损坏能力要明显高于连续密级配的混合料。

(5)考虑到废旧轮胎橡胶颗粒可能产生的压实后的膨胀作用、废旧轮胎橡胶沥青的施工难度以及间断级配对工作性和抗水损害的帮助，应采用间断级配与废旧轮胎橡胶沥青的组合。

从而，传统的悬浮密实型级配不再适合于干法橡胶沥青混凝土。必须选择具有良好骨架结构的、充分的矿料间隙率的混合料级配类型。作为骨架密实型级配的代表，SMA沥青混合料无疑是采用橡胶颗粒的合理选择。因此，采用SMA的级配类型进行干法橡胶沥青混凝土的级配设计。

干法橡胶沥青混合料级配范围如表6-44和图6-8所示。

干法橡胶沥青混合料级配范围 表6-44

筛孔(mm)	建议上限(%)	建议下限(%)	筛孔(mm)	建议上限(%)	建议下限(%)
16.0	100	100	1.18	14	24
13.2	90	100	0.6	12	20
9.5	50	75	0.3	10	16
4.75	24	32	0.15	9	15
2.36	24	32	0.075	8	12

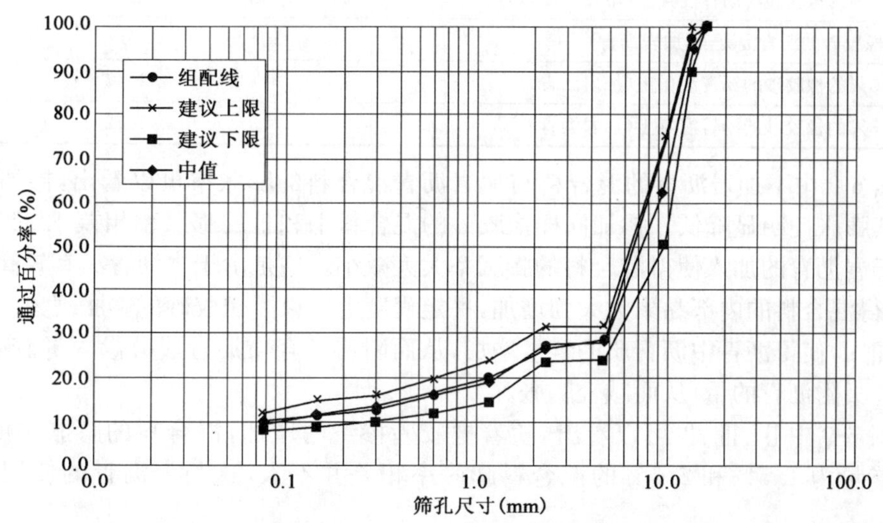

图6-8 干法橡胶沥青混合料级配范围

在不同的橡胶颗粒掺量条件下，沥青混合料的最佳油石比见表6-45。通过试验结果可以发现，级配选取不当极容易导致橡胶颗粒混合料设计的失败。因此，需要在混合料设计开始阶段就根据石料的颗粒组成选择合理的级配。

试验结果汇总　　表6-45

混合料组成	油石比（%）	空隙率（%）	稳定度（kN）	动稳定度（次/mm）	水稳定性 TSR（%）	析漏率（%）	飞散损失率（%）
1.5%橡胶砂不加岩沥青	6.5	4.1	9.5	4 814	94.6	0.09	3.8
不加橡胶砂加8%岩沥青	6.3	4.2	16.9	10 321	88.4	0.07	4.5
1.5%橡胶砂加8%岩沥青	6.5	4.0	16.9	5 331	90.9	0.09	6.1
2.5%橡胶砂加8%岩沥青	6.7	4.1	14.2	4 641	90.5	0.11	8.6

从表6-45可以看出，岩沥青的加入可以有效提高沥青混合料的稳定度和动稳定度，改善混合料的高温稳定性；加入橡胶砂后，需要适当提高油石比，混合料的性能仍然满足现行沥青路面施工技术规范的要求，但混合料的动稳定度以及飞散损失率均有所降低。

橡胶砂的加入会导致混合料的体积膨胀现象，从而使得混合料的最终空隙率偏大，并且导致现场混合料难以压实。空隙率变大的结果就会导致混合料性能降低，尤其是混合料的水稳定性降低、路面渗透性加大，从而极易导致路面的早期损害，使得橡胶砂路面铺筑失败。在国外早期应用干拌法的试验路段，由于没有对橡胶砂在混合料内部的溶胀问题给予足够的重视，而导致失败的例子较多。为此，需要对橡胶砂混合料在不同橡胶砂掺量下的体积膨胀规律进行研究，并结合路面对混合料空隙率的要求，提出膨胀的控制指标。

利用旋转压实仪成型试件来对其膨胀性进行进一步的研究。油石比均采用各自的最佳油石比，进行混合料膨胀试验的环境温度为35℃，不同橡胶砂掺量的混合料的膨胀值见表6-46。

混合料膨胀试验结果　　表6-46

不同橡胶砂混合料类型	膨胀率（%）
Ⅰ.掺加1.5%的橡胶砂的沥青混凝土（不加岩沥青）	2.79
Ⅱ.不掺加橡胶砂的沥青混凝土（加岩沥青）	0
Ⅲ.掺加1.5%的橡胶砂的沥青混凝土（加岩沥青）	1.47
Ⅳ.掺加2.5%的橡胶砂的沥青混凝土（加岩沥青）	1.72

对比图6-9中不加岩沥青的混合料与加岩沥青混合料的膨胀率可以看出，掺加了岩沥青的混合料其膨胀性明显降低。掺加同样橡胶砂的混合料Ⅰ和Ⅲ的膨胀率相差1.32%，可以认为正是由于岩沥青的加入使得混合料的膨胀率大大减小。这是由于岩沥青具有较高的附着能力，从而使得混合料的内部黏聚力大为增加，一定程度上约束了橡胶砂的膨胀现象。并且由于岩沥青的加入，使得沥青中沥青质的含量增加，从而阻碍了轻质沥青成分渗入橡胶砂中，也减缓了橡胶砂吸附沥青的量，从而减轻膨胀。

比较图6-9中Ⅱ、Ⅲ、Ⅳ可以看出，随着橡胶砂掺量的增加，混合料的膨胀率明显增加，但橡胶砂掺量为1.5%和2.5%的混合料膨胀率相差并不大，这与岩沥青的使用有较大的关系。

不同温度条件下干法橡胶沥青混合料试验结果绘成图6-10。

从图 6-10 中可以看出：

（1）比较不同温度下的橡胶砂沥青混凝土的膨胀率可以看出，温度对橡胶砂混凝土的膨胀具有明显的影响。在温度较高时，橡胶砂沥青混凝土具有较高的体积膨胀率。这是由于温度较高时，沥青的黏度较低，更容易与橡胶砂颗粒出现物理交换作用，渗入橡胶砂颗粒的空间结构中去，导致橡胶砂颗粒出现溶胀，从而导致橡胶砂沥青混凝土出现更加明显的体积膨胀。

（2）不同温度下，橡胶砂沥青混凝土的体积膨胀规律也有所不同。高温下，橡胶砂沥青混凝土的体积随着时间的延长持续膨胀，但基本一个星期以后这种膨胀现象接近稳定。橡胶砂含量越高，体积膨胀的持续时间越长。而较低温度下，体积膨胀随着时间的变化没有增长，保持稳定。

（3）橡胶砂掺量对沥青混凝土的体积膨胀率影响比较显著，橡胶砂掺量越高，其体积膨胀率也越高，并且膨胀持续的时间也越长。

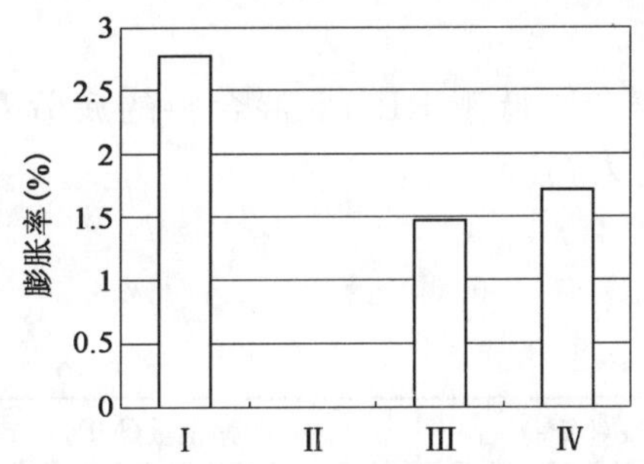

图 6-9 不同橡胶砂掺量混合料的膨胀规律

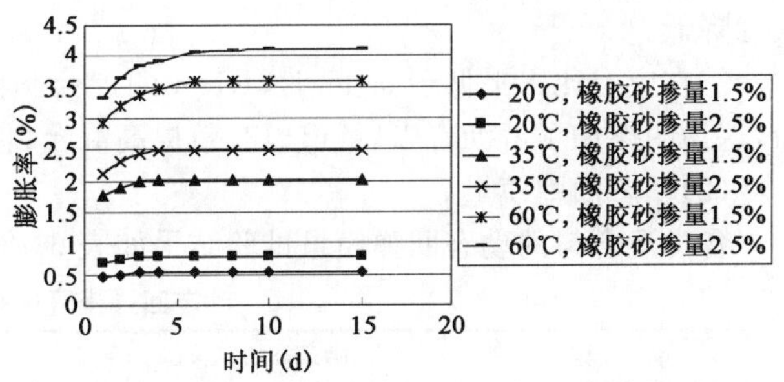

图 6-10 不同温度条件下膨胀率随时间变化曲线

混合料的体积膨胀对混合料的性能有较为直接的影响。不掺加橡胶砂时，混合料没有体积膨胀，此时混合料的抗车辙能力最强、水稳定性最好、抗飞散的能力也很强；而掺加橡胶砂以后，由于混合料出现体积膨胀，使得这几方面的性能有所降低，并且随着体积膨胀的增加，性能逐步降低。所以必须要控制混合料的体积膨胀，即需要控制混合料的橡胶砂掺量。

考虑到沥青路面施工时，往往环境温度较高，从不利情况考虑，以 35℃下的混合料的体积膨胀率作为评价依据。根据膨胀率随时间的变化规律可以看出，一般在两天以后混合料的膨胀已经基本完成，所以膨胀率的确定条件是 35℃条件下，混合料放置两天以后。

由于 2.5％的橡胶砂掺量已经接近于混合料允许的膨胀率，因此可以得出如下的结论。

（1）对于橡胶砂应该掺加一定比例的岩沥青，利用其高沥青质含量和高黏附力来增加混合料的黏附性，抑制膨胀。

（2）橡胶砂的掺量不应超过 2.5％，宜控制在 2.0％以内。

根据试验结果，结合路面空隙率的要求，提出橡胶砂混凝土的膨胀率控制标准为 2％。超过该数值，就应减小橡胶砂掺量，或者增加岩沥青的掺量。

6.3.3 干法橡胶沥青混合料性能分析

四种比选方案如表 6-47 所示。分别测定干法橡胶沥青混合料的疲劳性能、动态回弹模量与变形特性。

初步拟定的四种试验方案　表 6-47

方　案	沥　青	橡胶砂掺量(%)	最佳油石比(%)	级配类型	方案简称
I	普通改性沥青	1.5	6.5	SMA	R1.5
II	SBS 改性沥青加 8%岩沥青	0	6.3	SMA	RR0
III	SBS 改性沥青加 8%岩沥青	1.5	6.5	SMA	RR1.5
IV	SBS 改性沥青加 8%岩沥青	2.5	6.7	SMA	RR2.5

(1)疲劳性能对比分析

将疲劳试验结果根据应力比绘成图形,可以更加清楚地进行不同混合料类型的疲劳寿命分析比较,结果如图 6-11 所示。

①在应力比水平低于 0.45 的情况下,RR0 与 RR1.5 的混合料疲劳寿命基本相当,这说明在橡胶砂掺量为 1.5%的情况下,混合料的疲劳寿命没有降低;RR2.5 的混合料疲劳寿命要远低于 RR1.5 的混合料疲劳寿命,这就说明随着橡胶砂掺量的持续增加,混合料的疲劳寿命将大为降低。

②在应力比水平低于 0.45 时,R1.5 的混合料疲劳寿命要低于 RR1.5 混合料的疲劳寿命,这说明掺加了岩沥青以后,可以有效提高混合料的疲劳寿命。

(2)动态回弹模量

各类混合料的动态回弹模量试验结果如表 6-48 所示。

动态回弹模量试验结果　表 6-48

方　案	破坏荷载(kN)	破坏强度(MPa)	0.5P 回弹模量(MPa)
R1.5	22.78	2.90	3 802
RR0	49.68	6.33	4 654
RR1.5	35.43	4.51	4 524
RR2.5	37.48	4.77	3 996

将表 6-48 的模量试验结果绘成图形,如图 6-12 所示。

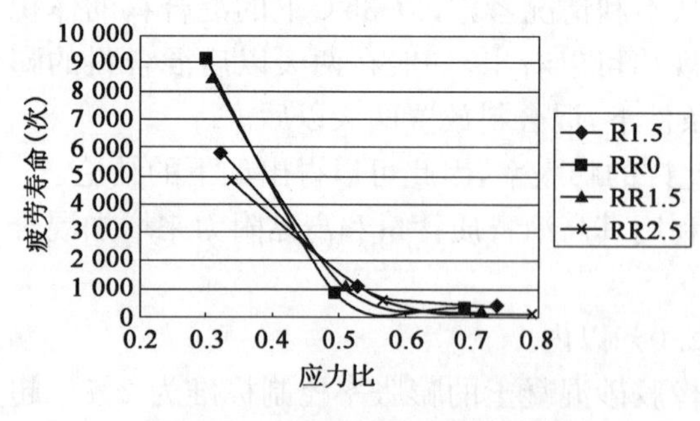

图 6-11　疲劳寿命与应力比的关系

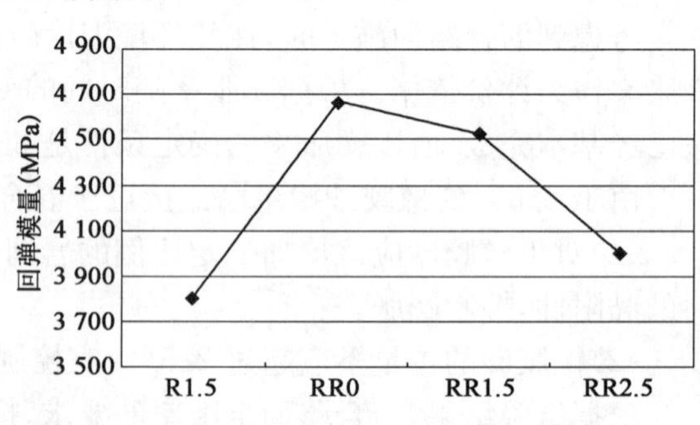

图 6-12　回弹模量试验结果

从图 6-12 可以看出:

①随着橡胶砂掺量的增加,混合料回弹模量逐渐降低,当橡胶砂掺量超过 1.5%时,回弹模量加速降低。

②在同样橡胶砂掺量的情况下,掺加岩沥青的混合料相对于不掺加岩沥青的混合料,回弹

模量有比较明显的增加。

(3)干法橡胶沥青混合料变形特性

沥青混合料的变形特性是通过沥青混合料的蠕变曲线来反映的。四种混合料的蠕变曲线如图 6-13～图 6-16 所示。

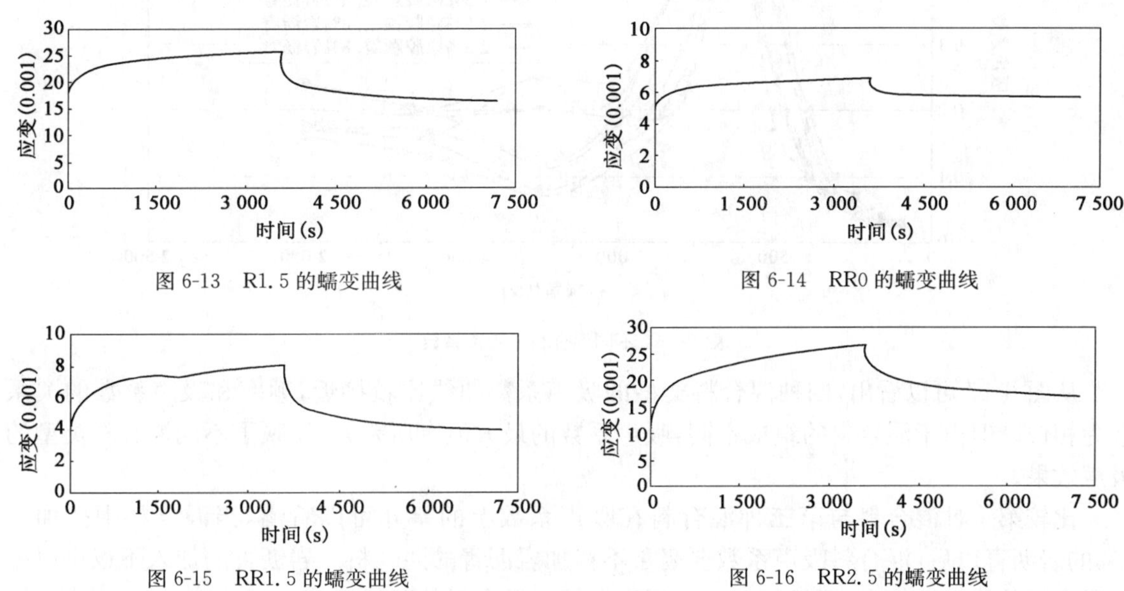

图 6-13　R1.5 的蠕变曲线

图 6-14　RR0 的蠕变曲线

图 6-15　RR1.5 的蠕变曲线

图 6-16　RR2.5 的蠕变曲线

从蠕变曲线上可以看出,方案 RR0 塑性变形后的弹性恢复较少,三种掺加橡胶砂的方案均有较大的弹性恢复。

掺加橡胶砂的混合料具有类似的变形特性,只是由于各自抵抗变形能力的不同,在应变值上有所不同。随着橡胶掺量的增加,应变在增大,即劲度模量在降低,1.5%的橡胶掺量对劲度模量影响不大,2.5%的橡胶掺量劲度模量下降较大。

比较 R1.5 和 RR1.5 可以看出,掺加了岩沥青以后,无论是混合料的总变形量还是残余变形均大大降低。这就说明,掺加岩沥青以后,对混合料的抗永久变形能力的提高很有效。

比较 RR1.5 和 RR2.5 可以看出,当橡胶掺量继续加大以后,混合料的总的变形量和残余变形量均增加。这就说明,橡胶砂掺量存在一个合理的范围,超过这个范围以后,由于混合料设计存在的困难,反而会降低混合料的路用性能指标。

6.3.4　干法橡胶沥青混合料声学特性

橡胶砂具有较好的弹性性质,对声音具有良好的吸收和消散作用,对汽车的振动存在一定的缓冲。因此,橡胶砂沥青混凝土路面可以有效降低汽车噪声。研究橡胶砂混凝土的吸声作用和减振作用,通过室内的声学试验包括吸声系数和振动试验与现场噪声测试来进行验证和分析。

(1)吸声试验

工程实际中通常采用吸声系数来描述吸声材料和吸声结构的吸声能力,采用驻波管法测试垂直入射吸声系数。将测试结果汇成图,如图 6-17 所示。

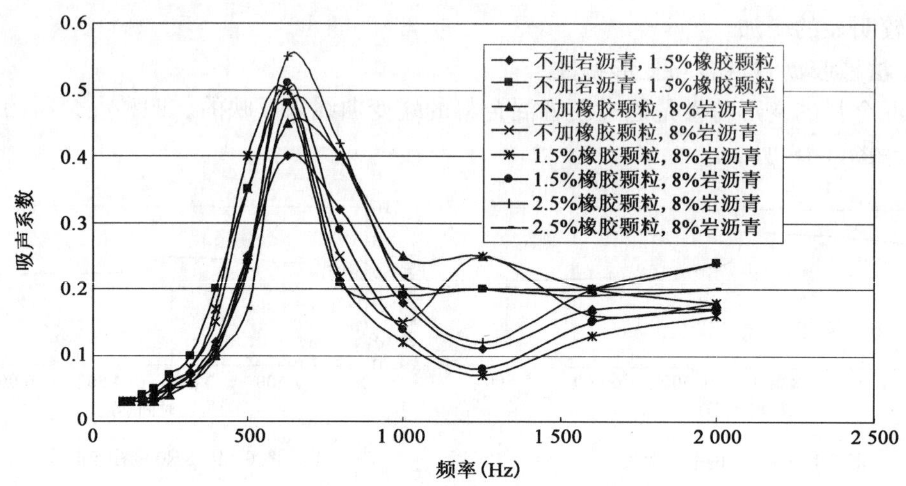

图 6-17 不同混合料的吸声系数

从图 6-17 可以看出,四种混合料类型的吸声系数曲线比较接近,频率和吸声系数的关系极为相似。但由于混合料的组成不同,吸声系数的最大值有所差异,反映了不同混合料类型的吸声效果。

比较第一种混合料与第三种混合料在吸声系数上的差异可以看出,当混合料中掺加了8%的岩沥青以后,混合料吸声系数要高于不掺加岩沥青的混合料。岩沥青的加入不仅可以提高混合料的抗车辙能力,而且可以一定程度上提高混合料的降噪性能。

比较第二种、第三种和第四种混合料的吸声系数可以看出,随着橡胶砂掺量的增加,吸声系数的最大值也在增加。说明橡胶砂的加入可以有效提高混合料吸声效率,起到较好的降噪效果。

(2)减振试验

对桑塔纳汽车轮胎分别在不同 SMA 路面上作垂直衰减振动,得出在不同沥青路面条件下轿车振动传递特性,从而对 SMA 路面的减振降噪性能有一个明确的评价。

试验得到的振动衰减曲线如图 6-18 所示,计算出的衰减比如表 6-49 所示,将表 6-49 的试验结果绘成图 6-19。

轮胎/沥青弹性路面系统振动衰减比 表 6-49

路面试件编号	沥 青 品 种	橡胶砂掺量(%)	最佳油石比(%)	级配类型	方案简称	衰减比
SMA01	普通改性沥青	1.5	6.5	SMA	R1.5	0.286
SMA02	SBS 改性沥青加 8%岩沥青	0	6.3	SMA	RR0	0.243
SMA03	SBS 改性沥青加 8%岩沥青	1.5	6.5	SMA	RR1.5	0.368
SMA04	SBS 改性沥青加 8%岩沥青	2.5	6.7	SMA	RR2.5	0.256

从图 6-19 可以看出:

①掺加了橡胶粉以后,沥青混合料的振动衰减比更大,从而具有较好的减振效果;但当橡胶砂掺量过高以后,其减振效果反而降低。

②从试验结果可以看出,岩沥青和橡胶砂具有基本相当的减振效果。

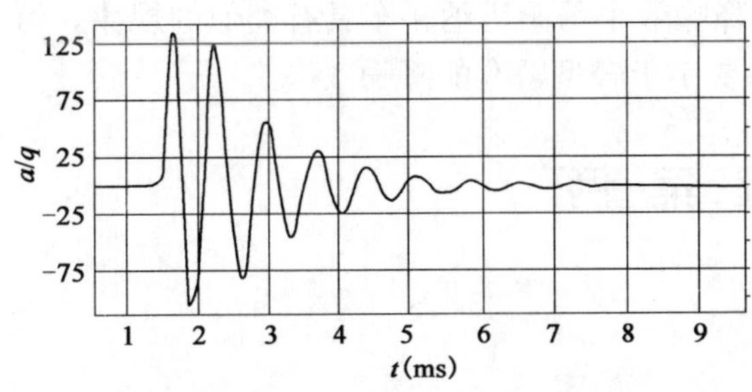

图 6-18 SMA 沥青路面振动衰减曲线

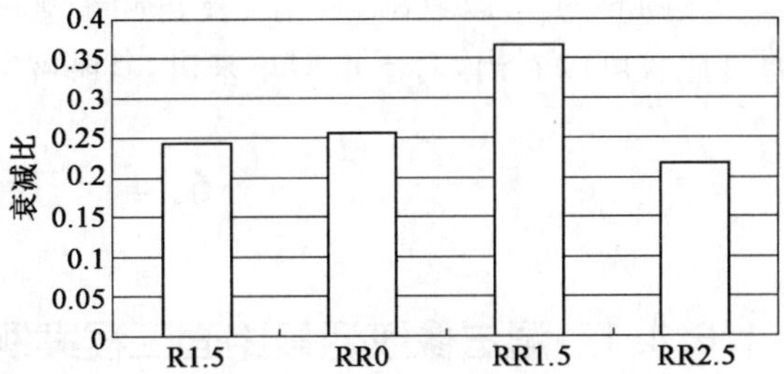

图 6-19 橡胶砂沥青混合料振动衰减特性

(3)现场噪声实测

在铺筑的橡胶砂沥青混合料试验路段和 SMA 非试验路段用噪声计进行噪声对比测试。测试选择在交通量较小的午夜进行，测试车辆 15t 自卸汽车两种车型，噪声计的高度为 1.2m，距离 15t 自卸汽车的行车轨迹边缘的距离为 10m。测试车辆桑塔纳轿车，噪声计的高度为 0.8m，距离桑塔纳行车轨迹边缘的距离为 6m。

桑塔纳轿车采用 30km/h、60 km/h 和 90 km/h 三种速度，15t 自卸汽车采用 30km/h、45 km/h 和 60km/h 三种速度。分别在试验路段和非试验路段行驶，使用噪声计记录噪声。

噪声测试结果见表 6-50。

现场噪声测试结果 表 6-50

车 型	行驶速度(km/h)	普通 SMA 路面噪声[dB(A)]	橡胶砂混凝土路面噪声[dB(A)]	降噪效果[dB(A)]
普通桑塔纳	30	64.2	61.4	2.8
	60	69.7	65.1	4.6
	90	76.3	69.7	6.6
15t 自卸汽车	30	75.0	74.4	0.6
	45	78.6	76.2	2.4
	60	82.8	79.2	3.6

将两种车型的降噪效果绘成图 6-20 和图 6-21。

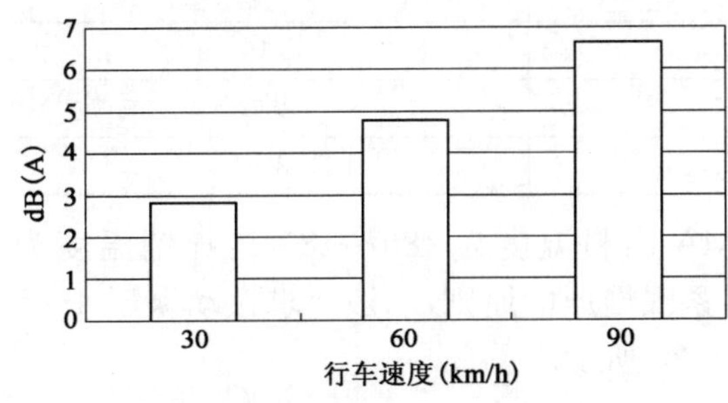

图 6-20 桑塔纳轿车的降噪效果

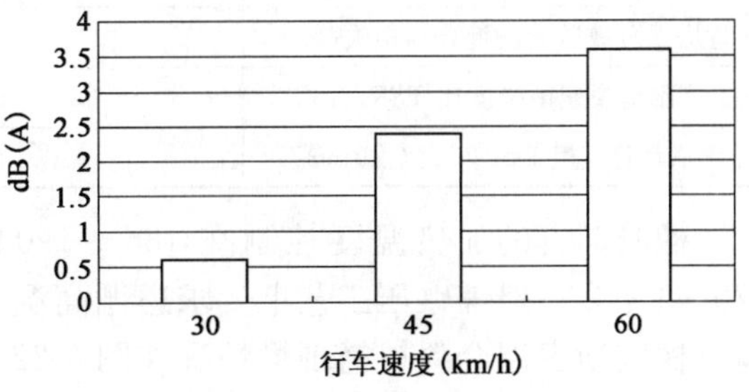

图 6-21 15t 自卸车的降噪效果

从图 6-20 可以看出，随着桑塔纳轿车行车速度的增加，采用橡胶砂路面的降噪效果也在增加。在高速行驶时具有更好的降噪效果。

从图 6-21 可以看出,采用 15t 自卸车测试的降噪效果与桑塔纳轿车具有类似的规律。但通过比较可以看出,对于重型车来讲,其降噪效果要小于轻型轿车的降噪效果。

6.4 工 程 案 例

6.4.1 湿法橡胶沥青路面工程案例

湿法橡胶沥青路面先后用于上海浦东五洲大道、浏翔公路、下盐公路、嘉定永盛路等路段。其中五洲大道采用橡胶沥青 ARSMA-13;浏翔公路采用橡胶沥青 ARAC-13;下盐公路、嘉定永盛路采用橡胶沥青 AR-OGFC。

(1)五洲大道湿法橡胶沥青 SMA 路面

2006 年 11 月进行了五洲大道橡胶沥青路面的摊铺。五洲大道橡胶沥青中橡胶粉掺量为 15%,橡胶沥青用量为 6.3%,级配见表 6-51。在生产过程中取拌和机中沥青混合料样品,测试沥青混合料体积参数与性能,见表 6-52。

五洲大道橡胶沥青 SMA-13 级配 表 6-51

筛孔尺寸(mm)	16	13.2	9.5	4.75	2.36	1.18	0.6	0.3	0.15	0.075
级配上限(%)	100	90	50	20	15	14	12	10	9	8
级配下限(%)	100	100	75	34	26	24	20	16	15	12
生产级配(%)	100	92.4	63.8	26.2	20.6	17.0	14.5	12.5	11.1	9.6
抽提结果(%)	100	91.9	63.3	26.2	18.8	16.2	14.2	12.9	12.0	10.4

五洲大道橡胶沥青 SMA-13 体积参数与路用性能 表 6-52

技 术 指 标	测 试 值	要 求 值
马歇尔试件毛体积相对密度	2.382	—
马歇尔稳定度 MS(kN)	7.14	≥6.0
空隙率 VV(%)	3.5	3.0~4.0
矿料间隙率 VMA(%)	17.6	≥17
沥青饱和度 VFA(%)	80.2	75~85
肯塔堡分散试验的混合料损失(%)	4.7	≤15
冻融劈裂残留强度比 TSR(%)	92.3	≥80
车辙动稳定度 DS(60℃)(次/mm)	4 783	≥3 000

橡胶沥青的加热温度控制在 185~190℃,SMA 出料温度为 180~185℃,摊铺温度为 170~175℃。摊铺碾压工艺上要求遵循高温摊铺、紧跟慢压的原则,一般要求振动碾压 4~5 遍。橡胶沥青混合料摊铺现场情况如图 6-22 和图 6-23 所示。

(2)浏翔公路橡胶沥青 ARAC-13 沥青路面

2010 年上海浏翔公路机动车道路面整治,工程范围:丰翔路—宝钱公路,路线全线长约 16.7km。道路上面层采用 4cmARAC-13,级配范围见表 6-53。该道路为重载道路,因此橡胶沥青混合料材料设计技术要求高于规范,技术要求见表 6-54。

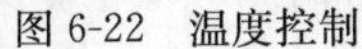
图 6-22　温度控制

图 6-23　紧跟碾压

ARAC-13 橡胶沥青混合料矿料级配范围　表 6-53

方筛孔尺寸(mm)	筛孔通过率(%)	方筛孔尺寸(mm)	筛孔通过率(%)
16.0	100	1.18	15～23
13.2	90～100	0.6	12～19
9.5	62～71	0.3	10～15
4.75	22～35	0.15	8～12
2.36	18～28	0.075	6～11

ARAC-13 橡胶沥青混合料技术要求　表 6-54

试验项目	单　位	技术要求
马歇尔试件击实次数	次	双面各 75
马歇尔试件尺寸	mm	ϕ101.6×63.5
空隙率 VV	%	3.5～5.0
矿料间隙率 VMA	%	≥15.0
沥青饱和度 VFA	%	70～85
稳定度	kN	≥8.0
流值	mm	实测
肯塔堡飞散试验混合料损失(20℃)	%	≤12
车辙试验动稳定度	次/mm	≥6 000
渗水系数	ml/min	≤80
低温弯曲试验破坏应变	$\mu\varepsilon$	≥3 000
浸水马歇尔试验残留稳定度 冻融劈裂试验的残留强度比	% %	≤85 ≤80

ARAC-13 橡胶沥青混合料的施工温度控制范围参照表 6-55，施工如图 6-24 与图 6-25 所示。

ARAC-13 橡胶沥青混合料的施工温度(单位:℃) 表 6-55

橡胶沥青加热温度	175～185	摊铺温度	不低于 165
矿料温度	185～195	初压开始温度	不低于 160
混合料出厂温度	180～190,超过 210 废弃	复压最低温度	不低于 135
混合料运输到现场温度	不低于 175	碾压终了温度	不低于 110

图 6-24 ARAC-13 橡胶沥青路面施工

图 6-25 ARAC-13 橡胶沥青路面

6.4.2 干法橡胶沥青路面工程案例

干法橡胶沥青混合料路面先后在上海市闵行区剑川路、南汇区南果路、青浦区青赵公路、浦东五洲大道与晨阳路等道路铺筑,目前整体状况良好。

1)剑川路干法橡胶沥青 SMA-13 路面

2006 年 6 月在上海市闵行区剑川路铺筑了 700m 的干法 SMA-13 橡胶砂沥青混合料面层,面层厚度为 4cm。

通过试验确定了干法橡胶沥青 SMA-13 配合比,确定掺加 1.5%(占矿料和橡胶粉质量的百分比)橡胶颗粒之后的合成级配见表 6-56,将级配绘于图 6-26 中。

干法橡胶沥青 SMA 合成级配 表 6-56

筛孔(mm)	合成级配(%)	建议上限(%)	建议下限(%)
16.0	100.0	100	100
13.2	97.2	90	100
9.5	72.6	50	75
4.75	27.2	24	32
2.36	26.0	24	32
1.18	20.2	14	24
0.6	16.6	12	20
0.3	13.1	10	16
0.15	11.5	9	15
0.075	10.3	8	12

橡胶砂沥青混合料(添加 1.5%橡胶粉)材料组成见表 6-57。并通过性能验证,满足设计要求。

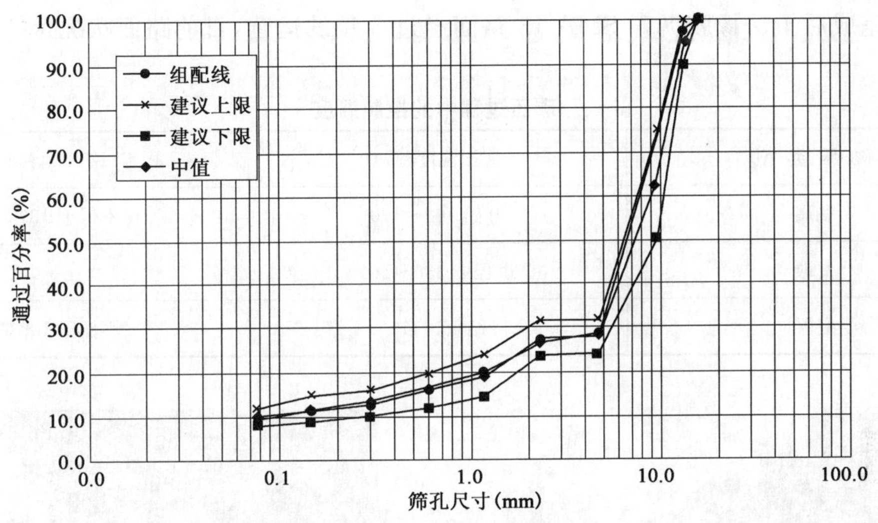

图 6-26 合成级配曲线

干法橡胶沥青 SMA 材料组成 表 6-57

材料名称	材料用量	材料名称	材料用量
13.2～4.75mm 碎石(%)	73.9	颗粒纤维(%)	0.1(集料和橡胶粉质量)
2.36～0mm 碎石(%)	14.8	橡胶粉(%)	1.5(集料和橡胶粉质量)
矿粉(%)	9.9	壳牌 SBS 改性沥青(掺加沥青质量 8%的岩沥青)	6.5%(油石比)
聚酯纤维(%)	0.1(集料和橡胶粉质量)		

对于干法橡胶沥青 SMA-13 生产，其中纤维、岩沥青和橡胶砂的加入方法是人工在拌和楼观察口处添加，预先将称量好的纤维、岩沥青和橡胶砂用塑料袋装好，在粗集料加入的同时放入。加入的时间必须固定在每次从热料仓放下粗集料之后，正好在放下细集料的同时，以便使之和矿料一起干拌。按照技术要求，干拌时间比普通沥青混合料延长 10～15s；湿拌时间视具体情况需增加 5s。

干法橡胶沥青 SMA-13 采用高频低幅方式振动。终压不得使用振动。压路机组合形式、碾压速度和碾压遍数要求见表 6-58，碾压过程中的温度控制应按表 6-59 中的相关规定进行。

压路机械组合形式、碾压速度、碾压遍数 表 6-58

沥青路面层次	压路机类型	初压		复压		终压	
		速度(km/h)	遍数	速度(km/h)	遍数	速度(km/h)	遍数
表面层	12t 光轮压路机	1.5～2	1	—	—	—	—
	12t 振动机压路机(采用高频低幅方式)	—	—	4	2	—	—
	12t 光轮压路机	—	—	—	—	4	1
中面层	12t 光轮压路机	1.5～2	1	—	—	—	—
	12t 振动机压路机(采用高频低幅方式)	—	—	4	2	5	1～2

施工完成后干法橡胶沥青 SMA-13 路面经过 5 年的运营，目前路面状况保持良好，如图 6-27所示。

碾压过程中的控制温度　　表 6-59

碾压类型	碾压温度(℃)	备　注
初碾	开始 140～170	不低于 130℃
复碾	过程中 130～160	—
终碾	结束＞110	不低于 100℃

a)

b)

图 6-27　干法橡胶沥青 SMA-13 路面

2)晨阳路干法橡胶沥青 SMA-13 路面

2007 年 7 月，在浦东新区晨阳路铺筑了干法橡胶沥青 SMA-13 路面，面层厚度为 4cm。

(1)生产配合比结果汇总

通过试验确定混合料级配，图 6-28 为集料合成级配曲线图。由图可见，它与一般 SMA 级配有所不同，在 2.36～4.75mm 基本处于完全间断。

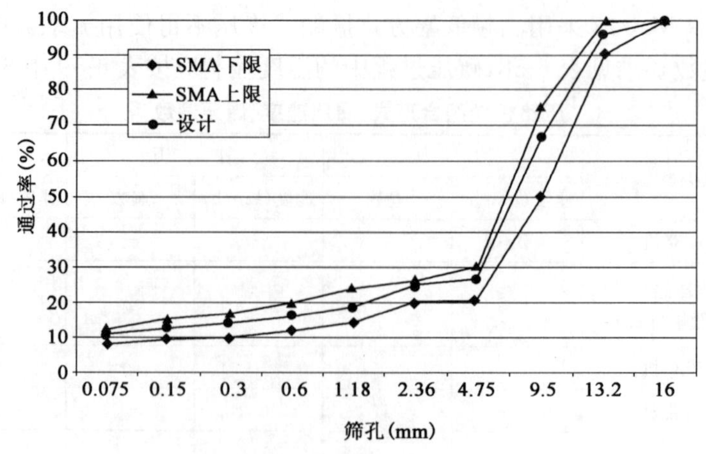

图 6-28　矿料合成级配曲线

干法橡胶沥青混合料生产配合比主要结果如下。

①碎石料配合比例：　9.5～16mm　30.7%

　　　　　　　　　　4.75～8.5mm　43.3%

　　　　　　　　　　0～2.36mm　15.0%

　　　　　　　　　　矿粉　11.0%

②橡胶碎屑　2%(矿质集料质量)

③SBS 改性沥青用量　6.2%(油石比 6.6%)

(2)干法橡胶沥青混合料生产

干法橡胶沥青混合料拌和生产与一般沥青混合料生产相似，与 SMA 混合料生产基本相同，仅需增加一个喂料口，用于投放橡胶粒。其拌和温度要提高 10℃左右，即 180～190℃，不能超过 200℃。

拌和厂备料为 0～3mm、5～10mm 和 10～15mm 三种规格。要有 3 个冷料斗，分别存放 0～3mm、4.75～9.5mm、9.5～13.2mm 三种规格的碎石材料；拌和机上也应安装相应的筛网。

拌制生产骨架密实型结构沥青混合料，矿粉用量较大，故应储备充足的矿粉。

橡胶颗粒事先由人工按规定数量包装在塑料口袋中，3000 型拌和机一次要投放 60kg，分 2 袋投入，即一袋 30kg。橡胶颗粒投入拌锅后增加干拌时间约 10s，使胶粒分散均匀。加入沥青后也增加拌和时间约 5s。

橡胶沥青混合料出料温度控制在 180～190℃。

(3)干法橡胶沥青混合料现场施工

①运输

为提高运输效率，选用 20t 大型运料自卸车。由于混合料采用改性沥青，且含有橡胶颗粒，混合料易黏附车厢，因此运料车在装载前涂隔离剂。由于天气非常炎热，且现场距离较近，故料车不再加盖帆布。

②摊铺

摊铺工艺与普通沥青混合料相似。摊铺前应清扫底层，并洒布黏层油，用量视表面状况而定，一般约 0.5～0.6kg/m^2。

运输车辆到达施工现场，由专人逐车测试混合料温度并记录。混合料到场温度不低于 170～180℃。车辆到现场后立即组织摊铺，由于供料及时保证了现场不间断摊铺。混合料的松铺系数约为 1.10，摊铺机摊铺速度约为 3 m/min，干法橡胶沥青 SMA 路面的摊铺如图 6-29 所示。

③压实

沥青混合料摊铺后应立即组织压实。碾压起始温度宜在 165～175℃。为了保证混合料得到充分碾压，试验路现场配备了足够的压实机械。摊铺后先用 10～12t 的钢轮压路机紧跟摊铺机碾压 1～2 遍，复压采用振动压实 2～3 遍，振动采用高频低幅方式。然后再用轮胎压路机进行碾压 1～2 遍，压实过程中没有明显黏轮或沥青玛蹄脂被挤压上浮的现象。最后终压一遍，终压温度不低于 100℃。干法橡胶沥青 SMA 路面的碾压如图 6-30 所示。

图 6-29　干法橡胶沥青 SMA 路面的摊铺

图 6-30　干法橡胶沥青 SMA 路面的碾压

第7章　泡沫沥青稳定碎石基层

7.1 概　　述

在我国已建成的各级各类公路多数采用半刚性基层，半刚性基层沥青路面成为我国公路的主要路面结构形式，尤其是高等级重载交通路面。半刚性基层沥青路面固有的弱点在道路使用过程中逐渐暴露出来，主要表现为：半刚性基层材料收缩开裂引起沥青路面反射裂缝；半刚性基层在动水压力作用下造成路面唧浆、沥青混合料松散等水损坏；沥青路面早期损坏后，半刚性基层补强、维修时间较长。

通过对沥青路面早期损坏现象的分析，人们对半刚性基层沥青路面技术性能的认识更加深入，在无法回避和解决半刚性基层固有缺点的前况下，为了获得耐久性好、性能实用的路面结构，大家再次把目光投向柔性基层沥青路面。

欧美等发达国家目前路面的结构形式，除了半刚性基层以外，其他类型的基层也占了很大的比例，而柔性基层应用最为广泛。这些道路的使用寿命一般可达20年左右，远大于我国的沥青路面。国外的经验和研究表明，较厚的沥青面层有利于降低沥青层底面的拉应变，从而减少其疲劳开裂的可能性，同时车辙主要发生在沥青面层，而且一般不会发生结构性变形。

近年来，为了适应交通量的持续增长，并减少道路维修和因维修而带来的交通延迟，欧美又提出了"永久性沥青路面"的概念。永久性沥青路面也称"长寿命沥青路面"，是指沥青路面使用40年以上而不发生路面结构损坏，也不需要进行结构性维修，只需每隔一段时间(10～20年)对路面面层进行功能性维修，被认为是一种具有广泛应用前景的沥青路面结构形式。柔性基层沥青路面是永久性沥青路面的一个主要发展方向。

大粒径的沥青稳定碎石属于柔性结构层材料，主要承受由面层传来的车辆荷载的垂向力，并扩散到下面的土基中，起到扩散路面荷载、减小路面变形、防止和减缓路面病害的出现等作用。沥青稳定碎石基层具有足够的强度和刚度，并具有良好的扩散应力功能，以及较高的抗剪强度、抗弯拉强度和疲劳性，与半刚性基层相比，不易产生收缩开裂和水损害。作为应力消散层，沥青稳定碎石基层可以有效地减少路面结构中的应力集中现象，大大延缓路面反射裂缝的产生。而且沥青稳定碎石基层与面层材料结构相似，它可以与沥青混凝土层黏结牢固，并且弹性模量接近，路面结构的受力、变形更为协调。

1956年，美国Casanyi教授研发了泡沫沥青稳定土壤技术，随后泡沫沥青被用于稳定碎石。可用于泡沫沥青稳定的材料范围较广，对级配的要求也较为宽泛，且可在常温下施工。将泡沫沥青技术用于生产大粒径沥青混合料，不仅可解决热拌大碎石沥青混合料(LSAM)级配要求严格、施工和易性差，乳化沥青稳定LSAM初期强度低、耐久性差等问题，而且可在常温条件下拌和、摊铺，显著节约能源消耗、降低废气粉尘排放，是一种"资源节约、环境友好"的新型沥青混合料。

7.1.1 泡沫沥青

泡沫沥青又称膨胀沥青，指使用专门的沥青发泡设备，向高温沥青中加入少量的水和气，使沥青产生细微的泡沫，形成一种膨胀状态的沥青。

(1)泡沫沥青的发泡原理

在发泡机的膨胀腔内，当在高温沥青中喷入压缩空气和常温水后，沥青的体积急剧膨胀(图 7-1)，然后迅速衰减。当注入水时沥青的物理性质暂时被改变，水与热的沥青接触时变成水蒸气，这些水蒸气被数以千计的极小的沥青颗粒所捕获从而产生沥青泡沫。然而这些泡沫会在较短的时间(通常少于 1min)内消散，沥青又恢复它的初始特性。

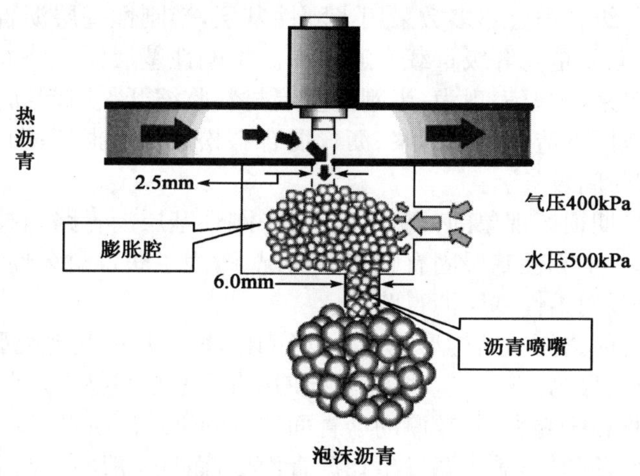

图 7-1 泡沫沥青的形成过程

(2)泡沫沥青的应用情况

泡沫沥青作为稳定剂或再生剂可以处治许多材料，从劣质筑路材料到铣刨的回收沥青混合料(RAP)都可以采用泡沫沥青进行处治。表 7-1 为 Bowering 和 Martin 研究的各种可以用泡沫沥青处治的材料及泡沫沥青用量范围。

可用泡沫沥青处治的材料及其最佳泡沫沥青用量范围　　表 7-1

土　类	最佳沥青用量范围(%)	添 加 剂
良好级配的干净砂砾	2.0～2.5	—
良好级配的粉/砂砾土	2.0～4.5	—
较差级配的黏质砂砾土	2.5～3.0	—
黏质砂砾土	4.0～6.0	石灰
良好级配的干净砂	4.0～5.0	细填料
良好级配的淤泥质砂	2.5～4.0	—
较差级配的淤泥质砂	3.0～4.5	细填料
较差级配的干净砂	2.5～4.0	细填料
淤泥质砂	2.5～4.5	—
淤泥质的黏性砂土	4.0	石灰
黏性砂	3.0～4.0	石灰

7.1.2 泡沫沥青混合料

使用泡沫沥青作为主要稳定剂，与集料在常温下进行均匀拌和后形成泡沫沥青混合料。泡沫沥青混合料的生产必须在沥青的泡沫状态下完成，此时沥青的物理性质会暂时发生变化，但并没有发生化学反应，具体表现为黏度显著降低，可以方便地与冷湿的矿质混合料拌和均匀。

泡沫沥青混合料的强度特征接近水泥、石灰稳定材料（半刚性材料），但其具有一定的柔性特征和良好的抗疲劳特性，用它取代半刚性材料铺筑道路的基层可以有效地减少反射裂缝。泡沫沥青混合料拌和后可立刻压实，压实结束即可开放交通，尤其是在城市道路维修中，可以明显减少对繁忙道路的交通影响。在泡沫沥青混合料的生产中，只需将沥青加热，集料是在冷湿状态下与泡沫沥青拌和，可以节省大量的资源，因此泡沫沥青混合料是一种经济、环保的道路材料。由于泡沫沥青可以和冷湿集料良好的黏结，因此它可以在阴雨等不利天气条件下进行正常施工，而不会影响施工层的质量。可以用于泡沫沥青稳定的集料范围较广，可以是高质量的碎石，低等级的砂石料、矿渣，破碎的沥青混凝土回收料（RAP）等，根据工程特征就地取材。

7.1.3 泡沫沥青再生技术

将泡沫沥青用于稳定旧沥青路面材料的技术称为泡沫沥青再生技术，它分为厂拌冷再生和就地冷再生两种工艺。

厂拌冷再生指旧沥青路面材料经过铣刨，运送至指定的场地，根据需要添加新材料，通过固定的再生设备加入泡沫沥青，在常温下拌和形成新的再生混合料，然后运送至道路施工现场，使用摊铺设备进行摊铺，压实成型后，成为路面一个结构层次的整套工艺。

就地冷再生指利用专用再生机械在现场将原有路面结构铣刨、破碎，根据需要添加新材料，在常温下与泡沫沥青拌和，压实成型后，成为路面一个结构层次的整套工艺。

20世纪90年代后期，澳大利亚和南非在泡沫沥青冷再生技术方面进行了一系列研究。目前，泡沫沥青在许多国家和地区（包括南非、澳大利亚、加拿大、墨西哥、荷兰、挪威、芬兰、中东地区等）道路工程中的应用呈持续增长的趋势，其中以澳大利亚、南非、美国和德国等国家应用较多。在欧洲的挪威和荷兰，采用泡沫沥青进行路面现场冷再生的应用也非常普遍。

在理论研究深入、施工设备开发日益成熟、工程应用和室内研究相互促进的基础上，泡沫沥青冷再生技术逐步提高和完善，一些国家和地区相继形成了相应的技术规程，或者在再生技术规程中增加了泡沫沥青冷再生应用技术的条款。南非于1998年提出了泡沫沥青混合料设计规程；澳大利亚在2002年制定了沥青稳定的就地再生技术规范，并于2003年出版了厂拌再生技术规范；美国一些州也都相继制定了泡沫沥青冷再生的手册，如爱荷华州于2003年出版了全厚度泡沫沥青冷再生规范，并于2006年相继出版了泡沫沥青就地冷再生技术规范，内容涉及乳化沥青混合料和泡沫沥青混合料设计、施工的各个方面；加拿大的安大略省也于2003年颁布了泡沫沥青全厚度再生规范；德国筑路设备机械公司（Wirtgen Group）在经营其泡沫沥青施工机械的同时，也出版了泡沫沥青冷再生技术手册，用以指导施工过程。

我国自1998年起引进德国维特根公司的泡沫沥青冷再生设备，开始在道路路面改建、维修工程中应用泡沫沥青冷再生技术。陕西、山西、湖北、广东、浙江等省份在引进再生设备的同时，在国外专家的指导下，结合本省的道路改建和维修工程，铺设了泡沫沥青再生混合料试验路，并在泡沫沥青再生混合料的基础研究方面，对沥青发泡条件、泡沫沥青再生混合料配合比等进行了探索性的试验研究。然而，在泡沫沥青冷再生试验路中大多采用的是德国维特根公司提供的改建方案和施工技术。生产泡沫沥青需要专用的发泡设备，目前只有少数的几家国外公司掌握该发泡设备的生产技术，并且带有这种发泡设备的冷再生机价格昂贵。泡沫沥青只能裹覆含足够细料的混合料，因此适用于稳定细级配沥青混合料。

7.1.4 泡沫沥青稳定碎石基层

泡沫沥青稳定碎石基层具有足够的强度和刚度，并具有良好的扩散应力功能，以及较高的抗剪强度、抗弯拉强度和耐疲劳性能，与半刚性基层相比，不易产生收缩开裂和水损坏。作为应力消散层，泡沫沥青稳定碎石基层可有效地减少路面结构中的应力集中现象，大大延缓路面反射裂缝的产生。而且泡沫沥青稳定碎石基层与面层材料结构相似，它可以与沥青混凝土层黏结牢固，并且强度模量接近，路面结构的受力、变形更为协调。泡沫沥青稳定碎石基层作为半刚性基层的一种替代结构，是永久性沥青路面的一个主要发展方向。

7.2 泡沫沥青稳定碎石柔性基层性能分析

7.2.1 泡沫沥青稳定碎石的强度特征

强度是泡沫沥青稳定碎石组成设计和工程应用的重要特征参数。通过劈裂强度试验，了解泡沫沥青稳定碎石的强度特征，分析泡沫沥青稳定碎石强度增长规律及其影响因素，探讨生产工艺条件对泡沫沥青稳定碎石强度的影响，并研究泡沫沥青稳定碎石的储存特性。

1）泡沫沥青稳定碎石初期强度的形成

由于泡沫沥青稳定碎石组成材料和结构的特殊性，其强度形成过程与热拌沥青混合料和水泥稳定碎石既有相似之处，又不完全相同。在泡沫沥青与矿质混合料进行拌和的过程中，当泡沫沥青与集料接触时，沥青泡沫瞬间化为数以百万计的“小颗粒”散布于细集料的表面，并以细集料为核心均匀分布在集料之间形成沥青砂浆。泡沫沥青不能充分裹覆大粒径的粗集料，而是裹覆细集料和粉料颗粒，形成沥青砂浆（类似于“玛蹄脂”胶浆），这些胶浆均匀地分布在粗集料中，在泡沫沥青稳定碎石的成型过程中，沥青砂浆被挤碎、溃散成为黏结剂，将集料颗粒以“点焊”的方式黏结在一起，形成初期强度，这个过程如图7-2所示。

图7-2 泡沫沥青稳定碎石初期强度形成示意图

如上所述，泡沫沥青稳定碎石的初期强度首先依赖于拌和时泡沫沥青对集料的裹覆程度、拌和时沥青的分散程度以及成型时混合料的压实密度。因此，充足的细料、合适的拌和用水量、拌和时沥青的发泡效果，以及混合料的拌和均匀程度等均是影响泡沫沥青稳定混合料初期强度的主要因素。

2)泡沫沥青稳定碎石强度的增长规律

通过沥青发泡试验，得到沥青的最佳发泡条件：发泡温度，发泡用水量，发泡指标(包括膨胀比和半衰期)等。如采用"AH-70"号沥青，经发泡试验，得到沥青的最佳发泡条件为沥青温度150℃，发泡用水量4%。在最佳发泡条件下，沥青的发泡指标为：膨胀比12，半衰期8.4s。试验用水泥为强度等级32.5的普通硅酸盐水泥，密度为3.15g/cm^3。试验用集料与矿粉均由石灰岩加工得到，矿质混合料的设计级配见表7-2。

矿质混合料的设计级配 表7-2

筛孔尺寸(mm)	31.5	26.5	19	16	13.2	9.5	4.75	2.36	1.18	0.6	0.3	0.15	0.075
通过百分率(%)	100	96.4	74.4	64.9	57.3	49.8	43.3	32.1	20.4	15.0	9.8	7.4	5.7

以泡沫沥青用量3.5%、拌和用水量3.6%、水泥用量1.5%制备泡沫沥青稳定碎石。试验混合料拌和后，采用真空法实测泡沫沥青稳定混合料的最大理论密度。

试件采用马歇尔击实仪成型，每面各击实75次，试件成型后在常温下放置1d后脱模。试件脱模后放入温度为40℃的烘箱中进行养护，养护时间分别为1d、3d、4d、5d和7d。然后将试件放入温度为25℃的烘箱中保温4h，测试试件的干劈裂强度。测试结果如图7-3所示。

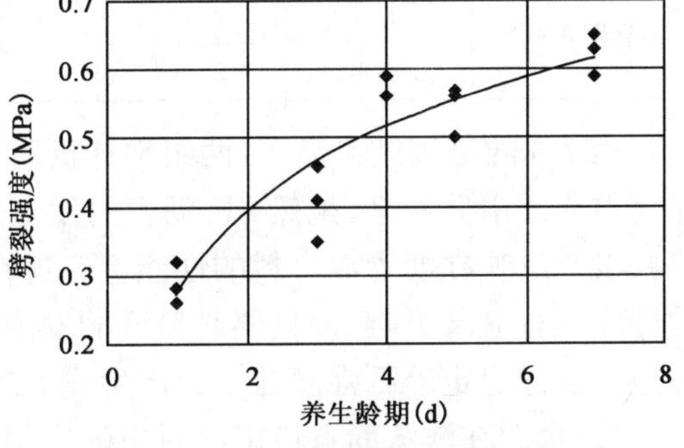

图7-3 劈裂强度随养护时间的变化

由图7-3可以看出，养护时间对泡沫沥青稳定碎石试件的劈裂强度有显著影响。随着养护时间的延长，试件的劈裂强度增加，养护前期劈裂强度的增长速率比养护后期试件强度的增长速率快。养护1d时，试件的干劈裂强度值约为0.3MPa，达到养护7d时试件强度的46.8%；养护3d时，试件的干劈裂强度值约为0.4MPa，达到养护7d时试件强度的66.1%；养护4d时，试件的干劈裂强度值达到养护7d时试件强度的90%。

试件强度随养护时间的变化特征与水泥混凝土相似，这在一定程度上表明试件后期强度的增长主要取决于两方面的因素：一方面依赖于混合料中水泥强度随养护时间的增长不断增长；另一方面依赖于养护阶段混合料中水分的消散，而前者对试件强度的影响可能更大些。从图7-3的强度增长趋势来看，7d后泡沫沥青稳定碎石的强度呈继续增长的趋势。

3)组成材料对泡沫沥青稳定混合料强度的影响

(1)沥青发泡效果的影响

沥青的发泡效果主要评价指标是膨胀比和半衰期，膨胀比是指沥青发泡过程中的最大膨胀体积和沥青原样体积的比值,半衰期是指泡沫沥青从最大膨胀体积衰落到一半体积所需的时间。选择发泡效果差异较大的泰普克沥青与韩国SK沥青进行试验,两种沥青均为"AH-70"号沥青。

沥青发泡试验结果表明,泰普克沥青的最佳发泡条件为:沥青温度150℃,发泡用水量4%,相应的膨胀比为12,半衰期为8.4s,发泡效果较差;韩国SK沥青的最佳发泡条件为:沥青温度150℃,发泡用水量4%,相应的膨胀比为24,半衰期为28s,发泡效果较好。

在最佳发泡条件下,分别对泰普克沥青与韩国SK沥青进行发泡,选取相同配合比的矿质混合料,制备泡沫沥青稳定碎石,采用真空法测试混合料的理论密度。采用双面各击实75次成型马歇尔试件,将试件在40℃通风烘箱条件下养护3d。试件脱模后,测试试件的毛体积密度,计算试件的空隙率。然后进行劈裂强度测试,试件的体积参数指标和劈裂强度结果见表7-3。

两种沥青混合料试件的体积参数和劈裂强度试验结果对比 表7-3

沥青品种	试件编号	理论密度(g/cm^3)	毛体积密度(g/cm^3)	空隙率(%)		劈裂强度(MPa)	
SK(膨胀比24 半衰期28s)	3-1(SK)	2.490	2.231	10.4	9.3	0.38	0.40
	3-2(SK)	2.490	2.274	8.7		0.42	
	3-3(SK)	2.490	2.272	8.7		0.41	
泰普克(膨胀比12 半衰期8.4s)	3-1(泰)	2.516	2.302	8.5	9.4	0.46	0.41
	3-2(泰)	2.516	2.245	10.8		0.35	
	3-3(泰)	2.516	2.290	9.0		0.41	

表7-3的测试结果显示,两组泡沫沥青稳定碎石试件在空隙率和劈裂强度指标上均没有显著差异。由此看来,虽然SK沥青的发泡效果显著优于泰普克沥青的发泡效果,但是这种优势并没有反映在沥青混合料的性能上。这在一定程度上表明,沥青的发泡效果对沥青混合料的性能没有显著影响,即只要在最低的发泡效果水平之上,继续提高沥青的膨胀比或半衰期,对泡沫沥青稳定碎石强度并不会产生显著影响。

(2)水泥在泡沫沥青稳定碎石中的作用

为了探讨水泥在泡沫沥青稳定碎石中的作用,采用由相同级配组成的矿质混合料,变化结合料和粉料成分,制备6组混合料。这6组混合料中集料的配合比相同,仅改变其中的水泥用量、沥青用量和矿粉用量。各个试验混合料的组成如下:

①单独采用1.5%的水泥作为结合料,不加沥青,不加矿粉。

②单独采用3.5%的泡沫沥青作为结合料,不加水泥,不加矿粉。

③采用1.0%水泥+3.5%泡沫沥青作为结合料,不加矿粉。

④采用1.5%水泥+3.5%泡沫沥青作为结合料,不加矿粉。

⑤采用3.5%泡沫沥青作为结合料,矿粉用量1.5%,不加水泥。

⑥采用1.5%水泥+3.5%泡沫沥青作为结合料,矿粉用量1.5%。

试件成型后养护3d,测试6组混合料试件的密度,计算空隙率,并测试试件的干劈裂强度和马歇尔稳定度,结果见表7-4。

水泥稳定混合料与泡沫沥青稳定混合料性能测试结果 表7-4

混合料编号	试件编号	材料用量(%)			理论密度(g/cm³)	毛体积密度(g/cm³)	试件空隙率(%)	劈裂强度(MPa)	稳定度(kN)
		泡沫沥青	水泥	矿粉					
①	1-1	0	1.5	0	2.516	2.289	6.5	0.29	—
	1-2	0	1.5	0	2.516	2.316	6.7	0.26	—
②	2-1	3.5	0	0	2.554	2.322	10.0	0.28	—
	2-2	3.5	0	0	2.554	2.298	8.8	0.27	—
③	1-1	3.5	1.0	0	2.526	2.385	5.6	0.35	—
	1-2	3.5	1.0	0	2.526	2.372	6.1	0.38	—
	1-3	3.5	1.0	0	2.526	2.380	5.9	—	8.97
④	3-1*	3.5	1.5	0	2.516	2.302	8.5	0.46	—
	3-2*	3.5	1.5	0	2.516	2.245	10.8	0.35	—
	3-3*	3.5	1.5	0	2.516	2.290	9.0	0.41	—
	3-4*	3.5	1.5	0	2.516	—	—	—	10.61
	3-5*	3.5	1.5	0	2.516	—	—	—	11.78
⑤	3-1	3.5	0	1.5	2.510	2.365	5.8	0.30	—
	3-2	3.5	0	1.5	2.510	2.365	5.8	0.31	—
	3-3	3.5	0	1.5	2.510	2.360	6.0	—	0
⑥	4-1	3.5	1.5	1.5	2.486	2.302	7.4	0.42	—
	4-2	3.5	1.5	1.5	2.486	2.298	7.6	0.40	—
	4-3	3.5	1.5	1.5	2.486	2.318	6.7	—	10.2

由表7-4可以看出，单独以水泥作为结合料的混合料①或者单独以泡沫沥青作为结合料的混合料②试件的劈裂强度值接近，数值均较小。但是在水泥稳定混合料中，水泥用量远小于泡沫沥青用量。从混合料的压实性来看，水泥稳定混合料试件的空隙率小于泡沫沥青稳定混合料试件的空隙率，表明水泥稳定混合料的压实性略好。对试件进行马歇尔稳定度测试时发现，仅用泡沫沥青作为结合料的混合料试件放入60℃的水中很快就溃散了，而水泥稳定混合料试件的稳定度与掺加水泥的泡沫沥青稳定混合料相当。

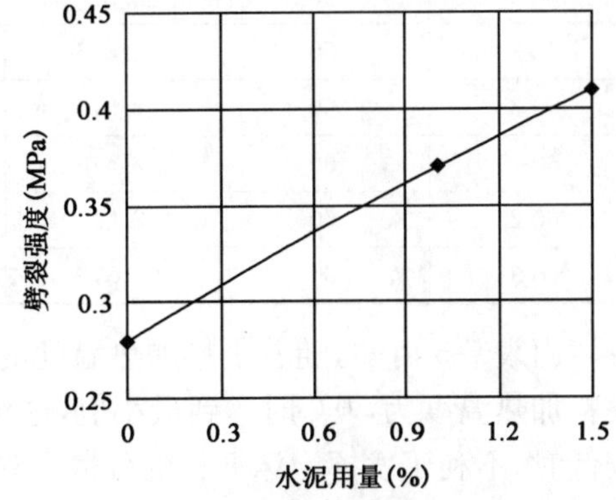

图7-4 水泥用量与试件劈裂强度的关系
(泡沫沥青用量3.5%)

将表7-4中的混合料②、混合料③和混合料④试件的劈裂强度与水泥用量的关系绘制成如图7-4所示的曲线。

在不改变水泥用量的前提下，泡沫沥青的用量提高3.5%，试件的劈裂强度增加接近50%，这表明泡沫沥青对混合料强度的贡献巨大。

由表7-4可见，在泡沫沥青用量一定的条件下，如果不掺加水泥，仅增加1.5%的矿粉，可以使泡沫沥青稳定碎石试件的劈裂强度增加10%以上；而在掺加水泥的条件下，即使增加

1.5%的矿粉，对泡沫沥青稳定碎石的劈裂强度也没有显著影响。由此可见，水泥用量对于提高泡沫沥青稳定碎石初期强度的作用显著。

综合以上分析，对泡沫沥青稳定碎石强度贡献最大的是水泥用量，其次是泡沫沥青用量，矿粉的作用仅在不掺加水泥的条件下才能发挥出来。

4)泡沫沥青稳定碎石生产工艺对强度的影响

(1)拌和设备的影响

在拌和泡沫沥青稳定碎石的过程中，要避免出现石块卡壳、混合料拌和不均匀、沥青结团现象。根据泡沫沥青稳定碎石的特征，首先应对细集料、矿粉、水泥加水拌和后，加入部分泡沫沥青进行拌和，得到较为均匀的混合料，然后再加入粗集料拌和均匀，最后加入其余的泡沫沥青。

(2)集料温度的影响

在泡沫沥青稳定碎石拌和之前，先对集料进行加热，探讨集料温度对混合料性能的影响。考虑到冷拌混合料的基本要求，集料的加热温度不宜过高，以施工期间的气候条件为依据，分别采取 40℃、50℃和 60℃。拌和用水也需加热至与集料相同的温度。取油石比为 3.5%进行试验，并将成型好的试件在温度为 40℃的烘箱内养护 3d 进行干劈裂强度试验，结果见表 7-5。

不同集料温度下泡沫沥青稳定碎石试件的体积参数与劈裂强度测试值 表 7-5

试件编号	集料温度(℃)	理论密度(g/cm^3)	毛体积密度(g/cm^3)	空隙率(%)	劈裂强度(MPa)	
					个别值	平均值
40-1	40	2.516	2.311	8.1	0.29	0.37
40-2	40	2.516	2.278	9.4	0.37	
40-3	40	2.516	2.277	9.5	0.44	
50-1	50	2.516	2.431	3.4	0.43	0.41
50-2	50	2.516	2.423	3.7	0.42	
50-3	50	2.516	2.438	3.1	0.39	
60-1	60	2.516	2.331	7.3	0.32	0.42
60-2	60	2.516	2.346	6.7	0.55	
60-3	60	2.516	2.358	6.2	0.43	

由表 7-5 可知，随着集料加热温度的提高，试件的劈裂强度也相应提高，试件的空隙率在集料加热温度为 50℃时达到最小值，这对泡沫沥青稳定碎石的耐久性是有利的。当集料温度较低时，不利于发挥泡沫沥青的分散和裹覆作用，空隙率较大。当集料温度过高时，可能会使集料与泡沫沥青中的水分过快散发，将对混合料的施工和易性产生影响，从而影响试件的成型密实性。由此看来，适当提高集料的拌和温度有利于改善混合料的压密性，但是集料加热温度不宜过高，否则会产生不利影响。

(3)试件成型延迟时间的影响

为了探索泡沫沥青稳定碎石的储存性，将制备好的泡沫沥青稳定碎石储存一定时间后再使试件成型，然后测试试件的空隙率和劈裂强度。

试验结果发现，如果混合料拌和后不立即成型，随着试件成型延迟时间的增加，试件的空隙率呈增大趋势，试件的劈裂强度呈降低趋势(图 7-5)。储存时间超过 5min，就会使试件的空隙率大幅增加，而劈裂强度显著降低。这个现象与混合料中水泥的水化反应有着密切的关系。

泡沫沥青稳定碎石的流动性主要受水的影响，在水泥水化过程中，混合料中的水不断减少，混合料的流动性不断降低，泡沫沥青稳定碎石也越来越难压实。

随着储存时间的延长，泡沫沥青稳定碎石压实试件的强度不断降低主要有两方面的原因：一方面随着储存时间的延长，混合料中的水不断减少，压实试件的空隙率越来越大，从而影响了压实试件的劈裂强度；另一方面水泥的水化反应存在一个初凝时间，初凝时间一般在 12h 左右，在水泥的水化过程中，水泥水化物与周边集料形成团块，储存超过初凝时间后成型试件可能会破坏这些团块结构，从而造成压实试件强度的显著降低。

因此，泡沫沥青稳定碎石在掺加水泥后，储存时间不宜过长。

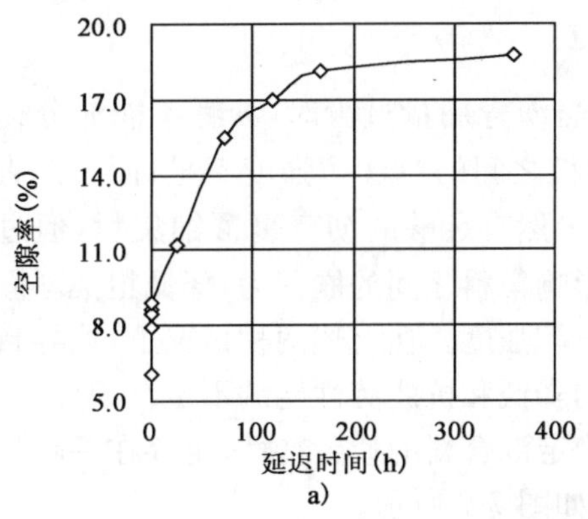

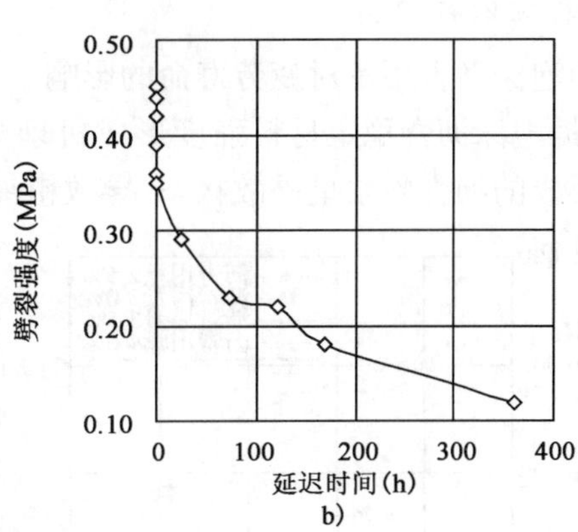

图 7-5 延迟时间对试件空隙率和劈裂强度的影响

7.2.2 泡沫沥青稳定碎石混合料的疲劳特性

疲劳寿命是柔性基层沥青路面结构设计的重要特征参数。疲劳试验通常在 MTS 材料试验机上进行，加载方式采用应力控制，加载波形为连续式半正弦荷载，加载频率为 10Hz，试验温度为(15±1)℃。

同普通的热拌沥青混合料一样，泡沫沥青稳定碎石表现出显著的黏弹特性，随着荷载作用次数的增加，试件挠曲残余变形逐渐增大，材料的劲度(或模量)逐渐减小，微裂缝不断发展，最终完全断裂。采用控制应力方式时通常以试件的完全断裂作为疲劳破坏准则。如图 7-6 所示，试件的垂直变形在稳定阶段发展为加速变形阶段时，曲线反弯点所对应的加荷次数定义为疲劳破坏作用次数。

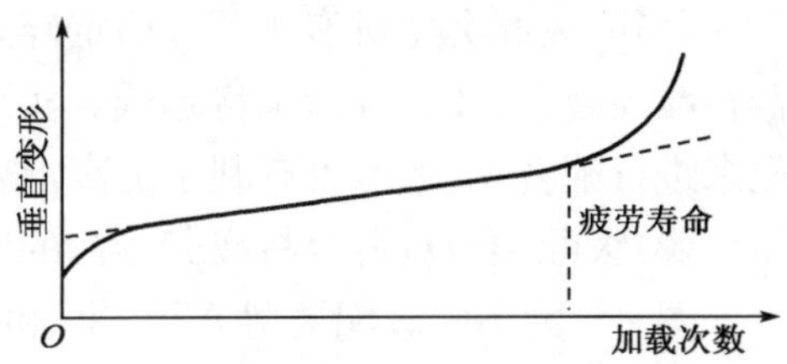

图 7-6 控制应力疲劳试验试件变形曲线

1)试验混合料

疲劳试验所用沥青、集料、水泥品种与前一节相同。试件混合料级配类型为 ATB-25 和 ATB-30，级配组成见表 7-6。

疲劳试验用泡沫沥青稳定碎石混合料的设计级配　　表 7-6

级配类型	通过下列筛孔(mm)的百分率(%)													
	0.075	0.15	0.3	0.6	1.18	2.36	4.75	9.5	13.6	16	19	26.5	31.5	37.5
ATB-25	5.7	7.4	9.8	15.0	20.4	32.1	43.3	49.8	57.3	64.9	74.4	96.4	100	—
ATB-30	5.0	5.7	6.8	10.4	15.4	26.1	41.9	52.8	61.2	66.5	71.9	84.5	94.6	100

采用马歇尔击实仪成型圆柱体试件，公称最大粒径 26.5mm 的 ATB-25 混合料试件采用标准马歇尔击实仪成型，试件各面击实 75 次；公称最大粒径 31.5mm 的 ATB-30 试件采用大马歇尔仪击实成型，试件各面击实 105 次。

比较泡沫沥青用量、水泥用量、级配类型、成型方法以及试验条件等对泡沫沥青稳定碎石混合料疲劳性能的影响。

2)影响因素分析

(1)泡沫沥青用量对疲劳寿命的影响

根据泡沫沥青稳定材料强度形成机理分析，当沥青用量过少时，沥青不能充分裹覆细集料，所形成的沥青砂浆呈松散状态，导致粗集料颗粒之间的“点焊”强度不足；而当沥青用量过多时，虽然有足够的沥青裹覆细集料，但过多的沥青会影响集料之间的嵌锁力，降低粗集料颗粒之间的“点焊”强度。在上述两种情况下，均导致混合料强度的降低和抗疲劳性能的不足。因此，对于泡沫沥青稳定混合料的疲劳特性，也存在一个最佳沥青用量，如图 7-7 所示。

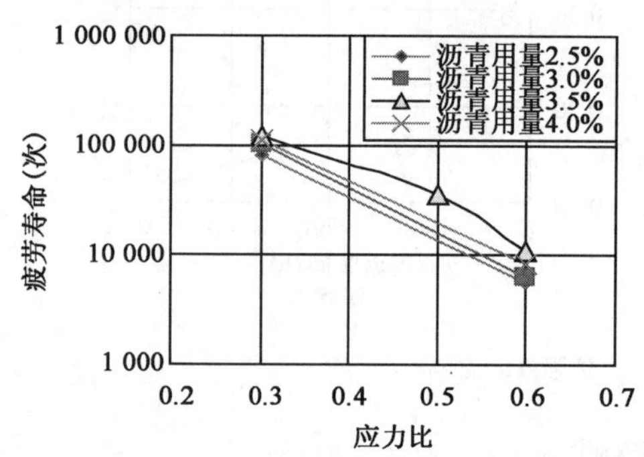

图 7-7　不同沥青用量下混合料(试件 C)的疲劳寿命

(2)结合料品种对混合料疲劳特性的影响

试验分析认为，泡沫沥青的存在对于高应力水平下疲劳寿命的提高较为有利，而水泥的存在则比较有利于提高低应力水平下的疲劳寿命。水泥对泡沫沥青稳定碎石混合料的作用非常重要，它不仅起到了增强泡沫沥青稳定碎石水稳定性的作用，同时也有利于提高混合料的疲劳特性。然而由于水泥的脆性特征，其含量不宜过高，根据对泡沫沥青稳定再生混合料疲劳特性的研究，水泥用量不宜超过 2%，如图 7-8 所示。

另外，级配类型对泡沫沥青稳定碎石混合料的疲劳寿命影响也很大。试验过程中发现，混合料粒径越大，疲劳寿命也将越低。实际工程中，在条件允许的情况下可以尽量选用较细的级配来进行配合比设计，可有利于提高混合料的疲劳寿命。

(3)级配类型对混合料疲劳寿命的影响

图 7-9 为不同级配类型 ATB-25 和 ATB-30 混合料的疲劳寿命曲线。由图 7-9 可知，在应力比小于 0.5 时，两组试验混合料试件的疲劳寿命较为接近；当应力比达到 0.6 时，粒径较大的 ATB-30 混合料试件的疲劳寿命将显著降低。由此可见，实际工程中，在条件允许的情况下可以尽量选取较细的级配来进行配合比设计，这样在某种程度上有利于提高混合料的疲劳寿命。

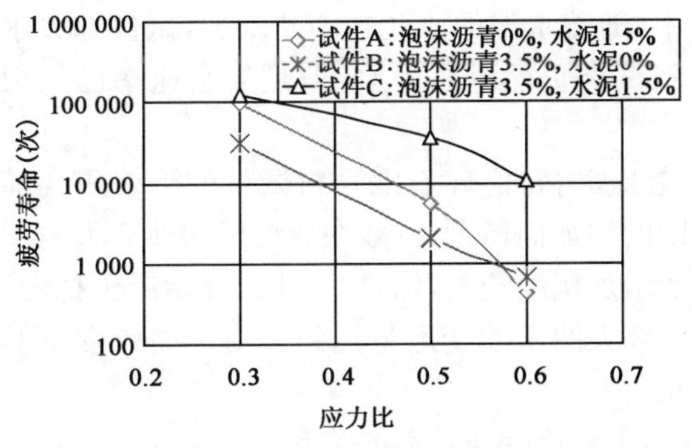

图 7-8 不同结合料类型混合料试件的疲劳寿命

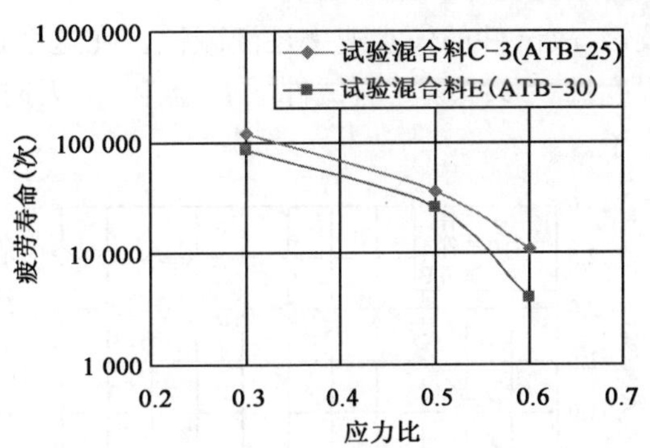

图 7-9 不同级配类型混合料的疲劳寿命

7.2.3 泡沫沥青稳定碎石的干缩特性

拌和泡沫沥青稳定碎石混合料时，通常加入一定量的水来保证施工和易性。为了增强该类混合料的早期强度和抗水损害能力，还要加入一定量的活性填料(如1%～2%的水泥)。由于水泥水化产物的存在，导致泡沫沥青稳定碎石产生类似于半刚性材料的干缩现象。因此，有必要研究泡沫沥青稳定碎石混合料干缩变形的程度。

干缩试验所用集料品种、水泥品种和沥青品种与前一节相同。试验混合料类型为ATB-25。将拌和好的混合料，采用静压法成型试件规格为10cm×10cm×40cm的梁。

将成型好的梁试件，置于自然环境下风干，室内温度保持在20～30℃。每隔一定时间使用电子称测量各个试件的质量，并用手持应变仪测量梁试件的失水收缩变形(精度为0.001mm)。干缩试验持续时间直至试件质量基本稳定、含水率基本不再降低为止。

表征材料干缩特性的主要技术指标有失水率 α_w 和干缩应变 ε_d 等，分别采用式(7-1)和式(7-2)进行计算。

$$\alpha_w = \frac{\Delta W}{W_d} \tag{7-1}$$

$$\varepsilon_d = \frac{\Delta l}{L} \tag{7-2}$$

式中：α_w——失水率，试件单位质量的失水量(%)；

ΔW——失水量，试件失去水分的质量，以试件原始质量为准(g)；

W_d——试件的原始质量(g)；

ε_d——干缩应变，试件单位长度的收缩量($\times10^{-6}$)；

Δl——干缩量，试件的整体收缩量($\times10^{-3}$mm)；

L——试件的原始长度(200mm)。

(1)失水率与龄期的关系

图7-10给出了3组试件的失水率 α_w 随着时间变化的关系曲线。从图中可以看出，泡沫沥青稳定碎石混合料试件的失水规律和水泥稳定碎石混合料试件的失水规律一致，仅仅在失水程度上有所不同。在试件成型后的最初几天，试件失水的主要原因是试件表层水分的挥发。由于表层水的挥发所经历的空隙通道长度较短，故失水速度相对较快。当试件的表层水挥发之后，试件内部的水分也会沿着空隙通道向外迁移、挥发。但是这部分水迁移距离较长、速率

较慢，故试件的失水速率逐渐减慢。在这个过程中，随着水泥的水化物不断增加，试件的失水程度进一步减缓。当试件放置至第 11 天时，虽然试件仍然继续失水，但是失水速率已经很小了。

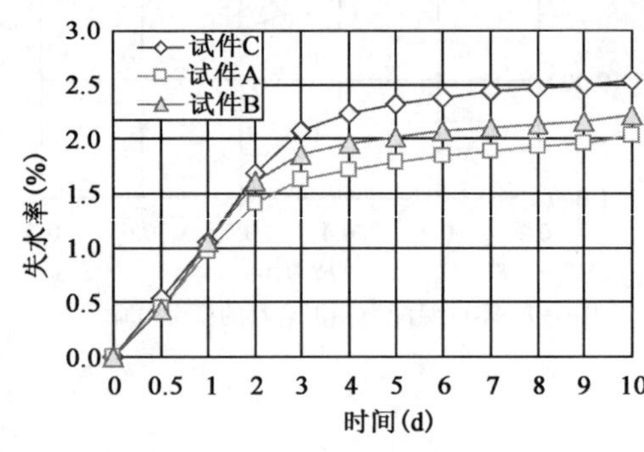

图 7-10　失水率随时间的变化关系图

泡沫沥青稳定碎石混合料试件的干缩应变随着龄期的增加而增大，一般在成型好的前 3 天内干缩应变增加幅度较大，到第 5～6 天开始趋于稳定，其中第 3 天的干缩变形量达到整个干缩应变量的 70%左右。

(2)干缩应变与龄期的关系

拌和用水与水泥含量是影响泡沫沥青稳定碎石混合料干缩变形的主要因素，拌和用水主要影响混合料的初期干缩应变。拌和用水量越大，混合料试件的失水程度越大，干缩变形也越大；水泥用量主要影响混合料后期的干缩应变，水泥含量的增多，可以降低试件的失水率，但是将导致后期干缩变形的增大。沥青的存在可以减小混合料的干缩变形。

泡沫沥青稳定新集料混合料与泡沫沥青再生混合料相比，两者的干缩变形与干缩程度相当。泡沫沥青稳定碎石混合料的干缩变形规律和水泥稳定碎石混合料的干缩变形规律基本一致，但是失水程度和干缩应变要小于水泥稳定碎石混合料。

7.2.4　泡沫沥青稳定碎石的压实特性

提高泡沫沥青稳定碎石的压实密度，有助于提高该类混合料的强度和稳定性。采用不同的成型方法和成型工艺制作泡沫沥青稳定碎石试件，分析成型条件对泡沫沥青稳定碎石试件体积参数和强度特性的影响。从成型工艺的角度，探索提高泡沫沥青稳定碎石压实密度的方法。

1)试验材料

试验采用 AH-70 基质沥青，泡沫沥青生产条件为：沥青加热温度 150℃，发泡用水量 4%。试验混合料采用 ATB-25 型混合料，以泡沫沥青用量 3.5%、拌和用水量 3.6%、水泥用量 1.5%制备泡沫沥青稳定碎石，试验混合料的级配组成见表 7-7。

试验混合料的级配组成　　表 7-7

混合料编号	通过下列筛孔(mm)的百分率(%)											
	31.5	26.5	19	16	13.2	9.5	4.75	2.36	1.18	0.6	0.3	0.15	0.075
试验混合料 1	100	95	70	58	52	42	30	24	17	13	9	6	4
试验混合料 2	100	96.4	74.4	64.9	57.3	49.8	43.3	32.1	20.4	15	9.8	7.4	5.7

2)试件成型与养生

比较不同成型工艺对泡沫沥青稳定碎石试件压实特性的影响，分别采用标准马歇尔试件、大马歇尔试件、旋转压实试件、振动＋击实成型小马歇尔试件，将成型后的试件在常温条件下放置 1d 后脱模。将脱模的试件至于温度为 40℃的烘箱中养护 4d。养护完成后测试试件的毛体积密度和强度。

3)影响因素分析

(1)试件空隙率影响分析

泡沫沥青稳定碎石试件的体积参数测试结果见表 7-8。

泡沫沥青稳定碎石试件体积参数　　表 7-8

试件编号	试件成型与养生条件			干质量(g)	袋子质量(g)	水中质量(g)	毛体积密度(g/cm³)	空隙率(%)	
	试件与成型次数		养生条件						
A1-1	标准马歇尔试件	75	40℃养生4d	1 134.8	6	639.1	2.314	6.3	7.8
A1-2		75		1 138.4	6	636.8	2.293	7.1	
A1-3		75		1 030.6	6	566.1	2.244	9.1	
A1-4		75		1 140	6	629.4	2.256	8.6	
A1-5		75	40℃养生4d后放置1周	1 137.5	6	615.4	2.201	10.9	10.7
A1-6		75		1 144.3	6	620.6	2.207	10.6	
A1-7		75		1 136.7	6	615.7	2.204	10.7	
A1-8		75	40℃养生4d后放置4周	1 119.3	6	600.6	2.180	11.7	12.1
A1-9		75		1 133.6	6	600.5	2.147	13	
A1-10		75		1 130.1	6	604.5	2.172	12	
A1-11		75		1 144.6	6	614.5	2.181	11.7	
A1-12		110		1 145.2	6	621.6	2.209	10.5	10.7
A1-13		110		1 141	6	622.4	2.222	10	
A1-14		110		1 135.8	6	615.6	2.205	10.7	
A1-15		110		1 135.3	6	611.2	2.188	11.4	
A1-16		振动后 75		1 134.5	6	607.9	2.176	11.9	11.6
A1-17		振动后 75		1 146.5	6	617.9	2.19	11.3	
A2-1	大马歇尔试件	112	40℃养生4d	3 882.6	24.2	2 152.4	2.271	8.0	6.4
A2-2		112		3 872.5	24.2	2 204.6	2.351	4.8	
A2-3		112		3 883.7	24.2	2 183.6	2.313	6.3	
A2-4		112		3 877.3	24.2	2 177	2.309	6.5	
A3-1	旋转压实试件	83	40℃养生4d	1 741.7	8.9	940.2	2.194	11.1	10.2
A3-2		123		1 769.4	8.9	965.8	2.223	9.9	
A3-3		110		1 761	8.9	956.4	2.21	10.5	
A3-4		130		1 745.6	8.9	959.3	2.242	9.2	

(2)成型方法影响

根据表 7-8 的数据，绘制同为 40℃养生 4d 的条件下，3 种不同成型方法得到试件的空隙率。可见，相比于标准马歇尔试件，大马歇尔试件可以比较显著地降低泡沫沥青稳定碎石试件的空隙率。而在 130 次旋转压实次数下，泡沫沥青稳定碎石试件的空隙率仍然较大，如图 7-11 所示。

(3)成型功影响

图 7-12 为标准马歇尔试件在不同成型功下，试件(40℃养生 4d 后放置 4 周)的空隙率情况。当马歇尔仪的击实次数由每面 75 次提高至每面 115 次时，击实功增加幅度为 53.3%，试件的空隙率由 12.1%降低至 10.7%，降低幅度为 11.6%。采用先振动后击实的方法也可以在一定程度上降低试件的空隙率。

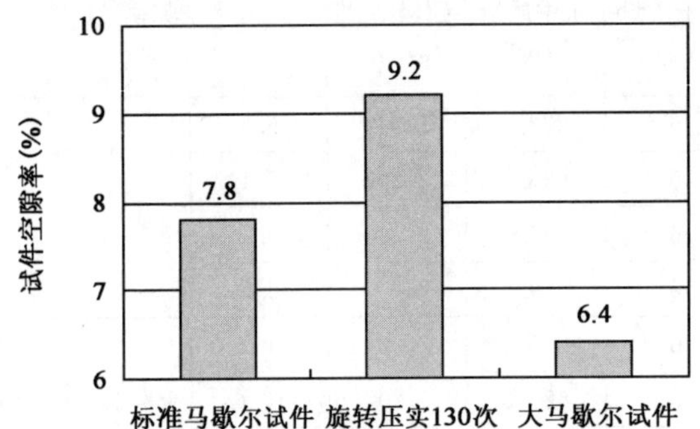

图 7-11　试件成型方法与试件空隙率的关系

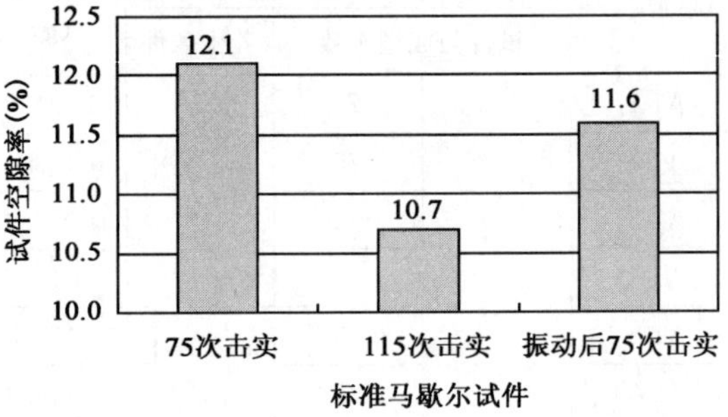

图 7-12　不同成型功对标准马歇尔试件空隙率的影响

表 7-9 给出了两种马歇尔击实仪的成型条件与击实功。由表 7-9 可见，虽然两种马歇尔仪击实锤的质量不同，但每次击实对试件所做的单位体积功是相同的。因此，大马歇尔击实仪击实 112 次与标准马歇尔仪击实 75 次相比，击实功增加近 50%，试件空隙率降低 18.9%(图 7-11)。相比较而言，提高小马歇尔仪击实功对于降低试件空隙率的效果要低于采用大马歇尔仪击实的效果。

两种马歇尔仪成型条件与击实功的比较　　表 7-9

成型设备	试件高度(mm)	试件直径(mm)	击实锤质量(kg)	提锤高度(mm)	击实次数(次)	每次单位表面功($N \cdot mm \cdot mm^{-2}$)	单位体积功($N \cdot mm \cdot mm^{-3}$)
标准马歇尔仪	63.5	101.6	4.53	457.2	75	2.53	2.98
大马歇尔仪	95.3	152.4	10.2	457.2	112	2.53	2.97

由于大马歇尔试件尺寸较大，在击实作用下，集料颗粒产生相对移动比小马歇尔试件中集料颗粒产生相对位移的阻力要小，因此试件更容易致密。一般情况下，大马歇尔试件的密度相当于标准马歇尔试件密度的 1.009～1.030 倍，混合料粒径大时，取大值。由于本次试验采用了大粒径(最大公称尺寸为 26.5mm 和 31.5mm)的沥青混合料，因此采用大马歇尔试件更有利于泡沫沥青提高混合料的压实密度。

图 7-13 给出了旋转压实次数与试件空隙率的关系。当旋转压实次数由 83 次提高至 130 次时，压实功提高 62.5%，空隙率由 11.1%降低至 9.2%，降低幅度为 17.1%。这表明通过增加旋转压实次数也可以有效地降低试件的空隙率。

上述分析结果表明，无论是增加标准马歇尔击实次数、增加旋转压实次数还是采用大马歇尔仪进行成型，都会增加试件的密实度，降低空隙率。相比较而言，在三种成型方法中，采用大马歇尔击实方法对于提高泡沫沥青稳定碎石的压实密度是最有效的。

(4)养生时间影响

将表 7-8 中标准马歇尔试件的空隙率与养生后放置时间的关系绘制成图 7-14 所示的曲线。

由图7-14可见，随着试件放置时间的增加，试件空隙率会逐渐增大。当放置时间达到7d时，试件的空隙率由7.8%增大至10.7%，增大幅度为37.2%；继续放置21d，试件空隙率继续增大至12.1%。增大幅度为13.1%。也就是说，泡沫沥青稳定碎石在压实成型的初期，空隙率显著增加，随着放置时间的增加，空隙率的增大速率降低。究其原因，在放置过程的前期，由于没有保湿措施，试件表面的水分会不断挥发；在放置过程的后期，随着水泥的水化，水分挥发量降低。水分的挥发将导致试件总质量减少、空隙率增大，并表现出前期快、后期慢的特征。

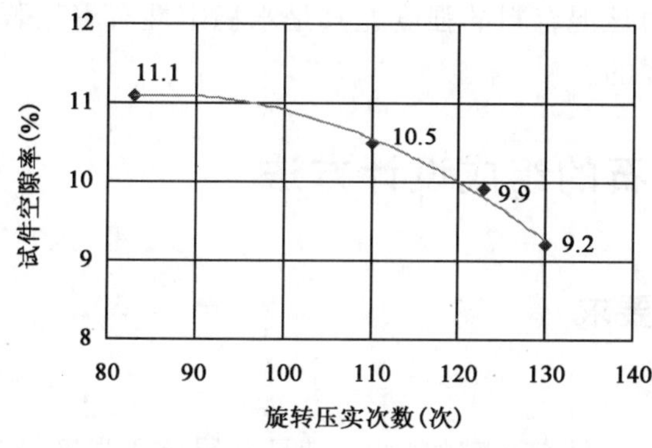

图7-13　旋转压实次数对试件空隙率的影响

图7-14　试件空隙率与试件放置时间的关系

由此看来，施工现场应注意压实泡沫沥青稳定碎石的初期保湿养生，尽量避免表面水分的挥发，提高该类混合料的压实密度。

按照泡沫沥青稳定碎石试件压实密度的大小对不同的成型工艺依次排序，结果表明，大型马歇尔仪>振动台+标准马歇尔仪>标准马歇尔仪>旋转压实仪。对几种成型方法压实功的分析结果表明，泡沫沥青稳定碎石压实密度主要取决于成型方法和成型功，两者同等重要。因此，建议工地现场采用吨位较大的压路机，适当振动，保证碾压次数。

4)提高泡沫沥青稳定碎石压实特性的必要性

图7-15给出了不同养生龄期下，泡沫沥青稳定碎石试件空隙率与试件的干劈裂强度、湿劈裂强度的关系。

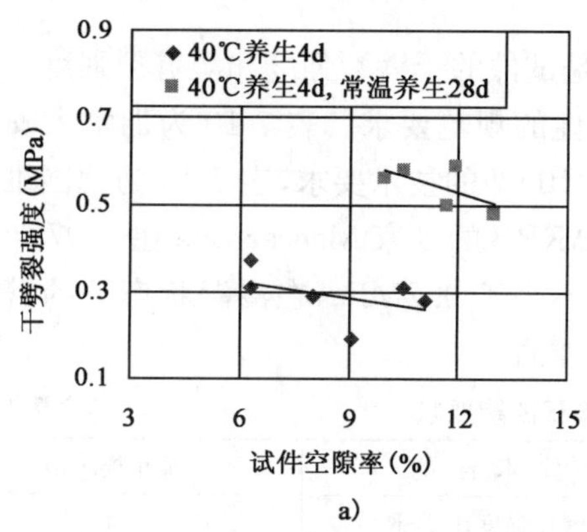

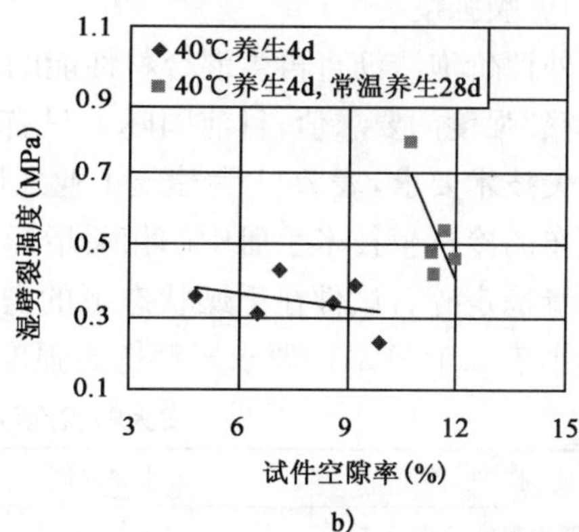

图7-15　试件空隙率与劈裂强度的关系曲线

由图 7-15 可见：

(1)当试件空隙率增加时，试件的干劈裂强度和湿劈裂强度均呈现降低的趋势。

(2)试件的强度与养生龄期有着显著的关系。当试件养生龄期较短时，试件的劈裂强度随空隙率增大而降低的幅度较小，且两者的相关性也较差；当试件的养护龄期增加至 28d 时，试件的劈裂强度随空隙率的增大而显著降低，且两者的相关性也明显增大。

(3)试件空隙率对试件湿劈裂强度的影响大于对干劈裂强度的影响，尤其是在较长的养生龄期时，反映出空隙率对该类混合料试件长期水稳定性的影响程度。

由此可见，泡沫沥青稳定碎石试件的空隙率对该混合料的强度尤其是水稳定性有着显著的影响，故增加该类混合料的压实密度是非常必要的。

7.3 泡沫沥青稳定碎石的组成设计方法

7.3.1 泡沫沥青稳定碎石的组成设计要求

1)设计原则

泡沫沥青稳定碎石作为道路基层材料，首先应该具有一定的强度，满足基层抗压强度、抗拉强度等基本力学性能要求。此外，根据泡沫沥青稳定碎石的强度形成机理和材料组成特征，泡沫沥青稳定混合料的初期强度较低，沥青用量较少，压实后空隙率较高，吸水率较大，因此水稳定性是泡沫沥青稳定混合料的薄弱环节。

泡沫沥青稳定混合料组成设计的原则为重点考虑其强度和水稳定性。另外，还需要考虑泡沫沥青稳定碎石的温度稳定性。

2)评价指标与要求

基于泡沫沥青稳定碎石基层在沥青路面结构中的受力范围，评价泡沫沥青稳定碎石材料性能的强度指标主要有劈裂强度、抗压强度。高温性能则主要采用马歇尔试验和车辙试验进行评价。

(1)劈裂强度

国外评价泡沫沥青再生混合料性能的主要指标是试件的干劈裂强度和湿劈裂强度。对于干、湿劈裂强度的要求值，目前国际上只有一些地方性的规范要求。表 7-10 为加拿大安大略省的相关技术要求，表 7-11 为建筑工业发展委员会(CIDB)的技术要求，表 7-12 为德国维特根公司颁布的冷再生技术手册中的相关指标和要求。ARRB 的专家 Maccarrone 在 1997 年建议泡沫沥青稳定碎石试件在干燥状态下的劈裂强度应不小于 0.2MPa，在浸湿状态下的劈裂强度应不小于 0.1MPa，即要求干湿劈裂强度比在 0.5 左右。

安大略省泡沫沥青稳定碎石性能要求 表 7-10

技术性能	最小要求值	技术性能	最小要求值
干劈裂强度(MPa)	0.30	干湿劈裂强度比 TSR(%)	50
湿劈裂强度(MPa)	0.15		

泡沫沥青稳定碎石的技术要求 表7-11

技术性能	E0～E2交通量	E3～E4交通量
试件空隙率(%)	5～15	5～15
25℃湿劈裂强度	干劈裂强度的60%	干劈裂强度的70%
25℃最小干劈裂强度(kPa)	100	200
25℃回弹模量(MPa)	900	1 500

泡沫沥青稳定处治层的施工质量标准 表7-12

材料	沥青用量(%)	25℃劈裂强度(kPa)	回弹模量(MPa)
RAP/碎石(50/50混合)	1.5～3.0	350～800	2 500～5 000
碎石	2.5～4.0	400～900	3 000～6 000
天然砾石(PI<10,CBR>30)	3.0～4.5	250～500	2 000～4 000

汇总表7-10～表7-12的数据得到,泡沫沥青稳定碎石混合料在25℃时的干劈裂强度要求范围为0.1～0.4MPa,湿劈裂强度的要求为干劈裂强度的50%～70%。对泡沫沥青稳定砾石(非再生料)混合料干劈裂强度的要求值低于泡沫沥青再生混合料。

综合各个地区对干、湿劈裂强度的数值标准可以认为,如果25℃时的干劈裂强度达到0.4MPa,湿劈裂强度达到0.3MPa,且干湿劈裂强度比值达到60%以上,所设计的泡沫沥青稳定碎石就具备了较为优良的强度性能和水稳定性。《公路沥青路面设计规范》(JTG D50—2006)中,结构层材料的容许拉应力由抗拉强度结构系数和结构层材料的劈裂强度共同确定。所以,由劈裂强度确定泡沫沥青稳定碎石最佳沥青用量的配合比设计方法,能够较为准确地反映材料最佳的抗疲劳性能。

(2)抗压强度

无侧限抗压强度是路面结构计算和分析的重要参数,《公路路面基层施工技术规范》(JTJ 034—2000)中没有对柔性基层材料的抗压强度值进行明确规定,但对半刚性基层材料的抗压强度值有明确规定。在确定泡沫沥青稳定碎石抗压强度的标准值时,需综合考虑基层结构对该材料的强度要求和材料自身的强度特征。图7-16为收集的泡沫沥青再生混合料抗压强度测试值,具有95%保证率的强度代表值为1.42MPa。考虑材料的施工变异性,对泡沫沥青再生混合料抗压强度标准值的建议值为1.2MPa。

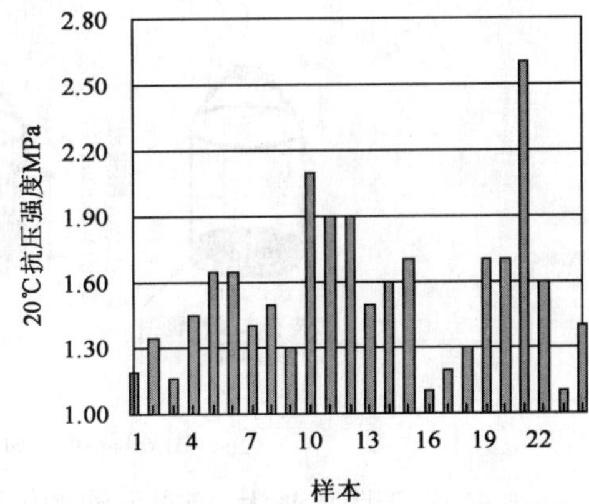

图7-16 泡沫沥青稳定碎石试件抗压强度测试值分布

(3)高温性能评价

沥青混合料的高温性能一般采用马歇尔试验和车辙试验评价。

《公路沥青路面施工技术规范》(JTG F40—2004)规定,泡沫沥青稳定碎石混合料试件60℃时的马歇尔稳定度应大于7.5kN(标准马歇尔试件)和15kN(大马歇尔试件)。而《公路沥青路面再生技术规范》(JTG F41—2008)要求,泡沫沥青冷再生混合料试件40℃时的马歇尔稳定度应大于 5.0kN。

在车辙试验中采用动稳定度 DS 作为评价泡沫沥青稳定碎石高温稳定性的指标。《公路沥青路面施工技术规范》(JTG F40—2004)中规定,夏日炎热区的高速公路、一级公路路面普通沥青混合料动稳定度应不少于 1 000 次/mm。

因此,以马歇尔稳定度和动稳定度作为泡沫沥青稳定碎石高温性能验证指标,并要求 60℃时的马歇尔稳定度大于 7.5kN(标准马歇尔试件)和 15kN(大马歇尔试件),以及动稳定度大于 1 000 次/mm。

7.3.2 沥青发泡效果的评价指标与要求

目前,评价沥青发泡效果的主要技术指标为膨胀比和半衰期。膨胀比是指沥青发泡时能够达到的最大体积与沥青原体积的比值(无量纲);半衰期是指沥青发泡状态达到最大体积的时刻至泡沫消散到最大体积一半时所需的时间(以秒计)。膨胀比和半衰期与沥青膨胀体积之间的关系如图 7-17 所示。

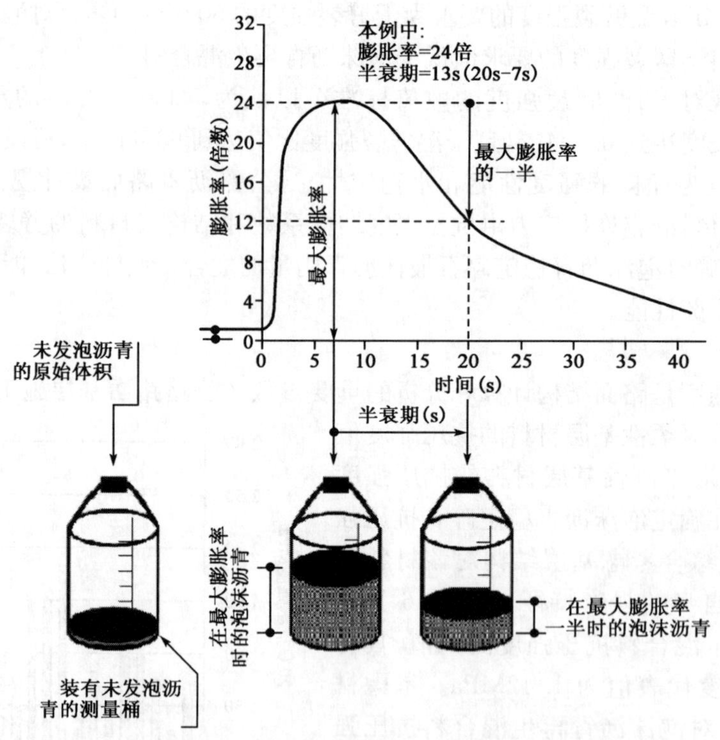

图 7-17 泡沫沥青膨胀率和半衰期的示意图

一般来说,膨胀比越大,沥青发泡的体积膨胀倍数越大,施工和易性越好,在最终成型的混合料中泡沫沥青的分散均匀性越高。半衰期越长,沥青泡沫衰减速率越慢,施工中能提供的有效拌和时间越长,同样使混合料具有较好的性能。因此,需要选择膨胀较大、半衰期较长的发泡条件来制作泡沫沥青。

表 7-13 为国外对泡沫沥青膨胀比和半衰期指标的要求范围。不同国家对沥青发泡指标

的要求不尽相同。表7-14为不同沥青发泡效果下，泡沫沥青稳定碎石试件的毛体积密度、干劈裂强度、湿劈裂强度、干湿劈裂强度比等指标的测试结果。总体来看，当沥青发泡效果指标显著变化时，混合料各项性能指标的变化幅度较小。借鉴国外结构的技术要求，建议取膨胀比大于10，半衰期大于10s。

国外沥青发泡膨胀比和半衰期的技术要求　　表7-13

提出学者、机构及时间	膨胀比	半衰期(s)
Ruckel et al(1983)、Acott、Mybuigh(1983年)	8～15	20
CSIR(1998年)	10	12
AustStab(2003年)	10	实测
Ruckel et al(1983年)	8～15	20
IOWA(2006年)	10	10

沥青发泡效果与泡沫沥青稳定碎石性能试验数据汇总　　表7-14

技术指标		测试结果			
泡沫沥青	膨胀比	8	16	22	24
	半衰期(s)	30.3	10.9	9.9	12
泡沫沥青稳定碎石	毛体积密度(g/cm³)	2.176	2.156	2.201	2.151
	干劈裂强度(MPa)	0.63	0.54	0.65	0.47
	湿劈裂强度(MPa)	0.34	0.34	0.38	0.39
	干湿劈裂强度比(%)	54.2	62.8	57.4	83.8

7.3.3 泡沫沥青稳定碎石材料组成设计

在泡沫沥青稳定碎石混合料中，既有拌和过程中喷入的泡沫沥青，也有为增加施工和易性加入集料中的水，还有为了提高混合料水稳定性而加入的活性填料等。因此泡沫沥青稳定碎石组成设计的主要内容包括:原材料的选择，沥青发泡条件的确定，矿质混合料配合比设计，矿质混合料拌和用水的确定，泡沫沥青用量的确定，泡沫沥青稳定碎石性能检测等。

1)*原材料技术要求*

由于沥青的发泡效果影响沥青在冷集料中的分散均匀程度，因此还应该根据沥青的发泡效果确定沥青品种。首先进行沥青的发泡试验，选取试验温度和发泡用水量，测定不同组合条件下的膨胀率和半衰期。泡沫沥青的膨胀比和半衰期应满足表7-15中的要求，并以泡沫沥青膨胀率较大、半衰期较长为原则，选择最佳的发泡温度和发泡用水量。如果泡沫沥青的膨胀比和半衰期无法满足技术要求，则应更换沥青。

此外，由于SBS改性沥青等无法采用现有的沥青发泡设备进行发泡，因此不能用于泡沫沥青稳定碎石混合料的生产。当需要采用改性沥青时，可以采用岩沥青改性沥青。

集料的质量应符合我国《公路沥青路面施工技术规范》(JTG F40—2004)的相关规定，各档集料的尺寸规格满足相应的要求，以便配制所需要的混合料。

填料必须采用石灰岩或岩浆岩中的强基性岩石等憎水性石料经磨细得到的矿粉，其质量应符合我国相关技术规范的规定。

为了提高泡沫沥青稳定碎石的早期强度，改善其水稳定性，应加入一定数量的水泥。原则上，水泥掺量为沥青混合料质量的 1.0%～1.5%，并用于取代部分矿粉。用作填料的水泥可选用 42.5 或 42.5 R 普通硅酸盐水泥，水泥的质量应符合我国《通用硅酸盐水泥》(GB 175—2007/XG1—2009)中对普通硅酸盐水泥的技术要求。

2)配合比设计要求

泡沫沥青混合料配合比设计的主要控制指标为劈裂强度（干、湿）和干湿劈裂强度比；验证指标包括无侧限抗压强度、马歇尔稳定度和动稳定度。各项指标和技术要求汇总见表 7-15。

泡沫沥青和泡沫沥青再生混合料性能指标汇总 表 7-15

<table>
<tr><th>材　料</th><th colspan="2">试 验 指 标</th><th>表 征 性 能</th><th>要求建议值</th></tr>
<tr><td rowspan="2">泡沫沥青</td><td colspan="2">膨胀比</td><td rowspan="2">发泡效果</td><td>≥10</td></tr>
<tr><td colspan="2">半衰期</td><td>≥10s</td></tr>
<tr><td rowspan="6">泡沫沥青混合料</td><td rowspan="3">控制指标</td><td>25℃干劈裂强度</td><td rowspan="3">强度与水稳定性</td><td>≥0.4MPa</td></tr>
<tr><td>25℃湿劈裂强度</td><td>≥0.3MPa</td></tr>
<tr><td>干湿劈裂强度比</td><td>≥0.60%</td></tr>
<tr><td rowspan="3">验证指标</td><td>20℃无测限抗压强度</td><td>强度性能</td><td>≥1.2MPa</td></tr>
<tr><td>60℃马歇尔稳定度</td><td>高温稳定性</td><td>≥7.5kN(标准马歇尔试件)
≥15kN(大马歇尔试件)</td></tr>
<tr><td>60℃车辙试验</td><td>高温稳定性</td><td>≥1 000 次/mm</td></tr>
</table>

3)配合比设计步骤

(1)矿质混合料的配合比设计

对所提供的集料进行筛分，根据泡沫沥青稳定碎石设计级配范围的目标要求，进行初选级配混合料的确定。确定在初选级配混合料中各档集料用量比例，计算混合料的合成级配，各初选混合料的合成级配应满足设计级配范围。

(2)混合料拌和用水量的确定

泡沫沥青稳定碎石在拌和与压实时需要加入一定的水，水可以在集料颗粒之间充当润滑剂，有利于泡沫沥青的扩散，提高混合料拌和均匀性以及混合料的压实度，并为泡沫沥青稳定碎石中的水泥提供水化用水。然而，过多的水分会影响混合料的压实效果及混合料的强度，因此存在一个最佳拌和用水量。

可以采用《公路工程无机结合料稳定材料试验规程》(JTG E51—2009)中土的击实试验来确定泡沫沥青稳定碎石的最佳拌和用水量。首先选择不同的拌和用水量，以用水量的 0.5%作为间隔拌和矿质混合料，然后采用土工击实试验，测试不同拌和用水量下混合料的干密度，根据最大干密度确定各个初选混合料的最佳含水率。再根据工程折减系数确定混合料的拌和用水量，并结合相关工程经验和研究成果，得出最佳含水率与拌和用水量之间存在一定关系，拌和用水量一般为最佳含水率的 70%～80%。

(3)最佳沥青用量的确定

对各个初选级配采用不同的泡沫沥青用量制备马歇尔试件。泡沫沥青用量以 0.5%作为间隔，在最佳沥青发泡条件和最佳含水率的条件下，制备泡沫沥青稳定碎石，成型马歇尔试件。

试件成型1d后脱模，然后在温度为40℃的烘箱中养生3d。测试经养护后试件的毛体积密度。然后将试件分为两组，一组放在25℃烘箱中保温4h后测量试件的干劈裂强度；另一组试件则在25℃水浴中放置24h用来测量试件的湿劈裂强度。

对于每个初选级配混合料，绘制干劈裂强度与泡沫沥青用量的关系曲线，根据干劈裂强度的峰值确定泡沫沥青用量。在最佳沥青用量下，试件的干湿劈裂强度比不宜小于70%，如果干湿劈裂强度比不满足要求，则需要统筹考虑其他沥青用量下的干湿劈裂强度比，以使泡沫沥青稳定碎石具有较高的水稳定性。

通过对所选几个级配的试验结果进行对比，选取干劈裂强度最大且干湿劈裂强度比最大的混合料级配为目标最佳级配，其所对应的最佳沥青用量则为符合目标要求的最佳沥青用量。

为了保证泡沫沥青稳定碎石的初期强度和水稳定性，需要在混合料中加入水泥，水泥剂量通常为泡沫沥青稳定碎石质量的1.0%～1.5%。

7.4 泡沫沥青稳定碎石基层施工工艺与质量验收标准

7.4.1 泡沫沥青稳定碎石基层施工工艺

1)施工前准备

(1)泡沫沥青稳定碎石基层施工前，应对下承层进行检查，当质量符合要求时，方可开始施工。

(2)施工前应对进场的材料按批进行抽检，以保证材料质量。各种矿料必须分类堆放，要求做到细料进棚、粗料覆盖。不同集料应分别放置在硬化场地的堆放场，防止被其他颗粒材料污染。

2)泡沫沥青稳定碎石的生产

在泡沫沥青稳定碎石生产过程中，拌和设备能够按照设定比例，自动控制材料进入的数量。当水泥、粗集料、细集料与拌和用水进入拌和锅时，其上方的喷洒系统开始喷入泡沫沥青，同时双卧轴拌和设备开始拌和，生产泡沫沥青稳定碎石。

在拌和生产过程中，必须连续观测生产的泡沫沥青稳定碎石拌和是否均匀，一旦发现沥青出现条状或结团现象，应立即停止生产；在正常施工时，也需要对泡沫沥青稳定碎石进行抽检，以保证混合料性能符合设计要求。

3)泡沫沥青稳定碎石的运输

(1)泡沫沥青稳定碎石生产完毕后，应当尽快运输至现场进行摊铺和压实。应在泡沫沥青稳定碎石的表面覆盖一条湿布。

(2)由于混合料中含有水泥类活性填料，运输车从装料至混合料基层压实完成后，其时间间隔不得超过4h。

4)泡沫沥青稳定碎石的摊铺

(1)首先由运输车将泡沫沥青稳定碎石卸载至摊铺机料斗中，摊铺机连续均匀地前进完成摊铺过程。泡沫沥青稳定碎石的松铺系数一般为1.2～1.4。

(2)摊铺机必须缓慢、均匀、连续不间断地摊铺,不得随意变换速度或中途停顿,以提高平整度,减少混合料的离析。在运料车卸料的过程中,应有专人指挥协调,避免泡沫沥青稳定碎石洒落,保证摊铺机料源供应的连续性。运料车卸料和摊铺机摊铺过程可以参照热拌沥青混合料的施工规范。

(3)现场施工时,应当提示工人将摊铺机前面由于运料车卸料时洒落的材料,特别是已经风干的混合料清除出路面。

(4)应当安排专门的观测人员,指导运料车卸料的全过程,同时观察泡沫沥青稳定碎石的均匀性,避免由于装卸和摊铺造成的明显离析,否则必须挖除返工。

5)泡沫沥青稳定碎石基层的碾压

(1)泡沫沥青稳定碎石摊铺后应当及时压实,碾压工艺为:双钢轮压路机静压 1 遍→单钢轮压路机高幅低频强振压实 3～4 遍→单钢轮压路机高频低幅弱振压实 3～5 遍→轮胎压路机压实 4～6 遍,或"双钢轮静压 1 遍,强振 2 遍,单钢轮强振 2 遍,弱振 2 遍,轮胎终压 4 遍"。

(2)碾压过程中的操作要求:双钢轮压路机的工作速度不得超过 3km/h,轮胎压路机的工作速度不得超过 2.5km/h,每次压实必须错 1/3 轮。如果混合料层厚度较厚,可以采用分层摊铺、分层压实的办法。同时应当根据基层的铺筑厚度,选择压实设备的类型和吨位。

(3)在碾压过程中,视表面干燥情形决定是否洒水。

6)开放交通及其他

(1)施工的环境要求。当检测料堆的温度低于 10℃时不宜进行施工作业,同时在雾天或者雨天也不宜进行施工作业。如果出现阴雨天气,应当及时对泡沫沥青稳定碎石基层进行封层处理,以防止雨水渗入基层内部。

(2)接缝处治。厂拌施工接缝包括纵向接缝和横向接缝,纵向接缝平行于路中心线,一般是两个施工面的交界处;横向接缝主要是指由于前一段施工结束后与下一段施工开始处的区域。所有的纵向和横向接缝处都要往完全压实的路段一侧去除部分材料。纵向和横向接缝至少分别去除 200mm 和 100mm。

(3)开放交通。泡沫沥青稳定碎石基层碾压完成后既可以开放交通,但应该限制重载车辆行驶,也可以根据施工进度,随时加铺沥青面层。

7.4.2 泡沫沥青稳定碎石基层质量验收标准

1)材料的质量检查与控制

(1)在组织进行泡沫沥青稳定碎石基层施工以前以及施工过程中,必须对原材料的基本性能进行检测,以确保原材料的质量满足要求。

(2)材料质量控制检测项目见表 7-16。

2)施工过程的质量管理与检查的质量控制

(1)施工过程中的质量管理与检查包括对泡沫沥青稳定碎石生产质量的检查以及施工现场的质量检测。

(2)泡沫沥青稳定碎石生产质量检查是在泡沫沥青稳定碎石拌和生产后、尚未压实前所进行的观测或性能检测,是对泡沫沥青稳定碎石生产环节的质量控制,具体检测项目见表 7-17。

施工过程中材料质量检查的项目与频度 表 7-16

材料	试验项目	目　　的	频　　率	检测方法
沥青	针入度	评定沥青质量	每 10 000m² 工作面测 2 个样品	T 0604—2000
	软化点	评定沥青质量	每 10 000m² 工作面抽检 2 个样品	T 0606—2000
	延度	评定沥青质量	每 10 000m² 工作面抽检 2 个样品	T 0605—2000
	发泡效果	检验沥青发泡效果是否符合设计要求	每天开机施工前或必要时，抽检测试 3 次	拌和机上的测试喷嘴
粗集料	外观	观察石料品种、含泥量	施工前或必要时	目测
	针片状颗粒含量	评定材料质量	施工前或必要时，测 2 个样品	游标卡尺法
	毛密度	评定材料质量	施工前或必要时，测 2 个样品	网篮法
	级配	确定级配是否符合要求	每 10 000m² 工作面测 2 个样品	筛分法
	压碎值	评定材料质量	施工前或必要时，测 2 个样品	T 0316—2000
细集料	含水率	确定含水率是否符合要求，同时确定添加的水量	每 5 000m² 工作面抽检 2 个样品	烘干法、酒精燃烧法、含水率快速测定仪
	级配	确定级配是否符合要求	每 10 000m² 工作面抽检 2 个样品	筛分法
	毛体积密度	评定材料质量	每 1 0000m² 工作面抽检 2 个样品	比重瓶法
	塑性指数	材料的塑性是否符合规定	每 10 000m² 工作面抽检 2 个样品	T 0354—2000
	堆积密度	计算石屑撒布量	施工前或必要时，抽检 2 个样品	T 0331—1994

注：表中的"必要时"是指需要经常检查的项目，其检查频度可根据材料来源及质量波动情况由业主及监理确定；"必要时"是指施工各方任何一个部门对其质量发生怀疑，提出需要检查时，或是根据需要商定的检查频度。

泡沫沥青稳定碎石质量检查的项目与频度 表 7-17

项　　目	检查频度及单点检验评价方法	质量要求与允许偏差	试验方法
混合料外观	随时	观察集料、沥青分散情况，有无结团现象	目测
含水率	每 2 000m² 或每 600t 测 2 个样品的平均值评定	+1%，−2%	T 0801—94 或 T 0803—94
沥青用量(油石比)	每 5 000m² 或每 1 500t 计算平均值	≥0.3	总量控制
水泥用量	每 10 000m² 或每 3 000t 计算平均值	≥0.2	总量控制
马歇尔稳定度、流值、空隙率	每天 1～2 次，宜用 4～6 个试样的平均值评定	符合设计要求	T 0702—2000 及 T 0707—2000
劈裂强度	每天 1～2 次，宜用 4～6 个试样的平均值评定	≥0.4MPa	T 0716—1993
无侧限抗压强度	每天 1 次，宜用 6～9 个试样的平均值评定	≥1.2MPa	T 0805—94
湿劈裂强度	每天 1～2 次，宜用 4～6 个试样的平均值评定	≥0.3MPa	T 0716—1993
车辙试验	用每 20 000m² 或每 6 000t 测 3 个样品的平均值评定	符合设计要求	T 0719—1993

(3)泡沫沥青稳定碎石外观的质量检查通常可以通过目测的方法完成。可以设置专门的观测人员，一旦发现混合料中出现沥青结团和集料离析等现象，应立即停止生产进行检查。

(4)施工现场检测是指在泡沫沥青基层碾压结束后进行的施工检查，目的在于摊铺、碾压等施工环节的质量控制，具体检测项目见表 7-18。

基层现场检测项目 表 7-18

项目	检查频度及单点检验评价方法	质量要求与允许偏差		试验方法
基层表面纹理	随时	观察表面纹理状况，粗细集料是否分布均匀，是否存在明显离析		目测
平整度	每 5 000m² 或每 1 500t 抽检 2 点	符合设计要求		T 0931—95
压实度	用每 2 000m² 或每 600t 测 2 个样品的平均值评定	≥98%		T 0921—95
厚度	每 2 000m² 或每 600t 抽检 2 点	面层厚度≤6cm	±10mm	开挖后测试或灌砂时测量
		面层厚度>6cm	±15mm	
宽度	每 5 000m² 或每 1 500t 抽检 2 个断面	有侧石	±25mm	直接测量
		无侧石	≥设计宽度	
横坡	每 5 000m² 或每 1 500t 抽检 2 个断面	面层厚度≤6cm	±0.3	经纬仪等设备测量
		面层厚度>6cm	±0.4	

(5)基层质量检测对 1km 路段中每侧行车道按表 7-19 的规定频度，随机选取测点；对沥青面层进行全线检测，将单个测定值与表中的质量要求或允许偏差进行比较，计算合格率，然后给出该路段测试指标的平均值、极差、标准差及变异系数。

泡沫沥青稳定碎石基层交工检查与验收质量标准 表 7-19

检查项目		规定值或允许偏差	检查方法和频度
压实度(%)	代表值	98	每 200m 每车道 2 处
	极值	93	
平整度(mm)	面层厚度≤6cm	6	3m 直尺：每 200m 测 2 处×10 尺
	面层厚度>6cm	8	
纵断高程(mm)	面层厚度≤6cm	±10mm	水准仪：每 200m 测 4 个断面
	面层厚度>6cm	±15mm	
宽度(mm)	有侧石	±25mm	尺量：每 200m 测 4 处
	无侧石	不小于设计宽度	
厚度(mm)	代表值	总厚度设计值的−8%	每 200m 每车道 1 点
	合格值	总厚度设计值的−12%	
横坡(%)	面层厚度≤6cm	±0.3	水准仪：每 200m 测 4 个断面
	面层厚度>6cm	±0.4	
强度(MPa)		符合设计要求	施工过程质检资料或钻芯测试
弯沉(0.01mm)		符合设计要求	每幅每 20m 测 1 点

7.5 工程案例

泡沫沥青稳定碎石基层在河北省沧州市高铁枢纽市政配套道路中得到了应用，其中主干路吉林大道与广州路都采用泡沫沥青稳定碎石基层，吉林大道长约2km，广州路长约1km，路面结构为：4cm的SMA-13＋6cm的AC-20＋15cm的泡沫沥青稳定碎石＋18cm的水泥稳定碎石。

7.5.1 泡沫沥青混合料材料组成设计

1)试验材料

(1)沥青

沥青为70号沥青，其主要技术指标测试结果见表7-20。

沥青主要技术指标测试结果　　表7-20

技术指标	测试结果	技术指标	测试结果
25℃针入度(0.1mm)	64.2	60℃黏度(Pa·s)	207
软化点(℃)	46.7	135℃黏度(Pa·s)	2.30
15℃延度(cm)	＞100	密度(g/cm³)	1.020

(2)矿质材料

所用集料为石灰岩轧制碎石集料，矿粉为石灰岩矿粉。各档集料与矿粉的密度见表7-21，级配组成见表7-22。

各档集料的密度与吸水率　　表7-21

集料编号	粒径范围(mm)	毛体积相对密度(g/cm³)	表观相对密度(g/cm³)	吸水率(%)
1号	20～26.5	2.738	2.756	0.6
2号	15～20	2.730	2.756	0.6
3号	5～15	2.769	2.809	0.5
5号	0～3	2.613	2.613	
矿粉			2.713	

(3)水泥

为了提高混合料的水稳定性和强度特性，加入普通硅酸盐水泥，水泥用量取1.5%，水泥密度为3.150g/cm³。

图7-18　WLB10型发泡试验机

2)沥青发泡条件的确定

(1)发泡设备

沥青发泡试验采用专用设备WLB10型发泡试验机，如图7-18所示。WLB10型发泡试验机是Writgen公司以路面再生机WR2500为原型，按一定比例进行缩小，专门为泡沫沥青的室内研究而研制的发泡设备。该设备自备沥青混合料搅拌系统，配套的拌和锅可以设定拌和速率，拌和时间可以自己使用秒表计时来控制。

各档集料的级配组成（通过百分率，%）　　表 7-22

筛孔尺寸(mm)	1号	2号	3号	4号	5号	矿粉
	20～26.5	15～20	5～15	3～5	0～3	
31.5	100	100	100	100	100	100
26.5	85.7	100	100	100	100	100
19.0	6.9	87.0	100	100	100	100
16.0	1.3	42.1	100	100	100	100
13.2	0.8	4.9	93.7	100	100	100
9.5	0	0.5	44.3	100	100	100
4.75	0	0	1.0	74.5	98.1	100
2.36	0	0	0.7	8.6	72.7	100
1.18	0	0	0	4.4	46.4	100
0.6	0	0	0	3.9	34.0	100
0.3	0	0	0	3.6	22.3	100
0.15	0	0	0	3.3	16.9	100
0.075	0	0	0	2.9	13.0	93.4

(2)确定沥青的发泡条件

在沥青发泡试验中，发泡用水量分别取为2%、3%、4%和5%，并将沥青温度分别加热至150℃和160℃，测定各种条件下沥青的膨胀率和半衰期，从而选择最佳的沥青发泡温度和发泡用水量。沥青发泡试验结果见表 7-23。

沥青发泡试验结果　　表 7-23

沥青品种	评价指标	沥青温度(℃)	发泡水温(℃)	发泡用水量(%)			
				2	3	4	5
泰普克70号	膨胀比	150	常温	8	11	12	15
	半衰期(s)			7.38	6.90	8.35	7.04
	膨胀比	160		10	12	15	16
	半衰期(s)			7.49	8.07	6.44	5.87

由表 7-23 确定 AH-70 沥青最佳发泡条件为发泡温度 150℃，发泡用水量 4%；相应的沥青发泡效果为膨胀率 12，半衰期 8.4s。

3)泡沫沥青混合料的配合比设计

(1)矿质混合料的配合比设计

经矿质混合料配合比设计，确定各档集料用量为：19～26.5mm∶15～19mm∶5～15mm∶3～5mm∶0～3mm＝25∶18∶13∶0∶44，混合料的合成级配曲线如图 7-19 所示。

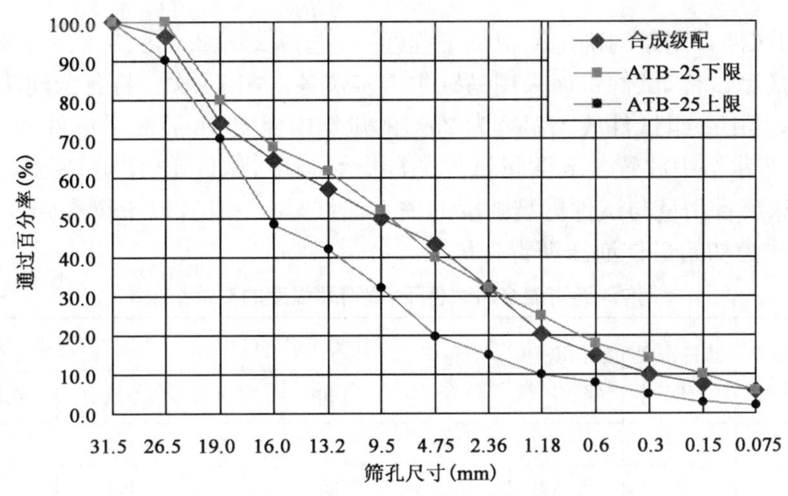

图 7-19 泡沫沥青混合料合成级配组成

(2)混合料拌和用水量的确定

①最佳用水量的确定。当混合料配合比确定后,首先分别以占混合料质量 3%、4%、5%和 6%的用水量拌制混合料,然后根据《公路工程无机结合料稳定材料试验规程》(JTG E51—2009)的方法进行击实试验,测试试件的干密度与含水率,结果见表 7-24。

矿质混合料的击实试验结果 表 7-24

	含水率(%)	3		4		5		6	
干密度	筒+湿土质量(g)	9 655		9 719		9 837		9 830	
	筒的质量(g)	4 423		4 423		4 423		4 431	
	湿土的质量(g)	5 232		5 296		5 414		5 399	
	湿密度(g/cm³)	2.403		2.433		2.487		2.480	
	干密度(g/cm³)	2.339		2.350		2.372		2.349	
含水率	盒重(g)	117.5	89.6	111.2	212.9	852	852	783	783
	盒+湿土的质量(g)	914.1	875	925.6	1 376.6	6 257	6 257	6 168	6 168
	盒+干土的质量(g)	893.8	853	897.8	1 337.2	6 008	6 008	5 883	5 883
	盒的质量(g)	117.5	89.6	111.2	212.9	852	852	852	783
	水的质量(g)	20.3	22	27.8	39.4	249	249	285	285
	干土的质量(g)	776.3	763.4	786.6	1 124.3	5 156	5 156	5 100	5 100
	含水率(%)	2.6	2.9	3.5	3.5	4.8	4.8	5.6	5.6
	平均含水率(%)	2.7		3.5		4.8		5.6	

将表 7-24 中试件干密度与含水率的关系绘制成图 7-20 所示的曲线,由该曲线确定试件的最大干密度为 2.372g/cm³,对应的最佳拌和用水量为 4.8%。

②拌和用水量的确定。根据相关工程经验和研究成果,混合料的实际拌和用水量一般为最佳含水率的 70%~80%。本次试验的拌和用水量为最佳含水率的 75%,即取拌和用水

量为3.6%。

(3)最佳泡沫沥青用量的确定。根据工程经验,选择2%、2.5%、3%、3.5%和4%的泡沫沥青用量分别成型试件,试件每面采用马歇尔击实仪各击实75次。将各个泡沫沥青用量下的试件分为两组,其中一组试件放入温度为25℃的烘箱中保温4h后测量试件的干劈裂强度,另一组试件在25℃水浴中放置24h测量试件的湿劈裂强度,试件干、湿劈裂强度测试结果见表7-25。绘制泡沫沥青用量与试件劈裂强度的关系曲线(图7-21),以干劈裂强度最大值对应的泡沫沥青用量作为初始最佳泡沫沥青含量。

泡沫沥青混合料试件干、湿劈裂强度的测试结果 表7-25

试件编号	泡沫沥青用量(%)	理论密度(g/cm³)	毛体积密度(g/cm³)	空隙率(%)	干劈裂强度(MPa)		湿劈裂强度(MPa)		干湿劈裂强度比(%)
					个别值	平均值	个别值	平均值	
2.5-1	2.5	2.561	2.281	10.9	0.39	0.37	0.24	0.24	64.9
2.5-2		2.561	2.312	9.7	0.35		0.25		
3.0-1	3.0	2.516	2.297	8.7	0.38	0.38	0.25	0.26	68.4
3.0-2		2.516	2.252	10.5	0.38		0.28		
3.5-1	3.5	2.542	2.301	9.5	0.43	0.42	0.26	0.27	64.3
3.5-2		2.542	2.294	9.7	0.42		0.28		
4.0-1	4.0	2.506	2.299	8.2	0.32	0.31	0.21	0.23	74.2
4.0-2		2.506	2.224	11.3	0.29		0.25		

从图7-21中可以看出,随着泡沫沥青用量的增加,泡沫沥青混合料的干劈裂强度出现峰值,且本次试验的干、湿劈裂强度同时达到峰值点。因此,初始最佳沥青含量确定为3.5%。

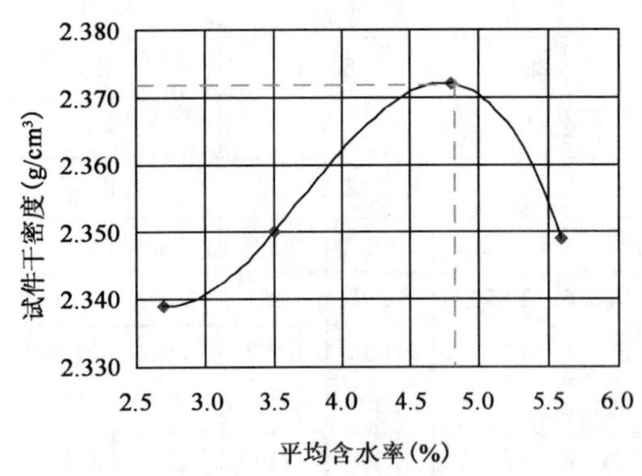

图7-20 混合料试件干密度与含水率的关系曲线图

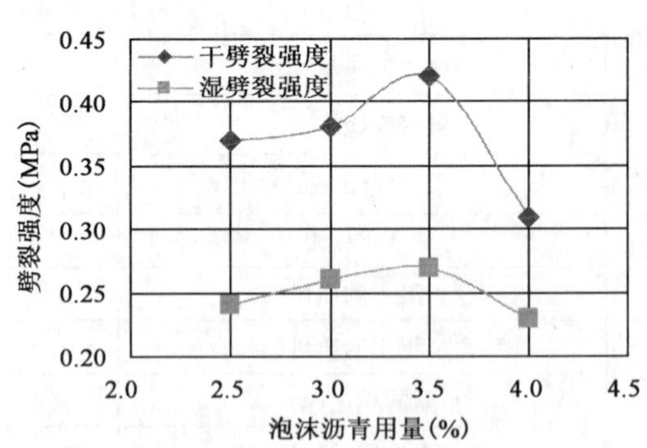

图7-21 泡沫沥青用量试验结果

4)泡沫沥青混合料性能检测

(1)泡沫沥青稳定碎石混合料的抗压强度

按照《公路工程无机结合料稳定材料试验规程》(JTG E51—2009)规定的方法,采用静压法成型泡沫沥青混合料试件,试件养生3d后进行单轴压缩试验,测定试件的抗压强度。泡沫沥青稳定碎石混合料的无侧限抗压强度平均值为1.99MPa,见表7-26。这个结果满足抗压强度应大于1.2MPa的设计要求。

泡沫沥青稳定碎石混合料单轴压缩试验结果　　表7-26

试件编号	试件直径 d(mm)	破坏荷载 P(kN)	抗压强度 R_c(MPa)	
1	150	33.4	1.89	1.99
2		36.8	2.08	

(2)马歇尔稳定度

对该组泡沫沥青混合料成型马歇尔试件，在40℃的温度条件下养生3d后进行马歇尔试验，得到的马歇尔稳定度和流值测试值见表7-27，该组泡沫沥青混合料的马歇尔稳定度满足大于7.5kN的要求。

泡沫沥青稳定碎石混合料马歇尔试验结果　　表7-27

试件编号	稳定度(kN)	流值(0.1mm)	试件编号	稳定度(kN)	流值(0.1mm)
1	10.6	31.4	4	14.6	18.9
2	11.8	22.3	平均值	11.7	26.3
3	10.0	32.6			

(3)车辙试验

采用设计级配，配制泡沫沥青混合料大约11.5kg，将其装入车辙试验模具中在轮碾机上碾压成型。试件在40℃的温度条件下养生3d后进行车辙试验，试验结果见表7-28。

泡沫沥青稳定碎石混合料车辙试验数据　　表7-28

车辙板编号	45min时位移(mm)	60min时位移(mm)	动稳定度DS(次/mm)	平均值(次/mm)
F-1	0.612	0.677	9 692	13 135
F-2	0.455	0.493	16 579	

从表7-28可以看出，泡沫沥青稳定碎石混合料的动稳定度DS达到10 000次/mm以上，而相同级配的热拌沥青混合料的动稳定度范围大致在1 000～3 000次/mm。泡沫沥青稳定碎石混合料抗车辙性能显著的原因可能与加入1.5%的水泥有关。

将上述泡沫沥青混合料组成设计结果汇总于表7-29。

泡沫沥青混合料组成设计结果　　表7-29

内　容	设计内容	结　果
泡沫沥青混合料配合比	矿质混合料配合比(%)	1号∶2号∶3号∶4号∶5号=25∶18∶13∶0∶44
	矿质混合料拌和用水量(%)	3.6
	泡沫沥青用量(油石比)(%)	3.5
	水泥剂量(%)	1.5
性能指标	干劈裂强度(MPa)	0.42
	湿劈裂强度(MPa)	0.27
	干湿劈裂强度比(%)	64.3
	抗压强度(MPa)	1.99
	马歇尔稳定度(kN)	11.7
	动稳定度(次/mm)	13 135

7.5.2 泡沫沥青稳定碎石混合料基层施工

选用 KMA220 泡沫沥青生产设备，如图 7-22 所示。按照材料配比进行拌和，生产现场如图 7-23 所示。生产出的泡沫沥青稳定碎石材料均匀，无拉丝与结团现象，如图 7-24 所示。

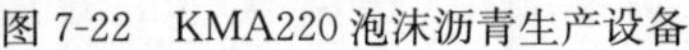

图 7-22 KMA220 泡沫沥青生产设备

图 7-23 泡沫沥青稳定碎石生产现场

泡沫沥青稳定碎石混合料碾压工艺为：双钢轮压路机静压 1 遍→单钢轮压路机高幅低频强振压实 3～4 遍→单钢轮压路机高频低幅弱振压实 3～5 遍→轮胎压路机压实 4～6 遍，如图 7-25所示。

图 7-24 泡沫沥青稳定碎石材料

图 7-25 泡沫沥青稳定碎石混合料碾压

第 8 章　建筑垃圾在道路工程中的再生利用

8.1 概　　述

中国城市化进程大大促进了国民经济的持续增长和人民生活水平的不断提高。然而，中国的城市化发展也产生了大量的建筑垃圾，目前其数量已经占到了城市垃圾总量的 1/3 左右。城市建设和拆迁改造等产生的大量垃圾成为占据城市空间的累赘，如图 8-1 所示。据统计，上海每天产生建筑垃圾约 3.7 万 t，约为生活垃圾的 3.5 倍，占城市固体废弃物总量的 30%，未来处理这些废弃物，上海估计要投入 200 亿元巨资。

a)

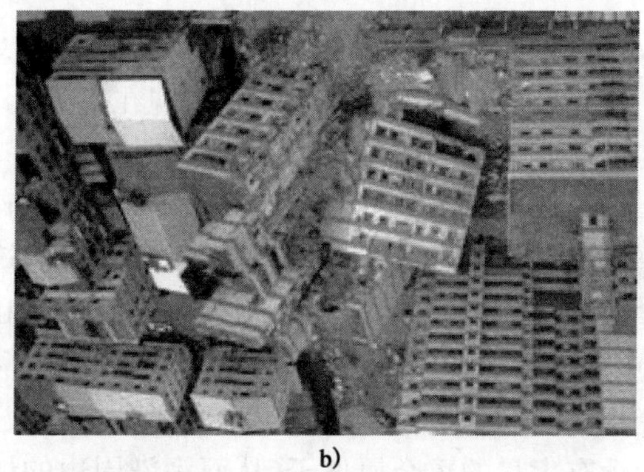

b)

图 8-1　城市拆迁产生大量建筑垃圾

建筑垃圾不仅影响城市环境、浪费土地资源，还会造成巨大的能源和资源的损失，建筑垃圾如何处理已经成为目前迫切需要解决的问题。统计数据表明，我国建筑垃圾资源化率不足 5%，而欧盟国家建筑垃圾资源化率超过 90%，韩国、日本建筑垃圾资源化率已经达到 97%以上。目前国内绝大部分建筑垃圾不经任何处理便被施工单位运往郊外，露天堆放或填埋，而每 10 万 m^3 的建筑垃圾至少需要 6 万 m^2 的堆放场地。此举占用了大量土地，不仅要支付大笔的征用土地费、垃圾清运费等建设经费，清运和堆放过程中的遗撒和粉尘、灰沙飞扬等问题又造成了严重的环境污染。同时建筑垃圾在运输过程中还存在着胡乱倾倒的现象，而且运送建筑垃圾的车辆在城市中穿梭，对道路行车安全造成了一定隐患，交通事故时有发生。

8.1.1　建筑垃圾定义、分类及危害

建筑垃圾是指各类建筑物、构筑物等进行建设、拆迁、修缮及居民装饰房屋过程中所产生的余泥、余渣、泥浆及其他废弃物。

建筑垃圾按照来源可分为土地开挖、道路开挖、旧建筑物拆除、建筑施工和建材生产五类，

主要由渣土、碎石块、废砂浆、砖瓦碎块、混凝土块、沥青块、废塑料、废金属料、废竹木等组成。不同结构类型建筑物所产生的建筑施工废弃物成分有所不同，其基本组成一致，主要由土、渣土、散落的砂浆和混凝土、剔凿产生的砖石和混凝土碎块、打桩截下的钢筋混凝土桩头、废金属料、竹木材、装饰装修产生的废料、各种包装材料和其他废弃物等组成。上海地区建筑垃圾主要组成如图 8-2 所示。

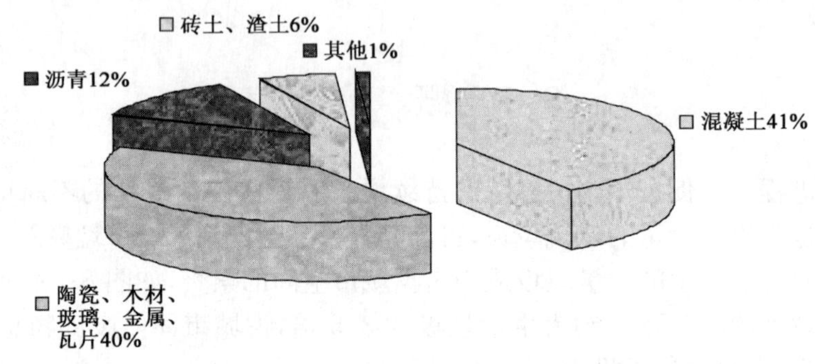

图 8-2　上海地区建筑垃圾主要组成

建筑垃圾对环境的危害主要表现在以下几个方面：侵占土地，污染水体、大气和土壤，影响市容和环境卫生等。

建筑垃圾主要为土、碎石块、废砂浆、砖瓦碎块、混凝土块、沥青块、废塑料、废金属料、废竹木等的混合物，如不进行任何处理直接运往建筑垃圾堆放场堆放，堆放场的建筑垃圾一般需要经过数十年才可趋于稳定。在此期间，废砂浆和混凝土块中含有的大量水合硅酸钙和氢氧化钙使渗滤水呈强碱性；废石膏中含有的大量硫酸根离子在厌氧条件下会转化为硫化氢；废纸板和废木材在厌氧条件下可溶出木质素和单宁酸并分解生成挥发性有机酸；废金属料可使渗滤水中含有大量的重金属离子，从而污染周边的地下水、地表水、土壤和空气，受污染的地域还可扩大至存放地之外的其他地方。即使建筑垃圾已达到稳定化程度，堆放场所不再有有害气体释放，渗滤水不再污染环境，大量的无机物仍然会停留在堆放处，占用大量土地，并继续导致持久的环境问题。

建筑垃圾具有数量大、组成成分种类多、性质复杂、污染环境途径多、污染形势复杂等特点。建筑垃圾可直接或间接地污染环境，一旦建筑垃圾造成环境污染或潜在的污染变为现实，消除这些污染往往需要比较复杂的技术和大量的资金投入，耗费较大的代价进行治理，并且很难使污染破坏的环境完全复原。

8.1.2　建筑垃圾的再生利用状况

(1)国外建筑垃圾综合利用现状

建筑垃圾中的许多废弃物经过分拣、剔除或粉碎后，大多可作为再生资源重新利用。综合利用建筑垃圾是节约资源、保护生态的有效途径。在这方面，日本、美国、德国等发达国家进行得比较早，提供了许多先进的经验和处理方法。

通常，建筑材料如石块，其原料价格要比再循环的材料价廉。由于国土面积小，资源相对匮乏，故日本的构造原料价格要比欧洲高。因此，日本人将建筑垃圾视为“建筑副产品”，十分重视将其作为可再生资源而重新开发利用。比如港埠设施，以及其他改造工程的基础设施配件可以利用再循环的石料，代替一定量的自然采石场的砾石材料。

1977年日本政府制定了《再生集料和再生混凝土使用规范》，并相继在各地建立了以处理混凝土废弃物为主的再生加工厂，生产再生水泥和再生集料，生产规模最大时可加工生产100t/h。1991年日本政府又制定了《资源重新利用促进法》，规定建筑施工过程中产生的渣土、混凝土块、沥青混凝土块、木材、金属等建筑垃圾，必须送往“再资源化设施”进行处理。日本对于建筑垃圾的主导方针是：尽可能不从施工现场排出建筑垃圾，建筑垃圾要尽可能的重新利用，对于重新利用有困难的则应适当予以处理。日本工业协会制定了再生细集料与再生粗集料的质量标准及管理方法，进行大规模再生混凝土的生产与应用。日本对建筑垃圾的处理方法是将其分类，并破碎成直径约为40mm的形状，采用300℃的高温加热，使粒料相互混合、摩擦，集料及集料外围黏附的水泥组分变成粉末完全分离，所产生的水泥组分用于地基的改进材料，分出的集料可与天然集料一样用于结构物，达到100%的回收利用。

美国政府则制定了《超级基金法》，规定：任何生产有工业废弃物的企业，必须自行妥善处理，不得擅自随意倾卸。从而在源头上限制了建筑垃圾的产生量，促使各企业自觉的寻求建筑垃圾资源化利用途径。美国住宅营造商协会正在推广一种“资源保护屋”，其墙壁是用回收的轮胎和铝合金废料建成的，屋架所用的大部分钢料是从建筑工地上回收来的，所用的板材由锯末和碎木料加上20%的聚乙烯制成，屋面的主要原料是旧的报纸和纸板箱。这种住宅不仅积极利用了废弃的金属、木料、纸板，而且较好地解决了住房紧张和环境保护之间的矛盾。

此外，美国采用微波技术，可以100%的回收利用再生旧沥青路面料，其质量与新拌沥青路面料相同，而成本可降低1/3，同时节约了垃圾清运和处理等费用，大大减轻了城市的环境污染；对已经过预处理的建筑垃圾，则运往“再资源化处理中心”，采用焚烧法进行集中处理。

1982年起，在ASTM C-33-82《混凝土集料标准》中将破碎的水硬性水泥混凝土归纳到了粗集料中。美国军队工程师协会(SAME)在有关规范和指南中鼓励使用再生混凝土集料。据美国联邦公路局统计，美国已有超过20个州在公路建设中采用再生集料，将再生集料应用于基层和底基层，其中15个州制定了关于再生集料的规范。

堪萨斯州交通厅研究认为，将旧混凝土再生作为集料用于新建水泥路面面层或基层，与天然集料相比，再生集料也具有较为优良的性质，能满足大多数道路对混凝土集料的规范要求。在相同条件下，天然集料(卵石和石灰岩)的性能优于再生集料。尽管天然集料和再生集料之间存在差异，但可通过修改设计方法来增强再生混凝土的性能，并改善它的不足。

在荷兰，建筑业每年产生的废弃物大约为14×10^6t，大多数是拆毁和改造旧建筑物的产物(石块、金属、塑料和木材的杂乱物)。目前，已有70%的建筑废弃物可以被再循环利用，但是荷兰政府希望将这个百分比增加到90%，因此制定了一系列法律，建立限制废弃物的倾卸处理、强制再循环运行的质量控制制度。荷兰建筑废弃物循环再利用的重要副产品是筛砂，产量大约为1×10^6t/年。砂很容易被污染，其再利用是有限制的。为此，荷兰采用了砂再循环网络，由分拣公司负责有效筛砂，依照它的污染水平分类，储存干净的砂，清理被污染的砂。

德国将建筑垃圾分成土地开挖、碎旧建筑材料、道路开挖和建筑施工工地垃圾，1987～1995年各类建筑垃圾的再利用情况见表8-1。德国联邦环境基金会总部的建筑就是利用了旧混凝土集料。德国西门子公司开发的干馏燃烧垃圾处理工艺，可将垃圾中的各种可再生材料十分干净地分离出来，再回收利用，对于处理过程中产生的燃气则用于发电，垃圾经干馏燃烧处理后有害重金属物质仅剩下 2～3kg/t，有效地解决了垃圾占用大片耕地的问题。

德国 1987～1995 年各类建筑垃圾的再生利用率(%) 表 8-1

年份 垃圾类别	1987	1989	1991	1993	1995
碎旧建筑材料	20	17	39	62	60
建筑工地垃圾	0	0	0	27	40
道路开挖垃圾	69	55	83	87	90

总之，这些国家大多施行的是“建筑垃圾源头削减策略”，即在建筑垃圾形成之前，就通过科学管理和有效的控制措施将其减量化。对于产生的建筑垃圾则采用科学手段，使其具有再生资源的功能。

(2)国内建筑垃圾综合利用现状

长期以来，我国的建筑垃圾再利用没有引起足够重视，通常是未经任何处理就被运到郊外或农村，采用露天堆放或填埋的方式进行处理。随着我国城镇建设的蓬勃发展，建筑垃圾的产生量也与日俱增。目前，我国每年的建筑垃圾数量已在城市垃圾总量中占有很大比例，成为废物管理中的难题。

深圳市于 2009 年 10 月 1 日起正式实施《深圳市建筑废弃物减排与利用条例》。据悉，这是全国首次出台的建筑废弃物减排与利用的地方性法规。该条例特别要求，道路工程的建设施工单位应当优先选用建筑废弃物作为路基垫层。对于新建、改建、扩建工程项目的非承重结构部位施工，应当在同等价格以及满足使用功能的前提下，优先使用建筑废弃物再生产品。

上海、北京等城市的一些建筑公司在对建筑垃圾的回收利用方面进行了一些尝试。

将建筑垃圾经过初步清理，分拣出可回收的钢筋和木材，再把砖石、水泥混凝土块破碎成集料，经过筛分，除去杂质，形成一定粒径要求的建材原料。然后按级配设计要求在原料里添加一定量固结剂等辅料，进行搅拌，形成不同的建筑产品和道路建设产品，这些产品完全可以替代普通砂石料用于道路基层、垫层与土基材料，但缺乏一定的质量控制标准。在实际工程建设中，由于规范中没有城市建筑垃圾的再生利用内容和相关条款说明，导致该项技术不能大面积推广。

通过国内外调研分析，欧美、日本等发达国家在建筑垃圾再生利用方面程度高，技术先进，而国内在这方面技术较为落后，方法不多。

8.1.3 建筑垃圾的再生利用方式

目前国内对建筑垃圾再生利用的方式主要有以下三种。

(1)生产环保型砖块

目前，实心黏土砖仍是最主要的建筑材料，但生产这种砖一方面需要不断毁田取土，浪费了宝贵的土地资源；另一方面黏土砖的烧制不仅耗煤量大，而且排出的烟气也会造成空气污染。利用建筑垃圾中的渣土可制成渣土砖；利用废砖石和砂浆与新鲜普通水泥混合再添加辅助材料可生产轻质砌块；利用废旧水泥、砖、石、砂、玻璃等经过配制处理，可制作成空心砖、实心砖、广场砖和建筑废渣混凝土多孔砖等，其产品与黏土砖相比，具有抗压强度高、耐磨、吸水性小、质轻、保温、隔音效果好等优点。

(2)用于地基加固处理

利用建筑垃圾，如平房改造下来的碎砖烂瓦、废钢渣、矿渣砖、碎石、石子等废弃物材料作为填料，采用特殊工艺和专用施工机具，形成夯扩超短异型桩，是针对软弱地基和松散地基的一种地基加固处理新技术。

(3)加工成再生集料

建筑垃圾中的废混凝土块、废砖石、砂浆、渣土经破碎筛分和粉磨等一定的工序后，都可作为再生集料的材料来源。废混凝土块经破碎筛分得到粗集料和细集料。粗集料可作为碎石直接用于地基加固、道路和飞机跑道的垫层、室内地坪垫层；细集料则用于砌筑砂浆和抹灰砂浆，若将磨细的细集料作为再生混凝土添加料可取代10%～30%的水泥和30%的砂子。废旧沥青混凝土块的再生集料可铺在下层作垫层，也可部分掺入到新的沥青混凝土中利用。

8.2 建筑垃圾用于透水砖

透水砖作为一种生态环保型建筑用品，在欧美、日本等发达国家的研究比较深入，达到了应用的阶段。在国内，生态型透水砖的应用也逐渐多了起来。据资料显示，为迎接2008年北京奥运会，提高城市道路完好率，北京市有36条道路需要改造，改造除了对主辅路加铺沥青外，还要对人行道进行翻建，一种新型防滑透水砖将被铺在人行道上。此外，南京某公司率先采用特殊的工艺研制出品质优良的混凝土透水砖，并联合日本尾株式会社，在南京投产国内首条混凝土透水砖生产线。可见，生态型透水砖将会对生态环境、经济建设和社会文明产生深远的影响。因此，系统、深入地研究开发环保、生态型透水砖是顺应时代的要求，具有深远的意义和广阔的发展前景。

建筑物拆除过程中产生的大量废旧混凝土，构成了建筑垃圾的主要组成部分。如果将它们回收用于生产，既可减少建筑垃圾、减轻环境污染，又可节省砂石的开采，将产生显著的社会效益和经济效益。

利用废旧混凝土作为主要原料研制透水砖，用于城市广场和城市道路的铺设，不仅能防止雨水汇集，保持交通畅通，有效解决城市“热岛效应”，吸尘、吸声、降低噪声，还可以美化环境，变废为宝，节约自然资源。因此，利用废旧混凝土研制透水砖具有重要的意义。

8.2.1 透水砖的定义及分类

透水砖是以无机非金属为原料，经成型等工艺后制成，具有较大渗透性能的铺地砖。它是由特定级配的集料、水泥、外加剂和水等经特定工艺制成的混凝土制品，其内部含有很大比例的贯通性孔隙，用于铺装人行道或小型停车场的路面砖。

根据透水砖生产工艺不同，分为烧结透水砖和免烧透水砖；按照抗压强度等级分为Cc30，Cc35，Cc40，Cc50，Cc60。

8.2.2 试验原材料及试验方法

1)试验原材料

(1)水泥。采用42.5级普通硅酸盐水泥,其质量符合国家相关标准。

(2)建筑垃圾。采用建筑物拆除后的废旧混凝土和废旧砖块。

(3)集料。采用石场生产的天然粗集料和天然细集料。

(4)激发剂。为了提高水泥基复合材料的和易性,降低试样配比的用水量,提高试样的力学性能,在试样中加入少量激发剂。激发剂的主要成分是β-萘磺酸盐甲醛缩合物,它具有高分散性和低引气性的特点;同时具有减水增强效果,可加快工程进度,节省工程水泥用量。

(5)粉煤灰。粉煤灰可起到近似水泥的效果,并呈疏松多孔形式。

(6)硅粉。硅粉可增强废旧混凝土和废旧砖块的活性,提高制品的物理力学性能。

(7)水。采用日常自来水。

2)试验方案

(1)试件成型和养护

对于复合式透水砖的搅拌分为两部分:一是基层混凝土的搅拌,即将集料、水泥、硅粉、粉煤灰等原材料先混合均匀,再加入水和外加剂搅拌90s;二是面层混凝土的搅拌,首先将颜料和水泥拌和均匀,再与集料混合均匀,然后加入水及外加剂搅拌90s即可。

透水砖成型选取以下两种方法:

①在实验室采用静压成型。利用设计的特定耐压模具,通过一系列压力试验确定合适的压力范围,最后采用成型压力为4MPa。对于复合层的试件,采用分别称量,分别搅拌,一次布料,一次加压的方法成型。

②另一种在实验室进行的成型工艺是振动成型。将装好混合料的模具放在振动台上,并在模具上加质量为3kg的配重块,开动振动台一段时间,停止振动后用抹刀修平表面。

试验中的试件采用两种尺寸,200mm×100mm×60mm的试件,用于抗压强度、抗折强度试验测定,这是按照我国建材行业标准《混凝土路面砖》(JC/T 446—2000)中的规定执行的;100mm×100mm的试件,用于测定透水性混凝土的透水性能。

研究中采用的养生方法是放入养生室标准条件下养生一定龄期,标准养生条件是:温度为(20±3)℃,相对湿度为90%以上。

(2)透水砖性能测试

①抗压强度测试方法

仪器:YES-2000型压力试验机与抗压夹具。压力机精度不低于±2%,抗压夹具由硬钢制成,加压板长120mm,宽为60mm,加压面必须磨平。

加荷速度:混凝土强度等级低时,取0.3～0.5MPa/s;混凝土强度等级高于或等于C30时,取0.5～0.8MPa/s。本试验中测试的试件强度不高于C30,所以取0.3～0.5MPa/s,按式(8-1)计算抗压强度。

$$f_c = P/A \tag{8-1}$$

式中:f_c——试件的抗压强度(MPa);

P——试件破坏时所受的破坏荷载(N);

A——承压面面积(mm^2)。

②抗折强度测试方法

仪器:H74212 型试验机。将 200mm×100mm×60mm 的试件放在液压压力机上,按如图 8-3所示方法放置,并按式(8-2)计算抗折强度 f_f(精确到 0.01MPa)。

$$f_c = 3P\frac{L}{2bh^2} \tag{8-2}$$

式中:f_c——试件抗折强度(MPa);

L——两支座间的中心距离(mm);

b——试件宽度(mm);

h——试件厚度(mm)。

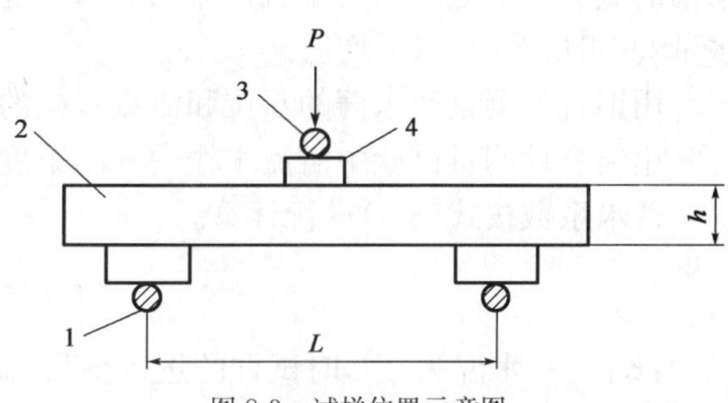

图 8-3　试样位置示意图

1-支座;2-试件;3-加压桥;4-胶合板垫层

③空隙率

透水砖中的空隙有三种存在形式:第一种是封闭的孔隙;第二种是开口但不连续的空隙,即"布袋型"空隙。这两种空隙如果存在太多,将会严重影响透水砖的透水系数,也就是对透水砖透水性是不利的。第三种是贯通且连续的有效空隙,这是透水砖透水系数强有力的保证,也是在试验中设计空隙率时所要求达到的空隙。

参考日本《透水性混凝土河川护堤施工手册》中提出的连续空隙率测试办法,具体操作如下:首先测量试件外形尺寸,并计算出试件的外形体积 V_0,将试件浸泡在水中使其饱水后称其在水中的质量 w_1;取出试件空干多余的水并擦干表面,按一定的时间间隔称取质量,待稳定后确定其为试件在空气中的质量 w_2。则透水性混凝土的连续空隙率 P 按式(8-3)计算:

$$P = \left(1 - \frac{w_2 - w_1}{V_0}\right) \times 100\% \tag{8-3}$$

研究中所确定的空隙率不包含封闭型和"布袋型"的空隙率,即为有效空隙率。测量有效空隙率的具体方法如下:

将试件放入温度为(105±5)℃的烘箱中烘至恒重,取出放在干燥器里冷却至室温,用直尺量出试件的尺寸,并计算出体积 V。

在静力天平上,将一金属丝筒全部浸泡在水中,挂在电子秤上,称出其在水中的质量 m_1;将试件放在该金属丝筒中,使试样全部浸泡在水中,并保持水面高度不变。排除气泡后,测试试样和金属丝筒在水中的总质量 m_2。

取出试件,称量试件在饱和面干状态时的质量 m_3。

按式(8-4)计算试件的空隙率。

$$P = \left[1 - \frac{m_3 - (m_2 - m_1)}{V}\right] \times 100\% \tag{8-4}$$

④透水性

透水是在一定水头差的作用下,渗水速度 v(cm/s)与水力梯度 i(%)成正比,其比例系数 K 就是透水系数,是表征透水砖水渗透能力的指标。其具体测试方法为:

用钢直尺测量试样的直径 D(由于本试验中采用的是 100mm×100mm 的试件,故只需测量其边长和厚度 L),分别测量两次,取平均值,精确至 0.1cm,计算试样的上表面积 A。

将试样四周用密封材料或其他方式封好，使其不漏水，水仅从试样的上下表面进行渗透。

待密封材料固化后，将试样放入真空装置，抽真空至 90kPa，并保持 30min；在保持真空的同时，加入足够的水将试样覆盖并使水位高出试样 10cm，停止抽真空，浸泡 20min，将其取出，装入透水系数试验装置，将试样与透水筒连接密封好。放入溢流水槽，打开供水阀门，使无气水进入容器，等溢流水槽的溢流孔有水流出时，调整进水量，使透水筒保持一定的水位；待溢流水槽的溢流口和透水筒的溢流口流出的水量稳定后，用量筒从出水口接水，记录 5min 流出的水量 Q，测量 3 次，取平均值。

用钢直尺测量透水筒的水位和溢流水槽的水位差 H，精确至 0.1cm。

用温度计测量试验中溢流水槽中水的温度 T，精确至 0.5℃。

透水系数按式(8-5)进行计算。

$$K_T = \frac{QL}{AHt} \tag{8-5}$$

式中：K_T——水温为 T℃时试样的透水系数(cm/s)；

Q——时间 ts 内的渗出水量(mL)；

L——试样的厚度(cm)；

A——试样的上表面积(cm^2)；

H——水位差(cm)；

t——时间(s)。

结果以试样的平均值表示，计算精确至 1.0×10^{-3}cm/s。

(3)试验操作步骤

①破碎

将废弃混凝土块和废旧砖块人工破碎、筛分。将粒径在 2mm 以下，2～5mm，5～10mm，10～13.5mm 分别分类存放待用；粒径在 13.5mm 以上的颗粒收集再次经颚式破碎机破碎，然后筛分，归类。

②确定再生集料的最佳取代比例

分别将废旧混凝土和废旧砖块以不同比例(0%、20%、40%、60%、80%、100%)取代混凝土中的天然集料，养护 28d 后测试其抗压强度。分析不同取代比例对透水砖性能的影响，确定出本试验中再生集料对天然集料最佳取代比例。

③机械强化

将粒径在 2～13.5mm 的再生粗集料放入滚筒中滚动 5min，让再生粗集料颗粒之间相互撞击、摩擦，去除掉集料表面黏附的砂浆以及集料自身已经产生裂纹松动但尚未脱落的部分。

④搅拌

在搅拌的顺序上需要注意的是不能将所有材料全部混合以后再进行搅拌，应该首先将水泥与粉煤灰、硅粉搅拌均匀，再加入拌和水，搅拌成均匀的水泥砂浆后再加入废旧混凝土和废旧砖块进行搅拌。研究表明：如果将所有材料放在一起同时搅拌，水泥遇到水后很快成为小水泥团，并且很容易附着在石子上，水灰比越小，这种结团的现象就越严重。这是因为在搅拌时，由于摩擦作用，处在石子运动方向背面的水泥团被有效保护起来，粒径远大于水泥团的石子成为它们的屏障，使得这些水泥团无法被有效地破坏。这些水泥团仅仅是作为填料填充在了集料的间隙，大大减弱了水泥的水化反应程度，从而降低了混凝土的性能。分开搅拌则可以从工艺上保证水泥颗粒与水更充分地接触，使得水化更为有效，大大减少了水泥团的产生，使水泥与砂石充分拌和，充分发挥水泥黏结、包裹砂石的作用，从而提高混凝土的搅拌质量。

⑤成型

将已经搅拌均匀的混凝土拌和物装入透水砖成型模具中捣实、成型。装料时须用抹刀沿模具内壁略加振捣，再经过机械振动、静压成型。为了使工艺条件尽量相同，在制体过程中需要注意同类型的试件成型时其振动时间和静压压力应保持相同。抗压模具规格为200mm×100mm×60mm，抗折模具规格为200mm×100mm×60mm，透水系数模具规格为100mm×100mm×100mm。

⑥养生

装料完毕后用塑料薄膜覆盖模具及试件，24h后将试件脱模，置于室内阴凉处，用塑料薄膜覆盖，每天浇水一次，施行人工养生。

8.2.3 透水砖制备工艺

1)透水砖配合比设计

透水砖配合比设计所要求满足的是空隙率、强度、水灰比和透水性，结合日本碾压混凝土填充包裹理论，提出透水砖配合比设计理论为：集料在紧密堆积的况下，被胶结材料均匀地黏结在一起，凝固后形成多孔堆积的密实结构，剩余空隙恰好为透水砖内部连通的空隙，即有效空隙。

透水砖配合比需要确定的参数为强度、目标空隙率、水灰比。

透水砖的强度影响因素很多，原材料方面包括水泥品种与强度等级、集料品种与级配、外加剂性能等；工艺方面包括水灰比、空隙率、成型方法和养生条件方面的影响；实际应用中，根据其不同的用途所需要的强度也不一样，透水砖主要用于铺装人行道时，其强度要求大于25MPa。

用于路面铺装的透水砖，考虑到强度的要求，空隙率以15%～20%为宜。资料显示，用于制作透水砖的浆体的水灰比决定着浆体流动性，水灰比的大小和浆体流动性成正比。水灰比越大，则被包裹的集料表面光滑，浆体易滴淌，从而聚集在试件的底部，不利于连通空隙的形成。透水砖浆体的流动性可以用跳桌法测试的流动值表示，流动度越大，稠度越小；对于同种浆体，流动值因集料的种类和粒径大小而不同。为了确定水灰比，试配多组试件，测出它们的抗压强度、实际空隙率和透水系数，找出合适的流动度范围，根据结果选定合适的水灰比范围。

浆体的高流动性对均匀包裹集料和填充粗集料的空隙有利，但过高的流动性，成型后浆体大多聚集在试件的底部，一方面不利于试件的整体强度，另一方面封堵了有利于透水的连通空隙。通过浆体流动值和单位用水量可以确定合适的水灰比，以使浆体既有一定的流动性，又有黏聚性。浆体的流动性不仅受单位用水量的影响，还会因掺入的混合材料、添加剂而不同。

2)配合比设计步骤

通过需要满足的目标空隙率 P，以及测定出的粗集料空隙率 v，确定出水灰比 W。配合比设计计算步骤如下。

以配制 $1m^3$ 的透水砖浆体为例，其计算公式为：

$$\frac{m_g}{\rho_g}+\frac{m_c}{\rho_c}+\frac{m_w}{\rho_w}+\frac{m_x}{\rho_x}+P=1 \tag{8-6}$$

式中：m_g、m_c、m_w、m_x——分别为 $1m^3$ 透水砖浆体中粗集料、水泥、水、外加剂（减水剂、硅粉、粉煤灰）的用量（kg）；

ρ_g、ρ_c、ρ_w、ρ_x——分别为粗集料、水泥、水、外加剂的表观密度（kg/m^3）；

P——目标空隙率（%）。

（1）水泥的用量（kg）：

$$m_c=\frac{(1-v-P)}{\left(\frac{1}{\rho_c}+\frac{W_c}{1\,000}\right)} \tag{8-7}$$

式中：W_c——水灰比（水与胶结料的质量比）；

v——粗集料的空隙率；

P——目标空隙率（%）。

（2）水的用量 m_w（kg）：

$$m_w=m_c\times W_c \tag{8-8}$$

（3）外加剂的用量 m_a（kg）：

$$m_a=m_c\times A \tag{8-9}$$

式中：A——外加剂占水泥的百分比（%）。

（4）粗集料的用量 m_g（kg）：

$$m_g=\left(1-\frac{m_c}{\rho_c}-\frac{m_w}{\rho_w}-\frac{m_x}{\rho_x}-P\right)\times\rho_g \tag{8-10}$$

通过以上计算公式得出透水砖浆体的配合比，根据计算得出的各原料的质量配料并进行试配，对其抗压强度、透水系数、空隙率进行测试，根据测试结果对配合比进行适当调整。

3）基层、面层浆体配合比

（1）基层配合比

基层采用粒径为 2～5mm 或 5～10mm 的建筑垃圾颗粒、水泥、水、外加剂（减水剂、粉煤灰、硅粉）等材料组成，水灰比为 0.22，设计空隙率为 15%，减水剂按胶凝材料质量的 0.8%加入，硅粉和粉煤灰各占水泥用量的 5%。表 8-2 为各材料的单位体积用量。

透水砖基层材料配合比（单位：kg/m^3） 表 8-2

项目	再生粗集料	水泥	水	减水剂	粉煤灰	硅粉	目标空隙率
用量	1 725	517	16	4.6	28.8	28.8	20%

（2）面层配合比

面层材料采用粒径为 1～2mm 的建筑垃圾颗粒、水、粉煤灰、硅粉、减水剂和颜料构成。加入的颜料为氧化铁红（黄、绿），水灰比为 0.28，设计空隙率为 10%，减水剂参量为胶凝材料质量的 0.8%，粉煤灰和硅粉同样为水泥质量的 5%。表 8-3 为面层各原材料的单位体积用量。

透水砖面层材料配合比(单位:kg/m³)　　表8-3

项目	再生粗集料	水泥	水	减水剂	粉煤灰	硅粉	目标空隙率
用量	1 735	506	161	4.6	25.3	25.3	4.6%

4)透水砖制作工艺研究

(1)透水砖制作工艺流程

利用废旧混凝土制备透水砖的工艺如图8-4所示。

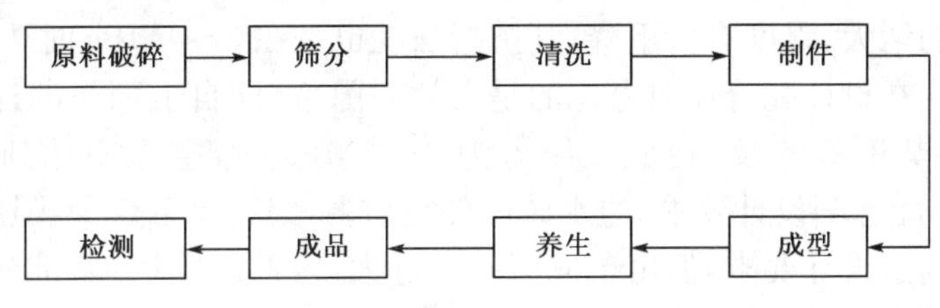

图8-4　透水砖制作工艺流程

(2)制备工艺的影响因素

用废旧混凝土制备透水砖主要的影响因素包括:搅拌工艺、成型工艺、养生工艺等。

①搅拌工艺

为了使透水砖的外形美观、颜色鲜艳,达到美化环境的效果,将用建筑垃圾制备的透水砖分为两层制备,即基层和面层。面层采用颜料制成彩色混凝土。

在搅拌过程中,若刚开始搅拌时比较干涩,搅拌几分钟后拌和物整体流动性增大,而且拌和物的表面呈现金属光泽,集料裹浆均匀,这样的拌和物制备出的透水砖综合性能较好。若是搅拌过程中一直感觉浆体干涩,则说明水灰比太小,制备出的透水砖强度比较低;若是搅拌过程一直较稀,胶结体和集料有分离的现象,则说明水灰比太大,制备出的透水砖透水性能比较差,应该减少水的用量。

建筑垃圾透水砖制料的搅拌关键在投料顺序和搅拌时间。对其基层,首先将胶结材料(水泥、硅粉、粉煤灰)拌和均匀,再与集料混拌,然后加水及减水剂拌和均匀;对于面层,先将颜料与胶结材料混合拌匀,再与集料混拌,然后加入水及减水剂拌和均匀。最后将拌和好的两种混合料装模,按先基层,再面层的顺序装填。

②成型工艺

普通混凝土采用振动成型,其目的是使混凝土尽可能密实,从而增加强度和提高耐久性。而透水砖因为需要透水这一特性,导致其成型工艺与普通的混凝土有所不同,为了找出适合透水砖的成型工艺,特安排振动成型和静压成型两种方法,通过对不同方法制得的透水砖抗压、抗折强度及透水系数的比较,选择合适的成型方法。

振动成型方法:按计算好的配合比称量、配料并拌和均匀,然后将拌和好的浆体装入模具,放置到振动台上,并在模具上加上配重块,开动电源进行振动,完毕后用抹刀修平表面,用湿润的塑料薄膜覆盖24h后脱模。

静压成型方法:按计算好的配合比称量、配料并拌和均匀,然后将拌和好的浆体装入模具,装上压头,连同模具放在压力机上,加压并保压一段时间,完毕后取下压头,用湿润的塑料薄膜覆盖24h后脱模。采用静压成型时,最主要的影响参数是成型压力和保压时间。成型压力的大小对透水砖的强度和透水系数有着十分重要的影响。表 8-4 为不同成型压力研究透水砖的配合比。

不同成型压力的透水砖配合比(单位:kg/m³)　　表 8-4

项目	粗集料	水泥	水	减水剂	外加剂
用量	1 710	489	97.8	3.91	48.9

从图 8-5 和图 8-6 可以看出,随着成型压力的增大,透水砖的抗压强度在 4MPa 时达到最大,然后随着压力的增大,强度有所下降;其抗折强度也是在 3～4MPa 时达到最大。出现这种现象的主要原因是:在设计配合比时考虑的是有效空隙率,即自上而下的连通空隙,空隙率和成型压力的变化趋势刚好相反,在成型压力为 3～4MPa 时,空隙率达到设计要求;当小于 3MPa 时,空隙率不能达到设计要求,透水砖内部空隙多,集料接触点少,强度偏低;大于 4MPa 时,虽然空隙率达到了设计要求,但由于成型压力过大,内部缺陷增多,部分集料被压碎,从而导致其强度降低,透水性能也相应降低。

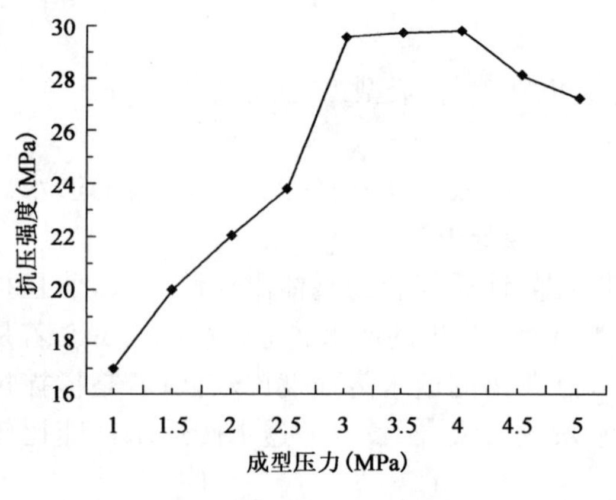

图 8-5　成型压力与抗压强度关系

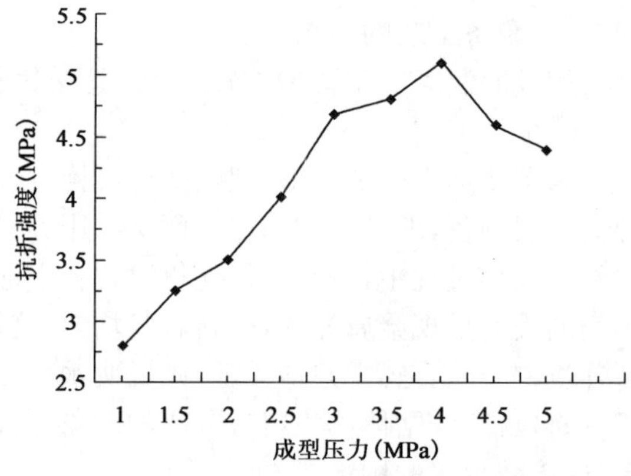

图 8-6　成型压力与抗折强度关系

透水砖保压时间的长短对其初期强度有很大影响。如果保压的时间过短,被压缩的空气不能及时排出,在透水砖内部产生膨胀,容易破坏颗粒间浆体黏结力和颗粒的机械啮合力,砖体易产生表面裂痕和掉角现象。透水砖配合比同表 8-4,试件尺寸为 200mm×100mm×60mm,成型压力为 4MPa。

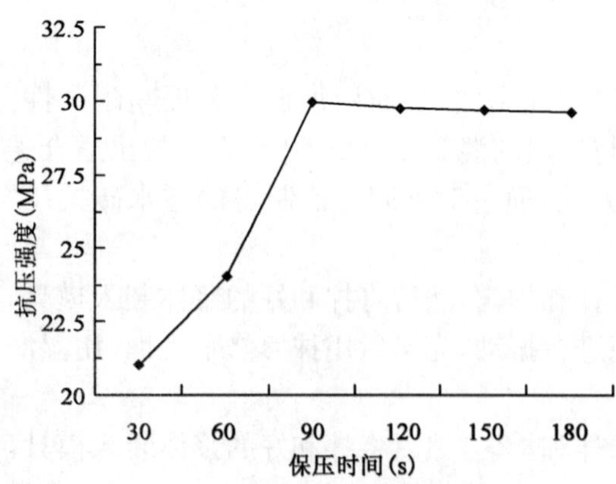

图 8-7　保压时间与 28d 抗压强度的关系

图 8-7 为保压时间和 28d 抗压强度的关系,对于相同配合比、相同压力的透水砖,随着保压时间的延长,其强度增大,但也不是一直增大,达到 90s 后,其强度基本保持在一定值。

5)集料粒径对透水砖性能的影响

透水砖是透水性混凝土的一种,透水性混凝土的理想结构如图 8-8 所示。

根据透水性混凝土的理想结构模型,透水砖受力时通过集料之间胶结点传递力的作用,包覆在集料上的胶结层比较薄，对透水砖的强度贡献比较小，其强度影响主要来自集料的强度。因此，综合考虑透水砖强度和透水系数，选取合理粒径的集料，调整级配，增加集料的比表面积，使胶结层的面积增加，胶结点的数量增多，这样就能在提高透水砖强度的同时保证一定的空隙率。

另外一方面就是从胶结材料入手，可以采用掺加混合料和增强剂来提高水泥浆体的胶结强度。通过加入外加剂，增强水泥浆体的黏结力，激发胶结材料及废旧混凝土中本身有活性的成分，增加浆体的流动性能及填充性能，从而使胶结材浆体在粗集料周围形成连续的薄膜，提高混合料间的黏结强度。

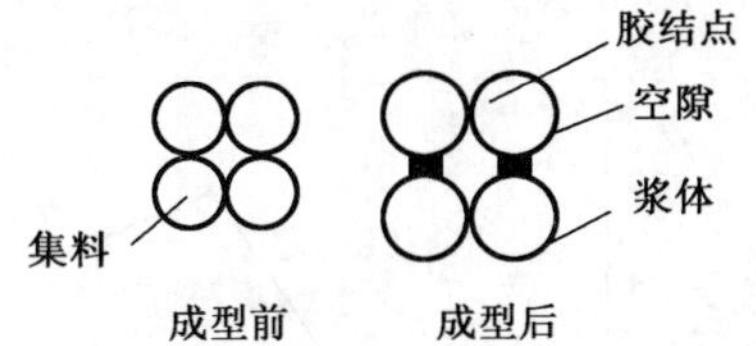

图 8-8　透水性混凝土的理想结构模型

集料粒径大小直接决定着单位体积中集料颗粒的数量。从透水性混凝土的理想结构模型可以看出，粒径越小则集料之间的接触点越多，成型后所形成的胶结点也越多，传递力的互相搭结的接触点也就越多。从理论上讲，小粒径的集料对透水砖的强度应该起积极作用。表8-5是空隙率为 15%时不同粒径集料的试件 28d 抗压强度、抗折强度和透水系数。

集料粒径对透水砖强度的影响　　表 8-5

集料粒径(mm)	水灰比	28d 抗压强度(MPa)	28d 抗折强度(MPa)	透水系数(mm/s)
9.5～13.5	0.28	15.8	3.1	18.6
4.75～9.5	0.28	18.6	4.2	6.56
2.36～4.75	0.30	22.8	4.5	1.86
0.6～2.36	0.32	17.2	3.2	0.88

从表 8-5 可以看出，集料粒径对透水砖的强度和透水系数都有相当大的影响，随着集料粒径的减小，透水砖的抗压强度和抗折强度都在增大，但是增大的幅度较小。出现这种现象的主要原因是：集料的粒径越大，集料间的胶结点数量减少，透水砖的空隙较多，使得其强度较低。同样因为这个原因，使得透水砖的透水系数变化幅度较大，当集料粒径增大时，透水系数成倍增长。

8.2.4　外加剂对透水砖性能的影响

1)激发剂对透水砖性能的影响

水灰比是影响透水砖强度和透水系数的重要因素，为了在保证透水性能的前提下提高透水砖的强度，选择加入激发剂。该激发剂是高分子表面活性剂，具有很强的固—液界面活性作用。在水泥分散体系中，它们能吸附在水泥颗粒的表面上，并形成带负电荷的强电场，使水泥产生分散，从而大大提高水泥浆体的流动性。

在流动度相同的条件下，掺入这种激发剂能减少水的用量，并通过减少空隙率来提高水泥浆体的强度，使透水砖的整体强度提高。添加激发剂的作用主要有以下两个方面：一方面从宏观上改善透水砖拌和物的工作性能，使浆体包裹集料更加均匀全面，从而提高成品密实度；另一方面，从微观上降低透水砖的空隙率以提高强度。设计激发剂的掺量为水泥质量的 0.4%，

0.6%,0.8%,1.0%,1.2%,集料粒径为2~5mm,水灰比为0.26,采用静压成型,成型压力为4MPa。激发剂不同掺量对透水砖28d抗压强度和抗折强度影响的试验结果如图8-9和图8-10所示。

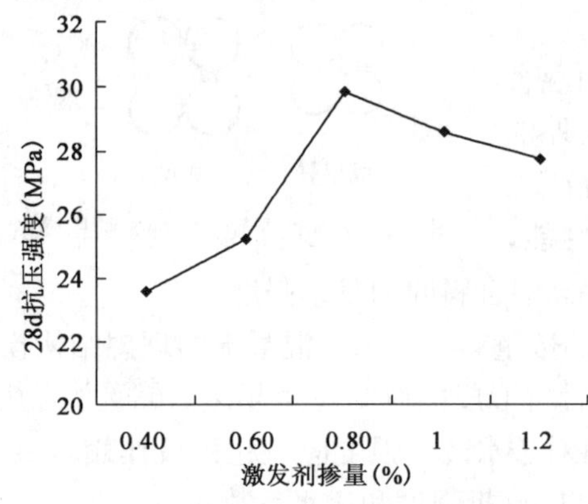

图8-9 激发剂掺量对抗压强度的影响

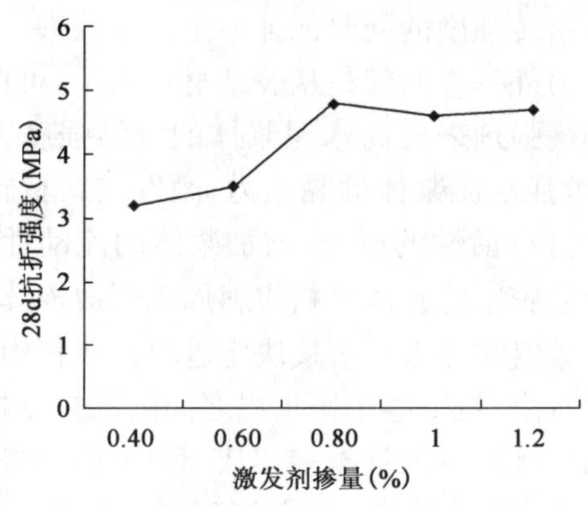

图8-10 激发剂掺量对抗折强度的影响

随着激发剂掺量的增加,抗压、抗折强度也因此增大,当激发剂掺量到达0.8%时,其抗压、抗折强度达到最大值,当激发剂掺量再增加时,其抗压强度增加不明显,相反还略微减小。所以,综合考虑抗压强度和透水系数,激发剂的最佳掺量为0.8%。

2)粉煤灰掺量对透水砖性能的影响

粉煤灰是由大小不等的球状颗粒的玻璃体组成,表面比较光滑,在参与水化反应时需要较少的水分。部分颗粒较小的粉煤灰可以进入集料空隙以及水泥颗粒之间,起到填充作用,取代了部分间隙水,这样就使更多的水参与到改善混凝土拌和物的和易性中来。粉煤灰的掺入也可有效地分散水泥颗粒,避免水泥聚集成团,并可以释放更多的浆体来润滑集料;粉煤灰的球状颗粒还可以在较大的水泥颗粒之间起到一定的滚珠轴承作用,减小了水泥颗粒之间的摩擦力,改善了拌和物的和易性。粉煤灰中含有硅铝玻璃体,可以与水泥水化生成的$Ca(OH)_2$反应生成C-S-H凝胶,提高透水砖强度。另外,掺入粉煤灰的浆体具有很好的黏聚性,而且需水量小的粉煤灰还可以进一步降低水灰比保持良好的工作性能,增强透水砖的后期强度和耐久性。

但是,过量粉煤灰的加入则有可能改变混凝土细集料的级配,影响混凝土的强度。同时,过量粉煤灰的加入也可能使粉煤灰的球状颗粒在混凝土骨架材料受力程中,起到一种润滑作用,影响混凝土的强度。

根据以上理论,为了验证粉煤灰在透水砖中的作用,得出合适的掺量比例,进行粉煤灰掺量对透水砖强度和透水系数影响的试验。试验各参数如下:集料粒径为2~5mm,水灰比为0.26,采用静压成型,成型压力为4MPa。粉煤灰掺量分别为0%,5%,10%,15%,20%,25%,30%,试验数据见表8-6。

试验研究表明,随着粉煤灰掺量的增加,透水砖的空隙率和透水系数减小。其原因为粉煤灰的存在使浆体厚度增大,由于粉煤灰对和易性的积极作用,使得浆体本身的空隙减少,部分水流通道被堵塞导致透水性能下降。透水砖的28d抗压强度呈上升趋势,在粉煤灰加入量为20%时达到最大值,当掺量再增加时,抗压强度开始下降。

粉煤灰掺量对透水砖性能的影响　　表 8-6

粉煤灰掺量(%)	水灰比	28d 抗压强度(MPa)	28d 抗折强度(MPa)	透水系数(mm/s)	空隙率(%)
目标	—	25	4.5	1.0	15
0	0.26	24.6	4.2	4.52	18.6
5	0.26	26.6	4.2	3.89	16.8
10	0.26	26.8	4.6	4.01	16.1
15	0.26	27.0	4.4	3.62	13.2
20	0.26	27.8	4.8	2.83	11.9
25	0.26	27.3	4.6	2.16	10.2
30	0.26	27.3	4.5	1.04	9.8

从表 8-6 中可以看出：

(1)粉煤灰具有很好的黏聚性，使胶凝浆体很好地包覆在集料周围，浆体不易流淌到试件底部，从而使集料的接触点处胶凝材料充分，提高透水砖的强度。

(2)粉煤灰颗粒粒径小，其球状颗粒可以在较大的水泥颗粒之间起到一定的滚珠轴承作用，还可以填充到破碎废旧混凝土时产生的微裂纹中，相当于对废旧混凝土集料进行了强化，而使透水砖强度增大。

(3)粉煤灰的水化反应进行得较慢，随着掺量的增加，水泥浆中没有水化的粉煤灰增多，从而导致透水砖的抗压强度下降。

综合考虑透水砖的强度和透水性能两个因素，本试验粉煤灰掺量选择为 10%。

3)硅粉掺入量对透水砖性能的影响

硅粉是一种具有很大表面活性的火山灰物质，同时又是一种优质的水泥、水泥基复合材料掺和料和低水泥浇注料的添加剂。硅粉的 X 衍射图谱显示为典型的玻璃态特征的弥散峰。

研究透水砖中硅粉的掺量对其性能的影响，采用的硅粉掺量为水泥质量的 2%，3%，4%，5%，6%，7%。集料粒径 2～5mm，水灰比为 0.26，采用静压成型，成型压力为 4MPa，保压时间为 90s。原材料配合比及结果见表 8-7，硅粉掺量对透水砖性能的影响如图 8-11 所示。

硅粉掺量对透水砖性能的影响　　表 8-7

硅粉掺量(%)	水灰比	28d 抗压强度(MPa)	28d 抗折强度(MPa)	透水系数(mm/s)
目标	—	25	4.5	1.0
2	0.26	25.6	4.3	3.52
3	0.26	27.4	4.4	3.12
4	0.26	28.2	4.7	2.01
5	0.26	30.3	5.1	1.52
6	0.26	29.2	4.9	1.23
7	0.26	27.3	4.6	1.01

硅粉具有很高的火山灰活性。由于比表面积极大，与水接触后，硅粉面层很快溶解耗尽，于是出现集结、成团或沉淀，形成无定形硅凝胶，与溶液中未集结的 SiO_2 一起大量吸收水泥水化放出的 $Ca(OH)_2$，并由水泥矿物表面向外生长，使硬化水泥浆体中 $Ca(OH)_2$ 含量明显降低，生成强度更高的低碱水化硅酸钙(C-S-H)，水泥石强度得到提高。而且，硅粉的比表面积极大，可吸附大量自由水而减少泌水，并减少自由水在集料界面上的聚集，使界面区结构密实；同时$Ca(OH)_2$晶体的生长也受到限制，晶粒得到细化，排列的取向度降低，界面过渡区显微硬度弱谷消失，从而改善了界面结构。另外，由于硅粉及其二次反应产物的填塞作用，水泥石中宏观大孔和毛细孔空隙率降低，同时却增加了凝胶孔和过渡孔，使孔径分布发生很大变化，大孔减少，小孔增多，且分布均匀，结构也更加密实均匀，有效地改善了水泥石受力时的应力分布状况，有利于强度提高。

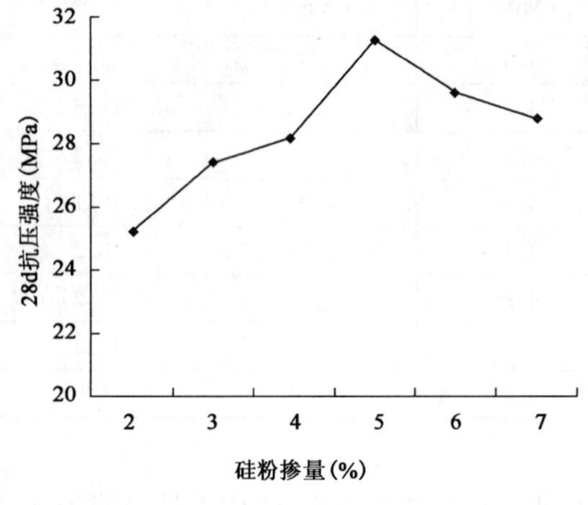

图 8-11　硅粉掺量对透水砖性能的影响

8.3　建筑垃圾用作道路材料

不同地区、不同工程的建筑垃圾不尽相同，各种材料所占比例也有所区别，在将建筑垃圾用于道路建筑材料之前，首先要分析建筑垃圾的组分及相关材料参数。

上海世博园区修建于南浦大桥和卢浦大桥之间的黄浦江两岸，施工过程中产生了大量的建筑废渣和废土等固体垃圾。上海常规的道路设计方案是路基采用石灰土处理，垫层采用砾石砂垫层，底基层与基层采用水泥稳定集料。常规方案若采用新的道路材料，一方面要增加外部土石方资源的开采；另一方面需将道路材料运输到园区内。而对于园区内如此大量的建筑垃圾，如果简单地将其运出园区，需花费大量的人力、物力、财力，同时对周围环境也将产生污染，而且也是资源的巨大浪费。如果将建筑垃圾回收利用，作为道路的建筑材料，就能将其变废为宝，作为再生资源重新利用，这是节约资源、保护生态的有效途径。

上海世博园区的建筑垃圾主要由砖块、混凝土、土组成，如图 8-12 所示。其中砖块与混凝土粒径较大，超过 8cm，除去这些大颗粒绝大多数是土，砖块和混凝土的掺量很少，不到 1%，另外还有极少量的玻璃、纸张等杂物。

图 8-12　上海世博园区建筑垃圾组成

除去建筑垃圾中超过 8cm 的颗粒，剩余的主要是土，对于建筑垃圾能否利用问题，首先应

对垃圾的材料组成及技术指标(包括垃圾的天然含水率、液塑限、粒径以及最佳含水率和最大干密度)进行试验分析,确定其应用的可行性。上海世博园区建筑垃圾的材料指标分析见表 8-8。

上海世博园区建筑垃圾的指标分析　　表 8-8

检验项目	检验结果	检验项目	检验结果
液限 W_L(%)	33～40	塑性指数 I_P	11.3～13.9
塑限 W_P(%)	22.1～26.5	含水率(%)	13.2～16

8.3.1　土壤固结剂的选择与技术指标

建筑垃圾为松散材料,本身强度低,单独作为道路建筑材料其性能难以达到技术要求,需要采用土壤固结剂来稳定和提高材料的耐久性和强度。

土壤固结技术从 20 世纪 40 年代开始蓬勃发展,应用机械方法、物理作用、土工织物、化学胶结等多种手段,综合了力学结构、胶体化学、表面化学等众多理论,它的处理对象扩充到砂土、淤泥、工业污水、生活垃圾等多种固体、半固体,处理目的也不仅仅是单一的加固,还包括增加渗透性、提高抗冻能力、防止污染物质泄漏等诸多方面。因此,开发经济实用的土壤固结新材料,并系统地研究土壤固结新材料的性能和固化机理,是目前各国工程师们致力研究的新课题。不少国家和地区对高性能固结材料的研究开发投入了大量的人力、物力和财力,如日本、南非、澳大利亚、美国和我国的台湾等。

目前,开发土壤固结剂从四个方面进行:无机化合物类土壤固结剂;高分子化合物类土壤固化剂;无机化合物、高分子化合物混合类土壤固结剂;生物类土壤固结剂。

固结剂种类繁多,固结机理不相同,效果也不相同,上海地区通常采用水泥或者石灰稳定土,同时在上海海港新城利用固结剂稳定吹填砂,也在其他项目中稳定黏土,效果良好。但是,上海地区无论是水泥或者固结剂都没有用于稳定建筑垃圾,而且固废材料(建筑垃圾)成分、级配及颗粒尺寸都很不均匀,需要专门进行试验研究分析,确定固结剂的类型与剂量。

8.3.2　固结剂稳定建筑垃圾性能试验

松散的建筑垃圾性能不满足设计要求,需要一定的固结剂来稳定,通过强度、模量与收缩试验,对比分析了土壤固结剂与水泥固结建筑垃圾的性能。试验结果表明:与水泥相比,土壤固结剂稳定建筑垃圾具有更好的强度和模量,同时收缩变形较小,因此选用固结剂来稳定建筑垃圾。

固结剂稳定建筑垃圾的力学性能和结构特性要求都与我国通常所用的无机结合料不同,其混合料设计必须与结构性能要求相适应。由于对固结剂稳定建筑垃圾的研究比较少,因此关于其混合料设计指标的选择及要求尚没有相应的标准。选取水泥与土壤固结剂两种类型,根据建筑垃圾粒径,分为细料、中料与粗料三类,对固结剂稳定建筑垃圾的强度、模量与收缩性能等进行了定量的分析与试验研究;在此基础上,结合固结剂稳定建筑垃圾的结构要求,提出材料设计指标要求。

1)无侧限抗压强度

无侧限抗压强度反映了固结剂稳定建筑垃圾的强度和整体性,是固结剂稳定建筑垃圾混合料设计和施工质量控制的重要指标。对固结剂稳定建筑垃圾的无侧限抗压强度进行试验，为其混合料设计提供参考，并与水泥稳定建筑垃圾试验进行对比分析。

根据《公路工程无机结合料稳定材料试验规程》(JTG E51—2009)中的无侧限抗压强度试验方法，分别在最佳含水率下成型试件，尺寸为 ϕ150mm×150mm，养生 7d 后测试无侧限抗压强度。选取了水泥和土壤固结剂(HEC)进行对比试验，添加剂量分别为 4.5%、6%和 8%，试验结果见表 8-9 及图 8-13。

不同掺量的水泥、土壤固结剂的无侧限抗压强度对比试验结果(单位:MPa)　　表 8-9

稳定剂类型＼掺量	4.5%	6%	8%
水泥	1.21	1.52	2.07
土壤固化剂	1.46	1.93	2.51

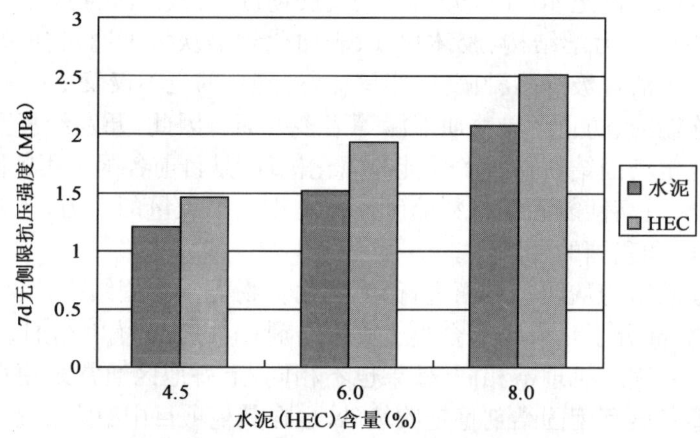

图 8-13　不同掺量的水泥、土壤固结剂的 7d 无侧限抗压强度对比试验结果

由表 8-9 及图 8-13 可知，对于中料来说，养生 7d 后，掺量 4.5%的土壤固化剂料强度较同等掺量的水泥料强度增长了 20.7%；掺量 6%的土壤固化剂料较同等掺量的水泥料强度增长了 27.0%；掺量 8%的土壤固化剂料强度较同等掺量的水泥料强度增长了 21.3%。从上面数据中可以看出，相比掺入水泥的建筑垃圾，各种掺量的土壤固化剂料的无侧限抗压强度在 7d 时都有较为明显的增长，增幅均超过 20%，尤其是掺量达到 6%时增长幅度最明显。

水泥料和土壤固结剂料强度均随掺量的增加而提高，两者近似成正比关系，其中土壤固化剂料增长速率较快。

表 8-10 及图 8-14 研究了建筑垃圾级配对混合料无侧限抗压强度的影响，分别测定了 7d 和 28d 龄期的无侧限抗压强度。

含 4.5%土壤固结剂不同级配、不同龄期的抗压强度对比试验结果(单位:MPa)　表 8-10

龄　期	细　料	中　料	粗　料
7d	0.82	1.46	2.31
28d	1.51	2.12	3.91

由表 8-10 及图 8-14 可以看出，抗压强度与养生天数呈正比关系；粗料抗压强度的增长速率最快，其次是细料和中料（两者基本一样）；同样养护天数下的抗压强度大小依次是粗料、中料、细料。

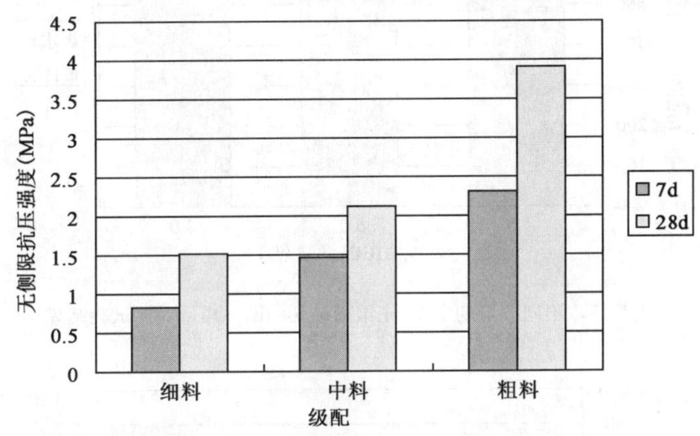

图 8-14　含 4.5%土壤固结剂不同级配、不同龄期的无侧限抗压强度结果

含土壤固结剂料早期强度高，后期强度稳定发展。早期强度高可使建成道路提前投入运行，提高运行效益，后期强度稳定可使得建成的道路运行性能稳定，经久耐用，使用寿命增长。

2）回弹模量

回弹模量是无机结合料稳定基层的重要力学参数，反映了无机稳定材料在荷载作用下的变形特性，无机结合料稳定材料的回弹模量决定了路面结构的应力、应变分布，从而显著影响路面的承载能力和整体结构强度。为了评价固结剂稳定建筑垃圾底基层的回弹模量情况，进行固结剂稳定建筑垃圾的回弹模量试验。回弹模量试验采用“顶面法”（T 0808—94），按照最佳含水率成型试件，尺寸为 ϕ150mm×150mm，在标准条件下养生 7d。选取了水泥和土壤固结剂进行对比试验，添加剂量分别为 4.5%、6%和 8%，试验结果见表 8-11 及图 8-15。

不同掺量的水泥、土壤固结剂的回弹模量对比试验结果（单位：MPa）　　表 8-11

稳定剂类型 \ 掺量	4.5%	6%	8%
水泥	589	734	883
土壤固化剂	640	897	1 045

由表 8-11 和图 8-15 可知，回弹模量随掺量的增加而呈现近似线性增长，其中土壤固结剂料的增长更快；同等掺量时，土壤固结剂料的回弹模量比水泥料大，幅度在 10%左右。含 4.5%土壤固结剂的细料、中料及粗料的 7d 和 28d 回弹模量结果见表 8-12 及图 8-16。

含 4.5%土壤固结剂不同级配的回弹模量对比试验结果（单位：MPa）　　表 8-12

龄　期	细　料	中　料	粗　料
7d	646	740	814
28d	705	850	910

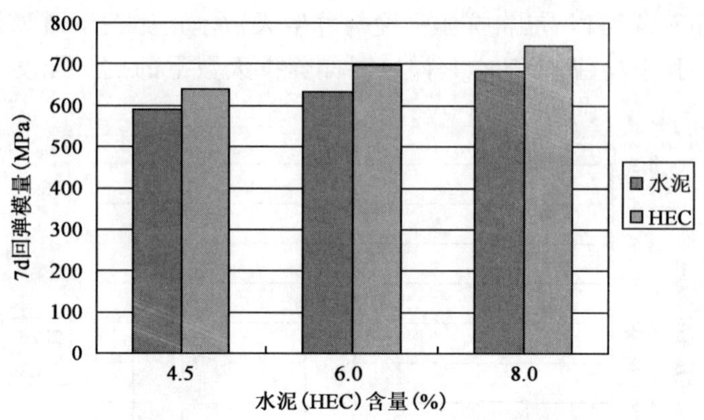

图 8-15　不同掺量的水泥、土壤固结剂的回弹模量对比试验结果

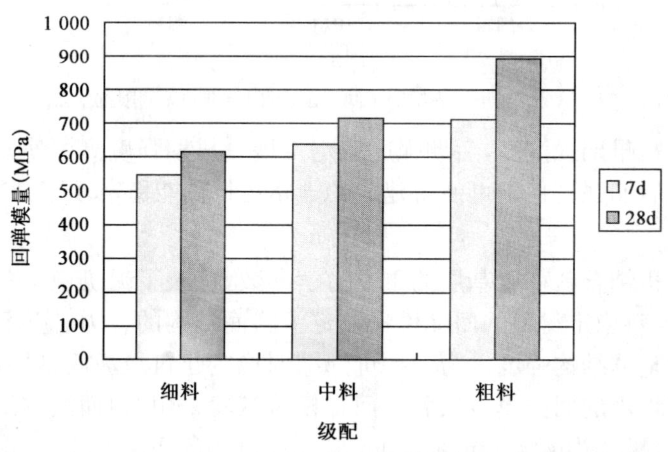

图 8-16　含 4.5%土壤固结剂不同级配的回弹模量对比试验结果

由表 8-12 及图 8-16 可以看出,回弹模量与养生天数呈正比关系;粗料回弹模量的增长速率最快,其次是细料和中料(两者基本一样);同样养生天数下的回弹模量大小依次是粗料、中料、细料。

3)收缩性能

(1)干缩性能试验研究

按最佳含水率和最大干密度制备混合料,闷料 4h 后,按所需混合料质量制作 100mm×100mm×400mm 的梁式试件。脱模后放入养护室,保温、保湿养护到规定时间后,进行干缩试验。选取了 4.5%HEC、4.5%水泥、6%HEC 和 6%水泥进行干缩性能试验,干缩应变及干缩系数随失水率的变化如图 8-17 和图 8-18 所示。

混合料最大干缩应变越小越好。如果干缩应变过大,则在水分散发的过程中混合料将产生过大的干缩,在沥青面层、底基层以及基层板体本身的联合约束下,基层本身不能自由收缩,形成混合料内部的拉应力,应力一旦超过混合料所能承受的拉应力,便产生微裂缝。在车辆荷载的疲劳作用下,微裂缝扩展,产生新裂缝并反射到沥青面层形成反射裂缝。

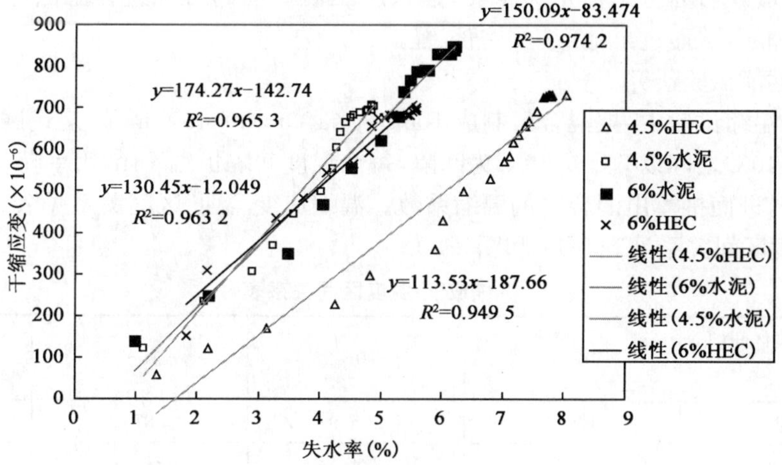

图 8-17　干缩应变随失水率的变化

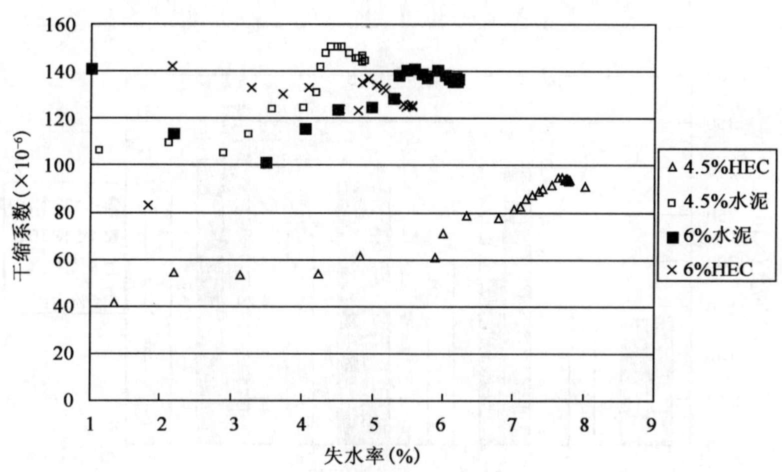

图 8-18　干缩系数随失水率的变化

从图 8-17 和图 8-18 可以得到以下几点结论：

①材料干缩应变和失水量在试验初期(初期 10d 左右) 受环境影响变化较大，后期变化趋于平缓；干缩系数在试验初期变化较大，而后期受失水量影响变化较小，说明材料干缩系数是一个较为稳定的材料参数，可用于评价材料干缩性能。

②同种材料的干缩系数随固结剂掺量的增加而增大，抗干缩性能趋于不利。因此，在进行混合料配合比设计时应兼顾混合料强度和干缩特性确定合理的掺量，掺量如果太高，强度可以保证，但是其抗干缩性能就会下降，而由干缩引起的裂缝是半刚性基层路面产生反射裂缝的一个重要诱因。

③在同等掺量条件下，水泥料的干缩系数较 HEC 料大，抗干缩性能趋于不利，这一规律在剂量较大时(6%)更为明显。可见 HEC 料抗干缩性能优于水泥料。

④在试验初期，失水率变化速度最快，此时干缩系数变化最大且数值较大，因而该材料在

施工初期的10d左右养生条件至关重要，建议施工后一周内必须进行湿法养生，以防失水过大，干缩应变加剧，从而过早地产生干缩裂缝。

(2)温缩性能试验研究

在混合料温缩试验中，把混合料制成100mm×100mm×400mm的梁式试件，达到规定龄期后在－10～40℃之间以5℃或10℃为间隔，每个温度间隔恒温24h，用手持应变仪快速测量试件温缩应变，进而推算出混合料的温缩系数。温缩应变-温度区间关系见表8-13和图8-19，温缩系数-温度区间关系见表8-14和图8-20。

温缩应变-温度区间关系表 表8-13

稳定剂类型 \ 温度区间(℃)	－10～－0	－10～25	－10～40	－10～60
4.5%水泥	139.9	295.9	287.9	367.9
4.5%HEC	136	224.1	284.1	308.1
6%HEC	120	192	236.1	260.1
6%水泥	104	200.1	240.1	284.1

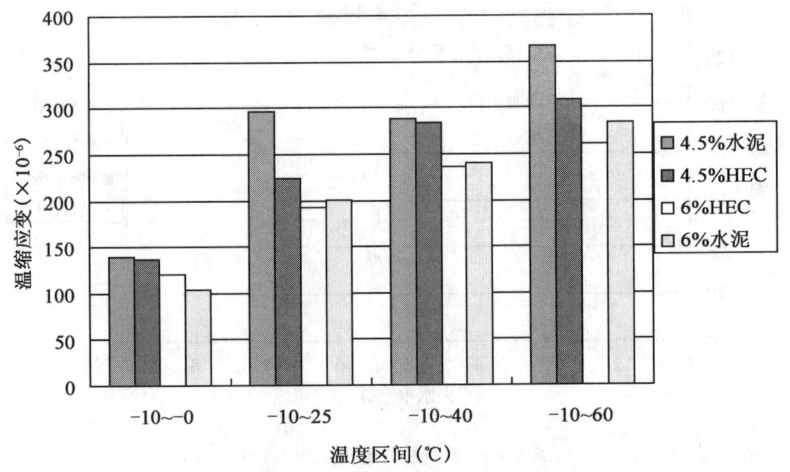

图8-19 温缩应变-温度区间关系

温缩系数-温度区间关系表 表8-14

稳定剂类型 \ 温度区间(℃)	－10～－0	－10～25	－10～40	－10～60
4.5%水泥	14	8.5	5.8	5.3
4.5%HEC	13.6	6.4	5.7	4.4
6%HEC	12	5.5	4.7	3.7
6%水泥	10.4	5.7	4.8	4.1

观察试验结果可以得到以下结论：

①由表8-13和图8-19可知，温缩应变随着温度的升高基本呈线性增大，变化趋势基本相

同。相比各种混合料的温缩应变，同等掺量时 HEC 料温缩应变要比水泥料小一些，即 HEC 料的抗温缩性优于水泥料。温缩应变随着稳定剂掺量的升高而降低。

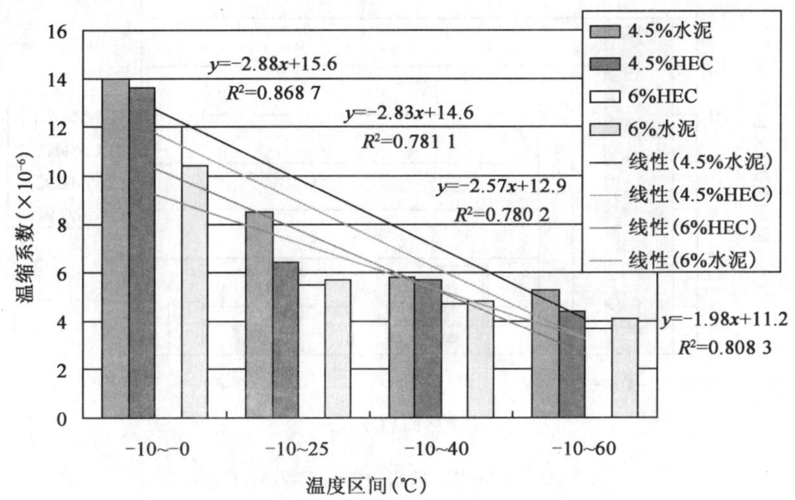

图 8-20　温缩系数-温度关系

②由表 8-14 和图 8-20 可知，各种混合料的温缩系数随着温度的降低而逐渐增大，因此对于这两类材料而言，在高温时抗温缩性能较低温时更好一些。

(3)不同温度区间温缩性能评价

根据温缩系数大小变化，将温缩系数随温度变化曲线分为低温温缩、常温温缩和高温温缩三个部分，即－10～0℃，0～40℃和 40～60℃三种区间。不同温度区间的平均温缩系数见表 8-15，不同温度区间的温缩系数-温度关系如图 8-21 所示。

不同温度区间的平均温缩系数　　表 8-15

稳定剂类型＼温度区间(℃)	－10～－0	0～40	40～60
4.5％水泥	14	3.7	4
4.5％HEC	13.6	3.7	1.2
6％HEC	12	2.9	1.2
6％水泥	10.4	3.4	2.2

结合表 8-15 和图 8-21 分析表明，在温缩的整个过程中，温缩系数总体上在减小，也就是说温缩初期的温缩系数最大。在高温阶段，HEC 料的温缩系数小于水泥料；在常温阶段，HEC 料和水泥料的温缩系数相差不大；在低温阶段，随着稳定剂掺量的不同，HEC 料和水泥料的温缩系数差别较大。

8.3.3　固结剂稳定建筑垃圾材料设计方法

通过强度、模量与收缩试验，对比分析土壤固结剂和水泥稳定建筑垃圾的性能，试验结果表明，与水泥相比，土壤固结剂固结建筑垃圾具有更好的强度和模量，同时收缩变形较小，因此选用土壤固结剂来稳定建筑垃圾。

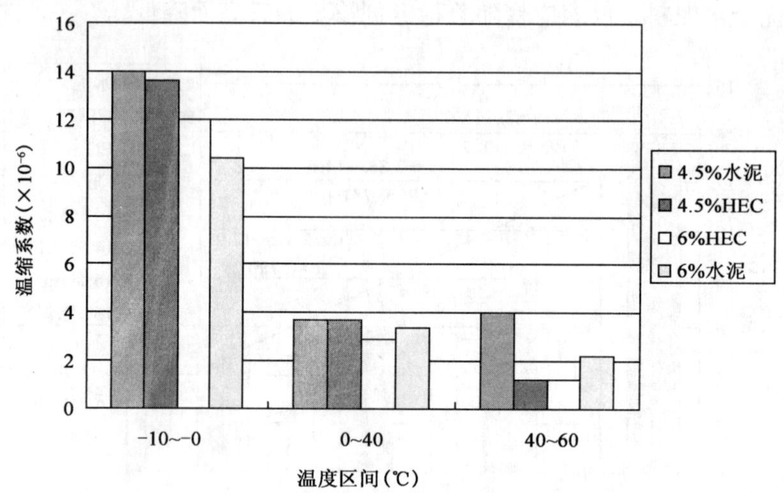

图 8-21　不同温度区间的温缩系数-温度关系

1)固结建筑垃圾用于路面结构层位

上海地区常规路面结构:路基采用石灰土处理;垫层为砾石砂垫层;基层为水泥稳定集料。通过对比分析,当土壤固结剂掺量为 4.5%与 6%时,土壤固结剂固结建筑垃圾的强度、模量都能远远超出石灰土路基与砾石砂垫层要求;当土壤固结剂掺量在 8%以上时,土壤固结剂固结建筑垃圾的强度、模量都能达到与水泥稳定碎石性能要求。通过室内试验结果分析,采用土壤固化剂固结建筑垃圾可以用于路基、垫层与基层,如图 8-22 所示。

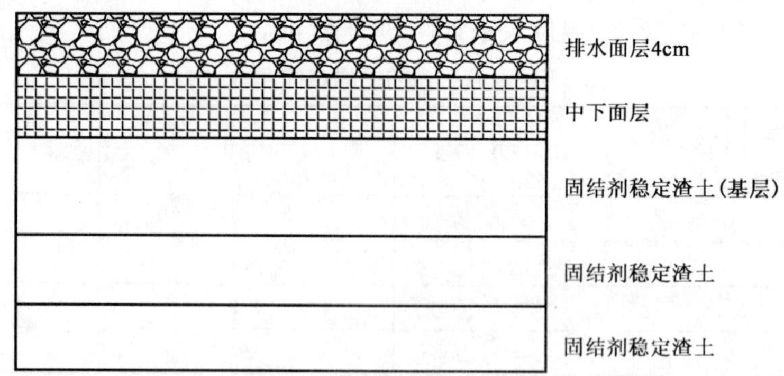

图 8-22　固结剂稳定建筑垃圾作为道路基层、垫层与土基

2)固结剂稳定建筑垃圾材料设计过程

(1)一般规定

①根据建筑垃圾的种类和性质,确定所选用土壤固结剂-1 型,再通过配合比设计试验,选用最适宜的用量。

②土壤固结剂稳定建筑垃圾的配合比应采用质量比。土壤固结剂质量占全部粗细土颗粒干质量的百分率,即为土壤固结剂剂量,如下式所示:

土壤固结剂剂量=土壤固结剂质量/(土壤固结剂质量+干土质量)。

③土壤固结剂稳定建筑垃圾配合比设计,应根据设计要求及土壤固结剂稳定建筑垃圾的强度标准确定。

④土壤固结剂稳定建筑垃圾中各集料的试验方法可按现行行业标准《公路工程无机结合料稳定材料试验规程》(JTG E51—2009)执行。

(2)建筑垃圾的试验

被固结建筑垃圾中建筑废渣的粒径不应大于施工厚度的 1/3。建筑废渣的最大粒径应通过配合比设计,并综合考虑施工工艺最终确定。

应用的废弃物中不得含有种植土、腐殖土、垃圾土、淤泥质土等,也不得含有杂草、树根或农作物残根等杂物。建筑垃圾的粒径不应大于 100mm,还应满足表 8-16 的要求。

建筑垃圾粒径要求 表 8-16

粒径范围(mm)	质量百分含量(%)
$d \leqslant 20$	≥50
$80 < d \leqslant 100$	<5

被固结建筑垃圾中建筑废渣粒料的含量宜控制在 50%~60%。

对于所用建筑垃圾,应取代表性的试样,按《公路土工试验规程》(JTG E40—2007)进行下列试验:

①颗粒分析。

②液限和塑性指数。

③最佳含水率。

④击实试验(重型击实),施工现场混合料最大干密度分布极不均匀,按现场取样做室内试验确定。

(3)土壤固结剂稳定建筑垃圾的配合比设计

①土壤固结剂稳定建筑垃圾的配合比设计,应根据不同工程部位选用不同的无侧限抗压强度标准。

②土壤固结剂固结建筑垃圾均处于道路的土路基、垫层和基层部位。

③土壤固结剂固结建筑垃圾各层的 7d 无侧限抗压强度、掺量、设计指标见表 8-17。

土壤固结剂固结建筑垃圾抗压强度、掺量设计值 表 8-17

层 次	掺量(%)	压实度*(%)	7d 无侧限抗压强度(MPa)
上层(垫层)	5~8	≥96	≥1.0
下层(路基)	4~5	≥96	≥0.6
基层	9~10	≥97	≥3.0

注:* 车行道采用重型击实标准,非机动车道采用轻型击实标准。

路基施工时上下层压实度均要达到 96%,检测时其最大干密度取值以检测地块的实测值为准。

8.3.4 固结稳定建筑垃圾道路结构设计方法研究

通过力学分析,研究土壤固结剂固结建筑垃圾用于道路各个结构层对路面力学响应的影响，确定土壤固结剂固结建筑垃圾道路结构组合和厚度，提出道路典型结构。

沥青路面在行车荷载的反复作用和自然因素的不断影响下会逐渐出现损坏。由于损坏模式的多样化，且各种损坏对路面使用性能有不同性质和程度的影响，因此沥青路面设计不能像其他结构物的设计那样，仅选用一种损坏模式作为临界状态和选用单一的指标作为设计标准，而必须是多种临界状态和多项设计标准。我国现行沥青路面设计规范，采用轮隙中心处的弯沉值、沥青路面层底面的最大拉应力和半刚性基层或底基层底面的最大拉应力三项指标确定路面结构所需的厚度。

(1)固结剂建筑垃圾设计指标取值

根据现场及室内试验，建议固结稳定建筑垃圾的回弹模量见表8-18。

土壤固结剂固结建筑垃圾路面结构强度推荐值 表8-18

材料名称	抗压回弹模量(MPa)		劈裂强度(MPa)
	15℃	20℃	15℃
土壤固结剂固结建筑垃圾(下基层)	1 400	1 400	0.4
土壤固结剂固结建筑垃圾(垫层)	800	800	0.2
土壤固结剂固结建筑垃圾(土基)	60		

(2)力学分析模型

采用双圆垂直均布荷载作用下的多层弹性层状体系理论，如图8-23所示。轮胎接地压强为0.7MPa，当量圆半径为10.65cm。对一般设计结构与采用固结建筑垃圾后的路面结构设计进行力学分析，结构组合见表8-19和表8-20。

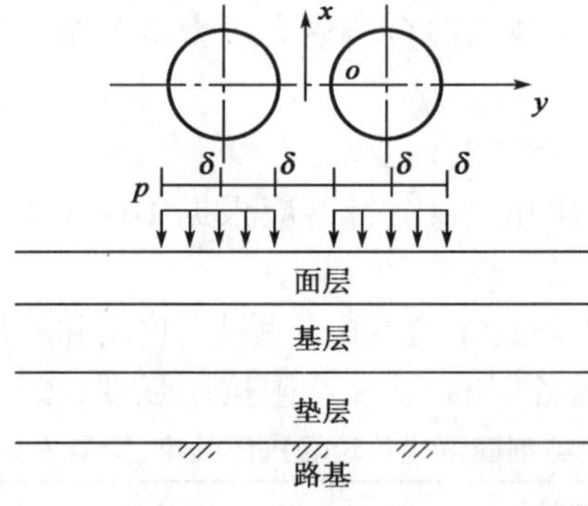

图8-23 双圆均布荷载图示

某次干路路面结构层次(原设计) 表8-19

路面结构	厚度(cm)	20℃抗压回弹模量(MPa)	泊松比
细粒式沥青混凝土	4	1 400	0.25
中粒式沥青混凝土	5	1 200	0.25
粗粒式沥青混凝土	6	1 000	0.25
水泥稳定碎石上基层	20	1 500	0.2
水泥稳定碎石下基层	20	1 500	0.2
砂砾垫层	15	275	0.2
石灰土加固土基	30		

某次干路路面结构层次(土壤固结剂固结建筑垃圾) 表8-20

路面结构	厚度(cm)	20℃抗压回弹模量(MPa)	泊松比
细粒式沥青混凝土	4	1 400	0.25
中粒式沥青混凝土	5	1 200	0.25
粗粒式沥青混凝土	6	1 000	0.25
水泥稳定碎石上基层	20	1 500	0.2
水泥稳定碎石下基层	20	1 500	0.2
含6%土壤固结剂固结建筑垃圾(垫层)	60		
含4.5%土壤固结剂固结建筑垃圾(路基)			

(3)力学响应分析结果

表8-21为路面力学分析结果。由该表可知,固结建筑垃圾路面结构的计算弯沉相对于原设计路面结构的计算弯沉减少了15.5%,土基顶面最大拉应变减小了10.4%。而半刚性层底最大拉应力、面层底最大拉应变以及半刚性材料层底最大拉应变有适当的提高,幅度在10%左右。与原设计路面结构相比,固结建筑垃圾路面结构的土基顶面最大压应力提高的幅度则比较大,达到了89.8%。

原设计路面结构和固结建筑垃圾路面结构力学计算参数一览表 表8-21

计算参数		原设计路面结构	土壤固结剂固结建筑垃圾路面结构	相对变化幅度
轮隙中心处路表计算弯沉		23.99(0.01mm)	20.27(0.01mm)	−15.5%
半刚性材料层底最大拉应力		0.140 4MPa	0.154 1MPa	9.8%
土基顶面最大压应力		7.206×10^{-3}MPa	1.368×10^{-2}MPa	89.8%
沥青层底最大拉应变	上面层	0(0.01mm)	0(0.01mm)	
	中面层	5.16×10^{-5}(0.01mm)	5.55×10^{-5}(0.01mm)	7.6%
	下面层	2.34×10^{-5}(0.01mm)	2.60×10^{-5}(0.01mm)	11.1%
半刚性材料层底最大拉应变		7.87×10^{-5}(0.01mm)	8.68×10^{-5}(0.01mm)	10.3%
土基顶面最大压应变		2.68×10^{-4}(0.01mm)	2.40×10^{-4}(0.01mm)	−10.4%

固结建筑垃圾作为施工便道的基层材料,其强度和路用性能能够满足道路使用的要求,取得了良好的使用效果。但是,由于现场建筑垃圾粗、细集料分布不均,均匀性较差,以及固结建筑垃圾采用路拌法施工,表面平整度无法达到新建道路的要求。因此,虽然固结建筑垃圾的强度能够满足要求,但在考虑将其在新建道路中大规模推广使用时,主要还是将其用于土路基加固处理。

8.3.5 固结稳定建筑垃圾施工工艺与质量控制

1)土路基验收

土壤固结剂固结建筑垃圾下层施工之前的土路基,应采用中型压路机碾压两遍,如出现"弹簧"现象,应采取晾晒或换填等措施处理。

2)施工放样

(1)在土基上恢复中线,直线段每 15~20m 设一根桩,平曲线段每 10~15m 设一根桩,并在两侧路肩边缘外设指示桩。

(2)在两侧指示桩上用明显标记标出稳定建筑垃圾层边缘的设计高程。

3)备料摊铺土

(1)利用老路面或土基上部材料时,应清除杂物,翻松和粉碎至规定的粒径和深度。

(2)利用料场的建筑垃圾时,应清除杂物,并将超粒径颗粒粉碎或清除。

(3)根据各路段固结建筑垃圾层的宽度、厚度及确定的干密度,计算各路段需要的建筑垃圾数量。根据每车料的数量,按计算的间距进行堆放。

(4)摊铺建筑垃圾应在摊铺土壤固结剂的前一天进行。摊铺长度应根据从混合料拌和开始至碾压成型在一个工作日内完成确定。

(5)应通过试验确定建筑垃圾的松铺厚度。松铺厚度应等于压实厚度乘以松铺系数(1.25~1.4)。

(6)用平地机、推土机或人工摊铺,表面应力求平整,并有规定的路拱。

(7)除洒水车外,严禁其他车辆在土层上通行。

4)洒水闷料

(1)如已整平的建筑垃圾(含粉碎的老路面)含水率过小,应在建筑垃圾层上洒水闷料。洒水应均匀,防止出现局部水分过多的现象。

(2)严禁洒水车在洒水段内停留和掉头。

(3)细粒土应经 12h 闷料;中粒建筑垃圾和粗粒建筑垃圾,视其中细土含量的多少,可缩短闷料时间。

5)整平和轻压

对人工摊铺的土层整平后,用小型压路机碾压 1~2 遍,使其表面平整。

6)摆放和摊铺土壤固结剂

(1)根据路基分层摊铺的厚度,按设计规定确定土壤固结剂掺量,计算每包土壤固结剂的摊铺面积,再根据路基的宽度确定摆放的行数、间距和用量。

(2)用刮板将土壤固结剂均匀摊开,并注意使每袋土壤固结剂的摊铺面积相等。摊铺完后,表面应没有空白位置,也没有过分集中的地方。

7)拌和

土壤固结剂固结建筑垃圾施工,应采用路拌机或两台以上的挖掘机及人工进行拌和。拌和深度应达稳定层底并宜侵入下承层 5~10mm,以利于上下层黏结。严禁在拌和层底部留有素土夹层。通常路拌机应拌和 2 遍以上,挖掘机应拌和 3~4 遍。拌和时控制其含水率,使含水率低于最佳含水率时进行拌和,以利于土壤固结剂与建筑垃圾的均匀拌和。

8)洒水复拌

(1)在上述拌和过程结束后,应用喷管式洒水器补充洒水,使其达到最佳含水率状态。

(2)洒水后,应再次进行拌和 1~2 遍,使水分在混合料中分布均匀。

(3)洒水及拌和过程中,应及时检查混合料的含水率,宜略大于最佳含水率1%~2%,盛夏季节宜大于最佳含水率3%~4%。

(4)混合料拌和均匀后应色泽一致,没有灰条、灰团和花面,以及无明显粗细集料离析现象,且水分合适和均匀。

9)整型

(1)混合料拌和均匀后,立即用平地机或者小型推土机整型。在直线段,应由两侧向路中心进行刮平;在平曲线段,应由内侧向外侧进行刮平。

(2)应采用轻型压路机或小型推土机初压一遍,再用平地机或者小型推土机进行整型。对于局部低洼处,应用齿耙将其表层5cm以上耙松并用新拌的混合料进行找平。

(3)当采用人工整型时,应采用锹,并先将混合料铺平,用路拱板进行初步整型,再用轻型压路机初压1~2遍后进行第二次整型。

(4)在整型过程中,严禁通行车辆,并应由人工配合消除粗、细料的离析。

10)碾压

(1)整型后的混合料应在最佳含水率时压实;当表层含水率不足时应洒水再进行碾压。

(2)应根据路宽、压路机轮距的不同,制订碾压方案。

(3)应先用轻型压路机碾压一遍,再用重型振动压路机(≥16t)进行碾压。直线段应由两侧边缘向路中心进行碾压;平曲线段应由内侧路肩向外侧边缘进行碾压。碾压时重叠部分应为1/2轮宽,后轮应超过两段的接缝处,并重复碾压不得少于4遍。碾压成型的路基压实度应符合规范和设计的要求。

(4)压路机的碾压速度,前两遍的碾压应为1.5~1.7km/h,以后碾压速度宜为2.0~2.5km/h。

(5)碾压过程中,当出现"弹簧"、松散、起皮等现象,应及时采取翻挖重拌或换填等处理措施。

(6)在碾压结束之前,应采取用整平机械最后一次整型,路拱和超高应符合设计要求。终平应仔细进行,并应将局部高出部分刮除并扫出路外;对局部低洼之处,不应进行找补。

11)接缝和掉头处的处理

(1)在碾压过程中应对同日施工接缝处进行处理。施工接缝处,应搭接拌和。第一段拌和后,留出1~2m不进行碾压,在第二段施工时再将前段余留的未碾压段添加土壤固结剂重新拌和,与第二段相连一起碾压。

(2)每天应对最后段末端缝(工作缝)和掉头处进行处理。

(3)纵缝的处理。固结建筑垃圾的施工应避免纵向接缝,在必须分两幅施工时,纵缝必须垂直相接,不应斜接。

12)养生

(1)每一段碾压完成并经检查合格后,应立即开始养生。采用塑料薄膜覆盖,养生期内应进行补水。

(2)也可用洒水车经常洒水进行养生,每天洒水的次数应视气候而定。除洒水车外,应封闭交通。

(3)一般情况下,养生期不宜少于 7d。

固结建筑垃圾技术施工流程如图 8-24 所示。

图 8-24 固结建筑垃圾技术施工工艺流程图

8.4 工程案例

8.4.1 上海世博工程

(1)HEC 固结建筑垃圾在施工便道中的应用

世博会浦东园区施工便道总长度约为 2.6km,总面积约为 2 340m²,主要行驶施工重型车辆,大型施工机械等重载车,使用年限约为 1.5 年。

施工便道采用沥青面层,HEC 固结建筑垃圾基层,路面结构如图 8-25 所示。

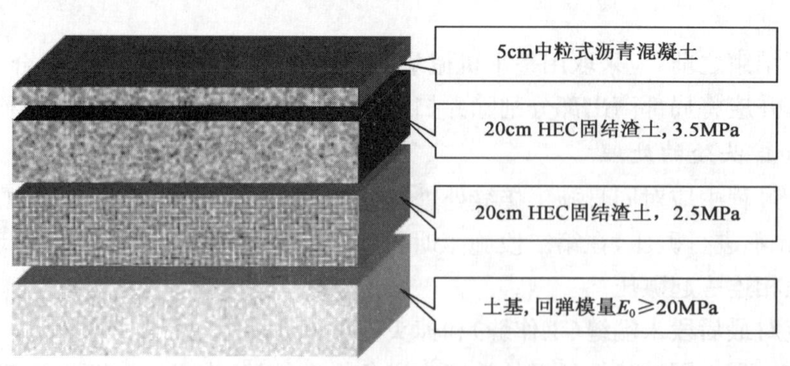

图 8-25 施工便道路面结构

HEC 固结建筑垃圾上、下基层的 7d 无侧限抗压强度要求分别为 3.5MPa 和 2.5MPa,HEC 固结建筑垃圾基层的弯沉值要求为 47(0.01mm)。

经过两年多运行,施工便道面层因过薄损坏较多;HEC 固结建筑垃圾基层完整无损,经住了大量重车行驶考验,并且没有发现裂缝,这与一般半刚性基层的路面相比,有显著的优点。

(2)HEC 固结建筑垃圾作为新建道路路基与垫层

世博园区道路设计要求路床上部应达到干燥或中湿状态，路床顶面回弹模量不小于 30MPa，支路不小于 25MPa。由于园区道路邻近黄浦江，地下水位高，为提高路基强度与整体刚度，初步设计方案是园区道路路床顶面以下 80cm 范围内一般进行掺灰处理，石灰含量为 4%～6%，上部垫层采用 15cm 砾石砂垫层。

世博会园区新建道路路面结构原设计如图 8-26 所示。

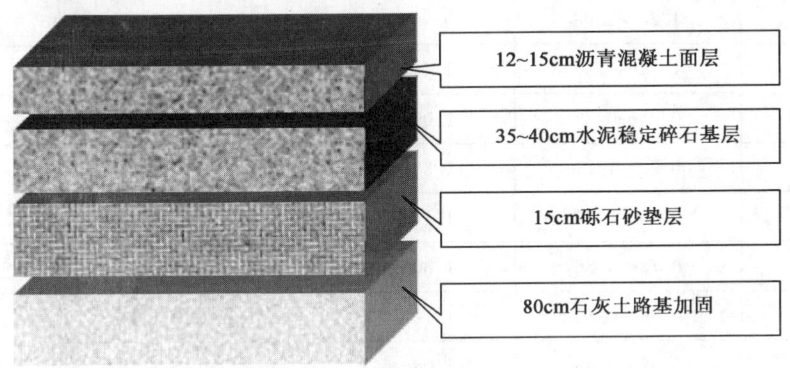

图 8-26　原设计新建道路路面结构

世博园区内建筑垃圾多，符合石灰土要求的土少，根据施工便道采用 HEC 固结建筑垃圾的经验，因此把 80cm 石灰土和 15cm 砾石砂垫层换成 50cmHEC 固结建筑垃圾。

世博会园区新建道路调整后路面结构如图 8-27 所示。

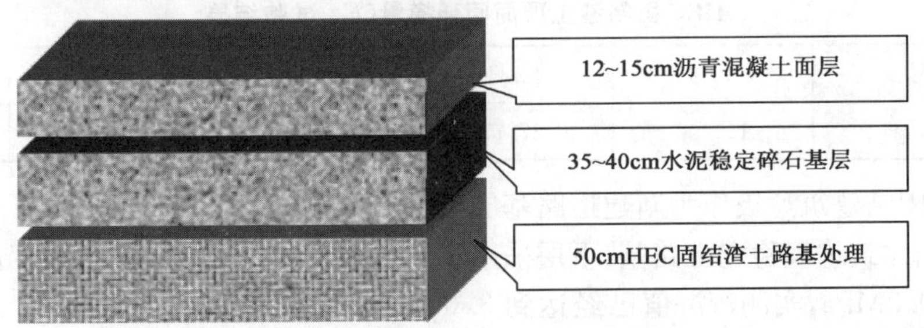

图 8-27　新建路面固结建筑垃圾路面结构(一)

主要设计方案与设计指标为：HEC 固结建筑垃圾分两层实施，下层 25cm，HEC 含量 4.5%，7d 无侧限抗压强度≥0.6MPa，弯沉值≤4.55mm；上层 25cm，HEC 含量 6%，7d 无侧限抗压强度≥1.0MPa，顶面弯沉值≤2.925mm；整体回弹模量 E_0≥40MPa。

本方案先后用于Ⅱ标园二路、北环路等十几条道路上，对实际工程进行跟踪观测与测试，具体测试结果见表 8-22，压实度均大于 96%。在水泥稳定碎石基层摊铺、碾压、养生后，基本上未发现收缩缝，沥青面层实施后至今也未见反射裂缝，效果极佳。

选择五个不同位置进行承载板试验，测定 HEC 固结建筑垃圾顶面回弹模量(E_0)，具体结果见表 8-23。试验结果表明，HEC 固结建筑垃圾顶面综合回弹模量在 60MPa 以上，远远满足设计要求。

实测强度和弯沉记录汇总表 表 8-22

路名	7d 无侧限抗压强度(MPa)		弯沉值(0.01mm)	
	下层	上层	下层	上层
Ⅱ标园二路	1.05~1.06	1.72~1.79	1.68~2.42	0.96~1.58
北环路	0.98~1.06	1.37 ~1.89	1.80~2.86	1.04~1.64
南环路	1.10~1.16	1.79~1.83	1.52~2.24	0.92~1.52
雪野路	1.20~1.98	0.96~1.14	1.86~2.52	1.26~1.60
浦明路	1.01~1.09	1.44~1.98	1.50~2.90	0.96~1.56
Ⅰ标北环路	0.72~0.82	1.09~1.11	1.86~2.36	1.50~1.98
洪山路	0.73~1.21	1.30~1.40	2.02~2.38	1.74~2.10
南环路	0.71~0.82	1.11~1.74	1.94~2.56	1.56~2.04
云台路	0.78~0.86	1.30~1.60	2.10~2.26	—
沂林路	0.68~0.82	1.12~1.60	2.08~2.44	1.56~2.28
浦明路	0.62~0.88	1.08~1.20	1.72~2.48	1.54~2.18
雪野路	0.72~0.86	1.10~1.70	2.10~2.54	1.50~2.06
Ⅲ标西环路	0.70~0.78	1.48~1.80	2.30~2.48	1.74~2.30
浦明路	0.72~0.86	1.08~1.30	2.30~3.46	1.36~1.92

HEC 固结渣土顶面回弹模量(E_0)试验结果 表 8-23

测点编号	S1 号	S2 号	S3 号	S4 号	S5 号
回弹模量(MPa)	141.00	67.77	130.63	161.73	82.58

(3)HEC 固结建筑垃圾作为新建道路基层

HEC 固结建筑垃圾稳定土路基,下层采用 4.5%HEC,7d 无侧限抗压强度从实测资料分析,已经达到 0.8MPa,实测弯沉值已经达到 3.00mm。上层采用 6%HEC,7d 无侧限抗压强度已经达到 1.2MPa,实测弯沉值已经达到 2.00mm。经过 HEC 固结建筑垃圾稳定土路基的综合地基回弹模量 E_0=60MPa,比较原设计的石灰稳定土路基的回弹模量 E_0=25MPa,强度有较大提高。通过分析,采用 HEC 固结建筑垃圾作为道路路基与垫层,道路整体强度提高,已经远远超出设计标准要求。因此在满足设计标准的条件下,考虑到材料经济性,进一步提高建筑垃圾利用率,采用 HEC 固结建筑垃圾作为道路基层。

HEC 固结建筑垃圾路基处理上、下层的 7d 无侧限抗压强度要求分别为 1.0MPa 和 0.6MPa,HEC 固结剂掺量分别为 6%和 4.5%。20cmHEC 固结渣土用作下基层(图 8-28),7d 无侧限抗压强度要求为 3.0MPa,HEC 固结剂掺量为 9%。

首先在世博会浦东园区道路西环路上采用 HEC 固结建筑垃圾作为道路下基层。西环路第一阶段采用的路面结构见表 8-24。

西环路车行道路基路面各结构层弯沉值要求见表 8-25。

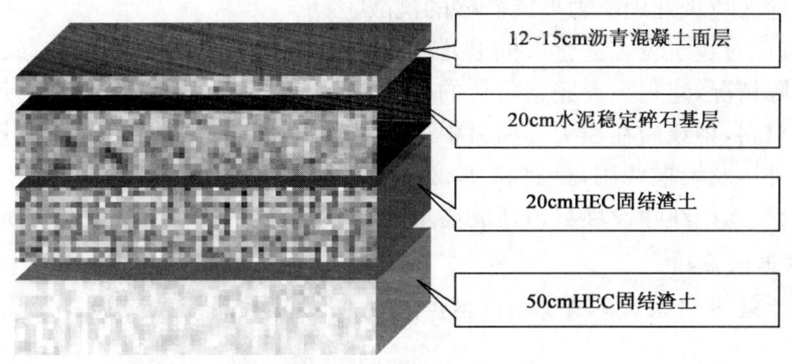

图 8-28　新建路面固结建筑垃圾路面结构(二)

西环路第一阶段路面结构表　　表 8-24

上面层	3cm 细粒式沥青混凝土 AC-10C	下基层	20cm HEC 固结建筑垃圾 2.5MPa
下面层	8cm 粗粒式沥青混凝土 AC-25C	路基处理上层	25cm HEC 固结建筑垃圾 1.0MPa
封层	0.6cm 乳化沥青稀浆封层	路基处理下层	25cm HEC 固结建筑垃圾 0.6MPa
上基层	15cm 水泥稳定碎石 4.0MPa		

西环路车行道路基路面各结构层弯沉值要求　　表 8-25

沥青面层顶面	41.5(0.01mm)	HEC 固结建筑垃圾路基处理上层顶面	292.5(0.01mm)
水泥稳定碎石上基层顶面	30.3(0.01mm)	HEC 固结建筑垃圾路基处理下层顶面	455(0.01mm)
HEC 固结建筑垃圾下基层顶面	90.5(0.01mm)		

HEC 固结建筑垃圾下基层技术参数：7d 无侧限抗压强度应不小于 2.5MPa；抗压回弹模量为 1 400MPa，劈裂强度为 0.4MPa；压实度应不小于 97%；下基层顶面弯沉值为 90.5(0.01mm)。通过试验，HEC 固结建筑垃圾中 HEC 固结剂的掺量确定为 8%左右。

施工后对西环路固结建筑垃圾层进行测试，具体结果见表 8-26。

西环路固结建筑垃圾层测试结果　　表 8-26

路　名	7d 无侧限抗压强度(MPa)			弯沉值(0.01mm)		
	路基下层	路基上层	下基层	路基下层	路基上层	下基层
西环路	0.70～0.78	1.48～1.80	3.12 ～3.45	2.48～2.30	2.30～1.74	0.86 ～0.50

通过实际工程应用，HEC 固结建筑垃圾作为道路下基层效果良好，强度、弯沉值远远满足设计要求。世博园区内的蒙自路，保屯路—望达路的下基层中也采用了 HEC 固结建筑垃圾。

世博园区 HEC 固结建筑垃圾用于道路路基、垫层及基层，共利用世博园区建筑垃圾约 50 万 m^3，节约工程投资 3 000 多万元。

8.4.2　上海虹桥综合交通枢纽工程

上海虹桥综合交通枢纽将建成高速铁路、城际和城市轨道交通、公共汽车、出租车及航空港紧密衔接的国际一流现代化大型综合交通枢纽。然而，虹桥综合交通枢纽建设项目表明，枢纽内将产生富余外运建筑垃圾在 1 000 万 m^3 左右。如此之大的建筑垃圾数量在 1～2 年内将会对整个上海地区垃圾处理能力形成严峻的挑战。

因此，在尝试对建筑垃圾进行大批量处理的同时，结合枢纽内实施的道路、河道及场地平整等工程的实际情况，建立一套完整可行的土方及建筑废料管理和应用方法，使得部分建筑垃圾转化为筑路材料，枢纽内在建工程项目中达到对建筑垃圾减量化、资源化批量利用的目的，减少建筑垃圾外运及堆置费用，是将科研成果向工程转化，推动循环经济发展的一种有益尝试，是虹桥综合交通枢纽建设项目迫切的需求，而且具有显著的社会效益和经济效益。

1)虹桥枢纽试验段

试验路位于虹桥枢纽青虹路以南，呈南北走向。试验路路幅宽度 8m，共 2 段，每段长度 125m。

(1)第一试验路铺筑方案(图 8-29)

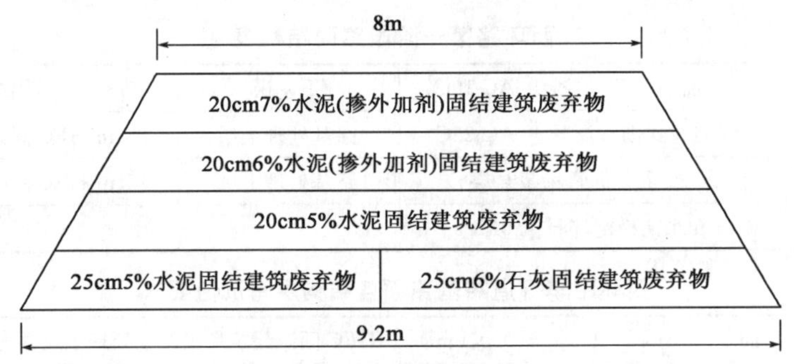

图 8-29　第一试验路铺筑方案

基层：20cm7％水泥＋外加剂固结破碎水泥混凝土。

底基层：20cm6％水泥＋外加剂固结破碎建筑垃圾夹土。

路基处理：①20cm5％水泥固结破碎建筑垃圾夹土；②25cm5％水泥固结破碎建筑垃圾夹土以及 6％石灰固结建筑垃圾夹土。

说明：水泥均采用 C32.5 水泥。5％水泥固结破碎建筑垃圾夹土段长 65m，6％石灰固结建筑垃圾夹土段长 60m。

(2)第二试验路铺筑方案(图 8-30)

基层：20cm8％HEC 固结建筑垃圾夹土。

底基层：20cm6％HEC 固结建筑垃圾夹土。

路基处理：①20cm4.5％HEC 固结破碎建筑垃圾夹土，以及 5％固结建筑垃圾夹土；②20cm 4％HEC 固结破碎建筑垃圾夹土。

说明：4.5％HEC 固结破碎建筑垃圾夹土段长 65cm，5％HEC 建筑垃圾夹土段长 60cm。

建筑垃圾施工过程及工程完成后如图 8-31 所示。

检测了试验路的压实度及密度、抗压强度、E_0 值以及弯沉值。

①对数据进行分析表明，即使路基处理仅采用一层各种方案固结的建筑垃圾大土，路基顶部回弹模量均能满足设计要求。

②固结建筑垃圾夹土的抗压强度(除用石灰稳定固结外)，均能满足对垫层材料的强度要求。

③固结剂 8%(固结废渣)和水泥 7%+外掺剂(固结废旧混凝土并采用水稳级配),试件的抗压强度可满足路面底基层材料强度要求,两段试验路基层顶部的回弹弯沉均满足设计要求,说明两段试验路均具有良好的整体强度。

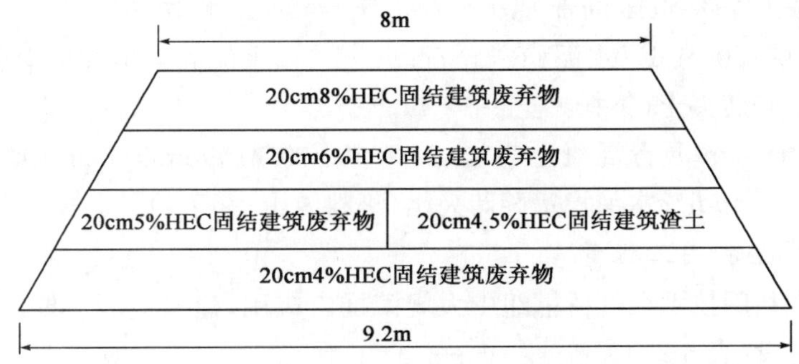

图 8-30 第二试验路铺筑方案

a) b)

图 8-31 建筑垃圾施工过程照片及工程完成后照片

2)建筑垃圾用于道路的路面结构与材料设计

(1)路基处理方案

①方案一:采用 20cm5%水泥稳定建筑垃圾替代 50cm 原槽掺拌 8%石灰土。

②方案二:采用 20cm4%HEC 固结建筑垃圾替代 50cm 原槽掺拌 8%石灰土。

(2)路面结构设计

①垫层

方案一:20cm(或 15cm)6%水泥稳定建筑垃圾替代 15cm 砾石砂。

方案二:20cm(或 15cm)6%HEC 固结建筑垃圾替代 15cm 砾石砂。

推荐方案选用方案一。

②底基层

次干路:15cm7%水泥稳定建筑垃圾(集中破碎、厂拌,废混凝土有级配)。

支路:15cm7%水泥稳定建筑垃圾(集中破碎、厂拌,废混凝土有级配)。

③推荐替代路面结构

a. 城市主干路、核心区内地面循环圈、匝道引道:4cm 沥青混凝土表层,$L_S=27.8$(1/100mm);5cm 中粒式沥青混凝土;7cm 粗粒式沥青混凝土;0.6cm 稀浆封层;35cm 6%水泥稳定碎石;20cm 6%水泥稳定碎砖夹土(集料∶土=6∶4)。

b. 城市次干路：4cm 沥青混凝土表层，L_S = 32.6（1/100mm）；8cm 粗粒式沥青混凝土；0.6cm稀浆封层；20cm 6%水泥稳定碎石；15cm 7%水泥固结破碎旧混凝土（加外掺剂）；20cm 6%水泥稳定碎砖夹土（集料：土=6：4）。

c. 循环区外城市支路：4cm 沥青混凝土表层，L_S = 36.0（1/100mm）；7cm 粗粒式沥青混凝土；0.6cm 稀浆封层；20cm 6%水泥稳定碎石；15cm 7%水泥固结破碎旧混凝土（加外掺剂）；15cm 6%水泥稳定碎砖夹土（集料：土=6：4）。

d. 非机动车道：4cm 沥青混凝土表层，L_S = 49.3（1/100mm）；6cm 中粒式沥青混凝土；20cm 粉煤灰三渣；20cm 6%水泥稳定碎砖夹土（集料：土=6：4）。

3）建筑垃圾再生利用工程量

建筑垃圾再生利用技术在虹桥枢纽中大规模推广应用，建筑垃圾主要应用于虹桥枢纽内以下的市政道路建设（表 8-27）。

建筑垃圾在虹桥枢纽道路建设中的应用　　表 8-27

标段	道　路	水泥稳定建筑垃圾（垫层）(m^3)	土壤固结剂固结土、建筑垃圾（路基处理）(m^3)
6	ND02 匝道	98.40	18.95
	青虹路（K0+366.32～K0+384.70）	117.80	497.08
	青虹路（K0+384.70～K1+100.33）	5 815.40	12 802.94
	徐泾中路（K0+215.67～K0+549.95）	3 254.20	4 961.90
7	SN3 路	6 632.80	15 135.36
	SN4 路	4 027.95	10 932.00
12	SN2 路	13 755.60	21 642.20
13	SN3 路	14 351.60	22 559.00
14	EW1-1 路	1 383.90	3 413.59
	EW1-2 路	986.25	2 592.40
	EW1-3 路	1 037.40	2 513.35
	EW2-1 路	3 000.30	7 447.60
	EW2-2 路	2 550.45	5 807.03
	EW2-3 路	1 120.80	2 516.30
	SN1-2 路	263.55	791.62
15	SN1 路	6 887.65	14 553.80
	EW5 路	428.55	972.00
	EW5-1 路	329.85	768.40
16	SN4 路	1 599.00	2 637.78

续上表

标段	道　　路	水泥稳定建筑垃圾（垫层）(m^3)	土壤固结剂固结土、建筑垃圾（路基处理）(m^3)
18	EW3-1路	3 079.09	7 222.46
	EW3-2路	225.41	807.93
	EW3-3路	1 030.01	2 508.73
	EW3-4路	768.02	1 584.24
	EW3路	1 436.97	4 070.94
	EW4路	581.68	1 133.16
	SN1-1路	647.60	1 738.10
19	高铁北侧蓄车场	3 310.50	4 414.00
	高铁南侧蓄车场	3 117.00	4 156.00
	磁悬浮蓄车场	1 887.90	2 517.20
	机场蓄车场	3 048.30	4 064.40
	总计	86 773.93	166 780.46

第 9 章 路面再生技术

9.1 概　　述

道路在使用过程中,路面使用性能将不可避免的减低,根据世界银行的调查,路面质量下降 40%时需花费 1 美元进行修复,若因为修复不及时而导致路面质量丧失了 80%,此时就得花费 4～5 美元进行修复。路面状况与时间的关系如图 9-1 所示。为了使路面保持在一定的使用状态,必须进行修复,原因在于:①路面行驶质量不满足要求;②路面损坏严重;③表面抗滑性能降低;④养护需求强烈;⑤结构承载力不足。对于沥青路面而言,再生是几种修复方法中较为有效的方法,通常是采用厚的或薄的热拌沥青混凝土罩面。修复方法的选择应根据路面破坏状况,对已有材料的分析以及设计参数而定。为了保证路面尤其是下穿通道的几何特性和高程,应选择恰当的修复方法。与其他修复方法相比,路面再生有其独特的优点。根据路面特定的破坏情况和结构需要可选择不同的再生方法。

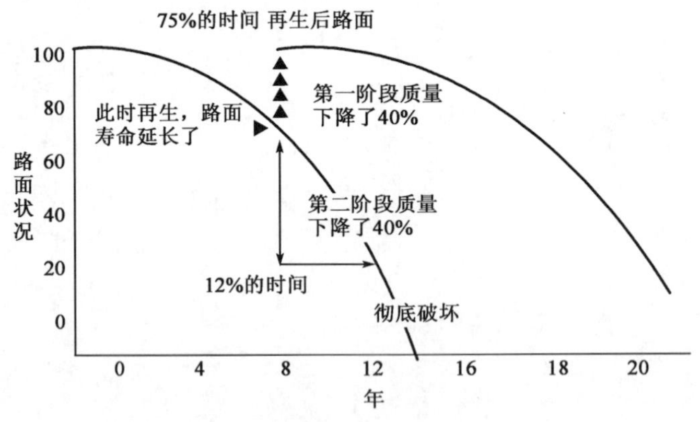

图 9-1　路面状况与时间关系图

路面再生技术是不能满足使用要求的路面废料通过各种措施进行处理后重新利用的技术。路面再生的种类很多,按旧路面的性质不同可分为沥青路面的再生和水泥混凝土路面的再生;按再生形成的层位不同可分为再生面层、再生基层和再生底基层;按再生方式的不同可分为热再生和冷再生;按拌和地点的不同可分为现场再生和厂拌再生。

沥青路面的再生利用,就是将旧沥青路面经过翻挖、回收、破碎、筛分等方法处理后,与再生剂、新沥青材料、新集料等按一定比例重新拌和成混合料,能够满足一定的路用性能并重新铺筑于路面的一整套工艺。对旧沥青路面材料循环利用而生产出新的沥青路面,不但可以节约材料、费用和能源,还有助于解决废弃物处理的问题。由于对旧材料进行重复利用,故在施

工过程中，路面的几何线形及厚度能得到很好地保持。与其他沥青路面修复技术相比，沥青路面再生技术还能在一定程度上减少连续交通中断的现象。总结起来，沥青路面材料的循环利用有下列优点：①降低施工成本；②节约集料和沥青胶结料；③保持原路面的几何特性；④保护环境；⑤节约能源；⑥减少用户的延误。

水泥混凝土路面在长期使用过程中，由于诸多原因，不可避免地出现结构和功能性的破坏，许多水泥路面出现断板、错台、唧泥、脱空、接缝破损、坑洞等病害。尤其是近年来随着交通量的迅猛增长，特别是超载车辆的增多，很多水泥混凝土路面出现严重损坏，特别是一些新建水泥混凝土路面出现了早期损害，严重影响了道路的通行能力，很多水泥混凝土路面需要修复改造。因水泥混凝土路面本身修复比沥青路面难度大、耗费时间长、效果难以保证，使水泥混凝土路面出现病害后，成为公路养护部门的沉重负担。目前，我国水泥混凝土路面的推广应用正面临挑战，在高等级公路中的应用趋于萎缩，特别是病害严重时，如果需要进行重建，目前还未有公认的标准处治技术，而全部移除则又会对环境造成不利影响，并带来经济上的浪费。

与沥青路面相比，水泥混凝土路面的修复较为困难。根据旧水泥混凝土路面的破坏程度，国内外常用的旧水泥混凝土路面改造措施主要分为三种：加铺沥青混凝土面层，加铺新水泥混凝土面层与旧水泥混凝土路面翻修。其中，加铺新水泥混凝土面层工程造价较高，路面养护期长，对交通影响很大，难以应用于交通繁忙的路段；翻修路面措施则因其总成本高，对交通和环境影响大，一般用于旧水泥混凝土路面损坏相当严重，无法加铺沥青混凝土和水泥混凝土结构的情况。旧路面上加铺沥青混凝土，由于旧水泥混凝土路面提供了较稳定、坚实的基层，沥青混凝土路面提供了一个抗滑性能以及平整度好、维护简单的面层，因此大大改善了路面的使用性能；同时又可以充分利用旧水泥混凝土路面，而且具有造价低，施工难度小，对交通环境的影响小，以及修复周期短等优点，因而在国内外的旧路改造工程中得到了普遍应用。

然而沥青加铺层中迅速发展的反射裂缝往往缩短了加铺层的使用寿命。作为一种复合结构，旧水泥混凝土路面沥青混凝土加铺层涉及刚性、柔性两种路面结构形式，不仅材料差异大，而且旧水泥混凝土路面板上存在接缝、裂缝、错台及脱空等损坏现象，使得复合结构中奇异部位尤为突出，这就会在加铺层对应于旧路面板接、裂缝的位置上出现反射裂缝。路面出现反射裂缝后，如不及时养护修补，雨水会沿裂缝下渗，在行车荷载作用下将很快导致加铺层与旧面层的黏结丧失，沥青的剥落，裂缝的碎裂和扩展，使沥青混凝土加铺层出现严重损坏。虽然开始反射裂缝本身对加铺层的使用性能影响不大，但环境因素的负效应（雨水、氧化）常常使裂缝迅速扩展，从而缩短加铺层的寿命。

9.1.1 沥青路面再生技术的分类

根据沥青再生和回收协会（Asphalt Recycling and Reclaiming Association）的定义，沥青路面再生技术可分五种方法：①厂拌热再生（Hot Recycling）；②现场热再生（Hot In-place Recycling）；③厂拌冷再生（Cold Recycling）；④现场冷再生（Cold In-place Recycling）；⑤全厚式再生（Full Depth Reclamation）。

（1）厂拌热再生（HR）

厂拌热再生是一种较为成熟的技术，能提供及时的道路养护和修复，对现有设备只需进行较小的改动。该方法是将回收的沥青路面材料（RAP）与新材料混合，根据需要有时会加入再生剂，以生产出综合要求的热拌沥青混合料。间歇式和连续式拌和楼都能用于生产再生热沥青混合料。RAP 材料可通过铣刨或切割和破碎作用而得到。再生热沥青混合料的摊铺和压实设备及施工工序与常规热拌沥青混合料相同。

一般在再生热沥青混合料中，RAP 材料的用量可达 10%～30%。图 9-2 为 RAP 材料在输入连续式拌和楼。与常规的热拌沥青混合料相比，再生热沥青混合料有着相同甚至更好的性能。

图 9-2　将 RAP 材料输入连续式拌和楼

厂拌热再生的优点主要在于：能修正大多数路面的表面缺陷、变形和开裂。

(2)现场热再生(HIR)

现场热再生就是在现场用原地再生的方法修复已破坏的沥青路面，因此该方法中新材料的使用最少。具体方法是现场加热软化旧路面表面，然后将路面表面材料刨松移开，与再生剂混合，也可能加入新鲜沥青或集料，不必从旧路面运走回收的材料只需在现场直接重新摊铺路面。现场热再生(HIR)包括三种基本方法：加热翻松、重新铺面及重新拌和。这三种方法的简单过程如下：

①加热翻松——加热、翻松、复苏、整平、恢复新断面、碾压成型。

②重新铺面——加热、翻松、复苏、整平、摊铺新鲜沥青混合料、恢复新断面、碾压成型。

③重新拌和——加热、翻松、复苏、拌和(或加入新鲜沥青混合料)、整平、恢复新断面、碾压成型。

上述三种方法有时也被称为表面再生。加热翻松通常将原表面以下 25mm 的沥青路面翻松，使之复苏，并使路面最终成型。而重新铺面则将路表面以下 25mm 的路面进行循环利用，加入再生剂以改进沥青黏度，然后在再生后的面层上摊铺一层薄罩面。重新拌和则将新鲜材料与回收的材料一起在拌和锅中拌和均匀，然后将混合料摊铺作为磨耗层。这些方法中的翻松过程有时以铣刨来代替。

现场热再生的过程如图 9-3～图 9-5 所示。

(3)厂拌冷再生(CR)

厂拌冷再生可用于柔性路面结构性破坏时的重建。这些破坏包括：横向裂缝，车辙，坑洞，表面不规则破坏或上述几种破坏的综合。

厂拌冷再生的再生范围可以达到路表面以下 150mm 的厚度。该法就是将回收的沥青路面在拌和场破碎，然后在特定的冷拌设备中与液态稳定剂拌和均匀，从而增加路面的承载能力。冷拌再生沥青混合料的摊铺、碾压与热拌沥青混合料相似。

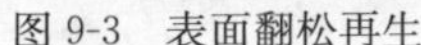
图 9-3　表面翻松再生

图 9-4　加铺罩面的现场热再生(重新铺面)

对冷拌再生材料进行试验非常重要。可以使用多种冷再生剂或乳化液将旧沥青胶结料的性能恢复至接近原有状态。将回收材料研磨成适宜的尺寸,然后通过试验确定适量的添加剂,再摊铺、碾压到要求的密度,表面再铺以热沥青薄层罩面、表面处治层等罩面

(4)现场冷再生(CIR)

现场冷再生是指对旧路面材料进行再利用而无需加热。除了再生剂,通常不需要运输其他材料,必要时可添加新鲜集料,因此运输费用很低。一般添加乳化沥青作为再生剂或胶结料,其添加量是以 RAP 的质量百分率计算。也可以加入粉煤灰、水泥或生石灰。这些添加剂对于原路面沥青过多和稳定性较低的混合料效果显著。

现场冷再生主要包括:铣刨,破碎原路面,筛分 RAP 材料,使用再生剂,摊铺和碾压。施工过程中一般使用专门的再生列车,由破碎、筛分、粉碎和拌和装置组成。经过处理的回收材料从拌和装置出来后输送到布料器,然后用常规的摊铺机和压路机进行摊铺和碾压。此种方法处治的深度一般为 75～100mm。

现场冷再生的优点主要有:①能够对大多数路面破坏类型进行结构性的处治;②改善行驶质量;③对空气污染最小;④运输量最小;⑤能够拓宽路面。典型的现场冷再生(CIR)过程如图 9-6 所示。

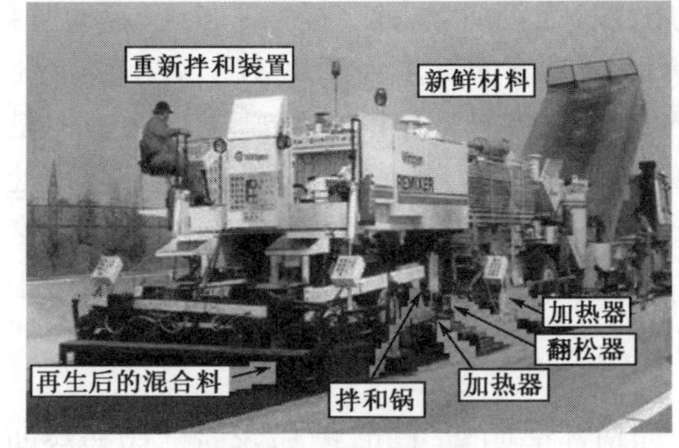

图 9-5　重新拌和

图 9-6　现场冷再生

(5)全厚式再生(FDR)

全厚式再生是指将所有的沥青路面部分和路面以下的部分基层材料经过处理后形成稳定的基层,它基本上是冷再生方法。为了获得性能较好的基层,常加入不同类型的添加剂。如乳

化沥青，氯化钙之类的化学添加剂，水泥，粉煤灰和石灰等。这种方法成功的关键是：通过试验建立混合料级配的设计标准，确定回收混合料中残留沥青含量，选定施工中可能使用的添加剂。这种再生技术还需要在分析交通量数据的基础上，在再生后的面层上摊铺一定厚度的磨耗层。

全厚式再生的四个基本步骤是：破碎，加入添加剂，压实，摊铺表面层或磨耗层。如果现场的材料不能保证基层处理到想要的深度，可能需要增加新鲜材料。为了获得理想的级配，也需要向现场材料中加入新集料。这种再生方法的处治深度可达100～300mm，施工设备包括移动式锤式铣刨装置、破碎装置、稳定器或者这些装置的综合体。图9-7为一个全厚式再生的施工现场。其中的施工列车由拖有水罐的再生机械和有着轮垫的钢轮压路机组成。

图9-7　全厚式再生

全厚式再生的优点在于：能处治大多数的路面破坏，运输费用最小，能大大改善路面的结构性能（尤其是基层），避免了材料处理的问题（能100％利用回收的材料），能提高行驶质量。

9.1.2　水泥混凝土路面再生技术的分类

1）白改黑处治措施

基于反射裂缝机理的研究，国内外研究人员先后尝试了各种方法和材料以防止或延缓反射裂缝。这些方法归纳起来，主要有以下几种。

（1）旧水泥板块的修补与加固

对旧水泥混凝土路面的病害进行修补，如对严重破碎的板块进行破碎清除后对基层进行加固、重新补板；对裂缝、接缝进行灌缝处理；对板块间弯沉差较大的板块、有错台、裂缝等病害板块进行注浆稳固处理等。对旧水泥板块的处治其目的是为了降低板块在形成荷载作用下的竖向变形和板块间不均匀弯沉差的出现，为沥青加铺层提供一个稳定的基础，以减少沥青加铺层中剪切应力和弯拉应力，延缓反射裂缝的发生。通常对于旧水泥混凝土路面直接加铺沥青混凝土面层，对旧水泥板块的处治是共同采用的一种基本措施。但是这种措施的效果是有限的，首先它对于温度型反射裂缝基本起不到作用；其次由于这种处治方法不可能完全消除板块间弯沉差异，而且注浆区域原来就是基层病害区，其注浆强度在水等作用下会逐步下降。国内很多白改黑工程均采用了对旧板块进行处治，但是仍然出现了反射裂缝等病害。

（2）增加沥青罩面层厚度

显然，增加沥青层厚度延长了反射裂缝扩散到顶面的距离，同时增加路面结构的弯曲刚度，降低接缝处的弯沉量和弯沉差。根据断裂力学的观点，Coetzee认为增加加铺层厚度可以明显减少裂缝尖端应力，因此能够延长加铺层厚度使用寿命。同济大学基于有限元的方法计算研究表明，每增加1cm沥青层厚度可以减少加铺层底面弯沉差5％左右。但是增加到一定厚度，防治反射裂缝的效果不明显，也不经济。美国研究表明，为延缓反射裂缝，当加铺层小于

9in(230mm)时，可以考虑。当加铺层接近 8～9in(200～230mm)时，应采用考虑其他方法。

(3)设置应力或应变吸收夹层

在旧水泥混凝土路面和加铺层之间设置夹层，可以使沥青层底面应力或应变因离开应力集中的接缝或裂缝端部而降低，同时也改变了加铺层的抗拉和抗剪能力。其主要类型有橡胶沥青应力吸收夹层(SAMI)，土工织物夹层，土工格栅等。这种结构一般设置于加铺层底部，其目的是减少裂缝尖端的拉应力，起到应力缓解和加筋作用。

SAMI 是一层柔韧的应力吸收层，内应力水平很低，只有 0.074MPa，但是应变很大，可以达到 969 个微应变。一般采用薄层改性沥青或沥青橡胶。在国内较为常见的是 Koch 公司生产的应力吸收层 Strata。

Button 与 Lytton 总结了设置应力或应变吸收薄膜夹层减缓反射裂缝产生的机理：反射裂缝从老裂缝迅速扩散到夹层后，扩散速度减慢，夹层可以产生很大的塑性变形，因而可以改变裂缝尖端的能量平衡，延迟一段时间后，再向加铺层扩散；或者向上扩展的裂缝遇到夹层后沿界面层发展侧向扩展，直至没有足够的能量进一步扩散。Majidzadeh 等人认为如果夹层模量大于周围材料或夹层厚度较大，主要体现出加筋作用，如果模量不足，则只有应力缓解作用。

采用土工合成材料夹层。自从 20 世纪 70 年代初开始，土工布、玻纤格栅等土工合成材料就在国外道路和机场的加铺改造工程中被用于防止反射裂缝。如比利时在 1985～1989 年期间开始在 Erquelinnes，Tourpes 和 Wepion 等 13 个地区大面积应用土工布来防止加铺层反射裂缝。20 世纪八九十年代，美国的得克萨斯州、宾夕法尼亚州和密西西比州也分别铺筑了土工布和土工格栅的多条试验路，并对加铺层反射裂缝发展情况进行了长期观测。在我国"白改黑"工程中，土工格栅和土工布等夹层经常采用。采用土工格栅和土工布作为夹层，其防止反射裂缝的机理是：土工织物和纤维格栅内应力通常随着降温速率的减少而增大；自身具有较高的抗拉模量，可以消散裂缝尖端的应力集中。因此土工织物和纤维格栅在一定程度上破坏了层间的连续状态，降低了结构的整体性，影响土工织物和格栅防裂作用的发挥。故采用土工织物时，一定要做到铺设平整，碾层油撒布均匀。宁波市政某水泥混凝土路面，经过注浆处治后加铺一层土工格栅，再加铺 13cm 沥青混凝土面层，通车一年多后，路面状况良好，未出现反射裂缝。但是该路段重载车辆较少，土工格栅的防反效果还有待验证。

通过设置应力吸收层的方法来防止反射裂缝的发生，在国内外有较多成功和失败的实例。1990 年德国不来梅港市和海尔布隆市采用 SAMI 作夹层修筑试验路，施工方法为先在旧水泥混凝土路面板上喷洒 SAMI 夹层，紧接着洒布裹着黏结料的碎石，然后摊铺 4cm 沥青碎石。试验结果观测表明，在接缝和裂缝的竖向相对位移＜0.1 mm 的混凝土路面上，这种方案是可行的。不来梅港市试验段上只有少数几道裂缝的竖向位移＞0.1mm，因而反射裂缝出现得较少。而海尔布隆市试验段由于特别恶劣的气候，在重车道上特别是在凹竖曲线段内竖向位移明显＞0.1mm，反射裂缝较多。根据试验结果，此加铺方案只能用于接缝竖向相对位移＜0.06mm的路段上。

(4)设置裂缝延缓层

在沥青加铺层和旧水泥混凝土路面之间设置一层由开级配沥青碎石混合料或水泥稳定碎石组成的裂缝缓解层。

20世纪六七十年代，美国田纳西州、阿肯色州等几个州开始使用开级配沥青碎石混合料用于防止反射裂缝。美国沥青协会建议采用最大粒径分别为75mm、63mm及50mm的特粗粒径开级配沥青碎石作为裂缝缓解层，经试验路检测表明，其防裂效果良好。这种沥青碎石采用粗开级配，利用混合料含有25%～35%的多空隙结构可有效地阻断裂缝尖端的扩展路径，削弱混凝土板相对位移的传递能力，并且能消散、吸收由交通荷载及温度荷载所产生的荷载应力和温度应力。

国内也铺筑了一些级配碎石裂缝缓解层的试验路，如湖北公(安)石(首)线级配碎石裂缝缓解层及破碎板和玻纤格栅夹层对比研究；京石高速公路河北正定试验路的改性沥青应力吸收膜及级配碎石层防裂对比；宁连一级公路淮阴试验路级配碎石层及土工格栅夹层防裂对比研究等。

我国多采用水泥稳定碎石或二灰碎石等作为裂缝延缓层和路面加强层，厚度通常为20～25cm。如浙江宁波江北区甬余线，在旧水泥混凝土路面上加铺25cm二灰碎石基层，在铺设一层自黏性土工格栅，然后加铺10cm沥青面层，使用近两年后，路况良好，未出现大面积的反射裂缝。104国道临海段，在旧水泥混凝土路面上加铺15cm填隙碎石和4cm沥青贯入式碎石后，再加铺5cm粗粒式沥青混凝土和4cm细粒式沥青混凝土，使用两年后，路况良好。

(5)沥青层锯切横缝

在HMA层上，对准旧水泥混凝土路面上的横缝位置锯切新横缝(图9-8)，并在开放交通前灌缝。这种方法可以为释放加铺层内因温度收缩产生的拉应力提供预定的不连续断面，从而控制随意裂缝的出现。美国东北部12个州曾在PCC路面改建中采用该方法，对15个试验路面检测结果表明，锯缝和灌缝可以减少反射裂缝64%。这种方法的施工关键在于确定切缝位置，必须在原有接缝25mm范围内切缝，否则会出现次生反射裂缝，因此对施工工艺要求较高。这种措施在我国几乎没有应用。

a)

b)

图9-8　沥青层锯切横缝的效果

a)沥青层锯切横缝；b)产生次生反射裂缝

2)破碎稳固的主要技术

水泥混凝土路面破碎稳固加铺沥青层技术是指在旧水泥混凝土路面改造过程中，利用专用的水泥面板破碎设备将旧水泥混凝土路面打碎、压稳后加铺沥青混凝土面层的一种技术。具体做法是首先破碎旧水泥混凝土面层，使其成为30～100cm的碎块，然后用重型压路机碾压数遍，使之稳定后加铺沥青混凝土。水泥板块尺寸减少大大降低了温度变化时的收缩位移，从而降低了加铺层的拉应力，同时接缝和裂缝两侧的板块由于尺寸减小，压实后与基层紧密接触，避免了脱空现象的出现，故弯沉和弯沉差也随之降低。因此，该技术不仅可以彻底解决加铺层的反射裂缝问题，而且具有经济、实用、高效的特点。

美国早在20世纪80代初就开始了破碎稳固及碎石化技术的研究和应用，并建立了在旧水泥混凝土路面破损严重时，原位利用水泥混凝土路面的破碎稳固与碎石化工艺及加铺沥青罩面层的技术。目前破碎稳固技术主要有三种：冲击压实，打裂压稳，碎石化技术。

(1)冲击压实和打裂压稳技术

冲击压实和打裂压稳是在20世纪80年代由美国率先开发出来的旧水泥混凝土板破碎加铺沥青混凝土面层技术。在20世纪80年代中后期，美国沥青协会(AI)和国家沥青路面研究中心(NAPA)对冲击压实和打裂压稳技术进行了系统研究，并于1993年提出了冲击压实和打裂压稳技术的系统评价和设计指南MS-17(AI)和NAPA Report 117。

冲击压实和打裂压稳的设备与工艺如下所述。

①冲击压实(Break and Seat)

冲击压实主要采用四边形、五边形等重型冲击压路机(图9-9、图9-10)，这是一种具有高冲击能量的压实机械，其钢轮有三边形、四边形、五边形和六边形等，压实轮有一系列交替排列的凸点和平整的冲击面。当钢轮滚动时，通过轮轴反复抬升和落下，对旧水泥混凝土路面板形成间歇而有周期的冲击作用，从而使其出现横向裂缝。随着重压遍数的增加，横向裂缝逐渐增多并形成贯穿整个板体的网络裂缝，最终水泥混凝土板冲击破损成为50cm左右大小的网状碎块。但值得注意的是这样的碎块不是一般意义的明显碎块，其裂纹是从上至下贯穿整个水泥混凝土面板，并且块与块之间形成嵌锁结构，从而为沥青混凝土面层提供了一个稳定、高强度的基础。

图9-9 IMPACTOR 2000四边形冲击压路机

图9-10 南非蓝派15T-5五边形冲击压路机

冲击压路机具有低频、高能量和大振幅的特点，其工作频率在2Hz左右，振幅为0.1～0.22m，最大冲击力达200t以上，是静压的10倍，冲击能量在15～25kJ，其冲击影响深度较静压大3～5倍，较振动压路机大2～3倍。冲击压路机的工作情况根据各地的使用经验确定，当要求旧水泥混凝土路面板分裂为0.50m以下块状时，冲击遍数在20～25遍之间。

冲击压路机在打裂旧水泥混凝土路面的同时，还将冲击影响到路基以下，可检查出旧路面的薄弱部位，有效消除旧水泥混凝土路面板的脱空和起到加固地基的作用。冲击压路机除了具有冲击压实的作用外，还具有静力、搓揉、振夯、冲击的作用，比较适用于面板破损严重且板下有地基软弱的情况。然而，由于冲击压路机会对基础产生强烈的冲击，可能破坏浅埋涵洞和路面下的管线设施，故在城市道路、桥涵密集道路中的应用受到了限制。另外，冲击产生的振动波会对路边房屋、道路挡墙造成不利影响，引起的噪声和扬尘也应该给予考虑。

冲击压实后，采用30～50t的轮胎压路机碾压3～5遍，使破碎的水泥颗粒稳定，并使水泥颗粒之间形成紧密的嵌挤。

②打裂压稳(Crack and Seat)

打裂压稳是利用专用设备将大吨位门刀式冲击锤提升到一定高度后自由落体所产生的巨大冲击力将水泥混凝土面板横向打裂，并用胶轮压路机碾压使其稳定，然后加铺沥青混凝土面层的一种旧水泥混凝土路面破碎改造技术。

打裂压稳采用的破损设备一般采用门刀式破碎机(图9-11)，要求其破碎锤至少在5t以上，以具备足够的能量使水泥混凝土板块在一次打击下就产生全深度破碎。

图9-11　ANTIGO 8600水泥混凝土路面破碎机

门刀式破碎机冲击锤的长度一般为1.5～3.0m，宽度为20～40mm，因此完成一个车道的破碎需要两遍打击。一般门刀式破碎机行走速度控制在5～10m/min，每隔50～70cm距离打击一次水泥混凝土面板。与冲击压实工艺不同的是打裂压稳必须一次完成水泥混凝土面板破碎，而不能像冲击压实那样可以重复碾压冲击。因此，可以通过调节落锤高度来满足破碎要求，一般对于25cm水泥混凝土面板，落锤高度可以控制在1.4～1.6m。

打裂的质量控制，一般要求75%以上的面板不规则开裂，平均0.4～0.6m^2的范围内出现网络状裂纹。对于打裂性裂缝的深度要求贯穿整个水泥混凝土面板的深度，扩散性裂缝深度超过25mm，在打裂作业时严禁将基层振碎。根据具体情况，打裂的间隔控制在450～750mm，轮胎压路机碾压5遍左右，轮胎接地压力控制在0.7MPa以上。

③冲击压实和打裂压稳的比较

从本质上分析，两种技术的防止反射裂缝机理和施工工艺基本相同，其主要思想是通过降低水泥板块的有效尺寸，并经过压实后使水泥板块或颗粒间相互嵌挤，避免水泥板块底部脱空，从而有效降低因温度因素引起的水平位移和荷载因素引起的竖向位移，这样可以抑制或消除反射裂缝的产生。

应该注意的是门刀式破碎机造成的水泥混凝土面板破碎开裂所产生的裂纹是极其细小的，产生的水泥混凝土碎块不是通常所说的分离水泥混凝土颗粒，而是相互嵌挤的一种近似整体的结构。因此，打裂压稳技术保留了原有水泥混凝土路面的绝大部分结构强度。但是与冲击压实相比，其破碎尺寸相对较大，而且结构强度的变异性较大，因此从控制反射裂缝的角度分析，冲击压实效果要好于打裂压稳。

(2)碎石化技术

自20世纪80年代初期，美国开始研究和应用冲击压实和打裂压稳技术完成旧水泥路面沥青混凝土加铺，各州修建了很多试验路并进行了路面性能监测。1989年Thompson和

Schutzbach 发表了对冲击压实和打裂压稳技术的研究与评价报告，但认为这两种技术只能是延缓而不能消除反射裂缝。

为更为有效地控制和消除反射裂缝，美国在 20 世纪 80 年代中后期开始研究和应用碎石化技术。碎石化技术是在冲击压实和打裂压稳技术上发展起来的一种更为彻底的水泥混凝土面板破碎技术，其目的是将水泥混凝土面板较为均匀地破碎成为 10～20cm 的颗粒，并经过压实稳定形成一种类似级配碎石结构的柔性基层，从而可以从根本上解决沥青混凝土加铺层反射裂缝的问题。

为完成水泥混凝土面板的彻底破碎，需要采用专门的破碎设备，目前用于水泥混凝土路面碎石化处理的设备主要有两种：多锤头破碎机（MHB）和共振式破碎机（RM）。

①多锤头破碎机（MHB）

美国 BADGER 公司生产的 MHB"碎石化"技术专用破碎设备（图 9-12），其主要原理是利用设在自行式底盘后部的两排 16 个不同质量的锤头，通过分别控制落锤高度来快速冲击破碎水泥混凝土路面。这种机械有两种不同的锤头，质量分别为 454kg 和 681kg，质量大的布置在外侧，锤头的冲击频率为 30～35 次/min，工作的最大行程为 1 524mm。工作时，通过控制每个锤头的行程来改变冲击能量，以满足不同路面状况的破碎要求。每个锤头的冲击力大概在 1 500kN 左右，通过锤头下 1cm 左右宽的破碎刃条，可以产生 500MPa 左右的冲击应力，破碎的应力比较集中，能产生较好的冲击效果。

MHB 对旧水泥混凝土路面破碎效率较高，其机械的一次破碎宽度可达 4m，工作效率每台班为 1.6～2km 的车道，这主要取决于旧水泥混凝土面板的状况、基层或底基层的材料类型。

MHB 不具有冲击压路机的碾压功能，与之配套的压实机具为 Z 形（Z-grid）压路机（图 9-13）。Z 形压路机为钢轮上加了斜向 Z 形凸出条纹的钢轮压路机，它在碾压粒径不太均匀的混凝土碎块时，Z 形凸出条纹可保证混凝土颗粒不至于向外挤出，并对表面颗粒进一步压碎，从而确保碾压效果和表面的平整。

图 9-12 水泥混凝土路面破碎的多锤头破碎机（MHB）

图 9-13 Z 形（Z-grid）压路机

②共振式破碎机（RM）

多锤头破碎机是依靠多个重达半吨的锤头打击水泥混凝土路面而完成水泥混凝土板的破碎。而共振式破碎机的工作原理是由凸轮转动产生的偏心力在机械锤头与水泥混凝土路面接触处产生高频低幅的振动，这种高频低幅振动能量大部分被水泥混凝土板吸收，从而造成水泥混凝土板的解体碎裂。图 9-14 为美国共振机器公司（Resonant Machines Inc.）生产的共振式破碎机 PB-4。

图 9-14 表明，共振破碎是靠一个与水泥混凝土路面接触的共振头将能量传递给水泥混凝土板块。由于能量首先被水泥混凝土板块表面吸收，并沿其深度方向逐步衰减，因此共振破碎后水泥混凝土板块破碎程度也呈上细下粗的状态，这样更加有利于消除反射裂缝并可以保留原来水泥混凝土板块的结构强度。

图 9-14　共振式破碎机（PB-4）

破碎施工时，从水泥混凝土路面中间开始每次间隔 20cm 进行往复破碎。PB-4 共振破碎机的破碎效率也较高，一个台班可以破碎 25cm（厚）×7m（宽）×600m（长）的板块。破碎后，用 10t 左右的钢轮压路机对共振破碎后的路面碾压 4～6 次，破碎尺寸一般要求控制在 10～20cm。

多锤头破碎机已经由山东省养护公司引进，并在浙江、山东等地应用。共振破碎机在我国的应用刚刚开始，2005 年 10 月在上海青浦进行了试验破碎。从破碎机理和破碎效果看，共振破碎要优于多锤头破碎，但是共振破碎费用较高，是多锤头破碎机的 4～5 倍。

9.2　沥青路面再生技术

沥青路面经过几年的服务后，沥青在各种环境因素的作用下，性能发生了一定的变化，主要表现为针入度降低，脆性增大；旧路的集料在交通荷载及环境的作用下，性能也会有一定程度的衰减。因此，为了使旧路沥青混合料再生后能达到较好的路用性能，对沥青路面再生原材料的技术要求进行研究，提出适合厂拌热再生技术的原材料技术要求是非常有必要的。

这部分的研究内容主要包括：对沥青老化与再生机理分析，热再生的材料和混合料设计，冷再生的材料和混合料设计。

9.2.1　沥青老化与再生机理分析

目前，对于沥青溶液的认识基本上有三种观点。一种观点认为，沥青溶液表现为一系列的胶体性质。沥青溶液中存在着三种成分：憎液的沥青质颗粒；包围着憎液颗粒避免其发生聚合的亲液颗粒，即为胶质，胶质包围着沥青质形成胶团；悬浮胶团的油相。当它们的相对含量和性质相匹配时，就形成了相对稳定的胶体溶液。按照沥青胶体状态的不同，沥青可以分为三种胶体结构：溶胶型、凝胶型及溶-凝胶型。这是在沥青结构研究中早期提出来的沥青胶体结构理论。第二种观点认为，沥青是以沥青质为溶质，而以软沥青质（沥青中除沥青质以外组分的总称，按三组分分析法，即为油分与树脂之和）为溶剂的高分子浓溶液。随着采用的溶剂不同，可以将沥青分离为多层结构，并可以用近代化学热力学理论，对沥青的各种物理化学现象进行数学描述和求解。这是近年来在沥青结构研究中出现的溶液理论。第三种观点认为，沥青是两性沥青质型网状分子结构，在网状分子结构中含一种油相。沥青最为重要的化学性质是由构成网状结构分子的极性及油相的分子大小和分布状态所决定的。由于沥青的这种结构与橡胶十分相似（橡胶也是一种网状聚合物，在网状结构中含有增量油），所以有人将此理论称为“橡胶理论”。

为了弄清楚沥青再生的机理，下面将分别从沥青胶体结构理论、高分子溶液理论和橡胶理论出发，研究沥青在老化过程中其性质的变化规律，从而为老化沥青的再生找到适宜的途径和方法。

1）沥青再生的胶体理论

（1）沥青的胶体结构

沥青是以相对分子质量很大的沥青质为中心，在周围吸附了一些胶团组成分散相，这些胶团是极性较大的可溶质形成的复合物。随着与沥青质分子距离的增大，可溶质的极性渐弱，芳香度渐小，半径继续向外扩大，则为极性更小甚至几乎没有极性的脂肪族油类所组成的分散介质。沥青质分子对极性强大的胶质所具有的强吸附力是形成沥青胶体结构的基础。没有极性很强的沥青质中心，就不能形成胶团核心，同样若没有极性与之相当的胶质被吸附在沥青质的周围形成中间相，也不会生成稳定的胶体溶液，沥青质就容易从溶液中沉淀分离出来。只有当沥青质与可溶质的相对含量及性质相匹配时，沥青的胶体体系才能处于稳定状态。按其胶体状态的不同，可将沥青分为以下三类。

①溶胶型沥青

当沥青质的含量不多（在 10%以下），相对分子质量也不很大，与胶质的相对分子质量差不多时，这样的沥青在实际上可视为真溶液或分散度非常高的近似真溶液。这种溶液具有牛顿液体的性质，黏度与应力成比例。此时沥青的黏附力主要是由于范德华力和偶极力引起的。溶胶型沥青对温度的变化很敏感，在沥青的分子中没有相对分子质量很大或很小的物质，即相对分子质量的分布范围较窄。分散相和分散介质之间的化学组成及性质比较接近。

②溶-凝胶型沥青

沥青中沥青质含量适当，并有较多数量且芳香度较高的胶质。这样形成的胶团数量增多，胶体中胶团的浓度增加，胶团距离相对靠近，它们之间有一定的吸引力。这是一种介于溶胶与凝胶之间的结构，称为溶-凝胶结构。这种结构的沥青，称为溶-凝胶型沥青。溶-凝胶型沥青在高温时具有较低的感温性，低温时又具有较好的变形能力。修筑高等级沥青路面用的沥青，都属于这类胶体结构类型。

③凝胶型沥青

当沥青质的浓度增大，若可溶质没有足够的芳香族组分，分散介质的溶解能力不足，生成的胶团较大，或由于分子聚集体的形成而生成网状结构，具有结构黏度，表现出非牛顿流体的性质，这类沥青一般为凝胶型沥青。凝胶型沥青虽然具有较好的温度感应性，但低温变形能力较差。

（2）沥青质与可溶质的性质对沥青胶体结构的影响

除沥青质的相对浓度外，沥青质的性质或组成对沥青的胶体状态也有很大影响。例如当沥青质的 C/H 比较小时，即在沥青质的化学结构中可能有较多的饱和族组分（环烷及烷基侧链），形成的胶团较大。因可溶质的组成不同，可能形成溶胶型也可能形成凝胶型沥青。若沥青质的 C/H 很大，则形成凝胶型沥青的趋势很小或根本没有这种趋势。当可溶质中芳香烃的含量不足时，就容易有沉淀析出。

除沥青质的含量及组成等有影响外，可溶质的性质及含量对沥青的胶体结构也有一定的影响。当可溶质中芳香族的浓度和吸附力都足够时，沥青为溶胶型；若可溶质中没有足够的芳香族组分则为凝胶型。沥青在氧化过程中，由于可溶质中的芳香族组分逐渐变为沥青质而含量下降时，沥青质的含量却有所增加，沥青也逐渐由溶胶型变为凝胶型。

在可溶质中对沥青的胶溶性起主导作用的是芳香族化合物。因芳香族化合物最易被沥青质所吸附，而且吸附力相当大。芳香族化合物对沥青质的溶解能力最强，烷烃实际上完全没有溶解能力，环烷族化合物介于两者之间。试验证明，可溶质中的环烷族化合物对沥青质的溶解能力约相当于芳香族结构物质的1/3。沥青的类型与可溶质中芳香环碳 C_A 及环烷环碳 C_N 有关，即与 $C_A + C_N/3$ 的大小有关。当 $C_A + C_N/3$ 的值较大时属于溶胶型；当 $C_A + C_N/3$ 的值变小时，沥青表现出更多的黏弹性，针入度指数 PI 变大，沥青为凝胶型。

(3)沥青的化学组成与路用性能的关系

沥青的使用性能与其化学组成有着密切的关系。以往人们研究石油沥青的化学组成对使用性能的影响，主要是研究石油沥青的化学组成对沥青的常规分析指标的影响，如石油沥青中的饱和分、芳香分、胶质和沥青质对石油沥青的针入度、软化点、延度和黏度的影响。因为石油沥青是一个胶体分散体系，其分散相是以沥青质为核心吸附部分胶体而形成的胶束。大量事实表明，沥青的理化性质和使用性能在很大程度上决定于其胶体体系的性质，而能否形成稳定的胶体体系又与其化学组成密切相关。

L. W. Cotbett 将沥青分为 4 个组分，然后再按一定比例两两调和，以考查化学组成对沥青理化性能的影响。从表 9-1 中可以看出，单独存在时，饱和分和芳香分的针入度极大，软化点很低，黏度也小，可以认为它们是沥青中的软组分，起塑化剂作用；而胶质、沥青质的针入度为零，软化点都很高，胶质的黏度比饱和分和芳香分大三、四个数量级，因此可以认为它们是硬组分，在沥青中起稠化剂作用。

沥青的两组分调和试验结果 表 9-1

项目		调和比例	针入度(25℃，0.1mm)	软化点(℃)	延度		黏度(99℃，mm^2/s)	备注
					25℃	4℃		
沥青		—	90	—	100＋	6	—	
四组分	饱和分 S	—	300＋	19	—	—	22	
	芳香分 A	—	300＋	24	—	—	64	
	胶质 R	—	0	77	—	—	1.1×10^5	
	沥青质 A_r	—	0	190	—	—	—	
两组分调和	$S+R$	29/71	90		100＋	1	—	分层
	$S+A_r$	61/39	90		4	1	—	分层
	$A+R$	45/55	90		100＋	50＋	—	
	$A+A_r$	75/25	90		49	49		

表 9-1 中的数据还很有说服力地表明，化学组成与沥青的胶体性能之间存在着如下联系。

①沥青中饱和分的含量不能过多，饱和分过多，将使沥青中分散介质的芳香度过低，不能

形成稳定的胶体分散体系。

②沥青中芳香分的存在是必需的，它的存在提高了沥青中分散介质的芳香度，使胶体体系易于稳定。

③胶质本身具有良好的塑性和黏附性，是沥青中必不可少的组分，它能使沥青质稳定地胶溶于体系中。

④沥青质的存在可改善沥青的高温性能，但沥青质含量过多，会使沥青的延度大大减少，易于脆裂。

日本COSMO公司的田中晴等人也对沥青的化学组成与沥青物理性质的影响进行了深入研究，考查沥青的针入度、软化点、高温黏度等指标与沥青组分及相对分子质量的关系。试验得到的道路沥青指标与沥青组分及沥青平均相对分子质量的关系见表9-2。

道路沥青指标与沥青组分、平均相对分子量的关系　　表9-2

指　标	回归关系式	相关系数
针入度PI	$\lg PI = 7.515 - 0.116A_r + 0.060S - 0.123R$	0.933
	$\lg PI = 7.9131 - 0.116A_r + 0.0561S - 0.1261R - 0.0002M$	0.934
软化点 $T_{R\&B}$	$T_{R\&B} = 20.82 + 1.40A_r - 0.56S + 0.89R$	0.982
	$T_{R\&B} = 23.44 + 1.388A_r - 0.589S + 0.883R - 0.002M$	0.982
	$T_{R\&B} = 101.17 + 0.64A_r - 1.41S - 0.78A$	0.979
120℃黏度 η_{120}	$\lg(\eta_{120}) = 5.630 + 0.10A_r - 0.062S + 0.047R$	0.940
	$\lg(\eta_{120}) = 2.021 + 0.109A_r - 0.028S + 0.051R + 0.003M$	0.969
150℃黏度 η_{150}	$\lg(\eta_{150}) = 4.683 + 0.075A_r - 0.050S + 0.029R$	0.923
	$\lg(\eta_{150}) = 1.658 + 0.084A_r - 0.022S + 0.032R + 0.002M$	0.981
180℃黏度 η_{180}	$\lg(\eta_{180}) = 3.624 + 0.065A_r - 0.038S + 0.024R$	0.903
	$\lg(\eta_{180}) = 0.631 + 0.073A_r - 0.010S + 0.027R + 0.002M$	0.987

由表9-2中的关联式可以看出沥青指标与各组分、平均相对分子质量之间的关系。

①重质成分（沥青质和胶质）使针入度变小，轻质成分（芳香分和饱和分）使针入度变大。

②沥青软化点与饱和分或芳香分、胶质、沥青质3个参数回归的相关系数都很高，且重质成分（沥青质和胶质）使软化点升高，轻质成分（饱和分或芳香分）使软化点降低。

③沥青在120℃、150℃、180℃高温条件下的黏度与饱和分或芳香分、胶质、沥青质3个参数回归的相关系数都大于0.9，且重质成分（沥青质和胶质）使高温黏度升高，轻质成分（饱和分或芳香分）使高温黏度降低。

④对针入度和高温黏度来说，它与沥青组分的关系是对数关系，所以组分的很小变化就能对针入度和黏度有很大的影响。

（4）沥青在使用过程中组成和性质的变化

沥青在使用中由于空气、温度和阳光的作用会老化变质，究其原因主要是由于化学组成发生变化而使其胶体性质变差所致。表9-3为孤岛原油沥青经薄膜烘箱老化试验前后组成和性质的变化，表9-4为美国某沥青在道路上使用18年以后组成和性质的变化。这两个表中的数据所反映的规律一致，即沥青老化后针入度降低、软化点增高、延度减小。化学组成的主要变化是芳香分缩合成胶质和胶质缩合成沥青质，使体系中沥青质的含量增多。这样，由于分散相的增多和分散介质胶溶能力的减弱，导致沥青的胶体稳定性下降，使用性能变差。

孤岛原油沥青薄膜烘箱试验前后性能及组分变化 表 9-3

项目		孤岛沥青	
		TFOT 试验前	TFOT 试验后
针入度(25℃,1/10mm)		92	49
软化点(℃)		46.6	52
延度(15℃,cm)		82	9
四组成(%)	饱和分	11.6	11.8
	芳香分	11.6	11.8
	胶质	37.8	30.9
	正庚烷沥青质	19.5	26.0

美国某沥青在道路上使用 18 年后性能及组分变化 表 9-4

项目		原样沥青	18 年后试样
针入度(25℃,1/10mm)		65	24
黏度(60℃,Pa·s)		315	1 840
四组成(%)	饱和分	9.3	10.3
	芳香分	34.3	24.6
	胶质	40.5	40.8
	正庚烷沥青质	15.5	23.7

我国在“七五”计划期间修筑了许多试验路，对这些路面的使用状况进行了多年的跟踪观测并在现场取样分析。表 9-5 为沈大高速公路经 10 年的跟踪观测，表 9-6 为江苏六—扬一级公路跟踪挖样分析结果。根据两个表中的观测结果，沥青在性质和组分的变化规律与表 9-3、表 9-4 相同。

辽河稠油沥青的回收沥青的某些性质 表 9-5

项目		原始沥青	铺路 2 年后	铺路 8 年后	铺路 10 年后	
					坚实路面	断裂路面
针入度(25℃,1/10mm)		128	82	65	55	40
软化点(℃)		40.5	46	48.5	54.4	57.5
延度(cm)	15℃	>140	85	23	16.2	8.3
	25℃	>140	140	71	97	69
密度(25℃,g/cm³)		1.045	1.016 2	1.033 4	1.028	1.011
四组分(%)	饱和分	24.62	23.00	24.24	23.64	21.47
	芳香分	34.27	28.41	21.43	23.79	22.43
	胶质	37.89	39.80	38.73	35.58	42.77
	沥青质	3.22	8.99	15.60	13.99	14.33

江苏六一扬公路原始沥青及回收沥青性质 表 9-6

项 目	软化点(℃)	针入度(25℃,1/10mm)	延度(cm)		四组分分析(%)			
			15℃	25℃	饱和分	芳香分	胶质	沥青质
原始沥青	47.5	86	>120	>150	18.6	30.2	47.5	3.7
7年后	53	53	55	70	16.8	25.1	46.0	12.1
10年后	67	30	8	19	16.0	21.2	48.1	14.7

(5)老化沥青的再生机理

通过前面的论述了解了沥青老化的机理以及沥青的组分变化,那么如何对老化的沥青进行再生,可以石油沥青生产方法中的调和法得到一定的启示。调合法生产沥青是指按沥青质量或胶体结构的要求来调整构成沥青组分之间的比例,得到能够满足使用要求的产品。由于原油生成条件的复杂性,即使同类组分,亦因油源不同,表现出的性质特征也不尽相同,最终则反映在沥青的性能和胶体结构上出现差别。一般认为沥青质是液态组分的增稠剂;胶质对改善沥青的延度有显著效果;芳香烃对沥青质有很好的胶溶作用,形成稳定的胶体结构;而饱和烃则是软化剂。归纳起来,各组分对沥青性质的影响大致如表 9-7 所示,可供选择调和方案时参考。通过多种沥青的组分分析表明,质量优良的沥青,其组分大致比例是:饱和烃 3%~13%,芳烃 32%~60%,胶质 19%~39%,沥青质 6%~15%,含蜡量<3%。

各组分对沥青性质的影响 表 9-7

组 分	感 温 性	延 度	对沥青质分散度	高温黏度
饱和烃	好	差	差	差
芳烃	好	—	好	好
胶质	差	好	好	差
沥青质	好	稍差	—	好

老化沥青的再生,可以根据生产调和沥青的原理,在老化沥青中加入某种组分的低黏度油料(再生剂),或者加入适当稠度的沥青材料进行调配,使调配后的再生沥青具有适合的黏度和所需要的路用性质,以满足筑路的要求,我们将这一过程称之为沥青的再生。所以再生沥青实际上也是一种调和沥青。当然,旧沥青与再生剂、新沥青材料的混合是在伴随有砂石材料的情况下进行的,远不及石油工业中生产调和沥青调配得那么好。尽管如此,它们的理论基础是相同的。从表 9-3~表 9-6 可以看出,沥青的老化表现在组分上主要是芳香分含量的减少,因此根据调和理论,所使用的再生剂应富含芳香分组分。

2)沥青再生的相容性理论

(1)沥青的相容性和溶度参数

一种沥青能否形成稳定的溶液,不是取决于溶质颗粒的大小,而是取决于溶质(沥青质)在溶剂(软沥青质)中的溶解度和溶剂对溶质的溶解能力,这就是所谓的相容性理论。希尔布兰德曾提出“溶解度参数”理论,即认为在一种溶液中,溶质的溶解度参数与溶剂的溶解度参数的差值小于某一定值时,即能形成稳定的溶液。对此可用式(9-1)表示。

$$\Delta\delta=\delta_{AT}-\delta_{M}<K \tag{9-1}$$

式中：$\Delta\delta$——沥青质与软沥青质溶解度参数差值$(cal/cm^3)^{1/2}$；

δ_{AT}——沥青质的溶解度参数$(cal/cm^3)^{1/2}$；

δ_M——软沥青质的溶解度参数$(cal/cm^3)^{1/2}$；

K——要求的溶解度参数差值的限值$(cal/cm^3)^{1/2}$。

根据有关研究，国产沥青的沥青质溶解度参数与软沥青质溶解度参数的差值($\Delta\delta$)的限值为0.76。当$\Delta\delta<0.76$时，可得到较好的相容性。表9-8列出几种国产沥青的沥青质与软沥青质的溶解度参数及其差值。从表9-8中可以看出沥青溶解度参数差值与其相容性有密切的关系。溶解度参数差值小于0.76的沥青均表现为较好的相容性；反之，则相容性较差。

几种沥青的溶解度参数与相容性 表9-8

沥青名称	沥青组分	溶解度参数分析		相容性评价
		溶解度参数 $\delta(cal/cm^3)^{1/2}$	溶解度参数差值 $\Delta\delta(cal/cm^3)^{1/2}$	
旧沥青混合料回收沥青	软沥青质(M)	8.070 0	1.458 8	差
	沥青质(A_T)	9.528 8		
大庆氧化沥青	软沥青质(M)	8.387 7	1.037 3	较差
	沥青质(A_T)	9.425 0		
胜利渣油	软沥青质(M)	8.806 5	0.740 9	较好
	沥青质(A_T)	9.547 4		
胜利半氧化沥青	软沥青质(M)	8.758 6	0.729 8	较好
	沥青质(A_T)	9.488 4		
阿尔巴尼亚60号沥青	软沥青质(M)	8.758 6	0.420 1	好
	沥青质(A_T)	9.160 7		

(2)老化沥青的相容性

沥青是一种极其复杂的高分子浓溶液，它是由数千种乃至近万种化合物组成的混合物。要将其分离成纯单体，目前在技术上还存在一定困难，同时在工程应用上，也没有这样的必要。为了工程应用方便，假设沥青是由沥青质为溶质溶于软沥青质为溶剂的浓溶液。优良的沥青其沥青质与软沥青质应有很好的相容性，也就是沥青质与软沥青质的溶解度参数很接近（或溶解度参数差值很小），它们形成稳定的浓溶液。随着沥青的老化，沥青及其组分中各种化合物产生脱氢、聚合和氧化等化学变化，由于化学结构的变化，使其溶解度参数亦随之变化。通常沥青质的溶解度参数δ_{AT}的提高较软沥青质的溶解度参数δ_M快，所以老化后沥青的沥青质与软沥青质溶解度参数差值$\Delta\delta$增大，破坏了沥青中沥青质与软沥青质的相容性，因而引起沥青路用性能的衰降。沥青各组分老化前后溶解度参数变化见表9-9。

因此沥青老化过程的实质为：沥青中各组分化合物化学结构的变化，引起沥青中沥青质与软沥青质溶解度参数的变化，导致沥青质与软沥青质溶解度参数差值增大，因而相容性降低，最终表现为沥青路用性能衰降。

(3)老化沥青的再生机理

从化学的角度来看，沥青再生就是老化的逆过程，亦即是沥青中沥青质与软沥青质溶解度参数差值减小的过程。由此可见，沥青再生的方法就是采取一定的技术措施，使已老化的沥青中沥青质的溶解度参数与软沥青质溶解度参数的差值 $\Delta\delta$ 减少，最终使已老化的沥青路用性能得到改善。通常沥青再生的途径是采用掺加再生剂的方法。掺加再生剂后，一方面可使沥青质的相对含量降低，因而提高沥青质在软沥青质中的溶解度；同时，掺加再生剂后又可提高软沥青质对沥青质的溶解能力，使软沥青质与沥青质的溶解度参数差值 $\Delta\delta$ 降低，从而改善沥青的相容性。根据表 9-9 中的试验结果可以看出，芳香分的溶解度参数与饱和分相比更接近沥青质的溶解度参数。因此，较好的再生剂应富含芳香分组分。

沥青各组分老化前后溶解度参数的变化 表 9-9

沥青组分名称	沥青状态	溶解度参数		
		溶解度参数 $\delta(cal/cm^3)^{1/2}$	与沥青质溶解度参数的差值 $\Delta\delta(cal/cm^3)^{1/2}$	溶解度参数变化 $\Delta\delta^*$ $(cal/cm^3)^{1/2}$
饱和分(S)	老化前	8.346 4	1.455 6	—
	老化后	8.625 2	1.987 2	0.278 8
芳香分(A_r)	老化前	9.045 3	0.756 7	—
	老化后	8.990 4	1.622 0	0.054 9
胶质(R)	老化前	9.531 3	0.270 7	—
	老化后	9.666 6	0.945 8	0.135 3
沥青质(A_T)	老化前	9.802 0	—	—
	老化后	10.612 4	—	0.810 4

3)沥青再生的橡胶理论

(1)沥青的橡胶结构

美国于 1987 年建立的一项为期 5 年、耗资 1.5 亿美元的研究计划——美国公路战略研究计划(SHRP 计划)，通过大批科研工作者历时 5 年的辛勤工作，在科研过程中开发出体积排出色谱(SEC)和离子交换色谱(IEC)，采用体积排出色谱或离子交换色谱将石油沥青分离成相对分子质量大小不同的馏分或将石油沥青分离成酸性分(强酸、弱酸)、碱性分(强碱、弱碱)、中性分和两性分，试图考查酸性分、碱性分、中性分和两性分与沥青路用性能的关系。

SHRP 研究结果显示：两性分含有沥青中最极性和芳香性的分子，这些分子的相对分子质量很大；两性分是提高沥青黏度的主要组分。

科研人员做了如下工作：在 AAD-1、AAG-1、AAK-1 和 AAM-1 四种沥青中分别加入等量的两性分、碱性分、酸性分和中性分，以混合物 60℃黏度为考核指标，分别考查各个组分对黏度的影响。表 9-10 为 4 种核心沥青与其 IEC 分离的两性分、碱性分、酸性分和中性分的混合物在 60℃和 1.0rad/s 时的黏度，并且考查了沥青在缺少两性分存在时的性质。表 9-11 列出了四种沥青的中性分加酸性分、碱性分混合物在 3 个温度下的黏度与其母体沥青在 1.0rad/s时的黏度比较。

由表 9-10 可以看出，两性分的加入大大提高了沥青的黏度；碱性分对提高沥青的黏度有较大的作用；酸性分在一定程度上也能提高沥青的黏度，而中性分的加入则导致了混合物的黏度较母体沥青的黏度有所降低。

由表9-11可以看出，混合物黏度大大低于母体沥青的黏度；与母体沥青相比，混合物具有较高的tanδ，从而说明混合物具有较低的弹性模量。结果再次证明了两性分是提高沥青黏度的主要组分。

四种核心沥青与其IEC分离的两性分、碱性分、酸性分和中性分的混合物在60℃和1.0 rad/s时的黏度 表9-10

样品名称	黏度(Pa·s)				
	沥青	沥青＋两性分	沥青＋碱性分	沥青＋酸性分	沥青＋中性分
AAD-1	131	2462	327	174	37
AAG-1	240	1740	346	285	132
AAK-1	413	6 836	656	517	110
AAM-1	258	4 032	399	292	140

四种沥青的中性分加酸性分、碱性分混合物在3个温度下的黏度与其母体沥青在1.0rad/s时的黏度比较 表9-11

样品名称	沥青黏度(Pa·s)			tanδ 沥青25℃	混合物黏度(Pa·s)			tanδ 混合物25℃
	25℃	45℃	60℃		25℃	45℃	60℃	
AAD-1	40 570	1 083	130.8	2.60	1 264	54.3	10.1	17.09
AAG-1	354 000	3 202	239.9	8.91	41 260	559.3	57.6	97.85
AAK-1	81 050	4 203	412.7	2.47	7 272	220.9	35.4	14.01
AAM-1	161 550	2 769	258.0	2.31	18 450	318.7	51.4	12.48

SHRP研究人员在以上研究的基础上提出了一种理论，认为沥青是两性沥青质型网状分子结构。在网状分子结构中含一种油相。沥青最为重要的化学性质是网状结构及油相的分子大小和分布情况，使网状交联在一起的极性相互作用。

通过以上的研究人SHRP研究人员发现沥青同橡胶有很大的相似性。橡胶也是一种网状聚合物，在网状结构中含有增塑剂(通常为石油系油类，橡胶轮胎含有25%的油)。增塑剂在橡胶中的作用就像油在两个移动的物体之间起到的润滑作用一样，都能促进在加工时橡胶大分子之间相互移动。这种橡胶分子外润滑作用的产生，主要是由于增塑剂分子包围了橡胶大分子，小分子容易运动，带动了大分子相对运动，降低了橡胶分子上的界面能，减少了分子内部的抗形变能力，克服了橡胶分子之间直接的相互滑动摩擦和范德华力所产生的黏附力。

(2)沥青老化的机理

通过上面的分析得出，大分子组分的含量对沥青的性质有较大影响。例如沥青B为优质沥青，含有适量的大分子或网状组分。沥青A含有过多的网状分子而油分不足，会开裂。沥青C含网状分子少而油分多，会剥落。沥青老化是当油相(一般为芳香族分)氧化成沥青质时使沥青B变成沥青A。油相成分、网状结构与极性相互作用这些化学性质尚难以计测，也未被充分了解。因此，流变学这一黏弹性的计量标准发展成为一种便利的物理性质计量法，它把沥青性能同化学性质联系起来。

那么，针对沥青在老化过程中流变性质如何变化，表9-12中列出了国内几种沥青的原样沥青和 RTFOT 残留沥青的动态剪切试验结果。

国内几种沥青的原样沥青和 RTFOT 残留沥青的动态剪切试验结果 表 9-12

沥青品种	原样沥青				RTFOT 残留沥青			
	温度(℃)	G^* (Pa)	$\tan\delta$	$G^*/\sin\delta$ (Pa)	温度(℃)	G^* (Pa)	$\tan\delta$	$G^*/\sin\delta$ (Pa)
克拉玛依	52	6 962	6.343	7 050	52	11 850	4.132	12 200
	58	3 221	8.417	3 240	58	5 521	5.133	5 620
	64	1 578	11.53	1 580	64	2 693	6.581	2 720
	70	815.8	16.51	817				
欢喜岭	52	4 923	7.277	4 980	52	12 410	4.125	12 800
	58	2 182	10.36	2 190	58	5 500	5.441	5 590
	64	1 024	15.48	1 030	64	2 516	7.625	2 540
茂名	52	4 112	13.00	4 120	52	7 831	7.518	7 940
	58	1 936	19.34	1 940	58	3 587	10.46	3 600
	64	957.6	31.51	958	64	1 708	15.50	1 710
胜利	52	1 675	11.61	1 680	52	4 350	5.121	4 430
	58	845.1	18.72	846	58	2 134	6.851	2 160

从表 9-12 中可以看出沥青老化后复数剪切模量 σ 有较大的增加。相位角 δ 有所减小，说明沥青中的弹性部分在复数剪切模量中所占比重有所增加，黏性部分在复数剪切模量中所占比重反而有所减少。原因是由于油相氧化成沥青质，使网状分子过多而油分不足，导致沥青变得脆硬，此时的沥青表现出较多的弹性性质。

(3)老化沥青的再生机理

对于老化沥青的再生实际上就是在发达的网状结构中加入适量的油料，以补充沥青随着老化而失去的油相，恢复油相对沥青中大分子的润滑作用。从沥青的流变性质上来说，就是使沥青的相位角有所增大，恢复沥青的黏性部分，使沥青的劲度减小，提高沥青的低温抗裂性能。在老化沥青中添加这三种类型的油会获得最佳的再生效果：芳香族、环烷、石蜡族。其中芳香族分子最少最密实，环烷族大小中等，石蜡族分子最大，密实性最差。

SHRP 研究人员将老化沥青与芳香族、环烷族、粗柴油进行拌和，通过试验发现芳香族油和老化沥青拌和后可得出非常合适的铺路沥青。环烷族和粗柴油不符合疲劳开裂的规定。当油相的总芳香族油增加时，则疲劳破坏的温度会降低。

这些结果同橡胶很相似。橡胶增量油中的芳香性增加，可改善橡胶的抗开裂和抗扯裂性能。当在沥青或橡胶的网状结构上加压或疲劳作用时，大分子(环烷、石蜡族)的柔软性低不易在网状结构中移动。因此，网状结构很容易破坏。

芳香族油之所以对老化沥青具有良好的再生效果，主要是由于芳香族油的分子最小，具有优良的溶解性和贯入性。分子量越小，分子越容易运动，对大分子之间的润滑作用就越明显，从这一点来说，芳香族油比分子量相对大的环烷、石蜡族油料在再生方面具有一定的优势。同时，由于芳香族油料对老化沥青具有优良的溶解性和贯入性，这样就可将大分子链间的许多连接点隔断，使网状结构中的连接点大大减少，老化沥青的刚度降低；良好的溶解性和贯入性也可使处于凝胶状态的沥青产生溶胀，从而促使了大分子之间的相互运动，增加了大分子的柔顺性。

9.2.2 热再生的材料和混合料设计

与新沥青路面相比，再生沥青路面的材料与混合料设计复杂得多，因为变量增加了。所有再生沥青路面的材料除必须满足新沥青路面的材料要求外，对各种再生剂也应满足不同的要求。

再生沥青混合料的设计具体可分为热拌和冷拌再生混合料设计，而热拌与冷拌再生混合料的设计方法又可以分为传统的马歇尔设计法和 Superpave 设计方法。现场和厂拌再生只是工艺流程上有区别，在混合料设计方面没有太大差别。

大量资料表明含有 RAP 的材料经过正确设计的热拌再生沥青混合料的路用性能至少与新混合料一样，其抗车辙性能优于新沥青路面，疲劳和低温性能与新沥青路面相当。

沥青混合料热再生是将回收的沥青路面材料(RAP)与新材料(有时还包括再生剂)混合，生产热拌沥青混合料的过程。与传统的热拌沥青混合料相同，再生沥青混合料也必须经过正确的设计以保证其具有良好的性能。经过正确设计的再生沥青混合料，能够达到与新鲜热拌沥青混合料相同的性能。

热再生混合料通常有四个组成部分，分别为回收的沥青路面混合料、新鲜集料、新鲜沥青胶结料，有些时候还包括再生剂。再生混合料设计过程的两个步骤为原材料分析和混合料设计。进行原材料分析的目的是测定组成材料的重要性能，从而确定满足混合料性能要求的最佳的材料配比；混合料设计的目的是通过沥青混合料的击实试验结果确定沥青胶结料的等级及用量。材料选择及混合料设计的步骤如下。

(1)获取 RAP 材料有代表性的试样。

(2)实验室分析包括：确定回收的沥青混合料的组成及性能；确定添加的新集料的用量；选择新添沥青胶结料的等级和用量；沥青混合料的拌和、压实及性能验证试验。

(3)选择满足混合料设计标准要求的混合料最佳配比。

1)材料分析

材料分析的目的在于：通过取样、试验，确定材料的比例，以满足最终沥青混合料的要求。包括对老化后混合料(回收沥青路面材料 RAP)，拟用的再生剂和新鲜集料进行取样、分析。混合料中的 RAP 可能来自不同地点或沥青路面的不同层次，因此其构成或规格不同。为了分析变异性对混合料性能的影响，必须从原来路面、RAP 运输车或 RAP 料堆上取得有代表性的样品。对一些重要的特性，如级配和沥青含量的变异作出正确评价。

(1)RAP 取样

从原路面取样：通过取样对一些重要性能，如级配、沥青用量、针入度和黏度等进行分析。调查施工历史资料和以前路面状况及养护记录，以了解不同路段的差异、表面破坏情况。根据这些情况可将路段按施工材料和铣刨深度分成不同的段落。路面取样应采用随机取样的方式。下面简单介绍一下取样过程：①根据历史资料，按结构组成将路面分成不同施工段落；②每一个施工段落按等长度分成 6～8 个子段落；③样品应从各子段落随机取样；④每份样品应取足够量(至少 6.8kg)用来做沥青胶结料的抽提、回收等试验；⑤每份样品应分开单独做试验。

表 9-13 列出了美国几个州在施工过程中用于试验的取样频率和取样数量大小。建议取

样数量为每1.6车道公里取一组3个芯样。虽然大多数单位所取芯样都贯穿整个结构深度，但通过目测也可将芯样钻至想要的深度。取样方法可参照AASHTO T168沥青铺路混合料取样方法进行。

路面分析取样频率和尺寸 表9-13

州	取样频率	取样尺寸
亚利桑那	3个芯样/1.6车道公里	150mm直径 贯穿结构全深度
佛罗里达	1组3个芯样/1.6车道公里 每车道至少两组芯样	150mm直径 贯穿结构全深度
堪萨斯	3个芯样/1.6车道公里 至少30个芯样	100mm直径 贯穿结构全深度
内华达	1个芯样/750车道米	100mm直径 贯穿结构全深度
得克萨斯	10个芯样/项目	150mm直径 贯穿结构全深度
威斯康星	1个芯样/800m	表面积至少为230cm^2
怀俄明	2个芯样/km	150mm直径 贯穿结构全深度

从RAP运输车上取样：在运输车将RAP从铣刨现场运往拌和场堆放的过程中，可以从车上取样。取样的方法如图9-15所示。可参照AASHTO T2集料取样方法进行。

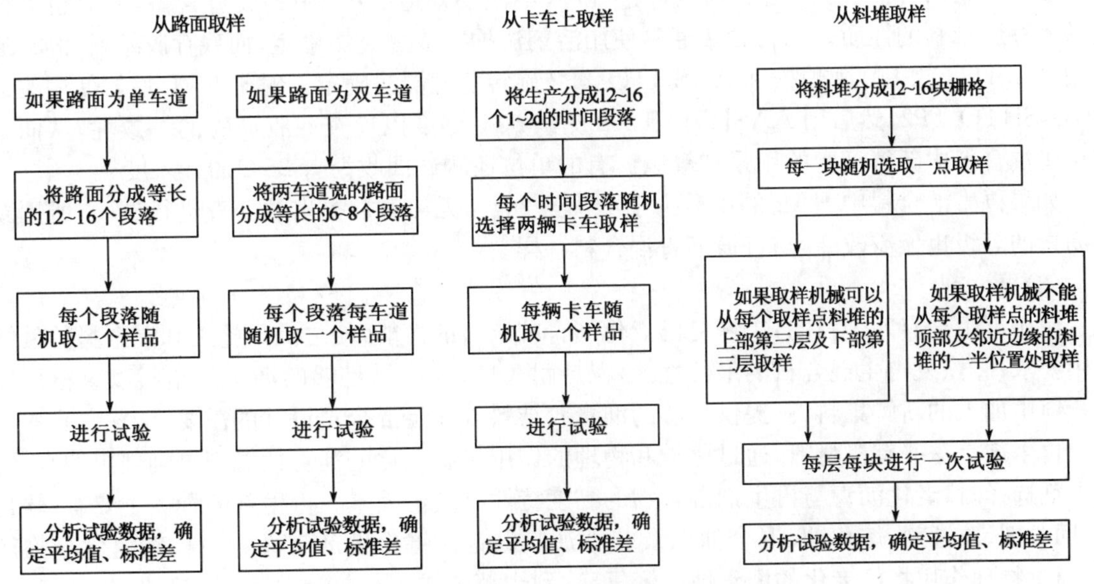

图9-15 取样方案流程图

从RAP料堆上取样：为了从RAP料堆上取得有代表性的样品，应从料堆10个不同的地方取样，且应尽量减少离析的影响，而且取样时应从料堆表面150mm以下的材料中取样。将试样剥开分散，去除大于50mm的团粒。建议取样后的试样数量不少于5kg，一半用于混合料组成分析，另一半用于沥青混合料设计。需单独取样做抽提试验以分析集料级配和沥青胶结料性质。可参照 AASHTO T2 集料取样方法进行。建议取 5 组试样进行阿布森(Abson)回收试验确定沥青胶结料性质。由于铣刨过程中经过了两次破碎，集料的级配可能会改变，因此对从 RAP 冷料堆取样的试样应进行试验。对于堆放的 RAP 料堆应做好标记，一旦决定被用于混合料设计，就不可加入其他铣刨料。

注意：对于现场热再生，从原路面取样更为常见。

(2)RAP 分析

在进行混合料设计之前，必须对 RAP 进行分析。这是因为由于老化和氧化，沥青混合料内部发生了较大变化。对于沥青胶结料主要表现为：轻质油分丧失、沥青质增加，变硬(黏度增加)，延度降低。由于交通荷载及环境的影响，集料级配有一定衰减。因此在设计开始之前，必须分析 RAP 的组成。一般是确定回收沥青路面的集料级配、沥青含量和 60℃沥青黏度。从有代表性的 RAP 试样中回收已老化的沥青胶结料，用来确定其性质。下面简单介绍集料和胶结料的分析方法。

集料分析：可用 AASHTO T30 回收集料的力学分析方法或 AASHTO T27 粗、细集料筛分方法对从 RAP 中回收的集料进行分析。任何级配的缺陷都可以通过加入适当粒径的新鲜或回收集料进行修正。建议对粗、细集料的棱角性进行检查。如果要回收沥青以做进一步研究，可用 AASHTO T164 方法进行抽提，若不准备回收沥青胶结料只确定 RAP 的组成(沥青含量和集料级配)，也可用 AASHTO T308 燃烧法试验。燃烧法偶尔会使级配略有变化，应与当地的经验结合起来。

沥青胶结料分析：RAP 混合料设计过程中，不但要知道 RAP 中的沥青含量，有时也需要测试残存胶结料的性质。沥青含量通常使用溶剂法抽提或燃烧法确定，而残存胶结料性质，通常用 AASHTO T170 阿伯松和 AASHTO TP2 旋转蒸发器法确定。对于 RAP 最好使用改进的 AASHTO TP2，然后用 AASHTO T202 测试 60℃黏度以检查回收沥青的一致性，从而确定再生混合料中新鲜沥青的用量和等级。有的单位还测试回收沥青 25℃的针入度。

如果再生混合料中 RAP 的用量少于 15%～20%，无需对抽提出的沥青进行试验，所用新鲜沥青的等级也无需改变，与普通沥青混合料一样。

(3)再生剂

使用再生剂有四个目的：①恢复已老化沥青胶结料的性能，使之满足施工和混合料的最终使用要求；②恢复再生混合料的最佳性能，保持耐久性；③提供足够的沥青胶结料以裹覆再生混合料中加入的新鲜集料；④提供足够的沥青胶结料以满足混合料设计的需要。

再生剂是一些有机材料，通过化学和物理的作用将已老化的沥青性能恢复到理想的水平。再生剂选择时，老化沥青与再生剂混合物的黏度特性是决定因素。再生剂的种类主要有：软化剂、回收剂、改性剂、熔化油、混合油以及芳香油。也有人将再生剂定义为一种碳氢化合物产品，通过物理作用将已老化的沥青性能恢复，达到规范要求。根据这个定义，较软的沥青和一些特殊产品也可以作为再生剂。当再生混合料中总沥青用量增加时可使用沥青胶结料作为再生剂，选用特定等级的沥青与 RAP 中已老化的沥青混合后达到规范要求。一般 AC10，AC5 或 AC2.5(相对应的针入度为 85～100、120～150 或 200～300)的沥青常用于此。在美国，低等级的沥青作为再生剂使用比化学再生剂更为普遍。如果老化沥青的黏度特别高(或针入度特别低)或者是再生混合料中 RAP 的用量远大于 50%,可少量添加一些化学再生剂用于改善已老化的沥青胶结料,而无需改变沥青用量。

乳化再生剂具有一定优点:增进流动性及和易性,控制温度以防止混合料在拌和筒中被过度加热;而且可以调整乳化液的配方以保证再生混合料中沥青胶结料的最终设计黏度。缺点是:必须加热使乳化液中 30%~35%的水分去除。为了保证再生剂发挥作用,建议其性能要求如下:①在再生混合料中易于分散;②能改变 RAP 中已老化沥青的黏度,使其达到要求的水平;③与已老化的沥青相容,不会发生脱水收缩反应(蜡从沥青中析出);④能重新分布已老化沥青胶结料中的沥青质;⑤能延长再生沥青混合料的寿命;⑥性质均匀;⑦不易冒烟和着火。

为了分析再生剂的性能,一些单位做了各种不同试验。表 9-14 列出了 ASTM D4552 再生剂分类中包含的物理特性,比较重要的性能如下:①60℃黏度,测定沥青胶结料的一致性;②闪点,评价再生剂中有机挥发物的存在,这也是运输、施工和储存时的安全要求;③饱和质量百分率,确保兼容性;④质量损失,减少施工中烟尘产生和挥发物损失;⑤老化试验,减少热拌时再生剂的过度老化,确保耐久性。

ASTM D4552 热拌混合料再生剂规范 表 9-14

试验	试验方法	RA1		RA5		RA25		RA75		RA250		RA500	
		最小	最大	最小	最大	最小	最大	最小	最大	最小	最大	最小	最大
60℃黏度(cSt)	D2170 或 D2171	50	175	176	900	901	4 500	4 501	12 500	12 501	37 500	37 501	60 000
闪点 COC(℃)	D92	425	…	425	…	425	…	425	…	425	…	425	…
饱和度(%)	D2007	…	30	…	30	…	30	…	30	…	30	…	30
RTFO 或 TFO 残留物试验,163℃	D2872 或 D1754												
黏度比	—	…	3	…	3	…	3	…	3	…	3	…	3
质量变化(±%)	—	…	4	…	4	…	3	…	3	…	3	…	3
密度	D70 或 D1298	报告		报告		报告		报告		报告		报告	

再生剂等级(RA)的选择依据旧路面中沥青的含量和硬度而定。一般低黏度的再生剂用于老化沥青黏度较高的情况,反之亦然。

RA1,RA5,RA25 和 RA75 等级的乳化沥青更适用于新鲜集料添加量少于 30%的情况,而等级 RA250 和 RA500 更适用于混合料中新鲜集料添加量大于 30%的情况。乳化再生剂的规范与乳化沥青相似(表 9-15)。乳化再生剂的选择由旧路面中沥青的一致性、再生的方法和数量、新鲜集料(如添加)和其他设计要求确定。

ASTM D5505 乳化再生剂规范 表 9-15

试验	试验方法	ER-1①		ER-2		ER-35	
		最小	最大	最小	最大	最小	最大
乳化再生剂							
黏度,50℃,SSF	D244		100	20	450	20	450
筛上剩余量(%)	D244		0.1		0.1		0.1
储存稳定性(24h,%)	D244		1.5		1.5		1.5
残留物含量,蒸馏法(%)	D244	65		65		65	
稀释			报告				
密度	D70		报告		报告		报告
压实性	可变		报告		报告		报告
蒸馏残留物②							
黏度(60℃,cSt)	D2170	50	200		30		30
饱和(%)	D2007		30				
溶解度,三氯乙烯	D2042	97.5		97.5		97.5	
蒸馏残留物							
RTFO③							
针入度(4℃,50g,5s)	D5			75	200	5	75
RTFO,质量变化(%)	D2872		4		4		4

注:①ER-1 应使用可饮用水稀释。

②允许乳化剂改变,包括高漂浮性和阳离子乳化剂。工程师应采取必要措施以防不相容的物质在容器中被混合。供应商应提供乳化剂的化学特性(高漂浮性乳化剂的平坦试验,阳离子乳化剂的颗粒电荷试验及其他必要的试验)。

③RTFO 标准,经工程师同意也可用薄膜烘箱试验替代(D1754)。

2)厂拌热再生混合料设计过程

图 9-16 给出了建议的厂拌热再生混合料设计步骤流程图。

(1)再生混合料的合成级配

确定满足现行规范要求的由 RAP 和新鲜集料组成的合成级配。集料组成确定后,新鲜集料的用量用“r”表示,以“%”计。例如,再生混合料的组成为:

$$\begin{array}{ll} 75\% & \text{新鲜集料} \\ \underline{25\%} & \underline{\text{RAP 材料}} \\ 100\% & \text{总和} \end{array} \tag{9-2}$$

新鲜集料的用量为 75%,因此 $r=75$。表 9-16 列出了厂拌热再生沥青混合料确定材料比例的公式,式(9-2)中混合料的集料组成是不变的。

(2)合成级配的近似沥青用量

在确定合成级配的近似沥青用量时,最实用的方法是假定厂拌热再生混合料中合成级配需要的沥青用量

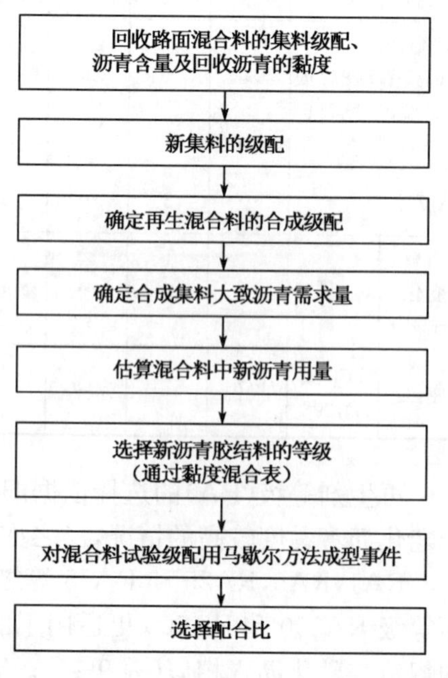

图 9-16 厂拌热再生混合料设计过程流程图

与新拌沥青混合料(无 RAP 材料)的最佳沥青用量相等。合成级配的近似沥青用量可在包括维姆法在内的配合比设计过程中通过(CKE)试验确定,或者用经验公式(9-3)计算得到:

$$P=0.035a+0.045b+Kc+F \tag{9-3}$$

式中:P——再生混合料中近似的总沥青用量,表示为占混合料质量的百分率;

a——矿质集料中 2.36mm 筛以上的百分率;

b——矿质集料中通过 2.36mm 筛孔且留在 0.075mm 筛上的百分率;

c——矿质集料中通过 0.075mm 筛孔的百分率;

K——通过 0.075mm 筛孔百分率为 11%~15%时,取 0.15;通过 0.075mm 筛孔百分率为 6%~10%时,取 0.18;通过 0.075mm 筛孔百分率为不大于 5%时,取 0.20;

F——视集料的吸收性而定,一般为 0%~2.0%,无其他数据的情况下,建议采用 0.7。

确定厂拌热再生混合料中材料比例的公式 表 9-16

	沥青含量	
	占混合料的质量	占集料的质量
新鲜沥青用量,P_{nb}	$\frac{(100^2-rP_{sb})P_b}{100(100-P_{sb})}-\frac{(100-r)P_{sb}}{100-P_{sb}}$	$P_b-\frac{(100-r)P_{sb}}{100}$
RAP 用量,P_{sm}	$\frac{100(100-r)}{100-P_{sb}}-\frac{(100-r)P_b}{100-P_{sb}}$	$\frac{(100+P_{sb})(100-r)}{100}$
新鲜集料用量,P_{ns}	$r-\frac{rP_b}{100}$	r
总和	100	$100+P_b$
新鲜沥青占总沥青量的百分率,R	$\frac{100P_{nb}}{P_b}$	$\frac{100P_{nb}}{P_b}$

注:P_{sm}为再生混合料中回收混合料(RAP)的百分含量;P_b 为再生混合料的沥青含量(%);P_{sb}为回收混合料(RAP)的沥青含量(%);P_{nb}为再生混合料中添加的沥青和(或)再生剂的含量(%);P_{ns}为添加的集料(新鲜集料)的百分含量;r 为再生混合料中新集料占总的集料的百分率;R 为再生混合料中新鲜沥青和(或)再生剂占总的沥青的百分率。

近似沥青用量确定后,在混合料设计时所设定的初试混合料的一系列沥青用量可以在此基础上增减 0.5 变化。

例如,假设近似沥青用量通过计算为 6.2%,则初试混合料的一系列沥青用量的范围可以为 5.0%~7.0%或 5.5%~7.5%。

(3)估算厂拌热再生沥青混合料中新鲜沥青的用量

添加到厂拌热再生沥青混合料初试混合料中的新鲜沥青用量,表示为占总混合料质量的百分率,通过式(9-4)计算。

$$P_{nb}=\frac{(100^2-rP_{sb})P_b}{100(100-P_{sb})}-\frac{(100-r)P_{sb}}{100-P_{sb}} \tag{9-4}$$

式中:P_{nb}——再生混合料中新鲜沥青胶结料的百分率(如果使用再生剂,再加上再生剂);

r——再生混合料中新鲜集料占总的集料的百分率;

P_b——再生混合料的估算沥青用量(假定由 100%新拌沥青混合料的用量或者由前面提到的合成级配近似沥青用量来确定);

P_{sb}——RAP的沥青含量(如果使用再生剂,再加上再生剂)。

例如,假设RAP的沥青含量P_{sb}=4.7%,r=75%,则:

$$P_{nb}=\frac{(100^2-75\times4.7)P_b}{100(100-4.7)}-\frac{(100-75)\times4.7}{100-4.7}=1.01P_b-1.23 \tag{9-5}$$

这样,任何沥青含量下的新鲜沥青胶结料的用量都可以很容易地确定,沥青含量表示为占总混合料质量的百分率。如果沥青含量用油石比来表示,计算新鲜沥青胶结料的用量用式(9-6)表示。

$$P_{nb}=P_b-\frac{(100-r)P_{sb}}{100} \tag{9-6}$$

(4)选择新鲜沥青胶结料的等级

选择混合沥青的目标黏度,一般选择的目标值为选定沥青胶结料黏度范围的中值。例如AC20沥青胶结料的目标黏度值为200Pa·s。

新鲜沥青的用量P_{nb}占总的沥青含量P_b的百分率用式(9-7)表示。

$$R=\frac{100P_{nb}}{P_b} \tag{9-7}$$

例如,假设第三步中混合料估算的总沥青用量为6.2%,则新加入沥青的用量为:

$$P_{nb}=1.01\times6.2-1.23=5.0\%$$

则:

$$R=(100\times5.0)/6.2=81$$

新鲜沥青胶结料(或再生剂)的等级用沥青胶结料黏度混合图来确定。选择再生沥青混合料的目标黏度及新鲜新沥青(或再生剂)的黏度。通常根据结构类型、气候情况、交通量的大小等,在沥青胶结料的黏度范围中选择目标黏度。

当为再生混合料选择沥青胶结料等级时,可参考以下建议。

①RAP用量不超过15%时,不需要改变沥青胶结料等级(有些公路部门规定不超过20%)。

②RAP用量为16%或更多时,使用比通常指定的100%新拌沥青混合料所要求的沥青软一个等级的沥青胶结料。例如在需要AC20的场合选用AC10,一般不应变化超过一个黏度等级,除非试验时检验厂拌热再生混合料的抗车辙性能。

(5)初步混合料设计

初步混合料设计用马歇尔或者维姆法确定。表9-16中的公式用来确定各组成部分的比例:新鲜沥青胶结料用量P_{nb}、RAP材料的比例P_{sm}及新鲜集料的用量P_{ns}。

(6)选择配合比

最佳沥青用量根据前面过程中的试验数据来确定。如果用马歇尔方法设计,以空隙率为4.0%时的沥青用量为最佳沥青用量。

3)现场热再生的材料和混合料设计

根据ARRA指南要求,现场热再生一般对表面深度为20～40mm的路面进行。与常规热拌沥青混合料一样,再生混合料也必须经过正确的设计才能保证获得应有的性能。当设计正确时,再生混合料的性能可以与新鲜的沥青混合料相当。

(1)混合料设计过程

现场热再生混合料设计过程可参考厂拌热再生沥青混合料设计方法进行，大致分以下几步：①回收材料的分析；②再生剂类型和用量的选择；③确定是否需要添加新鲜集料、沥青胶结料或新鲜热拌沥青混合料；④准备和试验沥青混合料；⑤选择新鲜集料、沥青胶结料和再生剂或新鲜热拌沥青混合料的最佳组合。

以下步骤是混合料设计中最重要的几步。混合料设计的详细步骤见表9-17。

步骤A. 确定材料性质和比例。

步骤B. 准备混合料设计所用的材料。

步骤C. 完成混合料设计。

步骤D. 进行质量控制/质量保证(QC/QA)试验。

现场热再生沥青混合料设计步骤　　表9-17

现场热再生沥青混合料设计步骤
A. 确定材料特性和比例
①获取有代表性的RAP[①]、新鲜集料[①]和新鲜沥青胶结料的试样[②]。
②确定RAP中沥青胶结料的含量(包括回收沥青的针入度/黏度)[②]。
③确定RAP的集料级配，包括毛体积密度。
④确定新鲜集料的级配、压碎值、毛体积密度和吸水率[③]。
⑤确定是否需要调整集料的级配以获得VMA，保证有足够的稳定性[④]。
⑥确定整个集料混合物的级配，检查是否符合规范要求，必要时作调整。
B. 准备混合料设计用的材料
①确定沥青用量的增量(范围)。
②选定新加入新鲜沥青的等级或针入度/黏度。
③确定每一增量RAP、新鲜集料和新鲜沥青胶结料的质量。
C. 完成混合料设计
①准备压实试件(包含RAP[⑤]、新鲜集料和新鲜沥青胶结料)。
②测试试件的毛体积密度、最大理论密度、稳定度、流值、空隙率、VMA、外观。
③报告再生混合料设计。
D. 质量控制/质量保证(QC/QA)
与常规热拌沥青混合料相似，但应增加对RAP的测试(含水率、级配、沥青含量)，重点测试回收沥青的绝对黏度和针入度。

注：①所有试样必须有代表性。应使用过程控制数据。
②新鲜沥青胶结料在再生混合料中的性能应满足规范要求。
③对于以前未使用过的新鲜集料，应考查其岩性和抗剥落性能。对于RAP集料，当与集料有关的路面破坏已发生时也应进行相应试验。
④为了达到VMA要求，通常需使用洁净的细集料。
⑤对RAP进行烘干应小心，以防沥青胶结料被过分老化，然后加入适当加热的新鲜集料使拌和温度满足RAP沥青与新鲜沥青的混合物的拌和温度和黏度要求。

图9-17为现场热再生混合料设计步骤流程。

现场热再生混合料设计与厂拌热再生法基本一致，主要不同在于：

①现场热再生时 RAP 的用量一般很高，通常达 80%～100%，而热厂拌混合料再生时 RAP 的用量为 15%～20%；如果使用 100%的 RAP，则无需确定 RAP 和新鲜集料的混合级配组成。

②现场热再生混合料的空隙率可高于 4%。更高的设计空隙率（如 6%）在加拿大现场热再生中有成功的范例。

（2）用 Superpave 技术设计现场热再生沥青混合料

用 Superpave 技术设计厂拌热再生沥青混合料可参考 NCHRP 9-12 研究报告的有关内容。

再生沥青混合料 Superpave 设计方法的基本要求与 RAP 的用量有关：

①当 RAP 含量小于 15%时，胶结料等级不变。

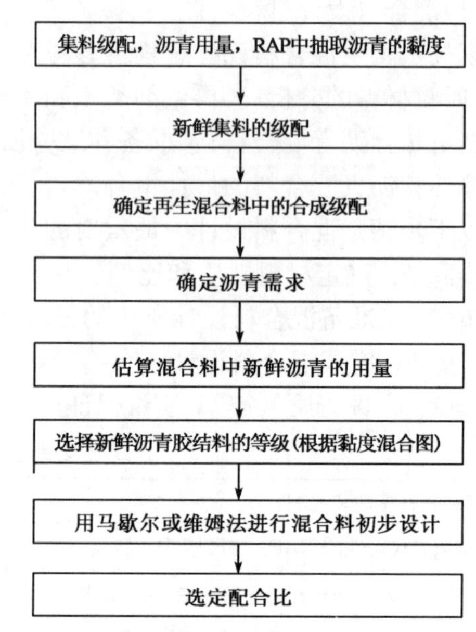

注：通常以再生剂代替新鲜沥青。

图 9-17　现场热再生混合料设计步骤流程图

②当 RAP 含量在 16%～25%时，高低温等级均低一个等级，例如原来使用 PG64-22，现在加了 RAP，胶结料则选用 PG58-28。

③当 RAP 含量大于 25%时，使用专门的混合图来确定高低温等级。

④添加的新集料和 RAP 集料性质、级配和体积性质必须满足 Superpave 标准。

⑤使用 RAP 的有效相对密度。

⑥当 RAP 含量较大时要考虑 RAP 中的沥青用量。

NCHRP 9-12 课题的研究成果表明：与 RAP 含量相联系的混合料设计方法是合适的，如果 RAP 含量不高，就没有必要进行 RAP 胶结料的广泛试验，当 RAP 含量较高时，常规的 Superpave 胶结料试验就能确定加入多少 RAP 或应选择什么样 PG 等级的新胶结料。下面对 RAP 混合料的 Superpave 设计方法进行较为详细的介绍。

RAP 混合料 Superpave 设计步骤如下。

①材料选择

a. 分析 RAP，确定 RAP 性质

(a)抽提 RAP 和测定胶结料用量（P_b），如果要估计 RAP 胶结料性质，应根据有关抽提方法进行。

(b)确定 RAP 集料级配，RAP 可分成两级（如以 4.75mm 筛孔分级），两级分别进行分析。

(c)确定 RAP 认同性质（建议），包括粗集料、细集料棱角性和扁平细长颗粒。

(d)估计要求的 RAP 含量和试验 RAP 胶结料性质。

(e)按照 AASHTO T209 测定 RAP 最大理论密度。

(f)用有效相对密度（Gse）估计 RAP 集料相对密度或根据假设的沥青吸收计算毛体积密度。

b. 选择新沥青胶结料

(a)用气象数据库资料确定项目所在地气候状况。

(b)选择可靠度。

(c)确定路面设计温度。

(d)验证沥青胶结料等级。

(e)根据要求及RAP的含量,新沥青混合料高低温等级分别降低一个等级或根据混合比例图确定。

(f)用新沥青胶结料的温度-黏度关系确定RAP的拌和与压实温度。

c. 选择新集料

(a)测量认同性质,建议可选择组合级配、粗集料棱角性、细集料棱角性、扁平和细长颗粒、黏土含量等指标。

(b)测量料源特性,包括相对密度和由业主规定的其他料堆性质。

②选择设计集料结构

a. 建立试拌混合料

(a)建立试拌混合料。

(b)选择试拌RAP集料百分比。

(c)评价混合集料认同性质和料源性质,在估计RAP集料密度的基础上建立组合集料毛体积密度。

b. 压实试拌混合料

(a)建立试拌沥青胶结料用量,包括S方法、工程判断方法,在考虑RAP胶结料含量的基础上降低加入胶结料用量。

(b)和平常一样建立试拌试件尺寸。

(c)根据设计交通量水平确定$N_{初始}$(初始旋转压实次数)、$N_{设计}$(设计旋转压实次数)和$N_{最大}$(最大旋转压实次数)。

(d)试拌试件称量,当RAP集料称量时,要记住部分是沥青胶结料的质量,而新加沥青用量则应减去RAP中的沥青含量。

(e)压实试件,产生压实数据表。

(f)测量混合料性质(G_{mm}和G_{mb})。

c. 评价试拌混合料

(a)确定$N_{初始}$和$N_{设计}$时的最大理论密度百分比G_{mm}。

(b)确定设计孔隙率和VMA,VMA的计算建立在G_{Sb}基础上。

(c)估计达到4%空隙率时的沥青含量。

(d)确定在估算沥青含量时的混合料性质。

(e)确定粉胶比。

(f)对混合料性质与标准进行比较。

d. 选择最有希望的集料结构进行进一步分析

③选择设计胶结料含量

a. 在多个沥青用量下压实设计集料结构混合料

(a)成型设计集料结构试件并称重,记住 RAP 质量的一部分是胶结料质量,新加的沥青胶结料用量中应减去由 RAP 产生的胶结料含量。

(b)压实试件,产生压实数据表。

b. 确定混合料性质和沥青用量的关系图

(a)确定 $G_{初始}$ 和 $G_{设计}$ 时的最大理论密度百分比 G_{mm}。

(b)确定体积性质。

(c)确定粉胶比。

(d)画出沥青用量与混合料性质的关系图。

c. 选择设计沥青胶结料含量

(a)确定在空隙率为 4%时的沥青用量。

(b)确定在选择沥青用量时混合料性质。

(c)比较混合料性质与标准。

④验证混合料设计

a. 用 AASHTO T-283 评价水敏感性。

b. 验证 $G_{最大}$ 时 G_{mm} 要小于 98%。

9.2.3 冷再生的材料和混合料设计

冷再生是目前较为常用的一种再生方式,可节约大量的资源和建设资金,并可生产出稳定的面层。与 HMA 一样,需要对冷再生混合料进行合理的设计,以使其满足路用要求。

与热拌现场再生(HIR)和全厚式再生(FDR)一样,冷拌再生混合料没有一个全美国公认的设计方法,但在 AASHTO-AGC-ARTBA 专家组 8 号报告"关于沥青路面再生的报告"中有一个用马歇尔和维姆方法来设计冷再生混合料的方法,美国一些州用自己的方法或改进的马歇尔方法。用 Superpave 方法来设计冷再生混合料的研究已由联邦公路局与新罕尔布大学签订了合同,研究中心设在新罕尔布大学的再生材料研究中心(RMRC)以及堪萨斯运输部,Brown & Brown 施工公司和 Gorman Brother 施工公司一起提供了资助,由堪萨斯大学的 Stephen A. Cross 完成,项目名称为"用 Superpave 旋转压实机确定冷再生混合料的 N 设计"。

冷再生混合料设计的基本步骤如图 9-18 所示。冷拌再生混合料设计的第一步是材料的分析,包括现场取样、料堆取样、确定老化混合料的组成、分析老化沥青胶结料以及集料的性能等。这些步骤中最重要的环节在于分析旧混合料性能的不足以及确定新鲜材料的用量,混合料设计还包括再生剂的选择,确定最佳沥青用量等步骤。

1)材料分析

材料的分析主要包括材料的取样和试验。对拟再生路面上的材料应通过系统的取样方法取样,以使得到的试样具有代表性。RAP 材料的性能不仅直接影响到再生混合料的性能,而且与新鲜沥青性能等级的选择以及是否需要新鲜集料、新鲜集料的级配和数量都有很大的关系,因此需要对 RAP 材料的性能作出合理正确的分析。

(1)材料的现场取样

为了在旧路面不同部分得到具有代表性的样品,需将路面上的不同部分划分成不同的单元。划分单元的过程可充分利用可视检测技术及施工、维修养护记录，每个单元的取样按随机取样进行。

一些研究者认为至少要在5～6处取样，另一些研究则认为每公里至少应取5个试样，对大于64km的大型项目，建议每车道1.6km取一个样品，但每个项目至少应取6个样品。一般用取芯法取样，并记录所有芯样的厚度。为了得到更具代表性、与实际情况更为相符的样品，也常用铣刨、碾磨机械取样。但这种取样方法需铣刨相当数量的路面材料，对交通的影响较大，因此最常用的还是取芯法。按设定的铣刨厚度取出芯样，在实验室中通过颚式破碎机破碎成RAP材料，然后对其进行分析并进行混合料设计。美国的一些州还常在取芯孔洞的底面进行基层强度的检测。若基层强度不足，则不能为破碎、碾磨设备提供坚强的工作面，因此不能进行冷再生。

(2)RAP材料的组成

对RAP材料的级配分析可按照AASHTO T27粗、细集料筛分试验进行。RAP颗粒在厂拌冷再生混合料中一般可视为集料，可通过AASHTO T164-93抽提试验来确定RAP材料中的沥青胶结料的含量及集料的级配。

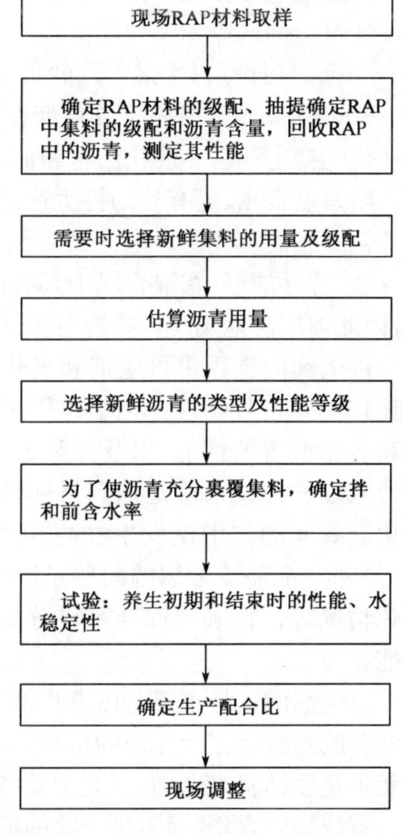

图9-18 厂拌冷再生混合料的设计步骤

(3)老化沥青胶结料的性能

可通过阿布森回收沥青法(AASHTO T170)回收RAP中的老化沥青胶结料，但近年来更常用的是旋转蒸发器法(AASHTO TP2-94，SHRP也推荐此法)。回收后的老化沥青至少需测定其25℃的针入度(AASHTO T49)和60℃的绝对黏度(AASHTO T202)，通过这些试验数据的分析有助于厂拌冷再生选择合适的再生剂。也可以通过一些Superpave的胶结料性能指标(如$G^*/\sin\delta$等)来评价回收老化沥青的性能。

(4)新鲜集料

RAP材料中往往含有其他材料，而且RAP材料在交通荷载作用下的衰减、破碎和碾磨的作用等因素都影响了RAP材料的级配，因此常常需要加入一些新鲜集料使混合料的级配满足要求。

再生混合料中加入新鲜集料，增加了再生路面的厚度，也可以增加路面的结构性能，这对于不断增加的交通荷载尤为重要。加入新鲜集料还可改善再生混合料的性能，如稳定性、耐久性及和易性等。

所加入的新鲜集料的级配由AASHTO T27-93筛分试验确定。新鲜集料和RAP材料按合适的比例混合，才能得到合适的级配。

2)混合料设计步骤

(1)再生剂的选择

再生剂包括乳化沥青、较软的沥青(如AC25和AC5)和稀释沥青等。与厂拌冷再生混合料设计再生剂选择相关的规范有AASHTO M226(ASTM D3381)和AASHTO M20(ASTM D946)等。厂拌冷再生最常用的再生剂是乳化沥青(AASHTO T59-93)或乳化再生剂(ASTM D5505)。这是因为常温下乳化沥青呈液态,能均匀地散布在混合料中。水泥、粉煤灰、石灰和其他化学稳定剂常和乳化沥青相混合。较软的沥青和稀释沥青不常作为再生剂使用,而泡沫沥青则是更常用、更有效的再生剂。泡沫沥青是往高热沥青中喷入少量的水,沥青与水的混合物急剧膨胀而形成的。泡沫沥青制备简单,仅沥青需要加热,能耗小、污染低且强度高,抗剪切、抗疲劳性能好,在混合料中具有比其他沥青更为优良的散布性能,使混合料施工方便等优点,因此被广泛地用于厂拌冷再生。

再生剂的选择由再生剂和老化沥青间相互作用的时间和温度决定。常温下,再生剂的软化作用是一种物理—化学作用过程,再生剂和老化沥青间的相互作用的速率取决于再生剂和老化沥青的性能,以及拌和、压实、交通荷载和气候条件等因素的作用。可以根据黏度或针入度的曲线来确定达到目标黏度所需的沥青胶结料用量。但应该注意的是,再生剂和老化沥青间的作用仅发生在再生剂和老化沥青的接触面上,而不是发生在整个拌和过程中;另外一个需要考虑的问题是混合料的性能,如稳定性、混合料中水分和其他易挥发物的变化情况等。比确定混合料成分更为重要的是明确厂拌冷再生混合料在养护前后的力学性能。

再生剂的选择主要是由老化沥青的黏度和要达到的目标黏度决定。目前,对再生剂和老化沥青胶结料间相互作用的机理尚不十分清楚。一种理论认为老化沥青胶结料更适于作为集料而不是胶结料来考虑,因此需要考虑有效沥青含量,包括部分老化沥青、新鲜沥青及再生剂等。有效沥青含量(而不是全部的沥青含量)决定着混合料的性能。

通过裹覆试验(AASHTO T59,乳化沥青试验方法规范)可以确定更适宜与RAP材料和新鲜集料相混合的乳化沥青类型(阴离子型或阳离子型)。

①沥青

为确保再生混合料的和易性,需选择常温下有合适黏度的沥青作为再生剂。若再生混合料中小于0.075mm的含量偏低,则可使用较高黏度的沥青,反之则应该使用中等黏度或低黏度的沥青(如AC2.5)。由于裹覆力的不足,沥青已很少作为厂拌冷再生法的再生剂使用,而泡沫沥青因其优异的分散裹覆能力而被成功地应用于厂拌冷再生。

②乳化沥青

在实验室对RAP材料和乳化沥青进行分析,是确定它们是否适宜于用厂拌冷再生的最好方法。乳化沥青按不同的类型和数量与RAP材料混合并试验,以选择乳化沥青的最佳用量及类型。通常在确定集料的级配(RAP材料+新鲜集料)后再选择乳化沥青的类型和性能等级。乳化沥青的类型和性能等级的选择可参照表9-18和表9-19。

一般来说,厂拌冷再生混合料为开级配或粗级配时,可用中裂乳化沥青作再生剂,因为这种类型的乳化沥青与集料混合后不会立即破乳,所以在一段时间内尚可以保持混合料的和易性;中裂乳化沥青与集料的裹覆性能较好,故常用于粗级配或密级配的混合料;对稳定性要求较高的混合料及密级配或集料中矿粉含量较高的混合料,可用慢裂乳化沥青,这种乳化沥青黏度较低,在乳化沥青中加入水,还可进一步降低其黏度。

乳化沥青的选择指南　　表9-18

厂拌冷再生混合料类型	级配（表9-19）	AASHTO M140 ASTM D977 阴离子型					AASHTO M208 ASTM D2397 阳离子型			
开级配混合料	A，B，C	√	√				√	√		
密级配混合料	D			√	√	√			√	√
砂	E，F			√	√	√			√	√
		MS-2 HFMS-2	MS-2h HFMS-2h	MFMS-2S	SS-1	SS-1h	CMS-2	CMS-2h	CCS-1	CCS-1h

注：表中所列的仅是一般标准，对于其他集料、混合料及气候条件，可能会有其他合适的乳化沥青。

厂拌冷再生混合料（RAP材料＋新鲜集料）的级配指南　　表9-19

尺　寸（mm）	通过率（质量，%）					
	开　级　配			密　级　配		
	A	B	C	D	E	F
37.5	100			100		
25.0	95～100	100		80～100		
19.0		90～100				
12.5	25～60		100		100	
9.5		20～55	85～100			
4.75	0～10	0～10		25～85	75～100	75～100
2.36	0～5	0～5				
1.18			0～5			
0.3						15～30
0.15						
0.075	0～2	0～2	0～2	3～15	0～12	5～12

当RAP材料中的沥青胶结料的针入度小于30时，建议使用阳离子或阴离子的中裂乳化沥青；若RAP材料中的沥青胶结料的针入度大于30，则建议使用慢裂乳化沥青；当RAP材料中的沥青胶结料较软（如针入度大于30）时，一些部门（如美国宾夕法尼亚州运输部）建议使用较硬的乳化沥青（如CMS-2h，HFMS-2h和CSS-1h等）。

厂拌冷再生混合料中加入合适的乳化沥青再生剂，可使老化沥青恢复到其开始时的性能。乳化沥青再生剂在混合料中充分均匀地分散、混合对老化沥青胶结料的软化作用很有效。厂拌冷再生混合料若使用100%的RAP材料，拌和时加入少量的乳化再生剂可软化老化沥青，又不会增大沥青用量；但乳化再生剂用量过少会使其在再生混合料中的分散困难，因此需要选择合适的再生剂用量。

理想的再生剂应具备如下特征：拌和方便，具有良好的裹覆能力；易于从溶剂中分离出来，养生时间短；破乳速度适中，可适时开放交通。

在厂拌冷再生过程中，常常需要加入部分水以使沥青能很好地裹覆在集料表面，再生混合料中加入部分水也利于混合料的压实。厂拌冷再生混合料中的水分包括RAP材料和集料中的水分，也包括再生剂中的水分，还有另外加入的水分。4%～6%的水分与高热沥青混合可制成泡沫沥青，泡沫沥青裹覆集料的能力良好。由于有些水与乳化剂不相容，因此对于乳化沥青，拌和前应检验乳化剂与水的相容性。拌和后的混合料若出现异常现象(如提前破乳等)，则应立即更换水源。一般而言，慢裂乳化沥青和阴离子型的中裂乳化沥青在拌和时需要水分；而HFMS型的乳化沥青(如HFMS-2S)和CMS-2、CMS-2h型乳化沥青则不需要水分，因为这些乳化沥青再生剂含有石油馏分，与干燥集料混合的和易性(拌和、摊铺等)优于与潮湿集料混合的性能。

厂拌冷再生混合料生产之前，实验室均应对乳化沥青再生剂的裹覆能力作出分析，以确定是否需要加入水分及加入的水量。

(2)国外厂拌冷再生混合料设计方法的介绍

如前所述，目前我国尚没有统一的厂拌冷再生混合料的设计规范，但一些部门在这方面的研究已经取得了较大的进展。下面简要介绍沥青回收和再生协会(ARRA)、美国加利福尼亚州、宾夕法尼亚州和沥青协会的研究成果。

沥青回收和再生协会(ARRA)设计法。

ARRA厂拌冷再生混合料设计方法指南包括三种不同的方法，其中两种是修正的马歇尔设计方法和修正的维姆设计方法。这两种设计方法是用乳化沥青或乳化再生剂(ERA)生产厂拌冷再生混合料。第三种方法是俄勒冈州立大学提出的确定乳化沥青用量的方法。

①方法一：修正马歇尔设计法

a. 称料

取有代表性的RAP材料在110℃温度下烘干至恒重，测定含水率。对烘干料进行筛分，马歇尔试件用料为1 100g，Suerpave试件用料为4 000g，所需要的样品数量取决于试验水平，对于试验与评价建议使用三个重复试件，恒重是指2h后质量变化不超过0.05%。

b. 拌和

在RAP材料、再生剂与水拌和之前，RAP材料应加热到拌和温度，大多数拌和温度为室温，即20～25℃，也有在拌和前，将乳化再生剂加热到60℃保温一小时，以预热乳化再生剂加速破乳，拌和水加热到与乳化再生剂相同的温度。

c. 压实

用于混合料设计的试样应在标准的压实功下压实，在这种压实功下产生的密度应与现场产生的密度相当，有些单位采用60℃温度50次马歇尔击实，事实上，现场不可能达到这么高的温度。最近研究表明，在大气温度(40℃)下用75次马歇尔击实与现场密度相当。SGC的旋转压实次数约为30次。

压实可以在拌和后立即进行，也可允许破乳后压实。乳化沥青和乳化再生剂的破乳用颜色转变来表示，也就是说颜色从棕色转变到黑色，这个过程冷再生混合料在松散的盘中需1～2h。

d. 养生

冷再生混合料必须把多余的水蒸发掉，才能达到它最大的强度，用混合料试验来评价开始摊铺，短期养生和最终强度(最终养生)的状况。但现行试验方法因各单位而异，短期养生的条件为在高温下(60℃)压实试件2～4h，试件留在压实模中，侧向放置以排出过量的水，通常试模要开孔，以便多余水流出，如果脱模太早会损伤试件。

不同单位对长期养生的条件有不同的规定，有的长期养生将压实试件在高温110℃下烘至恒重，有的在60℃下24～48h模拟长期养生条件，在长期养生前，试件可脱模。

e. 强度试验

不管哪种方法，养生试件首先测定相对密度，一般不进行体积分析，如Va、VMA和VFA，因为试样中含有水分，ASTM D3549测定大致的试件体积，试件高度也可从SGC读出，毛体积密度用AASHTO T166(用饱和面干测定毛体积密度试验方法)或ASTM D2726(吸收性压实沥青混合料毛体积密度的试验方法)来测定，毛体积密度主要用于将来施工控制。

强度试验包括马歇尔稳定度与流值(AASHTO T245或ASTM D1559)，无侧限沥青混合料抗压强度和沥青混合料抗压强度(ASTM D1074)或沥青混合料用间接劈裂试件测定间接抗拉强度和回弹模量(ASTM D4123)。

f. 选择最佳再生剂用量(ORAC)

最佳再生剂用量(ORAC)可选择建立在一个或多个强度指标上，第二种ORAC确定方法是评价压实试件的VTM，用AASHTO T209或ASTM D2041测定最大理论密度，用AASHTO T269(压实的密度和开级配沥青混合料空隙率)计算空隙率，ORAC应选择在密度最大处，此时的VTM应在9%～14%。

按混合料中总的含水率为3%设计混合料(总含水量包括乳化沥青中的含水率＋RAP材料中含水率＋加入的水率)。乳化沥青掺加量按设计用量递增0.5%计，用马歇尔击实仪双面各击实50次成型试件，在60℃下养生6h后测试其毛体积密度、60℃时的稳定度和流值，然后确定试件的最大理论密度，最后在最佳乳化沥青用量下，总含水率以0.5%递增成型试件(如2.0%、2.5%、3.5%、4.0%)，然后确定各含水率下试件的平均空隙率。该方法推荐的最大和最小设计空隙率分别为14%和9%。

g. 建立工地配合比

混合料设计完成，就要建立工地配合比。工地配合比应包括最佳再生剂用量、再生剂的类型与等级、拌和水用量以及在ORMC时的最大密度，这些是施工的开始点，根据现场实际情况再进行调整。

h. 现场调整

根据变化的现场条件，现场人员有权对配合比进行微调，所谓微调指拌和水增减1%～2%，乳化沥青或乳化添加剂最大增量为0.5%，或者保证再生剂能足够分散。

现场条件指RAP级配和现场气温及湿度，这些都只靠现场人员的经验和知识来解决。

②方法二：修正的维姆设计法

修正的维姆设计法的试件制备仅成型方法与方法一不同，该方法通过搓揉成型。首先在1.725MPa的压力下搓揉20次，然后将压力提升至3.45MPa搓揉150次。试件成型后测试其毛体积密度和60℃时的稳定度，确定最大理论密度。最后，在最佳乳化沥青用量和不同含水率(如2.0%、2.5%、3.5%、4.0%)下成型试件，测定其空隙率。该方法的混合料最小及最大空隙率指标推荐为9%和14%。

对于方法一和方法二，ARRA都要求通过AASHTO T283混合料水敏感性检验。

③方法三：俄勒冈州立大学法，加利福尼亚州混合料设计法，宾夕法尼亚州混合料设计法

a. 俄勒冈州立大学法：该方法是在100%使用RAP材料(无新鲜集料)的情况下确定厂拌冷再生混合料最初乳化沥青用量的方法，它只适用于使用阳离子中裂乳化沥青或阴离子高浮中裂乳化沥青(HFE-150)。该方法的基本步骤为根据RAP材料中集料和沥青的性质，调整乳化沥青的基准用量为RAP材料质量的1.2%。RAP材料的级配筛分按12.5mm、6.3mm和2.0mm确定，RAP材料中回收的沥青则评价其25℃时的针入度和60℃时的绝对黏度。按式(9-8)和图9-19确定所需的乳化沥青用量：

$$EC_{EST}=1.2+A_G+A_{AC}+A_{P/V} \tag{9-8}$$

式中：EC_{EST}——所需的乳化沥青用量(%)；

1.2——基准的乳化沥青用量(%)；

A_G——RAP材料级配的调整系数(%)；

A_{AC}——RAP材料中沥青含量的调整系数(%)；

$A_{P/V}$——RAP材料中沥青针入度或黏度的调整系数(%)。

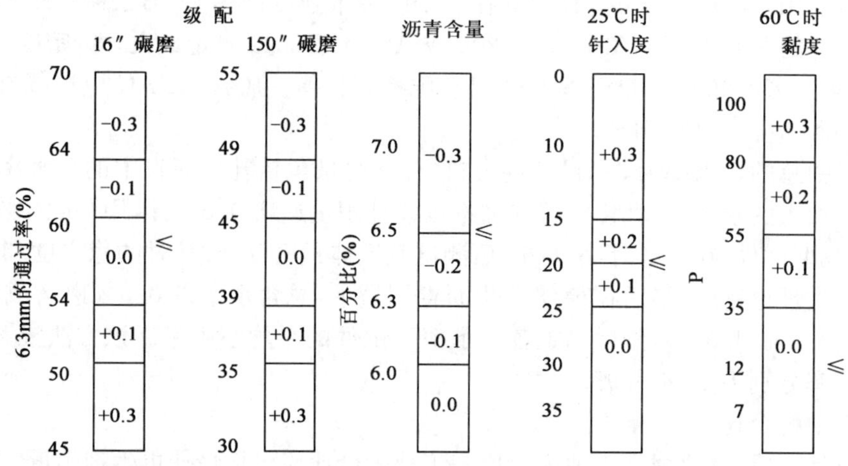

图9-19 确定EC_{EST}的调整系数图

通过式(9-8)及图9-19确定乳化沥青用量，若调整系数正好出现在边界上，则选择较低的系数，若用针入度和绝对黏度确定EC_{EST}两者不一致，则选择较小的EC_{EST}。下一步，根据确定的总液体含量确定需要的加水量。然后在一系列含水率下(如1.0%、1.5%、2.0%)，按确定的乳化沥青用量与RAP材料拌和混合料。记录每个混合料的质量，然后将混合料分两层放入直径101.6mm，高292.1mm的圆柱形试模中用铁杆捣实，在172 400kPa的荷载下(一分钟内加载至137 900kPa，一分半钟加载至172 400kPa)液压成型试件，172 400 kPa的荷载须持续1min。试件成型后再次测量试件的质量，成型前后试件质量的差值即为损失的水量。当损失的水量在1～4g时，试件的总液体含量即可确定为设计的总液体含量。再生混合料中需要加入的水量即为总液体含量减去乳化沥青含量和RAP材料中的含水率。

b. 加利福尼亚州混合料设计法：该方法的取样法是路面取芯，材料的级配是在RAP材料破碎后分析的。在现场破碎试样，经37.5mm、25mm、20mm、9.5mm和4.75mm的筛网筛分分析其级配。该方法也需测定从RAP材料中回收的沥青的黏度，并给出了再生剂种类和用量的确定以及实验室制备试件的养护方法。压实试件的试验包括毛体积密度、孔隙率和稳定度。试件在设计的稳定度、表面无泛油、最小空隙率为 4%时的最大乳化沥青用量即为选择的设计乳化沥青用量。

c. Chevron 厂拌冷再生混合料设计法主要包括以下几个步骤：RAP 材料的分析；选择新鲜集料的数量和级配；确定沥青胶结料的用量；选择乳化再生剂的类型及用量；实验室试验；确定生产配合比。

Chevron 混合料法讨论了 RAP 材料中沥青胶结料的含量和抽提集料级配的确定方法，规定了确定新鲜集料和新鲜沥青用量的方法，还提供了乳化再生剂类型和用量的选择指南。在养护早期和养护结束时拌和混合料，并测试其弹性模量和稳定度。在符合设计弹性模量和稳定度的再生剂用量中选取最小的再生剂用量（最小为 2%）为最终生产配合比的再生剂用量。该方法允许使用 100%的 RAP 材料，并提供了详细的设计示例。

d. 宾夕法尼亚州混合料设计法：该方法规定了 RAP 材料的尺寸，混合料最佳含水率和乳化沥青最佳用量的确定步骤。最初的分析包括确定 RAP 材料中集料的级配，RAP 材料中沥青的含量以及 RAP 材料中回收沥青的针入度和黏度。

宾夕法尼亚州混合料设计法提出了两组试验。一组试验是乳化沥青用量不变，在不同含水率下进行裹覆试验，根据该试验的结果可以确定最佳含水率；另一组试验是养护、压实后的试件在有水条件和无水条件下测试其弹性模量，以确定混合料的最佳乳化沥青的用量。

e. 沥青协会混合料设计方法的主要设计步骤为确定混合料集料（RAP 材料＋新鲜集料）的级配，该步骤的目的是确定集料的级配和 RAP 中的沥青含量；选择新鲜沥青的性能等级；在建议的经验配合比基础上确定沥青用量；计算混合料中新鲜沥青的用量；生产中调整沥青用量。

（3）现场冷再生和全深再生法的材料和混合料设计

现场冷再生混合料应满足表 9-20 中所列的规范。

现场冷再生混合料规范　　表 9-20

性　质	标　准	目　的
SGC，压实功	1.25°　600kPa　30RPM	密度指标
密度，ASTM D2726 或相当	报告	压密指示
级配（铣刨料设计）ASTM<117	报告	
马歇尔稳定度，ASTM D1559，Part5，40℃	567N	稳定度指示
残留稳定度（养生后）	70%，最小	抗水损害能力
间接抗拉强度 改进的 AASHTO TP9	改进的 TP9-96	开裂（温度）
松散试验，改进的 ISSA-TB100	2%，最大	松散阻力

注：1. 养护后稳定度指压实试件在 60℃温度下烘干至恒重。

2. 真空饱水 55%～75%，25℃，23hr，最后一小时 40℃水浴。

3. 100mm 直径 SGC 试件。

9.3 水泥混凝土路面再生利用

9.3.1 加铺技术

1)原水泥混凝土路面状况的评价

(1)路面破损调查

路面破损状况采用人工现场调查的方法进行统计,主要调查路面断板、断角、破碎板、接缝损坏等病害类型的破坏程度、发展状况、位置等。根据路面破损情况调查结果分车道计算了路面状况指数(PCI)和断板率(DBL)两项指标。

①路面状况指数 PCI

路面状况指数 PCI 反映调查路段路面总破损状况,是决定路面养护或改造时机的重要参考指标。根据路面破损状况根据《公路水泥混凝土路面养护技术规范》(JTJ 073.1—2001),将路面质量分为五个等级,如表 9-21 所示。

路面破损状况评定标准　　表 9-21

评定等级 / 指标	优	良	中	次	差
路面状况指数 PCI	≥85	70～84	55～69	40～54	<40

②断板率 DBL

断板率 DBL 反映调查路段的路面结构性破损状况,是确定加铺方案的重要参考指标。根据《公路水泥混凝土路面养护技术规范》(JTJ 073.1—2001),路面断板率划分的路面状况分级标准如表 9-22 所示。

各车道断板率统计　　表 9-22

评定等级 / 指标	优	良	中	次	差
断板率 DBL(%)	≤1	2～5	6～10	11～20	>20

(2)基层强度调查

基层强度调查采用落锤式弯沉仪(FWD),根据板中弯沉盘反算基层模量的方法对现有路面基层强度进行评价。

弯沉检测时采用最不利原则,只对上、下行方向的行车道进行板中弯沉检测,检测时仅检测没有断裂的板,测点布置如图 9-20 所示。

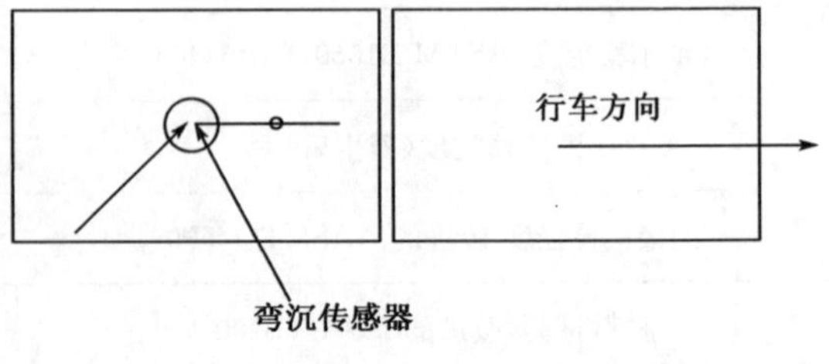

图 9-20　基层强度调查 FWD 布位示意图

(3)脱空及传荷能力测试

设计过程中,采用水泥混凝土板板角单点弯沉值判断水泥混凝土板脱空与否,采用相邻板块之间的弯沉差判断不同板块的传荷能力。

弯沉检测采用落锤式弯沉仪，板角弯沉检测点位布置如图 9-21 所示。

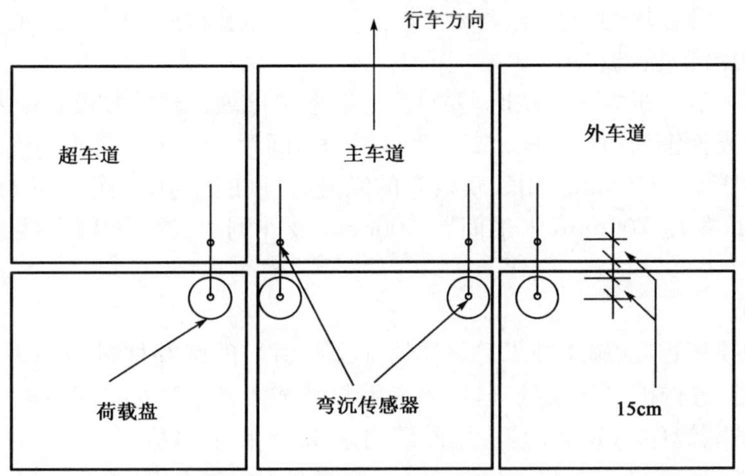

图 9-21　板角弯沉检测点位布置图

板底脱空判断依据为：①板角弯沉≤14(0.01mm)，板底没有脱空，不需要进行处理；②40(0.01mm)≥板角弯沉＞14(0.01mm)，板底已经脱空，进行钻孔压浆处理；③板角弯沉＞40(0.01mm)，板底脱空十分严重，进行换板处理。

(4)路面取芯

通过芯样的弯拉强度试验结果来评价路面板的强度。

2)旧水泥混凝土路面板典型病害处治

针对水泥混凝土路面断板、裂缝、板角破碎、板底脱空、接缝传荷能力不足、接缝破坏六种典型病害的修复，提出病害处治标准化程序。

(1)断板处理

当水泥混凝土板出现一条或一条以上贯穿全板的裂缝将板块分成两块或两块以上时视为断板。对于断板采用换板方法处理，首先将旧板破碎，运走，处理基层，待基层强度达到要求后重新浇筑路面板。断板处理的施工注意事项如下。

①破碎机械不得使用冲击锤，因其冲击力对周围板块基层有振动影响，建议采用人工配合空压机，小型凿岩机也可。

②浇筑新板前必须处理基层。基层表面有轻微碎裂时，清除表层松散碎块，露出基层完好部分，当基层处理厚度大于 5cm 时，可采用 C20 素混凝土修复；当基层处理厚度小于 5cm 时，可直接与面板一同修复。基层开裂严重时，应将基层全部挖除，然后回填 C20 水泥混凝土。基层表面要平整，且具有一定的横坡坡度。

③破碎旧板时，对于纵缝、横缝内的拉杆、传力杆应根据其完好情况予以保留或进行恢复。当传力杆或拉杆与相邻板黏结牢固时，应予以保留并尽量减少破除旧板过程中的扰动。当传力杆或拉杆已经松动、折断或严重扭曲时，应进行更换，将旧的传力杆或拉杆钢筋切断，然后在其一侧 100mm 处钻孔，孔的周围应先湿润，用砂浆填塞后设置传力杆或拉杆，然后浇筑新板。

④新浇的水泥混凝土板块的强度、材料要求、配合比、施工工艺等应符合《公路水泥混凝土路面设计规范》(JTG D40—2011)的规定。在水泥混凝土配合比中适当加入早强剂，新浇筑 C35 水泥混

凝土路面板,28d 弯拉强度不应低于 4.5MPa,新板尺寸同维修处的旧水泥混凝土路面板。

⑤换板时应注意板块的最小宽度应不小于 1m,对原先修补的小于 1m 的板块应连同其相邻的板一同破碎后浇筑新板。

⑥对于连续换板数量大于 2 块时,要对应于旧板留出纵、横缝,并设置传力杆和拉杆。

传力杆采用光面钢筋,直径 30mm,长度 400mm,间距 300mm,最外侧传力杆距纵向接缝或自由边距离为 150～250mm。相邻新板间的纵缝必须在板厚中央设置拉杆,拉杆采用螺纹钢筋,直径 14mm,长度 700mm,水平间距 600mm,最外侧的拉杆距横向接缝的距离不得小于 100mm。

(2)裂缝维修

根据裂缝的损坏程度、施工技术等具体情况选择适当的修补材料和方法。对于宽度小于 3mm 的轻微裂缝,进行扩缝灌浆处理,顺着裂缝扩宽成 1.5～2.0cm 的沟槽,深度为板厚 1/3 左右;对于较宽的裂缝(≥ 3mm),应先清除缝内杂物,并在上口适当扩展成倒梯形,顶宽 15～20cm,底宽 5～15cm,深度为板厚 1/3 左右,再灌缝黏结。黏结剂或填缝料可用聚氯乙烯胶泥、环氧砂浆、聚氨酯等。对宽度较大的严重裂缝(≥15mm),应进行切割或换板处理。

(3)板角的处理

板角断裂应按破裂的大小确定切割范围并放样。用切割机切出边缘,用风镐凿除破损部分,打成规则的垂直面,如图 9-22 所示。当有钢筋时,不应切断钢筋,如果钢筋难以全部保留,至少也要保留 200～300mm 长的钢筋头,且要长短交错。

(4)板底脱空处理

根据旧水泥混凝土路面板板角单点实测弯沉值的大小判断板底的脱空情况,针对脱空情况采取相应的处理方法。

①单点实测弯沉值 $L_r \geq 40$(0.01mm)时,将水泥混凝土板整板破碎后浇筑新板。

②单点实测弯沉值 $14 \leq L_r \leq 40$(0.01mm)时,对水泥混凝土板进行钻孔压浆处理。

钻孔压浆的施工工艺参照下列步骤。

①布孔:每块板 4～11 孔,孔边距板边的距离为 0.5m。布孔方式如图 9-23 所示。

②钻孔:钻头直径 3cm,钻孔深度超过板厚 3～5cm,安排专人量测并记录孔深。

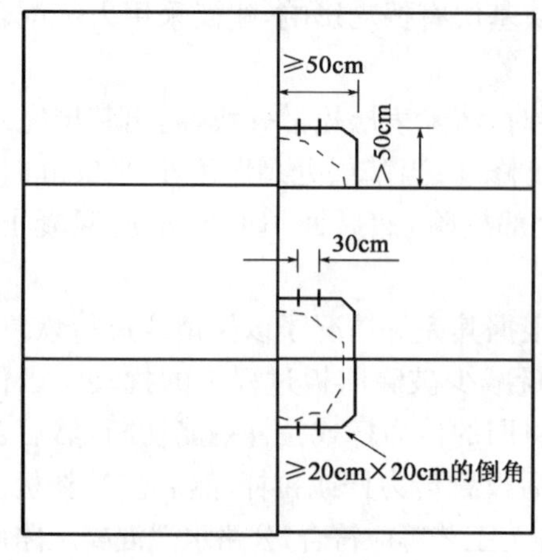

图 9-22 板角断裂处理示意图

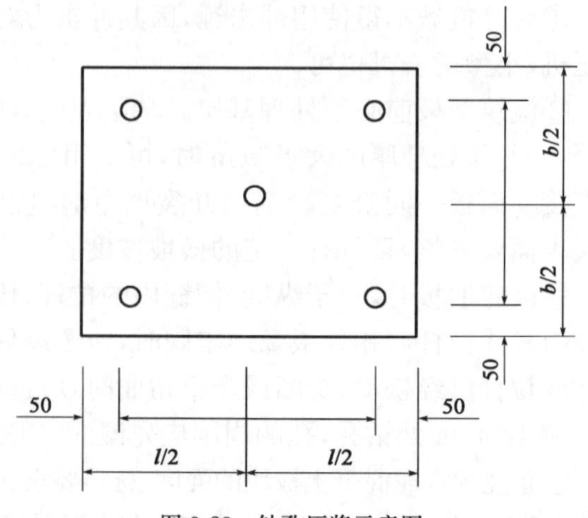

图 9-23 钻孔压浆示意图

③临时封孔：大面积流水作业，各种施工车辆来往不断，钻好的孔需临时采用木塞封孔(注意雨天采用塑料薄膜覆盖)，以防杂物落入。

④预埋法兰螺帽：为使压浆管枪头能固定于压浆孔口上，形成整体，有足够的压力压浆，需要先在孔口内壁埋法兰螺帽。螺帽的黏结剂采用现场调配的环氧树脂。预埋螺帽后，需继续封孔，以防杂物落入。

⑤清孔：用空气高压枪，插入压浆孔中，吹出杂物。

⑥压浆：压浆(灰浆强度等级为C40)采用冲程式压浆机。压浆关键是将压浆枪头与板块上的压浆孔连接牢固，不漏浆，保证压浆压力。压浆压力为2MPa并稳定1min，然后关闭压力阀，并将回流的灰浆用提桶接住，倒回灰浆缸。

压浆采用的灰浆应具备下列特点：初凝时间长，施工和易性好，早期强度高，收缩性小。

⑦封孔养生：压浆后，应立即用木塞封孔，至少养生3d，期间禁止车辆通行。

⑧第二次压浆：经第一次压浆养生3d后，采用贝克曼梁弯沉仪测定板角单点弯沉值进行验收，单点弯沉值必须小于14(0.01mm)；当验收时对于单点弯沉值大于14(0.01mm)的点，用红漆直接标记于板块角上，钻孔组根据标记进行补孔，重复上面的压浆过程，直至单点弯沉值小于14(0.01mm)。待灰浆抗压强度达到3MPa时，用水泥砂浆封孔。

⑨对于反复压浆仍不能满足要求的，采取换板处理，其基层处理、传力杆、拉杆、面板浇筑要求按断板处理中的相关规定执行。

由于钻孔压浆工艺是本项目旧水泥混凝土路面维修的关键技术，建议采用专业队伍进行施工。

(5)传荷能力修复

钻孔压浆后，对于相邻两板弯沉差大于或等于0.06mm的接缝，在接缝两边各500mm进行全深度切割，清除切割的旧板，用C20混凝土修复基层，然后重新浇筑混凝土面板。新浇筑部分与旧板间接缝要设置传力杆，传力杆采用光面钢筋，直径30mm，长度400mm，间距300mm，最外侧传力杆距纵向接缝或自由边距离为150～250mm。

(6)接缝修复

板块维修好后，为防止地下水侵入加铺层，应对全线每块板之间的每条纵、横缝及硬路肩与边板之间用清缝机进行清缝，并用灌浆机填缝。采用水泥混凝土路面嵌缝料，它由石油沥青、树脂为基料，加入适量的改性剂，辅以必要的添加剂，在特定条件下配制而成，属加热施工式。现场开箱，将料装入专用施工机具加热箱中。技术性能指标见表9-23。

嵌缝料技术性能指标 表9-23

序号	项目名称	单位	技术标准	
			高弹	低弹
1	针入度	0.1mm	<90	<50
2	流动度	mm	<2	<5
3	弹性	%	>60	>30
4	黏结拉伸	mm	>15	>5
5	密度	g/cm	—	—
6	灌入温度	℃	—	—

3)加铺层厚度计算方法

当采用较厚加铺层方案时，常用的经验方法有美国地沥青学会法、COE 经验法、AASHTO 经验法和有效厚度法等。下面将分别按这几种方法计算沥青加铺层的厚度，通过分析提出合理的加铺层结构组成。

(1)美国地沥青学会法

表 9-24 是美国地沥青学会法关于水泥混凝土路面上沥青加铺层的通用厚度设计表，沥青加铺层厚度的选用考虑了水平拉应力和竖向剪应力两者的作用，以便使反射裂缝减小到最低程度。在这一方法中，加铺层厚度与板长及年平均温度差有关。

水泥混凝土路面上沥青加铺层通用厚度值(单位：cm)　　表 9-24

板长(m)	年平均温度差(℃)					
	17	22	28	34	39	45
3	10	10	10	10	10	10
4.5	10	10	10	10	10	10
6	10	10	10	10	13	14
7.5	10	10	10	13	15	18
9	10	10	13	15	18	采用其他方案
10.5	10	12	15	18	采用其他方案	采用其他方案
12	10	14	18	采用其他方案	采用其他方案	采用其他方案
13.5	12	15	采用其他方案	采用其他方案	采用其他方案	采用其他方案
15	13	18	采用其他方案	采用其他方案	采用其他方案	采用其他方案

注：年平均温度差指 30 年平均的最热和最冷月正常日最高温度与正常日最低温度之差。

表 9-24 中建议最小厚度值为 10cm，此厚度将减小挠度约 20%。当加铺层厚度超过 18cm 时应考虑采用其他方案，如破碎稳固法，增设裂缝松弛法等。

(2)COE 经验法

美国工程师队(COE)按照补足厚度缺额的概念，依据试验路的观察和分析结果，提出了旧水泥混凝土路面上加铺沥青层的经验计算公式。

$$h=A(fh_d-c_bh_0) \tag{9-9}$$

式中：h_d——按现有地基承载力和未来交通要求，由新建混凝土路面设计方法确定的单层混凝土面板所需厚度(cm)；

h_0——旧混凝土板的厚度(cm)；

c_b——旧面层板的状况系数，含有细微的初始裂缝时，$c_b=1$；含有多条裂缝或角隅断裂时，$c_b=0.75$；

f——控制旧面板层在加铺后裂缝进一步发展程度的系数，随交通和路基强度变动，大小为 0.6~1；

A——混凝土层厚与沥青层厚的当量转换系数，$A=2.5$；而美国联邦航空局(FAA)在 1998 年的设计手册中将系数由 2.5 提高到 3.0。

式(9-9)中 h_d 不但与交通量和地基承载力有关，还与板长、温差等因素有关，精确计算比较困难。对于沥青加铺层设计，混凝土面板的估计厚度 h_d 可参照表 9-25 取值。

混凝土面板的估计厚度 表 9-25

交通量等级	特 重	重	中 等	轻
估计厚度(cm)	28	25	23	21

式(9-9)中 c_b 值波动的范围较大，具体选用时难以把握，建议根据旧混凝土路面状况指数的评价结果，按表 9-26 取值。

旧混凝土面板状况系数 表 9-26

路面状况评价	优	良	中	次	差
c_b	1	0.92～0.99	0.83～0.91	0.74～0.82	0.65～0.73

(3)AASHTO 法

美国 AASHTO 的路面设计指南也采用补足厚度缺额的概念确定沥青加铺层的厚度，但放弃了修正系数 f 的考虑，即不考虑加铺后旧混凝土面板的进一步开裂。其计算公式如下：

$$h=B(h_d-h_e) \tag{9-10}$$

$$h_e=c_1c_2c_3h_0 \tag{9-11}$$

式中 h_e——有效厚度(cm)；

c_1——考虑损坏接缝和裂缝是否修复的系数，加铺前已进行全厚度修补时，$c_1=1$；否则按每公里未修复接缝和裂缝的数量在 0.6～1.0 范围内选取；

c_2——考虑旧面层是否存在耐久性问题(耐久性裂缝或反应性集料病害)的系数，无耐久性问题时，$c_2=1$；有耐久性裂缝但未碎裂时，$c_2=0.96$～0.99；有少量碎裂时，$c_2=0.88$～0.95；严重碎裂时，$c_2=0.80$～0.87；

c_3——考虑疲劳损坏程度的系数，少量横向裂缝板(＜5%)，$c_3=0.97$～1.0；较多横向裂缝板(5%～15%)，$c_3=0.94$～0.96；大量横向裂缝板，$c_3=0.90$～0.93；

B——混凝土层厚与沥青层厚的当量转换系数。它是混凝土厚度缺额的函数，由式(9-12)确定。

$$B=2.2233+0.00153(h_d-h_e)^2-0.0604(h_d-h_e) \tag{9-12}$$

(4)有效厚度法

有效厚度法的基本思路是加铺层所需的厚度是新路面所需的厚度与旧路面有效厚度之差。

$$h=h_n-h_e \tag{9-13}$$

式中：h——加铺层厚度(m)；

h_n——新路面厚度(m)；

h_e——旧路面有效厚度(m)。

此处 h_n 是指全厚式沥青路面的厚度，即直接铺筑在土基上的沥青层厚度，在已知土基计算回弹模量和荷载参数时，其值可通过路面结构程序计算得到。

各层有效厚度的计算是将各层实际厚度乘以换算系数并求和得到。

$$h_e=\sum_{i=1}^{n}h_ic_i \tag{9-14}$$

式中：h_e——旧路面有效厚度(m)；

h_i 和 c_i——分别为第 i 层的厚度和换算系数。

c_i 可按表 9-27 选取。

确定有效厚度所用的换算参数 表 9-27

材料分类	材料描述	换算系数 c_i
Ⅰ	(1)任何情况下的天然土基； (2)改良土基，以粒状材料为主，可含一些粉土或黏土，但 PI 为 10 或 10 以下； (3)石灰改良高塑性土基，PI 大于 10	0
Ⅱ	粒料底基层或基层级配较好，为硬集料，含少量 CBR 不小于 20 的塑性细颗粒。如 PI 为 6 或 6 以下采用小值	0.1～0.2
Ⅲ	水泥或石灰-粉煤灰稳定低塑性土底基层，PI 为 10 或 10 以下	0.2～0.3
Ⅳ	(1)乳化沥青或稀释沥青面层和基层，呈现大量开裂及很多剥落或集料粉碎现象，轮迹处明显变形，失去稳定性； (2)水泥混凝土路面(包括沥青面层下的混凝土路面)，在加铺前已破碎成最大尺寸为 0.6m 或更小的碎块；如有底基层采用大值，面板铺设在土基上则用小值； (3)水泥或石灰-粉煤灰稳定基层，已有反射裂缝的发展趋势。如裂缝狭而紧密用大值，如裂缝宽、唧泥或明显不稳定则用小值	0.3～0.5
Ⅴ	(1)沥青混凝土面层和基层，有明显的开裂和裂纹； (2)乳化沥青或稀释沥青面层，有细裂纹及剥落或集料粉碎现象，轮迹处有少量变形，但还稳定； (3)水泥混凝土路面(包括沥青面层下的混凝土路面)明显开裂和错台，且无法有效封底，板断裂成 1～4m² 大小的块，并用重轮胎很好地碾压稳固在土基上	0.5～0.7
Ⅵ	(1)沥青混凝土面层和基层，有少量细裂缝，轮迹处有小的间断裂纹和少量变形； (2)乳化沥青或稀释沥青面层和基层，稳定，一般无裂缝，无泛油，轮迹处有小变形； (3)水泥混凝土路面(包括沥青面层下的混凝土路面)，稳定，有底封，有些裂缝，但无小于约 1m² 的小块	0.7～0.9
Ⅶ	(1)沥青混凝土，包括沥青混凝土基层，一般无裂缝，轮迹处有小的变形； (2)水泥混凝土路面，稳定，有底封，一般无裂缝； (3)水泥混凝土基层，位于沥青面层下，稳定，无唧泥，面层有少量反射裂缝	0.9～1.0

9.3.2 破碎稳固技术

1)冲击压实技术

(1)冲击压实技术原理

1995 年南非压实设备技术(PTY)有限公司(贸易名称 LANDPAC，简称蓝派公司)将其“三边形”和“五边形”冲击压路机引入中国，并于当年秋天在黑龙江哈同公路段进行演示。1997 年美国 IRT 公司通过代理在国内销售四边形单冲击轮冲击压路机。截至 2002 年 4 月，在全国各地施工的冲击压路机达 100 多台，但主要应用于土基的夯实。

冲击压实机是引进国外新型的具有高冲击能量的压实机械。它一改传统的拖式光轮压路机的圆形钢轮为五边形或正方形，当机器行走时，在轮面与地面阻力的作用下，轮轴反复抬升和落下进而使钢轮冲击夯压地面。当压实机冲击路面时，面板处于受弯状态，当冲击荷载超过水泥混凝土的抗弯拉强度时，顶面横向裂纹扩展而使面板被折断。随着冲压遍数的增加，钢轮交错作用于面板，横向裂缝变宽并开始出现纵向裂缝。冲击压实机对水泥混凝土路面施加的强大冲击力足以使路面“破碎”和“稳固”，为加铺沥青混凝土面层提供了高强、稳定的基层。冲击压路机破碎原理如图 9-24 所示。

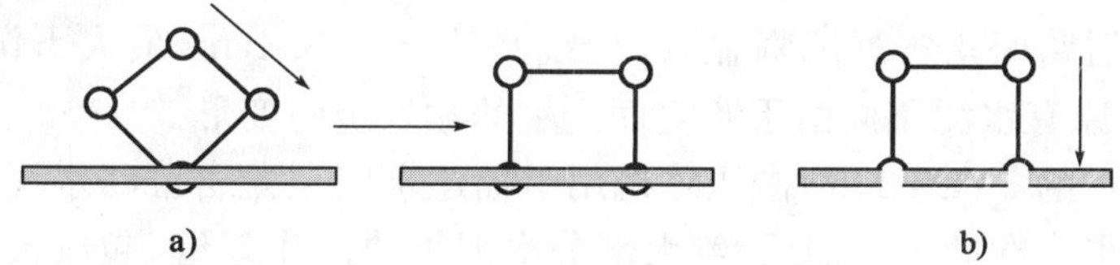

图 9-24 冲击压路机破碎原理示意图

a)滚动打击水泥板；b)水泥板产生裂缝

(2)国内主要冲击压实机型

水泥混凝土面板冲击压实破碎的方法在美国、南非等一些国家得到了大量应用，我国自 1995 年引进蓝派冲击压路机以来，国内工程机械厂家开始研制，现在福建三明、郑州重工等已经开始生产冲击压路机。目前，国内应用的冲击压实机主要有 IMPACTOR2000、蓝派 15T5 等设备。IMPACTOR2000 为单轮四边形压路机(图 9-25)，主要技术指标为：高度 1.956m，宽度 2.565m，长度 5.842m，轮重 12.7t，最高冲击次数 2 遍/s，行走速度 11～13km/h，其中低速用于破坏，高速用于压实；破碎压强 206.8MPa，压实功率 30 000J/击打，有效压实宽度 2.13m。蓝派 15T5 为双碾压轮五边形冲击压实机，主要技术指标为：机重 15t，轮重 6t，轮间隙 118cm，轮宽 90cm，五边轮轮叶半径 $R_{大}=111\text{cm}$，$R_{小}=97\text{cm}$。蓝派 15T5 标定势能为 15kJ，作业时冲击力为 300kN。国内主要冲击压路机技术参数见表 9-28。

图 9-25 IMPACTOR2000 冲击压实机

国内主要冲击压路机技术参数 表 9-28

生产厂家	三明重机厂	郑州工程厂	南非蓝派公司	美国 IRT 公司
型号	5YCT20	5YT20	15T5	IRT2000
冲击轮外形	五边形	五边形	五边形	四边形
静态冲击能量(kJ)	20	20	15	30
冲击力(kN)	180 000～200 000	180 000～200 000	100 000～150 000	260 000～300 000
冲击轮宽度(mm)	900	900	900(两个)	213
整机质量(t)	15.6	16.2	15.5	14.0
作业时速(km/h)	3～20	5～15	9～12	11～13

(3)冲击压路机破碎效果

浙江省衢州、宁波等地采用蓝派公司冲击压路机进行水泥路面的破碎。2003 年衢州在 320 国道采用蓝派 15T5 压路机完成 10km 水泥混凝土路面的破碎。宁波在甬余老线大修工程中也采用该技术。15T5 压路机对水泥混凝土路面冲压 10～15 遍后,基本完成破碎,如图 9-26所示。破碎后水泥颗粒尺寸在 30～40cm。

IMPACTOR2000 冲击压实机曾用于广东省 S118 线旧水泥混凝土路面的破碎改造加铺沥青路面工程。IMPACTOR2000 对水泥路面冲压 10～15 遍后,可将水泥路面破碎至 50～100cm 碎块。破碎后路面总弯沉沉降显著,全线平均下沉 8.4cm,最大下沉 40cm,最小下沉 1cm,有效地消除了原有水泥路面由于脱空而产生的额外竖向变形。

三明重机厂生产的 5YCT20 冲击压路机用于福建永定至龙岩公路水泥混凝土路面破碎,具有较好的破碎效果。在冲压 5 遍后,绝大部分水泥板块产生裂缝,裂纹大部分呈横向分布,裂缝块呈长条形。冲击 10 遍后,板块产生块状裂缝,水泥颗粒尺寸在 20～30cm,如图 9-27 所示。

图 9-26　冲压 10～15 遍后基本完成破碎

图 9-27　冲击破碎后水泥颗粒

(4)冲击压路机破碎工艺

冲击压实机是利用五边形或四边形钢轮在拖动过程中作用于水泥混凝土路面上的巨大冲击力使水泥混凝土路面破碎。根据断裂力学原理,水泥混凝土面板在水平方向所受约束力越小,破碎压实效果就越好。因此冲压施工应从外侧混凝土面板依次向内侧进行冲压,即采用路肩、行车道、超车道的顺序碾压,每冲压一遍后按照以上顺序进行下遍冲压。前 5 遍冲压主要是完成对混凝土板块断裂破碎,应选择较慢的拖动速度(7～9km/h)以产生最佳破碎效果;冲压 5 遍后考虑到压实和破碎双重作用,可以适当提高拖动速度(9～12km/h)。冲击破碎最终获得的网状碎块尺寸一般应控制在 45～50cm,该碎块并非一般意义的明显碎块而是裂纹(缝)贯穿块与块之间而形成的集料嵌锁结构,从而保留了原水泥混凝土路面所具有的大部分结构强度。在冲击破碎施工中应控制冲击遍数,过度的冲击会导致水泥板破碎严重,碎块离散,产生大量碎屑,这样会严重降低原水泥板的承载能力。

冲击压实过程产生的巨大冲击力会对基层、土基、公路构造物、公路周围的建筑物造成影响甚至产生结构性破坏,因此冲击压实施工限制条件较多。特别是遇穿桥涵、隧道、地下管线、公路周边民房等应尽量避让。根据蓝派公司技术要求,管涵上添土高度小于 2m,盖板涵上添土高度小于 3m,禁止使用冲击破碎,冲压边界距离桥头不小于 5m;根据美国规范,冲击破碎施工现场与公路周边建筑物的安全距离不应小于15m。这些不宜采用冲击压实施工的路段只能采用人工或其他机械凿碎，因此对于多隧道、管涵的路段并不适用。

同时冲击振动可以传递到基层和土基，因此土基和基层也会受到影响。一方面，在巨大的冲击能力下，土基和基层可以被压密压实，提高承载能力；但另一方面，如果土基不稳定或含水率过高，会造成土基和基层一定程度破坏，局部强度降低。根据广东省S118线旧水泥混凝土路面的破碎改造加铺沥青路面工程经验，天然含水率超过最佳含水率30%以上的地段，当冲压到12～15遍时，即开始出现"弹簧"土现象，如果继续冲压，只会加剧"弹簧"现象向深层发展，使路基土彻底丧失原有强度。

另外，注意冲击破碎不能造成水泥板块过分破碎、表面水泥颗粒呈粉状，否则可能造成承载能力严重降低。因此必须在加铺层结构设计时加以考虑。

破碎后采用40t轮胎压路机碾压3～5遍，以使水泥颗粒稳固。在碾压过程如发现有松动、难以压实的区域，应进行处理。一般可采用开挖、替换材料的方法处理。

(5)冲击压稳技术施工要点及质量控制标准

①施工准备

a. 构造物避让

冲压前对以下构造物进行标记，冲压过程应进行避让。其上水泥板采用人工风镐或其他方式破碎。

管涵上添土高度小于2m，冲压边界为管涵边缘2m以上。

盖板涵上添土高度小于3m，冲压边界为管涵边缘3m以上。

桥头：冲压边界为桥头5m以上。

通道：冲压边界为桥头3m以上。

对光缆、民房等其他需要避让的设施现场确定避让距离。

b. 设置高程控制点

在水泥混凝土路面上每100m设置一高程控制点。

c. 排水

在施工前2周，设置排水边沟。雨天禁止冲压。排水边沟必须在以下情况下设置：竖曲线底部、原路面翻浆处、平曲线超高低侧和所有存在排水问题的地段。

d. 交通与安全管理

冲压施工区域禁止车辆通行，并设有专人负责交通与安全管理。

e. 路面清理

冲击破碎前，对所有局部沥青混凝土罩面、修补应进行清除。

f. 试验段冲压

选择具有代表性的100～200m水泥混凝土路段作为试验段进行冲压试验，以确定各种施工工艺和技术参数。

②冲压施工

a. 冲压顺序

采用路肩、行车道、超车道的顺序依次进行碾压。

b. 冲压速度

冲压速度根据现场情况确定。一般前5遍冲压速度控制在5～10km/h,5遍之后控制在10～15km/h。

c.冲压遍数

根据现场试验段确定冲压遍数,一般需要15～25遍。

d.构造物监测

冲压过程中对冲压区域内构造物进行检查,查看是否有异常现象发生。如有构造物破坏现象,应立即停止作业。

③压实稳定

a.清扫

应采用电动扫帚、压缩空气或其他可行的方法清除对破碎的水泥混凝土路面上所有的松散、破碎的混凝土,尘土和杂物。

b.修补

对于大于1m的水泥碎块人工进行破碎;对于裂纹宽度较大,未形成嵌挤结构的局部路面,采用3～5mm碎石嵌缝;对于破碎严重、明显松散的区域进行挖除,用碎石添补、压实。

c.压实

采用40t以上的轮胎压路机压实稳定,碾压3～5遍。

任何在压实过程中暴露出的软弱或不稳定区域必须在铺筑面层之前进行修复、挖补并压实。

④质量控制

a.破碎尺寸要求与检测

完成冲压后水泥混凝土路面应形成互相嵌挤的网状碎块,80%以上的水泥碎块平均当量半径为40～45m,最大为60cm。同时避免水泥混凝土路面严重破碎,以致路面粉状、细小颗粒较多。

冲压过程中每5遍检查一次水泥混凝土路面破碎情况。每20m量取代表性区域碎块的尺寸,记录最大值、平均值,并结合文字描述。

b.沉降控制要求与检测

最终两次冲压沉降量量差值小于5mm,结束冲压。

冲击前应对原路面高程检测一次,每冲压5遍检测一次沉降量。冲压15遍后每冲压一次测量一次沉降值。

当沉降值达到设计要求时,应对板块破碎情况进行检测。如果破碎状况达不到要求时,可继续进行碾压。每冲压一次检测破碎情况,如能满足破碎要求,即可停止碾压。

2)打裂压稳技术

(1)打裂压稳技术原理

打裂压稳技术的原理比较简单,它是通过一个大吨位的门刀式冲击锤从高处自由落体所产生的巨大冲击力一次将水泥板打裂(图9-28)。通常,门刀式冲击锤的宽度为30～40mm,长度为200～250mm,质量为5～8t,提升高度为100～150mm。瞬间冲击力可以达到500～1 000kN,这样完成一次打击即可造成水泥板破碎。

(2)打裂压稳破碎设备

图9-29为美国ANTIGO公司生产的Badger Breaker 8600破碎机,目前山东省公路养护

工程公司已经引进这种设备。BB8600 破碎机锤重 12 000 磅(5 500kg),锤头长 96in(250mm),宽 1.5in(38mm),锤头最大提升高度为 108in (2 700mm),最大打击次数为 35 次/min,最大工作移动速度为 80 英尺/min(24m/min)。

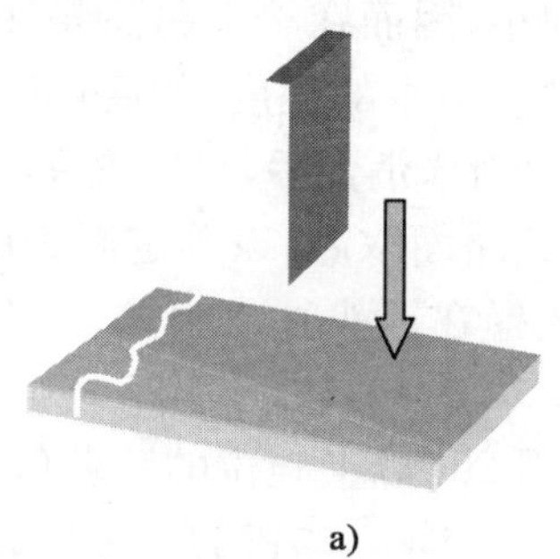

a)

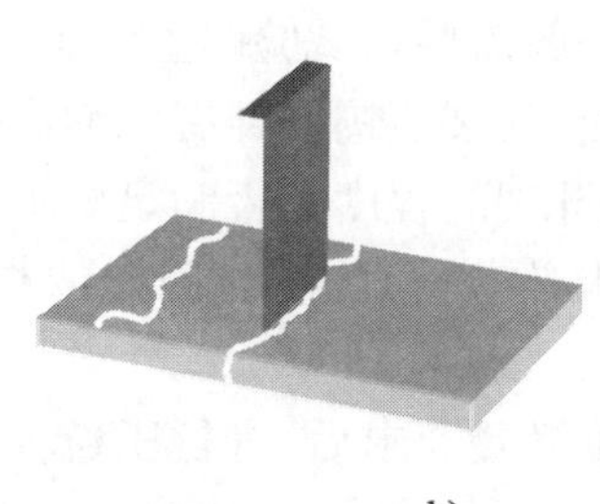

b)

图 9-28　打裂破碎原理示意图

(3)打裂压稳破碎效果

门刀式破碎机每隔 0.5～1.0m 打击一次水泥混凝土路面,打击一次即完成破碎,一般不可重复打击路面,如图 9-30 所示。

水泥混凝土路面打裂压稳后形成的碎块面积在 0.4～0.6m^2,碎块的最大尺寸一般为 50～90cm,成功的打裂压稳技术可将混凝土路面转变成半刚性系统,可以在保证罩面施工所需稳定基层的同时减缓板体过大的位移(水平方向和竖直方向),如图 9-31 所示。但是,这样大小的水泥板还不足以消除反射裂缝,只能是延缓反射裂缝的发生。

图 9-29　Badger Breaker 8600 破碎机

图 9-30　门刀式破碎机对水泥路面破碎

图 9-31　破碎效果

(4)打裂压稳破碎工艺

在打裂稳固施工之前一般进行 150m 左右长度单向车道的试验路破碎,以确定破碎机的工作参数。落锤式破碎机的冲击强度由锤头高度和锤击间距确定。锤头间距一般不大于 60cm,通常为 50～60cm。锤头高度应由低到高不断调整直至达到破碎要求(一般为 1.4～

1.6m)。打裂压稳技术一般要求破碎效果应使75%以上的路面不规则开裂,相邻裂缝围成的颗粒为0.4～0.6m^2。为避免过度破坏水泥板,破碎时不应使路面面板产生过大位移,防止水泥板由于裂缝过多而产生大量的水泥碎屑。

落锤式破碎机作用下水泥面板产生的裂缝极为细小,因而在干燥路面条件下识别路面开裂较为困难。一般需要在试验路上均匀洒水到可见到自由水的程度,然后再破碎施工。在破碎时,应可以看到开裂痕迹并拌有气泡产生。在路面自由水消失后,可以观察到清晰的裂缝痕迹,并由此鉴别开裂的程度是否满足要求。在破碎后的路面取芯,以确定开裂的程度和深度。由于路面开裂未必沿竖直方向,因此取样的位置宜选择在锤头冲击痕迹的端部或开裂的交叉点。

在破碎程度满足要求后,进行压稳程序。一般采用20t以上吨位的胶轮压路机碾压3～5遍,碾压顺序为路边到路中,以使破碎的水泥粒块稳固。胶轮压路机的胶轮与地面接触为软对硬,可以消除水泥碎块的反跳现象。采用碾压后以路面高程沉降变化量作为控制标准,即每次压稳后最大沉降变化量小于5mm,则认为压稳施工达到要求,但至少碾压2遍。碾压速度不大于4.8km/h。

打裂压稳对路面的冲击力虽然没有冲击压实巨大,但是同样会对基层、路基及其他构造物产生影响。施工作业时注意远离房屋5m以上,远离桥涵、隧道、地下管线及其他构造物等2m以上。蓝派技术需要多次冲压才能完成水泥板破碎,而打裂压稳只需对路面打击一次即可完成对水泥板破碎,因此施工效果较高,打裂速度可达500m/h。

(5)打裂压稳技术施工要点及质量控制标准

①施工准备

a. 构造物避让

打裂前对以下构造物进行标记,冲压过程应进行避让。其上水泥板采用人工风镐或其他方式破碎。

管涵上添土高度小于2m,打裂边界为管涵边缘2m以上。

盖板涵上添土高度小于3m,打裂边界为管涵边缘2m以上。

桥头:打裂边界为桥头3m以上。

通道:打裂边界为桥头2m以上。

对光缆、民房等其他需要避让的设施现场确定避让距离。一般要求远离房屋5m以上。

b. 设置高程控制点

在水泥路面上每100m设置高程控制点。

c. 排水

在施工前2周,设置排水边沟。雨天禁止打裂施工。

d. 交通与安全管理

打裂施工区域禁止车辆通行,并设有专人负责交通与安全管理。

e. 路面清理

打裂施工前,对所有局部沥青混凝土罩面、修补应进行清除。

f. 试验段测试

选择具有代表性的100～200m水泥混凝土路段作为试验段进行冲压试验,以确定各种施工工艺和技术参数，如冲击锤提升高度、打裂设备行走速度等。

②冲压施工

a. 打裂顺序

采用路肩、行车道、超车道的顺序依次进行碾压。对于一车道水泥混凝土板的打裂，按照从混凝土板外缘向内缘依次进行打裂。

b. 打裂速度

一般要求每 0.5～0.6m 打击一次混凝土板，可根据冲击锤提升高度、打裂破碎尺寸要求等确定打裂设备行走速度。

c. 打裂遍数

要求一次打裂即完成水泥板破碎，对于 4～5m 宽的混凝土面板，需要在与第一次打裂位置另一侧对齐处再打裂一遍。

d. 构造物监测

施工过程中对打裂区域内构造物进行检查，查看是否有异常现象发生。如有构造物破坏现象，应立即停止作业。

③压实稳定

a. 清扫

应采用扫帚、压缩空气或其他批准的方法清除对破碎的水泥混凝土路面所有的松散、破碎的混凝土、尘土和外来物。

b. 修补

对于大于 1m 的水泥碎块人工进行破碎；对于裂纹宽度较大，未形成嵌挤结构的局部路面，采用 3～5mm 碎石嵌缝；对于破碎严重、明显松散的区域进行挖除，用碎石添补、压实。

c. 压实

采用 40t 以上的轮胎压路机压实稳定，碾压 3～5 遍。

任何在压实过程中暴露出的软弱或不稳定区域必须在铺筑面层之前进行修复、挖补并压实。

④质量控制

a. 破碎尺寸要求

完成打裂后，应使 75％以上的路面不规则开裂，相邻裂缝围成的颗粒为 0.4～0.6m^2。同时避免水泥混凝土路面严重破碎，以致路面粉状、细小颗粒较多。

b. 破碎尺寸检测

打裂过程中每 20m 量取代表性区域碎块的尺寸，记录最大值、平均值，并结合文字描述。

3)碎石化技术

(1)碎石化技术原理

碎石化改造技术是通过对旧水泥混凝土路面进行比较彻底地破碎从而有效地减少混凝土板的有效尺寸，充分降低水泥混凝土板接缝、裂缝处在荷载、温度、湿度变化下的位移，从而有效地防止反射裂缝的发生。与冲击压实和打裂压稳相比，碎石化对旧水泥混凝土面板的破碎程度更为彻底，碎石化处理后水泥碎块的最大粒径为 20～30cm，经压实稳固后水泥混凝土面板表面碎块最大尺寸为 5～10cm。这样碎石化通过对旧水泥混凝土路面进行均匀地冲击、破碎、压实，在损失一部分结构强度和整体性能的情况下，把水泥混凝土路面在温度、湿度、荷载作用下的位移降低到沥青混凝土面层可以允许的范围内，从而彻底解决了反射裂缝问题，为加铺沥青混凝土面层提供稳定、坚实的类似于级配碎石的基层。

碎石化技术主要采用两类设备：多锤头破碎机(MHB)和共振式破碎机(RM)。多锤头破碎机破碎原理与打裂压稳技术有所不同，其打击点多、作用面积小，因此破碎尺寸较小。共振式破碎机与其他方法的破碎原理不同，它是利用共振原理完成水泥板破碎，因此破碎效果更好，而且对基层材料影响较少。

碎石化技术是一种对旧水泥混凝土路面较为彻底的破碎、稳定、加铺沥青混凝土的路面改造技术。与冲击压实和打裂压稳相比，碎石化对水泥混凝土面板的破碎程度更高，破碎后水泥颗粒尺寸一般在5～30cm，从而可以很好地解决反射裂缝问题。同时碎石化采用多锤头破碎机来完成对水泥混凝土路面的打击破碎，由于这种设备的锤头质量较小(650kg)，因此对基层、路基、桥涵、管道等构造物影响也较小，对地基的承载力也比冲击压实和打裂压稳要求低。同时多锤头破碎机打击路面一次便可完成路面破碎，施工效率较高。但是碎石化需要专门的破碎设备，破碎程度的增加一方面需要更多的破碎能量，使破碎费用增加；另一方面也使原有路面结构强度降低。

(2)碎石化改造技术相关设备

目前旧水泥混凝土路面碎石化设备主要有两种：多锤头破碎机(MHB)和共振式破碎机。同时采用Z形钢轮压路机完成对破碎的水泥碎块补充破碎和压实稳固。

①多锤头破碎机(MHB)

多锤头破碎机(Multiple Head Breaker，MHB)设备全貌如图9-32所示，目前山东省公路养护公司已经引进该设备。MHB由两部分组成：前半部分为动力系统，柴油发动机，液压传动；后半部分为破碎系统，中间备有2排各3对650kg的锤头，两侧各有1对865kg的翼锤。每对锤头的提升高度可以独立调解，最大提升高度为110cm。MHB其他技术参数见表9-29。

图9-32　MHB多锤头破碎机

MHB多锤头破碎机技术指标　　表9-29

设备参数	数值	设备参数	数值
锤头宽度	200mm(8in)	翼锤最大提升高度	152cm(60in)
锤头长度	305mm(12in)	碎石化宽度	2.4～4.0m(8～12.7ft)
锤头间距	400mm(横向)，510mm(纵向)	工作速度	150～290m/hr
中间锤头最大提升高度	110cm(43in)		

MHB工作时锤头每间隔115mm(4.5in)敲击一次路面，锤头底部与路面的接触面积为37mm(1.5in)×200mm(8in)，MHB后排的锤头垂直击打路面而前排的锤头的打击方向与路面成60°。MHB具有一次全宽破碎4m的能力，设备工作速度一般为单车道1.2～1.6km/d。MHB的破碎效果及水泥混凝土路面内部破碎情况分别如图9-33、图9-34所示。

a)

b)

图 9-33　MHB 多锤头破碎机破碎效果

②共振式破碎机(RPB)

共振式破碎机(Resonant Pavement Breaker,RPB)是通过对水泥混凝土面板施加高频率低振幅的冲击能量引起水泥混凝土面板的共振而导致其破碎。共振式破碎机的破碎原理与多锤头破碎机的打击破碎原理不同,这种共振破碎方式对水泥混凝土路面破碎更加彻底,水泥碎块比较均匀,同时对基层、地基、管线、桥涵及其他构造物影响较小。

图 9-34　水泥混凝土路面内部破碎状况

图 9-35 为美国 RM 公司生产的共振式破碎机,技术参数见表 9-30。共振式破碎机碎石化效果受到共振头宽度、施加的频率、振幅、工作速度等因素的影响。在碎石化施工中需要根据路面具体条件加以调整。一般施加的频率为 44Hz,振幅为 13mm(0.5in)。共振式破碎机共振头宽度只有 20cm 左右,而且每遍破碎必须至少与上一遍破碎有 2.5cm 的重叠,因此一般需要 18～20 遍破碎才能完成一个车道的碎石化。一台共振式破碎机的碎石化处理能力一般为单车道 1.6～2.4km/d。

共振式破碎机主要技术指标　　表 9-30

设备参数	数　值	设备参数	数　值
共振头宽度	175mm、200mm、225mm、280mm	施加荷载	135～2 250kg
频率	44Hz、46Hz、48Hz	工作速度	3.2～6.4km/hr

旧水泥混凝土路面共振碎石化的全过程可根据图 9-35 进行说明。在该过程中,只要锤头的激振运动持续,水泥板将持续维持着振动与波动,在这些运动中,始终伴随着能量的传递、累积与转化。

共振碎石化机的锤头在水泥板上激振,经碰撞冲击,将能量通过动能的形式传递给水泥板。水泥板在此激励作用下,由与锤头的接触处开始,而大部分应力波逐渐传递至整个板块,应力波将在水泥板内反复进行多次的传递,而大部分能量以弹性应变能的形式保留在被激振的水泥板内,整个水泥板的材料均被“激活”,在各自位置上做微小振动。从宏观角度上看,激励源(锤头)的频率会逐渐接近水泥板的固有频率,最后达到一致,形成共振现象。

a)

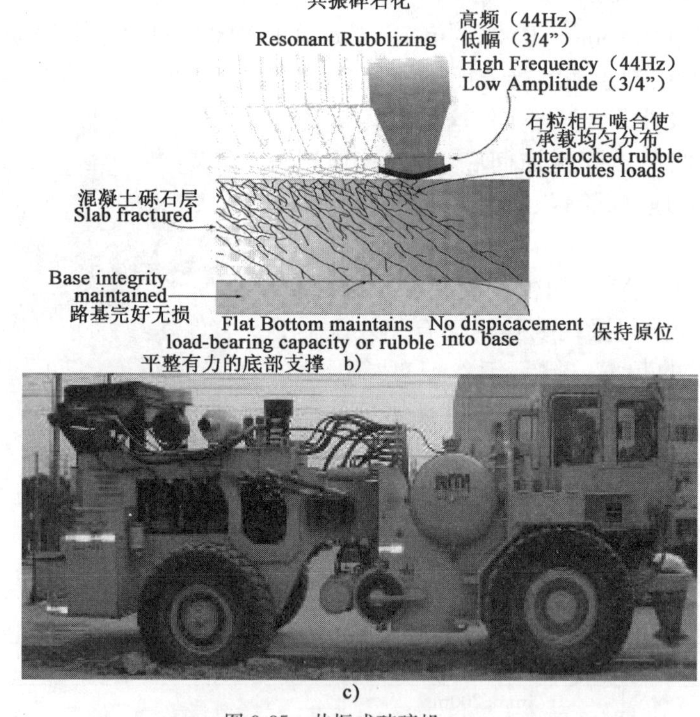

b)

c)

图 9-35　共振式破碎机

a)共振机锤头;b)共振破碎;c)碎石化破碎机侧面

根据振动理论,可将弹性地基上的水泥混凝土板简化为单自由度无阻尼系统到单自由度有阻尼系统,通过对振动方程的推导,发现要实现水泥板的碎石化,需从激振力大小及锤头振动频率大小两方面进行控制,而频率控制尤为重要,它是“共振”的全部奥妙所在。经理论分析,对于水泥混凝土路面,实施共振破碎时,需掌握以下技术要点。

a. 旧路地基软弱时,水泥板的固有频率较低,宜降低锤头的共振频率以实现共振。同时宜降低激振力或更换碎石化机的轮胎(实际上是调整轮胎触地压力)以减小对地基的振动破坏。

b. 旧水泥板存在少量贯穿裂缝时,应适当增加共振频率;水泥板损坏非常严重,致使水泥板的抗压回弹模量大幅度降低时,需适当降低共振频率。第一遍碎石化非常关键,应尽量一遍就碎石化成功，避免重复，因为之后的重复破碎很难达到碎石化效果。

c. 地基较强时（反应模量 K 大），板的固有频率也大，如果水泥板的固有频率已超过目前共振碎石化机额定的频率范围，将无法进行有效地破碎。

频率虽最关键，但却不是唯一控制因素。共振碎石化中要充分考虑旧路地基状况，板块尺寸、板块破坏程度，碎石化机的激振力、激振频率、轮胎触地压力、机器行进速度等因素，寻求合理的施工组合方案，以实现共振，达到碎石化水泥板的要求，同时降低对旧路基层及土基的影响。

破碎机作业时，通过微调振动频率，改变振动的力度，能使板块均匀地分裂为 8～20cm 的较理想尺寸。振动锤在振动中快速向前移动，振动力由面板上部向下部传递并不断衰减，从而使上部的破碎粒度较小、下部的破碎粒度较大，上部的小粒度可更好地消除反射裂缝且有利于路面渗水的横向排除，下部的较大的粒度既提高了路基的承载能力，又起到阻止渗水向下渗透的作用。

图 9-36 共振式破碎机破碎效果

共振破碎技术使混凝土板块发生共振，由于钢筋和水泥混凝土的固有频率不同，共振破碎后钢筋网很容易和混凝土块彻底脱离。如果钢筋不能与混凝土碎块分离，那么在两者连接的地方必然引起局部应力集中，进而引起反射裂缝。这是一般的重锤冲击破碎工艺很难做到的。所以，共振破碎的路面比较均匀，能更好地解决加铺层反射裂缝的问题。共振式破碎机破碎效果如图 9-36 所示。

共振破碎的工作锤头在激发路面共振的同时快速向前移动冲击的合力指向前下方从而使振碎的裂纹与路面形成了一定的夹角，因而破碎后的碎石纹路规则排列并与路面形成 35°～40°夹角（图 9-36）。这一夹角可使碎石块之间相互嵌合，经压实后相互啮合得更紧，从而使碎石层起到更好的砾石稳定层的作用。而普通重锤冲击式破碎方法的冲击力是垂直向下的，碎石裂纹大多是大致垂直于路面的，不利于该层的承重与稳定。

③Z 形压路机

Z 形压路机（图 9-37）为单钢轮振动压路机，钢轮外包 Z 形钢箍并通过螺栓固定在压路机表面。采用 Z 形压路机一方面可以增加对破碎水泥块的压力，使其进一步碎化；另一方面可以防止水泥碎块在碾压过程发生移动，增加压实稳固效果。一般要求 Z 形压路机毛重不小于 10t，压实效果如图 9-38 所示。

(3)技术施工要点及质量控制标准

①原有水泥路面路况调查

原有水泥混凝土路面路况调查主要包括：交通量、破损情况、路面结构、基层及地基条件，标明隐蔽结构和设施，分析降水和排水情况，确定是否可以进行碎石化改造。

②施工准备

施工准备主要包括：清除旧水泥混凝土路面上的沥青修补层（如果有），在施工路段两端对路面进行全深度的切割、交通管制及交通标准安置。

③试验段破碎及试坑的开挖

在正式开工之前，应进行试验路的碎石化施工，以确定破碎设备的施工参数，如破碎机速度，锤头高度，碾压遍数等。试验路为车道全宽，长度应大于75m。为确保路面被破碎成规定的尺寸，应在试验段内开挖两个试坑（大约1m宽，2m长）以检验设计破碎效果。

图9-37 Z形压路机（格栅型压路机）

图9-38 Z形压路机碾压后的效果

④碎石化施工

碎石化改造技术对于混凝土板的破碎尺寸的要求如下：混凝土板表面最大尺寸不超过75mm，中间不超过230mm，底部不超过380mm。

混凝土板破碎率超过施工路面总面积的75%。破碎率=满足破碎尺寸要求的路面面积/路面总面积。

⑤修复软弱基层和底基层

在破碎和压实施工过程中如发现部分单独的软土基层和底基层时，应按以下程序进行修补：

a.清除原水泥混凝土路面和基层材料。

b.根据具体情况，开挖到具有足够强度的路基深度。

c.采用满足级配要求的碎石回填，也可以采用粗粒式沥青混凝土、大粒径碎石、贫混凝土等回填。

⑥破碎后压实

压实的主要作用是将表面较长、较宽的颗粒进行进一步破碎，并压实紧固下层材料以增加结构强度，提供一个用于摊铺沥青混凝土加铺层的平整表面。应避免过度碾压和在路基含水率较大时进行压实，以免破坏底基层。具体的压实方法应在试验段确定，一般为Z形压路机碾压3～5遍，然后振动压路机碾压2～3遍，最后用光轮压路机碾压1～2遍。

⑦破碎后路面养护

破碎后的水泥混凝土路面不得开放交通。必须开放交通的路段应在摊铺沥青混凝土之前对由于开放交通而造成松散或不稳定的路段进行重新压实稳固。

⑧沥青透层

在摊铺沥青混凝土之前，应在破碎并压实的水泥混凝土表面上均匀洒布乳化沥青透层油，用量为2.5～3.5kg/m^2。然后再均匀撒布一层5～15mm石屑，再用光轮压路机压稳。

9.4 工程案例

9.4.1 乳化沥青冷再生工程案例

沪宁高速公路扩建工程无锡段采用的是柔性基层的沥青路面结构形式，为充分利用沥青面层的铣刨料，将沥青面层铣刨料由乳化沥青厂拌冷再生后用于新路的下基层，厚度为10cm。现将其乳化沥青厂拌冷再生下基层的使用情况介绍如下。

1)老路面铣刨与铣刨料的筛分、破碎

对沪宁高速公路老路面沥青混合料进行铣刨，采用运输车辆直接将铣刨料运输至拌和厂集中堆放。在拌和厂对铣刨料进行筛分，根据铣刨料的尺寸设置了10mm和31.5mm两道筛网，将铣刨料分成10mm以下细集料部分、10～31.5mm粗集料部分和31.5mm以上大颗粒部分。为了进一步利用老路铣刨料，配置了破碎设备，主要是对31.5mm以上大颗粒部分进行再次破碎，破碎后的铣刨料经筛网过筛后分成粗细两档，可以得到较好的利用。

根据乳化沥青厂拌冷再生的生产量，配备了两套筛分设备和一台破碎设备，筛分后的粗、细料分开堆放存储，如图9-39所示。

a)

b)

图9-39 沥青面层铣刨料堆放及筛分情况

2)冷再生混合料的拌和生产

老路面铣刨料经过破碎、筛分后分成10mm以下细集料部分和10～31.5mm粗集料部分两种规格的铣刨料，HN-LM4标柔性基层冷再生拌和厂采用由镇江路面机械制造总厂生产的ARC3000型拌和设备，拌和设备有乳化沥青、水和矿粉的添加装置。

采用经试验验证的生产配合比进行拌和生产，如表9-31所示。实际生产过程中粗集料和细集料部分分别采用两个仓同时进料，通过单位时间的进料量(流量)来控制进料比例。

HN-LM4标乳化沥青冷再生混合料生产配合比 表9-31

材料	10～31.5mm铣刨料	0～10mm铣刨料	矿粉	水泥	乳化沥青	水
比例(%)	43.2	43.2	4.3	1.7	3.8	3.8

拌和时应控制好冷再生混合料的拌和时间，乳化沥青混合料若过度拌和，则粗集料表面的乳化沥青容易剥落，而且过度拌和可导致乳化沥青提前破乳，使混合料劲度过大；而拌和不充

分则可导致集料不能充分地被乳化沥青裹覆。ARC3000 型拌和设备的拌和时间控制在 30s 左右，生产能力约为 300t/h。乳化沥青厂拌冷再生的生产情况如图 9-40 所示。

a)

b)

图 9-40　乳化沥青厂拌冷再生生产情况

3)乳化沥青冷再生下基层的施工工艺

(1)冷再生混合料的运输

运输车辆应保持干净清洁，并对车厢板均匀喷洒肥皂水溶液。运输车辆在装料过程中前后移动，分几堆装料，以减少冷再生沥青混合料的离析。运输过程中，运料车辆均有篷布覆盖并扣牢，主要目的是防止乳化沥青冷再生混合料在运输过程中提前破乳，如图 9-41 所示。

图 9-41　乳化沥青厂拌冷再生混合料运输及覆盖

(2)冷再生混合料的摊铺

乳化沥青冷再生下基层全幅摊铺宽度为 18.50m，施工中采用两台徐工集团生产 RP951 摊铺机和 SPS90 摊铺机成梯队共同作业，摊铺机前后间距约控制在 6m。摊铺机的摊铺速度，根据拌和机产量、施工机械配套情况及摊铺厚度、摊铺宽度予以调整选择。与传统热拌沥青混合料摊铺稍有不同，摊铺冷再生沥青混合料时熨平板不必预热，以防止混合料中水分散失过快而影响混合料的和易性。乳化沥青冷再生下基层的施工过程中，拌和机产量约为 300t/h，摊铺速度一般控制在 1.5～2.0m/min，如图 9-42 所示。

a)

b)

图 9-42　乳化沥青厂拌冷再生下基层的摊铺

(3)冷再生混合料的碾压

混合料的压实是保证乳化沥青冷再生基层质量的重要环节,选择合理的压路机组合方式和碾压步骤至关重要。根据生产经验,表明冷再生基层采用镇江支线乳化沥青冷再生试验段的压实工艺不能得到满意的压实效果,后经多次生产实践比较得出采用水泥稳定碎石基层的压实工艺时碾压效果较好。为了保证压实度和平整度,初压应在混合料不产生推移、发裂、黏轮等情况下尽量在摊铺后进行。同时生产过程要保证现场混合料能够在最佳流体含量时进行碾压。

乳化沥青冷再生下基层施工采用碾压方案见表9-32。沪宁路面冷再生基层施工采用的碾压机械为一台江麓1805压路机,一台INGERSOLLRAND(PT240R)胶轮压路机和一台YL25胶轮压路机。冷再生混合料的碾压如图9-43所示。

乳化沥青厂拌冷再生下基层碾压方案 表9-32

碾压阶段	压路机类型及数量	碾压方式及遍数
初压	江麓1805(1台) CLG620F(1台)	前静后振1遍 前后开振3遍
复压	茵格索兰胶轮压路机(1台)	4遍
终压	YL25胶轮压路机(1台)	2遍

a)

b)

图9-43 冷再生混合料的碾压

9.4.2 碎石化工程案例

上海地区金山大道、新卫公路水泥混凝土路面使用时间较长,一些路段出现了比较严重的病害,影响到路面的使用功能,因此对两条道路的部分路段进行碎石化,然后加铺沥青层。

1)*碎石化方案*

加铺结构设计:4cmSMA-13+7cmAC-20F+8cmAC-25F。

实施碎石化的主要设备有多锤头破碎设备和共振式设备两种类型。

对比这两种设备破碎质量认为:由于共振式碎石化设备破碎程度较高,破碎后颗粒粒径更小,因而板块强度损失程度也较大,需要加铺的路面结构要求更高,因此不够经济。拥有共振式破碎机械美国RMI公司介绍,共振型破碎机破碎效果优于多锤头破碎机,主要表现在以下三个方面。

(1)共振型破碎机能完全破碎旧水泥混凝土板块,且通过电脑自动调整以保证碎石尺寸均匀。

(2)共振型破碎机将旧的水泥混凝土路面一次碎化为紧密啮合的碎块，且碎块破裂面成45°角，有效地增加了荷载传递能力。

(3)共振型破碎机对旧水泥混凝土路面的基层材料几乎不产生影响，而多锤头破碎机因冲击作用可能使原道路基层产生一定的破坏。

上海郊区公路已在沪南公路、沪青平公路上应用多锤头破碎机进行碎石化，施工实践表明多锤头破碎机使用效率高，能破碎强度较高的水泥混凝土板块，但由于振动力较大，邻近道路有简易民居，将受到居民抵制，无法施工。而共振碎石化的振动力小，但并无振碎60cm厚的钢筋混凝土板的能力。沪青平公路仅22cm厚的板块曾出现不少路段振不碎的现象，而不得不改用多锤头破碎机破碎。对质量存在更为不利的问题是共振破碎机只能破碎隔离带80cm外的路面，否则就要搬迁路灯、绿化和电缆等管线。安迈公司采用了挖机和单锤自由落体打碎，无法形成混凝土碎裂相啮合的破碎效果，使得全断面成为强度不等的路面结构。并且由于共振型设备租用美国RMI公司，并经中间公司转手，费用较高，因此本工可暂按多锤头碎石和共振工艺各占一半进行估算。当共振碎石机遇到强度较高的路段和距隔离带80cm以内的部位时，可采用多锤头机械破碎，以保证工程顺利进行。

2)破碎施工工艺、控制

碎石化路面结构施工质量控制主要由以下几个方面组成：

(1)旧水泥混凝土板破碎质量。

(2)碎石层碾压质量。

(3)碎石层对沥青混凝土面层施工的影响。

(4)路面排水结构的施工质量控制。

以上施工关键因素不仅影响到路面结构设计参数选择的正确与否，也影响路面结构的使用品质。

破碎机施工速度、振幅、破碎顺序、破碎施工方向，以及不同基层强度、刚度条件对破碎机调整要求等均对旧水泥混凝土面层的破碎程度、粒径大小排列和形成的破裂面方向产生影响，这就要求每个工程在开始前应先进行试破碎，通过开挖样洞，检查破碎粒径分布情况以及均匀程度，确定破碎机施工参数以及施工组织措施。

共振破碎后需采用压路机对碎石化后的路面进行压实。采用高频、低幅振动钢轮压路机，吨位最小不小于10t，碾压速度不得大于1.83m/s。碾压遍数初步按最少三个来回来控制。

多锤式破碎后使用Z形压路机振动压实1～2遍，使表面混凝土块尺寸达到3～5cm。之后再用光轮压路机振动压实1～2遍，使表面混凝土均匀密实。

旧水泥混凝土路面破碎后48h内应进行沥青面层施工，其间尽量避免出现下雨，要求做好施工组织安排。沥青混凝土碾压质量控制暂按正常沥青混凝土碾压要求进行控制，每一层压实完成后测压实度，压实度不足时，及时补压直至达到最大压实度。通过以上方法确定最佳压实遍数。

3)碎石化后检测

从上海沪青平公路及金山大道共振碎石化路段的实际情况，可以看出碎石化层具有以下路用特性。

(1)水平方向状况

从表面层看已基本达到了预期的碎石化效果,颗粒细小而均匀,表层大部分碎块尺寸都在3cm以内;旧水泥混凝土板块之间的接缝处附近,已不具备产生较大位移的条件,现场照片如图9-44及图9-45所示。

图9-44 金山大道碎石化碾压后路面面层情况

图9-45 旧路接缝两边碎石化状况

(2)垂直方向状况

碎石化后开挖了5个$1m^2$左右大小的检查坑(4个在加铺前,1个在加铺后),以直观地观察碎石化效果。可以明显地看到,旧水泥混凝土面层已经碎裂为粒料,但下半部分颗粒之间仍比较紧密(尤其是碾压碎石化层再加铺好沥青层之后)。从现场情况来看,碎石化旧水泥混凝土路面时,绝大多数板块基本沿着与水平方向成35°~50°角碎裂,现场照片如图9-46及图9-47所示。

a)

b)

图9-46 碎石化角(金山大道碎石化现场)

a)

b)

图9-47 检查坑观测碎石化状况

(3)碎石化层上下层界面状况

碎石化层可看成由上下两层组成:上层为0~10cm,颗粒尺寸一般小于4cm,基本属于散粒体,类似于级配碎石材料;下层为 10cm 以下部分,颗粒尺寸一般小于 20cm,比较致密,具备一定的板体性。上下两层之间的分界面极不平整,凹凸不平,含有钢筋的混凝土一般以最上一层钢筋为碎石化上下层的分界面,现场照片如图 9-48~图 9-50 所示。

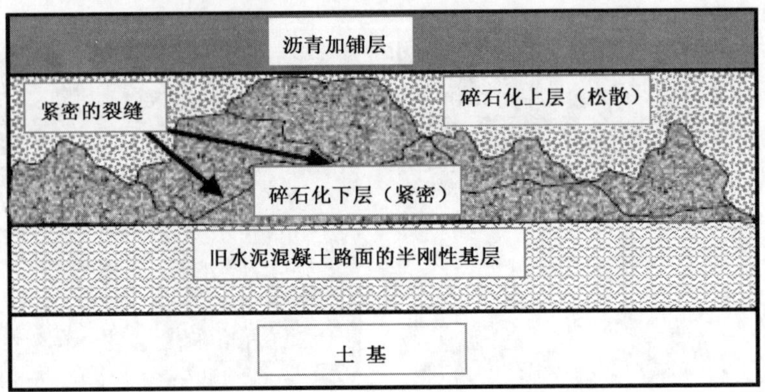

图 9-48 典型的碎石化路面结构图

图 9-49 碎石化层上下层界面状况

a)

b)

图 9-50 含钢筋的碎石化层上下层界面状况

(4)大尺寸碎块调查

检查旧水泥混凝土全厚度内,0~18cm 内最大的碎石化块尺寸为 12~15cm,0~10cm内最大的碎石化块尺寸为 7cm,如图 9-51 所示。

a)

b)

图 9-51 碎石化颗粒最大尺寸

(5)级配分析

对沪青平公路和金山大道试验段的碎石化层材料进行筛分分析，从筛分结果及级配曲线分析可知：

①按照散粒体理论，碎石化层上部分最典型粒径为3.75cm。

②碎石化层上部分0～10cm碎石化程度非常好，级配曲线在连续型级配碎石(1或2)、级配砾石的级配范围内，粒径集中在1～4cm，且粉尘(粒径小于0.075mm)含量比较高，为5.12%，但是低于级配碎石粉尘含量的上限值(6%～7%)。

③碎石化层上部分0～18cm的碎石化料均不在级配碎(砾)石级配范围内，但与级配碎石骨架密实型下限级配曲线以及级配碎石连续型1下限级配曲线很接近，碎石化层10～18cm内的碎石化效果不是很好，但总体来看，其粉尘含量很低，只占0.59%。

(6)含碎石化层路面结构弯沉分析

对上海三条试验路进行了弯沉检测分析，分析数据见表9-33。

试验路段加铺后路表代表弯沉汇总表 表9-33

试验路段	代表弯沉(0.01mm)							
	车道1		车道2		车道3		车道4	
	路段1	路段2	路段1	路段2	路段1	路段2	路段1	路段2
金山大道	38.8 (30.3)	37.9 (31.0)	35.8 (27.8)	35.6 (29.2)	37.6 (29.2)	35.9 (29.4)	35.7 (27.9)	41.7 (34.2)
新卫公路	48.3 (31.2)		39.3 (25.6)		35.3 (23.0)		38.7 (25.2)	
沪青平公路	37.4 (32.2)		—		—		—	

注：括号内为温度修正后的弯沉值。

与我国一些半刚性基层路面、倒装结构(半刚性基层＋级配碎石基层＋沥青路面)、柔性基层路面的回弹弯沉比较，可见碎石化路面加铺层代表弯沉普遍较小。碎石化路面结构可看成“倒装结构”，但其代表弯沉(0.30mm左右)小于“半刚性基层＋级配碎石基层＋沥青路面”类型倒装结构路面弯沉(0.36mm左右)，小于“级配碎石基层＋沥青路面”结构的路面弯沉(大于0.5mm)，说明“三渣半刚性基层＋碎石化层＋沥青加铺层”结构组合的碎石化路面承载能力较强，这主要是由于碎石化层因其嵌锁效应且保持着一定的板体性，属于高强粒料层。

(7)碎石化层的模量

上海两条试验路段碎石化层的模量测试结果如下。

由以上各试验路段的模量计算分析,可以得出以下结论:

①碎石化层反算模量典型值在700～1 500MPa。

②由承载板计算结果可知,金山大道碎石化层模量均值为673MPa,新卫公路碎石化层模量均值为747MPa,碎石化层模量范围为470～890MPa,大于级配碎石的模量200～350MPa,是级配碎石回弹模量的1.4～4.5倍。

③碎石化对旧水泥混凝土路面下基层顶面综合模量造成30%～40%的衰减,但碎石化后旧路基层顶面当量回弹模量(静态)在150～300MPa,碎石层顶面(新沥青加铺路面的基层顶面)当量回弹模量(静态)在250～520MPa,仍具备足够的承载能力。

第10章 生 态 边 坡

10.1 概 述

道路作为国家重要的基础设施,已经成为国民经济以及现代生活的重要组成部分。随着道路建设的飞速发展,对生态环境也造成了一定的破坏。尽管道路的建设越来越倡导环境保护,尽力避免深挖高填,但路基作为道路的主要结构,所遇地形复杂多变,仍不可避免地对生态环境造成破坏。如开挖路堑、填筑路堤等形成了大量的裸露坡面,这些坡面的存在会导致原生植被破坏、土壤侵蚀等一系列生态环境问题,对沿线生态环境产生负面影响,并且有的还存在地质灾害隐患,影响到主体工程的安全稳定。道路边坡包括路堑边坡和路基边坡,因对道路本身的安全性能和周围环境产生重要的影响,其生态恢复和景观的营造,成为道路建设中的重要内容。传统的工程护坡技术,如灰浆或三合土等抹面、喷混凝土、浆砌片石护坡、锚喷护坡、锚喷网护坡等,在减轻坡面修建初期的不稳定性和侵蚀方面效果很好,但随着时间的推移,岩石、混凝土的风化,钢筋的腐蚀,工程护坡的强度会降低,效果越来越差,而且不利于恢复自然植被和生态平衡。在此情况下,以客土喷播、厚层基材喷射、植被混凝土、喷混植生等为代表的绿化裸露边坡的生态边坡工程技术应运而生,并且在目前的工程建设中得到了越来越广泛的应用。边坡生态防护成为近年来研究的热点,越来越受到重视。

澳大利亚景观设计师艾德娜·沃林在《澳大利亚道路景观设计》一书中设想未来道路的景观设计应该促使人们去发现沿途风景,沿途的景观就好像是一个有条理的故事,故事的情节随着路线的变化而慢慢展开。可见,在运动中欣赏风景可以获得一种不寻常的体验,因此在道路大规模建设之时,对边坡生态防护技术进行研究,使道路两侧风景优美具有非常重要的意义。

10.1.1 常规边坡防护技术

常见的边坡防护工程技术包括砌石挡墙、砌石护坡、现浇混凝土、抗滑桩、水泥砂浆喷锚等形式。

砌石挡墙根据防护强度不同可分为干砌石、浆砌石挡墙,结构形式多为重力式,有仰斜式、直立式、俯斜式、凸形折线式、衡重式等断面形式。石料选择新鲜、无风化的毛石,并且要求干砌石强度不低于 MU20,浆砌石强度不低于 MU30,用 M10 水泥砂浆砌筑时强度不低于 MU40。砌石挡墙适用于土质、土石混合边坡,干砌石挡墙尤其适用于防护等级要求不高的土质、土石混合边坡,并且可用于不同坡度的坡脚防护,但干砌石挡墙防护高度一般不超过 2m,浆砌石挡墙一般高度不超过 5m,超过时一般会分级或采取加筋等处理措施。

砌石护坡根据防护强度不同分为干砌石、浆砌石护坡两种。石料以片石为主,结构主要由脚槽、坡面、封顶三部分组成,其中脚槽有矩形、梯形等形式,用于阻止砌石坡面下滑,起到稳定坡面的作用。浆砌石一般采用 M7.5 水泥砂浆砌筑。砌石护坡适用于土质、土石混合、易风化岩石边坡。干砌石坡度不宜陡于 1∶0.25,浆砌石坡度不宜陡于 1∶0.75。

混凝土护坡技术使用的主要材料为强度不低于 C20 的混凝土,现浇混凝土或混凝土砌预制块护坡适用于坡比为 1∶1～1∶0.5、高度小于 3m 的边坡坡面,钢筋混凝土坡面可用于陡于 1∶0.5 的边坡坡面。

抗滑桩土方量小,省工省料,施工方便,工期短,是广泛采用的一种抗滑措施。它可用于各类边坡,一般用于存在不稳定隐患的高陡边坡。需根据滑坡体厚度、推力大小、防水要求和施工条件等,选用不同类型的桩。材料上如钢桩、混凝土桩或钢筋混凝土桩等,结构上如单桩、排桩、群桩、有锚桩和预应力锚索桩等。

水泥砂浆喷锚护坡技术是对裸露的石质坡面喷射水泥砂浆进行防护,对于坡度较陡或欠稳定边坡,通过打锚杆挂防护网,增强防护效果。它适用于易风化、裂隙和节理发育、坡面不平整的岩石边坡,当用于软岩坡面时应加钢筋网,适用坡面坡比一般不宜陡于 1∶0.5 的边坡。

采取以上工程加固措施,对减轻坡面修建初期的不稳定性和侵蚀方面效果很好,作用非常显著。但是通常的工程护坡方法,随着时间的推移,混凝土面、浆砌片石面都会风化,混凝土的老化、钢筋的腐蚀导致强度降低,效果也越来越差,且后期整治费用高。这些防护结构矗立于道路两旁,看似坚固,但生态环境效果极差。边坡坡面采用工程防护措施后,由于缺乏植物生长的环境,被破坏了的植被很难迅速恢复,如图 10-1 所示。

10.1.2 生态边坡的特点

采用生态护坡则与此相反,开始作用比较弱,但随着植物的生长,强度增加,对减轻坡面不稳定性和侵蚀方面的作用会越来越大。另外,植被护坡还有一个显著的优点,就是能够恢复由于人类工程建设所破坏的生态环境,保持生态间的平衡。但是植被护坡也有其局限性,如植被根系的延伸使土体产生裂隙,增加了土体的渗透率;又如植物的深根锚固仍无法控制边坡更深层的滑动,若根系延伸范围内无稳定的岩土层,则其作用便不明显,若遇大风暴雨则易连根拔出。对于高陡边坡,若不采取工程措施,植物生长基质也难以附于坡面,导致植物无法生长。因此,生态防护技术应与工程加固措施结合,发挥两者各自的优点,可有效解决边坡工程防护与生态环境破坏的矛盾,既保证了边坡的稳定,又实现坡面植被的快速恢复,达到人类活动与自然环境的和谐共处,如图 10-2 所示。

图 10-1 工程边坡与周围环境不协调

图 10-2 生态边坡和谐融入周围环境

生态边坡与岩土体的性质、气候、水文等因素密切相关。因此,结合我国工程建设开展工程生态边坡技术研究,有利于推广和完善适合我国特点的生态边坡技术。

生态边坡防护实践的历史由来已久,但其形成一门技术,按规范有程序的实施还是近十几年的事,国际上专门以植被护坡为主题的首次国际会议于 1994 年 9 月在牛津举行。生态边坡技术从观念、技术、设计、施工等都经历了一个逐步发展的过程,如从简单的人工播种草籽、铺草皮发展到机械喷播植草、草皮卷工厂化生产,从单一的草种发展到科学的植物配置,从土质边坡植生发展到岩质边坡植生,生态边坡技术得到了全面发展。

10.1.3 生态边坡在国内外的应用

(1)生态边坡在国外的研究及应用现状

国际上有关道路生态防护技术的研究,多年来一直是广大道路工作者关注的热点之一。有的研究已开始将降水对边坡的侵蚀定量化,根据降水侵蚀力系数、土壤固有的侵蚀性参数、地形分类及侵蚀控制参数等计算边坡的平均土壤流失,从而更科学地选择合适的边坡防护措施。日本、美国等国家在相关设计规范中明确了防护设计和公路园林的设计重点、原则和具体措施。如日本《高等级公路设计规范》中用比较多的篇幅对护坡的方法、分类、方案设计以及公路园林设计的基本原则、不同物种在本地区的适应性进行了详细的规定,具有很强的设计指导作用。在边坡防护的系统设计中,国际上特别是发达国家尤为重视植物防护或植物与圬工防护相结合的方法,以使其同时发挥防护与美化的作用。

生态防护边坡的实践在欧美国家历史久远,在中世纪,法国、瑞士的运河岸就采用栽植柳树的方法来防护。国外对边坡的生态边坡技术研究起步较早,欧美、日、韩等发达国家在 20 世纪 30 年代就已对工程建设中的生态环境问题引起重视,将生态保护和恢复纳入了道路工程建设中,并为此开展了相应的技术研究。美国等发达国家从 20 世纪三四十年代就意识到了保护生态平衡的重要性,开始在公路边坡开展植被恢复工作,例如 Moorish R. H. 和 Harrison C. M. 早在 1943 年和 1944 年就进行了公路两侧草皮种植的试验,通过不同播种时间、不同草种及草种组合的小区试验来探讨建立草皮的方法。20 世纪 50 年代后,随着公路的大量兴建,公路建设对环境的影响越来越受到社会的关注,为此,美国制定法律要求新建公路必须进行绿化,并采用多种机制奖励对公路绿化作出贡献的团体。随着公路植被恢复的发展,野生乡土植物应用研究也得到了广泛重视。1991 年 Hansen, D. J 等人提出了运用乡土植物对公路边坡进行植被恢复,2000 年 WarrenMortlock 对植被恢复中乡土植物种子供求之间的矛盾及解决办法进行了研究,促进了乡土植物在边坡植被恢复中的充分利用。随着公路植被的科学建植和恢复后植被的生长演替,公路边坡植被群落的研究也成为重要课题,2000 年美国对弗吉尼亚州主要高速公路边坡现存植物中未来入侵种的蔓延、分布进行了研究,并提出了对竞争力强于本地植物的未来入侵种着生、生长的限制措施,为公路边坡植被恢复中科学限制恶性杂灌草的入侵提供了科学的指导方法。2003 年 Kendra 研究了不同的一年生草本植物与其他多年生草本植物配置后对密度、盖度、生物量以及水土流失的影响,并比较筛选出较佳的边坡植物种类和配置形式。近十多年来,国外还开展了诸如“Soil-guard”、“HYCEL-OH”等有机液化学植草新技术。通过专用机械将新型化工产品用水按一定比例稀释后与草籽一起喷洒于岩(土)质边坡上,较好地解决了贫瘠土质和风化严重的工程边坡的绿化问题。此外,还开发了绿化网、草坪卷等工厂化生产技术;在英国、意大利,将加筋土技术与植被护坡技术有机地结合起来,用植被墙面代替传统的钢筋混凝土墙面,成功地修建了包裹式的加筋土植草墙面挡土墙。德国的公路设计线形顺畅、合理、贴近自然,很少有大填大挖,大都结合地形蜿蜒起伏,过山沟、绕山脚、沿山丘,景观自然,有些地段为避免破坏山坡的自然生态,将上下行断面分离设计;在低填方路段景观良好时多不做修饰,一般填筑小丘植树绿化,既美化环境,又起到隔音降噪的作用;挖方段边坡通常较缓,自然生长着当地的各种植物;在路基防护上极少采用圬工工程。如今这些国家在边坡防护工程中已基本上不再采用浆砌片石、喷射水泥砂浆措施,而是广泛采用坡面绿化措施,并基本实现了全路段绿化。预应力锚索、土工织物、厚层基质喷播(客土喷播)等与生态防护相结合的技术已经成为设计、施工中的常规技术。工程边坡的柔性防护、客土喷播等技术也已成为业内的常识。

生态边坡技术虽最早产生于英国和美国,但大规模开发应用是在日本。英国人 20 世纪 50 年代初发明了喷射乳化沥青和植物种子喷播技术,1958 年该技术传入日本,经多次试验,开发出了实用的喷射绿化技术-沥青乳剂覆盖膜养护绿化技术,并用于名古屋—神户的高速公路边坡绿化工程中。20 世纪 60 年代初,日本从美国引进了喷播机和喷射专用纤维,把当时先进的液压喷播技术(日本称种子撒布法)也用在了名古屋—神户高速公路边坡绿化工程中。1965 年日本实现了喷射纤维的国产化。1973 年,日本开发出纤维土绿化方法(Fiber-soil Greening Method),标志着岩体绿化工程的开始,这也是日本最早开发的厚层基材喷射工法。纤维土绿化方法采用了纤维、砂质土和水泥,并呈台阶形喷射。该方法有较大缺陷,主要是初期 pH 值过高,易侵蚀,喷层保水、保肥性能差。为克服纤维土绿化方法的缺点,日本于 1983 年开发出了高次团粒 SF 绿化方法(Soil Flock Greening Method)。该方法的主要特征是配方使用了纤维、壤土和乳化沥青,喷层 pH 值呈中性,抗侵蚀性更强。1987 年,日本从法国引进连续纤维加筋土方法,随后把它与已有的绿化方法结合,开发出了连续纤维绿化方法(TG 绿化方法)。该方法使用了连续纤维和砂质土,喷层具备更高的抗侵蚀性;施工体系由绿化基材供给系统、团粒剂供给系统、连续纤维供给系统组成,机械化程度高。TG 绿化法 1988 年开始实用化,已经推广应用多个国家。在上述三种方法的基础上,生态边坡技术在过去的几十年时间里衍生出了种类繁多的方法系列。

从 20 世纪 50 年代仓田意二郎首次提出“绿化工程”的概念,到 20 世纪 80 年代山寺喜成等对绿化工程理论和技术体系不断发展和提高,大量绿化新技术在工程实践中不断涌现。如吹附工法、拥壁工法、筋袋工法、网垫工法、连续纤维工法等。这些新技术不仅具有绿化速度快、坡面效果好等特点,还强调了道路与自然的协调、景观与生态的统一。近年来,日本又开发出了厚层基质挂网喷附、水泥混凝土框格喷附和生态水泥喷附等技术,使以往难以解决的高陡岩石边坡的绿化问题也得到解决。日本在发展绿化工程技术时,并不只是单纯地追求施工技术的改变,而是在施工技术创新的同时,与之相配套的生态技术也在研究中同步发展。例如在大量理论研究和科学实验的基础上,客土技术、人工土壤技术、菌根技术、植被设计技术不断完善和充实,使绿化工程质量得到保证。山寺喜成指出绿化工程要以恢复木本群落为目标,以播种为主、移栽为辅,积极使用先锋树种,过厚的客土和移栽会诱发灾害。佐久间护分析了绿化水泥的主要问题和改进方案。筐原则之研究了不同地带所适用的绿化技术。安保昭探讨了坡面绿化的基本原则和存在的问题。这些研究成果对日本绿化技术的发展起到了重要的指导作用。绿化工程技术在日本不断提高进步的原因之一是重视对施工效果的监测和评价。例如喷播技术是有较快的绿化效果，20 世纪 80 年代曾在日本被广泛使用，但经过后期的监测研究发现，喷播的基质层自身的稳定性有限，在水蚀和风化作用下会逐渐流失，最终难以防治土壤侵蚀，造成坡面裸露。这一研究结论对施工技术的改进起到了促进作用，棉网状植生带技术就是在这种背景条件下产生的。

对于岩质边坡，日本绿色防护技术的研究开发和应用位于世界各国的前列，其植被护坡技术几乎与公路建设同步发展。1980 年日本开始对岩质边坡绿色防护技术进行开发研究，至今日本已在本国及国际上注册的植被护坡专利技术就达 40 余项。其中 20 世纪八九十年代开发的泥浆喷播技术，采用泥浆泵将沃土、稳定剂、草籽等混合而成的浆体均匀地喷射到坡面上，较好地解决了平缓贫瘠的土质和破碎岩质边坡的绿化问题。针对厚层基材植被护坡技术，日本从 1976 年开发至今，30 余年间进行了大量的试验研究工作，仅黏结剂，就有水泥、无机高分子聚合物、浮液与凝聚剂的混合物；纤维有草本、木本、有机短纤维及连续纤维；基本材料有砂土、壤土及有机质土，较好地解决了岩质等贫瘠高陡边坡的绿色防护问题。此外，对多气孔生态混凝土也做了研究，并取得了一定的进展。据 2001 年 2 月 7 日《科技日报》报道，日本鹿岛建设公司开发出了表面可生长植物的环保混凝土。目前，日本不仅在新建公路、铁路的边坡工程中广泛采用了绿色防护技术，而且对已建的圬工挡护工程也在逐步拆除，取而代之的是新型的绿色防护技术。从实际工程的应用情况看，岩石边坡的绿色防护技术已可应用于坡度缓于 1∶0.5 的软岩、中硬质岩、硬质岩边坡及酸性、强酸性土质边坡的绿色防护，还可应用于以往采用喷射混凝土防护的边坡及片石挡墙防护的边坡。

对于土质边坡，1996 年 Donald 等人系统地总结了已经存在的绿化方法。他们把所有方法分为两类，一类是单独利用植物对边坡进行防护绿化，另一类是和护坡建筑物或土工材料配合对边坡进行防护和绿化，并详细分析了每种绿化方法的技术细节、实用范围、优缺点和经济性。岩石边坡的防护绿化，是在土质边坡绿化的基础上发展起来的，它建立在岩石力学和喷锚结构的基础上。日本较早地改进了传统喷锚支护方法，把防护和绿化有机地结合在一起，于 1976 年首先开发出厚层基材喷射护坡技术，创造出了喷射绿化方法。喷射绿化技术在日本得到不断地改进与完善，已成为日本应用最为广泛的生态护坡技术。此外，也有不少学者研究了植物对边坡稳定性的影响，认为植物根系对边坡具有加固作用，须根比大根更有利于土壤加固和抗剪强度的提高。

总体来说，国外的研究有以下几个特点：第一，以美欧为代表的最小破坏型。道路生态工程着重在于“防”，道路建设避免高填深挖，对环境破坏小，生态恢复难度小，景观建设效果好，充足的养护经费使路域生态环境建设质量具有了雄厚的经济保障。西欧和美国由于其地形及经济方面的原因，选线多顺应地形地貌走向，尽量避免高填深挖，所以道路边坡较小、坡度也不大，其土质、气候等环境差异较小，研究主体环境变异小，坡面生态建植难度不大。因此，可以在中小边坡的生态防护中借鉴其技术，但在生态恢复中，要根据气候土质的差异注意物种筛选与配置。第二，以日本为代表的最大恢复型。道路建设对环境破坏较大，恢复难度大，边坡生态防护率高，植被建植投资大、建成时间长。引导生态防护先进水平的日本已研究成熟的技术手段主要有：湿式喷播技术、客土喷播技术、绿化网防护等，但其生态恢复研究还不够深入，绿化品种往往较单一，长期以来的绿化偏重于植树，多应用经验模式，而且在日本客土喷播技术成本高，需要较长时间才能达到90%的植被覆盖度。第三，在生态防护理论研究方面，通过对植物根系的加固作用、抗剪及抗侵蚀作用等建立了较为完善的试验手段和计算模型，对在生态防护下的边坡稳定性计算提供了很大的帮助，但是对植被护坡产生的附加效应、生态效应和景观效应研究较少。

(2)生态边坡在国内的研究及应用现状

我国的生态边坡防护技术，主要是在引进国外先进技术的基础上加以实践与创新，其核心是植被重建与恢复技术，目前已在我国大部分道路尤其是高速公路上开展了应用与研究。例如陈兵等对云南元磨高速公路某试验边坡的草本植物配比及施工工艺进行了研究，杨兵等介绍了成南高速公路的边坡生态防护工程，赵德志等提出了适合贵州喀斯特地区公路石质边坡环境特点的植物配置模式和边坡防护与环境保护技术，王红娟对渝合及渝黔高速公路边坡的生态防护进行了研究，王海亮等对中国半干旱地区高速公路边坡的生态恢复技术进行了研究，赵警卫等对7种生态护坡在宁杭高速公路边坡的应用效果进行了初步分析。这些研究往往只是介绍几种常见边坡生态防护技术在某一条高速公路不同路段上的具体应用情况，尚无人对边坡防护绿化进行系统深入地研究。目前，针对于我国高速公路生态边坡建设现状和存在问题的相关研究很少，也缺乏对生态边坡植被恢复和生态效益的后期研究和科学评价，如生态边坡对高速公路的生态环境是否有显著改善作用等。

我国有记载的生态防护应用出现在1591年的明代，通过栽植柳树来加固与保护河岸。在17世纪植被防护开始应用于保护黄河河岸。由于以往道路等级较低，国内在生态防护技术应用方面的研究起步较晚，20世纪80年代之前一般多采用撒草种、穴播或沟播、铺草皮、片石骨架植草等护坡方法。我国从20世纪80年代初开始重视城乡绿化，水土保持和工程建设中形成的裸地(边坡)绿化工作，引进了一些先进的植物建植技术，个别行业编制了“绿化规范”，工程建设中的生态环境建设工作发展较快。1989年，广东水利水电科学研究所从香港引进液压喷播机开始在华南地区进行液压喷播试验(叶建军等，2004)。1990～1991年，中国黄土高原治山技术培训中心与日本合作在黄土高原首次进行了液压喷播试验研究。此后，经过十年左右的发展完善，液压喷播技术已广泛应用于我国不同地区不同工程的边坡防护。1993年我国引进土工材料植草护坡技术，并开发研制出了各种各样的土工材料产品，如三维植被网、土工格栅、土工网、土工格室等，结合植草技术在各种边坡工程中陆续获得应用。1994年，湖北宜昌久丰植生工程有限公司首先引进了台湾喷混凝土植生技术，分别在三峡大坝料石场后花岗岩风化边坡和三峡专用公路灰岩边坡两处面积共约300m^2进行尝试，取得了一定的成果。铁道第二勘察设计院于1998～2000年在襄石复线、内昆线、株柳复线对岩石绿化防护问题做了喷混凝土植生护坡的选点工程试验，取得了一些工程实践经验。随后，四川省励自生态技术有限公司和西南交通大学在内昆线横江车站，都江堰某矿山公路上开展了新型厚层基材植被护坡的工程试验研究。该项技术成果于2000年底通过了四川省科学技术委员会组织的技术鉴定，鉴定意见认为:该项技术整体上达到了国内领先水平，国际先进水平。从2001年开始，新型厚层基材植被护坡技术在渝黔高速、成南高速、深圳、大连、渝怀铁路进行推广应用。此外，喷混凝土植生技术也在长荆铁路、广东高速、成惠高速公路、京珠高速公路中得到推广应用，取得了较为满意的效果。但总体来说，边坡绿色防护技术发展相对缓慢，应用范围不广，技术水平较低，设计方法、施工规程、验收标准等技术规范相对滞后，还有待进一步系统性开发研究和

规范管理。

生态保护和建设的重点目前也已从事后治理向事前保护转变，从人工建设为主向自然恢复为主转变，从源头上扭转生态恶化趋势（宋法龙，2008）。我国20世纪末从国外引进边坡生态防护技术，经过几年的应用和开发，也陆续研发出适合各地实际情况的技术。1993年我国引进土工材料植草护坡技术，随后开发研制出了各式各样的土工材料产品，如三维植被网、土工格栅、土工格室等，结合植草技术在铁路、公路、水力等工程边坡中陆续应用（洪丽娟，2008）。夏汉平（1995年）等人应用香根草在广州进行护坡治理，表明香根草在生态工程的应用中具有很好的护坡效益。赵明坤（2003年）等人进行了高等级公路边坡绿化草被植物的引种驯化及生物学特性研究，从野生资源圃和牧草引种圃中共筛选出几种适合贵州省高等级公路边坡绿化的草被植物。张友军（2005年）分析了传统的边坡防护方式的优缺点，提出非完全封密护坡的概念，并分析了植被护坡的机理，采用有限元软件进行分析，得出了在有草根存在的区域，土壤与草根的复合体抗剪性能增强，没有草根的区域变化不大的结论。张玉昌（2008年）等人提出裸露坡面植被恢复技术，通过对建立坡面植被技术体系和有效实现植被固定与生长保障的喷播机械、喷播基材及技术标准四个方面的研究，系统地解决了不同类型裸露坡面尤其是岩质坡面植被快速恢复和防护难题。另外，许文年（2002年）开发的植被混凝土边坡绿化技术，武汉理工大学张季如（2002年）开发的绿色生态防护材料技术与喷混植生技术，西南交通大学等单位开发的厚层基材喷射植被防护技术，均在国内获得了较为广泛地应用。

对于劣质边坡及岩石边坡的植被防护，2000年之前国内的研究还较少，近几年发展较快，取得了一系列的研究成果。最早介绍客土喷播技术的是去日本考察的李旭光（1995年）等人。随后，杜娟（2000年）、张俊云（2000年）、陈晓斌（2002年）、刘波（2004年）、章梦涛（2004年）等人也分别对客土喷播技术进行了介绍。章恒江（2000年）、张俊云（2001年）、舒翔（2001年）、周颖（2001年）等人在借鉴日本同类技术的基础上，进行了喷混植生试验，取得一些研究成果。三峡大学的许文年等人（2001～2003年）开发出了植被混凝土边坡绿化技术。四川省励自生态与环境工程技术有限公司李绍才和西南交通大学张俊云等人（2001～2003年）成功开发了厚层基材喷射植被护坡技术（岩石边坡TBS植被护坡绿化技术），并在国内获得了广泛应用。武汉理工大学的张季如、朱瑞赓等人（2002年，2003年）开发了ZZLS绿色生态材料。但从总体上讲，国内在这个领域的研究还很欠缺，主要表现在基础研究和专用机械设备的开发方面。

目前，由交通运输部科学研究院主持的公路路域生态工程技术研究已经分别在我国西南（云南）、西北（宁夏）、华中（湖北）、青藏高原区（青海）开展了扎实深入地研究，在实体工程试验中纳入了边坡快速灌木化，地方野生物种的全面筛选与使用，路域野生花卉的试用等发达国家的先进理念。

综上所述，我国的道路边坡生态防护技术，经历了从简单到多样、从传统技术到现代技术的发展过程，这种发展变化与道路建设规模直接相关。我国最初的道路边坡防护模式就是种行道树，绿化技术主要借鉴林业部门的造林技术。随着全国道路网的初步形成，绿化的范围扩展到道路边坡，园林部门的种草和铺草皮技术被引入道路领域，并与植树技术相结合，形成了道路绿化的传统技术模式。高等级公路的建设，促使我国道路边坡生态防护技术开始向现代化发展，以机械喷附为代表的新型植被建植技术在国内许多高速公路建设中被尝试应用，施工范围也从公路普通土质边坡延伸到岩石边坡，全方位、立体式、多功能、景观生态的设计理念和绿化模式正成为我国道路生态边坡建设的指导思想。可以说，具有中国特色的道路生态边坡体系已经初步形成。

10.2 生态边坡技术

10.2.1 生态边坡理念

尽管边坡生态防护技术获得了较为广泛地应用,但形成一门学科,还是近十几年的事,故至今还没有一个统一术语,如英文有 Biotechnique、Bioengineering,也有称 Vegetation 或 Revegetation 等(张俊云,2000 年),国内也有植物固坡(王可钧,1999 年)、坡面生态工程(周跃,1999 年)之称。本书对道路生态边坡定义如下:道路生态边坡是指根据道路边坡建设和使用特点,遵循系统优化原理和生态学原理,单独用生物措施或生物措施与工程措施相结合,以减轻坡面的不稳定性和侵蚀,防止水土流失,恢复破坏的生态系统,使道路边坡生态系统和岩土的力学状态达到新的平衡,以更好地与周围环境融为和谐一体的工程方法。道路生态边坡工程技术是涉及环境工程、岩土工程、生态学、植物学、土壤学、农林学等多学科于一体的综合工程技术,进行生态边坡防护技术研究有助于国家环保政策的实施。生态防护即有效地利用植被单独或与其他非生命材料相配合,利用植物根茎与土壤间的附着力等达到固土护坡,提高边坡抗冲刷能力,并对边坡进行绿化、美化的作用,达到既能有效防护治理边坡灾害,又能使环境协调发展。同传统的土木工程措施相比,生态防护理论指导下的边坡生态防护技术能够快速恢复由于人类工程建设所破坏的生态环境,保持生态间的平衡;植被护坡造价低,经济性较工程护坡优越。采用植被护坡,随着植物的生长,对减轻坡面不稳定性和侵蚀方面的作用会越来越大,它不但可解决边坡工程建设与生态环境破坏的矛盾,还有助于贯彻落实国家环保方针政策的实施。

道路生态边坡建设,不是自然生态系统的自然演替,而是人们有目的的进行改造;不是简单的工程坡面防护,而是坡面防护、生态恢复与后期养护的有机结合;不是物种的简单恢复,而是对系统的结构、功能、生物多样和持续性进行全面恢复。因此,这种生态边坡建设过程要遵循以下几个方面的理念。

(1)以可持续发展为指导

生态边坡本身就是一种可持续发展的产物。因此,在它的理论体系中与以往传统边坡防护思想的最大不同就在于它不再盲目地割裂人与自然的关系,而是将人类纳入到整个自然生态系统之中。人类为了自身的发展,对自然的改造必须是以尊重自然及其规律为前提,不能因为一己之私和一时之利而剥夺其他生物的生存权利,占用或消耗掉后代的自然资源,断绝了人类自身的可持续发展的基本条件。此外,从系统科学角度看,可持续发展实质上是社会系统和自然环境系统之间协调发展的问题。生态边坡要实现经济效益、社会效益和环境效益的统一和最大化,必须把研究对象放在地球环境、生物、资源、污染等要素构成的"道路—自然—经济—社会"复合系统中进行全面考虑,把性质不同的生态环境系统与道路经济系统研究有机结合起来。生态边坡设计应注重资源合理利用,和谐融入周围自然环境,切实处理好道路建设与自然资源利用和环境保护之间的关系。

(2)以"尊重自然,融入自然"为原则

道路建设受到地质、地形、水文等自然条件,现有技术条件,以及社会经济水平的制约,使

道路边坡建设不可避免地对沿线的生态环境造成一定的影响,如植被破坏、水土流失、土地分割等。生态边坡就是要在现有条件下,综合运用各种工程措施、生物措施、农艺措施、管理措施将公路建设的破坏限制在最小范围内,降低到最小程度。而对于已造成的破坏则采取最大可能的恢复措施,重建新的生态系统,使新建群落尽快达到顶级群落,并对占用土地进行补偿。当前我国对建设项目引起的自然资源破坏(如侵占森林、草原、湿地等)通常采用经济补偿措施,虽可限制不合理的开发活动,但却解决不了实质性问题,建议借鉴欧洲国家普遍实行的生态补偿政策,比如占用多少林地,就要在邻近的地方营建同样的林地。

道路边坡既要满足道路安全的基本要求,又要达到自然景观与再造景观的和谐一体,通过精心的生态边坡设计达到变化的植被、人工恢复的生态环境能和谐融入道路沿线的山岭、低谷、河流、绿地等自然环境。

(3)以"安全,悦目"为根本

"生态"一词本身就代表着和谐与健康,生态边坡自然也应是和谐健康的边坡。因为道路的基本职能就是为人民出行和运输等服务,所以这种"和谐健康"首先就应是生态边坡能够保证行车安全舒适、运输高效便利,还应有效解决边坡工程防护与生态环境破坏的矛盾,既保证边坡的稳定,又实现坡面植被的快速恢复,达到人类活动与自然环境的和谐共处。

生态边坡在景观层面上的特征是最直观,最易被人感知的。生态边坡给出行者的印象不应只是钢筋网、混凝土挡墙,而是要营造"脚下是路,周围是景"的行车环境。因此,生态边坡必须结合路线特点,通过科学的生态美化来改善道路景观。从而既能给出行者带来美的感受,又能维护自然生态系统的平衡。

(4)以"工程措施+生物措施"为手段

植被可以通过一系列的方式,有机地融合到多种工程结构中。在满足公路交通功能的前提下,因地制宜进行生态设计。有些边坡地段,土质状况极端恶劣,缺乏植物生长的基本条件,必须首先采取工程防护措施,固土稳坡,同时为植物生长创造条件,实施生态防护,以保障边坡的总体防护效果和景观质量,两者相结合可以优势互补,达到最佳效果。

10.2.2 生态边坡防护机理

生态边坡的防护机理包含工程措施和生物措施两大部分(图 10-3),其中工程措施主要起到加固边坡以保证植物生长,具体本节不再赘述,重点介绍生物护坡作用机理。生物护坡作用机理可概括为植物防护的水文效应以及植物根系的固坡效应。其中,根系的固坡效应在利用植物进行边坡生态防护中占主导地位。

1)植物防护的水文效应

坡面由于地表径流的影响,产生坡面侵蚀的状况,而地表径流则主要受到降雨状况、地面的土壤结构以及坡面土壤覆盖物的影响,其中降雨导致地表径流是形成土壤侵蚀和坡面失稳的主要因素,土壤覆盖物则对降雨起到了一定的截留和削弱作用。首先,部分降雨在到达坡面之前就被植被截留,重新蒸发到大气或下落到坡面。植被通过截留作用降低了到达坡面的有效雨量,从而减弱了雨水对坡面土体的侵蚀。其次,由于下落的雨滴在打击坡面时,植被能拦截高速下落的雨滴,减少雨滴数量、滴溅能量及飞溅的土粒。通过地上茎叶的缓冲作用,消耗掉雨滴大量的动能,当植被相当旺盛时,可以明显削弱甚至消除溅蚀。植被同时能够抑制地表径流并削弱雨滴溅蚀，从而能控制土粒流失。通常情况下，土体的流失量随植被覆盖率的增加呈指数关系降低。因而植被覆盖的坡面，植被的地上部分可减少或防止降雨对地面的直接撞击溅蚀，并且改善了坡面的小气候，使坡面生态趋向稳定和良性循环，这对控制侵蚀和边坡防护有重要的意义。

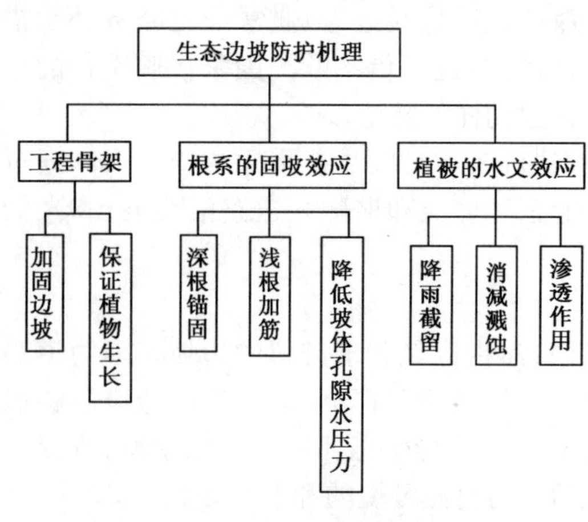

图 10-3 生态边坡综合防护机理

(1)降雨截留，削减溅蚀的作用

降雨可分为两部分，一部分降雨直接穿过叶荫空隙落到地面，即自然降雨；另一部分降雨称为截水，即落在植物上的那部分降雨，由于叶面的脉络对流过的水滴有分割效应，使水滴变小。经过叶系后，水滴的动能、体积均减小，从而使水滴对地表的冲击大为减弱。这在一定程度上缓冲了雨水对地表的冲击力，相对提高了土体的表面刚度。

其中截流可分为茎流和叶流。茎流可以导致雨水的分流，其分流量会因植物枝茎与坡面的不同夹角(茎角)而不同。当茎角为 50°～70°时，茎流量最大，例如草。对于那些茎径较大的植物，茎角的影响就不是很明显。用于边坡恢复的植物最好有较大的茎流量，雨水最终可以沿着茎和叶汇流到地面上。研究表明，当树枝的倾角为 60°时，80%的截水量为茎流。截流量与茎流量的差值即为叶流量。

(2)渗透作用

边坡植物及其残余物有利于保持坡体土的多孔性和渗透性，从而减轻雨水的破坏。坡体土的流失与土体的渗透性紧密相关。当雨水落到植物下的坡面上，此时坡体的渗透性高于无植物覆盖的环境，随着渗透率的增长，土体存储水分的能力将提高，从而降低暴雨引起的水土流失量，也会延长土体流失所需要的时间。因此，较大的渗透性可以降低边坡土体每年的流失量。

此外，植物还起到类似过滤器的作用，即阻碍沉淀物随雨水而流失。植物越密过滤作用越明显，决定过滤效率的主要因素是草茎的密度、形状和回弹力。一般来讲，贴近地面的植物越多，过滤效果越明显。

2)植物根系的固坡效应

植物根系固土理论的研究，从不同侧面对根系的固土作用进行了大量的探索，形成了对根系固土机制的一定认识。通过植物根系与土壤、岩石体的相互作用，对边坡表层进行加固，既能满足边坡稳定的要求，又能恢复被破坏的边坡自然生态环境。根系的固土作用主要体现在深根的锚固作用、浅细根的加筋作用以及降低坡体孔隙水压力三个方面。

(1)深根的锚固作用

传统的锚固是通过埋设在被锚固物中的锚杆，将结构物与被锚固物紧紧地连接在一起，依赖锚杆与被锚固物的抗剪强度传递结构物的拉力或使被锚固物自身得到加固，以保持结构物和被锚固物的稳定。植物的垂直根系穿过坡体浅层的松散风化层，锚固到深处较稳定的土层上，起到锚杆的作用，锚固在土层中的根系能够起到抗滑桩和扶壁的作用，以抵抗坡体产生的剪应力。垂直根系的浅层根际土层锚固到深处较稳定的土层上，更增加了土体的稳定性，主要

表现为垂直根系具有较高的抗拉、抗剪强度，可以通过根系、根土接触面与土体的共同作用，使根土复合体的抵抗滑动能力明显增强，同时垂直根系还对根土复合体起着束缚箍筋、分担荷载的作用，能够延缓根土复合体塑性区的开展及渐进开裂面的出现。

植物根系在土体中的分布交错复杂，与土体共同作用组成复合结构，在这种深根-土体复合结构中，根系具有较高的抗拉强度和锚固力，对土体具有很好的锚固作用，可以提高土体的约束力，抵抗土体的滑移，从而提高土体强度。许多树木的垂直根系能穿越边坡表层的松散土层，扎入较深处的稳定岩层或土层中，限制边坡土体向坡脚移动，以预应力方式锚固边坡，有利于加固边坡。禾草、豆科植物和小灌木在地下 0.75～1.5m 深处有明显的土壤加强作用，而树木根系的锚固作用可能影响到地下更深的岩土层。一般来讲，根的抗拉强度可高达 70MPa 左右，大部分根的抗拉强度在 10～40MPa。试验表明，根的直径越细，其抗拉强度和抗拔力越高，直径为 2～5mm 的各种类型的根，其抗拉强度为 8～80MPa。

(2)浅根的加筋作用

边坡坡面土层具有一定倾斜度，在重力的影响下易受外界条件的作用而失稳、滑移和流失，如雨水冲刷的作用等。护坡植物的根系在土壤中错综盘结，使边坡土体成为土与根系的复合体，根系可视为带预应力的三维加筋材料。但是植物根系的分布要比工程加筋材料分布复杂得多。垂直根系起到主要的锚固作用，侧根则主要起到加筋的作用。含有较多垂直向下的根系，抗剪应力的能力则越强，能够增强土体的强度，通过把土层中的剪应力转化成为根系的拉应力，从而增强土层的抗剪强度。

通过研究边坡上的植物发现，当植物浅层根径为 1～20mm 时，根系的这种加筋作用明显有利于加固边坡土体。浅根对土体的加筋作用与草根密度、强度及土体性质有关。

根据摩尔-库仑准则，根系的加筋作用增强了土体的黏聚力 c 值，能显著提高坡面土体的强度。植物根系的存在可以提高土壤的黏聚力，锚固作用可以提高边坡岩土体的抗剪强度，使原先岩土体的抗剪强度向上升高 Δc，加筋作用又限制了土体的侧向膨胀而使 σ_3 增大到 σ_3'，在 σ_1 不变的情况下使最大剪应力减小，如图 10-4 所示。在植物根系这两种作用的共同影响下，能使边坡岩土体的承载力提高。

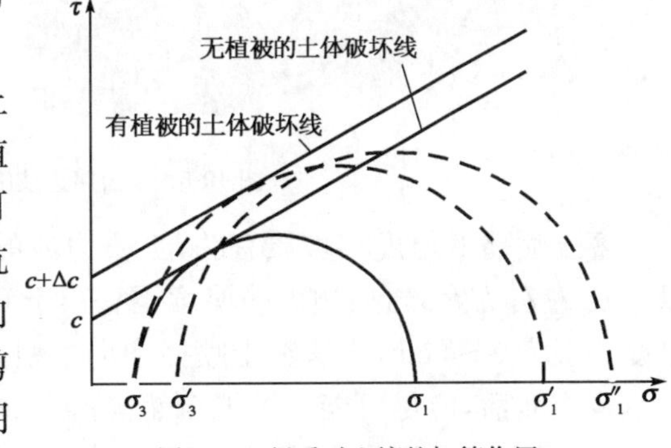

图 10-4　根系对土壤的加筋作用

(3)降低坡体孔隙水压力的作用

边坡的失稳与坡体水压力的大小有着密切的关系。降雨是诱发滑坡的重要因素之一。植物通过吸收和蒸腾作用，降低坡体内的水分含量，从而降低土体的孔隙水压力，提高边坡土体的抗剪强度，有利于边坡坡体的稳定。

10.2.3 生态边坡防护技术

在引进国外先进技术的基础上，通过不断的研究、创新和工程实践，我国道路边坡的生态防护技术已取得了巨大的进步。边坡生态防护技术呈现形式多样化，对不同条件下的边坡也采取了更加灵活多样的防护措施。目前已形成多种多样的生态恢复技术，主要涉及工程措施、生物措施等。对于深层稳定边坡,根据不同条件可采用铺草皮、植生带、液压喷播、三维植被网、香根草篱、挖沟植草、土工格室植草、片石骨架植草、藤蔓植物、六棱空心砖植草等;对于深层不稳定的边坡,可结合钢筋混凝土框架、预应力锚索桩、预应力锚索地梁、预应力锚索框架地梁等加固措施。在植物配置方面也抛却了过去的纯粹植草模式,采用草-灌结合模式,完善边坡植被群落的结构与功能,并注重乡土植物的筛选应用和物种的多样性,以求做到"尊重自然"和"恢复自然"。下面具体对几种常用的生态边坡防护技术措施进行介绍。

(1)客土喷播技术

客土喷播技术是应用生态绿化工程理论与方法,通过人工辅助方式,在边坡上恢复自然植被结构和生态功能的方法与技术。它以改良土壤结构入手,将含有多种植物的种子、当地优质土、肥料、黏结剂和土壤稳定剂的混合物,通称"客土",借助喷播机均匀地喷播于坡面上,随着种子的发芽、生长,裸露的坡面上生长出了植物,边坡披上了绿装。需要注意的是,在配置植物组合时,要充分考虑先锋植物、中期植物和目标植物的搭配,尽可能地采用当地野生植物种,应用一定比例的速生灌木和小乔木,以使边坡植物群落有较长时间的稳定性。实施这种技术,使岩石边坡上能生长出植物,稳固边坡,美化路容(图 10-5),且植被不需要精心养护管理,可节省人力、物力。客土喷播有普通客土喷播和挂网客土喷播两种。

a)

b)

图 10-5 某公路边坡施工喷播及施工后成坪情况

客土喷播的厚度与坡质有关,土质边坡的喷播厚度以 3cm 左右为宜,石质土边坡的厚度以 5cm 左右为宜,岩质边坡的厚度不宜小于 6cm;客土喷播的厚度还与工法有关,湿法喷播的厚度一般为 3～5cm,干法客土喷播和离子型客土喷播的厚度宜为 6～12cm。

客土喷播,应尽可能地模拟自然群落,采取乔、灌、草结合配置。从生态学角度出发选择植物品种,尽可能采用乡土植物。客土喷播一般适用于酸性及碱性土壤等植物生长困难的地区,主要适用的边坡类型有:硬土质边坡、风化岩质边坡、软岩边坡、坡度较陡边坡等。此方案和技术一般配合人字形骨架防护、拱形骨架防护、锚杆格子梁、锚索格子梁等防护形式使用。

客土喷播较一般喷播的最大优点在于可以绿化土壤比较贫瘠、高硬度的边坡坡面。尤其是泥状客土喷播能够在绿化比较困难的坡面,特别是风化岩、土壤比较少的软岩及土壤硬度较高的土质坡面,通过添加营养土,创造植物生长条件,达到绿化的目的。在坡度偏陡的坡面上,为了兼顾保证边坡稳定性和边坡绿化,可与挂网、菱形或拱形骨架防护形式相结合。

(2)格构法植被护坡技术

利用素混凝土、钢筋混凝土、浆砌条石等在坡面上构筑矩形、菱形、三角形等格构梁,常见的有钢筋混凝土框架、预应力锚索框架地梁、工程格栅式框格、混凝土预制件组合框架、混凝土空心砖、浆砌石框架等。这种方法不仅可以固定边坡土壤，而且还可以在格构中填充一定厚度的开挖边坡的表层土壤栽种乔、灌木，以达到防风固沙、涵养水源的目的。在坡度大于 40°时显现出其优势，但在坡度大于 60°的坡面上施工较为困难，而且当建造格构梁用材与边坡地质硬度相差过大时易造成格构变形、架空，甚至脱落。因此，在对边坡实施格构法生态恢复措施时，对于一些特殊情况的边坡应该开展变形稳定性研究，以确定边坡变形对格构带来的不利影响，并及时找出消除与控制这种不利影响的方法措施。格构法植被护坡技术效果如图 10-6 所示。

图 10-6 格构法植被护坡技术效果图

a)浆砌石拱形框架灌草护坡效果；b)混凝土菱形框架灌草护坡效果；c)混凝土预制件组合框架植沙地柏护坡效果

(3)立体植被土工网格

立体植被土工网格是在整平后的坡面铺设三围植被网格结构，三维植被网亦称固土网垫，是以热塑性树脂为原料，经挤出、拉伸等工序，形成相互缠绕、在节点上相互融合底部为高模量基础层的三维立体结构网垫。三维植网的基础层由 1～3 层经双向拉伸处理后得到的均质方形网格组成，拉伸后的方形网格质轻、丝细且均匀具有很好的适应边坡变化的贴附性能，三维植被网上部为 1～3 层网包层，上下两层结构的复合即形成三维植被网垫。网格的原料是高强度热塑树脂，并在立体结构中夹裹优良客土，不仅能有效地固定坡面土壤，而且为植物的生长提供了充足的养料和较为稳固的基质环境。因为立体网格法可以在没有植物覆盖的边坡表面形成良好的保护结构，及时保护裸露土壤不受风雨侵蚀，为草种的快速萌发创造有利的条件，所以最适合新挖边坡的初期防护，避免早期水土流失现象发生。这种方法操作过程简单，造价也不高，但一般只能对坡面的浅表层进行防护。

应用地区：各地均可应用，但是在干旱半干旱地区应保证养护用水的持续供给。

边坡状况：各类土质边坡均可用包括路基和路堑边坡，强风化岩石边坡也可应用，土石混合路堤边坡经处理后也可应用；常用坡率为 1∶1.5，一般不超过 1∶2.5，坡率陡于 1∶1.0 时慎用；每级坡高不超过 10m。

适用季节：一般在春季和秋季进行，尽量避免在暴雨季节施工。

(4)植被混凝土护坡技术

日本对于植被混凝土护坡技术的研究处于国际领先水平，我国还处于试验与推广阶段。它是将土壤、混凝土、养分、保水剂、腐殖质以及草种按一定的比例混合后用喷锚设备喷射到坡面，并在表面覆盖防护层养护，待到种子萌发后揭去防护层使植物自然生长。

利用这种方法可以在坡面上种植灌木和乔木，护坡效果优于单纯栽种草本植物，所以可用于较难绿化的石质坡面或表土层较贫瘠的坡面。缺点是需要大量的人力进行初期养护工作。

(5)藤类植物护坡技术

藤蔓植被护坡也称垂直绿化，是指栽种攀缘性或垂吊性植物，以遮挡硬质岩高陡边坡、挡土墙、锚定板墙及其他边坡防护支挡圬工工程，起到美化环境的绿化方法。

对于坡度比较大的陡坡、路堑以及岩质坡面，由于其特殊的地理环境和形状，通常的生态边坡技术较难或者甚至不能实施，这时可以考虑利用藤类植物的攀爬特性来遮蔽裸露的坡面或工程砌体，避免坡面裸露，以达到美化环境、增强视觉效果，在视觉上软化边坡的目的。在岩石边坡上配以绿色网罩，一方面防止岩石滚落，利用网罩本身的颜色增加景观效果；另一方面，还有利于藤类植物攀爬。但这种方法的应用范围具有一定的局限性，植被类型单一，形成的群落不稳定，生态作用也不明显，常出现早期水土流失较严重的现象。随着植被的生长，防护效果会逐渐增强，当植被完全铺满后，防护效果较好。藤蔓植被护坡常用的攀缘性藤蔓植物有爬山虎，常春藤等。不同植物由于其生长特性的不同，适应不同的地区。爬山虎，性喜阴，长攀附于背阴的岩石、树干和墙壁上，向阳处也能生长，对二氧化硫、氯气等污染有一定的忍耐力，在湿润、肥沃的土壤中生长最佳。爬山虎根系深广，须根发达，一年内多次发根，故生长快，蔓延迅速。

藤蔓植被护坡各地均可应用，对边坡也没有限制。一般的藤蔓护坡多用于：已修建的圬工砌体等构造物处，如挡土墙、抗滑桩挡土板锚定板墙及声屏障等；路堑边坡平台，特别是采用挂网喷浆、护面墙等防护处理边坡；坡率超过 1∶0.3 的岩石边坡。藤类植物护坡效果如图 10-7 所示。

图 10-7　藤类植物护坡效果图

(6)植生带技术

植生带是采用专用机械设备，依据特定的生产工艺，把草籽、肥料、保水剂等按一定的密度

定植在自然降解的无纺布或其他材料上，并经过机器的滚压和针刺的复合定位工序，形成一定规格的产品。植生带护坡有以下特点：植生带集草籽与肥料于一体，播种施肥均匀，数量精确，草籽、肥料不易移动；植生带具有保水和避免水流冲失草籽的作用；草籽出苗率高，出苗整齐，建植成坪快；采用可自然降解的纸或无纺布等作为底布，与地表吸附作用强，腐烂后可转化为肥料；体积小、质量轻、便于储藏，可根据需要常年生产，生产速度快，产品成卷入库，储存容易，运输、搬运轻便灵活；施工省时、省工，操作简便，并可根据需要任意裁剪。

其优点是植生带的质量较轻，便于运输，且无纺织物本身也具有护坡作用，种子生长后根系穿过无纺布，与其交织在一起，形成一层抗冲刷防护层，护坡效果较好，适用于坡度较缓、坡表平整的土质或砂土类边坡。由于草类的生长需要一定的时间，植生带早期常造成一定的水土流失，随着植物的生长，其护坡能力不断增强；缺点是形成的植被类型单一，群落不稳定，景观单调，生态效益较低。

应用地区：各地区均可应用，但是在干旱半干旱地区应保证养护用水的持续供给。

边坡状况：一般用于土质路堤边坡，土石混合路堤边坡经处理后可用，也可应用于土质路堑边坡；常用坡率为1:1.5～1:2.5，坡率陡于1:1.25的时候结合其他方法使用，坡高一般不超过10m，要求为稳定性边坡。

适用季节：一般在春季和秋季进行，尽量避免在暴雨季节施工。植生带及其护坡效果如图10-8所示。

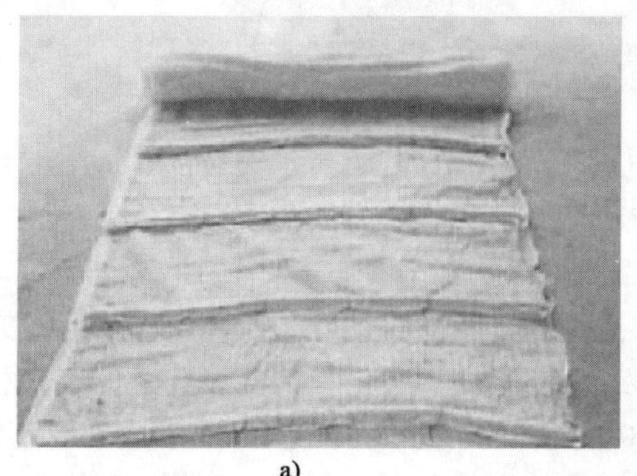

a)

b)

图10-8 植生带及其护坡效果图

a)植生带；b)植生带护坡效果

(7)网袋法

网袋法护坡是将植物种子、肥料、土壤充分混合后装在纤维网或金属网袋中，然后固定在边坡表面上进行绿化的方法。这种方法适用于土石边坡和稳定岩质边坡，网袋内的土壤和肥料解决了边坡水土流失后土壤养分贫瘠的问题，能为植物种子的生长提供营养物质，后期植物错综缠绕的根伸出网袋就可以对边坡土壤起到固定作用，但初期的人工灌溉、养护也很重要。网袋及其护坡效果如图10-9所示。

(8)厚基质喷层技术

厚基质喷层技术是将植物种子、肥料、土壤和水充分混合后用湿式喷枪，通过压缩空气将其按照设计厚度均匀喷射到需防护的边坡表面上，使其形成1～3cm厚的植被层，然后在上面洒一层乳化沥青来固定基质层并延缓水分的挥发，最后用纤维网、聚合物网或金属网固定，使植被生长层能稳定附着在边坡上，减缓雨水冲刷。这种方法机械化程度高、绿化速度快，草坪成长均匀且质量较好，适用于各类坡面条件较差的土质边坡、土石边坡和稳定岩质边坡，主要是用在岩石边坡，应用地区包括四川重庆、贵州、云南、广东、浙江、湖北、山东、辽宁、北京、陕西等。应用工程边坡包括泥岩、页岩、砾岩、白云岩、玄武岩、花岗岩等，以及浆砌片石面和混凝土面。

a)

b)

图 10-9　网袋及其护坡效果图

a)网袋；b)网袋护坡效果

(9)液压喷播植草护坡技术

液压喷播植草护坡技术是随着人们绿色环保意识的日益提高，以及边坡防护新技术、新材料、新工艺的不断研制、开发，在国内近十多年开发的一项集机械、化学、生物、土壤学为一体的边坡裸地强制绿化施工新技术。该技术起源于 20 世纪 50 年代欧美发达国家，形成于 20 世纪 80 年代末，目前在美国、日本、欧洲等一些发达国家和地区得到了大量推广应用，已广泛使用于城市市政绿化、各种运动场馆高级草坪建植、水土保持植被恢复、边坡绿化防护等工程。我国自 20 世纪 90 年代初引进该技术，经历了较长的推广应用过程：1992～1995 年仅局限于深圳等沿海城市市政绿化工程，1996 年开始逐步应用于高速公路、铁路路基边坡绿色防护工程，1998 年以后才得到大量推广。目前已广泛应用于城市绿地建设，公路、铁路边坡绿色防护等工程。

液压喷播植草护坡是将草籽、肥料、黏着剂、木纤维、土壤改良剂、上色素等按一定比例在混合箱内配水搅匀，通过机械加压喷射到边坡坡面而完成植草施工的高效绿化技术，可用于地形复杂、工程施工困难、甚至人力不能及的陡坡。此方法对立地条件要求不严格、育苗时间短、成坪速度快，即喷即见成效、绿化效果好，但只能作为浅表层固坡。

应用地区：各地区均可应用，但是在干旱半干旱地区应保证养护用水的持续供给。

边坡状况：一般用于土质路堤边坡，土石混合路堤边坡经处理后可用，也可应用于土质路

堑边坡；常用坡率为1∶1.5～1∶2.5，坡率陡于1∶1.25的时候结合其他方法使用，坡高一般不超过10m，要求为稳定性边坡。

适用季节：一般在春季和秋季进行，尽量避免在暴雨季节施工。

(10)穴植技术

穴植技术就是在坡面上挖掘种植穴或种植槽，在穴槽内回填营养土后，再进行苗木种植的技术，包括种草、种花和植树。

适用于土质较好，土含量较高的土坡和土夹石坡面。在其上可挖掘种植穴或种植槽，种植灌木、竹类以及地被植物，形成多种类多层次的护坡绿化景观，容易与周围环境协调，效果如图10-10所示。

a)

b)

图10-10　挖穴植小灌木及挖槽植毛竹效果

a)挖穴植小灌木；b)挖槽植毛竹

(11)废弃轮胎护坡技术

将废弃的汽车轮胎外胎，铺砌在岩性边坡坡面上，用镀锌铁丝串联在一起，用锚杆牢牢固定，然后在其上填充耕作土或配有植物种子、肥料、土壤的客土，根据设计要求建草地或建灌草群落，亦可植小乔木。这种方法是废弃资源的再利用，固坡复绿效果不错。国内有好多地方已采用这种技术。图10-11为轮胎护坡技术的施工情况及应用效果图。

a)

b)

图10-11　废弃轮胎护坡施工及施工后成坪效果

a)废弃轮胎护坡施工；b)施工后成坪效果

(12)香根草篱护坡技术

香根草属禾本科岩蓝草是一种多年生草本植物，以其优良的特性近年来受到工程界的青眯,并已广泛应用于路基边坡防护中。香根草具有以下优良的特性:具有顽强的生命力和广泛的适应性,它能抵抗−10℃的严寒和50℃的高温酷暑,能承受严重干旱及久淹不死,在年降雨量为300～6 000mm的各类土壤及母岩碎屑、风化花岗岩和pH=4～11的土壤中均能生长;具有发达的根系能很好地稳固边坡,香根草根系多扎深可达2～3m,最深为5m,网状庞大交错的根系与土壤交结在一起提高了土体的剪切力与黏附力,根的抗张强度能达75MPa,相当于一般钢材的1/6;施工技术简单、经济合理。香根草护坡造价与铺草皮费用相当,为工程防护费用的1/10。由于香根草属粗放型管理植物,3～4个月内可长成茂密的活篱笆,长势挺立、茎秆坚硬挺拔,在分散径流量缓冲径流强度,拦截泥沙甚至小石块方面优于其他植物。特别是其生长快,能迅速覆盖地面,避免了其他植物在种植物初期因株间地表光秃而使土壤遭受侵蚀,因此该技术在马来西亚、泰国、美国及澳大利亚得到广泛研究和推广应用,取得了比较好的效果。

香根草篱护坡是在坡面上按一定的间距并大致沿等高线密植香根草带,依靠香根草的植被覆盖及其根系的力学加固防护边坡。

应用地区:南方温暖湿润地区,包括江西、福建、浙江、江苏、上海、安徽、云南、广东、广西、贵州、湖南等。

边坡状况:一般适用于土质边坡,坡率不陡于1∶1.0,坡高每级高度不超过10m,适用于稳定边坡。

适用季节:一般施工应在春季和秋季进行,以3月底至6月底、8月底至9月底施工最佳,为了确保成活率和护坡率,应尽量避免在酷暑和严冬季节施工。

(13)挖沟植草护坡技术

挖沟植草护坡是指在坡面上按一定的行距人工开挖楔形沟,在沟内回填改良客土,并铺设三维植被网(或土工网,土工格栅),然后进行喷播绿化的一种护坡技术。

应用地区:各地区均可应用,但是在干旱半干旱地区应保证养护用水的持续供给。

边坡状况:泥岩、页岩及泥、页岩互层等易开挖沟槽的软质岩路堑边坡;坡率不陡于1∶1.0～1∶1.25,坡率超过1∶1.0时应结合坡面锚杆使用,坡率不超过1∶0.75时坡高每级高度不超过10m,适用于稳定边坡。

适用季节:一般在春季和秋季进行,尽量避免在暴雨季节施工。

(14)加筋土面板技术

加筋土挡土墙是广泛应用于道路工程的边坡。传统加筋土墙面是不可绿化种植的钢筋混凝土墙面。当在城市道路特别是城市立交桥头使用混凝土挡土墙时,城市景观和噪声及热反射使人们不能满意。

加筋土面板技术是上海市政工程设计研究总院(集团)有限公司自主开发的,并已申请专利。该技术能克服传统加筋土挡墙缺陷,是一种能够种植绿化、能够美化城市景观、能够减少噪声和热反射的加筋土挡土墙面板。该技术已在工程中大量应用,如上海A15公路辅助快速路立交加筋土挡土墙、A5立交NE匝道加筋土挡土墙、A30立交SW匝道加筋土挡土墙等。

加筋土面板技术方案是:将加筋土面板制作成内侧面为一矩形平面、外侧面为两个对称相交的平面而构成的空心面板,其分层错位安装后能使下层面板中的空心部分局部出露,如图10-12及图10-13所示。由于空心部分可充填种植土,分层错位安装后出露的开口便可用于种植花草,使植物生长至墙面外,能绿化美化墙面。

优点和效果在于使加筋土挡土墙墙面可种植绿化，特别是其具有减少噪声和热反射的生态环保作用，适应于在城市道路中使用。该技术无需向传统的加筋土挡土墙面板那样特别设置加筋连接件，便能使面板与筋带得到连接。该技术结构简单，利于工业化生产，成本低，现场安装简便。加筋土面板墙面效果如图 10-14 所示。

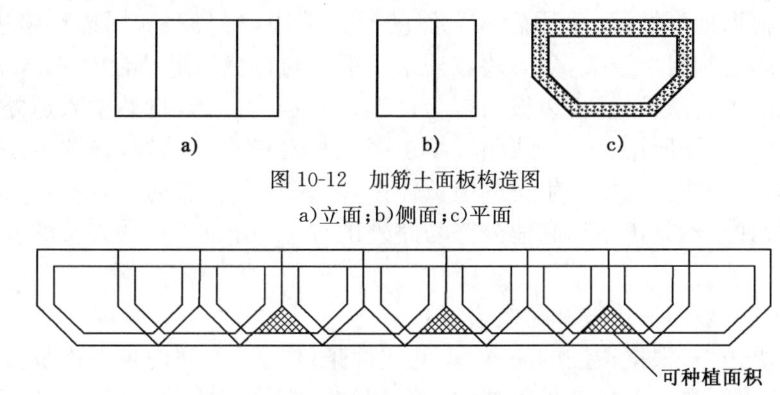

图 10-12 加筋土面板构造图

a)立面；b)侧面；c)平面

图 10-13 分层错位安装后出露的开口示意图

此外，在我国道路边坡的生态防护技术中，还有植被毯技术、OH 液植草护坡技术、植被型多孔混凝土护坡技术、生态灌浆坡面绿化防护技术、景观山石植被护坡技术松木桩植被护坡技术等。

各种护坡方法虽然施工各不相同，但是具有相同的特征，即首先要确定合适的边坡结构形式，通过边坡设计以确保边坡的长期稳定性；其次是利用植被重建技术对边坡进行生态修复，使得修复后的边坡与其他自然生态系统一样具有自我调节与维持功能，并发挥相应的生态效应。对于岩质边坡，首先在防护的坡面必须有植物生长所必需的土层条件，然后再采用液压喷播或撒播的方法植草。岩质边坡的各种防护方法比较接近，都是直接喷射含有草和灌木种子的混合物于坡面，喷射层既要有一定的稳定性，又要适宜于植物的生长。为了保障坡面植物能够长期稳定地生长，营造的外来土层或直接喷射层必须能够经受雨水的冲蚀。

图 10-14 加筋土面板墙面效果示意图

所有植被护坡方法在适宜的条件下均可以结合栽植木本植物进行，实现草灌的有机结合，充分发挥两者的作用，以促进多样性、稳定的坡面植物群落的迅速建立，起到植物防护边坡的功能。

10.3 工程案例

10.3.1 宁常高速

宁常高速公路全线路堤、路堑均取消了“硬质”防护，采用植被生态恢复设计方案，同时植物护坡采用沿途适生植物进行防护。在具体的防护工程设计中，最大限度地展现出生态植被的防护功能和环境改善功能。在边坡的生态恢复具体实施中，针对不同岩性的边坡、不同路堤路堑段采取了不同处理措施。具体恢复设计方案及分析如下。

(1)低路堤

传统的低路堤边坡边沟与外界相分离，使公路凸显出来，破坏了原来的景观。而宁常高速公路路基边坡则根据地形情况，采用融入自然的设计手段，将公路和周边环境进行有机的融合。土路肩与生态边沟自然连接，生态边坡外采用缓坡与自然地形结合的手法，营造的地形边坡流线舒缓。取消了防撞护栏，将边坡防护与自然景观连为一体，自然融入道路，使道路成为一道风景，路外之景为路所用。在全线路堤填筑高度相对较小的路段，设置生态边沟，使边沟与防护融为一体，同时防护采用全生态的植被体系，融入到大自然的美景中，从视觉上消除了路基的高度，使行驶车辆分辨不出高速公路与路外的界限，增加了驾乘人员的安全感，效果如图 10-15 所示。

(2)土质边坡(一般路堤边坡和路堑边坡)

对于一般路堤边坡，根据边坡的高度、土的塑性条件选择不同的生态恢复技术，主要采用普通喷播、三维土工网垫＋喷播防护等技术。在实施生态恢复之前，先进行坡面的整治，使土路肩部分平整自然，与坡面形成自然衔接，边坡的坡面与护坡道的衔接部位作为导弧处理，避免折线，形成流畅优美的视觉效果。坡顶、坡脚线形顺适，在填方路基坡率有变化的路段，边坡削坡注意到坡度的自然过渡，避免突兀并保证有效的断面尺寸和路基宽度。路堤的景观绿化设计，则采用在路堤排水沟外侧 1.5m 处种植乔木，在每两株乔木之间栽种两株灌木，形成错落有致的景观效果；排水沟以内的公路用地，采用植草加种植地被植物的方式进行地表绿化，从而形成远乔木、中灌木、近草皮的三层绿化体系，效果如图 10-16 所示。

图 10-15　宁常高速公路低路堤边坡生态防护效果

图 10-16　宁常高速公路土质路堤边坡生态防护效果

路堑边坡景观的恢复设计主要利用“俗则屏之、佳则收之”的设计手法。设计思路为：在有民房的地方，采用“遮”的造景手法；外侧树林较多的地段，采用“漏”的造景手法，适当选用地带性树种，使自然景观突出，边坡内外景观融为一体。将路堑段比较单一的绿化体系尽可能改造成树、灌、花、草多层次立体景观，结合路堑段岩性、土质、边坡坡率、边坡高度等因素，综合考虑恢复设计形式，达到立体景观的效果。在典型路堑边坡，结合不同的植物种类，整治结合原有地形，不同坡度之间自然顺畅，坡顶及坡脚用导弧处理，采用不同的恢复措施，尽量保留原有植被。具体方案为：在挖方土质以黏土为主地段，边坡自然稳定性较好，边坡高度 $H<3$m 时采用播草籽或铺草皮景观形式；当边坡高度为 3～8m 时采用普通液压喷播技术，喷播厚度不小

于3cm。在此基础上，进行树、灌、花、草景观设计，恢复植被；在边坡高度 $H>8\text{m}$ 的路段，第一级边坡高度为6m，边坡坡率为1∶1.5，采用挂三维土工网＋客土喷播，喷播厚度不小于5cm；第二级边坡坡率缓于1∶1.15，采用普通液压喷播。最后进行树、灌、花、草的立体景观设计。

(3)岩质边坡

为适应植物生长需要，岩质边坡在设计时应适当放缓，采用挂镀锌铁丝网＋喷射绿化基材＋喷播植草(厚层基材喷射植被护坡)技术。对于喷播的植物种类，以灌草相结合来考虑，不同路段选择不同的灌草种类，可以改善喷植的效果，增加植被景观的变化。

对于膨胀岩路段，采用土工格室＋三维土工网＋植被混喷形式。

总之，宁常高速公路将“融入自然”，呈现“原生态之美”的景观设计理念贯穿到全线的防护与恢复设计之中，贯彻了“全面生态恢复、突出景观特点、满足地质特征、顺应特殊部位”的设计原则。在设计程序、设计理念和群落模式等方面进行了一系列的探索，尊重事实、力求创新、综合最优构成了设计的准则。从总体效果来看，基本达到了预期的目标，如图10-17所示。

a)

b)

图10-17 宁常高速公路边坡生态防护整体效果

a)草花盛开；b)春意盎然

第11章 道路绿化

11.1 概 述

环境污染和生态破坏是人类面临的重大社会问题之一。项目开发与环境保护兼顾是经济可持续发展的重大课题。对于工程建设来说，合理利用资源，保护资源环境，是工程人员必须正视和认真对待的问题。路网建设的大发展是城市化带来的必然结果，随着我国道路建设事业的蓬勃发展和全社会环保意识的普遍提高，作为道路建设的核心内容之一，道路的绿化建设问题已经受到越来越多的关注。道路绿化的目的不仅仅是为了保证路旁环境的美观舒适，同时也是保障交通安全的重要手段之一。

随着城市化进程的加速，城市规模不断扩大，城市中人口密集，充斥着各种人工设施，机动车辆不断增多，自然环境被人为地破坏，这一切都将导致城市环境的不断恶化，并使得城市成为"热岛"和"干岛"。此时，道路绿地在改善城市生态环境和丰富城市景观中的作用也日益突出。运用绿化手段进行合理的植物配置，营造大片的城市绿地，不但可以降低机动车造成的空气污染和噪声，也吸收了灰尘；并且为从源头上解决城市"热岛效应"起到了巨大的作用。因此，城市道路绿地景观设计显得尤为重要。与此同时，城市中一些穿城而过的河流附属带状绿地得到了城市管理者的重视，城市滨水道路作为城市中人类活动与自然过程共同作用最为强烈的地带之一，其规划涉及多学科、多方面的问题，要求设计人员以综合的视角进行多目标的规划设计，通过形式多样的造景手法创造丰富的空间变化。

除此之外，道路绿化还具有重要的社会、经济和景观效益。好的道路绿化可以为市民提供社会交往、休闲和娱乐的场所，丰富市民生活，促进社会的和谐及精神文明建设，从而取得良好的社会效益；道路绿化对于提升周边区域内的房地产价值具有重要作用，还可带动其他行业增值的作用，经济效益亦不可小视。道路绿化还可以带给人们美好的视觉享受，满足人们亲近自然的精神需要等。

11.1.1 国内外研究现状

(1)国外研究现状

道路绿地最初是以行道树的形式出现。据文献记载，世界上最古老的行道树种植于公元前10世纪，建于喜马拉雅山麓，在连接印度加尔各答和阿富汗的干道中央与左右，种植了三行树木，称为大树路(Grand Trunk)。传说亚历山大大帝曾经率领大军由此进兵。国外不少国家自古也重视行道树栽植，西欧各国常用欧洲山毛榉、欧洲七叶树、椴、榆、桦木、意大利丝柏、欧洲紫杉等，随着城市建设飞跃发展，城市道路增多，功能各异，形成了各种绿带。

大约公元前8世纪后半期在美索不达米亚(Mesopotamia)由人工整地而成的丘陵上兴建

宫殿，并以对称的规划布局配置松树与意大利丝柏（Italian Crypress）。

希腊时代（公元前 5 世纪）在斯巴达的户外体育场，其两侧列植法国梧桐作为绿荫树。

罗马时代（公元前 7～公元 4 世纪）在神殿前广场（Forum）与运动竞技场（Stadium）前的散步道路旁种植法国梧桐。据载，当时罗马城主要街道种植意大利丝柏。

中世纪（公元 5～14 世纪）时期的欧洲，各国于巡礼的街道上种植当地的乡土树种，即大都用意大利丝柏。在多数的城堡内，用于街道栽树的空间几乎没有。在农用地的边界线上常以很多树列作为标志。

文艺复兴时期以后，欧洲一些国家街道绿化有了较大的发展。法国亨利二世依据 1552 年颁布的法律，命令国人在境内主要道路栽植行道树，因而有在国道上种植欧洲榆的记载。

同一时期，德国有计划地在国内各干道栽植法国梧桐之类的行道树，其目的是为了战时补给军用木材。

1647 年在柏林曾以特尔卡登为起点设计菩提树大道，在道路东侧配置了 4～6 列树木的林荫大道。这条美丽的林荫大道对日后法国巴黎辟建的园林大道（Boulevara）有极大影响。

1625 年英国于伦敦市的摩尔菲尔斯地区，格林公园以西、圣詹姆士公园以北，设置了公用的散步道（Publicwalk），兼作车道，长约 1km，种植 4～6 排槭叶法国梧桐。这条林荫路是女王陪同国宾乘坐马车巡视所通行的街景优雅的迎宾道。这条路开创了都市散步道栽植的新概念，即所谓林荫步道（Themall）。它成为闻名于世的美国华盛顿市林荫步道（具有 4 排美国榆树的园林大道）的原型，是美国各大都市设计林荫道的典范，也是日本购物街（Shopping Mall）的起源。

18 世纪后半期，奥匈帝国国王约瑟夫二世在 1770 年颁布法令，在国道上种植苹果、樱桃、西洋梨、波斯胡桃等果树当行道树。因此，至今匈牙利、南斯拉夫、德国和捷克等国仍延续这种传统。

18 世纪末至 19 世纪初，法国政府正式制定了有关道路须栽植行道树的法令，相继颁布的有枢密院令（1720 年）、勒令（1781 年）、国道及县道行道树的管辖法令（1825 年）、行道树栽植法令（1851 年）等。这些法令对于栽植位置、树种选择、树苗检查、树杈、砍伐与修剪的手续等事宜均加以规范。这是法国自 16 世纪亨利二世以来，在欧洲各国中道路行政特别是栽植行道树的相关法令方面最先进的。

工业革命之后，人口向都市集中，市区急速扩张，都市规划发展，辟建干线，行道树栽植日渐盛行。

19 世纪后半叶，欧洲各国拆除了中世纪的古城墙，填平壕沟，建成环状街道或辟局部为园林大道，以修饰景观为主要功能，有宽阔的游憩散步路，使城市面貌更加生动活泼。

1958 年，由当时的塞纳县知事奥斯曼主持在巴黎修建了香榭丽舍大道，成为近代园林大道的经典，对欧美各国产生了极大的影响。

18 世纪末，由法国陆军技师朗方完成的华盛顿市规划，多处配置了法国式的林荫大道。在 1872 年曾对 30 个树种进行试验，最后限定 10～12 种为最适合栽植的行道树树种。

“十月革命”后的前苏联，在街道绿化方面取得了较大的成就。通过街道绿化的实践在理论和规定方面都有所建树，强调将行道树、林荫道、防护林带联系起来组成“绿色走廊”。1957 年以前莫斯科仅有 40 条林荫道，到 1973 年已有将近 100 条林荫路，使莫斯科的环境和市容有了一定的改善。与此同时，有关林荫道应具备的功能与最低规模也得以制订和完善。另外，在莫斯科等几个大城市建立了街头游园和绿化广场。它们不仅与周围的环境协调，在比例、尺度上也恰到好处，而且内部的布局、配置层次都很完整，这方面对我国也产生了一定的影响。

日本近年来发展了高层建筑，在城市人口人量集中的情况下，从防震出发设置了大型公园，构成了以绿地为中心的避难所。在通向避难所的疏散道路上有很好的绿化，在绿化设计和植物配植方面比较重视植物的环境保护作用，发挥绿化的防公害、防噪声、防风、防雪等作用。

在许多资本主义国家的商业街上都没有种植树木的位置，在绿地极少的情况下，采用彩色水泥制成的各种形式的活动种植盆，种植小型乔灌木和花卉，点缀街景，改善环境气氛。就是在地下商场里，也常以绿化手段装饰人行道和商店。

随着资本主义的发展，城市建设日新月异，工商业城市不断涌现。为了满足交通运输的需要，特别是汽车的日益增多，城市必须建立宽阔的道路和方便的交通网。作为城市建设组成部分的行道树种植更加普遍，行道树的布置形式和结构也发生了很大变化。特别是近几十年来由于工业的高速发展，引起城市环境日益恶劣，很多城市进行了重新规划。在新的规划中普遍要求增加绿地，其中包括道路绿带面积的增加，以改善和保护环境。

经过多年的实践探索，欧美等发达国家在公路绿化方面积累了许多开发性的经验。他们强调遵循自然，综合考虑环境、生物、人三方面的关系，尽可能恢复原有自然景观，体现了强烈的生态和环保意识。早在 1965 年，美国就制定了公路美化规定；日本在 1975 年制定了公路建筑和景观设计规范等；丹麦于 1994 年制订了道路美化战略，把道路景观列为独立的课题进行研究，并制订详细的执行方案。道路建设已由普通绿化发展成为生态绿化和景观与生态相结合的景观生态绿化，向着自然、和谐、天人合一的方向发展。在总体设计上，充分体现环境保护和经济美观的设计理念，主要的设计原则是尽量避免破坏自然环境，减少深挖高填。在防护工程中，采取植物绿化和各类柔性支护，基本取消了砌石防护。路域带的生态保护上，因地制宜，分层次绿化，砌、取土场也要及时绿化覆盖，恢复到建设前的状态。在绿化技术方面，各国也各有千秋。法国政府明文规定，在建造公路的同时必须有绿化的规则，公路造好的同时绿化也随之完成，所以在几千公里的路旁，草坪连绵不断，树木郁郁葱葱，高大的树林一片连接一片，汽车就像行使在森林地带。大部分路段不用隔离带和铁丝网，路过居住区的地段装有 3m 高的透明板，隔音板上爬满了藤蔓植物。在德国，绿化植物的种类选择非常受重视，真正体现了“因地制宜”的原则。不同的地域，不同的自然地理环境，种植着不同的乔灌草等，产生了丰富的植物配置形式。这些充分展示着地方文化特色的植物及其配置形式，使得驾驶员、乘客不仅感觉舒适愉快，而且还可根据植物来识别地名。植物适得其所，长势强健茂盛，大大有利于后期的养护管理。在美国，中央分隔带的金属防护栏与公路的两侧路肩处的金属路栅已被宽厚低矮、柔软而又富有弹性的树列取代，如野蔷薇树列，它们能吸收车辆的运动能量，使车体及驾乘人员在发生车祸时可免于遭到巨大损伤。美国还提倡高速公路绿化地宽度以公路两侧 45～100m 为宜，有选择地种植宿根花卉、灌木和乔木，林型由低到高，既能起到防护作用，又不影响行车视线。“尊重自然、恢复自然”的理念在加拿大的公路建设中得到了充分体现。公路设计围绕着大地景观思想，多设置了开阔的中央分隔带，许多区段 50～60m 范围内全部植草，两侧植被管护范围为 10～60m。每公里植被管护面积达到 6 万～7 万 m^2，采用较低的路基，使公路与自然环境相协调，路域范围内，树木草地始终不断。在施工中，将对自然的干扰、破坏努力控制在最小限度内，如在施工前先将树木或树桩移走，建成后搬回原地栽植；动物出没的地段建设动物通道，避免对动物栖息地的伤害，尽量避绕森林、湿地、草原等重要生态区域均已成为公路从业人员的自觉行为。澳大利亚的公路建设也十分注重环境保护，公路与周边自然景观十分协调，相得益彰。公路行车视距范围内，除了隔音板墙外，基本都进行了绿化，看不到裸露的土地。日本对边坡的治理和绿化施工十分重视，目前边坡客土喷播绿化技术已开发20多种施工方法，位于世界先进水平，被誉为“从种子到森林的再生技术”。日本常用的坡面防护方法大致为植物和工程防护。植物防护是建植草木等植被进行坡面防护，又被称为生物防护方法。工程防护包括构造物、挡土墙、栅栏、锚固、喷浆等传统工程防护方式，除坡面必需的工程防护外，在边坡较为稳定的基础上主要采用生物防护方法作为防止雨水冲刷、抑制表土流失的措施，对环境、自然、生态和人类是较为理想的施工手段。

(2)国内研究现状

道路绿化在我国具有悠久的历史，我们的祖先在很早就开始在路边种树，有了进行道路绿化的意识。秦始皇统一天下后，就命令在所有街道旁都要种上树，地方官吏就尊旨在他出巡行进的道路上，清水泼街，黄土垫道，在道路两侧种植树木。在两千多年前的周秦时代就已沿道路种植行道树。《汉书》中记载在两千多年前秦朝大规模地沿路种青松，这在世界上也是罕见的。西汉长安“路行平整，可并列车轨，十二门三涂洞辟，隐以金椎，周以树木”，说明两千多年前我国已有用松树作行道树。北京作为六朝古都，早在元朝建大都之时，就在“市”的道路两旁种植树木；随着“三海”水系的形成，在河岸路旁也植了树，初步有了绿化与湖光山色相辉映、游乐与园林景观相交融的景色。栽植树木不仅给道路增加了艺术感染力，又丰富了道路的园林景观。我国古代城市道路绿地具有悠久的历史，丰富的内容和形式，严格的管理制度，其中有些是可以借鉴的，值得学习和发扬。东汉洛阳，除宫苑、官署外有阎里及24街，街的两侧植栗、漆、梓、桐4种行道树。西晋洛阳(今洛阳以东)宫门以及城中央大道“皆分为三，中央御道两边筑土墙，高四尺余……。夹道种榆槐树，此三道四通五达也”。南北朝建康(今南京)是宋、齐、梁、陈各朝的京城。它的布局是曲折而不规则的，但中央御道砥直，御道两侧是御沟，沟旁种柳，所以有“飞亮夹驰道，垂柳荫御沟”的记载。隋朝东都在周王城故址，正对宫城正门的大街(天津街)宽一百步，道旁植樱桃和石榴两行，自端门至建国门南北长九里，回望树木成行。

唐朝(8世纪中叶)制定有路树制度。首都长安南北11街，东西14街，布局严谨，城内街道主要树种是槐树、垂柳、桃、李、榆。行道树制度通过日本遣唐使传至日本，对日本平城京的行道树的种植与管理等制度有很大影响。据本宫泰彦著《中日交通史》记载，“旧本中古之制……多仿唐制也。如天平宝字三年，东大寺普照奏清钱七道诸国驿路两侧并植果树，旅行者夏民急于木荫以纳凉，饥则摘果以充饥……”。

北宋东京(今开封)是在后周都城基础上建成的，其宫阙布局系模仿洛阳旧制。在宫城正门南的御街，川水沟把路分成三道，并用桃、李、梨、杏等列于沟边，沟外又设木栅(杈子)以限行人。沟内植以荷渠莲花，春夏繁花似锦，夏末荷花飘香，秋季果实累累。可以说宋朝的街道绿化已把传统的形式发展得极为丰富了。

清中叶以后，欧美经商和入侵中国，沿海城市迅速兴起，一些新建街道引种刺槐、法国梧桐、意大利黑杨等树种作为行道树，开始了跨国引种工作。

解放前我国城市道路狭窄，路面质量差，有的人行道虽宽，但很少植树，只有少数几条道路上种了树，形成了现代意义上道路绿化的雏形。建国以来我国的城市建设发展很快，面貌日新月异，不少城市在街道绿化方面取得了很大的成绩。南京市解放前仅有 2 100 余株行道树，现在全市种植了 20 余万株行道树，对改善南京市夏季酷热的气候起到了一定的作用。郑州市在解放前没有什么行道树，现在已经种植了 15 万株行道树，全城街道上绿荫覆盖，俯瞰全市宛如在绿海之中。西藏高原的拉萨市，市政建设迅速发展，街道上种植了整齐的行道树，昔日污秽的城市面貌焕然一新。在我国大西南的昆明和贵阳，街道上也种植了整齐划一的行道树。贵州省东南部苗族、侗族自治州首府凯里，已经建成为一座新兴的工业城市，城市街道整齐，绿树成荫。我国东北的主要城市哈尔滨、沈阳、吉林、长春、大连等，不仅种植行道树，而且在城市的广场和街头花园绿地中布置了五色草花坛和各种花卉草地，还装饰了喷泉雕塑。

随着城市现代化道路交通的发展，特别是十一届三中全会以来，改革开放带来了城市现代化和城市道路建设的突飞猛进，我国道路绿化为适应新的功能要求，在不断的创新中发展和提高，出现了一条又一条绿化带宽阔、层次丰富、林荫夹道、景观多样、芳草如茵、行车通畅、行人舒适的现代化城市道路，形成了多行密植、层次丰富，落叶树与常绿树相结合，绿化与美化相结合，用大树绿化城市道路等城市道路绿化的特点与特色。

11.1.2 道路绿化重要性

道路绿化是道路空间的景观元素之一，一般道路均为建筑材料构成的硬质景观，而道路绿化中植物是一种软材料，可以人为地进行修整，这种景观是任何其他材料所不能替代的。

(1)道路绿化可以滞尘和净化空气以及增加空气湿度

绿化中的树木能吸收道路中对人体有害的 SO_2、Cl_2 等气体，并能杀灭空气中的一些细菌，吸收 CO_2，制造 O_2；绿化中的树木可以阻滞空气中对人体有害的各种悬浮粉尘，以净化空气。

据测在广州有绿化的道路上，距地面 1.5m 高处的含尘量比没有绿地的道路上含尘量低 56.796，而草坪的飘尘浓度仅为裸露地面的 20%；草坪植物的叶面积，一般为地面面积的 20 倍左右，通过茎、叶的蒸腾作用，能使周围空气中的水分增加 20%左右。

(2)道路绿化具有调节温度的功能

太阳光辐射到道路绿带树木的树冠时，20%～25%的热量反射回天空，35%被树冠吸收，加上树木的蒸腾作用所消耗的热量都有助于调节道路环境的温度。夏季时节，由于林内外的气温差形成的空气对流，使林外热空气上升而由林内冷空气补充，这样能有效地降低林外环境的温度；冬季时节，由于道路中树木枝干受热面积比路面面积大，所以热量会从绿化中向道路中传导，这样能提高道路的温度，从而起到了冬暖夏凉的作用。据测定，夏季有树荫的地方，一般比没有树荫的地方要低 3～6℃。

(3)道路绿化可以隔音和吸收噪声

城市道路环境噪声污染是城市中噪声污染最为严重的区域，绿化中的树木可以有效地降低道路环境中的噪声污染程度。据南京市测定结果，通过 18m 宽的林带(两行桧柏加一行雪松)噪声减少 16dB，通过 36m 宽的林带，噪声减少 30dB。

(4)有利交通安全，减小交通公害

道路绿带中的低矮绿篱或灌木可以遮挡汽车眩光；绿带中的色彩在心理上可以消除驾驶员的疲劳和改变路况信息的作用，从而达到提高交通安全的目的。此外，道路绿带可以通过对

车流在视线上起引导作用来组织交通等，从而减小道路交通事故的发生。

(5)保护道路

由于绿化中树木具有遮荫降温作用，能使路面温度降低，并使昼夜和季节间的温度差减小，从而可以减少沥青路面发生泛油现象，缩小水泥路面的膨胀系数等，延长路面的使用寿命进而起到保护道路的作用。

(6)服务功能

道路范围内的地下管线可以埋设在绿带中的花丛或草皮下，尽量减小管线维修时对道路的破坏和工程费用以及交通运输费用方面的损失等。

(7)美化道路、丰富景观

道路绿化作为景观的一个组成部分，为人们提供日常活动的场所，在道路绿化设计中，可以用不同的构成、组成反映不同性质的道路景观，使道路景观更富于变化。

道路绿化还可作为城市绿地系统的骨架，能将城市绿地连成整体，它的合理性影响着城市绿地系统的合理性。不仅如此，道路绿化中绿色植物的经济价值也是可观的，根据美国科学部门的资料称，绿化的间接社会经济价值是它本身直接经济价值的 18～20 倍，印度斯达教授计算一株 50 年的树，对其群落的贡献价值为 1 962 万美元。

11.2 绿化设计方法

丰富的植物资源是进行道路生态绿化景观的基础，植物作为生态系统中的主要生产者，通过其生理活动的物质循环和能量流动，如光合作用的释放氧气吸收二氧化碳，蒸腾作用的降温散热，根系矿化作用净化地下水等，对生态系统进行改善与提高。因此道路绿化可以净化空气，吸收二氧化碳，提高道路及周边环境质量，调节气候，保持水土，形成景观。同时可以调节湿度和温度，延长道路使用期限。当太阳射到浓绿的树冠上时，有 30%～70%的辐射热被树冠吸收，并通过蒸发作用带走大量的热量，从而降低了周围的温度。浓密的树木冠幅能直接降低路面的温度，延长道路的使用寿命。

道路绿化应适时适地，合理规划，科学配置，上海世博会与虹桥综合交通枢纽绿化效果分别如图 11-1 与图 11-2 所示。

图 11-1 上海世博轴绿化效果图

图 11-2 虹桥综合交通枢纽绿化整体效果图

道路绿化设计应遵循以下条例：

(1)园林景观路绿地率不得小于40%；红线宽度大于50m道路绿地率不得小于30%；红线宽度为40～50m道路绿地率不得小于25%；红线宽度小于40m道路绿地率不得小于20%。

(2)种植乔木的分车绿带宽度不得小于1.5m，主干路上的分车绿带宽度不宜小于2.5m，行道树绿带宽度和交通岛绿带宽度不得小于1.5m；路侧绿地宜与相邻的道路红线外侧其他绿地相结合，人行道毗邻商业建筑的路段，路侧绿地可与行道树绿带合并。

(3)行道树应选择深根性、分枝点高、冠大荫浓，生长健壮、适应城市道路环境条件，落果少且无飞絮，抗性强，耐修剪的植物。行道树宜采用慢生树种，胸径不宜小于8cm，行道树定植株距以6～8m为宜。行道树宜选用落叶树种，夏天遮荫，冬天透光，满足人行的舒适性。

(4)两侧分车绿带宽度大于或等于1.5m时，应以种植乔木为主，并宜与灌木、地被植物相结合。其两侧乔木树冠不宜在机动车道上方搭接。分车绿带宽度小于1.5m时，应以种植灌木为主，并应与地被植物相结合，不得裸露土壤。

11.2.1 植物原则

1)道路绿化设计的原则

把握好道路绿地景观营造的基本原则，对道路绿地充分发挥其景观功能和防护功能至关重要。

(1)人本主义原则

道路绿化设计中的人本主义原则是指在设计的时候充分考虑到人的需求和视觉上的效果，给使用者创造出宜人的环境。因为绿化具有实用、生物、景观的机能(实用机能包括视觉遮蔽、遮光、构筑绿荫、调节温度、防日晒、防音、吸音、减少噪声影响，以及防风、防沙、防雪、防火等；生物机能包括调节温度、适度及净化空气；景观机能包括美化环境及作为城市的特定象征)，这些都和人们的日常生活息息相关。因此，在道路设计中将人本主义思想考虑进去是必不可少的。

道路绿化主要功能是庇荫、滤尘、减弱噪声、改善道路沿线的环境质量和美化城市。道路空间是提供人们生活、工作、休息、相互往来与货物流通的通道。在交通空间里，有各种不同出行目的人群，在动态的过程中观赏道路两旁的景观，产生了不同行为规律下的不同视觉特点。在设计道路时，须充分考虑行车、行人的进度和视觉特点，不同速度，采用不同的栽植方式，将路线作为视觉线形设计的对象。提高视觉质量，体现以人为本的原则。道路绿化应符合行车视线和行车净空要求。在具体的设计中，应以不遮挡视线为标准，同时又能给人以赏心悦目之感，如在拐弯处不应种植大灌木或小乔木、在隔离带的种植时一个标准端的长度就应考虑到车速及行人速度等问题。

道路绿化另一个重要的功能是遮荫、降温。四季的变化使植物的外观形态随之发生变化，尤其是落叶植物。炎炎夏日下，行车和行人需要一个宜人的交通环境，浓郁的绿荫能使人感到丝丝清凉，烦躁的心情可以得到舒缓，有利于交通安全；当叶落的时候，冬日和煦的阳光带来几分暖意。所以说，植物不同的习性奉献给人们的不仅是视觉、嗅觉上的享受，还有心灵的慰藉。

(2)序列性原则

道路绿地景观随着道路的走向呈点状、线状和面状分布，这就形成了点、线、面相结合的道

路景观序列，即兴趣点（道路节点景观）、方向节点（道路线形景观）、背景景观（道路景观面）的有机结合。景观序列有两层含义：一是指客观景物按照一定顺序展开，并且随时空的变幻而改变，是景观空间环境的实体组合；二是指人的游赏心理，景动情异，心理活动随景观的时空变化作出瞬时性和历时性的反应。这种感受既来源于客观景物的刺激，又超越景物而得到情感的升华，是景观意象感受的意趣组合。景观序列包含着风景序列和情感序列。景观序列是由自然景观和人文景观共同构成的，优美的景观序列好似一部小说，“开始”、“发展”、“高潮”、“尾声”各个阶段缺一不可，只不过在景观序列中这些阶段依次被称为起景、前景、主景、背景和结景。

道路绿地景观作为城市景观的骨架，规划设计上要将点、线、面景观相联系，统一在一起考虑，形成连贯的、有机的道路绿地序列性景观。使人能够休憩于道路绿“点”，运动于道路绿“线”，以及生活于道路绿“面”。

(3)继承与创新性原则

继承与创新是一切设计中必不可少的部分，有良好的社会背景、历史背景以及景观背景作为基础，一切富有创新意义的思想才可以驰骋在广阔的规划“疆域上”，道路绿地设计也是一样。道路绿地设计是城市绿地景观设计的一部分，以城市的整个道路系统作为设计蓝本，以城市生活为社会背景，以城市的发展过程作为历史背景，以城市中的建筑、植物、人类活动等城市要素构成的自然景观和人文景观为景观背景，在已定的规划范围内，设计者尽情发挥自己的想象力，将现代思想与历史意念以及城市理念相结合，设计道路绿地景观，体现城市个性美。

道路景观个性是指在其地域风土上积累起来的固有文化、历史、生活的表现，通过这种个性的表现，我们能够深刻地感受到当地蕴藏的文化和历史。城市景观一旦丧失了个性，便会出现“千城一面”的景象，不仅城市失去了光彩，城市中居住的人们也对城市失去了自豪感，更不要指望外来游客会对这个城市产生兴趣。

道路个性的产生有多种方式，比如说依托用地特性产生的个性、由道路本身派生的个性以及由城市生活派生的个性等。创造具有个性道路景观的方向，不只是集中在个别要素的设计上，而是要集中在反映城市整体个性的设计手法上。就是说，采取整体区域来控制道路本身的设计手法，在整个过程中最为重要的就是基调的确定，在既定的基调下，规划设计，随着时间的推移，城市的道路个性也会随之展现出来。城市是随着时间推移不断前进发展的事物，因此其包含的一切内容，就存在形式而言，也应该具有长久性或是可进化变异性，这样事物才得以发展。

(4)道路绿化的生态与美化相结合的原则

生态是物种与物种之间的协调关系，是景观的灵魂。它要求植物的多层次配置，乔灌花、乔灌草的结合，分隔竖向的空间，创造植物群落的整体美。因此，在各路段的设计中，应注重这一生态景观的体现。植物配置讲求层次美、季相美，从而达到最佳的滞尘、降温、增加湿度、净化空气、吸收噪声，美化环境的作用。设计中这一原则的运用应当是尤为重要的，因为这切实关系到人们的生活质量。道路绿化规划设计道路绿化应远近期结合，要有长远观点，绿化树木不应经常更换、移植。道路绿化应以乔木为主，并与灌木、地被植物相结合，不得裸露土壤。

(5)科学性与艺术性相结合的原则

既要满足植物与环境在生态习性上的统一，又要通过艺术的构图原理体现植物个体及群体的形式美,即符合绘画艺术和造园艺术的统一、调和、均衡和韵律的四大原则。因此在配置上应考虑道路长度,不同道路形式,同一条道路以不同的区块重复,以一种重复出现的节奏感来形成一种韵律,达到心境的平和,符合道路的景观要求。

道路绿化设计与一般的绿地设计有所不同,它是动态绿化景观,要求绿化景观简洁明快、层次分明。作为街景它更要求色彩丰富,与周围环境协调一致,使旅客有"人在车中坐,车在画中行"的良好感觉。

(6)因地制宜与适地适树相结合的原则

根据本地区气候、栽植地的小气候和地下环境条件选择适于在该地生长的树木,以利于树木的正常生长发育,抗御自然灾害,保持较稳定的绿化成果。选择适应性强、生长强健、管理粗放的植物。植物种植应适地适树,并考虑植物的化感作用和今后的养护管理的方便;不适宜绿化的土质,应改善土壤进行绿化。例如,行道树树种选择的一般标准:树冠冠幅大、枝叶密、抗性强、耐瘠薄土壤、耐寒、耐寒、寿命长、深根性、病虫害少、耐修剪、落果少,或没有飞絮、发芽早、落叶晚。道路绿化带采用大手笔、大色块手法,植观花、观果、观叶植物,适应不同车速的不同绿化带,空间上采用层次种植,平面上简洁有序,线条流畅,强调整体性、导向性和图案性,形成舒展、开敞、明快的风貌。选择多种植物创造不同氛围,体现植物生长的多样性和植物的层次性与季相性。

(7)经济性和可持续性发展相结合的原则

道路绿化规划设计应远近期结合,要有长远观点,绿化树木不应经常更换、移植。大量小灌木的密植和大规格苗木的使用会增加建设造价,而且经过一定时间的生长,苗木就会显得拥挤,而使植物的生长空间受到制约,影响植物的良好生长。大色块和大规格乔木要用应用在合适的道路和适当路段,体现每个特定的主题特色和景观需要,切忌泛滥。

2)道路绿化植物的选择原则

(1)道路树种选择应适应当地的气候环境,以乡土树种为主

从当地自然植被中选择优良的树种,充分体现本土树种的优良特性。对于经过长期的驯化考验外来树种在合适的情况下也可以选择。

华北、西北及东北地区可用悬铃木、油松、华山松、红松、樟子松、槐、臭椿、栾树、刺槐、银杏、复叶槭、柳属、榆属、白蜡属、云杉属、桦木属、落叶松属等。

华东、华中可选择悬铃木、广玉兰、香樟、泡桐、薄壳山核桃、悬铃木、无患子、重阳木、枫香、柳属、银杏、女贞、榔榆、喜树、青桐、合欢、榆、南酸枣、榉树、构树、枫杨、枳、枇杷、楸树、乌桕、鹅掌楸、刺槐等。

华南可考虑香樟、大王椰子、蝴蝶果、石栗、榕属、木菠萝、椰子、红花羊蹄甲、马尾松、桉属、银桦、幌罗伞、木棉、蒲葵、芒果、盆架子、台湾相思、白兰、洋紫荆、大花紫薇、凤凰木、木麻黄、悬铃木、扁桃、人面子、白千层等。

(2)结合城市特色,优先选择市花、市树及骨干树种

如洛阳牡丹、开封菊花、成都市树银杏、市花芙蓉,北京市市树为国槐和侧柏。槐冠大荫浓,适应城市立地条件,是优良的道路绿化树种。

(3)结合周边景观要求进行选择

如春城昆明要求有四季常青,四时花香的环境,道路树种要体现亚热带景观。采用云南

樟、银桦常绿树种及悬铃木、银杏、玉兰树等落叶树种较为全面,并栽植观花的山茶、杜鹃等。

(4)道路各种绿带常可配植成复层混交的群落

如锦熟黄杨、桅子、杜鹃属、竹柏、桂花、红茵香、金银木、十大功劳属、胡枝子属、大叶冬青、小蜡、红背桂、大叶黄杨、构骨、瓶兰、九里香、棕等。

(5)郊区道路绿带可考虑选用一些具有经济价值的树种

如乌桕、枫香、杨、榆、水杉、银杏、油桐,女贞、杜仲、白千层等。

总之,道路绿化植物配置是一门综合艺术,种植配置设计得当,不仅给人以愉快的美感,同时也能提升一个区域的文化品味。所以在实际应用中要综合考虑道路的环境特点,立地条件,规划设计要求以及植物的形态、色彩、风韵等多方面的因素,精心组织,合理配置,才能充分发挥植物的生态和观赏效果,创造多姿多彩、内容丰富的道路绿化景观。

11.2.2 行道树选择

1)行道树种选择原则

行道树是按一定方式种植在道路两侧,造成浓荫的乔木树种。由于行道树的生长受到城市特殊环境条件的制约,如建筑物、地上地下管线、人流、交通等人为因素的影响,根系部分只能在限定的范围内生长,地上部分也处在不利的环境条件下,而且还要满足行道树多种功能的要求,所以对树种选择的要求比较严格。现根据行道树对生长环境的要求,选择行道树必须符合下列原则:

(1)能适宜当地生长环境,移植时成活率高,生长迅速且健壮的树种(最好是乡土树种)。

(2)选择能适应道路的各种环境因子,适应管理粗放,对土壤、水分、肥料要求不高,耐修剪、病虫害少、抗性强的树种。

(3)选择树龄长、树干通直、树枝端正、形体优美、树冠大、荫浓、花朵艳丽、芳香郁荡、春季发芽早、秋季落叶迟、落叶期短而整齐且叶色富于季相变化的树种。

(4)选择花果无毒无臭味、无刺、无飞絮、落果少的树种。

(5)选择耐强度修剪、愈合能力强的树种。目前,因为我国的架空线路还不能全部转入地下,对行道树需要修剪,以避免树木枝叶与线路的矛盾。一般树冠修剪呈Y字形。

(6)选择深根树种,不选择浅根树种,在经常遭受台风袭击的地区更应注意;也不宜选用萌发力强、带刺和根系特别发达隆起的树种,以免刺伤行人或破坏路面。

我国地域辽阔,地形和气候变化大,植被类型分布也各不相同,因此各地应选择在本地区生长最多和最好的树种来作为行道树。

2)行道树的种植设计

(1)行道树的种植设计形式

在城市中道路四通八达,中心城市的绿化覆盖率主要通过行道树来体现。行道树是有规律地在道路两侧种植用以遮荫的乔木,是街道绿化最基本的组成部分和最普遍的形式。行道树的主要功能是夏季为行人遮荫。行道树的种植要有利于街景,与建筑协调,不应妨碍街道通风及建筑物内的通风采光。通常道路绿化中行道树种植设计形式有以下两种:

①树带式

交通、人流不大的路段,在人行道和车行道之间,留出一条不加铺装的种植带,一般宽度不小于1.5m,种植一行大乔木和树篱,如宽度适宜,则可分别植两行或多行乔木与树篱;树下铺设草皮或种植灌木地被,每隔一定的距离留出铺装过道,以便人流通行、汽车停站和道路排水。

②树池式

树池常用于交通量较大或行人多而人行道又窄的路段,树池占地面积小,可留出较多的铺装地面以满足交通及人员活动需要。树池形状以正方形较好,其次为长方形或圆形,正方形树池以1.5m×1.5m较为合适,最小不宜小于1m×1m;长方形树池以1.2m ×2m为宜;圆形树池以直径不小于1.5m为宜;行道树的栽植点位于几何形的中心,池边缘高出人行道8~10cm,避免行人践踏,如果树池略低于路面,应加与路面同高的池墙,这样可增加人行道的宽度,又避免践踏,同时还可使雨水渗入池内;池墙可用铸铁或钢筋混凝土制作成,设计时应当简单大方。

行道树种植时,应充分考虑株距与定干高度。行道树种植的株行距直接影响到其绿化功能效果。正确确定行道树的株行距,有利于充分发挥行道树的作用,合理地使用和管理苗木。一般来说,株行距要根据树冠大小来决定,但实际情况比较复杂,影响的因素较多,如苗木规格、生长速度、交通和市容的需要等。我国各大城市行道树株距规格略有不同,现趋向于大规格苗木与大距离株距,有4m、5m、6m、8m不等。

行道树定干高度应根据其功能要求、交通状况、道路性质、宽度以及行道树与车行道的距离、树木分枝角度等确定。当苗木出圃时,苗木胸径以12~15cm为宜,其分枝角度较大的,干高不得小于3.5m;分枝角度较小者,也不能小于2m,否则会影响交通。行道树的定干高度视具体条件而定,以成年树冠郁闭度效果好为佳。

(2)行道树的种植与工程管线和街道宽度、走向关系的分析

在行道树的设计与种植时,要协调好与周边环境的关系,综合考虑道路的复杂因素,解决好各方面的矛盾,才能合理的选择树种和种植形式,使行道树更好地发挥作用。

行道树的种植和工程管线的关系。随着城市现代化的加快,空架线路和地下管网等各种管线不断增多,大多沿道路走向而布设各种管线,因而与城市道路绿化产生许多矛盾。一方面要在城市总体规划中考虑,另一方面又要在详细规划中和种植设计时合理安排,为树木生长创造有利条件。

①街道宽度与绿化的关系

决定街道绿化的种植方式有多种因素,但街道的宽度往往起决定作用。人行道的宽度一般不得小于1.5m,而人行道在2.5m以下时很难种植乔灌木,只能考虑进行垂直绿化,但随着街道、人行道的加宽,绿化宽度也逐渐增加,种植方式亦可随之丰富而有多种形式出现。

为了发挥绿化对于改善城市小气候的作用,一般在可能的条件下绿带以占道路总宽度的20%为宜,但对于不同的地区要求也可有所差异。例如,在旧城区要求一定绿化宽度就比较困难,而在新建区有条件的可根据城市规划的要求种植较宽的绿带,形式也丰富多彩。

②街道走向与绿化的关系

行道树不仅对行人起到遮荫的效果,而且对临街建筑物防止太阳强烈的暴晒也很重要。全年内要求遮荫时期的长短,与城市所在地区的纬度和气候条件有关。我国城市街道一般约半年时间(4~9月)要求有良好的遮荫效果,低纬度的城市则更长些。一天内8:00~10:30,13:30~16:30是防止东、西日晒的主要时间。因此,我国中、北部地区东西走向的街道,在人行

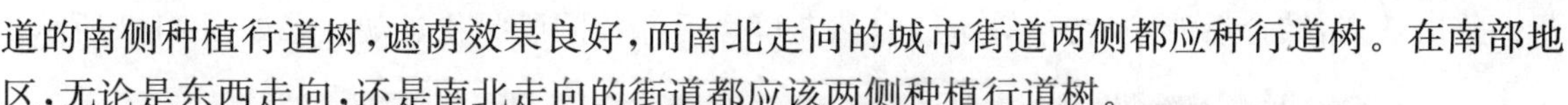

道的南侧种植行道树，遮荫效果良好，而南北走向的城市街道两侧都应种行道树。在南部地区，无论是东西走向，还是南北走向的街道都应该两侧种植行道树。

一般来说，街道绿化多采取整齐、对称的布置形式，街道的走向如何只是绿地布置时参考的因素之一。要根据街道所处的环境条件，因地制宜的合理规划，做到适地适树。

11.3 工程案例

11.3.1 上海世博典型道路

1）世博绿化设计原则

（1）整体性原则。道路景观与周边环境相协调，并且与本市行道树总体规划相统一，但不乏鲜明的个性。

（2）生态性原则。以落叶树为主，优先考虑植物5～10月的景观效果；注重世博会前、中、后三阶段的景观过渡及可持续利用，并体现城市"正生态"概念。尽可能利用和保护现状成熟苗木，并突出重点道路管线避让绿化的原则。

（3）文化性原则。传承历史文脉，整合植物资源，文化特色与道路景观有机结合，突破常规种植形式，采用活泼有序的配置方式。

（4）功能性原则。通过道路绿化形式，突出道路遮荫、美化环境、净化环境，并且考虑人流疏散、识别导向等世博特色功能。

2）树种规划

（1）上木

常绿：香樟、乐昌含笑、香袖等。

落叶：银杏（实生、嫁接）、榉树、无患子、朴树、杂交马褂木、悬铃木等。

（2）下木

会前：播种豆科植物。

会中：重点区域种植宿根花卉，营造节日气氛。

会后：常绿地被，便于养护，降低养护成本。

品种：木槿（多种）、垂丝海棠、紫薇、木芙蓉、八仙花、园艺八仙花、金叶大花六道木、金叶莸、花叶熊掌木、金边阔叶麦冬、金叶石富蒲、千叶兰、常春藤、玉替、金旗、蔓长春、黄金菊、梳黄菊、紫娇花、银香菊、金鸡菊、天蓝鼠尾草、深蓝鼠尾草、银篙等。

3）典型道路绿化设计方案

（1）浦明路——世博滨水大道

上木选用高大挺拔、分枝点高、抗风的色叶乔木——嫁接银杏，突出滨水道路空间的整体性和世博期间的观赏性。下木在世博期间以耐践踏地被为主，只在路口处设花境作为滨水公园的景观标志。在世博会后可根据需要恢复花灌木种植特色。

①后滩公园段设计意向

绿化带：世博期间以耐践踏地被为主，确保人流安全；世博会后根据需要重植灌木。

路口节点:结合后滩,以芒草等组成自然花境。后滩公园段绿化景观效果如图 11-3 所示。

图 11-3　后滩公园段绿化效果图

②世博公园段设计意向

行道树:沿袭扇骨的骨架,结合世博中心和文化中心两大场馆设计,廊道间种植开花小乔木。世博公园段绿化景观效果如图 11-4 所示。

图 11-4　世博公园段绿化效果图

③白莲泾公园段设计意向

行道树:结合公园内树群种植形式,采用不等间距的种植形式,间隔种植开花小乔木,与世博公园段既有衔接,又有不同。

花灌木:呈规则式布置。

(2)上南路、园三路—世博轴之路

选用高大、树形整齐的树种,上南路借用世博轴外侧用地及周边场馆门前绿地,形成一侧人行道的双排树阵,以胸径大于 30cm 的实生银杏为主,烘托世博轴恢弘的气势,并代表中国植物特色。世博轴段绿化景观效果如图 11-5 所示。

11.3.2　宁杭高速公路

宁杭高速公路是我国“五纵七横”国道主干线上海至云南瑞丽国道主干线中宁波—杭州—南京支线,是长三角地区连接南京至杭州的一条快速通道。宁杭高速公路地处长江下游,属亚热带向北亚热带过渡地带,自然条件十分优越。

图 11-5 世博轴段绿化效果图

1)设计理念

宁杭高速公路中央分隔带绿化的设计理念是选择适生的植物,通过艺术的设计来达到遮光防眩的效果,诱导视线保证行车安全,并进行整体的环境美化,创造出舒适的环境。绿化效果通过采用草坪、花卉、地被、灌木或小乔木,并通过不同标准段的变换,消除驾驶员的视觉疲劳和乘客的心理单调感。考虑到车速快的特点,在布置形式上,以 3～5km 为一个标准段,全线采用了多种配置模式,交替使用,并在排列上考虑其简便和韵律感,形成植物的不同景观效果,使线路走向变得十分明显,有助于加强公路的轮廓连续性和方向性,从而诱导交通。

2)中央分隔带绿化典型模式

中央分隔带的植物有如下几种。

常绿灌木:蜀桧、龙柏、法国冬青、桂花、大叶黄杨、海桐、火棘、南天竹。

落叶灌木:紫薇、紫叶李、红枫、木谨。

草坪地被:金叶女贞、红花檵木、美人蕉、葱兰、麦冬、红花酢浆草、白三叶。

宁杭高速公路中央分隔带的绿化形式有 14 种,其中在防污染、吸收尾气等方面比较好的配置模式有如下几种。

(1)蜀桧单排式(一、二期)

在较窄的中央分隔带内选择蜀桧单排种植是恰当的,在宽度为 2m 的地段把蜀桧栽植在中线,间距为 2.5m,路缘石与防护栏间布置金叶女贞与红花檵木间植,规格都为 30cm×40cm,地被为白三叶。由于空间小,把色叶植物布置在防护栏外路缘石内可充分利用空间,比较合理。目前,蜀桧挺立,由金叶女贞与红花檵木形成的黄红色带鲜亮,白三叶地被一片嫩绿,绿带简洁而富有生机,效果如图 11-6 所示。

(2)蜀桧双排式(一、二期)

在中央分隔带防护栏内设计两排防眩树种形成的绿化带为双排式。在双排形式中的单排,防眩主树的株距是 4.5m,且两排交错布置,组成品字形。防眩树从横向看株距为 60～70cm,从纵向看株距为 2.5m,间植紫薇。与单排式比较,双排式绿带充实饱满,色彩丰富,富有变化，镶边植物为金叶女贞，地被为白三叶，效果如图 11-7 所示。

图 11-6　蜀桧单排式效果图

图 11-7　蜀桧双排式效果图

（3）桂花（四季桂）＋凤尾兰＋紫薇＋凤尾兰＋桂花（四季桂）（一、二期）

以丛植桂花作为防眩树种，落叶紫薇及低矮常绿的凤尾兰作为配置，株距 1.5m。紫薇苗高 1.5cm，干径 5cm；凤尾兰苗高 45cm；其中桂花每丛 4 株，每棵 2～3 分枝，高 2m；地面以白三叶覆盖。绿化带两侧以两行金叶女贞按 15cm×30cm 的株行距呈品字形栽植，形成色叶灌木篱，效果如图 11-8 所示。

（4）法国冬青单排式（二期）

防眩树种选用高 1.6～1.7m 的法国冬青，冠径 1m×1m，间距 1.5m，四棵拼栽在一起，排列在中央分隔带中心线上。这种植物的配置方式经过一段时间后法国冬青将形成一道绿篱，防眩功能非常好，地被采用红花酢浆草，花期长且多自然景观效果好，如图 11-9 所示。

图 11-8　桂花（四季桂）＋凤尾兰＋紫薇＋凤尾兰＋桂花（四季桂）效果图

图 11-9　法国冬青单排式效果图

（5）蜀桧＋火棘＋红枫＋蜀桧（二期）

该方案以蜀桧为基调间距 1.5m，间植火棘球和红枫，间距 3m。其中蜀桧苗高 1.6～1.8m；火棘球径 1.0m、高度 70cm；地面以红花酢浆草覆盖，镶边植物为金叶女贞。效果如图 11-10 所示。

（6）蜀桧＋金叶女贞球＋紫薇＋紫叶李＋蜀桧（一、二期）

防眩树种蜀桧为双排栽植，株距 5m，苗高 1.6～1.8m，冠幅 0.6～0.8m，两株蜀桧之间种紫薇、金叶女贞球、紫叶李，紫薇苗高 1.5cm，干径 5cm；林下均为葱兰，品字形种植；两边边缘各种两行金叶女贞，以 15cm×30cm 的株行距呈品字形栽植。效果如图 11-11 所示。

图 11-10 蜀桧＋火棘＋红枫＋蜀桧效果图

图 11-11 蜀桧＋金叶女贞球＋紫薇＋紫叶李＋蜀桧效果图

3)道路两侧绿化典型模式

道路主线两侧有着较大的绿化空间，是高速公路连续景观“线”的主要表现形式，构成了道路景观的基础，也常成为检验公路绿化美化优劣的主要方面。道路主线两侧是高速公路绿化的重点，是将环境破坏降到最低的重要组成部分，自然植被具有丰富的组成、复杂的结构和循序渐进的生态演替特征，因此该部分的植被恢复的组合应是多种类、多层次和分阶段的。应根据演替的不同阶段选用不同的种类，并根据立地条件建造不同的模式，在可能的情况下采用草、灌、乔等各种组合。通过恢复和重建植被实现生物多样性的增加。依据两侧的生态特点研究人工辅助生态恢复技术，优化生物生长环境，加快生长环境，尽可能地加快高速公路生态环境的恢复速度。

宁杭高速公路道路两侧常用造景手法有以下几种。

(1)有景借景

借景的目的是将高速公路外围的各种丰富的画面引到围栏内，可以说是自然景观的延续。借助高速公路两边的自然景观，如借不远处的东庐山，将山势的挺拔秀美自然美景与人造景观有机互补结合，将各自的景观特色发挥到最大(图 11-12)；再如，高速公路沿线多穿越许多农田，而这些水网密布的农田为车上的驾驶员和乘客展示了一幅美妙的江南田园风景画。

图 11-12 有景借景之借东庐山之美

(2)特色造景

在一些地带，比如在一些景观不丰富的地方，增加一些人工林景观，营造特色树木人工林带，用特色树种强化环境整治段绿化景观林带，如杜英林、红枫林、竹林、香樟林、广玉兰林、湿地松林、女贞林、雪松林、桂花林、棕榈林、桃树林、樱花林、垂柳林、青桐林、杨树林、水杉林、广玉兰等，增加各地段的景观效果，使得整条高速公路景观形成比较完整的生态系统，如

图 11-13及图 11-14 所示。

图 11-13 特色造景之杜英林

图 11-14 特色造景之特色风光林

(3)障景

在景观绿地中,凡是能够抑制视线,引导空间转换方向的景物均为障景。例如,高速公路两边路域内有许多房屋、工厂、墓地杂物等有碍景观,因此密植了连续片状的林带作为一种障景来隐蔽那些不好看的景物。

(4)融景

通过营造竹林,湿地松林、茶林、桃林,把隔离内外植物融合为一体,使得景观在空间上和意境上统一起来,对增强景观的效果起到很大的作用,如图 11-15 所示。

图 11-15 融景之茶园

参 考 文 献

[1] 沈金安.开级配多空隙排水型沥青路面[J].国外公路,1994,5(6):15-20.

[2] 吕伟民.多孔性沥青混合料用结合料的性状与配制[J].石油沥青,1997,13(3):8-13.

[3] 王高永.多孔沥青混凝土路面的调研分析[J].国外建材科技,2008,29(5):04-06.

[4] 伍石生.低噪声沥青路面设计与施工养护[M].北京:人民交通出版社,2005.

[5] 张宜洛,支喜兰.AK、SMA、OGFC、SAC型沥青混合料路用性能的研究[J].重庆交通学院学报,2003,9.

[6] Rajib B. Mallick, Prithvi S. Kandhal, L. Allen Cooley, Donald E. Watson. Design, construction and performance of new-generation open-graded friction courses[R]. National center for asphalt technology, Auburn, Alabama, 2000(6):2-27.

[7] Allex E. Alvarez, Amy Epps Martin, Cindy K. Estakhri, Joe W. Button, Charles J. Glover, and Sung Hoon Jung. Synthesis of current practice on the design, construction, and maintenance of porous friction course[R]. Texas Transportation Institute,2006(6):9-23.

[8] Federal highway administration. Open-graded friction courses FHWA mix design method. technical advisory T 5040. 31. federal highway administration, U. S. Department of transportation, Washington D. C., 1990.

[9] 郑木莲.多孔混凝土排水基层研究[D].西安:长安大学,2004.

[10] Felipe Montes. Pervious concrete:Characterization of fundamental properties and simulation of microstructure. master of science[J]. Biosystems engineering clemson university,2002.

[11] 杨善顺.环境友好型混凝土—透水性混凝土[J].广东建材,2004,10.

[12] 林志伟.基于综合利用建筑垃圾再生骨料混凝土的研究[D].昆明:昆明理工大学,2007.

[13] 左富云.建筑垃圾在透水砖及城市道路上的应用[D].昆明:昆明理工大学,2008.

[14] 周理安.建筑垃圾再生砖制备技术及其性能研究[D].北京:北京建筑工程学院,2010.

[15] 江苏省交通科学研究院.沥青路面再生技术调查研究[R].2003

[16] Basic asphalt recycling manual. Asphalt recycling and reclaiming association[R]. 2001.

[17] Stephen A, Cross. Determination of design for CIR mixtures using the superpave gyratory compactor. RMRC research project No. 15 final report[R]. April 2002.

[18] 同济大学.旧水泥混凝土碎石化路面结构研究[R].2006.

[19] 姚祖康.水泥混凝土路面设计理论和方法[M].北京:人民交通出版社,2003.

[20] 张中跃.水泥混凝土路面损坏分析及养护技术研究[D].上海:同济大学,2005.

[21] 交通部公路规划设计院.我国水泥混凝土路面发展对策及修筑技术研究[R].1991.

[22] 中石化沥青情报站.我国路面统计资料[J].石油沥青,2003.

[23] 周富杰,孙立军.旧水泥路面大修的实践总结与分析[J].公路,1999.

[24] 陈波龙,汪如秀.旧水泥混凝土路面与加铺沥青混凝土层[J].黑龙江交通科技,2000.

[25] 李庶安,胡晓化. 旧水泥混凝土路面加罩沥青层[J]. 山东交通科技,1997.
[26] 王永安,符冠华. 旧水泥混凝土路面加铺改造实践研究[J]. 华东公路,2001.
[27] 杨林. 玻璃纤维土工格栅在城市旧水泥混凝土路面加铺沥青层中的应用[J]. 中国市政工程,2005.
[28] 拾方治,孙大权,吕伟民. 旧水泥混凝土路面沥青层加铺技术及设备[J]. 筑路机械与施工机械化,2004.
[29] 上海公路管理处,同济大学. 水泥路面共振碎石化加铺技术研究与应用[R]. 2008.
[30] 施瑞欣,黄新元,何培勇. 冲击压实技术在旧混凝土路面修复中的应用[J]. 华东公路,2002.
[31] 赵方莹,赵延宁. 边坡绿化与生态防护技术[M]. 北京:中国林业出版社,2009.
[32] 祝遵崚. 高速公路边坡生态恢复及景观重建[D]. 南京:南京林业大学,2007.
[33] 杨淮. 公路边坡生态恢复[D]. 西安:长安大学,2008.
[34] 穆林林. 生态公路边坡生态恢复设计与研究[D]. 南京:南京林业大学,2010.
[35] 王亮. 生态边坡客土稳定性研究[D]. 青岛:中国海洋大学,2006.
[36] 胡长龙. 城市道路绿化[M]. 北京:化学工业出版社,2010.
[37] 周洪文,余正武,周本涛. 公路绿化与施工质量管理[M]. 北京:人民交通出版社,2008.
[38] 沈毅,晏晓林. 公路陆域生态工程技术[M]. 北京:人民交通出版社,2009.
[39] 张俊云,周德培,李绍才. 厚层基材喷射护坡试验研究[J]. 水土保持通报,2001,21(8):44-46.
[40] 张俊云,周德培. 厚层基材喷射植被护坡植物造型设计研究[J]. 水土保持通报,2002,16(4):163-165.
[41] 王永青. 浅谈喷播植草技术在高速公路边坡绿化中的应用[J]. 西部探矿工程,2006(3):272-273.
[42] 李玲章. 高速公路边坡绿化防护技术[J]. 广东建材,2006(7):207-208.
[43] 赵警卫,芦建国,王荣华. 七种生态护坡在高速公路边坡的应用效果[J]. 公路,2006(1):201-204.
[44] 程秀德. 喷播绿化在高速公路边坡防护中的应用[J]. 公路交通科技,2007,24(4):130-132.
[45] 陈向波. 高速公路边坡生态防护技术及其应用研究[D]. 武汉:武汉理工大学,2005.
[46] 朱海鹰,徐国钢,张军. 高速公路边坡生态防护施工技术[J]. 中外公路,2003, 23(3):83-85.
[47] 章梦涛,邱金淡,颜冬. 客土喷播在边坡生态修复与防护中的应用[J]. 中国水土保持科学,2004,2(3): 10-12.
[48] 陈晓斌. 客土喷播法在石质边坡绿化中的应用[J]. 公路,2004(8):307-309.
[49] 张军朝. 厚层基质喷附法在高速公路边坡防护工程中的应用研究[J]. 交通标准化,2006(5):113-115.
[50] 郝岩松,王国兵,万福绪. 我国高速公路生态边坡的建设及生态评价[J]. 水土保持研究,2007, 14(4):257-260.

[51] 上海市政工程设计研究总院(集团)有限公司. 市政基础设施低碳技术导则[R]. 2010.

[52] 上海市政工程设计研究总院. 上海世博会市政工程[M]. 上海:上海科学技术出版社,2010.

[53] 哈申格日乐. 北京城市生态环境变化与城市绿化建设研究[D]. 北京:北京林业大学,2006.

[54] 刘铁东. 城市道路绿带的设计研究[D]. 哈尔滨:东北林业大学,2004.

[55] 王亚茜. 城市道路绿化景观设计研究——以兴平市咸兴大道为例[D]. 西安:长安大学,2011.

[56] 王桂萍. 城市道路绿化设计探究——以上海市为例[D]. 北京:北京林业大学,2008.

[57] 张宁. 城市道路绿化体系构建的研究——以枣庄市新城区道路绿化设计为例[D]. 西安:西北农林科技大学,2010.

[58] 高静. 城市公共空间环境绿化之生态设计与人本思想研究——以浦东部分地区道路广场为例[D]. 南京:南京农业大学,2004.

[59] 董内涵. 城市主干道道路绿带设计研究——以呼和浩特市为例[D]. 呼和浩特:内蒙古农业大学,2011.

[60] 王唯一. 哈尔滨道外老城区道路绿化的调查分析[D]. 哈尔滨:东北林业大学,2011.

[61] 王福强. 黄河三角洲地区路域生态恢复技术研究[D]. 西安:长安大学,2011.

[62] 杜培明. 宁杭高速公路路体绿化研究[D]. 南京:南京林业大学,2008.

[63] 陈洁. 上海内环线以内中心城区道路绿化现状调查与分析[D]. 南京:南京林业大学,2007.

[64] 李江伟. 生态设计在城市道路中的应用研究[D]. 合肥:合肥工业大学,2009.

[65] 赵德龙,刘万共,赵凤良. 道路绿化[M]. 北京:人民交通出版社,2005.

[66] 胡长龙. 城市道路绿化[M]. 北京:化学工业出版社,2010.

[67] 齐秀静. 城际快速路景观规划设计初探——以邯武快速路景观设计为例[D]. 保定:河北农业大学,2011.

[68] 王喜华. 岩质路堑边坡绿色防护技术研究[D]. 成都:西南交通大学,2005.

[69] 江苏省交通科学研究院. 沪宁高速公路扩建工程沥青路面再生技术研究[R]. 2005.

[70] http://www.eedu.org.cn/Article/es/envir/stratage/200909/3g811.html.

[71] http://www2.asphaltpavement.org/meetings/presentations/11mwmx/index.php.